《정상이라는 환상》은 모든 사람이 풍부해질 수 있는 책이다. 오랜 기간에 걸친 저자의 지혜가 축적된 결과로 탄생한, 심오하고 치유의 힘이 있는 작품이다.

- 요한 하리, 《도둑맞은 집중력》 저자

이 책은 노련한 방식으로 삶의 지혜를 주며, 정확하고 창조적이다. 우리가 누구인지, 미래에 무엇이 될지에 대한 지적이고 따뜻한 탐구이다. 과거와 미래를 생각하는 사람이라면 반드시 읽어야 할 필독서다.

- 타라 웨스트오버, 《배움의 발견》 저자

《정상이라는 환상》에서 가보 마테는 우리의 정서적 안녕과 사회적 연결(즉, 우리가 살아가는 방식)이 건강, 질병, 중독과 밀접하게 연관되어 있음을 발견하는 장대한 여정으로 우리를 안내한다. 만성적인 정신 질환과 신체 질환은 별개로 구별된 질병이 아니라 우리가 사는 문화적 맥락과 우리가 신뢰하는 가치관에 대한 (부)적응을 반영하는 복잡하고 다층적인 과정이다. 흥미진진하고 아름답게 쓰인 이 책은 우리 삶의 전반에 깊은 울림을 주고 있다.

- 베셀 반 데어 콜크, 보스턴대학교 의과대학 정신의학과 교수, 《몸은 기억한다》 저자

《정상이라는 환상》은 당신이 삶을 보는 양식과 삶이 몸으로 표출되는 방식을 영원히 바꿀지 모른다. 그리고 지금 우리에게 절실한 공동 치유의 길을 제시한다.

- 엘리사 에펠, 캘리포니아 샌프란시스코대학 교수, 《늙지 않는 비밀》 저자

《정상이라는 환상》은 광범위하면서도 깊이가 있고 현실적이며 실용적이다. 이 책은 우리의 감정, 문화, 몸, 정신은 하나이며 모든 것을 고려하지 않으면 건강을 잃는다는 것을 알려준다. 두고두고 읽어야 할 책이다.

- V(본명 이브 엔슬러), 《버자이너 모놀로그》《아버지의 사과 편지》 저자

뛰어나다. 매력적이다. 획기적이다. 우리의 눈을 가려 트라우마에 빠지게 만든 사회적 환각 상태의 복면을 벗긴다. 가보 마테는 트라우마가 개인적인 것이 아니라 연결과 진정성 그리고 의미를 충족하려는 기본적 욕구를 무시하는 문화에서 기인한다는 것을 보여준다. 그는 수십 년간의 임상 경험과 첨단 과학, 명상에서 얻은 지혜를 바탕으로 명확한 관점과 위대한 정신을 제공하여 현대의 위기에 대한 해결책을 제시한다.

- 타라 브랙, 《받아들임》 《자기 돌봄》 저자

이 책은 엄격한 연구와 철저한 디테일로 트라우마가 우리 개인의 몸과 정신뿐 아니라 사회 전체에 어떤 영향을 미치는지를 보여주는 장대한 선언서다. 《정상이라는 환상》은 우리가 '정상'으로 여기는 것을 갱생시키며 이유 없이 우리를 아프게 만드는 질병을 거부할 수 있는 권한을 준다.

- 리사 랜킨, 《치유 혁명》 《두려움 치유》 저자

가보 마테는 창의적이고 열정적이며, 부드럽지만 격렬하다. 그의 글에서는 과장 없는 위기감이 느껴진다. 그의 분석은 종합적이고 깊이가 상당해서 광범위한 지식과 현장의 임상 경험, 직접 겪은 트라우마, 그리고 실용적인 제언을 모두 융합한다. 이 책은 지적인 스릴러처럼 읽히는 걸작으로서 우리가 직면한 문제들을 명확하게 드러내며 해결책을 제시한다. 자신의 마음이 궁금한 사람들, 세상이 어떻게 이렇게 미쳐 돌아가는지 알고 싶은 사람들, 그리고 함께 더 나은 미래를 개척하고자 하는 사람들에게 꼭 필요한 책이다.

- 릭 핸슨, 《12가지 행복의 법칙》 《붓다 브레인》 저자

많은 사람이 육체적으로나 정신적으로 힘들어하는 요즘 《정상이라는 환상》은 신의 선물처럼 현명함과 현실적인 희망을 주고 있다. 저자는 혁신적인 사상가이자 재능 있는 작가로서 그의 작품은 항상 내게 깊은 영감을 주었고 《정상이라는 환상》 역시 마찬가지다. 이 엄청난 작품이 개인과 가정 그리고 사회를 치유하는 데 도움이 된다고 자신 있게 말할 수 있다.

- 데이비드 셰프, 《뷰티풀 보이》 저자

이 책에서 독자들은 심각한 개인적·사회적 위기가 찾아왔을 때 피난처와 위안을 찾을 수 있을 것이다. 《정상이라는 환상》은 방황하는 시대에 없어서는 안 될 나침반이다.

- 에스터 페럴, 심리치료사, 작가

정상이라는 환상

정상이라는 환상

초판 1쇄 발행 2024년 3월 15일

지은이 가보 마테, 대니얼 마테 / **옮긴이** 조용빈

펴낸이 조기흠
책임편집 이수동 / **기획편집** 박의성, 최진, 유지윤, 이지은, 김혜성, 박소현, 전세정
마케팅 박태규, 홍태형, 임은희, 김예인, 김선영 / **제작** 박성우, 김정우
교정교열 신지영 / **디자인** 리처드파커 이미지웍스

펴낸곳 한빛비즈(주) / **주소** 서울시 서대문구 연희로2길 62 4층
전화 02-325-5506 / **팩스** 02-326-1566
등록 2008년 1월 14일 제 25100-2017-000062호

ISBN 979-11-5784-727-3 03180

이 책에 대한 의견이나 오탈자 및 잘못된 내용에 대한 수정 정보는 한빛비즈의 홈페이지나
이메일(hanbitbiz@hanbit.co.kr)로 알려주십시오. 잘못된 책은 구입하신 서점에서 교환해드립니다.
책값은 뒤표지에 표시되어 있습니다.

⌂ hanbitbiz.com ▣ facebook.com/hanbitbiz Ⓝ post.naver.com/hanbit_biz
▶ youtube.com/한빛비즈 ⊙ instagram.com/hanbitbiz

THE MYTH OF NORMAL: Trauma, Illness, and Healing in a Toxic Culture
by Dr. Gabor Maté with Daniel Maté
Copyright © 2022 by Dr. Gabor Maté

지금 하지 않으면 할 수 없는 일이 있습니다.
책으로 펴내고 싶은 아이디어나 원고를 메일(hanbitbiz@hanbit.co.kr)로 보내주세요.
한빛비즈는 여러분의 소중한 경험과 지식을 기다리고 있습니다.

THE
MYTH
OF
NORMAL

정상이라는 환상

인간성을 외면한 물질주의 사회의 모순과 치유

가보 마테 · 대니얼 마테 지음

조용빈 옮김

HB 한빛비즈
Hanbit Biz, Inc.

✝

내 일생의 동반자이자 나 자신보다 먼저 나를 알았고

나 자신을 사랑하기 훨씬 전부터 나의 모든 것을 사랑했던

아내 레이에게 바칩니다. 당신이 없었으면 이 책은

태어나지 못했을 것입니다. 또한 우리의 전부인 아이들,

대니얼, 애런, 해나에게도 감사의 뜻을 전합니다.

최고의 의사는 최고의 철학자이기도 하다.

- 갈레노스

진정으로 위대한 의학의 과제를 실행하려면 정치적·사회적 삶에 개입해야 한다. 생명 과정의 정상적인 사회적 기능을 방해하는 장애물을 지적하고 제거해야 한다.

- 루돌프 피르호, 19세기 독일 의사

생존을 위해 노력할 때 질병은 대응 전략이 되고 상실은 문화가 된다.

- 스티븐 젠킨슨

작가의 말

이 책에서 언급한 사람들은 모두 실존 인물이다. 모든 스토리는 실제 경험담으로서 인터뷰를 녹취해서 작성되었다. 다만 내용을 명확히 하기 위해 편집되는 경우도 있었다. 이름만 사용한 경우는 인터뷰 대상자의 요청에 따라 개인정보를 보호하기 위해 가명을 쓴 것이며 일부 인적 사항을 약간 수정하기도 했다. 성과 이름을 모두 언급한 경우는 실명이다.

별도로 언급하지 않는 이상 모든 볼드체는 내가 지정한 것이다.

저작권에 대해 말하자면 이 책은 내 아들 대니얼과 공동으로 저술했다. '공동으로with'라는 단어는 보통 작가의 생각을 글로 옮겨주는 대필 작가를 의미하지만 이 책은 다르다. 대부분 내가 주 저자이되, 대니얼은 주로 스타일, 어조, 논증의 명확성 및 접근성 등에 참신한 의견을 냈고 가끔 자신의 생각을 글에 반영하기도 했다. 때로는 무엇을 말해야 할지, 어떻게 말해야 할지 모를 때 내가 수집한 자료를 바탕으로 특정 부분이나 장을 작성해서 글쓰기 재능을 발휘하기도 했다. 우리는 서로 만족할 때까지 각 장을 교환해 검토하면서 작성했다. 제안서부터 최종 원고까지 책의 구성과 원활한 흐름 역시 우리 둘의 지속적인 협력으로 가능했다.

　나의 노력과 연구 활동, 분석 작업, 경험 등이 녹아 있기 때문에 이 책의 저작권을 균등하게 배분할 수는 없지만, 공동 집필한 것은 분명하다. 대니얼의 창의적인 협조가 없었다면 이 책을 완성하지 못했을 것이니 말이다.

브리티시컬럼비아주 밴쿠버에서

가보 마테

1부 우리의 세계는 서로 연결되어 있다

2부 인간 성장의 왜곡

3부 비정상에 대해 다시 생각하기:

적응과정으로서의 고통

4부 우리 문화의 중독성

5부 온전함으로 가는 길

머리말

나쁜 행동을 하는 사람이 많다고 해서 그것이 좋은 행동이 되지 않고 똑같은 실수를 저지르는 사람이 많다고 해서 실수가 정당화되지 않는 것처럼 정신질환을 앓는 사람이 많다고 해서 그들이 정상인이 되지는 않는다.

- 에리히 프롬Erich Fromm, 《건전한 사회The Sane Society》

우리는 역사상 가장 건강에 신경을 쓰며 살고 있지만 다 잘되고 있지는 않다.

건강은 현대사회의 중요한 이슈가 되었다. 우리는 끊임없이 더 건강하게 먹고, 젊어 보이고, 오래 살고, 활기찬 감정을 느끼기 위해, 또는 단지 질병의 증상을 없애기 위해, 정신적·감정적 그리고 금전적으로 수십억 달러 규모의 건강산업에 지속적으로 투자하고 있다. 잡지 표지나 TV 뉴스, 곳곳에 보이는 광고, SNS 콘텐츠의 홍수 속에는 충격적인 '건강 속보'가 넘쳐서 어느 쪽이든 결정을 하라고 압박한다. 이를 따라가기 위해 건강보조제를 복용하고, 요가학원에 등록하며, 식단을 바꾸고, 거액을 들여 유전자 검사를 받기도 하고, 암이나 치매를 예방하기 위해 미리 계획을 짜기도 하며, 신체와 정신 및 영혼의 질환에 대한 의료 조언이나 대체 요법을 추구한다. 그럼에도 불구하고 온 국민의 건강은 악화되고 있다.

대체 무슨 일이 생긴 걸까? 의학 기술과 지식이 절정에 달했음에도 현대사회의 만성적인 신체질환, 정신질환, 중독은 더욱 증가하고 있다. 게다가 이런 증가 추세를 알면서도 별로 놀라지 않는 이유는 무엇일까? 코로나19와 같은 긴급한 상황은 차치하더라도 어떻게 해야 이러한 질병들을 예방하고 치유할 방법을 찾을 수 있을까?

산모의 분만을 돕는 일부터 완화의료병동의 책임자까지 30년 이상 의사로서 다양한 경험을 하면서 나는 개인적·사회적·정서적 요인들이 상호 연결되어 그 결과로 질병이 발생한다는 것을 알고 늘 놀라곤 했다. 이런 호기심 때문에(아니 매료되었다고 해야 할까) 그 연관성을 찾아 최신의 의학 지식을 동원해 연구를 시작했다. 이전에 쓴 책들은 주로 주의력결핍과잉행동장애ADHD 같은 특정 질병이나 모든 유형의 암 및 자가면역질환, 중독 등에서 나타나는 연결 관계를 연구했다. 또한 우리 삶에서 인격 형성에 가장 큰 영향을 주는 아동 발달에 대해 다루기도 했다.[1]

이 책《정상이라는 환상》은 훨씬 더 포괄적인 대상을 겨냥한다. 지금 이 순간 우리를 괴롭히는 정신적·신체적 만성질환은 무언가 잘못된 우리 문화 자체에서 기인한다. 우리 문화는 우리를 고통스럽게 하는 여러 질병을 초래함과 동시에, 결정적으로 우리가 겪는 곤경을 명확히 보지 못하게 하는 관념적 사각지대도 만들어낸다. 나는 이것을 해결해야겠다고 생각했다. 이러한 사각지대는 문화 전반에 널리 퍼져 있지만 안타깝게도 특히 의학계에 비극적일 정도로 만연하여, 우리의 건강과 사회정서적 삶을 결합하는 연결점을 보지 못하게 한다.

다시 말해, 정신적·신체적 만성질환은 대체로 사물 그대로의 **기능** 또는 **특성**이지 **사소한 결함** 때문에 발생하는 것이 아니다. 이상한 일탈이 아니라 살아온 방식이 그대로 나타난 결과에 불과하다는 뜻이다.

이 책의 부제에 사용한 '독성 문화toxic culture'라는 표현은 산업혁명 이래 인류의 건강에 큰 해를 끼친 것으로 알려진 환경오염을 연상시킬지 모른다(원서의 부제는 "Trauma, Illness & Healing in a Toxic Culture"이다 – 옮긴이). 석면 입자부터 이산화탄소까지 우리 주변에는 실제적이고 물리적인 독소가 넘친다. 다른 한편으로 우리는 '독성'을 보다 현대적이고 대중심리적인 의미에서 현대의 사회정치적 상황을 대표하는 부정적인 태도, 불신, 적대감, 양극화 등이 전파되는 상황을 가리킬 때 사용하기도 한다.

이 두 가지 의미 모두 가능하지만 이 책에서 나는 '독성 문화'를 보다 넓고 뿌리 깊은 무언가를 특징짓는 의미로 사용했다. 즉 **우리를 둘러싸고 삶의 모든 면에 깊이 들어와 있는 사회구조, 신념 체계, 선입관, 가치관과 같은 전체적인 맥락**을 뜻한다.

사회가 우리의 건강에 영향을 미친다는 것이 새로운 발견은 아니지만 이를 인식하는 문제가 그 어느 때보다 시급해졌다. 나는 이것을 우리 시대의 가장 중요하고 영향력이 큰 건강 문제로 보고 있으며, 증가하는 스트레스, 불평등, 기후변화 등이 주된 원인이다. 우리가 건강한 상태well-being에 대해 가지고 있는 개념은 모든 면에서 개인적인 것에서부터 세계적인 것으로 바뀌어야 한다. 문화사학자 모리스 버먼Morris Berman의 말을 빌리자면 "정신세계 전체를 둘러싸는 총체적인 상업적 환경"[2]이 되어버린 세계화된 자본주의 시대에는 특히나 그러하다. 뒤에서 강조할 몸마음 일치mind-body unity를 고려한다면 이것에는 모든 생리적 환경도 포함된다.

우리 사회경제적 문화는 본질적으로 만성적 스트레스 요인을 발생시켜 가장 심각한 방식으로 우리의 건강에 영향을 미친다고 생각하며, 이런 추세는 지난 수십 년간 더욱 증가했다.

이해하는 데 도움이 될 만한 비유가 있다. 연구실에서는 유기체의 성장을 촉진하기 위해 맞춤형으로 생화학적 용액을 만드는데 이를 배양액culture이라고 한다. 미생물이 건강한 유전적 적합도를 가지도록 조절되어 있다면 배양액은 정상적으로 성장하고 증식한다. 만일 유기체에 전례 없는 비율로 이상균이 많이 보이거나 제대로 증식하지 못한다면 배양액이 오염된 것이거나 아니면 아예 처음부터 조합이 잘못되었다는 뜻이다. 어느 경우든 이것을 유기체를 지원할 수 없는 **독성 배양액**toxic culture으로 불러도 될 것이다. 더 나쁜 경우 이 독성 배양액은 유기체의 존재에 치명적일 수도 있다. 인간 사회도 마찬가지다. 방송인 겸 사회운동가이자 작가인 톰 하르트만Tom Hartmann은 "문화는 건강할 수도, 해로울 수도 있어서 그 사회를 키우거나 없앨 수 있다"고 주장한다.[3]

성공이냐 실패냐의 관점에서 현재 우리의 문화는 실험으로 보더라도 전 세계적으로 실패한 것이다. 경제, 기술 및 의학 분야의 엄청난 자원에도 불구하고 스트레스, 무지, 불평등, 환경 파괴, 기후변화, 빈곤 및 사회적 고립에서 비롯된 질병으로 인해 수많은 사람이 고통을 겪고 있다. 이로 인해 예방할 수 있음에도 질병으로 사망하고, 충분한 자원을 가지고 있음에도 빈곤으로 수백만 명이 사망한다.

역사상 가장 부유한 나라이자 글로벌 경제 시스템의 중심지인 미국에는 고혈압이나 당뇨병과 같은 만성질환을 앓는 성인의 비율이 60퍼센트 이상이며 이러한 질환을 둘 이상 가진 사람은 40퍼센트가 넘는다.[4] 거의 70퍼센트의 미국인이 최소한 한 가지 처방약을 복용하고 있으며, 절반 이상은 두 가지 이상 처방약을 복용 중이다.[5] 내가 사는 캐나다에서도 현재 추세가 이어진다면 베이비붐 세대의 절반 이상이 몇 년 안에 고혈압에 걸릴 것으로 예상된다.[6] 여성들 사이에서는 다발성경화증처럼 장애를 유발할 가능성이 있는 자가면역질환 진단율이 높다.[7] 청소년층에서는 흡연과 무관한 폐암의 발생률이 상승 추세에 있다. 여러 가지 건강상의 문제를 야기하는 비만 발생률은 많은 나라에서 상승하고 있으며 캐나다, 호주, 특히 미국에서는 성인 인구의 30퍼센트 이상이 비만 기준을 충족한다. 최근에는 매 시간 38명이 당뇨병 진단을 받는 멕시코가 비만율에서 미국을 따라잡았다. 글로벌화의 영향으로 아시아도 마찬가지 추세를 보이고 있다. 베이징의 소아보건 연구자인 지청예는 이렇게 말한다. "중국은 비만의 시대에 접어들었습니다. 증가율이 놀랍습니다."[8]

서구 사회에서는 청소년, 성인, 노년 등 모든 층에서 정신질환의 진단이 증가하고 있다. 캐나다에서는 우울증과 불안증으로 진단받는 환자들이 빠르게 증가하고 있으며 2019년에는 미국 성인 인구의 20퍼센트에 해당하는 5,000만 명 이상이 정신질환을 경험했다.[9] 최근 실시된 국제적인 조사에 의하면 유럽에서는 정신장애가 "21세기의 가장 심각한 건강 문제"가 되었다고 한다.[10] 북미의 수백만 어린이와 청소년들은 각성제, 항우울제, 심지어 뇌와 행동 발달에 미치는 장기적인 영향이 아직 밝혀지지 않은 향정신성 약물을 처방받고 있다. 2019년에는 "미국에서 아동의 자살 시도가 급증하고 있지만 이유는 모른다"는 헤드라인이 과학 뉴스 사이트를 장식하면서 심각성을 드러냈다.[11] 상황이 암울하기는 영국도 마찬가지로 〈가디언 Guardian〉은 최근 "영국 대학생 사이에서 불안증, 노이로제, 우울증이 급증하고 있다"고 보도했다.[12] 글로벌화의 영향으로 이전에는 '선진국'에서만 발견되었던 질병들이 다른 국가로 확산되고 있다. 예를 들어 아동 ADHD는 중국에서도 "심각한 공중보건 문제"가 되었다.[13]

이미 우리를 괴롭히고 있는 기후 재앙은 히로시마 원폭 투하 이후 인류의 존재에 새로운 위협으로 다가왔다. 2021년 42개 국가에서 1만 명 이상을 대상으로 한 의식조사 결과 "청소년들은 기후변화가 자신들에게 미래가 없고 인류가 멸망한다는 느낌을 준다"고 한다. 이러한 낙심과 절망감은 정부와 어른들로부터 배신당하고 버림받았다는 느낌과 함께 "어린이와 청소년의 정신 건강에 장기적이고 점진적으로 부정적인 영향을 미치는 만성적인 스트레스 요인"이다.[14]

앞의 실험실 비유에서 유기체 역할로 보면 여러 지표들은 분명히 우리 문화가 독성 문화라는 것을 확인시켜준다. 더 심각한 것은 우리를 괴롭히는 것들에 너무나 익숙해졌다는 것이다. 아니면 **동화되었다**고 하는 것이 더 좋은 표현일까?

의학계에서는 '정상normal'이라는 용어가 의사들이 건강과 질병을 구분하는 경계를 설정할 때 목표로 삼는 상태를 뜻한다. '정상 수준'과 '정상 기능'은 치료나 처방의 목표다. 또한 우리는 '통계적 정상statistical norms'을 기준으로 성공과 실패를 평가한다. 의사들은 걱정하는 환자들에게 '예상했던 대로'라는 표현으로 이러이러한 증상이나 부작용이 매우 정상적이라고 안심시킨다. 이는 상황을 제대로 파악해서 우리의 노력을 적절하게 집중할 수 있도록 구체적이고 합법적으로 이 단어를 사용하는 사례다.

그러나 이 책의 제목에 쓰인 '정상'은 이런 의미가 아니라 보다 교활한 의미를 가지고 있어서 건강한 미래로 나아가는 데 도움을 주기는커녕 그런 노력을 방해할 뿐이다.

좋든 나쁘든 인류는 특히 그 변화가 점진적일 때 무언가에 익숙해지는 데 천재적인 재능이 있다. 새로운 유행어인 '정상화하다normalize'라는 동사는 이전에 비정상이던 것이 정상화하여 더 이상 눈에 띄지 않는다는 어감을 주고 있다. 사회적 의미에서 '정상'은 '여기는 볼 게 없다'는 뜻이다. 즉 모든 시스템이 제대로 작동하고 있으니 추가적인 조사가 필요하지 않다는 의미다.

하지만 내가 본 현실은 매우 다르다.

글을 잘 다루는 작가이면서 수필가로 활동했던 고 데이비드 포스터 월리스David Foster Wallace는 한 졸업식 축사에서 정상성normality이 가진 문제점을 잘 보여주는 우스꽝스러운 우화로 연설을 시작했다. 물속을 헤엄치던 물고기 두 마리에게 어른 물고기가 즐겁게 인사를 하며 지나갔다. "안녕, 오늘 물이 참 좋구나." 어린 물고기들은 계속 수영하다가 결국 서로에게 물었다. "도대체 물이 뭐지?" 월리스가 청중에게 말하고 싶었던 요지는 "가장 분명하고 어디에서나 볼 수 있는 중요한 현실은 가장 보이지 않고 이야기하기 어려운 경우가 많다"는 것이다. 표면적으로는 '평범한 진리'처럼 보이지만 "일상적인 삶에서 평범한 진리는 **사느냐 죽느냐를 결정할 만큼 중요하다**"고 월리스는 말한다.

어찌 보면 그의 말은 이 책의 주제를 분명히 표현한 것인지도 모른다. 실제로 개인의 삶과 죽음, 그리고 삶의 질과 지속 기간은 '보기 어렵고 이야기하기 어려운' 현대사회의 측면과 깊은 연관이 있다. 바로 물고기가 물에 대해 느끼듯이 너무나 광대하고 가까워서 알아보지 못하는 현상이다. 다시 말해 지금 정상으로 보이는 일상생활의 여러 모습

정상이라는 환상

이 가장 시급하게 개선이 필요하다는 뜻이다. 이것이 이 책의 핵심 주장이다. 따라서 나의 핵심 의도는 이러한 현상들을 새롭게 인식하고 이야기할 수 있는 새로운 방법을 제시하여 필요한 치료 방법을 보다 신속하게 찾을 수 있도록 하는 것이다.

나는 이 책에서 우리 사회에서 일반적으로 정상으로 여겨지는 많은 것들이 사실은 건강하지도 자연스럽지도 않다는 것을 주장할 것이다. 또한 현대사회의 정상 기준을 충족시키려면 매우 **비정상적인** 자연적 욕구를 따라야 하기 때문에 생리적, 정신적, 심지어 영적으로도 불건전하고 해롭다고 말할 것이다.

만약 우리가 여러 가지 질병 자체를 잔인한 운명의 장난이나 풀기 어려운 미스터리로 생각하지 않고 **비정상적이고 부자연스러운 환경에서 정상적으로 예상했던 결과**로 보기 시작하면 이는 건강과 관련된 접근 방법에 혁명적인 의미를 지닐 것이다. 신체와 마음이 아픈 사람들은 더 이상 개인적으로 문제가 밖으로 표현된 것으로 여겨지지 않을 것이며, 오히려 사회가 어디서 잘못되었는지 알려주고 건강과 관련된 우리의 지배적인 확신과 가정들이 실제로는 허구임을 지적하는 살아 있는 경고로 받아들여질 것이다. 제대로만 받아들인다면 이러한 경고들은 방향을 제대로 잡고 더 건강한 세상을 만들기 위해 필요한 단서를 제공해 줄 수도 있다.

우리 문화에 팽배한 왜곡된 정상의 개념이야말로 건강한 세상을 육성하는 데 가장 큰 장애물이며 이는 기술, 자금 또는 새로운 발견의 부족보다 방해 효과가 더 커서 우리가 이미 알고 있는 것도 행동에 옮기지 못하게 만든다. 이런 방해 현상은 명확한 시각이 가장 필요한 분야인 의학에서 특히 두드러진다.

이러한 이유로 현대 의학의 패러다임은 경험적 지식보다는 이념에 더 가까운 측면이 있어 이중으로 잘못을 저지르고 있다. 복잡한 사건을 신체적인 것으로 단순화해서 정신과 육체를 분리하여 연관성이 없는 것으로 생각한다. 이런 단점 때문에 의학적 업적이 무효화되거나 의료계 종사자들의 노력을 훼손하지는 않으나 의학이 행할 수 있는 선한 일을 심각하게 제한한다.

우리 건강 시스템의 가장 지속적이고 비극적인 문제 중 하나는 **이미 과학적으로 입증된 사실**을 실제로 모르거나 의도적으로 무시한다는 점이다. 그 단적인 예가 살아 있는 생물은 각 장기와 시스템 심지어 '마음'과 '몸'으로 분리해서 생각할 수 없다는 여러 증거가 충분히 많아지고 있음에도 전반적으로 의료계는 이러한 증거를 받아들여 적절히 반영하려 하지도 않고 그럴 능력도 없다는 것이다. 새로운 과학적 지식(그래 봤자 관념적으로 새로운 지식도 아니지만)은 의과대학 교육에 큰 영향을 미치지 못했으며, 그 결과 아직도 선의의 의사들은 아무것도 모른 채 고생하고 있다. 결국 대부분의 의사들은 조각들을 엮어 스스로 깨우치는 수밖에 없다.

나는 수십 년 전부터 조각을 맞추는 작업을 시작했다. 당시 내게 어떤 직감이 있었는지 모르지만 환자의 증상과 병력에 관한 질문 외에 환자와 질병 사이의 전체적 맥락, 즉 그들의 삶에 대해 묻기 시작했다. 나는 지금도 환자의 삶과 죽음, 고통과 회복 그리고 내게 전해준 이야기를 통해 많은 것을 배울 수 있었음에 감사한다. 핵심은 바로 이것이다. 건강함 또는 질병은 특정한 몸 또는 몸의 부위에서 아무 이유 없이 나타나는 상태가 아니라는 것이다. 사실 건강과 질병은 누려온 삶 전체가 나타나는 것으로서 별개로 이해하기 어렵다. 그것은 환경, 인간관계,

정상이라는 환상

사건, 경험 등이 연결되어(또는 이런 것들로부터) 나타나는 것이다.

물론 지난 200년간 이룬 놀라운 의학적 발전과 건강과 관련된 다양한 분야에서 엄청난 발전을 이룬 사람들의 불굴의 노력과 지적 우수성은 축하할 대상이다. 미국 질병통제예방센터에 의하면 불과 2~3세대 전만 해도 수많은 어린이를 죽이거나 불구로 만들었던 끔찍한 병인 소아마비의 발병률은 1988년 이후 99퍼센트 이상 감소했다고 한다. 현대의 어린이들은 이 병을 들어본 적이 없을 것이다.[15] 심지어 보다 최근에 발생한 인체면역결핍바이러스HIV도 사형선고나 다름없었으나 적절한 치료만 동반되면 관리 가능한 만성질환이 되어버렸다. 또한 그렇게 파괴적이었던 코로나19 팬데믹의 경우도 백신이 빠르게 개발된 덕분에 현대 과학과 의학의 승리가 이룬 쾌거 중 하나가 되었다.

이런 좋은 뉴스의 문제는 인류가 전반적으로 건강한 생활수준을 향한 발전을 이루고 있다고 안심시켜 아무것도 하지 않도록 만든다는 것이다. 현실은 전혀 그렇지 않다. 현대인에게 닥친 각종 건강 문제를 정복하기 직전에 있기는커녕 따라가기에 바쁜 것이 현실이다. 그저 수술이나 약물 치료 또는 둘 다로 증상을 완화시키는 게 우리가 할 수 있는 최선이다. 의학적 발견이 기쁜 소식이고 연구 결과가 유익하기는 하지만 문제의 핵심은 진실이나 기술의 부족이 아니라 현실을 제대로 설명하지 못하는 빈약하고 구태의연한 시각이다. 이제 내 목표는 새로운 시각을 제시해서 보다 건강한 패러다임을 향한 거대한 가능성을 보여주는 것이다. 다시 말해 이는 우리가 가진 최고의 능력을 키우도록 새로운 관점으로 정상을 정의한다는 뜻이다.

이 책은 우리의 건강이나 질병 발생에 영향을 미치는 원인, 연관성 및 결과를 순서대로 다룬다. 인간의 신체라는 내적인 수준에서 시작하여 몸과 뇌와 성격의 연결 관계를 자세히 검토한 다음 외부로 방향을 돌려 사회경제 및 정치적 측면에 초점을 맞출 것이다. 이 과정에서 신체 건강 및 정신 건강이 우리의 감정과 인식에 어떻게 밀접하게 연결되어 있는지를 보여줄 것이다. 또한 건강이 인간의 필수적인 욕구를 충족시키거나 충족시키지 못하는 방법에 대해서도 다룰 것이다. 트라우마가 현대를 사는 사람들의 경험 중 가장 기본적인 것이지만 무시되거나 오해되는 경향이 많기 때문에 우선 이에 대한 실무적인 정의를 내리고 나서 논리를 전개하겠다.

각 단계별로 내가 할 일은 과학과 주의 깊은 관찰을 통해 알 수 있는 것을 고찰하여 상식과 일반적 지혜라는 것들의 진상을 밝히는 것이다. 이는 현 상태를 붙들어 매놓는 신화를 느슨하게 풀기 위함이다. 이전에 쓴 책들과 마찬가지로 환자들의 실제 이야기와 사례 연구를 이용해서 과학과 과학이 건강 문제에 미치는 영향을 더욱 잘 이해할 수 있도록 했다. 이분들은 너그럽게도 질병을 극복하고 건강을 회복하는 과정을 내가 공유할 수 있도록 해주었다. 이야기를 듣다 보면 때로는 가볍게 놀라기도 하고 어느 때는 믿기 어렵기도 했으며 찢어질 듯 가슴이 아팠다가도 커다란 감동을 느끼기도 하는 등 정말 다양했다.

아직 희망은 있다. 아무리 해결하기 힘든 문제에도 마음을 따뜻하게 하는 결론은 나올 수 있기 때문이다. 우리 사회가 건강과 질병과 관련하여 정상이라고 간주했던 것들을 냉정하게 평가해서 사실은 원래 그렇지 않다는 것을 깨닫게 될 때 애초에 자연이 우리에게 의도했던 대로 돌아갈 수 있다. 그래서 이 책의 부제에는 '치유healing'라는 단어가 들어가 있다. 우리가 상황을 제대로 파악하려고 마음먹는 순간 치유(이 말의 근원은 '온전함으로 돌아간다'는 뜻이다) 과정이 시작된다. 그 상태는

정상이라는 환상

기적적인 치료에 대한 약속이 아니라 우리 모두에게 아직 상상하지 못했던 건강 가능성이 있다는 것을 인식하는 상태를 말한다. 이 가능성이란 우리가 수동적으로 길들여진 정상에 대한 잘못된 신화*와 정면으로 부딪쳐 이를 타파할 때만 제 모습을 드러낸다. 개인에게 이렇다면 종으로서의 인간에게도 마찬가지다.

치유가 보장된 것은 아니지만 원하면 얻을 수 있다. 지구의 역사를 볼 때 현시점에서 치유가 필요하다고 말하는 것은 절대 과장이 아니다. 지난 세월에 내가 보고 경험한 모든 것들을 생각해볼 때 우리 모두의 내부에는 치유가 존재한다고 자신 있게 말할 수 있다.

---

* 이 책에서 '신화'라는 말은 현대에서 많이 쓰이는 대로 주로 '거짓의' 또는 '호도하는' 등의 의미로 사용하겠지만 책의 후반부에 가면 고대부터 사용했던 의미대로 순수한 '신화적 사고'의 치유 효과를 인정하는 대목도 있다.

1부

우리의 세계는
서로 연결되어 있다

우리는 단편적인 방식으로 생각하기 때문에 단편만 본다. 그리고 이런

사고방식 때문에 실제로 세상이 분열된다.

- 수전 그리핀Susan Griffin, 《돌들의 합창A Chorus of Stones》

생후 3개월인 내가 어머니 주디스 마테에게 안긴 사진(왼쪽 위)을 보고 아내 레이가 그렸다. 어머니 가슴의 노란 별은 헝가리 거주 유대인에게 의무적으로 달게 한 수치의 표식으로, 나치 점령지에서 흔히 볼 수 있던 풍경이었다. 레이는 공포에 질린 내 아깃적 표정과 두려워하는 눈매를 잘 포착해냈다. 아크릴 캔버스화, 65×50cm, 1997년작. www.raemate.com

정상이라는 환상

절대 돌아가고 싶지 않은 트라우마의 단면들

모든 사람은 어떤 형태로든 트라우마의 영향을 받지만 어떻게 대처해야
할지 아는 사람은 거의 없다.

- 마크 엡스타인Mark Epstein,*《트라우마 사용설명서The Trauma of Everyday Life》

지금부터 6년 전, 일흔한 살이라는 말랑말랑한 나이에 나는 필라델
피아로 강연하러 갔다가 밴쿠버로 돌아오고 있었다. 강연은 잘 끝났고
청중의 반응도 뜨거웠다. 중독과 트라우마가 우리 삶에 미치는 영향에
대한 메시지도 잘 전달되었다. 생각지도 않게 에어캐나다가 배려해주
어 비즈니스 클래스로 업그레이드해서 편하게도 다녀왔다. 나는 비행
기가 밴쿠버의 깨끗한 하늘과 바다가 어우러진 풍경 위로 하강할 때까
지 착한 사람임을 표 내며 한구석에 얌전히 앉아 있었다. 기체가 착륙
해서 게이트로 가는데 아내 레이한테서 문자가 왔다. "미안해요. 아직
출발도 못 했어요. 그래도 갈까요?" 순간 흐뭇했던 마음은 분노로 바뀌
며 몸이 경직됐다. "관둬요"라고 짧게 답했다. 잔뜩 화난 채 비행기에

---

* 마크 엡스타인은 정신과 의사 겸 작가로 불교의 명상을 치료에 활용한다.

서 내려 세관을 통과한 후 택시를 타고 집으로 오니 20분 정도 걸렸다(몇몇 독자는 내가 느꼈을 분노에 공감했을 것이다). 아내를 보고도 반갑기는커녕 뾰로통한 표정으로 대했고 거의 쳐다보지 않았다. 실제로 이후 24시간 동안 눈을 마주치지 않을 정도였다. 말이라도 걸라치면 짜증스럽다는 듯 짧고 무뚝뚝하게 대답했다. 시선은 삐딱했고 이마는 빳빳했으며 턱은 딱딱했다.

도대체 무슨 일인가? 이게 70대의 성숙한 어른에게서 나올 만한 반응인가? 배경을 모르면 그래 보인다. 이런 일이 발생하면 어른 가보 마테는 없다. 이때의 나는 과거, 그것도 태어난 지 얼마 지나지 않았을 때의 나에게 사로잡혀 있다. 감정적으로 과거로 돌아가 다른 사람이 되는 이유는 우리 문화에 널리 분포되어 있는 트라우마가 남긴 자국 때문이다. 사실은 너무나 깊은 곳에 깔려 있어서 대부분은 그 존재조차 눈치채지 못한다.

그리스어에서 유래한 단어인 '트라우마'는 원래 '상처'라는 뜻이다. 이런 사실을 알건 모르건, 상처를 입고 이를 받아들인 방식은 우리의 행동을 지배하고 사회적 관습을 형성하며 우리의 세계관을 드러낸다. 트라우마는 심지어 생존이 걸린 문제에서도 이성적인 사고를 방해할 수 있다. 트라우마는 가장 가까운 사람에게도 심술을 부려 관계를 해치는 경우가 많다.

트라우마 연구의 선구자였던 프랑스의 심리학자 피에르 자네Pierre Janet는 1889년에 트라우마를 초래하는 기억이 "자동적으로 행동과 반응, 감각과 태도에 깊숙이 작동해서 생생하게 반복된다"고 했다.[1] 금세기의 저명한 트라우마 심리학자이자 치료사인 피터 러빈Peter Levine은 특정 충격이 "사람의 생리적·심리적·사회적 균형을 뒤흔들 수 있고,

특정한 단 하나의 기억만으로도 모든 다른 경험을 압도해서 현실감각을 빼앗아 간다"고 썼다.[2] 러빈은 이를 '과거의 횡포'라고 이름 붙였다.

내가 아내의 문자에 그렇게 반응한 것은 어머니의 일기 때문이다. 그 일기는 내가 태어난 지 얼마 안 된 제2차 세계대전 후의 부다페스트에서 어머니가 틈틈이 거의 알아보기 힘들 정도로 갈겨쓴 것이다. 아래는 헝가리어를 번역한 것인데 내가 생후 14개월인 1945년 4월 8일에 작성된 일기다.

> 아가야, 그 사건이 나고 몇 달이 지나서야 겨우 펜을 잡고 너에게 당시의 그 말 못 할 공포를 이렇게라도 알려주고 싶구나. 더 자세한 내용은 너무 끔찍해서 말하고 싶지 않아. 12월 12일에 화살십자당*은 우리를 부다페스트의 빈민가로 몰아넣고 가두어버렸다. 거기서 고생 끝에 스위스 사람들이 사는 집에 얹혀살게 되었지만 그 집의 열악한 주거 상태에서 네가 살기 어렵다고 생각해서 이틀째 되는 날 모르는 사람 편에 너를 비올라 이모네 집으로 보냈단다. 그때부터 너를 못 본 5~6주는 내 인생에서 가장 끔찍한 시기였지.

어머니는 길에서 이름도 모르는 어떤 기독교 교인에게 나를 맡겼고 그 여성이 조금 더 안전한 곳에 사는 친척에게 나를 넘긴 덕분에 살아날 수 있었다. 소련군이 독일군을 몰아낸 다음에야 다시 만난 어머니를 내가 며칠 동안 쳐다보지도 않았다고 한다.

20세기 영국의 위대한 심리학자이자 정신과 의사인 존 볼비John

---

* 헝가리의 극렬 반유대 파시스트 정당으로 나치에 협력한 준군사조직이다.

Bowlby는 이런 행동을 연구해서 애착회피detachment라고 이름 붙였다. 그는 병원에 있으면서 어쩔 수 없는 상황 때문에 엄마와 오랫동안 떨어져 있어야 했던 아이들 10여 명을 연구했다. "며칠 또는 몇 주 후에 엄마를 다시 만났을 때 아이들은 일종의 애착회피 증상을 보였다. 두 명은 엄마를 알아보지 못했고 나머지 아이들은 외면하거나 심지어 같이 있는 것을 피했다. 아이들 대부분은 울음을 터트리거나 거의 울기 일보 직전까지 갔다. 우는 얼굴과 무표정한 얼굴을 교대로 짓는 아이도 많았다"고 기록했다.[3] 예상 밖의 반응이라고 생각하겠지만 사랑하는 엄마를 자기도 모르게 이런 식으로 거부하는 행위는 적응반응이다. '나를 버렸을 때 너무나 깊은 상처를 받아서 다시는 엄마와 친밀한 관계를 맺고 싶지 않아요. 다시는 그런 고통을 겪고 싶지 않아요'라고 아이는 마음속으로 말하고 있다. 나도 마찬가지였는데 어린이들의 이런 반응은 신경계와 마음 그리고 신체에 깊이 각인되어 더 이상 관계를 맺지 못하도록 작용한다. 살면서 이 최초의 사건과 조금이라도 비슷한 사건이 발생하면 당시 상황을 기억하지 못하더라도 이런 반응이 나타난다. 아내에게 보였던 심술 맞고 민감한 반응은 어릴 때 마음속 깊은 곳에 새겨져 있던 오래된 감정 회로가 작동해서 뇌의 차분하고 이성적이며 조절을 담당했던 부분을 눌러버리기 때문이다.

신경정신과 의사인 베셀 반 데어 콜크Bessel van der Kolk는 "모든 트라우마는 우리가 말을 배우기 전에 생긴다"고 말했다.[4] 두 가지 측면에서 그의 주장이 옳다고 생각한다. 우선 내 경우에서 보듯, 우리가 안고 살아가는 심리적 상처는 뇌에 의사 표현 기능이 형성되기 전에 발생하기 때문이고 두 번째는 언어기능이 생긴 후라도 어떤 상처는 신경계 중에서 언어나 생각과 관계없는 부위에 각인될 수 있기 때문이다. 이 부위에

정상이라는 환상

는 뇌뿐 아니라 신체의 다른 부분도 포함된다. 따라서 이런 상처는 언어나 생각으로 접근할 수 없는 부분에 저장되어 있기 때문에 '언어하 subverbal' 수준의 트라우마라고 부르기도 한다. 피터 러빈은 이렇게 설명한다. "의식적이고 **명확한** 기억은 말을 배우기 전에 형성된, 크고 깊은 기억의 빙산의 일각에 불과하다. 이런 의식적인 기억으로는 어린 시기에 형성되어 우리를 지배하는 **무의식 깊은 곳의 경험**을 불러낼 수가 없다. 우리는 이제 겨우 무의식적 경험에 대해 알기 시작했을 뿐이다."[5]

하지만 아내는 내가 도착했을 때 화가 난 원인이 전적으로 나치와 파시스트 그리고 어린 시절의 트라우마 탓이라고는 생각하지 않는다. 물론 동정과 이해를 살 만한 부분도 있어서 그동안 잘 먹히기도 했지만 '히틀러 때문에 그런다'는 핑계는 이제 통하지 않는다. 어쨌든 잘못은 내가 한 거니까. 냉전이 24시간 계속되자 아내가 못 참고 말했다. "그만 좀 해요." 결국 나도 화를 풀었다. 이는 내가 조금 나이를 먹어 성숙해졌다는 신호다. 예전 같으면 며칠 아니 그 이상 걸려야 겨우 화가 가라앉고, 분노가 누그러지며, 얼굴이 펴지고, 목소리가 부드러워지며 평생의 반려자를 다정하게 바라볼 수 있었다.

"나를 잘 이해해주는 사람하고 결혼한 게 문제야." 가끔 이렇게 농담을 하지만 선을 확실히 그을 줄 알고 오래된 과거의 상처 때문에 성질을 부려도 날 있는 그대로 잘 받아주는 아내를 만난 것은 정말 행운이다.

트라우마의 정의와 역할

트라우마로 인한 상처는 우리가 생각하는 것 이상으로 곳곳에 만연해 있다. '트라우마'가 이미 우리 사회에 일종의 유행어로 자리 잡았는데 이렇게 말하면 다소 헷갈릴지도 모른다. 게다가 이 단어는 일상생활에서 여러 가지 다른 뜻을 갖게 되면서 원래 의미가 혼란스러워지고 희석되었다. 물론 의학 분야에서는 명확하면서도 포괄적인 정의가 필요하다. 그리고 요즘은 모든 것이 연결되어 있으므로 사회의 다른 분야에서도 마찬가지다.

트라우마 하면 일반적으로 허리케인, 학대, 지독한 무관심, 전쟁 같은 끔찍한 상황이 연상된다. 이는 의도치 않게 트라우마를 무언가 비정상적이고 특별하고 예외적인 것으로 잘못 떠올리기 때문이다. 어떤 계층의 사람들을 '트라우마를 겪은 사람들'이라고 부르면 그건 우리 대부분은 안 겪었다는 의미로 쓰인다. 그런데 사실은 전혀 그렇지 않다. 사회적 관계 속의 개인적인 역할 수행부터 육아, 교육, 대중문화, 경제, 정치까지 트라우마는 우리 문화 깊숙이 들어와 있다. 사실 우리 사회에 트라우마의 상처가 없는 사람은 없다. 차라리 이렇게 물어보는 것이 더 편할 것이다. 우리 모두는 광범위하고 놀랄 만큼 포괄적인 트라우마 스펙트럼에서 어디쯤 위치해 있을까? 많은 상처 중에서 평생(또는 생의 대부분)을 따라다닌 것은 어떤 것이며 이로 인해 어떤 영향이 있었나? 트라우마에 익숙해지고 심지어 트라우마와 긴밀한 관계를 형성한다면 우리에게 어떤 가능성이 열릴까?

우선 근본적인 문제부터 들여다보자. 트라우마란 무엇인가? 내가 사용하는 '트라우마'라는 단어는 내면의 상처로서, 극복하기 힘들고 마음이 아픈 사건 때문에 발생하는 내면의 지속적인 파열 또는 분리를 뜻한다. 이 정의에 의하면 트라우마는 주로 자신에게 발생하는 극복하기 힘들고 마음이 아픈 사건 때문에 생기는 것이지 사건 그 자체는 아니다. 따라서 나는 "트라우마는 당신**에게** 발생하는 사건이 아니고 당신 **내면**

에서 생기는 무언가다"라고 정의한다. 자동차 사고가 나서 뇌진탕이 왔다고 하자. 이때 발생한 것은 사고이며 지속되는 것은 부상이다. 마찬가지로 트라우마는 우리의 신경계와 정신, 육체에 발생해서 원래 사건이 발생한 한참 뒤까지 영향을 미치며 언제라도 다시 발생할 수 있다. 트라우마는 상처 그 자체와 이로 인해 우리의 몸과 마음에 생기는 부차적 증상 때문에 우리를 힘들게 한다. 그 증상이란 해소되지 못한 감정이 나타난다거나 나도 모르게 자동적으로 트라우마에 반응하는 것이다. 또한 슬프고 과장되며 신경질적인 성격으로 바뀌기도 하고 특히 이로 인해 우리 신체에 여러 변화가 오는 것 등을 포함한다.

상처가 저절로 치유되지 못하면 둘 중 하나가 발생한다. 상처가 열린 상태로 그냥 남아 있을 수도 있고, 더 흔하게는 두꺼운 흉터 조직이 덮을 수도 있다. 아물지 않은 상태의 상처는 지속적으로 고통을 유발하고 아주 사소한 자극에도 상처가 커질 수 있다. 상처를 보호하려고 항상 조심하게 되고 다시 상처를 입지 않도록 움직임이 제한되어 행동이 소심해진다. 따라서 보호막을 형성하고 세포를 단단히 묶어주는 역할을 하는 흉터가 생기는 것이 더 낫기는 하지만 단점이 없지는 않다. 딱딱하게 붙어 유연성이 부족하고 성장할 수 없으며 감각을 느끼지도 못한다. 원래의 건강하고 탱탱한 살은 다시 돋지 않는다.

어느 쪽이건 풀지 못한 트라우마는 육체적·심리적으로 자신을 위축시킨다. 타고난 능력을 제한하고 세상과 다른 사람을 보는 관점을 왜곡시킨다. 트라우마를 극복하기 전까지 우리는 과거에 묶여 현재의 능력을 제대로 발휘하지 못하고 발전 가능성이 막혀버린다. 상처를 억누르고 영혼의 불편한 부분을 억제해서 우리의 자아를 분열시킨다. 트라우마는 또한 성장에 방해가 된다. 내 경험으로 보면 트라우마 때문에 자존감이 상하고 관계에 악영향을 주며 삶을 감사하게 여기지 못한다. 어린 시절에 겪게 되면 건강한 두뇌의 발육을 저해하기도 한다. 그리고 우리가 뒤에서 보겠지만 트라우마는 일생 동안 여러 질병의 선행요인이자 기여요인 역할을 한다.

이 모든 것을 종합해볼 때 트라우마의 충격은 많은 사람들에게 정상적인 성장을 방해하는 주요 요인이다. 피터 러빈의 말을 다시 인용하자면 "인간 고통의 원인 중 트라우마만큼 우리가 기피하고, 무시하며, 과소평가하고, 부인하고, 오해하는 것도 없다."[6]

두 종류의 트라우마

본격적으로 시작하기 전에 두 가지 형태의 트라우마를 명확히 하는게 좋겠다. 첫 번째는 유아기나 그 뒤에 발생한 고통스럽고 엄청난 사건에 몸과 마음이 자동적으로 반응하는 것으로, 주로 의사나 피터 러빈, 반 데어 콜크 같은 학자들이 이런 의미로 사용한다. 의사로서의 경험과 연구 결과에서 알 수 있듯이 가정 내에서 발생하는 명백한 학대나 심각한 수준의 방치부터 일상적으로 겪는 가난과 인종차별 또는 탄압까지 어린이들에게는 여러 종류의 고통스러운 일이 발생하며 때때로 끔찍한 결과를 초래한다. 우리가 생각하는 것 이상으로 트라우마로 인해 복합적인 증상이 나타나며 육체적·정신적 질병으로 발전하지만 제도권 의료계는 외상후스트레스장애PTSD 같은 질환 외에는 질병으로 인정하지 않고 있다. 이를 대문자 T로 시작하는 트라우마라고 부른다. 많은 정신질환이 이 트라우마와 관계가 있다. 또한 염증반응을 일으키고 생리 장애를 유발하며 유전자 기능을 약화시키는 등 육체적 질환의 원인이 되기도 한다. 한마디로 대문자 T 트라우마는 아동학대, 가정폭력, 감정적 상처가 큰 이혼, 또는 부모의 사망처럼 일어나서는 안 될 일을 겪고 감정적으로 약해진 사람들에게 나타난다. 이런 사건들은 아동기 부정적 생애 경험adverse childhood experiences: ACE에서 아동학대로 판정하는 기준에 모두 부합한다. 다시 말하지만 끔찍한 사건 그 자체는 트라우마가 아니며, 그 결과 내부에서 발생하는 상처를 트라우마라고 한다.

또 다른 형태의 트라우마는 우리 문화에 보편적으로 존재하는 것으로 '소문자 t 트라우마'라고 부른다. 나는 겉보기에 평범하게 보이는 사건들이 어린이들의 영혼에 남기는 지속적인 상처를 오랫동안 목격했다.[7] 이를 두고 한 저명한 연구자는 "기억은 잘 나지 않지만 슬프고, 생각보다 널리 퍼진 어린 시절의 불행"이라고 통렬하게 표현했다. 또래에게 따돌림을 당한다거나 자식을 잘 키워보겠다고 부모들이 무심코 반복하는 따끔한 훈계, 부모로부터 따뜻한 정을 느끼지 못하는 것 등이 포함된다.

어린이들, 특히 예민한 어린이들은 여러 상황에서 상처를 입는다. 나쁜 일이 발생하는 상황에서는 당연하고 심지어 좋은 일이 발생하지 않는 상황에서도 그렇다. 예를 들어 사랑받고 싶은 욕구가 충족이 안 된다거나 심지어 아이가 사랑하는 부모로부터도 보호받고 인정받지 못하는 경우 같은 것들이다. 이런 종류의 트라우마는 앞에서 언급한 것과 같이 확실한 슬픔이나 고통을 유발하지는 않지만 기본적인 욕구가 충족이 안되기 때문에 소외감으로 고통받을 수 있다. 영국 소아과 의사인 D. W. 위니컷D. W. Winnicott은 이런 상황을 "일어나야 좋은데 안 일어나는" 상황이라고 표현했다. 이에 대해서는 인간의 발달 과정에 대해 다룰 때 다시 언급할 것이다. "일상생활에서 겪는 트라우마로 인해 엄마 없는 아

이처럼 느끼는 사람들이 많다." 정신과 의사인 마크 엡스타인의 말이다.[8]

대문자 트라우마는 겨우 의학계에서 인정을 받았지만, 소문자 트라우마는 수십 년에 걸쳐 증거가 축적되어왔음에도 아직 인정받기 위한 발걸음도 떼지 못하고 있다.

대문자와 소문자로 트라우마를 구별한다고는 하지만, 인간이 느끼는 감정의 연속성과 광활한 폭을 감안할 때 실제로는 그 경계가 모호해서 칼같이 선을 긋기도 어렵고 그렇게 엄격하게 나누어 관리할 필요도 없다. 이 둘의 공통점에 대해 베셀 반 데어 콜크는 간단히 이렇게 표현했다. "트라우마는 다른 사람들이 우리를 보지 못하고 알지 못할 때 생긴다."

두 종류의 트라우마가 인간의 삶과 인간으로서의 기능에 미치는 영향은 매우 상이해서 보통은 대문자 트라우마가 훨씬 더 고통스럽고 인간을 무기력하게 만들지만 겹치는 부분도 상당히 많다. 공통적으로 이 트라우마들은 자아를 무너뜨리며 바깥세상과의 관계를 단절시킨다. **그 단절이야말로 트라우마의 본질이다.** 피터 러빈은 트라우마에서 "가장 중요한 것은 우리 자신, 가족, 우리를 둘러싼 세상 등과의 관계 단절이다. 이는 장기간에 걸쳐 천천히 발생하기 때문에 알아차리기 힘들다. 때로는 우리가 모르는 사이에 단절된 관계에 적응하기도 한다"고 말했다.[9] 관계 단절이 내재화되면 우리의 세계관이 왜곡된다. 즉 깨진 렌즈로 세상을 보게 된다. 우리가 '장점'이라고 여기며 습관적으로 하는 행동조차 트라우마에서 오는 단절 때문에 생겼다는 것을 알게 되면 매우 허무해질 것이다. 자신이 행복하며 적응을 잘한다고 믿는 사람도 대문자 트라우마의 맨 끝은 아니더라도 그 중간 어딘가에 위치해 있다는 것을 깨닫게 되면 당황스러울지 모른다. 그러므로 비교는 의미가 없다. 우리보다 더 심한 트라우마를 입은 듯 보이는 사람과 비교하는 것도 무의미하다. 고통은 비교할 수 없기 때문이다. 마찬가지로 "내가 겪은 고통에 비하면 넌 아무것도 아냐"라며 자신의 트라우마를 다른 사람보다 우월한 근거로 생각해서는 안 된다. 또한 우리가 파괴적으로 행동해서 상대방이 반발할 경우 이를 억압하는 근거로 사용해서도 안 된다. 우리 모두는 각자의 방식으로 상처를 안고 산다. 내 상처를 다른 사람과 비교하는 것은 아무런 의미도 없고 가치도 없다.

트라우마가 아닌 것

다른 사람이 이렇게 말하는 것을 들어본 사람이 많을 것이다. "맙소사. 어제 본 영화가 너무 끔찍해서 트라우마 생겼어." 또는 대학생들이 다시 트라우마를 입지 않기 위해 영상의 내용에 대해 경고 문구를 요청한다는 뉴스를 본 적이 있을 것이다. 이런 경우 이해는 되나 용어를 잘못 사용하고 있다. 사람들이 실제로 말하고자 하는 것은 육체적·정신적 **스트레스**다. 그래서 피터 러빈은 이렇게 지적한다. "모든 트라우마성 사건은 스트레스를 유발한다. 그러나 모든 스트레스성 사건이 트라우마를 유발하지는 않는다."[10]

트라우마 때문에 **위축될** 때, 즉 정신적·육체적으로 그전보다 **더 제한받고** 그 상태가 **지속될** 때만 우리는 어떤 사건이 트라우마를 유발하거나 재발시킨다고 말할 수 있다. 살면서 예술, 정치, 사회적 소통 등의 분야에서 짜증 나고 고통스러우며 끔찍한 일을 많이 경험하지만 그것이 모두 트라우마를 발생시키지는 않는다. 그렇다고 해서 앞의 내 경우에서처럼 현재와 아무 상관이 없는 과거의 일이 트라우마성 반응을 유발한다는 점을 부인하지는 않는다. 다만 이로 인해 전보다 위축되지 않는 한 트라우마가 재발한다는 뜻은 아니다.

아래 소거식 체크리스트를 통해 확인해보자. 답이 계속해서 '그렇다'면 트라우마가 아니다.

- 위축되거나 제한되지 않으며 감정과 행동이 제약받거나 자신에 대한 자신감이 위축되지 않는다. 고통을 겪고 좌절하지도 불쌍하다는 생각도 들지 않는다.
- 고통과 슬픔, 공포에 압도되어 이를 극복하기 위해 습관적으로 일에 몰두하거나 어떤 방법으로든 자신을 위로하고 자극을 줄 필요가 없다.
- 존재를 인정받고 필요성을 강조하기 위해 자신을 과대 포장하거나 지나치게 겸손할 필요가 없다.
- 삶의 아름다움과 경이에 감사하는 능력이 줄어들지 않았다.

만일 만성적으로 자신에게 위축 현상이 나타난다면 트라우마의 그림자가 당신의 영혼에 드리웠다는 뜻이며 대문자, 소문자에 상관없이 아직 치료되지 않은 감정적 상처가 남아 있다는 뜻이다.

트라우마는 몸으로부터 우리를 분리한다

"일단 누군가 당신의 몸을 침범해 안에 들어오면 그 몸은 더 이상 당신의 몸이 아닙니다." 이브 엔슬러Eve Ensler로 알려진 작가 V가 어릴 때 아버지로부터 성적 학대를 당한 일을 생각하며 내게 한 말이다.* "온통 공포와 배신과 슬픔과 잔인함밖에 없어요. 자기 몸을 극도로 싫어하게 되죠. 그래서 나는 머릿속에서만 존재하고 자신을 알고 보호할 능력이 없었던 거예요. 몸 안에 아보카도만 한 종양이 자라는 것도 몰랐어요. 그 정도로 나 자신과 분리되어 있던 겁니다." 과거 내 경험과 많이 다르기는 하지만 나는 V가 무슨 말을 하는지 잘 알고 있다. 내가 가장 대답하기 어려워했던 질문은 "기분이 어때?"였다. 그러면 보통 짜증 섞인 투로 "그걸 내가 어떻게 알아?"라는 식으로 반응했다. 내 생각이 어떠냐는 질문에 대해서는 별로 어려움이 없었다. 그런 면에서 나는 매우 뛰어났기 때문이다. 반면에 어떻게 그리고 무엇을 느끼는지 잘 모른다면 몸과 자신이 분리되었다는 확실한 신호다.

이런 분리는 왜 생길까? 내 경우는 생각할 것도 없다. 유아기를 전시 헝가리에서 보내면서 늘 배고픔과 설사에 시달렸다. 어른들에게도 매우 불편하고 고통스러웠을 테니 한 살배기 아이한테는 말할 것도 없었다. 나는 또한 어머니의 공포와 끔찍한 감정적 고통도 느낄 수 있었다. 벗어날 방법이 없는 상태에서 어린아이의 자연스러운 반응(사실 유일한 반응)은 고통과 관련된 감정을 억압하고 이로부터 분리하는 것이다. 따라서 자신의 몸을 생각하지 않는다. 신기하게도 이는 성장한 다음에 **장점**의 형태로 나타날 수 있다. 나 같은 경우는 배고프고 피곤하며 힘든 상황에서도 휴식이나 영양 공급 없이 고도의 집중력으로 계속해서 일을 할 수 있다. 반대로 이것이 어떤 사람한테는 언제 그만 먹고 마셔야 하는지를 분간 못 하는 형태로 나타날 수 있다. 즉 정지 신호가 오지 않

는 것이다.

그 형태가 어떻든 간에 트라우마를 입은 사람들한테는 분리 현상이 가장 현저하게 나타나며 동시에 여러 종류의 트라우마에서 꼭 나타난다. V의 경우에서 보듯 이는 피해자 입장에서 자연스러운 반응이자 실려면 어쩔 수 없는 반응이다. 만일 V가 그 시간에 머물러 매 순간 육체적·감정적 고통을 겪었다면 어린 시절의 공포를 견뎌내지 못했을 것이다. 분리 현상은 이렇게 자비의 날개를 타고 나타나 짧은 기간 내에 우리의 목숨을 살려준다. 그러나 시간이 갈수록 그대로 방치하면 더 이상 상황에 맞지 않는 조건반사적 반응이 굳어짐에 따라 우리의 영혼과 신체에 지울 수 없는 깊은 상처로 남는다. 그 결과는 만성적인 고통이며 뒤에서 보겠지만 질병으로 발현하는 경우도 많다.

"암을 치료하는 과정에서 이게 정말 놀라웠어요. 아홉 시간에 걸친 대수술 끝에 장기 몇 개를 들어내고 70바늘을 꿰맨 후 깨어나 보니 내 몸에는 각종 주머니와 튜브가 주렁주렁 매달려 있었지만 살면서 처음으로 내가 내 몸이 되어 있더라고요. …… 고통스러웠지만 동시에 날아갈 듯 기뻤죠. 그건 마치 '맙소사, 내가 곧 몸이야. **내가 내 몸 안에 있어**' 같은 느낌이었어요." 갑자기 자기 몸에 들어온 것 같은 느낌은 치유가 진행된다는 증거다. 트라우마의 족쇄가 느슨해지면 분리되었던 우리 자신이 다시 결합된다.

트라우마는 직감으로부터 우리를 분리한다

일반인이 V가 겪었던 그런 경험을 하게 되면 신체 학대와 영혼의 파괴를 막기 위해 도망가거나 맞서 싸우는 것이 자연스러운 반응이다. 그러나 여기에도 문제가 있는 것이 어린아이는 그런 선택을 할 수 없기 때문이다. 잘못하면 더 큰 위기에 처할 수도 있다. 따라서 우리 몸은 감정을 억눌러 도망이나 싸움이 아닌 세 번째 반응을 보이게 된다. 이 반응은 생명체가 **도망**도 **싸움**도 모두 불가능할 때 보이는 **경직** 반응과 유사하다. 근본적인 차이점은 매가 사라지면 주머니쥐는 언제 그랬냐는 듯 돌아다니지만 트라우마를 입은 피해자는 위험이 사라져도 경직 상태가 지속된다는 점이다.

"우리에게 감정이 있는 이유는 그것이 어떻게 하면 살고 어떻게 하면 죽는지를 알려주기 때문이다." 지금은 고인이 된 신경과학자 자크 판크세프Jaak Panksepp가 한 말이다. 그에 의하면 감정은 두뇌의 사고로부터 생기는 것이 아니라 고대로부터 생존과 관련된 뇌의 반응에서 생긴다고 한다. 감정은 생명과 발전을 가능하게 보장하는 역할을 한다. 극심한 분노는 싸움 반응을 활성화하고 극심한 공포는 도망 반응을 활성화한다. 그러므로 싸움이나 도망 같은 자연스러운 반응을 억눌러야 한다는 상황 판단이 서면 이를 유발하는 감정도 억눌러야겠다고 판단한다는 것이다. 즉 경보가 없으니 반응이 없는 상태가 되는 것이다. 이를 자기 패배적인 반응이라고 할 수도 있지만 꼭 그런 것만은 아니다. 생존이 위협받는 상황에서는 이런 반응이 그나마 '덜 위험한' 선택지로서 추가적인 피해를 예방할 수 있는 유일한 방법이다.

이 경우 자신의 감정세계를 억누르고 추가적인 보호를 위해 자신만의 세계에 더욱 깊숙이 침잠하기도 한다. 타라 웨스트오버Tara Westover는 베스트셀러 회고록《배움의 발견Educated》에서 이를 잘 보여준다. 이 작품에서 작가는 부모의 묵인하에 자행되는 오빠의 학대가 주는 충격을 이렇게 기억한다.

나 자신이 돌처럼 단단하고 강하다고 느껴졌다. 처음에는 잘 믿지 않았지만 어느 날부터 그것이 진실이 되어 있었다. 그러자 나 자신에게 추호의 거짓말도 없이 그것이 내게 아무런 영향을 미치지 않았다고 말할 수 있었다. **오빠**는 내게 아무런 영향을 못 미쳐. 왜냐하면 세상에 나에게 영향을 미칠 수 있는 건 아무것도 없으니까. 당시에는 이런 생각이 얼마나 병적인지 잘 몰랐다. 내 속을 전부 들어낸 것이나 마찬가지였다. 그날 밤 사건의 결과를 곰곰이 생각했지만 가장 중요한 것을 잘못 이해하고 있었다. 그 사건이 내게 영향을 주지 못한다고 생각하는 것, **그것이** 진짜 내게 미치는 영향이었다.[11] (볼드체 표기는 원문을 그대로 따름)

트라우마는 반응 유연성을 저해한다

이 장의 맨 앞으로 돌아가 트라우마의 족적이 나를 지배하지 않는 상황을 상상해보자. 비행기가 착륙했는데 아직 출발도 못 했다는 아내의 문자가 왔다. '음, 뜻밖이네'라고 속으로 중얼거려보지만 '무슨 사정이 있겠지. 그림 그리는 데 몰두해서 시계를 못 봤나 보네. 과거에도 그런 일이 종종 있었는데 일부러 그런 것도 아니잖아. 솔직히 나도 일하느라 시간 놓친 적 많은데 뭘. 그냥 택시 타고 가지 뭐'라고 생각한다. 실망감이 없다고 하면 거짓이겠지만 그렇다고 하더라도 시간이 지나면 그 감정이 사라지게 마련이다. 사실상 트라우마의 피해자가 되기보다 혼자 손해 보는 쪽을 택한 것이다. 집에 도착해서도 화를 내거나, 삐치거나, 피하지 않는다. 다만 선을 넘지 않는 범주 내에서 가벼운 농담을 할 수는 있다.

나는 이렇게 이른바 '반응 유연성response flexibility'을 보여줄 수도 있다. 살다 보면 부딪히는 인생의 여러 고비, 실망, 승리, 도전 등을 대하는 방식을 선택하는 능력 말이다. "인간의 자유는 자극을 받고 반응하기 전에 잠시 멈추어 우리가 원하는 반응을 선택할 수 있는 능력에서 나온다." 심리학자 롤로 메이Rollo May의 말이다.[12] 트라우마는 우리에게서 그 자유를 박탈한다.

반응 유연성은 대뇌피질 중전두 부분이 활성화될 때 나타난다. 날 때부터 이런 기능을 가지고 태어나는 아이는 없다. 아이들의 행동은 의식적인 선택이 아닌 본능과 반사 반응에 지배된다. 뇌가 발달하면서 선택하는 능력도 발달한다. 트라우마의 정도가 심할수록, 더 어린 나이에 생길수록 반응 유연성이 우리 뇌 회로에 각인될 가능성이 낮아지고 제대로 기능을 못하게 된다. 심한 자극이 가해지면 늘 하던 대로 자동적인 방어 반응을 보인다. 알면서도 반응 행동의 폭이 매우 좁아진다. 트라우마가 크면 클수록 더욱 반응은 경직된다. 과거가 계속해서 현재를 지배하고 가로챈다.

트라우마는 자신을 수치스럽게 생각하도록 만든다

지금까지 내가 받은 편지 중 가장 슬픈 편지는 중독을 다룬 내 책《굶주린 유령의 왕국에서In the Realm of Hungry Ghosts》의 독자한테 받은 것이다. 이 책에서 나는 중독이야말로 절대적이지는 않더라도 높은 확률로 어린 시절의 트라우마 때문에 생긴 것이라고 주장했다. 그 독자는 9년간 금주했지만 고통은 사라지지 않았고 10년을 일도 못한 채 강박증 치료를 받고 있다고 했다. 내가 쓴 책의 내용이 매우 흥미로웠지만 "어머니를 원망하지 않을 것이고 모든 잘못은 자신에게 있다"고 편지에 적었다. 나는 자신을 비난해서 생기는 수치심이 그렇게 쉽게 개인적 책임으로 둔갑하는 것을 보고 기가 막혔다. 게다가 그 독자가 잘못 생각하는 것이 있다. 나는 그 책에서 단 한 번도 부모에게 잘못이 있다거나 부모를 비난해야 한다고 주장한 적이 없다. 오히려 몇 페이지에 걸쳐 부모를 비난하는 것이 맞지도 않고 부정확하며 과학적 근거도 없다고 설명했다. 이 독자가 어머니를 옹호하려는 본능은 내가 책에서 주장한 것을 반박하기 위해서가 아니라 인정받지 못하는 자신의 분노를 합리화하기 위한 수단이었다. 심하게 경직되어 건강한 분출구를 찾지 못한 그의 감정이 자기 증오의 형태로 발현한 것이다.

심리학자 거셴 카우프만Gershen Kaufman은 이렇게 말한다. "수치심을 경험하는 것은 우리 자신이 인간으로서 기본적인 자질이 부족하다는 것을 뼈저리게 느낀다는 뜻이다."[13] 트라우마의 상처를 간직한 사람들은 거의 공통적으로 자신을 밑바닥부터 수치스러운 존재로 간주한다. 즉 그들도 잘 알고 있지만 어쩔 수 없는 부정적인 자기 인식이 생긴다는 뜻이다. 수치감이 가장 안 좋은 이유는 자신에 대한 연민이 사라지기 때문이다. 트라우마가 클수록 상실이 크다.

자신에 대한 부정적 인식이 항상 우리의 의식을 지배하는 것은 아니며 오히려 그 반대로 지나친 자존감으로 나타나기도 한다. 이 경우 자신을 대단하다고 생각하여 스스로를 거대자신감이라는 갑옷으로 감싼 채 그 어떤 단점도 부인하고 견디기 힘든 수치심을 피하려 한다. 이렇게 자기를 과대평가하는 성향은 (좀 더 공식적인 형태인) 극도의 자기 비하와 마찬가지로 자신을 혐오할 때 나타난다. 수치심에서 도망쳐 자아도취의 세계에 빠진 사람이 사회적·경제적·정치적 지위를 얻고 성공하는 것을 보면 우리 사회가 문제 있는 것은 확실해 보인다. 우리 문화에서는 트라우마를 입은 사람들이 사회 밑바닥으로 추락해 고생하기도 하지만 신분이나 재산, 인종 및 다른 요소에 따라 권력의 최정점으로 상승하기도 한다.

우리 문화에서 수치심이 가장 흔하게 나타나는 형태는 '나는 충분하지 않아'라는 믿음이다. 2020년, 52세의 나이에 유방암으로 사망한 엘리자베스 워첼Elizabeth Wurtzel은 어릴 때부터 우울증으로 고생했다. 친아버지가 누구인지 아무도 말해주지 않는 등 어린 시절은 매우 끔찍했다. 잡지 〈뉴욕New York〉에 보낸 자서전적 기고문에서 워첼은 이렇게 말했다. "10살쯤 발병한 만성 우울증으로 극도로 지쳐 있었지만 오히려 우울증은 내게 움직일 수 있는 동기를 주었다. 크건 작건 내 앞에 떨어진 그 어떤 일이라도 내가 잘할 수 있다면 잠시나마 행복해질 수 있을 거라고 생각했다."[14] 자신이 무능력하다는 확신 때문에 여러 직업에 도전할 수 있는 용기를 얻기도 하고 병에 걸리기도 한다. 한 사람한테 이 두 가지가 동시에 나타난다.

트라우마는 우리의 세계관을 왜곡시킨다

"모든 일은 마음이 근본이다. 마음에서 나와 마음으로 이루어진다." 부처의 말씀을 모은 《법구경》의 첫 구절이다.[15] 다른 말로 하면 우리가 믿는 세계가 우리가 사는 세계가 된다는 뜻이다. 이 세상을 오직 승자만이 독식하는 적대적 장소로 본다면 그런 분위기에서 살아남기 위해 공격적이고 이기적이며 허풍스럽게 변하는 게 당연하다. 나중에는 경쟁적인 상황에 놓이게 되어 그런 세계관이 더욱 굳어질 뿐이다. 우리의 믿음은 자기실현적일 뿐 아니라 세계관을 만들기도 한다.

　감히 부처가 놓친 것을 지적해보겠다. 마음이 세상을 창조하기 전에 세상이 우리 마음을 창조했다. 특히 극심한 트라우마를 겪으면 고통과 공포 그리고 의심으로 세상을 보게 된다. 이 렌즈는 세계관을 결정하고 왜곡시킨다. 아니면 완벽한 부정을 통해 순진한 장밋빛 전망을 갖도록 만들어 눈앞에 실재하는 위험을 보지 못하게 한다. 즉 공포를 포장해서 인정하지 않는다는 뜻이다. 자신과 다른 사람들에게 습관적으로 거짓말을 해서 고통스러운 현실을 부정하는 사람도 있다.

트라우마는 우리를 현재와 분리시킨다

　오슬로에서 독일 심리학자 프란츠 루퍼트Franz Ruppert와 식사를 한 적이 있다. 그런데 식당이 너무 시끄러웠다. 높은 곳에 설치된 여러 스피커에서 요란한 대중음악이 흘러나왔고 TV에는 여러 채널의 화면이 현란하게 번쩍거렸다. 100년 전 노르웨이의 위대한 극작가인 헨리크 입센Henrik Ibsen의 작품이 이 건물에서 공연될 때는 조용했을 것이다. "이거 무슨 일이래요?" 너무 짜증이 나 소음을 뚫고 루퍼트에게 외쳤다. 그는 어깨를 으쓱하며 "트라우마 때문에 그래요"라고 대답했다. 루퍼트의 뜻은 사람들이 필사적으로 자신으로부터 도망갈 출구를 찾고 있다는 거였다.

　트라우마 때문에 자신으로부터 분리된다면 우리 모두 집단적으로 트라우마를 이용하면서 동시에 강화하는 상황에 사로잡힌다는 말이 이해가 된다. 직장 스트레스, 멀티태스킹, SNS, 뉴스 업데이트, 여러 유흥거리로 인해 우리는 생각에 빠지거나 광적인 활동, 기계 장비, 의미 없는 대화에 몰두하게 된다. 우리가 그런 것들을 추구하는 이유는 그것이 필요해서도, 그것이 감동적이고 숭고해서도 아니며 우리의 삶을 풍요롭게 하거나 어떤 의미를 주어서도 아니다. 단지 현재를 없앨 수 있기 때문이다. 어리석게도 우리는 돈을 모아 가장 최근에 나온 '시간 절약' 장치를 구입하지만 그것이 사실은 시간을 '죽이는' 일이다. 사람들은 현재를 인식하기를 두려워한다. 후기자본주의는 현재에 대한 두려움을 회피하는 데 일가견이 있다. 사실 자본주의의 성공 대부분은 우리 자신과 더욱 벌어지는, 우리와 현실의 간극에 의존했다. 또한 그 틈을 메우려는 가짜 상품과 인위적으로 현재에서 벗어나려는 소비자 문화 역시 커다란 일조를 했다.

폴란드 출신 작가 에바 호프만Eva Hoffman*은 상실을 이렇게 표현했다. "**경험 자체를 경험하는 것과 비슷하다**. 이게 무슨 뜻일까? 그건 마치 순간의 질감이나 감각으로 들어가는 능력 같은 것이다. 이완을 통해 자신을 증상의 리듬이나 개인적 경험에 맡기기도 하고 어디로 가는지 모른 채 감정이나 생각의 끈을 따라가기도 하다가 한참 동안 멈추어 생각하는 능력 말이다."[16] 그러다 결국에는 삶에서 멀어지는 것이다.

원인은 당신이 아니다

서스캐처원주 리자이나에 사는 67세 제시카는 손주 두 명을 돌보고 있다. 아이들의 아버지는 약물 과다 사용으로 세상을 떠났다. 또 다른 아들 역시 약물중독으로 사망했다. 중독이 주로 가정에서 발생하는 어

---

* 1950년대에 가족과 함께 밴쿠버로 이민했는데 지금은 런던에 산 지 오래되었다.

린 시절의 트라우마로부터 시작된다는 내 주장을 알고도 나와 인터뷰를 하다니 정말 대단하다는 생각이 들었다. "내 아들들의 삶을 돌아보면 많은 트라우마가 있었을 거라고 생각해요. 나하고 같이 살았으니 나도 트라우마의 일부겠지요. 아이들이 각각 두 살, 세 살일 때부터 재혼하는 여섯 살, 일곱 살이 될 때까지 혼자 키웠어요. 내 삶의 방식과 행동, 내가 알았던 것과 몰랐던 것이 아이들한테 영향을 미쳤다고 봐요."

생부가 일찍 가족을 버리고 떠난 뒤 계부는 아이들을 육체적·정신적으로 학대했다. "나는 너무 외로웠고 무서웠지만 달리 방법이 없었어요." 제시카가 그런 남자를 구별할 혜안이 없었던 것이나, 자신의 주장을 확실히 해서 아이들을 학대로부터 보호하지 못한 것도 제시카 자신이 어린 시절 지속적으로 상처를 입었기 때문이었다. 사랑받으며 컸지만 동시에 극심한 감정적 상처를 받아 시간이 가면서 상처로부터 멀어지려 했다. "어릴 때 나 자신의 감정이 매우 수치스러웠어요. 난 너무 예민해서 많이 울었죠."

트라우마는 대부분 몇 세대에 걸쳐 진행된다. 그 연결 사슬은 부모로부터 아이에게 전달되면서 과거로부터 미래로 확장된다. 자신이 해결하지 못한 것을 후손들에게 물려주는 것이다. 나도 그랬지만 자신도 모르는 사이에 집이 어렸을 때 겪었던 상처를 재현하는 장소가 된다. "트라우마는 엄마와 엄마 역할, 아빠와 아빠 역할, 남편 역할과 아내 역할에 영향을 미칩니다." 가족 세우기family constellation 치료사인 마크 윌린 Mark Wolynn이 내게 귀띔했다. "트라우마가 반복되면서 계속 퍼져나가는 거죠. 그러니 절대 치유될 수가 없죠." 그는 《트라우마는 어떻게 유전되는가It didn't start with you》의 저자다. 트라우마는 세대를 뛰어넘어 유전자 활동에도 영향을 미친다. 뒤에서 다시 다루겠다.*

그렇다면 제시카의 큰손자에게 약물 문제 그리고 행동 및 학습장애가 생긴 것도 놀랄 일은 아니다. 엄청나게 많은 것을 잃었지만 동시에 많은 것을 배웠으므로 제시카는 손자에게 아들에게 했던 것보다 훨씬 더 잘 따뜻하게 다가설 수 있다. 제시카가 자신의 상황을 설명하는 데 자기 판단이 없다는 점에 주의하기 바란다. 과거에는 몰랐던, 아니 알 수 없었던 것 때문에 벌을 받는 게 아니고 '이해'한다고 말한다. 영원히 과거에 몰입된 자신을 책망하는 행위는 현재 사랑하는 사람으로부터 멀어지게 만들 뿐이다.

고통이 가정, 심지어 지역사회 내에서 몇 세대 전에 시작되었다는 것을 알면 누군가를 책망하는 행위는 의미 없는 개념이 된다. "이를 깨달으면 부모를 나쁜 사람으로 보는 성향이 바로 사라진다"고 영국 의사인 존 볼비가 밝혔다. 그는 어린이의 정신세계를 구축하는 데 어른과의 관계가 결정적으로 중요하다고 주장했다. 연결 고리를 거꾸로 추적해서 증조부모, 근세 이전의 조상들, 아담과 이브, 최초의 단세포 아메바까지 아무리 거슬러 올라가도 정확하게 누가 잘못인지 파악할 수 없다. 그걸로 위안을 삼아야 할 것 같다.

좋은 소식들이 계속된다. 트라우마를 내부동역학으로 발생하는 사건으로 보게 되면 그 결과를 설명할 수 있다. 트라우마를 우리나 우리 주변에 발생하는 외적인 사건으로 간주하면 결코 떼어놓을 수 없는 역사의 한 조각이 된다. 반면에 어떤 일이 발생해서 상처와 단절 때문에 발생한 **내부적** 사건으로 보면 치유와 재연결이 가능해진다. 트라우마를

---

* 4장 참조.

제대로 인식하지 않으면 우리 자신을 알 수 없다. 반대로 트라우마로부터 바위같이 단단한 정체성을 갖게 되면 핵심에서 벗어날 뿐 아니라 치유의 가능성도 사라진다. 왜냐하면 트라우마는 우리 자신을 왜곡시키고 한계를 설정하기 때문이다. 부정하지도 않고 너무 자기 거라고 확신하지 않으면서 트라우마를 직접 대면하는 것이 건강과 균형에 좋다.

"역경을 겪어야 마음의 문이 열리고 새로운 길을 모색하고픈 생각이 든다." 베셀 반 데어 콜크의 말이다. 소크라테스는 이렇게 말했다. "한 번이라도 진단받지 않은 생은 살 가치가 없다. 자신을 진단하지 않으면 프로그램된 대로만 행동하게 되어 있다. 그러나 일단 선택권이 있다는 것을 알게 되면 이를 행사할 수 있다." 소크라테스가 '일단 10년 동안 치료를 하고 나면'이라고 하지 않은 것에 주목하자. 나중에 다시 말하겠지만 간단한 형태의 자기 진단만으로도 트라우마로부터 해방될 수 있다. 중요한 순간에 유명한 제다이 마스터의 포스 영이 저 먼 은하계에 있는 낙담한 제자에게 말했듯 "우리가 집착하는 많은 진실"과 그것을 현실처럼 보이게 하는 "특정 관점"에 기꺼이 의문을 던질 수 있으면 된다.*

❖ ❖ ❖

이 장은 비록 개인적인 경험을 담고 있지만 사실 트라우마는 규모가 커서 과거부터 미래까지 전 세계 모든 국가와 사람들에게 영향을 미친다. 예를 들어 캐나다 원주민들은 오늘날까지도 부당하게 트라우마의

---

* 1983년작 〈스타워즈: 제다이의 귀환〉에서 오비완 케노비가 루크 스카이워커에게 한 말이다.

정상이라는 환상

그늘에서 벗어나지 못하고 있다. 이들은 식민지정책에 의해 몇 세대에 걸쳐 빼앗기고 핍박받았으며 특히 100년에 걸친 어린이들의 고통은 말로 표현할 수 없다. 이들은 가족으로부터 격리되어 교회가 운영하는 기숙학교로 보내졌고, 그곳에서는 육체적·성적·정서적 학대가 만연해서 약물중독, 육체적·정신적 질병, 자살 등이 빈번했고 그 트라우마가 대를 넘어 자손들에게 이어졌다. 미국의 인종차별과 노예제도가 남긴 트라우마 역시 대표적인 사례로서 4부에서 이에 관해 자세히 다룰 것이다.

Chapter 02

무형의 세계: 감정, 건강 그리고 몸과 마음의 일치

뭐든지 숫자로 나타내지 않으면 과학은 그 존재를 인정하지 않는다. 따라서 과학에서는 감정, 마음, 영혼, 정신처럼 '값이 없는 것들'을 연구하지 않는다.

- 캔디스 퍼트Candace Pert, 《감정의 분자Molecules of Emotion》

"서른여섯 살에 유방암 초기 진단을 받았어요." 펜실베이니아주 포코노마운틴스에 살던 캐럴라인Caroline의 말이다. 지금부터 30년도 더 된 1988년이라고 했다. 방사선치료를 받고 수술을 했다. 몇 년 후 왼쪽 골반과 대퇴골에 새로운 종양이 발견되어 고관절의 상당 부분을 제거하고 인공관절 치환술을 받았다. "병원에서는 1~2년밖에 못 산다고 했어요. 아이들이 여덟 살, 아홉 살로 아직 어렸죠. 그런데 내가 지금 56세니 신기록을 세운 거죠."

캐럴라인은 중간에 여러 번 화학치료를 받았지만 우리가 상담을 할 때는 이미 암이 오른쪽 골반과 대퇴골까지 전이되어 진통제에 의존하는 상황이었고 병원에서 말한 시한을 크게 벗어나지 못할 것 같았다.*

하지만 두 아이의 엄마로서 캐럴라인은 지난 과거가 크게 만족스러 웠다. 어쨌든 20년을 더 살아 아이들을 키웠으니 말이다. "언젠가는 죽 겠지만 의사가 1~2년밖에 못 산다고 하니 눈에 뵈는 게 없더라고요. 그래서 의사한테 이렇게 덤볐어요. 미안한데 아이들이 클 때까지 10년 은 더 살아야겠다. 애들이 커서 어른이 되는 걸 볼 수 있다면 무슨 일이 라도 하겠다고요."

"눈에 뵈는 게 없었다? 그래서 정확히 뭐라고 했어요?"

"쌍욕을 했죠. '통계 숫자가 어떻다고? 지랄하고 자빠졌네'라고요."

"잘했어요. 아마도 그것 때문에 오래 산 것 같네요."

"저도 의사한테 그렇게 말했어요." 캐럴라인이 웃었다. "'통계 숫자 는 집어치워요. 아이들 키우려면 10년은 더 살아야 해요'라고 했더니 의사가 밖으로 나가더군요. 내 말을 들으려고 하지도 않았어요. 내가 천박하고 미친 여자라고 생각했나 봐요. 가끔 그 의사를 찾아서 이제 아이들이 다 커서 24살, 25살이라고 말해주고 싶은 생각이 들어요. 캘 리포니아로 옮겼다고 하더군요. 여하튼 큰아이는 프린스턴대학원에 다 니고, 둘째는 조금 마음고생을 했지만 정신을 차렸고 지금은 장학금 받 으며 복수 학위 과정을 밟고 있어요."

캐럴라인이 그 고지식한 의사에게 한 행동은 평소 성격과는 많이 달 랐다. 일평생 누구와도 다툰 적 없이 호인이라는 소리를 들었다. "저는 항상 저를 필요로 하는 곳에서 다른 사람들을 돌봐주고 도움을 주었어 요. 때로는 손해를 보면서요. 그 누구도 원수로 만들지 않고 제가 모 든 걸 책임지고 다 확인해야 맘이 편했죠." 캐럴라인은 이른바 초자율

---

* 안타깝게도 상담 1년 후 캐럴라인의 사망 소식을 들었다.

적 자족superautonomous self-sufficiency형* 성격이었다. 이는 말 그대로 다른 사람에게 아쉬운 소리 하기를 극도로 싫어하는 성격이다.

참고로 이런 성격은 선천적이지 않다. 예외 없이 성장기에 입은 트라우마에 대한 대응반응으로부터 발달한다. 보통은 아주 어릴 때 겪은 자기 부정으로부터 시작한다. 이런 식으로 자신을 억제하면 그 여파가 상당히 오래가는데 이에 대해서는 7장에서 자세히 다룰 것이다.

"사실상 모든 질병은 본질적으로는 안 그렇더라도 심리적 psychosomatic 요인에서 발생한다는 결론을 얻었다." 초창기 신경과학자인 캔디스 퍼트가 1997년 《감정의 분자》라는 책에서 한 말이다. 퍼트 박사는 현대 의학에서 그러듯 질병을 신경증적 허구라고 비난하려는 뜻은 아니었다. 이 세계에 엄격한 과학적 의도가 있다는 뜻이었다. 즉 질병은 인간의 영혼psyche(마음과 정신)과 신체soma(육체)가 하나가 될 때 발생한다는 것이다. 박사는 실험실에서 이를 측정하여 기록했고 자신의 발견이 "행동과학과 심리학, 생물학의 통합적 연구에 크게 기여"할 것이라고 주장했다.[1]

몸과 마음이 긴밀하게 연결되어 있다는 주장은 전혀 새로운 것이 아니다. 오히려 새로운 쪽은 이 둘이 분리 가능하다는 주장으로서 이는 그동안 잘 알려지지 않았지만 요즘은 많은 의사들이 대놓고 이야기 한다. 비록 서양 의학만큼의 기술이나 과학적 지식은 부족할지언정 전 세계에서 시행되는 각종 전통 치료법은 몸과 마음이 하나라는 것을 잘 알고 있었다. 서양 의학은 인위적으로 정신과 신체를 분리했지만 사람들은 생각하는 것과 느끼는 것이 서로 관련되어 있음을 직관적으로 알았

---

* 1982년 독일 하이델베르크대학의 연구진이 만든 용어다.

다. 생활 스트레스 때문에 궤양이 생긴다든지, 정신적 스트레스를 받으면 머리가 아프다든지, 극심한 공포 때문에 공황발작이 생긴다든지 하는 것 등은 누구나 쉽게 생각할 수 있다. 그리고 이런 원칙을 개별적 증상뿐 아니라 질병에도 적용할 수 있다. 즉 인간관계, 돈 문제 및 기타 여러 고질적 문제에서 오는 감정적 동요로 인해 심리적 부담감이 생기고 질병으로 이어질 수 있다는 것이다.

퍼트 박사는 '몸마음bodymind'이라는 용어를 만들어 이러한 일체성을 설명했다. 박사의 업적과 유산을 기리기 위해 만든 공식 웹사이트에는 **"일체성을 강조하기 위해** 몸body과 마음mind 사이에 일부러 하이픈을 넣지 않았다"는 글이 있다. 동일하지 않은데도 몸과 마음은 서로 분리해서 이해하기 어렵다. 이 역설을 무시하고 부정할 수는 있겠지만 벗어날 수는 없다. 박사의 연구에 힘입어 전 세계 수많은 뛰어난 학자들이 감정이 신체에 미치는 영향에 대해 종합적으로 연구하고 논문을 발표했다. 그중 몇 편을 읽어보면 도움이 될 텐데 이렇게 박사와 유사한 주장을 한 뛰어난 논문은 부지기수다.

1982년 영국에서 열린 제4차 국제 암 예방 및 검진 심포지엄에서 독일 연구팀은 어떤 특정한 성격의 사람들이 유방암에 잘 걸린다는 내용의 연구 결과를 발표했다. 조직검사를 위해 입원한 56명의 여성들을 대상으로 감정의 억압, 합리화, 이타적 행동, 갈등을 피하는 성향 그리고 캐럴라인의 사례에서 본 초자율적 자족성 등을 기준으로 심리 테스트를 실시했다. 이들을 인터뷰한 사람과 직접 접촉 없이 인터뷰 결과만으로 평가한 사람들이 예측한 결과, 94퍼센트의 정확성으로 암 환자를 맞혔고 양성종양 판정은 70퍼센트의 정확성을 보였다.[2] 이보다 앞서 영국 킹스칼리지병원의 연구 결과 역시 유방암이 발생한 여성들은 양성종양으로 판정받은 대조군 여성들보다 "월등히 높은 비율로 분노 및 기타 감정을 극도로 억압하는 성격"을 가졌다고 발표했다.[3]

2000년 학술지 〈캔서 너싱Caner Nursing〉은 간호사들이 보는 감정 억압과 암의 연과 관계를 발표했다. "원인은 모르지만 간호사들은 직관적으로 '좋은 성격'이 문제라는 걸 알았으며 연구에 의해 이런 주장이 옳다는 것이 밝혀졌다."[4] 이 연구 결과를 보니 1990년대 바이에른에서 열린 국제 학회에서 클리브랜드병원 소속 신경과 전문의 두 명이 근위축성측색경화증amyotrophic lateral sclerosis: ALS*에 대해 발표한 내용이 생각났다.[5] 병원의 의료진 역시 ALS 환자들이 사람이 아주 좋다고 생각했으며 다른 사람과 확연히 차이가 나기 때문에 ALS 진단을 받을지 아닌지를 정확하게 예측할 수 있었다고 한다. "ALS 환자인 듯. 사람이 너무 좋음" 또는 "ALS 환자 아닌 듯. 별로 좋은 성격이 아님"이라고 진료 기록에 적기도 했다. 의료진들은 이 결과에 심한 충격을 받았다. "직원이 환자를 접한 시간이 매우 짧았고 과학적인 측정 방법도 없었지만 거의 예외 없이 예측이 정확했다"고 밝히고 있다.

그 논문의 수석 저자인 아사 J. 윌번Asa J. Wilbourn을 인터뷰했는데 "그건 거의 보편적인 현상이었습니다"라는 말을 들을 수 있었다. "ALS 환자를 치료하는 병원에서는 거의 상식처럼 되어 있어요. 그런 케이스가 한두 건이 아니죠. ALS와 관련된 일을 하는 사람들은 이런 현상이 절대적이라는 걸 알고 있어요." 최근에 신경학회지에 발표된 논문의 제목에서도 이를 확인할 수 있다. 〈ALS 환자에게 일반적으로 나타나는 좋은 성격 – 치료 의사가 본 환자의 성격 특성〉.[6]

---

* 신경 체계의 퇴행을 불러오는 치명적인 질병으로 영국에서는 운동신경질환, 미국에서는 루게릭병으로 불린다.

전립선암 환자들을 대상으로 한 연구에서는 분노를 억누르는 성격이 자연살해세포의 효과를 감소시킨다고 주장한다. 자연살해세포는 세포의 악성화를 방지하고 외부 침입 물질을 배척하는 면역 체계의 최후 보루이며 종양 저항성에서 중심적 역할을 한다.[7] 이 연구에서는 비교적 가벼운 스트레스에도 젊은 사람들의 종양 저항성이 감소했다는 결과가 나왔다. 특히 감정적 고립 같은 만성적 스트레스를 경험하는 사람들에게 그 증상이 심했다.

슬픔 역시 우리 몸에 엄청난 영향을 미친다. 영국의 학술지 〈랜싯 온콜로지Lancet Oncology〉는 사별이 면역체계와 호르몬 그리고 신경 체계에 미치는 심리적 영향을 발표했는데, 성인이 된 아들을 사고나 전쟁으로 잃은 부모들에게서 림프와 혈액에 암이 발생할 확률이 높아졌다는 연구 결과가 있었다. 혈액, 골수, 림프절에 암이 발생했고 아울러 피부암과 폐암도 증가한 것이다.[8] 전쟁이 사람을 죽이듯 깊은 슬픔도 사람을 죽인다. 암이 그렇듯 다른 질병도 마찬가지다. 덴마크 전체를 대상으로 한 연구에서는 슬픈 일을 당한 부모에게 다발성경화증 발생 확률이 두 배 높다고 밝혀졌다.[9]

(이렇게 확실한 증거가 있긴 하지만, 나는 사랑하는 사람과의 이별이 아무리 슬퍼도 그 자체만으로 건강 문제를 유발한다고 생각하지 않는다. 건강 문제는 슬픔을 어떻게 극복하고 어떤 도움을 요청해서 받느냐에 달려 있다고 생각한다. 슬픈 사건 자체뿐 아니라 이에 어떻게 반응하고 극복해 나가느냐에 따라 건강에 미치는 영향이 달라진다고 생각한다.)

2019년에 학술지 〈캔서 리서치Cancer Research〉에 발표된 논문 한 편으로 몸과 마음의 관계를 연구하는 의학계가 발칵 뒤집혔다. 극심한 PTSD를 겪는 여성들이 그렇지 않은 여성들보다 난소암에 걸릴 확률이 두 배로 높다는 것이다.[10] 연구를 진행한 하버드대학에서 발행되는 〈데일리 가제트Daily Gazette〉는 "이번 실험 결과는 일상생활의 사소한 소리에도 놀라거나 끔찍한 고통을 연상시킬 만한 상황을 회피하는 등 PTSD 증상이 심할수록 사건 발생 후 수십 년이 지났더라도 난소암이 발생할 가능성이 높다는 점을 밝혔다"고 발표했다. 트라우마가 심할수록 암세포가 더 공격적이라는 것이다.

이 보고서는 더 나아가 정신적 스트레스가 우리 몸의 상태와 불가분의 관계에 있다는 여러 충격적인 증거를 제시했다. 이전 보고서에서 이미 우울증이 난소암과 연관이 있다는 내용이 발표되었지만 이 연구에서는 스트레스의 영향에 대해 더 많은 연구가 이루어졌다. 실험 쥐를 대상으로 복강에 난소암세포를 주입한 뒤 움직이지 못하게 묶어놓는다거나 고립시키는 등 정서적으로 학대하면 그렇지 않은 쥐보다 암세포가 더 빨리 성장하고 확산한다고 한다.[11] 하버드대학의 연구진은 스트레스가 암세포의 성장을 방해하는 방어기전을 억제해서 난소암 세포의 성장을 촉진한다고 주장했다. 다시 말해, 스트레스가 악성종양으로의 발전 가능성을 조절하고 제거하는 면역체계를 무력화했다는 것이다.

이 연구 결과는 PTSD 환자뿐 아니라 우리 문화에 만연한, 약한 정도의 스트레스나 트라우마를 가진 사람들에까지 그 적용이 확대된다. 2005년 〈영국 정신의학 저널British Journal of Psychiatry〉에 기고한 핀란드 연구진에 의하면, 공식적으로 트라우마로 진단받을 정도는 아니지만 인간관계에서 오는 문제나 직장 스트레스처럼 비교적 일상적인 스트레스나 감정적 상실과 같은 '일상생활 사건'을 겪은 사람들이 전쟁이나 재해를 겪은 사람들보다 악몽이나 정서적 마비emotional numbness 등의 PTSD

정상이라는 환상

유사 증상을 더 잘 겪는다고 한다.[12]

　난소암에 대한 하버드대학 연구진의 논문은 심리치료를 받아서 PTSD 증상이 완화된 환자가 그렇지 않은 환자보다 암 발병률이 낮다는 면에서 암 치료에 희망을 준다. 감정을 마치 존재하는 중요한 '무엇'으로 간주하면 예방 및 치유 효과가 있다고 생각하는 이런 관점은 매우 흥미 있다.

　이 모든 주장이 시의적절하고 신선하기는 하지만 새로운 것은 아니다. 1939년 〈미국의사협회 저널Journal of the American Medical Association: JAMA〉에 발표된 소마 와이스Soma Weiss 박사의 의대 졸업 강연에 의하면 "모든 질병에는 사회적 · 심리적 요소가 있게 마련이지만 **많은 질병에서 이 요소가 우세한 영향력을 보인다.**"[13] 헝가리계 미국인으로 주위의 존경을 받았던 와이스 박사는 "환자를 치료할 때 정신적 요소는 화학적 · 물질적 약물만큼이나 중요한 작용을 한다"고 덧붙였다. 그는 정신분석 이론가로서가 아니라 존중받는 병태생리학자 및 (질병 치료에 약물을 사용하는) 약물요법 시술자로서 이 말을 한 것이다. 하버드의학전문대학원에서는 1년에 한 번씩 연구의 날을 지정해 그의 업적을 기리고 있지만 그의 통합적 시각과 이를 입증하는 엄청난 양의 문헌은 아직 전통적인 의학계의 관심을 받지 못하고 있다. "마음과 몸을 연결하는 방식은 전통적으로 하버드대학에서 자신의 존재를 위태롭게 만드는 연구였습니다. 최근에 조금씩 바뀌기 시작했지만 여전히 어려운 문제입니다."[14] 최근에 하버드대학의 중진 교수 의사가 내게 한 말이다.

　정말 어려운 문제다. 강연을 하면서 청중에게 지난 5년간 신경외과 의사, 심장 전문의, 호흡기 의사, 류머티즘 전문의, 위장병 전문의, 피부과 의사, 면역학 전문의 등 어떤 의사에게서든 진찰을 받아본 사람이 있으면 손을 들라고 한다. 그러면 많은 사람들이 손을 든다. 뒤이어 이렇게 이야기한다. "이 전문의들이 어린 시절의 스트레스나 트라우마, 부모와의 관계, 현재 인간관계의 문제점, 고독감, 직업 만족도나 현 직장에 대한 평가, 상사에 대한 평가와 상사로부터 받는 대우, 현재 느끼는 스트레스, 한 인간으로서 자신에 대한 평가에 관해 물어보았다면 손을 계속 들고 계시기 바랍니다." 청중으로 꽉 찬 강의실에서 손을 든 사람은 대개 10명 아래로 확연히 줄어든다. 이어 나는 말한다. "그런데 그런 질문들이 여러분의 몸이 아픈 것과 관련이 있습니다."

그럼에도 불구하고 현대 의학의 연구는 전통 의학이 맞는다는 것을 입증하는 자료를 계속 발표하고 있다. 비교적 새로운 학문인 정신신경면역학은 몸과 마음의 일치성을 보여주는 수많은 연구 결과를 제시하고 있다. 감정, 신경체계, 면역체계의 연결 관계를 연구하고 스트레스가 질병을 유발하는 방법을 연구하기도 한다. 사실은 '연결connection' 이라는 단어도 오해를 불러일으킬 수 있다. 연결은 서로 상이한 실체 사이에서만 발생할 수 있기 때문이다. 반면에 현실에서는 모든 걸 하나로 생각한다. 때로는 발음하기도 어려운 정신신경증면역내분비학 psychoneuroimmunoendocrinology이라는 새로운 학문은 우리 몸을 구성하는 **모든** 요소들, 즉 마음, 뇌, 신경 및 면역체계, 호르몬 조절 기관(내분비기관) 등이 하나라고 간주한다. 각 기관을 독립적으로 연구하는 것이 가능하지만 전체 그림을 보지 못하면 개별 연구는 한계가 있을 수밖에 없다. 대뇌피질부터 뇌의 감정 중추와 자율신경계까지, 액체 및 고체 성분의 내분비기관부터 호르몬 기관 및 분비물까지, 스트레스 반응부터 내장까지, 모두 하나라는 것이다.

인류가 오늘날과 같이 진화했기 때문에 본능과 감정 그리고 복잡한 행동이 가능했고 각각의 기관과 체계는 전혀 일치성에 영향을 주지 못한다. 우리의 마음이 아무리 정교해도 우리가 생각하는 것, 의식적·무의식적으로 믿는 것, 느끼는 것과 느끼지 못하는 것 등 우리 마음의 기본적인 요소가 좋건 나쁘건 우리 몸에 상당한 영향을 미친다는 사실은 변하지 않는다. 반대로 출생 후 우리가 경험하는 모든 것들은 우리의 생각과 느낌, 인식 그리고 행동에 영향을 미친다. 이것이 바로 정신신경면역학의 핵심적인 가르침이다.

가장 확실한 예가 뇌에서 공포를 담당하는 편도체와 심혈관질환의 연결 관계다. 스트레스를 느끼거나 경험하면 편도체가 활성화되면서 심장병 발생 위험이 커진다. 편도체 활성화와 심장병은 골수의 움직임이 증가하고 동맥에 염증이 생기는 과정을 통해 서로 연결된다.[15] 일반적으로 감정적인 스트레스 역시 심장에 영향을 미친다고 한다. 2012년 하버드의학전문대학원의 연구에 의하면 직장 스트레스가 심한 여성은 그렇지 않은 여성보다 심장마비를 겪을 확률이 67퍼센트 더 높았다.[16] 같은 해 토론토대학의 연구도 어린 시절에 성적 학대를 경험한 남성은 심장마비가 올 확률이 세 배 더 많다고 주장했다.[17] 연구팀은 학대를 받은 사람이 흡연이나 음주처럼 위험한 행동에 빠지는 경향이 있기 때문이라고 자연스레 가정했다. 그러나 놀랍게도 행동 요소와 상관없이 학대 그 자체가 직접적인 영향을 미치는 것으로 밝혀졌다.

스트레스의 작용기전

스트레스와 그 작용기전을 이해하면 몸과 마음의 일치가 실생활에서 어떤 작용을 하는지 알 수 있다.

사촌 격인 통증반응과 마찬가지로 모든 생물에게 스트레스는 생존하기 위한 필수적인 기능이다. 문제가 생기면 우리 몸의 스트레스 반응 기관이 활성화되고 자신과 사랑하는 존재들의 생존을 위협하는 위험과 직접 부딪치거나 도피할 수 있는 능력이 생긴다. 이는 사실상 우리 몸의 모든 기관과 시스템이 움직이는 전 신체적 사건이다.

스트레스의 형태는 두 가지인데 하나는 위험에 대한 즉각적인 반응이고 두 번째는 외부의 압력이나 내부의 감정 요인으로 발생하는 장기적인 상태다. **급성** 스트레스가 육체와 정신을 제대로 보존하기 위한 필요 반응이라면 **만성** 스트레스는 지속적으로 영향을 미치기 때문에 몸과 마음을 모두 상하게 한다. 어떤 상황에서 화를 내는 것은 자기방어나 대인 경계 설정처럼 명확한 목표를 위해 급성 스트레스가 나타나는 사례이다. 경계심이 높아지고 팔다리의 움직임이 빠르고 강해진다. 반면에 만성 스트레스는 우리 몸을 필요 이상으로 오랫동안 스트레스 호르몬에 노출시킨다. 이런 상황은 원인이 무엇이든 결국은 아래와 같은 증상을 유발한다.

- 불안감과 우울증
- 면역체계 약화
- 염증 촉진
- 혈관수축으로 혈관질환 유발
- 암 발생 위험 증가
- 골다공증 유발
- 인슐린 저항성 증가로 당뇨병 발병
- 복부비만으로 심혈관질환 및 대사질환 유발

정상이라는 환상

- 뇌의 기본적인 인지 및 감정 회로 손상

- 고혈압 발생 및 혈전 생성으로 심장마비와 뇌졸중 발생 위험 증가

　우리 몸에서 스트레스를 유연하고 효과적으로 처리하는 중심축은 'HPA축'이라고 불린다. 시상하부hypothalamus, 뇌하수체pituitary gland 그리고 부신adrenal gland의 앞 글자를 따서 만든 용어다. 시상하부는 뇌의 중심에 있는 작지만 필수적인 기관으로 우리 몸을 건강하고 안정적으로 유지해주고, 뇌하수체는 뇌간의 맨 위에 위치하며, 부신은 신장 위에 자리 잡고 있다. 주요 세 도시를 연결하는 교통 회랑에 진입 차선, 출구, 교차로 등이 복잡하게 설치되어 있는 상황을 생각하면 전체적인 그림이 그려질 것이다.

　다른 동물과 달리 인류는 다양한 외부 환경에 적응하여 살아갈 수 있지만 인간의 신체는 비교적 좁은 범위의 생리 상태에 머물러야 한다. 체온, 혈액 산도, 혈압, 심박수 등 여러 신체 측정값은 엄격하게 표준 범위 내에서만 움직여야 하며 이를 벗어나면 죽을 수도 있다.

　미국의 저명한 스트레스 연구가인 브루스 매큐언Bruce McEwen*은 변화하는 상황에 대응해 내부의 균형을 유지하려는 신체의 반응을 신항상성allostasis이라는 용어로 설명했다. 이 단어는 그리스어에서 변화를 뜻하는 '알로allo'와 현상 유지 또는 중지를 뜻하는 '스타시스stasis'가 결합한 것으로 '변화 속에서 동일함 유지하기' 정도의 뜻을 가진다. 우리 몸은 신항상성 없이 살 수 없으므로 스트레스가 지속되면 신항상성을 유지하기 위해 장기적으로 다른 희생도 감내한다. 이렇게 우리 몸의 정상

＊　록펠러대학의 마거릿 밀리컨 해치 신경내분비연구소장을 지냈고 2020년 사망했다.

적인 기전에 대한 스트레스를 매큐언은 '신항상성 부하'라고 이름 붙였다. 신항상성 부하는 아드레날린, 코르티솔 같은 스트레스 호르몬을 과다 분비시켜 신경 불안과 면역 저하를 초래하고 스트레스 조절 기관의 기능을 저하시키기도 한다.

HPA축의 하부구조는 어머니의 자궁에 있을 때부터 어린이로 성장할 때까지 어린 시절에 결정된다는 것이 최근에 밝혀졌다. 이 예민한 시기에 발생한 스트레스와 학대는 평생 동안 스트레스 호르몬 조절 기관에 영향을 준다. 연구가 거듭될수록 슬픔과 같은 '정신적 무기력함immaterial nothingness'이 결정적이고 확실하게 영향을 준다는 것이 밝혀졌다.

가능한 스트레스를 줄이고 감정에 충실하며 심리적 안정을 추구하면 육체 건강에 상당한 영향을 미친다는 것은 많은 사람들이 직관적으로 알고 있다. 그러나 최신의 생리적·기술적 전문지식을 배우면서도 현대 의사들은 대체로 전통 의학이나 몸과 마음의 일치를 강조하는 새로운 의학은 배우지 않고 있으며 환자가 자신의 몸과 마음에서 나오는 신호를 종합한 예감을 믿는 것을 싫어하고 심지어 믿지 말라고까지 이야기한다.

불타는 기억: 글렌다의 이야기

글렌다의 경우가 꼭 이랬다. 지금은 58세가 된 몬트리올 출신의 이 여성은 30년 전에 심각한 크론병으로 대장의 일부를 절제하는 수술을 받았다. 이 병은 대장에 궤양성 염증이 생기는 매우 고통스러운 병이다. 게다가 2010년에는 운 나쁘게도 유방암 2기 진단까지 받았다. 어릴 때 강간당한 기억이 다시 떠오른 때는 유방암 치유 여행 중이었다. "일기 쓰기와 꿈을 통해 무의식 아래 기억이 의식 위로 떠오르면서 엄청난 두려움과 공포를 느꼈어요." 진실을 마주하기 두려워 기억을 잡아두려 했지만 마음대로 되지 않았다. "고통스러운 기억이 떠오를 때마다 속에서 올라오는 강렬한 감정과 소화불량, 구역질, 복통 등의 소화기가 불편한 증상이 동반됐어요."

그 기억은 듣는 사람의 오장육부를 뒤집어놓을 만큼 고통스러웠다. 여덟 살 때 더 어린 다른 여자아이와 함께 이웃 10대 소년 네 명으로부터 윤간을 당했다. 최초 대응자는 어머니였는데, 글렌다의 말에 의하면 어머니는 글렌다를 재빨리 집으로 데리고 와서 "바로 욕실로 밀어 넣고는 누구에게도 절대로 말하지 말고 다시는 이 일에 대해 언급하지 말자고 신신당부하셨어요. 그리고 언제까지나 '우리만의 작은 비밀'이라며 저를 재우셨죠."

53세에 그 기억이 돌아왔을 때, 어린 자신이 욕조에 몸을 담그고 있는 장면과 어머니가 마치 "강간의 흔적을 지워내려는 듯" 욕실 바닥에 쪼그리고 앉아 무언가 닦아내는 모습이 "너무나 강렬하고 또렷했다". 글렌다에게 혹시 그 기억을 입증할 만한 다른 증거가 있냐고 조심스레 물었다. 글렌다가 고개를 끄덕였다. "언니가 바로 그날 욕실에 들어온 일이 있었어요. 집에 왔는데 어머니가 고래고래 소리 지르는 걸 듣고 욕실 문을 열었다고 해요. 언니는 벗은 내 등을 보고 이렇게 물었어요. '글렌다, 왜 그래?' 그러자 어머니는 '아무것도 아냐. 괜찮을 거야. 네 방에 가!'라고 외쳤어요. 어머니는 항상 머리를 빗겨 우리를 내보냈는데 언니 말에 의하면 내 머리가 온통 헝클어져 있었고 온몸을 심하게 떨고 있었대요."

그 장면으로도 충분하지 않다는 듯 평생 자신을 보호하기 위해 숨어 있던 글렌다의 기억은 또 다른 시각 자료를 생성해냈다. "욕실에서의 기억이 되살아나자 내 몸이 보였어요. 내 몸은 투명했고 입부터 항문까지 모든 소화기계통 기관이 다 보였어요. 그 기관 전체에 붉은 물집처럼 생긴 궤양이 퍼져 있더군요. 마치 새빨갛고 뜨거운 용암이 흘러내리는 것 같았어요. 기괴했지만 강간과 크론병이 연결되어 있다는 것을 알려주는 신호처럼 느껴졌어요." 심리분석가나 문학 교수가 아니더라도 어머니가 정서적으로 전혀 도움이 되지 못하는 상황에서 '강렬한' 불의 이미지를 글렌다가 삼켜야 했던 가장 깊은 곳의 분노와 고통의 상징이라고 해석하기란 어렵지 않았다.

글렌다가 본 장면은 비유적으로도 적합할 뿐 아니라 과학적으로도 합당했다. 점점 많은 연구 결과가 발표되고 있지만 그중에 하나만 인용하자면 "어린 시절의 트라우마성 사건이 면역체계를 심각하게 교란시켜 성인이 되었을 때 생물학적 경로를 통해 정신적·육체적 질병을 쉽게 발병시킨다는 증거가 있다."[18] 글렌다를 진찰했던 '매우 과학적이고 의학적이었던' 그 어떤 의사도, 심지어 정신과 의사조차도 어린 시절의 경험을 전혀 물어보지 않았다.

캔디스 퍼트 박사는 마음을 세포, 기관, 몸의 시스템 사이에서 발생하는 무의식적인 정보의 흐름으로 여겼다. 박사는 "따라서 마음이 우리가 경험하는 것처럼 비물질적인 것이기는 하지만 기본적으로는 신체나 뇌처럼 물질"이라고 주장했다. 여기서 '비물질적immaterial'이라는 용어는 일반적인 의미대로 사소하거나 관련이 없다는 것이 아니다. 마음은 뇌와 달리 물질적인 것이 아니기 때문에 그것을 잡을 수 없고, 시험관이나 페트리 접시에 담을 수 없으며 심지어 직접 '보는' 것도 불가능하다는 뜻이다. 그러나 마음이 미치는 영향과 그 결과는 매우 구체적

material이다.

　이제 우리는 '비물질적인 것들nonthings'이 '물질 같은thinglike' 우리의
몸에 미치는 영향을 적절하게 평가할 수 있는 다면적인 건강관리 방식
을 생각해볼 수 있다. '비물질적인' 마음과 그 '물리적 기본 물질'인 뇌
와 몸은 서로 근본적으로 관련되어 있어 매우 밀접하면서도 복잡하다.

　더 자세히 살펴보면 이렇게 몸과 마음의 조화는 하나의 요소가 두 개
이상의 요소와 연결되어 있다는 것을 알 수 있다. 즉 마음과 몸은 관계,
사회적 환경, 역사, 문화적 상황과 연결되어 있다. 인간의 건강을 명확
하고 정확하게 이해하려면 '몸마음'에 대한 이해를 확대하여 다른 사람
들의 마음과 몸이 우리의 건강, 심지어 우리 자신의 정체성에 미치는
역할을 포함시켜야 한다. 한마디로 개별적으로 개인을 넘어선 수준의
일치가 적용된다.

내 두뇌가 울려: 고도로 연결된 우리 몸

내게 있는 모든 원자가 그대에게도 있기 때문이다.

- 월트 휘트먼Walt Whitman, 《풀잎Leaves of Grass》 중 〈나의 노래Song of Myself〉

'삼라만상이여!' 캐나다의 원주민 마을을 방문하면 항상 듣는 인사 말이다. 이곳은 수치스럽게도 캐나다가 전 세계에서 가장 높은 수준의 발병률과 중독률 및 조기 사망률을 보이는 곳이며 미국, 호주와 마찬가지로 식민지 원주민의 비극을 잘 보여주는 장소다. 내가 알기로 이 말은 개인과 전 세계의 다원적 연결 관계를 일컫는다. 이 말에는 가까운 친척부터 낯선 사람까지, 먼 조상부터 동시대 사람까지 모든 사람과 바위, 식물, 지구, 하늘 그리고 모든 생명체가 포함된다. 고대문화는 우리가 모든 사물과의 관계 속에서 존재하며, 그것들에 영향을 주고받는다고 가르쳤다.

힌두교 경전인 바가바드기타에서 성스러운 화신 크리슈나는 이렇게 말한다. "지혜로운 사람은 사물 안에 자신이 있고 그 안에 모든 것이 있다." 17세기 초 사제이자 시인이었던 존 던John Donne은 이렇게 읊었다. "누구도 그 자체로 온전한 섬은 아니다." 그가 병에 걸렸다가 회복하던 시기에 이 시를 쓴 것은 우연이 아니었다. 19세기 중반 미국을 노래했던 월트 휘트먼의 시부터 현대 양자물리학까지 그 기조는 동일하다.

2,500년 전 부처는 이렇게 말했다. "매 순간 상호 의존적인 사고가 동시에 발생하는 것에 관해 사유해야 한다. 나뭇잎이나 빗방울을 볼 때마다 멀건 가깝건 그것들을 생기게 한 조건들에 대해 생각해보라. 전 세계는 그물망처럼 상호 연결되어 있다. 이런 연유로 이것이 발생하며 그렇지 않은 이유로 이것이 발생하지 않는다. 그것이 원인이 되어 이것이 생기며 그것이 소멸하였기 때문에 이것이 소멸한다." 부처의 가르침에 따르면 나뭇잎이란 그 자체가 독립체이면서 동시에 태양, 하늘, 땅으로부터 생기는 과정으로 여기에는 광합성작용, 강우, 유기물, 무기물, 인간과 동물의 모든 활동을 포함한다고 한다. "하나는 여럿을 포함하고 여럿은 하나를 포함한다. 하나가 없다면 여럿도 없다." 이는 단순히 소수에게만 은밀히 전달되는 지혜가 아니며 건강과 질병을 포함한 물질계와 생물계를 정확히 표현하는 가르침이다. 그래서 프리드리히 니체Friedrich Nietzsche는 부처를 "저 가장 심오한 생리학자"라고 불렀다.

미국의 내과 의사이자 정신과 의사인 조지 엥겔George Engel은 지금으로부터 거의 50년 전에 현대 의학의 가장 "파괴적인 결점"은 "인간으로서 환자와 환자의 특성을 고려하지 않는다는 점이다. 의사들의 가장 중요한 연구 대상은 인간인데도 말이다"라고 주장했다. 우리는 "심리적·사회적 성격"을 모두 감안하여 환자를 전체적으로 연구해야 한다며[1] 생물심리사회적biopsychosocial 접근 방법을 주창했다. 이 방법은 감정과 생리작용을 하나로 보고 인간과 문화까지 다양한 관계 속에서 펼쳐지는 역동적인 과정이라고 간주한다.[2]

저명한 트라우마 연구가인 베셀 반 데어 콜크 박사는 "우리 문화는 개인의 개성에 집중하라고 가르치지만 깊숙이 들어가면 우리는 개별적 유기체로는 거의 존재하지 않는다"[3]고 말했다. 일반적인 자아를 가진 사람들에게 이는 새로운 가르침이 될 것이다. 내가 여기서 '자아ego'라고 말할 때는 '자부심이 강한egotistical' 사람에게 나타나는 거만이나 자만을 말하는 게 아니라 자신을 독립적으로 지칭할 때 우리가 하루에도 수백 번씩 사용하는 인칭대명사인 나 자신myself이나 나I, 나에게me 같은 것을 말한다. 건강한 자아를 가진 사람도 자신이 독립적으로 존재한다는 합리적인 인식을 하고 있다. 육체, 심리, 생물학 등 모든 면에서 자신을 독립적으로 경험할 수 있는 능력은 인간이 가지는 핵심적인 능력이다. 문제는 우리가 방정식의 이면을 놓치면 발생하기 시작한다. 그 이면은 덜 또렷하지만 앞면 못지않게 생생하다.

겉보기에 떨어져 있는 것처럼 보이는 유기체도 상호 연결되어 있다는 사실은 나무들 사이에서도 발견된다. 이들은 신경계와 호르몬, 화학 신호 및 체취처럼 동물이나 사람에게서 볼 수 있는 전기적 신호를 이용해 서로 소통하면서 군락을 형성한다. 과학잡지 〈스미스소니언 Smithsonian〉의 기사에 따르면 "같은 종류의 나무들은 공동체를 이루어 살며 다른 종류의 나무와 연합하는 경우도 많다"고 한다. 이런 종류의 지식을 대중에게 알리는 활동으로 유명한 독일의 삼림관리인 페터 볼레벤Peter Wohlleben은 이를 재치 있게 '우드와이드웹wood-wide web'이라고 이름 붙였다.[4]

우리의 몸과 마음이 밀접하게 연결되어 있다는 것은 이해하기 쉽다. 그러나 덜 알려진 사실은 이런 관계가 애당초 **외부적** 요인에 의해 형성되고 지속된다는 점이다. 물론 현대 의학이 개별적인 유기체와 그 내부의 과정에 집중하는 것이 그 자체로 잘못된 것은 아니지만 중요한 것을 놓치고 있다. 즉 우리가 사는 정신적·감정적·사회적·자연적 환경이 가진 중요한 영향력을 놓치고 있다는 뜻이다. 우리의 몸은 그 자체로서 다른 사람과 관계를 맺고 있기 때문이다.

관계신경생물학interpersonal neurobiology의 개념은 몇 년 전 정신과 의사이자 학자 겸 작가인 대니얼 시겔Daniel Siegel*이 처음 도입했다. 나나 동료 교수들과 마찬가지로 시겔 교수도 우리가 겪었던 교육과정에 의심을 품기 시작했다. "내가 의대를 다닐 때 유명한 교수님들은 환자와 학생들을 대할 때 마치 자신들에게는 내적 경험이 없다는 태도를 보였다. 말하자면 정신생활이라고 부를 만한 주관적인 내적 중심이 없는 듯했다. 우리는 그저 자아도 정신도 없이 화학물질과 신체 기관으로 이루어진 주머니에 불과했다."[5] 그는 의학과 의술 사이에 '건강'에 대한 개념이 일치하지 않으며 놀랍게도 정신의학 분야에서는 마음과 뇌의 관계에 대해서는 말할 것도 없고 '마음'에 대해 일치하는 정의조차 없다는 것을 알았다. 그는 의학, 신경학, 정신의학, 심리학, 인류학, 사회학, 역사, 생리학, 물리학 등 인간의 경험을 연구하는 분야의 연구자들을 선발해서 어떤 결과를 도출하는지 연구했다. 그 결과 우리의 마음과 뇌는 독립적인 주체가 아니며, 다른 사람의 마음과 뇌와 개별적으로 작동하지 않는다는 것을 밝혀냈다. 사실 정신적이든 육체적이든 그 어느 것도 우리가 존재하는 이 다면적 환경과 분리해서 생각할 수 없다. 인간의 몸을 마치 의학 실험실이나 질병 연구소에 완벽하게 독립적으로 보존된 것으로 간주할 수 있겠지만 실제 생활에서는 그렇게 하기가 불가능

---

* UCLA 의학전문대학의 임상교수이며 마인드사이트 연구소 소장이다.

하다. "관계신경생물학은 여러 학문을 통해 세상을 이해하는 방법이면서 동시에 서로 연결된 자연환경이라는 현실 그 자체이기도 합니다"라고 시겔 교수가 인터뷰에서 내게 말한 적이 있다. 나는 관계신경생물학이라는 용어에서 '신경neuro'이라는 말을 제거하고 폭넓게 관계생물학interpersonal biology이라고 불러서 관계라는 범주 안에 뇌와 신경계뿐 아니라 육체와 정신작용 전체를 포함시켰으면 좋겠다.

뇌는 몸 전체에 걸쳐 영향을 행사하며 혈관의 직경부터 대장의 수축, 심장박동, 골수 내 면역세포 생성, 생식선으로부터의 호르몬 분비, 신장의 작동 기능까지 모든 생리적 기능에 영향을 미친다. 다시금 강조하지만 모든 것들은 하나로 연결되어 있다. 감정은 신경계를 좌우하고 그 반대 방향도 마찬가지다. 신경계는 호르몬을, 호르몬은 면역체계를, 면역체계는 뇌를, 뇌는 내장을, 내장은 다시 뇌를 좌우한다. 또한 심장에도 이 모든 것들이 동일하게 영향을 미치며 그 반대 역시 마찬가지다. 우리의 신체는 우리의 뇌와 마음에 영향을 주고 결국 다른 사람의 뇌와 마음 그리고 신체에 영향을 준다.

우리는 실제 경험을 통해 관계생물학의 위력을 잘 알고 있다. 다른 사람이 당신에게 얼마나 영향력을 미치는지 생각해보면 말 그대로 매우 강렬한 감정을 불러일으킨다는 것을 알 수 있다. 시인이나 작사가는 다리에 힘이 풀렸다거나 심장이 관통당했다거나 심지어 브루스 스프링스틴Bruce Springsteen이 노래했듯 톱니 모양의 뭉툭한 칼이 두개골을 파열시켰다고 묘사하기도 한다.* 그런 면에서 제리 리 루이스Jerry Lee Lewis가 맞았다. 우리 모두는 다른 사람의 신경을 흔들고, 다른 사람의

---

* 브루스 스프링스틴의 노래 〈I'm on fire〉(1984)의 두 번째 소절.

두뇌를 울리게 한다.**

　당연한 일이지만 다른 사람에게 가까이 갈수록 생리적으로 더 연결된다. 따라서 친밀한 관계에 있을 때 나타나는 관계생물학적 현상에 대해 많은 연구 결과가 발표되었다. 결혼한 사람은 동년배의 독신자보다 오래 사는 것으로 나타났다. 이는 독신자의 별거, 이혼, 사별, 결혼 경험의 유무에 상관없이 동일했다.[6] 혼자 사는 사람은 심장병, 암, 폐렴이나 독감 같은 전염성 질병, 생활 습관에서 오는 간경화증, 폐질환에 걸릴 확률이 높다. 남성은 결혼 상태에 있을 때 여성에 비해 병에 걸릴 확률이 5분의 1로 줄어드는데 이는 우리 문화에서 남녀의 상대적 역할을 생각해보면 납득이 될 것이다. 이 사실은 건강에 매우 중요한 의미를 가지며 이에 대해서는 23장에서 다시 다룰 예정이다. 흥미로운 점은 "관계가 안 좋은 부부는 독신자보다 더 건강이 안 좋다"는 것이다.[7]

　다른 연구에서는 아주 건강한 커플도 부부 싸움을 하는 동안 상대방에 대한 적개심이 커지면 스트레스 호르몬이 증가하며 면역 작용 역시 약화된다는 것이 밝혀졌다. 이런 결과는 신혼부부나 70대 노부부나 다 마찬가지였다.[8]

　상처받기 쉽고 의지를 많이 해야 하는 어린 시절의 건강은 특히 부모의 감정 상태에 좌우된다. 어린이의 스트레스 호르몬 수치는 대놓고 싸우든, 속으로 곪든, 집안의 정서적 분위기에 크게 좌우된다.[9] 그 좋은 예가 천식이다. 어린이의 폐감염은 부모의 감정에 직접적으로 영향을 받는다.[10] "부모가 '우울증', '불안', '스트레스', '만성염증'과 같이 건강 상태가 안 좋으면 어린이가 천식에 걸릴 확률이 더 높다는 것이 꾸준히

** 그의 로큰롤 명곡 〈Great Balls of Fire〉의 가사.

밝혀졌다"고 최근 발표된 논문은 기록한다.[11]

인종차별은 천식의 또 다른 원인이다. 집단생활을 하는 미국의 흑인 여성을 대상으로 한 연구에서 인종차별 경험이 천식 발병과 연관이 있다는 것이 밝혀졌다.[12] 이 문제는 우리에게 근본적인 질문을 던진다. 이들 여성에게 발생하는 염증과 기도 협착은 개인적 질병인가, 아니면 사회적 문제가 표출된 것인가?

연구를 할수록 우리의 건강은 가족, 친구, 애인 등 단지 가까운 사람뿐 아니라 '모든 것과의 관계'가 복잡하게 얽혀 나타나는 결과임을 알수 있다. 스트레스 연구로 유명한 미국의 테레사 시먼Teresa Seeman과 브루스 매큐언Bruce McEwen은 1996년 인간은 다른 사람과 비교한 사회적 지위, 심지어 당시 사회적 위치의 안정성 여부에 매우 민감하다고 주장했다.[13] 영국에서 실시된 한 연구에 따르면 실업자는 체내 염증 수치가 높아 질병에 잘 걸리며 실업 기간이 길수록 그 위험이 더 커진다고 한다. 염증 수치가 가장 높았던 기록은 영국 중에서도 실업이 전염병처럼 만연했던 스코틀랜드에서 나왔다.[14] 직장이 있는 사람도 타격을 입기는 마찬가지였다. 영국 공무원에 대한 연구에 의하면 낮은 직위에 있을수록 흡연이나 높은 콜레스테롤 수치, 고혈압 같은 일반적 위험 요소를 가진 사람들보다 심장병으로 사망할 확률이 높았다. 호주에서 실시된 연구에 의하면 나쁜 직업이 실직보다 더 건강에 안 좋다고 한다.[15] "이 일을 하다 죽을 것 같아This job is killing me"라는 말이 괜히 있는 게 아니다.

관계생물학은 또한 즐거움, 사회적 연결, 지원으로부터 멀어진 노인들이 많이 사망하는 이유를 설명한다. 30만 명 이상이 참여한 대규모 연구에서 사람과의 관계가 부족하면 흡연 및 음주와 맞먹는 위험 요소

가 있으며 심지어 미흡한 육체 활동이나 비만으로 야기되는 문제보다 더 위험하다고 한다.[16]

최근 타계한 승려이자 저명한 정신적 지도자인 틱낫한은 오랫동안 '상호존재interbeing'라는 개념을 전파했다. 그는 우리는 단순히 존재하는 것이 아니고 '상호존재'한다고 강조했다. "어떤 것도 단독으로 존재하지 않으며 상호 의존하는 현상만이 존재한다."[17] 이런 말을 듣고 무슨 신비로운 종교와 관련이 있다고 생각하면 큰 오산이다. 증거 자료는 많은데 정신적인 토대가 부족한 과학자라면 동의하며 고개를 끄덕일 것이다. "맞아, 그 말이면 충분해."

나를 둘러싼 모든 것: 신과학이 보낸 파견대

사람이 잘되고 못되는 것은 그 사람의 내부가 아니라 환경에서 온다. 그
러므로 사회적 정의를 더 생각하게 되고 개인 수준을 벗어난 보다 큰 문
제를 생각하게 된다.

- 엘리자베스 블랙번Elizabeth Blackburn [*]

2009년 엘리자베스 블랙번 박사는 염색체 말단에 있는 미세 DNA
구조물인 텔로미어telomere에 대한 연구로 노벨 생리의학상을 수상했다.
끈이 닳지 않도록 구두끈 끝에 달린 플라스틱 에글릿과 마찬가지로 텔
로미어는 염색체를 보존하는 기능을 한다. 염색체가 짧아지면 노화가
진행되기 때문이다. 텔로미어의 시작부터 소멸까지 그 길이와 안정성을
연구한 결과, 건강과 장수에 관해 많은 것을 알 수 있었다.

그다지 주목하진 않았겠지만, 이 미세한 생물 구조에 대해 밝혀진 사
실에는 엄청난 사회적 의미가 있었다. 박사가 밝혀낸 것 중 하나는 텔
로미어에 사실상 우리가 살고 있는 환경이 표시되어 있다는 것이다. 놀

---

[*] 캘리포니아대학교 생화학 및 생물물리학과 명예교수.

랍게도 빈곤, 인종차별, 슬럼화된 도시 생활이 직접적으로 유전 및 분자의 기능에 영향을 준다. 블랙번 박사의 동료 심리학자로서 베스트셀러가 된 《늙지 않는 비밀The Telomere Effect》을 공동 집필한 엘리사 에펠Elissa Epel은 한 인터뷰에서 "텔로미어의 효과는 결코 작지 않습니다"라고 말했다.

신경과학자인 캔디스 루이스Candace Lewis는 경험이 유전자 활동에 미치는 영향을 다루는 후생유전학을 연구했는데 이와 동일한 시각을 가지고 있다. 루이스 박사는 이렇게 지적한다. "과학은 갈수록 이 전체론적 모델을 이용하여 우리가 누구인지를 보여주고 있습니다. 그건 단지 우리의 피부 밑에 있는 것이 아닙니다. 우리를 둘러싼 모든 것입니다. 이를 제대로 보지 못하면 의학에서 치료를 제거하는 것과 마찬가지입니다." 루이스 박사 역시 분자와 DNA 섬유를 연구하다가 사람의 전체적인 면을 보게 되었고 개인에서부터 폭넓은 사회문제로까지 관심의 폭이 넓어졌다. "뇌와 행동의 복잡성을 연구한 전문가로서 볼 때 단지 뇌와 행동의 문제가 아니라는 것은 확실합니다. 내 연구에서 가장 중요한 것은 유기체로서 인간이 얼마나 유연한지, 평생 동안 환경에 얼마나 좌우되는지를 아는 것입니다." 풀브라이트 장학생 출신 루이스 박사의 말이다.

우리 문화에는 물려받은 유전자가 우리의 운명, 정체성, 질병, 능력의 대부분을 결정한다는 전제가 깔려 있다. 2000년에 빌 클린턴Bill Clinton 대통령은 백악관 브리핑에서 인간 유전체 프로젝트Human Genome Project를 발표하면서 "인간이 만든 가장 경이로운 지도"라고 선언하고 이렇게 덧붙였다. "오늘 우리는 신이 인간을 창조한 언어를 이해하게 되었습니다." 그러면서 이 새로운 과학이 "전부는 아니더라도 거의 모든 인간 질병의 진단, 예방, 치료를 혁신할 것"이며 알츠하이머병, 파킨슨병, 암 같은 질병을 "그 유전적 근원을 직접 공격함으로써" 치료할 수 있을 것이라고 예측했다.* 20년쯤 지나 우리는 이런 예측이 틀렸다는 것을 알게 된다.[1] 왜냐하면 흐트러진 알파벳이나 아무렇게나 조합한 어휘가 셰익스피어의 희곡이 되지 않듯, 막 갈겨쓴 악보가 존 콜트레인John Coltrane(미국의 재즈 색소폰 연주자 겸 작곡자 – 옮긴이)의 곡이 되지 않듯, 유전자는 사실 삶을 결정하지 않기 때문이다. 글자나 단어가 언어가 되려면 어순에 따라야 하고, 발음해야 하며, 어미변화를 하고, 구두점으로 쉬어도 주며, 때에 따라 강조하거나 완곡하게 표현해야 한다. 모든 구성 요소와 마찬가지로 유전자도 우리의 삶을 결정하는 요소이기는 하지만 그것이 활성화되어 작동하거나 휴면하려면 후천적 요인이 작용해야 한다. 그러기 위해서는 DNA 염기서열에 어떤 분자가 결합하여 유전자 기능에 변화를 주고 화학전달물질에 반응하는 수용체의 숫자를 변경시켜 유전자 사이의 상호작용에 영향을 주어야 한다.**

쉽게 말하면 결국 우리의 경험이 유전자가 어떻게 표출될지를 결정한다는 의미다. 이것이 후생유전학(epigenetics는 '유전자에 더해'라는 뜻이다)에서 가장 중요한 결론이다. 후생적 과정이란 염색체에 작용해서 주위 환경으로부터 유전자에게 할 일을 '지시'하는 전달물질을 배달하

---

* 헌팅턴병이나 우리 집안의 내력인 근위축증처럼 순수히 유전자로 인해 발생하는 질병이 있다. 그런 유전자를 보유하고 있으면 거의 100퍼센트 확률로 질병에 걸린다. 그러나 이런 경우는 극히 드물다. 예를 들어 유방암의 경우 환자의 7퍼센트만이 유방암 유전자를 보유하고 있다. 따라서 유전자를 보유하고 있으면 병에 걸릴 위험이 높아지는 것은 사실이지만 반드시 걸리지는 않는다.

** 세포막에 내장된 분자 수용체는 아편제나 호르몬제 같은 화학전달물질을 받아들이고 이것과 결합한다. 이를 통해 세포핵 속의 DNA가 단백질을 생성하고 이 과정을 통해 환경은 세포에게 언제, 무엇을 해야 할지 지시한다.

고 받아들이는 과정이다. 이 모든 절차는 유전자 자체에는 그 어떤 변화도 초래하지 않는다. BBC 과학 저널리스트인 마사 엔리케스Martha Henriques는 후생유전학이 "유전자에 영구적인 변화를 초래하지 않고 환경 변화에 적응하는 방법을 제공한다"고 말한다.[2]

유전자가 중요하지 않다는 뜻은 아니다. 분명 유전자는 중요하다. 다만 유전자는 모든 질병의 원인도 아니고 효과적인 치료법을 제공하지 않는 것은 물론이고 간단한 행동조차 지시하지 못한다. 유전자는 스스로 운명을 결정하지 못하며 환경에 반응할 뿐이다. 외부의 신호가 없다면 유전자는 기능하지 않는다. 사실상 신체 안팎에서 오는 신호에 반응하여 유전자를 '점등'하고 '소등'하는 후생유전적 기능이 없다면 생명체는 존재하지 못할 것이다.*** 후생유전학은 태아부터 성인까지 발전 단계별로 우리가 아는 모든 것을 다시 쓰고 있으며 심지어 인류가 어떻게 현 위치에 이르렀는지에 대해서도 다른 시각을 주고 있다. 이 분야에서 가장 유명한 맥길대학의 모세 스지프Moshe Szyf 박사는 이렇게 주장한다. "진화론은 과학계에서 거의 종교가 되었기 때문에 이를 바꾸기는 어렵습니다. 따라서 진화론에 대한 의심은 전체 시스템을 부정하는 이단적 성격을 띠게 되는데 사실은 그렇지 않습니다. 후생유전학은 진화론을 부정하는 것이 아니라 진화론의 일부분으로서 진화의 작용을 새로운 관점에서 볼 수 있도록 합니다." 후생유전학은 전통적으로 자연발생적 돌연변이와 무작위적 선택을 종이 적응하는 원동력으로 보는 시각에서 벗어나 환경 그 자체가 유전자가 변화에 적응하도록 한다는

*** 어떤 단백질 전달물질을 생산할 것인가를 결정하는 유전자의 기능을 유전자 발현이라고 한다. 이는 세포막의 수용체를 통해 DNA에 영향을 미치는 주위 환경에 의해 결정되거나 인위적으로 프로그램화된 복잡한 세포 간의 작용으로 결정될 수도 있다.

것을 보여주었다.

다른 말로 하면 우리의 삶은 살아 있을 때 무엇을 경험하느냐에 따라 달라진다는 뜻이다.

스지프 박사의 연구팀은 후생유전학에서 가장 자주 인용되는 실험 중 하나가 된 어떤 실험을 통해 인간의 발달과 행동, 건강을 보는 시각을 크게 바꾸었다. 실험팀은 실험실의 쥐를 이용해 출생 첫날 어미의 사랑이 새끼의 스트레스 반응에 미치는 영향을 분석해서 새끼가 적절하고 자신 있게 대응하는지 아니면 불안반응 및 과잉반응을 보이는지를 조사했다. 핵심은 HPA축으로서 이는 시상하부, 뇌하수체, 부신을 연결하는 스트레스 반응체계다.* 연구진들은 특히 뇌 속의 분자 수용체를 유심히 조사했다. 분자 수용체는 스트레스가 닥쳤을 때 타당한 행동을 하도록 스트레스를 조절하는 역할을 한다. 자율적 스트레스 조절 기능이 없으면 불안해지고 일상생활의 조그만 문제도 극복하기 힘들어하며 정상 상황에서도 과잉 스트레스 반응을 보인다.

실험 결과 어미 쥐의 보살핌이 새끼의 생화학적 스트레스 반응 능력에 영향을 미쳐 성체가 될 때까지 이어진다는 것이 밝혀졌다. 어미 쥐로부터 보살핌을 많이 받은 새끼 쥐와 적게 받은 새끼 쥐는 특정 유전자가 발현되는 방식이 달랐다.[3] 충격적인 사실은 새끼 쥐가 자기가 받은 돌봄과 유사한 수준을 그대로 **자신의** 새끼에게 베풀었다는 점이다. 연구팀은 어미 쥐의 돌봄 행동이 암컷의 에스트로겐 호르몬 수용체 활동에 영향을 주기 때문에 세대를 이어 이런 특징이 나타난다고 주장했다.[4] 사람에게는 적용하기 어렵지만 쥐의 개체 수를 줄이는 기발한 대

---

* HPA축에 대해서는 2장에서 다루었다.

책이기도 한 이런 연구를 통해 새끼를 돌보는 방식이 신체와 행동에 미치는 영향은 **비유전적**이라는 것이 밝혀졌다. 흔히 말하는 유전자 코드를 통해 후대에 전달되지 않으며 유전자 코드에는 변화가 없다는 뜻이다. 오히려 이 방식은 **후생적**이다. 다시 말해, 어미 쥐의 다양한 돌봄 방식이 새끼의 뇌에서 유전자 활동에 어떤 영향을 미치는지에 따라 결정된다(어미 쥐의 양육 방식 차이는 얼마나 '사랑스럽게' 새끼를 '다듬었는지', 즉 핥았는지로 파악했다).

'그렇다 쳐요. 하지만 이건 실험실의 설치류 얘기잖아요.' 그래서 이런 결과가 사람들에게 무슨 의미가 있죠?' 라고 반문할 수 있다. 이 질문에 대한 답을 얻고 싶으면 다름 아닌 바로 스지프 박사의 연구팀이 활약했던 그 지역에서 1998년 1월에 발생했던 눈 폭풍을 보면 된다.[5] 캐나다 역사상 최악의 자연재해였던 이 사건으로 대다수 퀘벡 사람들이 난방이나 전기 없이 버텨야 했다. 이 힘든 시기에 임산부가 겪어야 했던 어둠, 추위, 가옥 파괴 등 '객관적 스트레스'**가 클수록 아이들에게 미치는 영향이 커서 사춘기까지 이어지는 경우가 많았다(실험 대상자의 사회경제적·문화적·인종적 배경은 비슷했으며 같은 교외 지역에 살았다). 맥길대학의 심리학 교수인 수잰 킹Suzanne King은 "수십 년에 걸쳐 어린이를 추적 관찰하면서 객관적 스트레스가 언어발달, 체질량지수와 비만도, 인슐린 분비 및 면역체계를 결정한다는 것을 알게 되었다"라고 말했다.[6] 심지어 IQ에도 영향을 미쳤다. "천식과도 관계가 있었으며 자기 면역성에 영향을 주는 염증 및 면역 유전자의 증가에도 영향을 미쳤다."

어미 쥐만이 새끼에게 스트레스 대응에 문제를 유발하는 만성질환을

** 공포, 상실, 감정적 고통 등 '주관적' 스트레스 역시 객관적 스트레스만큼 생리적인 충격이 크다.

물려준 것은 아니었다. 다른 실험에서는 건강한 수컷 쥐에게 빈번하게 주거지를 바꾸고, 지속적으로 빛과 소음에 노출시키고, 여우의 체취를 맡게 하고, 조그만 튜브에 넣어 활동을 제한하는 등 계속해서 스트레스를 주어 괴롭힌 다음 건강한 암컷과 짝짓기를 시켰다. 이 암컷은 태어난 새끼들을 잘 돌봤지만 새끼들의 스트레스 반응 행동에는 문제가 있었고 스트레스 호르몬도 제대로 분비되지 않았다. 다시 말해 어미의 노력에도 불구하고 수컷의 정자를 통해 안 좋은 영향이 전달된 것이다.[7] 사람의 경우도 아버지의 스트레스가 아이에게 전달되어 사춘기 또는 그 이후까지 영향을 미친다. 부모 **모두**가 스트레스를 받으면 어린이는 "확실히 그 영향을 받는다"고 일단의 연구자들은 주장한다.[8]

사회경제적 환경 역시 세포에 후천적 영향을 미치는 후생유전자를 변화시킬 수 있다. 스지프 박사는 캐나다와 영국의 연구팀과 협동으로 혈액 샘플의 유전자를 이용하여 영국 중년 남성들의 후생적 영향을 조사했다. 실험 대상 남성들은 출생이 부유한 사람부터 가난한 사람까지 다양한 범위에 분포되어 있었다. 부유하게 태어난 사람의 유전자 발현은 가난한 집안에서 태어난 사람과 상당한 차이를 보였다.[9]

또 다른 연구에 의하면 백인보다 흑인에게 높은 염증 수치가 나타나며 이는 백인과 흑인의 사회경제적 수준이 동일할 때도 마찬가지라고 한다.[10] "염증을 증가시키는 유전자 활동의 50퍼센트 이상은 인종차별에 대한 경험 때문에 발생합니다." 〈인종차별은 염증과 질병을 유발하는 유전자를 자극해서 흑인의 수명을 단축시키고 건강을 악화시킨다〉라는 제목의 논문을 쓴 에이프릴 템스April Thames 박사의 주장이다.[11]

유전자 발현과 마찬가지로 텔로미어는 운명과 역사, 계급과 인종, 스트레스와 트라우마의 여러 단면을 보여준다. 어떻게 보여주는가 하면,

출생 시에 텔로미어에는 DNA 구성의 기본 짝이 되는 여러 '유닛'이 있다가 나이를 먹으면서 점점 줄어든다. "어릴 때는 1만 개 정도지만 사망할 때쯤 되면 4,000개로 줄어듭니다"라고 엘리사 에펠 박사가 내게 귀띔해주었다. 우리 몸 안에서 세포분열이 일어날 때마다 텔로미어가 짧아지는데 너무 짧아지면 숙주세포가 죽거나 손상을 입어 제 기능을 못하게 된다. 텔로미어가 위축될수록 면역기능이 약화되고 염증이 생기며 병에 잘 걸리는 몸이 된다.

텔로미어는 '세포 시계'라고도 불리는데 이는 생물학적 시간을 측정할 수 있기 때문이다. 일란성 쌍둥이는 연, 월, 주, 일까지 나이가 똑같을 수 있지만 스트레스나 트라우마 또는 고통을 얼마나 겪었느냐에 따라 한쪽이 생물학적으로 더 늙을 수 있다. 이는 스트레스가 텔로미어를 단축시키기 때문이다(의사는 특히 주의해야 한다. 전공의들의 텔로미어는 동년배 청년들보다 마모 정도가 매우 심하다).[12] 에펠 박사의 연구에 의하면 만성질환을 앓고 있는 자식의 어머니는 동년배의 다른 엄마들보다 텔로미어의 길이가 더 짧다고 한다. 어머니의 생물학적 나이는 병든 자식을 돌본 시간과 스트레스의 강약에 비례했다.[13] 치매 환자를 간병한 사람에게도 비슷한 현상이 나타났다. 텔로미어가 짧아지고 면역체계가 약화되어 "만성적인 정신적 스트레스는 면역세포의 기능에 부정적으로 작용하여 노화를 촉진시킨다"는 주장에 힘을 실어주었다.[14] 한마디로 스트레스는 염색체를 나이 들게 하고 그 결과로 우리는 늙는다.

빈곤과 인종차별이 후생적 기능에 부정적인 영향을 끼치듯 이런 요소는 텔로미어를 짧게 만들어 우리의 수명을 단축시킨다. 2014년 미국의 흑인을 대상으로 한 연구에서 이런 심각한 연결 관계가 확실하게 드러났다. 이 논문의 저자는 "연구 결과, 말 그대로 인종차별이 노화를 촉진할 수 있다"라고 밝혔다.[15] 이는 여성들에게도 마찬가지였다. 미국인을 대상으로 한 전국여성건강연구Study of Women's Health Across the Nation: SWAN에서 중년의 흑인 여성과 백인 여성을 비교했다. 그 결과는 충격적이었는데 흑인 여성이 동일 연배의 백인 여성보다 생물학적으로 평균 일곱 살 더 나이가 많았다. 흑인 여성에게는 또한 빈곤, 스트레스, 고혈압, 비만, 기타 질환도 백인보다 더 많이 나타났다.[16]

에펠 박사가 내게 말했듯 세포를 보면 사회경제적 환경의 영향을 알수 있다. "사는 동네의 열악한 환경, 범죄율, 소득 같은 것들이 세포의노화와 관계가 있습니다. 이것이 우리의 건강이 몸 밖에 있다는 가장큰 증거입니다." 스지프 박사 역시 비슷한 의견이다. "지난 100년간 우리는 화학적 변화에 너무 집착해서 화학적인 것은 무엇이나 맞고 화학적이지 않은 것은 틀리다고 생각했습니다. 그런데 후생유전학이 나타나 사회적 변화나 화학적 변화나 큰 차이가 안 난다는 것을 알게 되었습니다." 즉 사회적 변화가 화학적 변화에 나타난다는 것이다.

다행스러운 점은 주위 환경이 주는 영향에는 양면성이 있다는 것이다. 스트레스에 탄력적으로 대응하는 경험을 하게 되면 질병이나 역경이 와도 텔로미어가 **길어진다**는 것이 밝혀졌다. 이는 미국의 흑인 불량청소년들과 전립선암 환자들을 대상으로 한 연구에서 에펠 박사와 연구팀이 밝힌 내용이다.[17] 이렇게 겉보기에는 안 좋은 소식 같지만 현명하게 대처하면 전화위복이 되는 경우에 대해 앞으로 이 책에서 여러 번다룰 것이다. 역경이 주는 충격을 잘 극복하면 치유를 향한 다른 방법을 찾을 수 있다.

몸속의 반란: 다루기 힘든 면역체계의 미스터리

너무나 힘들어도 아무렇지 않은 척해야 할 때가 많았다.

- 비너스 윌리엄스Venus Williams

미옥*은 최근에 내게 이렇게 말했다. "조금 다쳤어요. 계단을 잘 뛰어 올라가다 넘어져 발가락을 다친 거예요." 이 말을 하면서도 일종의 자부심과 함께 미옥의 따뜻하고 장난스러운 유머 감각이 빛났다. 보통 사람이라면 이렇게 고통스러운 안전사고에 그런 반응을 보이지 않는다. 그러나 7년 전의 미옥에게 중력을 거슬러 힘차게 움직이다 발생한 이런 사고는 불가능한 꿈처럼 보였다. 27세에 피부경화증 진단을 받았는데 현대 주류 의학의 어떤 신기술도 미옥이 삽시간에 불구가 되는 것을 막을 수 없었다. 보스턴에 살면서 서양 의학의 최고 성지에서 검사와 치료를 받았다.

그리스어의 '딱딱한 피부'라는 단어에서 유래한 피부경화증은 관절염을 악화시키고 결합조직이 굳어 통증을 유발하는 자가면역질환이다. 식도나 혈관, 폐 등을 포함한 인체의 여러 기관에서 세포가 딱딱해지기

---

* 한국식 이름이다. 미국에서 성장하면서 주로 '맨디(Mandy)'라는 이름으로 불렸다. 풀 네임은 미옥 이카로(Mee Ok Icaro)인데 31장에 이런 이름을 갖게 된 놀라운 이야기가 펼쳐진다.

때문에 일반적으로 전신경화증이라고도 한다. 미옥의 경우 손, 어깨, 무릎이 부어오르면서 심한 통증을 유발했다. "안 아픈 데가 없었어요. 몸 전체로 고통이 퍼져나갔죠." 결국 미옥은 하버드대학 저명한 교수의 비서직을 그만두어야 했다. 전에는 1분에 120단어를 타이핑할 수 있었지만 손이 발톱처럼 딱딱하게 굳어 거의 마비 상태였다. 키보드를 건드리기만 해도 엄청나게 아팠다. 2014년에 미옥을 처음 만났을 때 표정은 딱딱했고 얼굴은 뻣뻣했으며 입술이 긴장하여 치아를 덮지도 못했다. 자신도 알아보지 못할 정도로 잘 웃고 빨리 반응하는 요즘 미옥의 모습과는 상상하기 어려울 정도로 달랐다.

발병 초기, 아직 30대 초반이었지만 미옥에게는 빨리 생을 끝내고 싶다는 생각밖에 없었다. 사형선고와 같은 진단을 받았고, 도움 없이는 한 발짝도 침대에서 벗어날 수 없는 상황, 오래 살면 살수록 고통이 심해질 것이 뻔히 보이는 상황에서 미옥은 의사조력자살의 가능성을 타진해보기도 했다. "안락사가 합법인 국가에 살고 있었다면 모든 기준 안에 너끈히 들었을 거예요. 고통은 말로 표현하기 어려울 정도로 심했고 어떤 예후도 내가 살아가야 할 이유를 주지 못했죠. 몸은 점점 엉망이 되어가는데 시간이 더 흐르면 결국 아무것도 못하는 상황에 빠질 거라고 생각했어요."

지금 미옥은 현대 의학의 모든 예상을 거부하고 어떤 약물의 투여도 없이 남의 도움을 받지 않고 걷고 여행하며 하이킹을 즐긴다. 비록 1분에 50단어밖에 타이핑을 못 하지만 미옥은 회고록을 쓰고 있다. 얼마 전 상황과 비교하면 진정한 인간 승리라고 하겠다.

피부경화증은 자가면역이라는 말이 붙은 80여 개 이상의 관련된 증상 중 하나다. 이 말은 몸 안에서 말 그대로 내전이 발생한다고 생각하면 된다. 자가면역질환이란 면역체계가 보호해야 할 자신의 몸을 공격하는 질병이다. 내부 공격이 신체의 어느 부위를 목표로 하느냐에 따라 질병의 형태가 달라진다. 신경계통이 공격을 받으면 다발성경화증이고, 대장이 목표가 되면 크론병이나 궤양성대장염 같은 복강질환이나 염증성장질환이 된다. 관절과 결합조직이 그 대상이 되면 전신홍반성루푸스 또는 류머티즘성관절염으로 나타나고, 피부가 공격받으면 건선 또는 자가면역성 습진, 췌장이 당하면 제1형 당뇨병, 폐에는 폐섬유증, 뇌에는 알츠하이머병 등이다. 이들 중 어떤 것은 몸의 여러 곳이 동시에 공격을 받아 발생하는 질병이다. 가장 최근에 알려진 질병으로는 근통성뇌척수염으로도 알려진 만성피로증후군으로 전 세계에 수많은 환자가 고통받고 있다.

사실상 모든 자가면역질환은 공격받은 세포나 장기 또는 신체 기관에 염증이 나타나는 증상이기 때문에 일선 병원에서는 우선 항염증제를 처방한다. 이부프로펜 같은 비스테로이드성 항염증제나 스테로이드 집중 투여로도 효과가 없다면 신체의 면역 활동을 억누르는 처방을 한다.

처음에 미옥의 관절에 문제가 왔기 때문에 의사는 류머티즘성관절염이라고 생각했다. 그리고 스테로이드제를 처방했다. 스테로이드는 위협이 닥쳤을 때 분비되는 부신피질호르몬의 일종으로서 천연 스트레스 호르몬인 코르티솔을 인위적으로 공장에서 제조한 것이다. 그러나 스테로이드제나 면역억제제가 효과가 없게 되자 결국 미옥은 자살을 생각하는 절망적 상황으로 몰렸다. 의사들도 더 이상 손쓸 방도가 없었다(미옥의 병은 너무나 심각해서 아무도 회복하리라고 생각하지 않았고 회복한 이유도 기존 의학의 관점에서 설명이 안 되었다. 이는 보스턴에 있는 미옥의 주치의한테 확인한 내용이다).

　매우 파괴적인 고통을 주는 자가면역질환은 처음에는 명확하지 않아 정확히 찾아내기 어렵다. 이는 질환으로 고통받으며 정확한 진단과 치료를 구하는 환자보다는 정확한 결과를 찾으려는 의사에게 더 힘든 상황이다. 그러므로 다른 질병과 중복되는 증상을 보이는 이런 질병을 찾아내기는 쉽지 않다. 테니스 스타 비너스 윌리엄스도 이런 경험을 했다. 이 선수의 증상은 손이 붓고 항상 피곤하며 관절에 통증을 동반했는데, 일반인도 이런 증상이 나타나면 놀랄 테니 하물며 스타플레이어에게는 말할 것도 없었다. "병원에 갔지만 어떤 답도 들을 수 없었고 그냥 병이 진전되게 놔두는 수밖에 없었어요. 그러다 보면 어느덧 이 모든 증상에 익숙해져요. 그냥 잊어버리고 열심히 살자고 스스로 다짐하곤 하죠. 이게 무슨 일인가 황당해하다가 이러다 미쳐버리는 거 아닌가 하는 생각까지 들더군요."[1] 비너스 윌리엄스는 결국 셰그렌증후군으로 판명되었다. 이 병에 걸리면 수분을 생성하는 분비선에 문제가 생겨 입안이 마르고 안구가 건조해지는 증상이 나타날 뿐 아니라 폐, 신장, 췌장 및 혈관에 기능장애가 생긴다. 다른 사람들과 마찬가지로 윌리엄스는 자신의 고통에 명확한 이유가 있고 병명까지 있다는 것을 알고 마음이 놓였다.

　미옥의 경우는 환자 자신이 병을 진단하는 역할을 맡았다. 이는 요즘 같은 인터넷 시대에 흔히 볼 수 있는 역할의 역전으로서 특히 의사들이 이미 두 손을 들어버린 상황에서 자주 발생한다. "몸이 점점 더 굳어갔어요. 마치 시간이 갈수록 나 자신이 미라로 변하는 것 같았어요. 온몸을 계속해서 스트레칭했는데 그 고통이 이루 말할 수 없더군요. 병원에서는 스테로이드제를 처방해주면서 이 병을 평생 안고 살아야 한다고,

관절염은 치료가 안 되는 거라고 제게 일러주었어요. 처음 증상이 시작한 지 6개월 후 피부경화증인지 테스트해보자고 주장했고 결국 내 병을 알아냈죠."

자가면역질환은 의사들이 풀지 못하는 여러 문제 중 하나다. 대부분 본질적으로 '특발성'(원인을 알기 어려운 병이 저절로 생기는 성질 – 옮긴이)이라고 간주된다. 이는 '원인을 알 수 없다'는 뜻이다. 당연한 일이지만 원인을 모르면 치료하거나 극복하기 위한 노력에 집중하기 힘들다. 대부분 증상 억제 또는 손상된 세포를 제거하는 외과적 수술만이 현대 의학이 할 수 있는 최선이다. 일부 환자에게는 이런 대책만으로도 도움이 되지만 병의 진행을 막기는 역부족이며 많은 환자들은 어쩔 수 없이 증상이 악화되어 장애를 얻는 경로를 밟게 된다.

명확성의 부족은 의사나 환자 모두에게 문제를 야기하지만 학문적 측면에서 보면 이들 질병은 골칫거리가 아닐 수 없다.

첫 번째 난제는 이러한 질병이 점점 더 빈발한다는 점이다. 서구 여러 나라에서는 복강병부터 염증성장질환, 루푸스부터 제1형 당뇨병, 심지어 알레르기까지 점차로 발병률이 높아져 연구자들의 노력을 방해하고 있다.[2] "선진국에서 지난 50년간 자가면역질환이 급격히 증가했으며 미국인 13명 중 한 명은 이 고통스러운 질병을 평생 안고 살아가야 한다"고 2016년 〈뉴욕 타임스New York Times〉가 지적했다.[3] 영국에서는 1994년부터 2014년 사이에 크론병 진단이 세 배나 늘었으며[4] 캐나다에서는 1999년부터 2010년 사이에 어린이의 염증성장질환이 7퍼센트 이상 증가하여 전 세계에서 가장 높은 발병률을 보였다.[5]

이런 추세는 의학계에서 흔히 하는 설명인 유전적 원인과 맞지 않는다. 어떤 환자에게는 확실히 유전자가 작용하는 것이 맞기는 하다. 그러나 유전자가 어떤 영향을 미치건 논리적으로 자가면역질환의 증가를 설명할 방법이 없다. 미국자가면역질병협회 버지니아 래드Virginia Ladd 회장은 2012년 〈메디컬 뉴스 투데이Medical News Today〉와의 인터뷰에서 이렇게 말했다. "유전자는 그렇게 짧은 시간에 바뀌는 게 아닙니다. 자가면역질환의 증가는 환경적 요인 때문입니다."[6] 즉 우리가 살고 있는 환경 속의 무엇 또는 그것들의 조합이 우리의 몸을 아프게 한다는 말이다.

대부분의 사람들은 질병의 원인이 되는 '환경적 요인'이라는 말을 들으면 공기오염, 납 성분 페인트, 휴대전화의 전자파 등 잘 알려진 요인을 떠올린다. 정크푸드의 섭취 증가가 전 세계적인 자가면역질환의 증가를 불러왔다고 하는 흥미로운 주장도 있다.[7] 하지만 아직 연관성은 입증되지 않았다.[8] 어쨌든 건강과 질병을 제대로 이해하려면 '환경'을 보다 광범위한 시각으로 봐야 한다. 생물심리사회적 시각 말이다.

두 번째 난제는 자가면역질환의 발생이 성별로 크게 차이를 보인다는 점이다. 환자의 70~80퍼센트는 여성이며 이들에게 자가면역질환은 장애 및 사망의 주요 원인이 되고 있다. 예를 들어 류머티즘성관절염은 여성 환자가 남성 환자의 세 배에 이르며 루푸스 환자는 아홉 배 더 많다. 미옥에게 생겼던 전신경화증 역시 여성의 발병률이 남성의 세 배다.[9] 더욱 설명하기 어려운 점은 성비 불균형의 증가 추세다. 예를 들어 만성적으로 심신에 미치는 충격이 커서 평생 고통받아야 하는 다발성경화증 같은 병에서 이런 추세가 보인다.

캐나다의 경우 1930년대만 해도 남녀 비율이 비슷했지만 오늘날에는 여성의 다발성경화증 진단 사례가 남성보다 세 배 더 많다.[10] 이런 추세는 다른 나라도 마찬가지다. 〈덴마크 의학 저널Danish Medical

Journal〉에 실린 최근 논문은 "덴마크 여성 사이에 다발성경화증이 증가하고 있다. 지난 25년간 남성은 사실상 거의 변화가 없었으나 여성의 경우 두 배 이상 증가했다"고 보고하고 있다. 이들의 주장은 래드 박사의 의견과 궤를 같이한다. "이런 변화의 원인은 **환경에서 찾아야 한다**. 유전적 요인은 다발성경화증의 일부밖에 설명하지 못한다. 유전자 변화로 설명하기에는 변화가 너무나 급격하다."[11]

미옥을 치료했던 의사들 중 그 누구도 환자가 이전에 어떤 육체적·정신적 상태였는지 물어보지 않았다. 스트레스나 트라우마가 염증의 원인이라고 주장하는 엄청난 양의 논문이 발표되었음에도, 그리고 지난 수십 년간 류머티즘성관절염이나 다발성경화증 및 기타 여러 자가면역질환에서 이런 연결 관계를 조사한 수많은 연구 결과가 나왔음에도 불구하고 의사들의 태도에는 변화가 없었다. 이런 방식의 조사를 실시하지 않았을 뿐 아니라 주류 의학계는 이를 금지하는 듯한 태도를 취했다. "이런 문제를 이야기하면 나를 약간 미친 사람으로 취급했어요." 미국의 유명한 의과대학 부속병원에서 류머티즘성 질환 전문의로 근무하는 의사가 내게 한 말이다. "의과대학을 졸업하고 나서 내 치료 방식을 완전히 바꾸었어요. 환자에게서 스트레스가 발병의 원인이라는 것을 보았고 심리적 또는 육체적 트라우마가 질병의 발생에 얼마나 큰 역할을 하는지 알게 되었기 때문이죠." 동료 의사들에게 따돌림을 당할까 봐(!) 익명을 요구한 이 의사는 환자들이 질병에서 회복하고 심지어 모든 약을 끊는 "놀라운 결과"를 직접 목격했다고 한다. 하지만 이 의사는 자신이 의료계의 배신자처럼 느껴진다고 했다. "잘 아시겠지만 내 주위는 온통 존경받는 대학병원 의사들로 넘치죠. 이들에게는 연구 능력이 있지만 아무도 이런 관계를 조사하지 않아요." 이 말을 들으니 이런 방식을 추구하는 의사들은 "엄청난 위험을 무릅써야 한다"던 하버드대학교의 내과 의사가 생각났다. 그에 의하면 이런 추세는 서서히 바뀌고 있다고 한다.

정통 의학계에 몸담고 있는 의사들조차 두려움을 느끼고 오해를 받는 현실에서 환자들은 오죽하겠는가? 서양 의학의 또 다른 유감스러운 단면은 숭고한 전문가로서의 의사와 수동적으로 치료를 받아들이는 환자 사이에 발생하는 권력의 위계질서다. 의사가 아무리 호의를 가지고 헌신적으로 치료해도 이런 권력의 불균형은 환자의 건강과 치료 과정에 영향을 미치지 않을 수 없다. 환자들은 자신들의 생존에 필수적인 질문을 제대로 하지 못하며 치료 과정을 주도하지는 못하더라도 최소한 도움이 될 만한 직관이나 통찰력을 자신 있게 주장하지 못한다.

미옥이 처음 고통스러운 증상을 이야기했을 때 담당 의사들이 이런 방식으로 물어보았다면 환자가 한 살이 되기 전에 이미 두 번이나 버려졌다는 사실을 알았을 것이다. 미혼모에게서 태어나 생후 6개월 만에 보육원에 버려졌고 한 살 때 미국의 독실한 기독교 신자 부부에게 입양되어 엄격한 훈육을 받으며 컸다. 10살이 되기 전에 양모가 신경쇠약에 걸렸다. 10대 시절 어느 땐가 양부는 미옥을 두 살 때부터 성적으로 학대했다고 참회라는 구실로 고백했다. 미옥은 그 기억과 이와 연관된 고통, 공포, 분노 같은 느낌을 마음속 깊은 곳에 억눌러 의식 밖으로 나오지 못하게 했다. 뒤에서 미옥의 치유를 다루면서 보겠지만 임종했다가 부활한 것이나 다름없이 기적적으로 회복한 이유는 마음속에 묻어두었던 고통스러운 과거에 정면으로 부딪쳤기 때문이다.

느낄 수 없었던 감정의 무덤과 맞닥뜨리자 미옥은 거대한 구조물을 세웠다. 그건 적극적이고 '할 수 있다' 정신으로 가득 찬 모습으로서,

절망에서 미옥을 구하고 자신의 욕구를 부인하도록 했을 뿐 아니라 자신의 그릇이라고 생각하는 용량을 넘어 성공을 이루도록 도와주었다. 저명한 교수의 비서로 일할 때 그 일에서 스트레스를 받았고 습관적으로 주위 사람들의 긴장감과 압력을 견뎌내야 했다. "거기서 일하면서 나 자신 같은 건 없었어요. 실제 내 능력보다 훨씬 많은 일을 해야 했어요." 수십 년에 걸친 임상 및 교육 경험상 이처럼 감추어진 내부의 스트레스에 과다한 역할이 더해지면 자가면역증상이 나타나는 경우가 많았다.

고통스러운 관절 염증이 발생하기 전에 미옥은 어떤 사람을 사귀었는데 이 사람의 감정 기복으로 많은 상처를 받았고 결국 안 좋게 헤어졌다. 이별 과정에서 평생 숨겨왔던 마음속의 상처와 버려짐에 대한 공포가 표출되었다. 그건 온몸으로 표출하는 슬픔 반응이었다. 그러나 어린 시절부터 현재까지 미옥의 과거는 고도의 훈련을 받고 피부경화증을 치료했던 담당 의사에게 그 어떤 증거능력도 없었다. "내 몸은 마치 내가 지고 있는 전쟁터 같았어요." 미옥의 말은 아직도 생생하다. "전자가면역질환이 마치 자기 조국을 침범하는 막강한 군대라고 상상했어요. 자기 몸에 잔인한 반란을 일으키는 것과 마찬가지라고요." 사실상 의식적으로 감정을 표출하지 못하고 문제 해결이 결여되자 미옥의 곪은 감정이 반란을 일으켜 세포의 염증으로 나타난 것이다.

오늘날 미생물학자들은 신경성 염증을 감정의 영향을 많이 받은 신경체계 내에서 물질이 방출되면서 생기는 스트레스성 염증이라고 간주한다.[12] 또한 미옥이 어렸을 때 참아내야 했던 트라우마처럼 어린 시절의 고통과 성인이 된 후의 염증을 연결시키는 뛰어난 논문도 나왔다. 최근에 발표된 연구에 의하면 어린 시절에 육체적·정신적 학대를 겪으면 전신홍반성루푸스가 발병할 확률이 두 배로 높아진다고 한다. 이 때 염증반응이 동반된다.[13] 그러나 다른 연구에서 스트레스와 자가면역 결핍 질환의 관련성이 밝혀졌다.[14] 2007년 영국의 과학자들은 어린 시절에 학대를 받은 사람은 개인적 행동양식이나 생활 습관과 무관하게 간에서 분비되는 특정 염증반응 물질*의 혈중농도가 높다는 것을 밝혀냈다. "전에는 어린 시절의 안 좋은 경험이 성인이 되어 염증으로 나타날 가능성은 서로 관계가 없거나 예방 가능하고 무시 가능한 요소로 간주했다"고 연구진들은 말한다.[15] "염증은 **어쩌면** 어린 시절의 고통스러운 경험과 성인이 된 후의 건강 악화를 연결하는 중요한 중간 단계일 수 있다"고 조심스럽게 덧붙이고 있다. 그 뒤 수많은 연구를 통해 그 '어쩌면'이 틀린 것이라고 밝혀졌다.

몇몇 의사들은 류머티즘성관절염과 특정 타입의 성격이 관계가 있다는 점에 주목했다. 성격에 대해서는 7장에서 매우 자세히 다루겠지만 오해를 피하기 위해 개념을 명확히 할 필요가 있다. 우리가 말하는 성격적 특성은 타고난 기질 및 자질뿐 아니라 어릴 때 수용해야 했던 감정적 환경까지 포함한다. 이 특징은 어떤 사람에게 아무리 그대로 나타나더라도 본질적인 것도 아니고 불변하지도 않으며 성격상의 결함을 말하는 것도 아니다. 성격적 특징은 지금 당장은 우리를 곤란하게 만들지 모르지만 원래는 생존을 위해 형성된 것이다.

존스홉킨스병원의 설립에 중요한 역할을 했고 빅토리아 여왕으로부터 영국 의학의 발전에 기여한 공로로 작위를 받은 위대한 캐나다 출신 의사 윌리엄 오슬러William Osler는 1892년에 이미 "질병과 쇼크, 근심,

---

* 예를 들어 C반응 단백질(C-reactive protein) 같은 것들이다.

슬픔의 관계"에 주목했다. 한참 후인 1965년 한 보고서는 자기 부정적 특징을 가진 사람, 즉 "강박적으로 다른 사람을 위해 자신을 희생하며, 화를 억제하고, 지나치게 사회의 인정을 받으려고 노력하는 사람"에게 류머티즘성관절염이 자주 발병한다고 밝혔다.[16] 매우 지각력이 뛰어났던 캐나다의 C. E. G. 로빈슨C. E. G. Robinson 박사는 1957년 한 논문에서 자신이 치료 중인 류머티즘성관절염 환자들이 "일반적으로 일과 가정에서 만나는 사람들에게 잘하려고 매우 노력했으며 적대감을 숨기거나 이를 우회적으로 나타냈다. 이들 중에는 완벽주의자가 많았다"고 보고했다. 보통은 스트레스를 겪은 후 처음으로 이 증상이 나타난다. "흔히 만성 류머티즘성관절염 환자의 관절 질환이나 전신 질환을 치료하는 데 필요한 시간만큼 감정적 문제 치료에 시간이 들었다.…… 류머티즘 환자의 감정적·심리적 특징이 제일 중요하다고 생각한다."[17] 로빈슨 박사가 논문을 발표한 지 40년 후 미국의 학자들이 같은 맥락에서 여성 류머티즘 환자를 대상으로 인간관계에서 오는 스트레스의 정도가 질병의 중증도와 연관이 있다는 점을 밝혀냈다.[18]

캐나다 프레리 출신인 42세의 줄리아는 29세에 류머티즘성관절염 진단을 받았다. 자동차 추돌사고를 당한 다음 날 왼쪽 어깨에 통증을 느꼈지만 금방 사라졌다. 그 뒤로 몸 전체 관절 이곳저곳을 옮겨 다니며 갑자기 통증이 나타나기 시작했다. "어느 한 군데 관절이 아팠다가 금세 통증이 사라지더니 갑자기 26군데 관절이 동시에 미칠 듯이 아프더군요." 혈액검사 결과 관절염 지수가 매우 높게 나와 진단이 확정되었다. 줄리아의 감정 상태를 살펴보니 고도의 책임감과 화를 억제하는 특성이 나타났다. 알코올의존자 아버지와 감정적으로 자립적인 어머니 사이에서 줄리아는 가족 모두 잘 아는 사람한테 성적으로 학대를 당했으며, 막으려 했지만 여동생마저 그 사람한테 당하게 되는 그런 가정에서 성장했다.

줄리아를 치료하는 그 어떤 의사도 정신적인 삶에 대해 물어보지 않았다. 그게 왜 중요할까? 로빈슨 박사와 연구팀에서 관찰한 바와 같이 성격은 바뀔 수 있고 이에 따라 질병도 바뀔 수 있기 때문이다. 의사들은 결국 병이 발전될 거라고 했지만 줄리아는 이제 더 이상 어떤 증상도 없고 어떤 약도 먹지 않는 상태다. "요즘 내 류머티즘성관절염과 아름다운 대화를 나눈답니다. 선생님한테 큰 소리로 이를 알려드리고 싶어요. 내가 정말 대단한 것 같아요"라고 줄리아가 내게 말한다. 이 의미가 무엇일까? 그리고 줄리아는 왜 그렇게 절실하게 이를 느꼈을까? 이 '아름다운 대화'는 뒤에서 치유*를 다룰 때 다시 거론하겠다.

슬픔과 분노: 미라이, 비앵카 그리고 다발성경화증

미라이는 터키 출신의 의사로 현재는 캐나다 소재 병원에서 임상실험 코디네이터로 일하고 있다. 18세에 대상이 두 개로 보이는 복시를 처음 경험했지만 당시는 영상기술의 한계로 무슨 병인지도 몰랐다. "안과를 갔더니 의사가 별거 아니라고 하더군요. 그래서 6주 정도 스테로이드제를 먹었더니 증상이 없어졌다가 22살에 다시 증세가 나타났어요. **엄마를 만날 때마다 복시 증상이 나타나곤 했죠.** 다른 도시에서 공부할 때는 아무 문제가 없었는데 이스탄불로 돌아가 엄마를 만나면 꼭 그랬어요." 24살에 MRI 검사를 통해 다발성경화증 확진 판정을 받았

---

* 27장 참조.

　　　　　　　　　　　　　　　정상이라는 환상

지만 캐나다로 이민 간 후에는 한동안 증상이 나타나지 않았다. 그런데 임신 중에 남편의 사업이 어려워지자 미라이를 학대하기 시작했다. "원래 여자에 대한 분노와 증오가 있었는데 그걸 내게 쏟아부은 거예요." 고통은 고통을 낳았다. "종업원을 고용할 여유가 없어, 병원에서 종일 일하고 오후 4시부터 자정까지는 가게를 보았어요. 아이를 출산했지만 상황은 더욱 악화되기만 했죠. 남편은 내게 소리를 지르고 엄청 화를 냈어요. 나를 깔보고 비웃으며 놀려댔어요." 결국 미라이는 남편과 헤어졌다. 그리고 몇 년이 지나 부모를 다시 만났는데 걸을 수가 없었다. 이 증상은 현재까지도 계속되고 있다. 어릴 때 주입된 공포와 분노가 억제되어 있다가 가족을 보자 다시 터져 나왔고 그다음 순서로 신경체계를 공격한 것이다.

다발성경화증은 자가면역질환의 한 종류다. 의사들은 개인의 경험, 어린 시절의 고통, 스트레스가 이 병에 미치는 영향에 대해 많은 연구를 했다. 1872년 현대 신경학의 아버지로 불리는 프랑스의 장 마르탱 샤르코Jean Martin Charcot가 처음으로 이 질병이 '장기간 계속되는 슬픔과 분노'로부터 생긴다고 주장했다. 그보다 늦게 나타난 현대 의학의 거인 윌리엄 오슬러의 류머티즘성관절염 연구처럼 많은 연구가 축적되어 샤르코의 주장을 입증했다. 1958년 몬트리올 소재 병원 두 곳에서 실시한 연구에 의하면 "대부분의 다발성경화증 환자는 어려운 집안 환경에서 성장했으며 부모의 불화, 가족해체, 알코올의존증, 부모로부터의 애정결핍 등을 경험한다"고 한다. 이들은 장기간 정서적 스트레스에 시달린 후 이 병에 걸린다. 주요 원인으로는 "넉넉지 않은 살림, 가정불화, 책임감 등이 단독으로 또는 피로, 과로, 사고, 부상, 출산 등과 결합하기 때문이다."[19] 10년 후 생물심리사회학이라는 용어를 만든 조지 엥겔 박사가 참여한 다른 연구도 "대다수의 환자들은 …… 증상이 최초로 발현하기 전에 심리적으로 힘든 경험이 있었으며 결국 이로 인해 다발성경화증 진단을 받았고, 이 사실은 가족들이 맞는다고 증언했다"고 주장했다.[20]

증거는 계속 나오고 있다. 살면서 심각한 스트레스를 받으면 다발성경화증의 발현이 거의 네 배 증가했다.[21] 2013년 포르투갈에서 열린 국제회의에서 환자들에게 증상의 패턴이 있다고 발표했다. 예를 들면 다음과 같다.

- 발병하기 2년 전부터 6개월 전 사이에 원치 않는 스트레스 또는 고통스러운 사건을 경험한다.
- 스트레스와 재발의 관련성이 갈수록 커진다. 끔찍한 사건을 한 번 겪은 후 재발 위험성이 두세 배 증가한다. 사건을 서너 번 겪은 다음에는 다섯 배에서 일곱 배로 늘어난다.
- 일반인보다 어린 시절에 트라우마를 겪은 비율이 두세 배 높다.
- 육체적·성적 학대를 경험하면 재발률이 높다.
- 자신의 감정을 부인하고 스트레스로부터 자신을 보호하지 못한다.
- 스트레스를 감소시킬 사회적 지원을 제대로 받지 못한다.[22]

이런 연구가 진행되는 것을 모른 채 나는 다년간 다발성경화증 환자 10여 명을 인터뷰했다. 그렇지만 앞에서 언급한 일반적인 패턴에 예외적인 경우는 보지 못했다. 150여 년 전에 장 마르탱 샤르코가 말했던 '장기간 계속되는 슬픔과 분노'는 질병의 발현 및 심각성과 깊은 연관이 있었다. 다른 자가면역질환과 마찬가지로 어린 시절의 끔찍한 경험으로 인해 지나치게 양심적이고, 과도한 책임감을 느끼며, 자신의 욕구에 대해 극도로 금욕적인 태도를 취하는 패턴이 거의 모든 환자에게 나타났다. 또한 대인관계의 갈등, 가족의 붕괴, 관계의 상실, 직장에서의 과다한 업무 등에서 오는 스트레스로 고통받는 것도 동일했다.

미라이와 마찬가지로 의사인 비앵카에게 나타난 다발성경화증의 첫 증상은 복시였다. 지금은 37살이지만 학교 시험으로 스트레스를 많이 받던 20대에 처음으로 나타났다. 나는 밴쿠버에서, 비앵카는 부쿠레슈티에서 화상으로 만났다. "돌이켜 보면 시험 준비를 하거나 직장에서 스트레스를 많이 받을 때 이 증상이 나타났어요. 무감각하고 따끔한 느낌 또는 저린 느낌이나 마비 증상 같은 다른 증상은 개인적·감정적으로 어떤 문제가 있을 때 발생했죠." 의사들의 기대와 달리 비앵카는 이 병이 자신을 위해 일하도록 만들었다. 일반인이라면 엄청 재수가 없다고 생각할 수 있는 다발성경화증과 친구가 되었고 그것으로부터 조언을 받아들였다. "나는 평생 부족함을 채우기 위해 지나치게 열심히 했고 다른 사람을 기쁘게 하기 위해 노력했지만 이 병에 걸린 후 긴장을 풀고 나 자신에게 집중해야 할 이유를 찾았습니다."

자가면역질환의 증가 이유는 무엇인가?

유전자를 원인으로 꼽는 설명이 어렵게 되자 애매모호한 '환경적 요소'에서 답을 찾으려는 시도가 계속되었다. 오늘날 세상에는 이를 설명할 요소들이 많다.[23] 그러나 가장 중요한 요소는 곳곳에서 눈에 잘 띄지만 안타깝게도 보지 못한다. 우리는 염증 질환의 치료 방법에서 그 기원에 대한 확실한 단서를 찾을 수 있다. 어쩌면 이 단서에서 이 질병이 어디서 왔는지에 대한 궁금증을 해결할지도 모른다. 우리 의사들은 피부, 관절, 뇌, 대장, 폐, 신장 등의 염증을 치료하기 위해 종종 많은 양의 합성 스트레스 호르몬을 처방한다. 그렇게 하는 데는 다 이유가 있다. 호르몬에는 위험한 부작용에도 불구하고 증상을 완화시키거나 개선시키는 효과가 있기 때문이다. 그러나 우리는 스스로에게 또는 환자들에게 스트레스 그 자체가 치료하려는 질병과 관계가 있는지에 대해서는 물어보지 않는다.

이러한 관점을 입증하는 증거는 매우 많다. 최근에 〈미국의사협회 저널〉에 실린 스웨덴 연구 논문은 스트레스와 관련된 질환을 보유한 환자들이 자가면역질환에 걸릴 확률이 높다는 내용을 발표했다.[24] 스트레스 관련 정신질환을 SSRI* 계열의 약(주로 항우울제로 처방되며 그중 프로작이 제일 유명하다)으로 치료받은 환자들은 자가면역질환에 걸릴 확률이 낮았다. 이는 인간 정신과 육체가 하나로 연결되어 있어서(퍼트 박사의 용어를 빌리자면 몸마음) 정신이 질병에 영향을 미친다는 것을 명확히 보여주고 있다.

사람에게만 이런 증상이 나타나는 것이 아니다. 2013년에는 인간 생활의 다양한 스트레스를 실험실의 쥐에게 경험하도록 하는 실험이 있었다. 실험 대상 쥐를 찬물에 담그고, 포식자의 체취를 맡게 하며, 밝은 조명을 비추고, 몸을 묶어놓거나 고립시키는 등 쉽게 적응하기 힘들고 예측하기 힘든 여러 스트레스 상황에 시간을 달리하여 노출시켰다. 연구팀은 이를 '만성 가변적 스트레스'라고 불렀다. 이렇게 각종 스트레

---

* SSRI란 선택적 세로토닌 재흡수 억제제(selective serotonin uptake inhibitor)라는 뜻이며 신경전달물질인 세로토닌이 신경세포에 흡수되는 것을 억제하는 작용을 한다.

스를 겪은 쥐는 병원성 자가면역질환에 걸릴 위험이 높았다. 다시 말해 자신을 겨냥하여 면역 활동을 할 확률이 높았다는 뜻이다.[25]

현대를 살아가는 우리는 통제 불가능한 만성 가변적 스트레스에 노출된 실험용 쥐라는 생각이 든다.**

주의해야 할 게 있다. 질병에서 심리적인 영향을 강조할 때 비난이나 죄의식이 발생하지 않도록 해야 한다. 영국의 어떤 여성 환자는 이렇게 말했다. "외부 요인의 공격으로 루푸스가 발생한다고 생각하는데 나는 내가 원인인 것 같아요. 지나치게 노력해서 항상 힘들고 스트레스가 많았어요. 이로 인해 병을 얻기는 했지만 내 생활 방식을 바꾸지 않을 거예요. 그게 나고 이 질병 역시 나의 일부입니다."[26]

이런 태도에는 확실히 배울 것이 있지만 동시에 부당한 자기 비난과 자기 자신에 대한 이해 부족도 느껴진다. 아무리 양심적이고 신중하며 죄를 많이 지었다고 해도 그 누구도 질병과 동일하지 않으며, 어떤 사람도 자신을 공격할 수 없다. 질병은 수 세대에 걸친 고통과 사회적 여건, 문화적 조건, 어린 시절의 트라우마, 사람들의 스트레스와 감정 변화를 겪은 신체 등 모든 육체적·정신적 환경의 상호작용으로 나타나는 결과다. 때로는 뿌리 깊은 성격적 특성으로 나타나기도 한다. 그러나 우리 자체가 질병이 아니듯 그 성격은 우리가 될 수 없다.

그러나 이 영국 환자가 자신의 질병을 제대로 알아보지 못한다고 하더라도 여전히 우리로 하여금 심오하고 소중한 여러 질문을 하도록 만든다. 우리가 이 장에서 살펴본 것과 같이 만성적으로 자신을 공격하는

** 자가면역질환에서 나타나는 놀랄 만한 인종 및 성별 간 불균형에 대해서는 22장과 23장에서 다룰 예정이다.

질병에 대해서는 '외부 공격자' 같은 성격은 없는 것일까?*

질병이 고정적으로 정해진 것이 아니라 실제 삶을 반영하는 **동적인 과정**이라면 어떨까? 그렇다면 패러다임의 변화로 현대 의학에서는 불가능하겠지만 어떤 새로운(또는 기존의) 치료 방식이 나타날까?

---

* 확실히 신종 코로나바이러스처럼 외부 요인이 발생하면 완전히 새로운 문제에 봉착한다. 그렇다고 하더라도 여전히 내부 요인 및 사회적 여건이 사람들의 감염 취약도에 커다란 영향을 미친다.

Chapter 06

그건 사물이 아냐: 과정으로서의 질병

교통혼잡이 자동차의 고장으로 생기지 않듯 암은 세포가 병들어 생기는 것이 아니다. 평생을 내연기관 연구에 바친다고 해도 교통 문제를 해결하지 못한다. …… 교통혼잡은 자동차와 주위 환경의 정상적인 관계가 원활하게 작동하지 않아 발생하며 자동차가 제대로 굴러가는 것과는 상관이 없다.

- 데이비드 스미더스David Smithers, 〈랜싯Lancet〉, 1962

원래 이름이 이브 엔슬러*였던 V는 1990년대 〈버자이너 모놀로그 Virgina Monologue〉라는 연극으로 유명해졌다. 〈뉴욕 타임스〉는 이 연극을 "지난 10년간 가장 중요한 정치의 장"이라고 평가했다. 돌풍을 몰고 온 이 연극을 통해 V는 여성운동가로 거듭났다. 지칠 줄 모르는 여성 인권의 옹호자로서 전 세계를 여행하며 보스니아와 전쟁으로 황폐해진 콩고 민주공화국에서 발생한 집단강간과 여성혐오를 목격했다.

---

* 최초 인터뷰 후 이 작가 겸 활동가는 자신을 성적으로 학대했던 아버지로부터 받은 성과 이름을 포기하고 V로 개명해서 누군가의 자식이 되기를 거부했다. 이 책에서는 그 결정을 존중하여 개명한 이름을 사용한다.

V의 정치관은 개인적인 경험에서 나온 것이다. 치명적인 4기 자궁암을 극복한 감동적인 이야기를 담은 《절망의 끝에서 세상에 안기다In the Body of the World》에서 V는 놀랄 만큼 솔직하게 날카로운 질문을 한다. "내가 강간암rape caner에 걸린 건가?" V는 어린 시절부터 상당 기간 아버지로부터 성폭력을 당했다. 동시에 정서적 학대가 자행되었고 더 커서는 무시무시한 신체적 폭력이 이어졌다. 그동안 V의 어머니는 자신의 어릴 적 경험에 사로잡혀 V의 고통을 모른 척하고 침묵을 지켰다. 어린 V는 아버지가 자신을 범할 때마다 어머니를 '배신'한다고 생각했다. "어릴 때 아버지에게 강간을 당하면 나 자신이 '배신자'처럼 느껴졌어요"라고 V는 나와의 화상 인터뷰에서 밝혔다. "어머니는 그것 때문에 나를 미워했어요. 아버지가 나를 예뻐할수록 어머니는 날 미워했죠." 해로운 자기 비난은 트라우마를 입은 어린이에게 흔히 나타난다. V는 일평생 자신을 증오했으며 이는 어린 시절에 학대를 당한 사람들에게 흔히 나타나는 현상이다.

암 발병에 대해 V는 이렇게 말한다. "내가 어떻게 암에 걸렸냐고요? 그건 47년간 매일 하고도 또 하는 걱정 때문이 아닐까요? 매디슨 스퀘어 광장을 1만 8,000명으로 채워야 한다거나 슈퍼돔을 4만 명으로 채워야 한다는 압박감 아닐까요? 마을 수백 곳을 돌며 공연과 연설을 마칠 때마다 흉터와 상처 그리고 전사의 문신을 보여주려 늘어서는 200명 여자들의 줄이 아닐까요? 교외의 잔디에 뿌린 살충제 때문 아닐까요? 친한 친구와 바람난 내 남편 때문일까요? 내가 유부남과 자서 그런 걸까요? 경계가 부족해서 그런 걸까요? 벽이 너무 많아서일까요?"

지금은 원인이 뭐라고 생각하느냐 물었더니 V는 웃으며 비꼬듯 이렇게 말했다. "위에 말한 거 전부의 조합인 것 같아요. 그렇지만 숨어 있는 한 가지 발병 원인을 꼽자면 트라우마를 제대로 처리하지 못했기 때문인 것 같아요." 그러고는 질병 자체의 본성에 대해 심오한 이야기를 했다. "질병은 **사물 같은 게 아니에요**. 그건 전류처럼 에너지의 흐름이죠. 깨어 있고 연결되어 있으면 발전하지만 그렇지 못하면 퇴화하지요. 그리고 기본적으로 트라우마는 우리의 삶을 지배해요. 질병을 물건으로 생각하는 것 자체가 잘못된 거예요. 사실 그건 훨씬 더 정신적이고 영적이며 감정적인 상태에 있는 것이지 딱딱한 물체가 아니에요."

이처럼 어렵사리 새로운 관점을 갖게 되면 익숙하지 않지만 무언가 얻을 게 있을 것 같은 새로운 의문이 떠오른다. V는 책에서 이렇게 묻는다. "병에 걸렸을 때 몇 기가 아니라 **어떤 과정에 놓인다면** 어떨까? 실연을 당한다거나 새로운 직장을 얻거나 학교에 가는 것처럼 암에 걸려 무언가를 배울 수 있다면 어떨까? 격리되어 말기암 판정을 받는 게 아니라 심오한 영혼과 활짝 열린 마음을 가질 수 있도록 변화의 한가운데 있는 사람으로 간주된다면 어떨까?"

V가 거의 말기암 판정을 받고도 이겨낼 수 있었던 데는 수차례에 걸친 복잡한 수술과 화학요법 등 현대 의학의 영웅적인 노력과 기술의 힘이 컸다. 그러나 V는 그게 전부는 아니라고 생각한다. V 자신이 치료 과정에서 현대 의학을 보완하는 강력한 조치를 더했다. 그건 질병을 외부의 적 같은 '사물'이 아니라 환자의 현재, 과거, 미래 모두를 아우르는 과정으로, 그리고 궁극적으로는 심지어 스승으로 간주하려는 적극적인 태도였다.

전쟁의 비유를 넘어

'암과의 전쟁'이라는 표현에서 보듯 우리는 암을 제거해야 하고 싸워서 이겨야 할 사물로 간주하는 데 익숙하다(솔직히 말하면 '암과의 전쟁'에서 승리하려면 아직 멀었다).[1] 언젠가는 충분히 연구를 하면 사회 전체적으로 암을 '극복'하고 없애버릴 수 있을 거라고 이야기하지만, 그렇게 되기 전까지 우리는 #우라질 놈의 암#FuckCancer 같은 해시태그에서 보듯 끈질기게 암에 저항하는 태도를 견지해야 한다. 우리가 매일 하는 말에는 전투적 자세가 드러난다. 친구나 가족이 용감하게 '다발성경화증과 사투'를 벌인다는 소식을 듣는다. 그들은 그 싸움에서 승리하지 못하면 '항복'해야 한다.

이처럼 전쟁 상황을 비유한 표현이 인기 있는 이유는 우리의 분노와 절망의 감정을 잘 나타내주기 때문이다. 그러나 치료에 도움은 주지 못한다. 전작에서 나는 캐나다 출신의 암 전문가인 캐런 겔먼Karen Gelman의 말을 인용한 적이 있다. 유방암 치료의 권위자인 겔먼은 전투적인 방식으로 암 치료를 대하는 것에 회의적인 시각을 가지고 있다. "우리 몸 안에서는 여기로 들어가 저기로 나오는 흐름이 발생합니다. 하지만 그 모든 과정을 통제할 수는 없어요. 그 흐름을 이해해야 하고 통제 가능한 것과 불가능한 것이 있다는 것을 알아야 합니다. 이건 전투가 아니에요. 밀고 당기는 상황 속에서 균형과 조화를 찾고 상호 충돌하는 요소를 하나의 반죽으로 치대는 과정입니다."[2] 겔먼 박사가 말하는 '흐름'과 V의 표현이 얼마나 유사한지 알 수 있었다. 한 사람은 의학적 전문지식을 배경으로 하고 다른 사람은 고통을 겪으며 주체적으로 얻은 지혜를 배경으로 하는데도 말이다.

이런 식의 전투적인 비유 외에도 질병에 대한 우리의 시각을 왜곡시키는, 더 흔한 오해가 있다. "나는 암에 걸렸어요 I have cancer." "그 여자는 다발성경화증을 앓고 있어요 She has MS." "조카는 주의력결핍증을 앓고 있어요 My nephew has ADD." 이와 같은 표현에는 질병이라고 불리는 **사물**과 별도로 독립적인 **내**가(또는 **어떤 사람**이) 존재한다는 전제를 담고 있다. 여기서 마치 "나는 평면 TV를 가지고 있어요"라고 말할 때처럼 '나'는 질병을 **가지고** 있다. 내 삶은 여기에 있는데 저기서 질병이 기어와서 침범한 거다. 이런 식으로 보면 질병은 그 자체로 외부에 있는 무엇으로서 병에 걸린 사람과 별도로 존재한다. 이런 시각이 우리에게 미친 영향을 생각해보면 이제 다른 시각을 가질 때도 되었다.

우리는 이미 우리의 몸을 감정적 · 심리적 · 영적 · 사회적 삶과 일치시키는 수없이 많은 내분비학적, 면역학적, 신경학적, 분자생물학적, 세포 내의 후생적 경로가 있음을 알았다. V는 트라우마와 스트레스가 자신을 거의 죽이려 했던 과정의 중요 원천이라고 생각했는데 이는 현대 의학의 견해와 완전히 일치한다. 50년에 걸쳐 거의 1만 명에 가까운 사람들을 출생부터 50세에 이를 때까지 추적한 연구에 따르면 어릴 때 학대, 사회적 · 경제적 차별, 가정불화 같은 고통을 겪은 사람은 50세 이전에 암에 걸릴 확률이 크게 높아진다고 한다. 두 개 이상의 역경을 경험하는 여성들은 중년에 암에 걸릴 확률이 두 배로 높다고 한다.[3]

보고서는 "이러한 연구 결과는 어린 시절에 고통스러운 상황과 사건을 경험하면 암 발생 위험이 높아질 수도 있음을 암시한다"라고 기록하면서도, 또다시 '암시한다', '높아질 수도 있다'라며 매우 조심스러운 표현을 사용하고 있다. 사람들이 어떻게 병에 걸리고 치료 방법을 찾는지 관심이 많기는 하지만, 내 임상 경험에 의하면 여러 연구 결과에 반영된 그런 결과는 **암시하는** 정도가 아니라 주의를 끌려고 소리치는 것이나 마찬가지다. 스트레스 호르몬이 면역체계에 안 좋은 영향을 미쳐 암을 발생시킨다는 주장은 이미 과학적 비밀이 아니다. 우리는 또한 스트레스와 트라우마가 암 발생 원인의 또 다른 중심축인 염증을 발생시키는 주요 요소라는 것을 알고 있다. 이와 마찬가지로 성적·육체적 학대를 받은 소녀들이 성장해서 자궁내막증에 걸릴 위험이 훨씬 크다고 한다. 이 병은 매우 고통스럽고 장애를 초래할 정도의 큰 질환으로서 난소암으로 발전할 가능성이 크며 현대 의학은 아직 정확한 원인을 파악하지 못하고 있다.[4] 정신신경면역학에서 몸과 마음을 다루는 관점에서 보면 이 문제는 다소 덜 어려워 보인다.*

우리의 주제로 다시 돌아가서 질문을 보자. 질병을 분자나 세포 또는 신체 기관에 병원균이 침범해서 감염되어 발생하는 것이 아니고 유기체 전체의 불균형으로 본다면 어떨까? 서양의 과학과 의학에서 알아낸 사실을 유기체에 적용해서 병과 건강을 결정짓는 모든 연결 관계와 조건을 찾아보면 어떨까?

이런 재구성 작업은 현대 의학을 혁명적으로 바꿀 것이다. 질병을 인간의 몸에 자신의 의지를 반영하는 실체로 취급하지 않고 개인의 역사와 그가 사는 환경과 문화에서 추출할 수 있는 하나의 **과정**으로 다룰 것이다. 이 새로운 접근 방법은 단지 사람 사이의 생물 작용을 고려했다는 점 말고도 매우 추천할 여지가 많다. 더 이상 질병을 정해진 궤도를 따라가는 자율주행 사물로 간주하지 않으면, 문제를 해결할 다른 방안을 찾아볼 수 있다. 단, 문제의 안팎을 모두 살펴볼 수 있는 적절한

---

* 2장에서 외상후스트레스장애와 난소암의 관계를 다루었다.

수준의 지원과 의지가 있어야 한다. 결국 질병이 단순히 잔인한 파괴자가 아니라 우리 삶의 무언가가 밖으로 표출되어 나온 것이라면 우리에게는 선택권이 있다. 새로운 방식을 추구할 수도 있고, 새로운 질문을 할 수도 있으며, 어쩌면 전에 하지 못했던 선택을 할 수도 있다. 피해자로 남아 무기력하게 의사들의 도움에 의존하기보다는 **과정에 적극적으로 참여하여** 정당한 우리의 위치를 찾을 수 있다.

질병 그 자체는 과거에 발생한 모든 것의 집합체이며 미래에 발생할 일을 알려주는 신호이기도 하다. 자신에 대한 관계를 포함한 우리의 감정 체계는 미래를 결정하는 가장 강력한 요소다. 예를 들어 유방암을 진단받을 당시 무기력감과 절망감에 싸여 있었다면 10년 뒤까지도 생존에 부정적 영향을 미친다는 것이 밝혀졌다.[5] 반대로 우울한 감정이 줄어들면 오랫동안 생존하는 경우가 많았다.[6] 일상적인 팹스미어 검사에서 자궁경부에 이상이 발견되어 조직검사를 받아야 하는 환자들에게서도 진단 **전에** 우울한 태도를 가진 경우 자궁경부암으로 확진되는 경우가 많았다.[7] 남성의 경우 분노를 억누르는 경향을 가진 사람들의 면역체계가 전립선암을 제대로 억제하지 못하는 것으로 나타났다.[8] 또 다른 전립선암 연구에 의하면 사회적 지지social support를 받는 사람들에게 암 발생 위험이 줄어든다고 한다.[9]

스티븐 콜Steven Cole 박사**는 활발한 연구 활동을 통해 질병의 과정에 새로운 사실을 보여주었다. 그의 말이다. "지금은 **질병이 장기간에 걸쳐 발생하는 과정**이라는 것을 압니다. 그것은 우리 몸 안에서 발생하는 생리적 과정이며 우리의 생활양식에 따라 얼마나 빨리 질병에 걸리

** UCLA 의대 의학심리학생물행동학과 교수.

느냐가 결정됩니다. …… 질병에 대해 더 많이 알게 될수록 언제 병에 걸리고 언제 걸리지 않는지 알기가 더 어려워집니다." 물론 이 책을 읽는 독자에게 이런 종류의 미묘한 말은 이해하기 힘들 것이다. 우리는 아프거나 건강하거나 둘 중의 한 상태에 있으며 어느 쪽인지 명확히 구별되어야 한다. 그러나 현실에서는 아픈 상태와 건강한 상태를 그렇게 명확히 구분하기 쉽지 않다. 아무도 갑자기 자가면역성 질환에 걸린다거나 암에 걸리지는 않는다. 물론 병에 걸렸다는 걸 갑자기 알려서 상당한 충격을 주는 경우는 있다.

몇 년 전 〈뉴요커New Yorker〉는 "내가 왜 이러지?What's wrong with me?"라는 제목의 기사를 실은 적이 있다. 1인칭 시점에서 '특발성' 자가면역질환을 신랄하게 묘사한 글이었다.[10] 이 글은 질병을 명확한 실체가 아니라 장기적인 과정으로 완벽하게 묘사했다. 글은 이렇게 시작한다. "나는 병에 걸렸다. 헤밍웨이가 파산에 대해 말했듯 '천천히 그러다 갑자기'. 더 이야기를 하자면 아프기 시작한 지 5~6년 만에 처음으로 내가 병에 걸렸다고 인정하는 의사를 만났다. 어머니가 돌아가시고 나서 2009년에 병이 생겼는데 당시 말할 수 없을 만큼 힘든 피로감이 밀려왔으며 몇 달 동안 림프절이 아파서 검사를 했더니 얼마 전에 엡스타인바Epstein-Barr 바이러스에 걸렸다고 했다."

그 뒤 이야기에는 질병이 장기간 진행되는 과정에 나오는 전형적인 요소들이 모두 등장한다. 신체검사에서 정확한 표지자가 나오지 않아 당황하는 의사들, 혈액검사, 영상 테스트, 갑작스러운 인간관계의 갈등으로 인한 질병의 악화 등. 기사의 뒤쪽에 질병의 원인을 알려줄 만한 단서가 나오는데 이 글을 쓴 사람을 치료하는 의사들은 눈치채지 못한다. "여러 차례 MRI 검사를 하더니 5월에는 내분비과 의사가 내가 시상하부에 '특발성' 질환에 걸렸다면서 아마 치료가 불가능할지 모르겠다고 말했다."

뭘 보고 아느냐고? 시상하부는 신체와 뇌의 스트레스 기관으로서 면역 활동에서 주요 조절 역할을 하고 자율신경계의 최정점에 있는 기관이라는 것을 우리는 이미 알고 있다. 시상하부는 우리의 감정 작용을 생리적 데이터로 변환한다. 이는 타인과의 관계나 자신과의 관계가 시상하부를 통해 생리적 데이터로 변환된다는 말이다. 시상하부는 공포, 상실감, 슬픔, 스트레스 같은 감정을 해석해서 혈류, 장기, 세포, 신경, 림프절, 전달물질 그리고 신체 전체에 퍼져 있는 분자의 변화를 통해 보여준다. 따라서 폭넓은 대인관계생물학적인 측면에서 보면 작가의 질병은 그렇게 특발적이지 않으며 만성 및 급성 스트레스 때문에 생겼다고 충분히 설명 가능하다. 현대 의학 기술로 치료가 불가능하더라도 질병 과정의 복잡성과 몸마음의 단일성을 충분히 이해하고 지혜롭고 과학적인 방법을 도입한다면 치료를 중단할 필요는 없다.

다시 암으로 돌아가서, 스티븐 콜 박사 연구팀의 논문은 신체의 스트레스 반응이 활성화되면 종양이 커져서 다른 곳으로 전이될 수 있다고 주장한다. 그 논문에도 있지만 여기에서 중요한 것은 "스트레스 **그 자체**가 암의 원인은 아니다. 그러나 스트레스 그리고 기분이나 대처기전, 사회적 지지 같은 요소들이 세포 및 분자 활동에 상당한 영향을 주어 암세포 성장을 용이하게 할 수 있다는 임상 및 실험 데이터는 많다."[11]

여기에 중요한 포인트가 있다. 스트레스는 암을 '발생시킬' 수 없다. 왜냐하면 우리 몸에는 언제라도 암세포로 변할 수 있는 세포가 많기 때문이다. 신체에는 성장, 성숙, 소멸 등 다양한 단계에 있는 370억 개의 세포가 있다. 악성종양으로의 전환 과정은 정기적으로 발생하지만 정상적인 조건에서는 신체의 방호 기제가 작동해서 위협을 무력화한다. 부검을 해보면 여성에게는 유방암 세포가, 남성에게는 전립선암 세포가 있지만 절대 암으로 발전하지 않는다는 것을 알 수 있다. 중요한 것은 이런 세포들이 암세포로 발전하는 원인이다. 면역체계가 이런 내부의 위험을 제대로 방어하지 못하는 원인은 무엇인가? 바로 스트레스 때문이다. 스트레스는 혈액 속에 염증성 단백질을 배출한다. 이 단백질은 DNA에 손상을 입히고 암세포로의 전환이 발생할 때 DNA의 복구를 방해한다. 크리토킨crytokine이라고 불리는 이 단백질은 정상적인 상황이라면 암세포의 성장을 억제할 수 있지만 스트레스 상황에서는 유전자를 활성화시켜 암세포의 성장과 생존을 가능하게 하는 화학전달물질을 분비하고 암세포에 영양을 공급해서 면역체계를 약화시킨다. 세포 및 분자 단위까지 암이 퍼지려면 다면화된 여러 과정을 거쳐야 한다.

1962년 영국의 저명한 암 전문의인 데이비드 스미더스David Smithers는 예지력 있는 논문을 발표했다. 그는 암을 과정으로서 탐구했다. 즉 개별적인 세포들이 독자적으로 행동해서 생기는 것이 아니라 환경의 불균형이 표출되는 것으로 보았다. 그는 암을 "명확한 시작점 없이 오랜 기간에 걸쳐 발생하는 일련의 상황 중 맨 마지막 (사건)"이라고 정의했다. 또한 그는 의사와 연구원들이 암의 "극히 중요한 동적인 성질을 보지 못하고 움직이는 과정이 아닌 정적인 특성만 본다"고 주장했다.[12] 그리고 세포의 활동은 "환경과의 연계 속에서만 가능하며 어떤 활동도 세포끼리의 활동으로만 발생한 사건으로 설명할 수 없다"고 말했다. 선견지명이 있던 이 주장은 그 후 약 50년간 여러 논문에 의해 입증되고도 남았다.

스티브 콜 박사는 전에 내게 이렇게 말한 적이 있다. "지금은 질병의 원인이 매우 복잡하다고 생각합니다. 병에 걸렸다면 모든 게 문제가 있는 겁니다. 유전자 문제일 수도 있고, 병원균에 노출되었을 수도 있습니다. 또는 삶이 힘들어서 생길 수도 있습니다. 정상적이라면 회복했어야 할 세포가 손상되었으니까요. 질병의 원인은 다단계 과정이라고 생각하는 게 편합니다. …… 많은 질병에는 공통적으로 염증이 발생합니다. 마치 질병의 성장에 비료 같은 역할을 하는 거죠. 특히 오랜 시간에 걸쳐 위협받고 불안정함을 느끼면 우리의 몸은 염증을 유발하도록 바뀝니다."

의사의 자가 치료

산부인과 의사인 리사 랭킨Lissa Rankin은 어릴 때부터 오랜 시간에 걸쳐 위협받는 느낌과 불안정함을 느꼈고, 이런 감정 상태는 의사 수련 과정을 겪으면서 더욱 악화되기만 했다.《소명의 해부학The Anatomy of a Calling》에서 랭킨은 레지던트로서 밤새도록 여러 분만실을 뛰어다니며 힘들게 태아를 받아내고, 네 쌍둥이를 잃은 부모를 위로하면서도, 여자 탈의실에서조차 슬픔을 억눌러야 한다고 선배 의사로부터 질책받는 자신의 모습을 그렸다. "의사들은 감정을 억압하는 데 익숙해져야 해요. 슬플 때도, 다른 사람한테 상처를 받아도, 또는 '얼마 전에 캘리포니아에 있는 의사가 그러던데'라는 말을 들어도 울어서는 안 됩니다." 랭킨이 말을 이어갔다. "대학을 다닐 때 교수한테 지속적으로 성희롱을 당했어요. 계속해서요. 하지만 참는 수밖에 없었죠. 학장한테도, 아니 그 누구에게도 말하거나 도움을 요청하지 않았어요. 왜냐하면 내 상처는 원래 그런 것이니까요. 나는 도움을 요청해서도, 어려운 상태에 있어서도, 불평을 해서도 안 되었어요."

27세가 되었을 때 자극이 없는 상황에서도 병적으로 빨리 뛰는 맥박 때문에 랭킨은 관상동맥 집중치료실에 입원했지만 전기충격요법으로 정상 맥박이 돌아오자 지체 없이 복직했다. 33살에 이미 고혈압약, 심계항진약, 항히스타민제, 스트레스 호르몬인 스테로이드제제 등 여러 종류의 약을 먹기 시작했다. 또한 평생 알레르기 주사를 맞아야 한다고 했다. 게다가 자궁경부에 이상이 발견되어 치료받았는데 제때 치료하지 않으면 암으로 발전할 수 있는 상태였다. 예상했겠지만 그 기간 동안 그 어떤 의사도 랭킨에게 혹시 스트레스가 자신을 압박해서 면역질환을 악화시키고 암 발생 가능성을 높이는지는 물어보지 않았다.

오늘날 랭킨은 완전히 건강을 회복해서 아무 약도 먹고 있지 않다. 치료는 현대 의학을 완전히 배척하고 거의 자살 직전인 35세에 스스로 시작한 변화 덕분에 가능했다. "병원을 관둔 지 6개월 만에 모든 약을 끊었어요." 이제 랭킨은 엄마로서, 치료사로서, 세미나 발표자로서, 저자로서 활발하게 활동하고 있다. 치료의 비결은 자신의 전 생애가 여러 육체적·정신적 질병의 토대라는 것을 인정한 뒤에 얻은 깨달음이었다. 즉 분리된 실체가 아니라 세상과 교감하는 동적 과정이었다. "저는 전형적인 착한 아이였어요. 기대 이상의 성과를 내야 하고, 반에서 1등 자리는 놓치면 안 되고, 항상 자신의 재능과 능력을 개발하려 노력했지만 전부 내가 하고 싶어 한 게 아니고 다른 사람의 눈에 들기 위해서였어요." 그 엄청난 압박이 질병으로 나타났다는 것을 깨닫고 그것들을 모두 내려놓아야 했다.

리사 랭킨은 질병이 발전하는 과정에 적극적으로 참여하면 좋은 결과를 얻을 수 있다는 것을 깨달았다. 질병은 절대로 보고 싶은 손님은 아니지만 약간의 호의를 베풀어 환영한다고 큰돈이 들어가는 것도 아니다. 잘하면 이 손님이 왜 나한테 왔는지 그리고 내 인생에 대해 무슨 이야기를 해주러 왔는지 알 수도 있다.

트라우마로 인한 갈등: 애착 대 진정성

대부분의 갈등과 좌절은 강박적으로 우리가 아닌 다른 사람 역할을 하려

하기 때문에 생긴다.

- 야노시 (한스) 셸리에János (Hans) Selye, 《삶의 스트레스The Stress of Life》

아니타 무르자니Anita Moorjani가 하는 말을 들으면 거의 죽음에 이르게 한 그 질병이 단지 운이 없어 생긴 게 아니라는 생각이 든다. 이 베스트셀러 작가는 내게 이렇게 말했다. "병에 걸리기 전에 나라는 사람은 다른 사람을 실망시키기 싫어했어요. 항상 남들을 기쁘게 하고 만족시키려고 하다 보니 기진맥진하기 일쑤였죠. 거절을 못 하고 항상 도와주고 필요하면 항상 나타났어요. 암에 걸려서도 나 자신을 찾지 못했어요. 혼수상태에 빠지고 나서야 욕심을 놓을 수 있었어요." 60세의 나이에도 생기가 넘치는 무르자니는 자신의 욕구를 강박적으로 억눌러서 발생한 만성 스트레스가 전이성 림프종의 원인이라고 확신하고 있다. 43세에 림프종 진단을 받았을 때는 얼마 못 산다고 생각했지만, "내가 워낙 그런 성격이다 보니 암처럼 극단적인 게 없으면 나 자신을 돌볼 수 없었어요"라고 무르자니는 말한다.

우리는 이게 어떤 느낌인지 알고 있다. 매우 어려운 상황에서도 '의미를 찾는 행위'는 낯설지 않고 단지 건강 문제에만 해당되지도 않는다. 그러나 성격 때문에 질병에 걸렸다는 주장은 많은 사람들이 받아들이기 어려울 수 있다. 1978년에 아직도 유명한 《은유로서의 질병Illness as Metaphor》을 쓴 영화제작자 겸 활동가 겸 작가였던 수전 손택Susan Sontag은 45세에 암을 극복한 뒤 질병이 신체적 재앙을 넘어 어떤 의미를 줄 수 있다는 주장을 단호하고 확실하게 거부한다. 손택은 "정신상태로 인해 질병이 발생한다는 이론은…… 질병이 육체에 미치는 영향을 전혀 모른다는 증거다"라고 주장했다.[1] 감정이 질병을 초래한다는 주장은 처벌 또는 감정을 불러일으키기 위한 거짓말이며, '지나친 비유'와 그 '장식물'을 초래한다고 한다. 손택은 이 관점이 환자를 탓하는 방법으로 이용될 수 있다고 생각하여 극도로 싫어했다. "손가락질당하며 살지 않겠다고 결심했어요."[2]

손택이 신랄하게 몸과 마음의 연결 관계를 부정하자 이는 학계뿐 아니라 신성불가침의 영역인 의료계에도 충격을 주었다. 몇 년 뒤 〈뉴잉글랜드 저널 오브 메디슨New England Journal of Medicine〉의 최초 여성 편집장인 마샤 에인절Marcia Angell은 "정신상태가 특정 질병의 원인과 치료의 한 요소라는 생각은 근거 없는 믿음"에 불과하며 증거라고 해봐야 "경험한 사람들의 이야기"밖에 없다며 '민간신화' 같은 이야기라고 비웃었다. 손택과 마찬가지로 에인절도 이런 사고방식에 환자를 비난하는 경향이 숨어 있음을 보았다. "환자가 이미 질병으로 힘들어하는데 더 나아가 그 결과에 대한 책임을 받아들여 더 큰 짐을 지게 해서는 안 됩니다."[3]

나는 전적으로 그 누구도, 단 한 번이라도 자신의 몸에 생기는 일 때문에 죄의식을 느껴서는 안 된다고 생각한다. 그 죄책감이 자신의 내부에서 나오든 외부에서 주어지든 상관없이 그렇다. 앞에서도 말했지만 비난은 어울리지도 않고 아무런 장점도 없으며 잔인하기까지 하다. 그러나 우리는 흔한 오류에 빠지지 않도록 주의해야 한다. 성격이 발병의 한 원인이라거나 더 나아가 성격과 정신상태, 개인의 성장사가 질병과 연결되어 있다는 주장은 누구를 비난하기 위해서가 **아니다**. 예방과 치료를 위한 보다 큰 그림을 그려서 궁극적으로 자기를 받아들이고 용서하기 위해서다.

그러므로 손택의 의견을 재평가하는 의도는 보다 도움이 되는 관점을 제시하기 위함이다. 몸과 마음의 관계에 대해서 잘못 생각하고 있기는 하지만 병에 걸려서 비난받을지 모른다는 손택의 우려에는 동의한다. 신체의 건강상태를 깨트리는 모든 요소를 사심 없이 명확하게 볼 수 있으면 질병에 충분한 지식을 가지고 효과적으로 대응할 수 있으며 더 나아가 위험 요소를 감소시킬 수 있다. 이는 개인뿐 아니라 사회 전체에도 적용된다.

어떤 성격이 특정 질병의 원인이라는 생각은 전혀 혁신적인 주장이 아니다. 사실 고대부터 내려왔던 내용을 현대 의학 용어로 다시 풀어 쓴 것에 불과하다. 예를 들어 인류는 오래전부터 불같은 성격과 심장질환을 생리적으로 연결해서 생각했다. 주요 증상으로는 혈압과 심장박동이 증가하고 혈액이 응고되며 혈관이 수축된다.[4, 5, 6] 고대의 히포크라테스는 황담즙이 과다하면 '담즙질' 성격이 된다고 주장했다. 영어에서는 아직도 성격이 안 좋은 사람을 '담즙이 많다'고 표현한다. 전통 중국 의학에서는 간에서 분비하는 담즙이 화, 억울함, 원한 등과 관계가 있다고 본다. 1896년 현대 의학의 아버지로 불리는 내과 의사이자 교수인 윌리엄 오슬러는 볼티모어의 존스홉킨스의과대학 졸업생들에게 이렇게 말했다. "협심증(관상동맥의 질환이 심장에 나타나는 증상)은 예민하고 신경질적인 사람보다는 몸과 마음이 건강하고 활달하며 정열적이고 추진력이 있어서 항상 바쁘게 움직이는 사람에게 잘 발생한다." 그는 현대 의학에서 말하는 도전적이며, 강박적으로 목표에 집착하고, 참지 못하며, 화를 잘 내고, 심장병에 잘 걸리는 A형 성격type A personality을 가리킨 것이다. 이런 성격은 생물심리사회학적 복합체로서 학문적으로나 '일상생활에서' 쉽게 눈에 띈다.

1987년 심리학자인 리디아 테모쇼크 Lydia Temoshok 박사*는 'C형 성격'이 악성 종양의 발병과 밀접한 관계가 있다고 발표했다.**

C형 역시 A형처럼 다양한 성격 중 하나에 불과했다. "협조적이고, 달래주려 하며, 고집이 세지 않고, 인내심이 강하며, 분노 같은 부정적 감정을 내보이지 않고, 외부의 권위에 순종하는 성격이다." 박사가 흑색종 환자 150명을 인터뷰해보니 이들이 "지나칠 정도로 친절하고 상냥하며, 불평하지 않고 순종적"이라는 것을 알게 되었다. 이들은 모두 '남을 기쁘게 하는 사람들'이었다. 병에 걸려 불안해하면서도 자신보다는 가족들에 대한 걱정이 더 컸다. 이런 자기희생은 내가 전에 읽었던 〈글로브 앤드 메일Globe and Mail〉의 한 기사에 잘 나타나 있다. 글쓴이는 유방암 진단을 받자마자 의사에게 "남편이 걱정이에요. 내가 돌봐줘야 하는데"라고 말했다고 한다.[7]

당시는 의사 생활을 한 지 10년쯤 되었던 시기인데 나는 질병에 상

---

* 당시 메릴랜드의과대학의 행동의학연구소장이었다.

** 사실 테모쇼크 박사는 온전한 '성격'이 아니라 성격적 특성을 말했다. 뒤에서 이 오류를 추가로 다룰 예정이다.

관없이 환자들의 성격에서 어떤 패턴을 읽기 시작했다. 그때까지만 해도 자기를 억압하는 데서 오는 스트레스가 면역체계를 포함한 우리 몸에 어떤 영향을 미치는지에 대해 지난 50년간 많은 연구 결과가 축적되어 있다는 사실을 몰랐다. 테모쇼크 박사의 논문은 몰랐지만 스트레스의 영향에 대해 비슷한 결론을 내렸다. 피하려 해도 피할 수 없었다. 매번 내가 운영하는 가정의학 병원에 만성질환으로 진찰받으러 오거나 내 의뢰를 받아 통증 완화 병동에 입원하는 환자들은 바로 '친절한' 사람들이었다. 이들은 강박적으로 자신보다 다른 사람의 기대와 욕구를 더 중요시 여기고 소위 부정적 감정을 억압한 사람이었다. 이 환자들이 암에 더 잘 걸리고 예후가 안 좋다는 사실은 내게 충격이었다.

내 생각에 그 이유는 간단했다. 자신을 억압하니 스트레스로부터 보호 능력이 약해진 것이다. 한 실험에서는 불쾌한 정서적 자극에 대해 피부가 전기적으로 어떻게 반응하는지를 측정해 참가자의 생리적 스트레스 반응을 연구했다. 동시에 참가자는 정서적 자극을 보고 느끼는 감정을 실험 주관자에게 보고했다. 스크린에는 "병 걸려도 싸" "못생겼어" "아무도 너 좋아하지 않아" "모든 건 네 잘못이야"와 같이 모욕적이고 비열한 내용을 보여주었다. 실험 대상자는 흑색종 환자군, 심장병 환자군, 건강한 대조군 등 세 개의 그룹으로 나뉘었다. 흑색종 환자군에서는 환자가 경멸적인 메시지를 보고 느꼈다고 보고하는 정도와 전기적 신호로 나타낸 자극의 차이가 컸다. 즉 이들은 의식적으로 감정을 억제했던 것이다. 그렇다고 신체에 영향이 없을 수는 없다. **스트레스 받는 것을 의식하지 못하면서** 스트레스를 받으면 장기적으로 신체에 미치는 영향으로부터 자신을 보호할 방법이 없게 된다. 결국 과학자들은 자극에 대한 반응을 "단지 정신만이 아닌 몸과 마음의 작용"으로 보

아야 한다고 결론 내렸다.[8]

몇 년 후 UC버클리대학의 심리학자들은 주로 무의식적으로 발생하는 억압이 아니라 "감정이 생겨도 이로 인한 행동을 **의식적으로** 억누르는" **억제**의 생리적 반응을 조사했다. 미친개가 내 공포를 알아챌까 봐 무섭지만 안 그런 척한다면 나의 감정을 억제하는 것이다. 또한 맘에 안 드는 의견이 있어도 자기도 모르게 우선 찬성하면 감정을 억압하는 것이다. 이 연구에서는 실험 대상자에게 화상 환자 치료 장면이나 사지절단 수술 장면처럼 끔찍한 영상을 보여주었다. 일부 대상자에게는 영상을 접하고 느끼는 감정을 표현하지 말라고 요청했지만 대조 그룹의 참가자에게는 표정이나 몸으로 자유롭게 표현하라고 했다. 그리고 여러 생리적 반응을 측정한 결과, 감정을 억제한 그룹에게는 교감신경계와 투쟁 도피 반응이 크게 활성화되는 스트레스 반응이 나타났다.[9] 물론 매우 합리적인 이유가 있어서 감정을 드러내지 않기로 결정할 수 있다. 그러나 그것이 습관이 되거나 강요에 의한다면 그 결과는 매우 파괴적일 수 있다.

나와 동료 의사들의 경험에 근거해 만성질환을 가진 사람에게 자주 나타나는 성격적 특징을 뽑아봤다. 이 리스트를 보면 앞에서 예를 든 환자들이 생각날 것이다. 어떤 사람은 이 성격 중 하나에 해당될 수도 있고 여럿에 해당될 수도 있다. 그렇지만 이 성격적 특징들은 자기 억압 그리고/또는 자기 억제와 자기 나름대로 연결되어 있다. 암부터 자가면역질환, 만성 피부질환, 편두통, 섬유근육통, 자궁내막증, 만성피로증후군이라고도 불리는 근통성뇌척수염까지 모든 만성질환 환자에게 이 특성이 **뚜렷하게** 나타난다. 참고로 무순이다.

- 자신의 감정은 무시하면서 자동적·강박적으로 다른 사람의 감정에
   만 신경 쓴다.
- 자신의 사회적 역할, 의무, 책임에 대해 매우 엄격하다(이 특성은 다
   음 항목과 밀접하다).
- 행동하고 베풀어야 자신의 존재가 입증된다는 확신으로 과도하게
   의욕적이며 많은 책임을 맡고 있다.
- 건전한 수준의 자기 보호적 공격성과 화를 억제한다.
- '다른 사람이 기분 상하지 않아야 한다' 그리고 '다른 사람을 실망시
   켜서는 안 된다'는 두 가지 신념에 의거해 행동한다.

이들 성격적 특성은 의지나 의식적인 선택과는 아무런 관계가 없다. 아무도 아침에 일어나 '오늘은 내 욕구를 무시하고 이 세상 다른 사람들을 최우선으로 생각해야겠다' 또는 '어서 내 분노와 좌절감을 억누르고 대신 행복한 표정을 지어야겠다'라고 생각하지 않으며 그런 성격을 가진 사람도 없다. 신생아는 자신의 감정을 표현하는 데 아무런 거리낌이 없으며 혹시 다른 사람을 불편하게 할까 봐 울기 전에 두 번 생각하지도 않는다. 이런 성격적 특성이 습관화되어 일부 사람들에게 뚜렷이 나타나는 이유는 흥미로우면서도 무섭다. 기본적으로는 중요하고 절대 양보할 수 없는 무언가를 보존하기 위해 적응하는 대처 방식이다.

만성적 질환을 앓고 있는 사람들에게 이런 성격이 현저하게 나타나지만 제대로 알려지지 않은 이유를 파악하는 것은 우리에게 가장 중요한 주제다. 그 방법은 우리 사회에서 살아남는 가장 **정상적인** 존재 방식이다. 정상화가 어떻게 가능할까? 나중에 병의 원인이 될 수 있는 잠재적 골칫거리가 아니라 감탄할 만한 장점으로 인식되면 가능하다. 이

위험한 자기희생적 성격은 잘 알아보기 어렵다. 연민, 자긍심, 근면성, 친절함, 관대함, 절제, 양심처럼 건전한 특성과 섞여 있기 때문이다. 겉보기에는 나중에 열거한 특성들이 먼저 열거한 특성과 비슷해 보이지만 그렇다고 해서 지나치게 자신의 존재나 감정, 욕구를 무시하고 억누르지는 않는다. 진정한 연민은 자신의 감정을 소중하게 생각하는 만큼 다른 사람을 똑같이 생각한다는 뜻이다. 위기 상황에서 자신보다 다른 사람의 안위를 먼저 생각하는 사람이나 타인의 권리를 위해 앞장서서 투쟁하는 지도자는 우리의 존경을 불러일으킨다. 그러나 이러한 자기희생도 상황에 맞게 위험을 충분히 인식하면서 주어진 시간 내에서 의식적으로 일어나야 가치가 있는 것이다.

내게는 신문을 볼 때 특이한 습관이 있다. 부고란을 읽으면서 가족과 친구들이 고인을 추모하는 글을 유심히 보는데 신랄한 자기모순을 발견할 때가 많다. 그리움과 슬픔으로 가득 찬 감동적인 추모의 글은 부지불식간에 고인의 자기희생적 성격을 드러내고 이를 찬양한다. 하지만 이 성격 때문에 병을 얻어 사망에 이르렀을 수 있다는 점은 전혀 깨닫지 못한다. 암으로 사망한 온타리오의 의사(스탠리라고 하자)의 경우를 예로 들어보자. 스탠리는 생전에 어머니와 매우 가깝게 지냈는데 이는 캐나다의 일간지인 〈글로브 앤드 메일〉* 부고란의 '고인의 삶Lives Lived' 섹션에 잘 나타나 있다. "스탠리와 그의 모친은 매우 특별한 관계를 맺고 있었고 이 유대는 모친이 사망하기 전까지 그들 삶의 중요한 일부분이었다. 아이들이 아직 어렸지만 스탠리는 으레 부모님과 매일 저녁 식사를 했고 그동안 아내 리사와 네 아이들은 집에서 기다렸다.

---

* 나는 〈글로브 앤드 메일〉 의학 칼럼에 글을 기고했더랬다.

그러고는 자기 집으로 가서 다시 자기 식구들과 즐겁게 식사를 하곤 했다. 인생에 중요한 두 여인 모두를 만족시키기 위해 몇 년 동안 스탠리는 저녁을 두 번 먹었고 결국 늘어난 체중이 문제가 되었다."*

또 다른 부고는 암이 전이되었음에도 불구하고 "하키 연습과 학교 운영위원회, 오케스트라 및 기타 과외활동 등을 계속해서 본연의 역할을 포기하지 않았으며" 그 외에 새로운 역할까지 맡아 다른 사람을 계속 도와주었던 한 여인을 추억했다. 물론 나는 지역사회에의 적극적인 참여를 매우 찬성하는 사람이다. 그러나 먼저 자신이 살아야 고난이 닥쳤을 때 자아를 깨달을 수 있고 자신을 계속 돌볼 수 있다.

마지막 사례는 유방암으로 55세에 사망한 부인을 그리는 남자의 글이다. "아내는 살면서 그 누구와도 다툰 적이 없으며 …… 자신을 내세우지 않고 알게 모르게 주위 환경에 녹아들었다." 여기서 '자신을 내세우지 않았다'는 구절이 눈에 확 띄었다. 아내가 거만함이나 자만심 없이 겸손했다는 점을 전달하기 위해 사용한 이 표현에서 나는 숨겨진 이야기를 읽는다. 우월함이 아닌 안정적인 자기정체감, 자존감, 자기 관리, 합리적 의사결정능력, 뛰어난 정보 저장 능력을 바탕으로 한 건강한 자아는 인류 발전의 원동력이다. 남편은 모르겠지만 추모사는 아내의 감정을, 그중에서도 특히 건강한 분노를 평생 억눌러 면역체계가 손상되고 암 및 기타 질병이 생겼다는 내용을 담고 있다.

이런 자기희생은 어디서 나오는 것일까? 리디아 테모쇼크 박사에 의하면 "C형 성격은 성격이 아니라 수정 가능한 행동 패턴"이라고 한다.[10] 전적으로 맞는 말이라고 생각한다. 천성적으로 그런 성격을 갖고 태어

---

* 기사에는 본명이 나오지만 여기서는 개인정보 보호를 위해 바꾸었다. 이름 말고는 부고 기사를 그대로 인용했다.

정상이라는 환상

나는 사람은 없으므로 얼마든지 고칠 수 있으며 이는 치유로 가는 통로다. 뒤에서 자세히 다루겠지만 절대로 쉬운 길은 아니다. 하지만 우선 이런 패턴의 기원을 추적해보자.

내 강연이나 워크숍에서 빠지지 않는 주제이자 어쩌면 핵심 주제는 **애착**과 **진정성**이라는 매우 중요한 두 가지 욕구 사이의 피할 수 없는 갈등이자 충돌이다. 우리 사회에 만연한 트라우마는 이들의 충돌에서 시작한다. 소문자 t로 시작하는 이런 트라우마는 학대나 엄청난 위협이 없더라도 자신과 분리되었기 때문에 생긴다.

동료이자 전작의 공저자인 심리학자 고든 뉴펠드Gordon Neufeld는 애착attachment을 물리적일 뿐 아니라 심리적으로도 가까워지려는 욕구라고 정의했다. 가장 큰 목적은 보호와 피보호를 용이하게 하기 위함이다. 포유류, 심지어 조류에게도 애착은 생존에 없어서는 안 된다. 특히 태어났을 때 가장 미숙하고 의존적이며 연약하면서 가장 오랫동안 돌봄을 받아야 하는 인간의 아기에게 애착은 필수적이다. 신뢰할 만한 어른이 나서서 도와주지 않고 본능적으로 어른과 가까이하지 않는다면 아이들은 단 하루도 생존할 수 없을 것이다. 다음 장에서 보겠지만 우리는 세상에 태어날 때, 허파가 산소를 기대하듯 애착을 '기대'한다. 머릿속에 프로그램되어 있는 애착 욕구는 보호자에게 의존하는 행동을 지배하고 통제하는 복잡한 신경 회로와 연결되어 있다. 많은 사람들에게 애착 회로는 합리적 판단, 객관적 의사결정 또는 의식적 의지를 가능하게 하는 신경 회로보다 압도적으로 우선해서 작용한다. 이는 우리의 행동을 다양한 영역에서 설명하는 데 많은 도움을 준다.

유아기에 우리가 누군가에 의존하는 것은 강제적이며 장기간에 걸쳐 진행되는 계획이다. 울음부터 귀여운 행동까지 아기들이 보내는 무시하기 어려운 신호는 보호자의 사랑과 돌봄을 유도하는 신호로서 태어날 때 가지고 나온다. 그러나 좀 컸다고 애착이 필요 없게 되지는 않는다. 그것은 평생 우리를 따라다닌다. 3장에서 다뤘듯 애착에 문제가 생기면 성인이 된 후에 신체적인 문제가 생긴다. 다만 어린 시절의 애착과 다른 점은 돌봄을 받지 못하면 생존하지 못하는 단계를 벗어난 한참 뒤에도 모든 중요한 관계를 맺는 양식이 된다는 점이다. 즉 배우자, 파트너, 고용주, 친구, 동료와 관계를 맺을 때 영향을 미쳐 모든 개인적 · 사회적 심지어 정치적 삶에까지 개입한다. 따라서 누가 누구랑 사귀고 이별하고 거짓말한다는 연예계 소문에서 보듯 애착은 우리 문화의 주요 관심사가 되었다. 우리는 애착 없이는 살 수 없다. 믹 재거Mick Jagger가 만족스럽지 못하다고 노래했듯(〈I can't get no satisfaction〉의 가사 - 옮긴이) 애착 좌절 역시 마찬가지다.

또 다른 핵심 요소는 진정성authenticity이다. 다양한 정의가 있지만, 자신에게 충실하고, 자신에 대한 깊은 이해를 바탕으로 삶을 만들어가는 능력이라고 정의하면 좋을 것 같다. 진정성은 젊은 세대들이 자기 계발한다고 잠깐 빠지는 것 같은 추상적인 희망 사항이 아니다. 애착과 마찬가지로 진정성 역시 생존 본능과 깊은 관계가 있다. 가장 구체적이고 실용적인 단계에서 진정성은 직감을 느끼고 이에 따라 행동하는 것이다. 아프리카 초원 지대에 살던 우리의 조상들이 맹수가 다가오는 걸 느꼈다고 생각해보자. 직감으로 전해지는 위험신호를 무시했다면 인류는 어떻게 생존할 수 있었을까?

진정성이라는 단어는 '자기 자신'을 뜻하는 그리스어 '아우토스autos'에서 나왔으며 이는 'author', 'authority'와도 관계가 있다. 진정성이 있다는 것은 자신만의 독특하고 순수한 본질에서 나오는 느낌에 충실하다는 뜻이며 내부의 내비게이션과 연결해 길을 찾는다는 뜻이다. 건전한 자의식은 다른 사람에 대한 배려를 거부하지도 않고 사랑받거나 영향받는 것을 배척하지 않는다. 꽉 막히지 않았으며 포괄적이며 포용적이다. 필요한 것은 외부의 기대에 의해서가 아니라, 진정한 의미에서 자기 삶의 주체이자 지배자가 되는 것뿐이다.

문제의 발단은 우리가 이 두 가지를 모두 가지고 있다는 것이 아니라 살다 보면 이 둘 사이에 충돌이 발생한다는 것이다. 즉 우리는 이런 딜레마에 봉착하게 된다. '우리를 진정한 자신과 연결해주는 진정성이 애착 본능을 방해하면 무슨 일이 발생할까?' 다른 말로 표현하면 절대 양보할 수 없는 한 가지 필수 요소가 어떤 상황에 의해 다른 요소와 충돌하면 어떤 일이 생길까? 이 상황에는 부모의 중독, 정신적 질병, 가정폭력과 가난, 공공연한 갈등, 기구한 운명 등 성인뿐 아니라 어린이에게 닥치는 모든 상황이 포함된다. 이런 상황이 아니더라도 애착과 진정성 사이에 비극적 갈등이 생길 수 있다. 우리 자신의 정체성을 인정받지 못하는 것만으로 문제가 생긴다.

어린이는 해도 되는 것과 해서는 안 되는 것이 있다는 것을 배운다. 이는 어쩔 수 없이 자신에 대한 인식을 둘로 나누는 이분법적 방식이다. 어른이 짜증 내며 "착한 아이는 소리 지르면 안 돼"라고 던진 한마디는 의도하지 않았어도 매우 큰 위협으로 받아들여진다. '화내면 사랑 안 해줄 거야'라는 뜻이기 때문이다. '착하게'(속뜻은 분노를 감추고) 행동하고 부모에게 인정받기 위해 노력하는 것은 아이가 생존하는 방식이다. 또는 '나는 이것을 잘할 때만 사랑받을 수 있어'라는 것을 깨닫고 완벽주의의 삶을 목표로 엄격하게 역할을 정해서 실패할 가능성이 있는 분야로부터 스스로 멀어지기도 한다. 또는 눈에 띄지 않는 평범한 아이가 되는 전략을 선택하기도 한다. 이렇게만 해도 사랑받는 데는 문제가 없다.

두 요소 모두 중요하지만 순서는 있다. 아주 어린 시절에는 당연히 애착이 최우선이다. 따라서 둘이 충돌하더라도 결과는 거의 정해져 있다. 즉 '솔직한 내 감정을 숨기고 생존에 필수적인 보호를 받는 것'과 '나 자신에 충실하고 보호 없이 사는 것' 중에서 항상 첫 번째를 선택한다는 뜻이다. 따라서 우리의 진정한 자아는 조금씩 자신의 정체성과 감정을 포기함으로써 육체적·감정적 보호를 확보하는 비극적인 거래에 빠져든다.

우리가 의식적으로 이런 대응 전략을 선택하지 않았다는 사실로 인해 이런 식의 양보는 계속해서 발생한다. 그런 일이 있었다는 기억이 없기 때문에 더 이상 우리에게 영향을 미치지 않더라도 의식적으로 이를 쫓아낼 수 없다. 마치 벽지처럼 배경 화면에 녹아든다. 이것은 '뉴 노멀new normal'이며 말 그대로 태어날 때 가지고 있던 천성이 아닌 제2의 천성이다. 이런 패턴이 신경체계에 녹아들면 세상에 필요한 사람이 되려는 의지와 우리의 진정한 정체성이 뒤엉켜버린다. 따라서 진정성이 없어야 생존한다는 잘못된 생각을 할 수 있다. 왜냐하면 이 둘은 우리가 아주 어릴 때, 또는 적어도 젊을 때는, 동의어나 마찬가지이기 때문이다.

여기서 우리는 다양하고 힘든 상황에 적응하는, 잘 알려진 뛰어난 능력이 가진 단점을 본다. 결국 적응이라는 것도 모든 경우에 해당하지 않으며 특정 상황에만 적용되는 것이다. 신문 헤드라인을 통해 예를 들어보자. 이 글을 쓰고 있을 때 텍사스에는 한파가 몰아쳤다.* 사람들은 옷을 껴입고 실내 온도를 올리며 두툼한 담요를 둘러쓴다. 이는 모두

굿은 겨울 날씨를 이겨내기 위한 전략이다. 만일 용광로 같은 한여름의 더위에도 이런 적응 전략을 계속한다면 건강이 상하고 심지어 목숨을 잃을지도 모른다. 우리가 어린 시절에 살아남기 위해 이용했던 전략도 상황이 바뀌면 이처럼 위험 요소가 될 수 있지만 깨닫지 못한다. 날씨가 아무리 더워져도 성격에 덧대어진 장갑복을 벗지 않는다.

자신의 성격이라고 믿고 심지어 자부심까지 느끼는 성격적 특성이 사실은 언제인지 모르지만 자신과의 연결 관계가 끊어져서 생긴 상처에서 유래한다는 것을 깨닫게 되면 다소 충격일 수 있다. 이런 상처의 뿌리는 이것이 어떻게 형성되는지를 보면 확실히 알 수 있다. 어떤 성격적 특성은 특정한 형태의 상처로부터 생긴다. 예를 들어 상황에 상관없이 무조건적인 사랑을 받지 못하면 이를 보충하는 방법은 육체적 매력이나, 달리 주의를 끌 만한 특성이나 업적에 집중하는 것이다. 자신이 지속적으로 아무 조건 없이 **사랑받지** 못한다는 것을 깨달은 어린이는 커서 정치인이나 방송인처럼 아주 매력이 넘치고 사랑받는 인물이 될 수 있다. 어린 시절에 **소중하게 여겨지지** 못하고 **인정받지** 못한 어린이는 지위나 재산에 과도하게 집착할 수 있다. 단지 자신의 존재만으로 소중하다고 느끼지 못하면 앞에서 본 것처럼 남을 무조건 돕는 사람이 되어 자신의 중요성을 보여줄 수 있다.

이제 가장 중요한 부분을 다룰 때가 되었다. 앞에서도 언급했지만 우리 문화는 우리에게 없는 것을 보충하려는 이런 행위를 정상적으로 볼 뿐 아니라 존경할 만한 특성으로 보는 경향이 있다. '장점'으로 간주되므로 이런 성격적 특성은 진정한 자아를 따로 분리해서 숨기고 거짓 모

---

* 2021년 2월이다.

습으로 나타난다.

이에 따라 생기는 특성과 행동을 고든 뉴펠드는 '가출한 중독자 runaway addictive'라고 불렀다. 재미있는 점은 이 강력한 흡수광선tractor-beam은 확실히 작동하지 **않기** 때문에 존재의 의미가 있다는 것이다. 아니, 더 정확히 말하면 임시적으로만 효과가 있기 때문에 존재한다고 해야 할 것 같다. 그런 면에서 빈센트 펠리티Vincent Felitti가 중독과 관련해 "조금만 더 해서 될 것 같으면 아무리 해도 부족하다"라고 한 말은 정곡을 찔렀다고 생각한다. 중독자가 약물 흡입 직후에 느끼는 황홀감과 마찬가지로 보상 행위로 얻는 거짓 자아는 오래가지 못한다. 그러므로 계속해서 또 해야 한다. 사실 사랑받고 인정받을 때 우리 뇌에서는 스스로 내생성 아편 유사물질인 엔도르핀이라는 화학물질을 배출한다. 그러므로 이는 생리학적으로도 정확히 들어맞는 비유라 하겠다. 헤로인 같은 아편제를 아무리 해도 허전함이 채워지지 않듯 인정받고 사랑받고 성공했을 때 나오는 엔도르핀도 영혼의 상처를 치료하지 못한다. 우리는 순간적인 안도감을 주는 외부의 자극을 끝없이 추구해서 흥분이 가라앉으면 또다시 보충할 수밖에 없다. 그러므로 겉보기에 꾸준한 성격을 가진 것처럼 보이는 것이다. 즉 우리는 반복해서 동일한 감정과 신체 상태를 경험하므로 똑같은 행동을 지속적으로 계속한다. 따라서 성격이란 **고정적**이고 **영구적**인 현상이 아니라 **되풀이해서 발생하는** 현상으로 생각하는 것이 더 진실에 가깝다. 이는 마치 각각의 영화 프레임이 빠른 속도로 투사되면 하나의 연속된 이야기로 시각적 환영이 만들어지는 것과 같다.

우리가 가진 성격의 진실성과 견고성을 의심하고 심지어 우리가 모르는 무엇이 있는 게 아닌가 하는 생각이 들면 우리들 대부분은 일종의 위기 상태에 빠질 수 있다. 위기는 이혼, 별거, 건강을 해칠 정도의 심각한 중독을 초래하기도 한다. 또는 중년의 위기가 닥쳐 40대와 50대를 방황하며 보내기도 한다. 잘 살고 있다고 생각하다 갑자기 우울증에 빠지거나 아니타 무르자니처럼 병에 걸리기도 한다. 이런 일이 발생하면 우리 자신의 정체성을 근본부터 재평가할 필요성이 생긴다. 또는 원래 인간은 그렇게 설계된 게 아닌가 하는 기이한 느낌이 들기도 한다.

수전 손택은 놀랍게도 사적인 글에서 자기도 모르게 암이 가진 정서적 기능을 완벽하게 비유했다. 일기에 "내 삶은 자기 연민과 자기 비하로 닮고 있다"라고 적은 것이다.[11] 물론 암은 인생을 심하게 피폐시키는 병이다. 내부로부터 몸을 황폐화한다. 손택은 또한 자기혐오의 원인이 힘들었던 어린 시절이라는 것을 알아냈다. "어린 시절을 힘들게 보낸 사람은 모두 화가 나 있다. 나도 처음에는 매우 화를 냈을 것이다. 그래서 그 분노를 건드렸다. 분노를 바꾸어버렸다. 무엇으로? 자기혐오로 말이다."《은유로서의 질병》이 나오기 8년 전인 1971년 처음으로 유방암 진단을 받은 직후 손택은 금지된 연결 고리를 건드렸다. "맨 처음에는 '내가 무슨 잘못을 해서 이런 벌을 받는 거지? 내가 잘못 살았나 봐. 너무 억눌려 살았어'라는 생각이 들었다." '잘못된wrong'이라는 단어는 그것을 사용하는 사람에 따라 뜻이 크게 달라질 수 있는 매우 조심스러운 단어다. 손택이 **틀린** 삶을 살지는 않았다. 그건 너무 잔인하고 질책하는 관점에서 본 의견이다. 그러나 자신이 원했던 삶을 살지 못했다는 점을 이 단어는 내포하고 있다.

모든 사정을 알고 나서《은유로서의 질병》을 다시 읽어보니 슬픈 감정이 든다. 손택은 감정, 성격 그리고 질병과의 관계를 그 누구보다 강력하고 단호하게 거부했지만 씁쓸하게도 의도치 않은 아이러니를 보여주기도 했다. 고난으로 얼룩진 이 위대한 사상가의 삶과 죽음은 우리에게 많은 것을 생각하게 한다.

유아 시절에 어머니로부터 버림받고 잠시 다시 만났다가 몇 년 후에 또다시 버려진 손택은 일찍부터 분노를 억누르는 법을 배웠다. "항상 엄마한테 그럴 사정이 있을 거라 생각했다. 단 한 번도 화를 낸 적이 없었다." 어른이 되어서는 "분노로 부글부글 끓었지만 감히 표현할 수 없었다." 심하게 무시당하고 어린이로서 보호받지 못하자 손택은 이에 대한 보상으로 성공에 적합한 성격적 특성을 갖게 되었다. "내 강점, 즉 현실을 받아들이고, 살아남아, 반격하고, 실행하고, 성공할 수 있었던 능력은 가장 큰 정신적 의무감과 밀접하게 연결되어 있었다. 즉 **내 감정으로부터 분리되는 능력** 말이다. 나는 어릴 때 버려져 사랑받지 못했다. 이에 대한 내 반응은 매우 착한 아이가 되는 것이었다."

"죄의식은 정말 끔찍하다"고 손택은 신랄하게 비꼬았다. 그렇다. 맞는 말이다. 그러나 선택이 없으면 죄의식을 느낄 수 없다. 영아기와 유아기에는 그 어떤 주체성이나 선택권이 없다. 생존이 그 어떤 것보다 우선하므로 어떤 대가를 치르더라도 애착 관계를 유지해야 한다. 이런 이유로 특히 스트레스가 큰 문화에 사는 어린이들에게 애착과 진정성이 첨예하게 대립하는 경우가 많이 나타난다. 결과야 뻔하고 그 후유증은 평생을 가지만 말이다.

최근에 새로 알게 된 게 있으니 내가 그랬던 것처럼 독자들도 힘을 냈으면 좋겠다. 그건 비난이나 죄의식을 치유하고, 자기 비난이 아니라 독특함으로, 수치심이 아니라 '반응 능력'으로 사고방식을 바꾸는 것이 필요할 뿐 아니라 항상 가능하다는 것이다. 아니타 무르자니는 이렇게 말했다. "내게 선택권이 있음을 알고 달라졌어요. 무언가를 하는 데 익숙해지면 그것을 하고 있다는 것도 깨닫지 못하죠. 생존 모드에 있으니 자신을 억압한다는 것조차 알지 못합니다."

진정성을 포기하는 것은 선택이 아닐지 모르지만 각성한 정신과 자기 연민이 있다면 진정성은 선택이 될 수 있다.

| 2부 |

인간 성장의
왜곡

우리 사회가 진정으로 어린이의 정서적 유대가 성장기 내내 중요하다

는 것을 인정한다면 건강한 성장이 불가능한 상황에서 어린이를 키우

고 부모가 다투도록 놔두지 않을 것이다.

- 스탠리 그린스펀Stanley Greenspan, 《마음의 성장The Growth of the Mind》*

---

* 스탠리 그린스펀(1941~2010)은 미국 국립정신건강연구소의 소아임상개발연구소장을 지냈다.

———

우리의 진짜 모습은 무엇인가?
인간의 본성, 인간의 욕구

사회적 질서 또는 사회적 변화의 근저에는 항상 명시적이든 암묵적이든
인간 본성에 대한 사고가 있다.

- 노엄 촘스키Noam Chomsky, 인간의 본성에 대한 촘스키-푸코 토론

인간의 본성은 무엇인가? 이 질문이 그렇게 오래된 것은 아마 답이
어려운 것도 한 이유가 될 것이다. 사람을 살리기도 하고 죽이기도 하
는 그 많은 인간의 행위와 업적을 감안할 때 '인간이기being human'는 다
소 탄력적이고 신축적인 것이 아닌가 생각한다.

21세기에 건강에 관한 책이 왜 이렇게 광범위하고 까다로운 주제를
다루어야 하는지에 대해 갸우뚱할지 모르지만 나는 이 질문이 가장 중
심이며 광범위한 영향력이 있다고 생각한다. 모든 생명체의 상대적 건
강은 기본적인 욕구가 충족되느냐 아니냐에 달려 있다. 그러므로 우리
가 어떤 존재인지를 아는 것은 인간으로서 100퍼센트 완전한 존재가
되기 위해 무엇이 필요한지를 아는 것이다. 우리를 어떤 존재로 받아들
이는가에 따라 개인적 · 집단적 삶이 달라지고, 적정한 건강과 행동을

어느 정도까지 문화가 충족시켜야 할지가 결정된다.

모든 사회는 인간의 본성을 미뤄 짐작하는데 우리도 예외가 아니다. 다른 사람의 교활하고 자기 잇속만 챙기는 행동을 보면 '인간 본성이 그렇지 뭐'라고 별거 아닌 듯 어깨를 으쓱하며 다른 사람 또는 자신에게 말한다. 교육자인 앨피 콘Alfie Kohn은 이렇게 말한다. "흥미롭게도 이런 식으로 인간의 본성이라고 여겨지는 성격은 거의 항상 사람들이 싫어하는 것들이다. 반면에 관대함은 '그냥 인간의 본성'이라는 이유로 일축되는 법이 거의 없다."[1] 인정하는 사람도 있고 안 그런 사람도 있겠지만 우리 문화는 인간이 원래 공격적이고 욕심이 많으며 매우 개인주의적이라고 생각하는 경향이 있다. 물론 친절함이나 자비, 또는 지역사회를 아끼는 마음처럼 소위 '더 나은 본성'도 있기는 하지만 타고난 본성에 예외적인 희망 사항으로 간주된다.

하지만 모든 문화가 이를 인간의 본성이라고 생각하는 것은 아니다. 태평양 지역의 부족사회를 연구했던 문화인류학자 마셜 살린스Marshall Sahlins는 이렇게 말했다. "인류가 존재한 이래 우리가 알고 있는 이기심은 비정상적이고 미친 것으로 간주되었다. 그러한 탐욕은 인간의 본성이 아니라 인간성을 훼손하는 것이라고 생각했다."[2] 어떤 사회는 여기에 이름을 붙이기도 했다. 크리족의 어휘인 웨티코wétiko는 사람을 잡아먹고 착취하며 공포에 떨게 하는 괴물이나 탐욕스러운 정신이나 마음가짐을 뜻하며 오지브와족과 파우하탄족의 언어에도 비슷한 단어가 있다(놀랍게도 페루 안데스산맥의 케추아족에게도 잔인하고 황금에 눈이 먼 스페인 침략자와 연관시켜 웨티코와 비슷한 존재를 가리키는 피쉬타코pishtako라는 말이 있다). 좁은 의미의 자기 이익만을 추구하는 행위는 우리의 본성과 반대되는 것으로 간주된다. 미국 원주민을 연구했던 잭 포브스Jack

Forbes는 이를 "매우 전염성이 강해서 급속하게 퍼지는 질병"이라고 불렀다.[3]

나는 인간의 본성이 어떻다고 정의하는 토론은 전혀 도움이 되지 않으며 때로는 오해를 불러일으킬 수 있다고 생각한다. 대충이라도 인류 역사를 살펴보면 어느 한쪽으로 기울어지기 어렵다. 예수도 인간이고 히틀러도 인간이다. 인간은 고상하기도 하고 이기적이기도 하다. 관대하다가도 잔인하다. 똑똑하기도 하고 어리석기도 하다. 우리는 이 모든 특징을 다 가지고 있는 것 같다. 그럼 도대체 어디에서 시작해야 할까?

인간이란 무엇인가에 대한 여러 가지 상반된 관점 사이에서 판결을 내리려 하기보다는 인간 본성을 여러 결과가 나올 수 있는 범위 안에 들어 있는 것으로 볼 수 있다. 그런 면에서 스탠퍼드대학의 신경학 및 생물학 교수인 로버트 새폴스키Robert Sapolsky*의 설명이 적절한 것 같다. 그는 "**본성이 무엇이라는 정의에 구속되지 않는 것**이 인간의 본성이다"라고 말했다. 우리를 구속할 수 있는 것은 열린 마음뿐이다. 이상하게 들릴지 모르지만 인류의 뛰어난 적응 능력도 비난의 대상이 될 수 있다. 우리의 본성은 너무나 영향을 많이 받기 때문에 상황에 따라 우리는 친절함에서 끔찍함까지 여러 버전으로 바뀔 수 있다. 특정 시간과 장소에는 어떤 행동을 해야 한다고 빼도 박도 못하게 정해버리면 적응 전과 적응 후의 본성을 섞어버리는 실수를 범하는 셈이다. 이렇게 되면 현 방식이 좋지 못하더라도 다른 가능성을 생각할 수 없게 된다. 그러면 맞지 않는 상황을 또 만들어 결국 악순환이 계속된다. 그러므로 보다 건전한 세상을 만들기 위해서는 우리 자신에 대해 갖고 있는 고정적

---

*   최근에 《행동: 가장 선한 순간과 가장 악한 순간에 나타나는 인간 생물학(Behave: The Biology of Humans at Our Best and Our Worst)》를 출간했다.

인 선입견으로부터 벗어나 어떤 상황에서 어떤 결과가 나왔는지를 물어야 한다.

우리 몸은 기본적으로 여러 가지가 필요하며 여러 가능성이 있다. 인간의 본질은 필요한 것이 어떻게 충족되는지, 그리고 이런 가능성을 어떻게 개발하고 억압하는지에 달려 있다. 이는 일평생에 걸쳐 일어나지만 성장 단계에서 특히 중요하다. 인간의 성장 단계는 임신부터 사춘기까지 시간 순서로 추적할 수 있다. 물론 우리는 (운이 좋다면 좋은 쪽으로) 다방면에서 끝없이 자라고 변화하고 적응하며 성장하기는 한다.

어떤 다른 요소보다 가능성을 실현하도록 하는 요소는 환경이다. 즉 복잡한 욕구를 충족시키기도 하고 그렇지 못하기도 하며 성장이 일어나는 주변 **여건**이다. 이는 인간이나 다른 생물이나 다 마찬가지다. 도토리를 예로 들어보자. 도토리는 본질적으로 성장해서 떡갈나무가 되려 한다. 단 기후와 토양이 적합하고 다람쥐가 겨울용 비축 식량으로 가져가지 않는다는 전제조건이 있다. 깊이 뿌리를 내리고 싹이 났어도 땅에 들어 있는 영양소와 기후 조건, 햇빛과 물, 주변 식물군과의 거리 등에 따라 떡갈나무의 크기와 가지의 모양이 달라진다.

사람도 잘 자라려면 주위 환경이 필요한 것을 공급해주어야 한다. 이런 동적 역학관계를 언급하기 전에 유전적 특성이 행동을 결정한다는 믿음이 잘못되었음을 다시 한번 강조해야 할 필요가 있다. 절대 그렇지 않다. 특정한 생물학적 특징이 있기는 하지만 인간은 어떤 상황에서 어떻게 느끼고 행동하도록 유전적으로 프로그램되어 있지 않다. 로버트 새폴스키는 이렇게 표현했다. "우리는 지구상의 어떤 종보다 유전자의 영향을 덜 받는다." 적응 및 창조 능력 덕분에 인류는 다른 포유류보다 훨씬 다양한 환경에서 살 수 있다. 게다가 후생유전학을 다룬 대목에서 보았듯 자체적으로 비활성인 유전자의 발현은 환경에 달려 있다. 그러므로 경험이 유전자가 나타나는 데 결정적인 역할을 하는 것이다. 두 프랑스 학자가 한 말은 정곡을 찌른다. "모든 것을 고려했을 때 인간은 **유전적으로 결정되지 않은 것**으로 결정된다." 이는 새폴스키가 말한 "우리 본성의 본성"을 생물학적 측면에서 풀어쓴 것이다.**4**

어떤 환경에 적응해서 생존하는 것이 인간의 본성이다. 그러나 떡갈 나무보다야 낫겠지만 모든 환경에서 최선을 다하고 가장 좋은 모습을 보여주지는 않는다. 환경은 육체적·감정적·사회적으로 상이할 수 있지만 정해진 규칙이 있는 것이 아니고 누구에게는 힘들고 누구에게는 행운을 가져다준다.

인간에게 건강을 가져다주는 필요 요소는 절대로 되는 대로 생겨난 것이 아니다. 이들은 기껏해야 20만 년 전에 출현한 현생인류보다 훨씬 전인 수백만 년에 걸쳐 호미니드와 호미닌* 조상을 거쳐 탄생했다. 인간의 필요에 대해 일관적으로 이야기하려면 구전 또는 문자로 전해지는 역사 이전에 인간의 본성이 얼마나 오랜 기간에 걸쳐 형성되어왔는지를 고려해야 한다. 우리가 문화라고 부르는 기간은 현생인류 존재 기간의 5퍼센트에 불과하며 사람속human genus이 탄생한 이후 기간의 1퍼센트에 불과하다. 인간의 본성과 욕구를 정의했던 당시의 진화 환경은 지금과는 매우 달랐다. 따라서 문화에는 인류의 가능성을 보여주는 기능이 있지만 그 자체로 신뢰할 만한 측정값은 될 수 없다.

진 리들로프Jean Liedloff는 《잃어버린 육아의 원형을 찾아서The Continuum Concept: In Search of Happiness Lost》에서 모든 삶은 "환경에 대한

---

* 호미니드는 인류를 포함해 고릴라, 보노보, 침팬지 같은 영장류를 말하며, 호미닌은 인류의 조상으로 간주되는 종을 말한다.

기대"로부터 발전한다고 주장했다. 허파는 산소를 기대하고, 세포는 수분과 영양분을 기대하며, 귀는 음파의 진동을 기대한다. 즉 진화의 정수는 생물과 이를 구성하는 부속물이 이미 정해진 경로에 도착하도록 장기적으로 프로그램되어 있다는 것이다. 이는 기관부터 유기체 그리고 종에 이르기까지 모든 생명체에 해당한다. 리들로프는 이렇게 말했다. **"어떤 종에게 가장 적합한 것을 알고 싶으면 그 종에게 내재된 기대를 알면 된다.**"(볼드체 표기는 원문을 그대로 따름)[5] 내재된 기대란 타고날 때부터 갖고 있는 기본적인 욕구로, 충족이 안 되면 육체적·정신적 균형을 깨트려 신체적·정서적·사회적 건강에 안 좋은 영향을 미친다.

내재된 기대가 작동하는 사례를 보자. 가게에 들어가 초코바를 산다고 하자. 가게 점원에게 웃으면서 인사를 했다. 그런데 점원이 기분이 안 좋아 보인다. 치통이 심해졌거나 가족과 다투었을 수도 있다. 또는 응원하는 팀이 플레이오프에서 막판에 패배했을 수도 있다. 그는 뚱한 표정으로 당신을 쳐다보더니(보기라도 하면 다행이다) 짧은 신음 소리와 함께 거스름돈을 내준다. 이제 당신의 신체 반응도 바뀐다. 몸이 수축되면서 긴장하게 되고, 맥박수가 증가하며 호흡이 가빠진다. 짜증도 난다. 몸 상태에 따라서는 화가 날 수도 있고 심지어 점원에게 나쁜 일이 생기기를 바랄수도 있다.

왜 그럴까? 신경과학자로 중요한 연구를 많이 했던 스티븐 포지스Stephen Porges에 따르면 인류에게는 호혜성이 선천적 필요 항목이어서 고대의 인사말에도 있듯이 '잘 반겨지는 것well met'이 중요했다. 그는 이를 신경성 기대neural expectancy라고 이름 붙였다. 우리의 뇌는 환영 반응이 부족하면 이를 공격이자 안전에 대한 위협으로 간주한다는 것이다.

신경체계에 내재된, 호혜와 연결에 대한 기대는 인류가 어떻게 종으로 발전했는지를 보면 이해가 된다. 진화 기간의 대부분인 약 1만 년에서 1만 5,000년 이전까지 인류는 수렵채집을 하며 소규모 집단을 이루고 살았다.[6] 사실 인류의 탄생부터 지금까지의 기간을 1시간이라고 하면 문명을 이루며 산 시간은 고작 6분 정도에 불과하다. 리들로프는 이런 우리의 조상들에게는 "물물교환보다는 좋은 관계를 유지하는 게 더 중요했다"고 말한다. 리들로프가 정글의 원주민을 직접 관찰해서 얻은 이런 결과는 노트르담대학의 명예교수인 심리학자 다르시아 나르바에즈Darcia Narvaez가 분석한 수렵채집인에 관한 방대한 연구 결과와 동일하다. 이들 집단은 환대와 공유, 관대함 그리고 재산을 축적하기 위해서가 아니라 연결을 목적으로 하는 물물교환을 중요하게 생각하는 가치관을 가지고 있다. 이들은 이런 가치관이 상호 생존에 필요한 것임을 오랜 시간에 걸쳐 터득했다. 부모에서 자식으로 세대를 거쳐 내려온 이 전통은 인류의 탄생 이래 삶의 중요한 특징이었다. 우리에게는 폭력과 나쁜 행동 및 기타 여러 문제가 많은 것이 사실이다. 우리는 한 번도 '완벽'해본 적이 없다. 그러나 우리는 인류가 번영하려면 무엇이 제일 중요한지 알았다. 그것 말고는 몰랐다.

이런 가이드라인은 문화적 행동으로 변해 인류가 정착한 이후에도 (즉 유목 생활을 멈춘 뒤에도) 오랫동안 이어졌다. 이는 서구의 학자들이 수백 년에 걸쳐 원주민을 연구하면서 밝혀졌다. 산San족으로도 알려진 칼라하리의 부시맨에 대해 프란스 드 발Frans de Waal은 이렇게 말했다. "사회는 그들을 위해 존재하고 그들은 사회를 위해 존재한다." 부시맨은 역사 이전 인류의 생활양식을 여전히 간직하고 있는 것으로 유명하다. "부시맨은 많은 시간과 노력을 기울여 작은 선물을 주고받는다. 그 대상은 먼 곳에 사는 부족과 여러 세대의 사람을 포괄한다."[7]

자신을 개별적인 존재로만 생각해서 다른 동료와 대립하며 살았다면 어떤 유인원도 살아남지 못했을 것이다. 우리가 현재 생각하는 것과 달리 전통적인 관점에서 본 이기심은 **모든 사람에게 도움이 되도록 부족 내에서 연결 관계를 고양하고 구성원으로서의 지위를 강화**하는 것이었다. 순수한 의미의 이기심은 다른 사람을 의심하고 경쟁하는 태도를 취할 필요가 없는 마음가짐이었다.

그러므로 다른 모든 조건이 동일하다면 우리의 본성은 배려심과 균형감각 및 안정감이 이루어져 상호 연결된 상태를 **기대**하거나 심지어 **더 좋아한다**는 내 가정은 여기에 근거를 두고 있다. 우리의 본성이 그렇다는 것이 아니라 그런 상태가 되기를 바란다는 뜻이다. 그럴 때 인류는 번성하고 그렇지 않을 때는 쇠퇴한다.

그렇다면 우리가 기본적으로 공격적이고 이기적이라는 전제는 어떻게 해야 할까? 그런 생각은 어디에서 온 것인가?

자본주의하에서는 인간의 본성에 대한 개념을 개인주의적이고 경쟁적이라고 간주하는 것이 어쩔 수 없는 현상이라고 한다. 정상이 당연한 거라고 생각하면 오래가지만 무언가 잘못되었다는 의심이 생기기 시작하면 현 상태가 오래 지속될 수 없다. 마찬가지로 물질을 중시하는 사회는 이기적이고 공격적인 본성이 정상이라고 생각하고 다른 사람과의 연결을 크게 중요하게 생각하지 않는다. 다르시아 나르바에즈는 현재와 같은 자본주의 사회에서 인류는 이형종species-atypical이 되었다고 주장한다. 곰곰이 생각해보면 이는 매우 끔찍한 주장이다. 어떤 종도 자신을 부정하고 필요를 저버리거나 그렇게 하는 것이 옳다고 확신한 적이 없었기 때문이다.

뒷장에서 더 다루겠지만 현대의 문명은 난소의 수정부터 건강하지 않은 경로를 따라가라고 재촉해서 소위 말하는 '정상상태'로 이끌지만 인류의 필요와 진화의 측면에서 보면 이는 완전히 잘못된 궤도다. 그리고 모두 다 아는 사실이지만 이런 상황은 건강에 엄청난 위험이 된다.

튼튼하거나 연약한 토대: 어린이의 기본적 요구

우리는 누군지 모른 채 태어나서 어떻게 생각할지도 모른다. 우리가 아
는 것은 느끼는 것뿐이다. 느낌을 통해서 우리의 양육 방식이 미래 우리
삶의 궤적을 결정한다는 것을 안다.

- 나타샤 카자노프Natasha Khazanov *

1997년 어느 날 아침 6시에 라피 카부키언Raffi Cavoukian은 갑자기 잠
이 깼다. "마치 스프링처럼 벌떡 일어났어요. 입은 쩍 벌어지고 눈은 휘
둥그레졌고 '어린이 존중child honoring'이라는 단어가 내 눈앞에서 마치
어떤 사상의 강령처럼 반짝반짝하더군요." 그가 내게 한 말이다. 국제
적으로 명성 있는 이 어린이의 음유시인은 그때부터 10년 동안 콘서트
무대와 녹음실로부터 시간을 내서 어린이를 존중하는 세상을 위해 미
래를 구상하고 네트워크를 형성하는 데 몰두했다. 그는 그 약속을 계속
해서 지켰다.[1] 이 말을 하는 동안에도 카부키언은 그의 음악에 영감을
주는 어린이에 대한 깊은 존중과 장난기 가득한 정열로 생기가 넘쳤다.

---

* 나타샤 카자노프 박사가 개인적으로 한 말이다. 박사는 샌프란시스코를 기반으로 활동하는 신경심리
  학자다.

이는 마치 내 아들 애런이 어릴 때 우쿨렐레와 가짜 수염으로 무장한 채 핼러윈 행사의 주인공으로 나설 때와 같은 설렘이다. "핵심으로 들어가면 어린이에 대한 존중은 인간에 대한 존중입니다. 어린이들은 여기서 자신의 노래를 배우는 거죠"라고 카부키언이 덧붙였다.

성장 단계에서 어린이에게 필요한 것은 추상적이지도 감상적이지도 않다. 실질적으로 긴급할 정도로 중요한 것이다. 어린 시절을 '발달에 중요한 시기formative years'라고 부르지만 우리 사회의 규범은 이 시기가 얼마나 발달에 중요한지 그리고 얼마나 많은 것을 발달시키는지에 대해 부정적인 생각을 가지고 있다. 우리가 생각하는 것 이상으로 개별적이고 집단적인 측면에서 많은 위험성을 내포하고 있다.

카부키언은 이렇게 말한다. "우리는 내부로부터 우리가 누군지 알게 됩니다. 그건 우리가 사람이라고 느끼는 것이지요. 저는 단어 선택에 매우 신중합니다. 사람이라고 **느끼는** 것이라고 말했잖아요." 우리 문화는 경험해서 얻는 지식은 지성보다 못하다고 생각하는 경우가 많다. 이 잘못된 사고 때문에 아이들의 양육 방식에 문제가 생기고 이는 다시 문화에 퍼져 있는 잘못된 인식을 강화한다. 무엇보다 카부키언은 "우리는 느끼는 생물"이라고 강조한다.

그가 이렇게 주장하는 데는 학문적 근거도 있다. 신경과학자인 안토니오 다마지오Antonio Damasio는 유명한 저서 《데카르트의 오류Descartes' Error》에서 느낌의 중요성에 대해 이렇게 말한다. "자연은 합리성이라는 도구를 생물학적 통제라는 도구 위에서 형성할 뿐 아니라 그것**으로부터** 그리고 그것과 **함께** 형성해왔다."(볼드체 표기는 원문을 그대로 따름)[2] '생물학적 통제'란 우리의 뇌와 신체의 항상적이고 감정적인 구조 작용을 말하는데 이는 사람의 출생을 전후해 대뇌피질보다 몇 개월 면

저 형성된다.* 그리고 큰 그림에서 보면 인류의 진화 과정에서 이 작용은 대뇌피질의 작용보다 한참 앞서 나타났다.

신경체계의 이 부분이 무의식적인 토대로 작용해서 우리의 생각과 의식적 감정 그리고 행동에까지 영향을 미친다. 리들로프는 이렇게 말한다. "어린 시절에 형성된 정신생물학적 요소가 평생을 결정합니다. 생각하기 전에 무엇을 느낄 수 있느냐는 **사고가 가능해졌을 때 무엇을 생각할 수 있는지를 결정하는 강력한 요소입니다.**"[3] 사실 그 영향은 사고의 내용을 훨씬 넘어선다. 연구에 의하면 어린 시절의 경험이 행동, 감정의 패턴, 무의식적인 믿음, 학습 스타일, 관계 역학, 스트레스에 대처하고 자신을 통제하는 능력 등에 확실히 영향을 미친다고 한다.

미국 소아과학회의 공식 학술지인 〈소아과학Pediatrics〉에 실린 논문에는 새롭게 알게 된 내용이 두 개의 간단한 문장으로 깔끔하게 요약되어 있다. 저자들은 전 세계에서 가장 권위 있다는 하버드대학의 아동발달센터에서 연구하고 있다.

> 우리 뇌는 **출생 이전부터** 성인까지 지속되는 과정을 통해 건강, 학습,
> 행동의 토대를 만드는데 이는 튼튼할 수도 있고 연약할 수도 있다.
> 사실상 유전자와 경험의 상호작용으로 뇌 개발 회로가 형성되며 이는
> 특히 소아기에 **아이와 어른의 상호반응도**에 크게 좌우된다.[4]

다른 말로 표현하면 어린이의 초기 발달단계가 성인이 되어 나타나는 학습, 행동, 건강(또는 질병)의 토대를 형성하는데 그 토대는 튼튼할

---

* 항상성은 체온 조절 및 산성도처럼 신체의 하부 시스템이 제 기능을 발휘하는 데 필요한 안정성과 일관성을 유지하는 과정을 뜻한다.

수도 있고 연약할 수도 있다는 뜻이다. 이를 심각하게 받아들인다면 우리 문화는 당장 변화를 요구해야 할 필요성이 생길 것이다.

감정이 인식의 지반이라면 관계는 그 지반을 형성하는 지질구조판이다. 이들 중에서 어린 시절에 돌봐주는 사람과의 감정적 교류가 뇌의 형성에 가장 큰 영향을 미친다. 또다시 강조하지만 무의식이 먼저 형성되고 지적인 능력 같은 것들은 나중에 형성된다.[5] 스탠리 그린스펀 Stanley Greenspan 같은 유명한 발달정신과 의사의 말을 빌리자면 "지적 상호작용보다는 감정적 상호작용이 우리의 마음을 형성하는 주요 요소로 작용한다."[6]

이 순서를 감안할 때 어린이의 안정감, 세상에 대한 믿음, 다른 사람과의 관계 그리고 무엇보다 순수한 감정과의 연결은 돌봐주는 사람이 얼마나 **안정되고, 스트레스가 없으며, 정서적으로 신뢰할 만한** 태도를 가지느냐에 달려 있다. 보호자가 스트레스를 받거나 산만하면 그만큼 어린이의 감정적 토대가 허약해진다.

이런 말이 부모를 비난하는 거라고 느껴진다면 그건 내 의도와는 많이 다르다. 너무 자주 반복한다고 할 수도 있겠지만 부모를 비난하는 것은 잔인하고 불공평할 뿐 아니라 터무니없기까지 하다. 일단 지금은 어린 시절 보호의 질은 그것이 발생하는 사회적 맥락에 따라 달라진다고만 말하겠다. 뒤에서 보겠지만 어린이들은 갈수록 사회적 · 경제적 · 문화적 영향력에 좌우된다. 이런 영향력은 내부의 감정을 마음의 안정에서 멀어지도록 만들어 건전한 정신의 성장을 방해한다. 그린스펀은 이렇게 이야기한다. "갈수록 일상생활에서 감정 형성의 중요성을 무시하는 경향이 나타나고 있습니다. 특히 양육, 교육, 가정생활에서 더욱 두드러집니다." 우리는 그 결과를 점점 많은 어린이와 청소년 그리고 청년들 사이에서 ADHD, 우울증, 불안증세 또는 사람이나 SNS에 대한 과도한 집착 같은 소위 정신적 질병*이 늘어나는 현상에서 확인할 수 있다.

고든 뉴펠드는 브뤼셀에 있는 유럽의회에서 이렇게 말했다. "인간 잠재 능력의 발전은 자연스러운 것이지만 그렇다고 필연적인 것은 아닙니다. …… 우리는 모두 나이를 먹지만 그렇다고 모두 성장하지 않는 것과 마찬가지죠. **진정한 의미에서 어린이를 '양육'한다는 것은 한 사람으로서 최대의 능력을 발휘하도록 도와준다는 뜻입니다.**"[7] 그런데 현대사회에서 우리는 왜 늘 그 목적을 달성하지 못할까? 문제는 성장하는 어린이의 욕구를 제대로 파악하지 못하기 때문이다.

뉴펠드는 기질에 상관없이 어린이들이 가장 필요로 하는 것을 아래와 같이 간단하게 요약한다. "어린이는 있는 그대로의 모습으로 우리 앞에 있어야 되겠다고 느껴야 합니다." 그렇다면 생존에 필수적인 요구사항을 챙겨주는 것 외에 부모에게 가장 중요한 임무는 말이나 행동 또는 존재를 통해 어린이의 모습을 있는 그대로 부모가 사랑하고 환영하고 바란다는 신호를 내보내는 것이다. 어린이는 사랑을 얻기 위해 아무것도 할 필요가 없으며 달라진 모습을 보여줄 필요도 없다. 사실 어린이는 아무것도 **할 수가 없다**. 왜냐하면 보호자로부터의 지속적인 사랑은 노력한다고 얻을 수 있는 것도 아니고 싫다고 거절할 수 있는 것이 아니기 때문이다. 어린이의 행동이나 성격과 무관하게 이는 원래 존재하는 것이다. 어린이의 성격이 '좋든 나쁘든', '착하든 버릇없든' 상관이 없다.

---

* '소위'라는 수식어를 사용한 이유에 대해서는 17장과 18장에서 설명할 것이다.

그렇다면 어린이가 위험하거나 받아들이기 어려운 행동을 해도 가만 놔두라는 말인가? 아니다. 그건 어린이를 사랑하는 행동이 아니다. 어린이의 욕구에도 범위를 설정하는 등 어른의 지도와 방향 설정이 필요하기 때문이다. 사실 우리는 최선을 다해 **무조건적인 사랑의 범위 내에서** 바람직하지 않은 행위를 모니터링하고 단속한다. 일시적으로 부모의 분노를 불러일으키고 교정 행동이 필요하기도 하겠지만 어린이는 이를 통해 어떤 행위를 해도 보호자와의 관계가 위협받지 않는다는 것을 깨닫는다. 이런 기준으로 행동하면 어린이의 '나쁜 행실'도 보다 넓고 관대한 틀에서 볼 수 있게 된다. 그 행실이 욕구가 좌절되었거나, 의사가 제대로 전달되지 못했거나 또는 감정이 적절히 표출되지 못한 데서 나왔을 수도 있다는 것이다. 그렇게 되면 어린이를 벌주고 그런 감정을 억누르기보다는 어린이가 '선 넘게 행동하는' 욕구와 감정을 더 잘 이해하고 반응할 수 있게 된다.

이 부분에서 뉴펠드 주장의 요점인 "자연스럽지만 필연적이지 않은"이란 표현이 중요하다. 인류가 오랜 기간 진화를 거쳐 사회적이고 잘 공감하는 존재가 된 것 역시 특정한 진화적 배경을 전제하고 있다. 아니, 8장에서 언급했듯 진화적 배경을 '기대'하고 있다. 과학 전문 작가인 마이아 샬라비츠Maia Szalavitz와 아동심리학자 겸 신경과학자인 브루스 페리Bruce Perry는 이렇게 말한다. "우리는 사실 사랑하도록 태어났습니다. 그러나 우리가 생물학적으로 받은 능력은 가능성이지 보장은 아닙니다."[8] 특정한 경험은 자연이 우리에게 심어준 사랑과 공감의 씨앗에 물을 주어 키운다. 꾸준한 돌봄이 없으면 제대로 성장할 수 없다.

이런 경험은 단 한마디로 요약할 수 있다. 바로 안전이다.

이 책의 공저자인 큰아들 대니얼은 안전이 부족했던 상황이 자신의 어린 시절의 기억 중에서 제일 중요하다고 콕 집어 말한다. "천당인지 지옥인지 파악할 수 없었어요. 부모님의 기분에 따라, 또는 그날 두 분의 관계에 따라 언제라도 천당에서 지옥으로 추락할 수 있었거든요. 침대 밑으로 땅이 갈라지는 악몽을 꾸기도 하고 다른 차원으로 떨어져서 거기서도 또 다른 차원으로 들어가는 꿈을 꾸기도 했어요. 그 꿈은 해석하기 어렵지 않았어요. 내 어린 시절에 **바닥은 바닥이 아니었어요.**" 확실히 안정적 애착이라는 '바닥'이 없이는 어린이가 살아나갈 튼튼한 토대를 느끼기 힘들다.

세 아이를 사랑하기는 했지만 결혼 초기에 양육에 필요한 중요한 지식이 부족했기 때문에 우리 부부는 아이들에게 필요한 안정적인 분위기를 어떻게 만들어주어야 할지 몰랐다. 게다가 20세기 말의 생활양식이 아이들에게 안정적인 환경을 조성한 것도 아니고 부부관계에서 오는 갈등 그리고 의사가 되기 위한 훈련을 하느라 심해진 일중독 성향 등도 전혀 도움이 되지 않았다. 이런 한계에서 우리 부부 역시 자유롭지 못했다.

안정감은 어디에서 오는가? 역시 돌보는 사람과의 온화하고 적절한 상호작용이 핵심 요소다. 2010년 듀크대학의 보고서는 "어린 시절의 따뜻한 양육이 성인이 되어서도 정신 건강에 오래 지속되는 긍정적인 영향을 미친다"고 발표했다. 연구진은 500여 명의 생후 8개월 된 아이와 엄마를 친밀도에 따라 '따뜻한', '때때로 부정적인', '귀여워하는', '아낌없이 주는'의 네 개 그룹으로 나누어 실험을 진행했다. 그 결과 대부분의 엄마들은 '따뜻한' 판정을 받았으며 1.5퍼센트는 '아낌없이 주는'이라는 결과를 얻었다. 30년 후 이 아이들이 성년이 되어 감정적 고통과 불안을 측정하는 일련의 정신 건강 테스트를 실시한 결과, 어릴 때 엄마로부터 듬뿍 사랑을 받은 사람들에게 고통이 가장 적게 나타났다.[9] 연구진은 이렇게 말했다. "지나친 애정 같은 건 없을지 모른다. …… 정책 수립이라는 관점에서 보면 이 연구는 부모가 아이들에게 애정을 쏟기 위해 더 많은 시간이 보장되어야 한다는 점을 다시금 강조하고 있다." 나는 이렇게 기본적이고 필수적인 여건이 제대로 조성되지 않아 정책입안자에게 시간을 '확보'해달라고 촉구해야 한다는 사실 자체가 현대 문화의 비극이라고 생각한다.

우리는 오랫동안 아이들이 음식과 따뜻함을 얻고 보호를 받기 위해 어쩔 수 없이 부모에게 의존할 수밖에 없다고 믿었다. 그러나 지금은 사회적·정서적 욕구 역시 진화의 결과로 우리의 신경 회로에 각인되어 있음을 안다. 신경과학자인 자크 판크세프는 대뇌에 이 욕구를 제어하는 부분을 '공황/슬픔PANIC/GRIEF' 시스템이라고 이름 지었다. 자동차 경보장치처럼 안전한 애착이 **부재**하면 이 감정이 작동한다. 인간은 원래 보호자에게 애착하고 서로 연결하도록 설정되어 있는데, 이게 가능한 이유는 어릴 때 부모와 애착 관계를 맺어본 경험이 있기 때문이다. 게다가 설정은 양방향으로 되어 있다. 유아는 부모의 양육 뇌 회로와 애정 어린 행동을 활성화하기 위해, 판크세프 박사의 표현에 따라 말하자면, "울기 위해 태어났다." 그는 이를 보살핌CARE 시스템이라고 불렀다.*

이를 보니 전에 어머니가 쓴 일기가 생각났다. 이번에는 전쟁이나 나치와 전혀 상관이 없다. 문화적 규범 내에서 아이에게 사랑을 주려는

---

* 이 분야의 권위자인 판크세프 박사는 인간의 핵심 감정 패턴과 관계있는 뇌의 기능을 발견하고 대문자로 이름을 붙였다. 보살핌(CARE), 공황/슬픔(PANIC/GRIEF), 공포(FEAR), 분노(RAGE), 추구(SEEKING), 욕정(LUST), 놀이(PLAY) 등이다..

24살 먹은 젊은 여자의 이야기다. 당시에 세간에서 인정받는 양육 규칙에 의하면 정확히 시간 맞추어 아이에게 젖을 먹여야 했다. 외할아버지가 의사였으니 어머니는 감히 이를 어길 생각을 하지 못했다. 내가 태어난 지 2주쯤 지났을 때 아직 병원에 있던 어머니는 이렇게 일기를 적었다.

> 넌 정말 나를 곤란하게 하는구나. 여느 때와 달리 자정이 조금 넘은 시간부터 2시까지 우니 간호사가 와서 조금 젖을 물리라고 해서 이제 겨우 잠들었구나. 욕심쟁이 아들아, 다시 이런 일은 없을 거라고 분명히 말해야겠다. 사실 좀 있으면 아침 7시 수유도 없어진단다. 내 소중한 아들아, 너의 쓰라린 울음소리를 들으면 가슴이 찢어지지만 밤에는 잠을 자야지 먹어서는 안 된다는 점을 알 만큼 컸으니 내 말을 잘 듣고 나를 용서해주기 바란다.

어머니는 의사의 지시를 따르느라 무려 90분을 내 절박한 울음소리와 어머니의 감정적 고통 속을 견뎠고 2001년 돌아가실 때까지 어머니의 트레이드마크였던 담백한 유머를 통해 이를 극복했다.

부모와 아이의 애착에 대해 잘 알고 나니 어머니의 일기장을 다시 들여다보면서 판크세프 박사가 말하는 본능적인 보살핌 시스템이 문화적 가치관과 충돌하는 사례라는 생각이 들었다. 반박하기 힘든 의학의 가르침에 복종하면서 어머니의 마음은 찢어졌을 것이다.

그렇다면 지금처럼 다양한 세상에서 아기들은 어떤가? 무엇을 경험하는가? 약 30년 전인 1975년 진 리들로프는 《잃어버린 육아의 원형을 찾아서》에서 아이가 끝까지 울게 내버려두어 포기하고 멍한 상태가 되어 결국 '착한 아이'가 되도록 하는 육아법을 비판했다. 나도 그렇게 해서 매우 착한 아이가 되었다. 네댓 살 때 벌써 주무시는 부모님을 깨우지 않으려 중이염의 고통을 참으며 새벽녘 침대에 누워 고군분투했던 기억이 있다.

대부분 부모의 의도와는 달리, 울어도 응답이 없고 젖을 먹여주지도 않고 힘들 때 부모의 따뜻한 체온을 접하기도 어려운 아이는 확실한 침묵이라는 교훈을 배운다. 즉 그의 욕구는 채워지지 않을 것이며, 휴식과 평화를 찾기 위해 끝없이 노력해야 하며 지금 이 상태로는 사랑받지 못한다는 깨달음이다. 불쌍한 어머니가 내 울음에 반응을 안 하면서 내 공황/슬픔 시스템이 자극되어 내 뇌는 만성적으로 불안과 우울함이라는 과잉 반응을 보이도록 설정되었다. 다르시아 나르바에즈 교수는 이렇게 경고한다. "우리의 뇌가 제대로 보살핌을 받지 못하면 스트레스에 더욱 반응하게 되고 공포, 공황, 분노 같은 생존 체계에 더욱 지배받게 된다." 내 말이 그 말이다.

고든 뉴펠드는 전에 내게 이렇게 말했다. "문제는 무엇이 어린이의 기본적 욕구인가로 요약됩니다." 그는 '기본적'이라는 단어를 자연이 부여한 가능성을 달성하기 위해서 없어서는 안 될 필수 불가결한 욕구를 뜻하는 단어로 사용했다. 다시 말해 욕구가 충족되지 못하면 좋지 못한 결과를 초래할 수 있다는 뜻이다. 그는 유럽의회에서 한 연설 중에 이렇게 말했다. "진정한 의미의 인간이 되고 진정으로 인간다워지려면 학교 교육이나 학습 또는 유전자가 **아니라** 진정한 성숙이 중요합니다." 우리는 어린이에게 성숙을 **가르칠** 수도 없고 회유하거나 강요할 수도 없다. 우리에게 필요한 것은 어린이의 필수적인 욕구를 충족시킬 수 있는 발달단계상의 조건을 갖추는 것이다. 그것만 하면 나머지는 자연이 어떻게든 알아서 처리한다. 뉴펠드 박사에 의하면 인간이 성숙하는 데 네 가지 기본적인 욕구가 있다. 이 욕구는 동시에 그리고 서로를 바탕으로 피라미드 형태로 작용한다. 여러분이 살고 있는 문화가 어린이의 욕구를 얼마나 충족시키는지 아닌지 한번 보기 바란다.*

1. 애착 관계: 어린이가 보호자에 대해 느끼는 접촉감과 연결감

오랜 기간에 걸친 진화의 결과 유아에게 주입된 접촉에 대한 기대감이 태어난 지 몇 주 만에 좌절되는 경험을 했던 기억을 떠올려보라. 중요한 것은 어린이의 애착감이라는 걸 잊어서는 안 된다. 부모가 아무리 아이를 사랑하고 잘 통한다고 생각해봤자 아무 의미가 없다. 나와 아내를 포함한 젊은 선의의 부부들이 자신들이 어떻게 느끼는지, 얼마나 애착을 느끼는지로 자녀와의 관계를 평가하는 잘못을 저질러왔다. 가장 중요한 것은 아이들에게 무엇을 주느냐가 아니라 아이들이 어떻게 받아들이냐. 어른들의 감정과 별도로 어린이들의 정서적 욕구에 맞추려면 부모들이 어느 정도 성숙해져야 한다.

2. 있는 그대로 자신의 존재에 대한 권리를 찾느라 노력하지 않고도 아이를 쉬게 할 수 있는 안정적인 애착감

일단 기본적인 안전이 확보되면 어린이는 편안한 상태에서 긴장을 풀고 지낼 수 있다. 뉴펠드 박사는 이런 상태를 '안정rest'이라고 불렀다. 이 상태에서 어린이는 부모로부터 애착 관계를 얻고 균형 잡힌 접촉을 유지하려고 노력하지 않아도 된다. 또한 건강한 성장의 뿌리가 튼튼하

---

* 다르시아 나르바에즈의 연구 결과에 의하면 뉴펠드 박사가 주장하는 욕구는 소규모 수렵채집사회에서 볼 수 있는 부모의 역할과 정확히 일치한다. 12장 참조.

게 자리 잡을 수 있는 상태다. 여기서부터 정서적·사회적·지적으로
안정적인 성장을 기대할 수 있다.

어머니가 나를 사랑한 것은 맞지만 난 태어난 순간부터 노력해야 했
다. 딴짓할 틈이 없었다. 어머니는 반쯤 농담으로 태어난 지 3주도 안
된 나보고 "지금쯤은 밤에는 잠을 자야지 무얼 먹어서는 안 된다는 걸
알만큼 컸다"고 말했다. 그때 나는 생리적으로 무언가를 '깨닫기'에는
아직 한참 남은 때였다. 그러니 내 욕구가 교환 대상이라는 것을 깨닫
는 것은 말할 것도 없었다.

3. 고통, 분노, 슬픔 같은 감정을 느낄 수 있는 여유, 즉 받아들일 수 있는 안전한 상태

"감정은 성숙의 동력원인데 어린이가 감정을 느끼지 못하면 미성숙
한 상태에서 벗어날 수 없다"고 뉴펠드는 설명한다. 감정을 느끼려면
마음 놓고 경험하게 해야 한다. 즉 어린이가 감정을 표현해도 **부모와의
애착 관계가 위협받아서는 안 된다**는 뜻이다.

여러 이유로 인해 우리 문화에서 어린이들은 순수하게 감정을 표현
하지 못한다.* 행동주의 '전문가들'이 마음대로 전파한 육아법을 사회
가 엄격하게 지키려고 하는데 어떻게 제대로 표현할 수 있겠는가? 심
리학자이자 베스트셀러 저자인 조던 피터슨Jordan Peterson의 처방을 한
번 보자. "아이가 화를 내도 스스로 가라앉을 때까지 놔두어야 한다. 그
러면 정상적인 상태로 돌아갈 것이다. 이는 화를 내지 않은 어린이가
이긴다는 뜻이다. 여기서의 규칙은 '올바로 행동할 수 있게 되면 이리

---

* 7장 참조.

와서 우리랑 같이 지낼 수 있어'이다. 이는 어린이와 부모, 사회 모두에게 좋은 거래다."[10]

과연 그런가? 여기에는 전제가 있다. 어린이의 분노는 비정상적이며 용인할 수 없다는 것이다. 무조건적인 따뜻함을 추구하는 타고난 욕구와 달리 어린이에게 긍정적인 반응을 보이려면 **조건이 있어야** 한다. 즉 어린이가 존재하기 때문이 아니라 착하게 행동하기 때문에 받아들여진다. 문제는 여기에 있다. 부모가 행동 교정 게임에서 이기더라도 어린이는 얻는 게 없다. 아이는 감정을 내보이면 부모에게 거부될 수도 있다는 불안감만 얻었고 이는 육체적·정신적 건강에 매우 안 좋은 영향을 미친다. 감정의 표출을 억제하고 이를 의식적으로 방해한들 감정 그 자체는 사라지지 않는 에너지다. 의식에서 감정을 제거해서 안 보이는 곳에 가둬놓을 수는 있지만 계속해서 우리를 괴롭힐 것이다.

어린 시절의 고통에 마음이 단단해진 결과, 슬픔뿐 아니라 기쁨에도 내 감정이 무뎌졌음을 나는 잘 알고 있다. 기쁨의 감정을 회복하는 일은 오늘날까지도 내가 하지 못한 것 중의 하나로 남아 있다. 솔직히 말하면 새롭게 기쁨을 발견하면 더 좋겠다.

4. 성숙해지기 위한 자유로운 놀이 경험

포유류가 건강하게 성장하려면 '성체가 되기 위한' 의미 없는 행위보다는 놀이가 필수적이다. 판크세프는 공황/슬픔 시스템과 보살핌 시스템에 맞추어 진정한 의미의 기분 전환 기능을 다스리는 신경체계에 이름을 붙이고 이렇게 말했다. "놀이 시스템은 후생적 발달과 신피질의 성숙에 매우 중요합니다." 어린 시절의 안정적인 유대감과 놀이가 부족하면 ADHD 같은 질병의 원인으로 작용할 수 있으며 성인이 된 이후에도 불안하고 공격적인 성격을 가질 수 있다고 박사는 주장한다.[11] 어린이가 스트레스나 결핍 상태에 있으면 순수한 의미의 놀이, 즉 주제에 아무런 제약이 없고, 쌍방향이며, 재미와 상상력이 풍부하고, 점점 보기 힘들어지는 일대일 대면 놀이는 하기 힘들다(13장에서 다루겠지만 디지털 기술에 정신을 뺏기면 이런 놀이는 더욱 힘들어진다).

　성장의 전반적인 목적이 어린이에게 살아 있다는 느낌, 즉 카부키언의 표현에 따르면 "인간성을 회복한 느낌"을 불러일으키기 위함이라면 우리는 여태까지 완전히 잘못하고 있었다. 어린이의 기본적인 욕구를 만족시키려는 부모를 지원하기 위해서는 자연을 따르는 사회적 구조가 갖춰진 원활한 문화가 필요하다. 어떻게 그리고 왜 어린이의 욕구가 계속 만족되지 못하는지는 뒤에 이어지는 장에서 다루겠다.

Chapter 10

경계선에서의 위기: 우리가 세상에 나오기 전에

내 아들 트리스트럼의 불행은 그가 이 세상에 나오기 9개월 전에 시작됐
어요.

- 로런스 스턴Laurence Sterne, 《신사 트리스트럼 섄디의 인생과 생각 이야기
The Life and Opinions of Tristram Shandy》에서 아버지 월터 섄디가 한 말(1759)

귀여운 아가야, 네가 발로 차는 게 느껴진단다. 엄마는 지금 말할 수
없을 정도로 슬프고 우울하며 무섭지만 이 세상에서 널 제일 사랑하고
아껴주며 잘 키울 자신이 있다. 지금 네가 느끼는 나의 아드레날린은
너를 향한 것도 아니고 너 때문에 분비된 것도 아니야. 언젠가는 너를
갖게 된 이유를 이야기하겠지만 만일 이 불확실하고 괴로운 기억을 간
직하고 있다면 내가 하는 말을 듣고 상처를 치유했으면 좋겠다. 아가
야, 너를 보면 아빠도 널 사랑할거야. 아빠는 나처럼 몸속에서 움직이
는 너를 느낄 수 없단다.

아내는 원치 않았던 셋째 아기를 가졌을 때 이렇게 글을 적었다. 그
때 우리는 매우 힘든 시기를 보내고 있었다. 아내는 특히 더 힘들었다.

〈임신의 자화상〉, 레이 마테, 1988년작, 혼합매체화. 아내는 임신 전반 5개월 동안 이 그림을 그렸다.

스트레스에 시달리며 불행하다고 느꼈고 불안해했다. 축복과 준비로 가득해야 할 시기에 혼자 힘든 시간을 보내야 했다. 이 글에서 아빠로 나오는 나는 40대 중반의 성공한 의사이자 칼럼니스트였다. 그러나 내 안의 진정한 나는 누구였으며 가정이라는 울타리에 둘러싸인 나는 누구였는가? 우울하고 불안하며 심리적으로 미성숙한 남자였다. 가장 중요한 상처를 치료할 줄도 몰랐다. 약하고 괴팍하며 정서적으로 적대적인 가장 때문에 가족은 힘들어했다. 일에 치여 육체적으로나 정신적으로 가정에 없는 존재나 마찬가지였으며, 심지어 게으르기까지 했다. 자신의 내부에서 발생하는 일에 정신이 팔려 자신의 행동이나 정신상태가 가족에 미치는 영향에 대해 아무런 생각이 없었다. 그러니 배 속의 아이에게는 더 말할 것도 없었다.

아내가 태어날 아기와 일기 형태로 소통했다는 것은 인간의 성장에 대해서 그리고 우리 문화가 자주 왜곡하는 자연스러운 관계에 대해서 나보다 훨씬 먼저 잘 알고 있었다는 증거다. 트라우마를 다룬 부분에서 나는 우리가 환경을 창조하기 전에 환경에 의해 **창조되었다**고 말했다. 우리가 우주의 창조에 참여할 능력을 갖기 전에 이 세계가 우리를 창조했다는 뜻이다. 무엇을 매개체로 했을까? 처음에는 부모의 몸과 마음 그리고 환경을 통해서였다. 부모 역시 앞선 세대의 이야기와 환경에 의해 형성되었다. 이런 식으로 우리의 몸과 마음은 난자 수정부터 시작하는 과정인 보다 큰 문화의 산물이다.

논의를 계속하기 전에 분명히 하고 넘어가야 할 것이 있다. 독자 중에는 "난자 수정부터 시작하는"이라는 말에 불편함을 느낄지도 모르겠다. 이 말은 낙태권과 관련해서 문화적 · 종교적 토론의 대상이 되면서부터 정치적으로 무거운 의미를 갖게 되었다. 태아의 욕구에 대해 과학적으로 접근하게 되면서 낙태반대/낙태찬성anti-choice/pro-life에 대한 견해는 순식간에 정치적 의미를 갖게 되었다. 그래서 더욱 내가 의미하는 바를 확실히 해야 할 필요가 있다. 의사로서 나는 선택권이 거부되었을 때 여성이 느끼는 고통을 충분히 인식하고 있다. 이 장 또는 이 책 어디에서도 그런 선택을 해야 할 때 자율권을 부정하는 내용은 찾아볼 수 없을 것이다.

지금처럼 인간의 발달과 일생에 걸친 궤적이 강조된 적은 없었다. 이는 또한 매우 민감한 이야기이기도 하다. 우선, 어린이에게 해가 될 수 있는 주제를 정면으로 다루는 것은 어렵고 때로는 고통스럽기도 하다. 이런 문제로 부모들이 평가받고 책망받거나 또는 자질을 의심받으면 더욱 안 좋다. 그 이유는 첫째, 우리 문화에서는 나를 포함해서 이미 많은 부모들이 주체할 수 없는 죄책감을 느끼고 과민해져 있기 때문이며, 둘째, 비난은 도움이 되지 않고 어떤 식으로도 정당화될 수 없기 때문이다. 우리 모두는 최선을 다하고 있다. 내가 이 책에서 줄기차게 주장하는 요점은 우리의 노력이 **더 나은 대우를 받을 자격이 있으며** 우리에게 가용한 모든 지식을 통합하면 그렇게 **될 수 있다**는 것이다. 나는 단지 우리의 모든 문화가 이를 이해했으면 좋겠다. 이 장과 다음 장은 태초부터 시작해서 우리 문화가 진화에 따른 임신과 출산에 대해 잘못된 틀을 따라가고 있음을 밝히려 한다.

아내가 일기장에 언급한 '불확실하고 괴로운 기억'은 멋지게 보이려고 꾸며낸 말이 아니다. 배 속에 있을 때의 기억은 의식적으로 불러낼 수 없지만 다른 형태로는 존재해서 인간의 세포와 신경체계에 감정적 · 감각적 형태로 각인되어 내려온다. 심리학자인 토머스 버니Thomas Verny는 이 과정을 '전 신체적 기억bodywide memory'이라고 이름 붙였다.

그는 배 속에 있을 때의 기억이 정신 건강에 미치는 영향을 최초로 연구했고 1982년에 기념비적인 저서인 《태아는 알고 있다The Secret Life of the Unborn Child》를 내놓았다. 그 책의 속편에서 버니는 "태어나기 전에 자궁 속에서 보이지도 들리지도 않을 때조차 우리는 세포 속에 경험과 역사를 기록한다"라고 주장했다.[1]

최근 수십 년간 새로운 지식을 통해 우리는 임산부의 물리적 환경과 건강 그리고 정서적 안정감이 태아의 발달에 매우 중요하다는 것을 깨달았다. 동일한 시기에 우리 세대 어린이와 청소년, 청년들 사이에 불안감이나 우울증 같은 정신적 문제가 큰 폭으로 증가했다. 그 원인을 이들의 유전자에서 찾을 수는 없다. 이런 상황을 개선하려면 **환경**을 들여다보아야 한다. 신경과학자인 로버트 새폴스키는 이렇게 말했다. "환경이라는 것은 태어날 때 생기는 것이 아니다. 주위에 무언가 있으면 환경이 생긴다. 태아일 때 이미 엄마의 혈액과 호르몬 수치 그리고 영양소 섭취를 통해 들어오는 정보의 영향을 받는다."[2]

초기 영향 요소는 임산부가 받는 정서적 · 경제적 · 개인적 · 사회적 스트레스와 직업에서 발생하는 스트레스 등이다. 의사이자 심리분석가인 우르줄라 볼츠-보어스Ursula Volz-Boers가 지적했듯 "배 속의 환경은 사람들이 믿도록 강요하는 것 같은 낙원이 아니다. 부모의 모든 행복과 불안, 좌절을 있는 그대로 받아들인다."[3] 물론 이 초기 요소에도 그보다 더 초기의 요소가 다 들어가 있다. 즉 현대사회가 양육 환경, 가정, 성장하는 청년 등에 가하는 견디기 어려운 압력이 포함되어 있다는 뜻이며 후생유전학에서 배웠듯 DNA의 활성화 그 자체에도 영향을 미친다. 직장 문제나 건강관리, 보험 보장 등을 포함해서 우리 문화가 어느 정도까지는 태아의 욕구를 최우선으로 고려할 수 있도록 여성의 능력을 보장

정상이라는 환상

해야 할 필요가 있다.

산부인과에서 임신부의 정신 및 감정 상태에 대해, 또는 집이나 직장에서 어떤 스트레스를 경험하는지에 대해 물어보는 의사가 얼마나 될까? 그런 질문을 해보라고 교육받는 미래의 의사들은 얼마나 될까? 배우자들이 과도한 스트레스와 잡일로부터 임신부를 보호해야 할 책임을 느끼는 경우가 많을까? 기업이 임신한 직원의 고통을 덜어주기 위해 편의를 봐주는 사례가 얼마나 될까? 마지막 질문은 특히 대답이 암울하다. 급여가 낮은 직장에서 특히 임신부에 호의적이지 않은 분위기가 많다고 한다. 호의적이라고 하더라도 임신한 여성들은 경쟁 제일주의 사회에서 남들보다 더 잘해야 한다는 압박감에 시달린다. 그러다 보니 집에 가서도 일하는 일이 발생한다.

아내가 직감했듯이 아이는 엄마의 스트레스를 직접 느낀다. 〈뉴욕 타임스〉는 2004년에 이미 이런 기사를 실었다. "연구진은 스트레스에 시달리거나 우울증을 앓고 있는 엄마를 둔 태아의 움직임과 심장박동이 정서적으로 안정된 엄마의 배 속에 있는 태아와 확연히 다르다는 것을 밝혀냈다. 이들은 출생 후에도 학습 및 행동에 심각한 문제를 보였으며 성인이 되면서 그들 자신이 우울증이나 불안 증세를 보이는 경우가 많았다." 감정을 조절하고, 충동을 제어하며, 집중력과 동기를 부여하고, 공격성을 감소시키는 데 중요한 역할을 하는 세로토닌이나 도파민 같은 필수 화학전달물질의 분비 역시 출산 전 엄마의 스트레스에 많은 영향을 받는다. 엄마가 임신 중에 스트레스에 시달린 아이들은 이 화학물질은 적게 분비되고 코르티솔이라는 스트레스 호르몬이 많이 분비된다. 예상했겠지만 이들은 학습 능력이 부족하고 사회적 자극에 제대로 반응하지 못했으며 화가 났을 때 통제하는 능력이 부족했다.[4]

뇌의 호르몬 외에도 산전 및 산후 엄마의 마음 상태가 아기의 뇌 발달 **구조**를 형성한다고 한다. 캘거리대학 부모아동정신건강연구소장인 니콜 르투르노 Nicole Letourneau 박사와 연구팀은 MRI 검사를 통해 임신 중기인 3개월에 우울증을 앓은 엄마를 둔 태아의 대뇌피질 두께가 얇다는 것을 밝혀냈다. 이들의 주장에 의하면 이런 MRI 검사를 활용하면 어린이의 우울증, 불안 증세, 충동조절장애, 집중력 부족 문제 등의 발생을 미리 알 수 있다고 한다.[5] 출산 후의 우울증 역시 비슷한 문제를 발생시킨 것으로 볼 때 출생 전후로 아이들의 성장 발달에 매우 중요한 시기가 있어 그 시기에 특히 환경의 영향을 많이 받는다는 것을 알 수 있다. 이런 연구 결과는 엄마의 스트레스가 태아의 편도체[6] 등 뇌의 부위에 영향을 미쳐 자폐증 같은 신경질환을 유발한다는 다른 연구와 궤를 같이한다.[7]

또한 정신질환부터 고혈압, 심장병, 당뇨병, 면역질환, 염증질환, 호르몬 불균형까지 성인의 건강을 위협하는 여러 질환은 태아 때 받은 스트레스에 크게 좌우된다고 한다.[8] 연구진들 사이에는 성인병은 자궁에 있을 때 시작한다는 "공통적인 의견 일치"가 있다.[9]

건강과 노화의 지표 역할을 하는 염색체 말단의 텔로미어를 기억하는가? 실험 결과, 엄마가 임신 중 심한 스트레스를 받은 25세 여성의 텔로미어는 동년배보다 짧은 것으로 나타나 노화가 빨리 진행 중이라는 것이 밝혀졌다.[10] 앞서 후생유전학을 다룬 부분에서 우리는 엄마의 심한 스트레스가 태아의 유전 기능에 영향을 주어 평생의 스트레스 대처 능력을 저하시킨다는 것을 알았다. 또한 그 영향은 중년기를 넘어서까지도 지속된다는 것이 밝혀졌다.[11]

태아가 태어났을 때, 심지어 산후 몇 개월 후의 대변 샘플을 채취하여 조사한 결과 엄마의 임신 중 스트레스는 장내 미생물 환경에도 영향을 미쳐 소화기 및 알레르기 질환의 발병률이 높았다.[12] (태아가 산모의 산도를 거치지 않고 제왕절개술로 출생한 경우도 장내에 미생물이 부족한 것으로 나타났다.)

엄마의 정신적 스트레스만이 태아의 발달과 건강에 심각한 영향을 미치는 것은 아니며 대인관계 역시 커다란 영향을 미친다. 아내와 나의 경우에서 보듯 여성과 아이 아빠의 심리 상태 사이에는 복잡한 상호작용이 존재한다. 최근 스웨덴에서 실시한 대규모 연구에 의하면 **아이 아빠**가 임신 전부터 임신 2기 사이에 우울증을 앓으면 임신 22주부터 31주 사이에 조산하는 극조기분만의 위험성이 거의 40퍼센트나 높아진다고 한다. 이는 임신부에게 우울증이 있어 임신 32주 이후에 조산하는 중증도 조기분만 비율보다 **더 높다**.[13] "생부의 우울증은 정자의 질을 저하시키고 태아의 DNA에 유전적 영향을 미칠 수 있으며 태반 기능에도 안 좋게 작용할 수 있다"고 연구진은 지적한다.

아빠의 우울증이 엄마보다 더 영향력이 크다고 하면 이상하게 생각할 수도 있다. 항상 그렇지만 맥락을 잘 읽어야 한다. 우리 사회에서 임신이 여성에게 주는 사회적 맥락은 생활의 모든 면에서 고통을 견뎌내야 한다는 의미다. 이는 남녀관계에도 영향을 미친다. 여성은 아이 양육뿐 아니라 남성의 심리적·정신적 스트레스를 덜어주는 역할도 해야 한다. 아이를 키우는 것은 여성으로서 타고난 역할이지만 다 큰 남성을 엄마처럼 돌봐주는 것은 부자연스럽기도 하고 가능하지도 않다. 따라서 아빠의 스트레스가 엄마와 아이 심지어 태아에게까지 전달되는 것이다.

또한 사회경제적으로 예측 가능한 요소도 있다. 최근 웨인주립대학교에서 미국의 저소득 도시 서민층을 조사한 결과 엄마가 우울증, 불안, 걱정, 스트레스로 고생하면 태아의 뇌 구조에 문제가 발견되는 경우가 많았다.[14] 말할 것도 없이 영양 섭취와 공기의 질 같은 물리적 요소가 사회경제적 지위에 영향을 미쳐 어린이에게 우울증, 만성불안, ADHD와 같은 증상을 유발한다.[15] "어쨌든 저소득층은 나쁜 공기나 사회심리적 스트레스 등에 더 많이 노출되는 것이 사실이다"라고 생식내분비학자이자 뉴욕 마운트시나이병원의 부원장인 샤나 스완 Shanna Swan은 지적한다. "그건 사회적 문제라서 개인이 어찌할 수 있는 수준이 아니다. 사회적으로 해결해야 할 문제다."[16] 생물학적으로 가장 기본적인 의미에서조차 기회의 불균형은 이런 식으로 자궁 안에서 시작된다.[17]

뇌 스캔 검사나 혈액검사, 초음파, 태아 심박 검사 등이 생기기 전에도 인류는 본능적으로 자궁 내의 환경이 매우 중요하다는 것을 알고 있었다. 한번은 브리티시컬럼비아주의 원주민들에게 중독과 관련된 강연을 하면서 앞서 말한 사례를 언급했다. 강연이 끝나자 한 청년이 내게 오더니 이렇게 말했다. "저 말이죠, 우리 부족에게는 화가 났을 때 임신부 근처에 가서는 안 된다는 전통이 있어요. 태아가 너의 분노를 느끼도록 해서는 안 된다는 거죠." 아프리카의 어떤 부족사회에는 태아가 아직 배 속에 있을 때 나중에 태어날 때 들려줄 음악 등을 포함하는 환영 의식이 거행된다.[18] 이미 익숙한 멜로디를 들으며 바깥세상에 나올 때 아기의 감정이 어떻겠는가?

이런 집단적 전통은 식민지 전쟁과 핵가족화의 영향으로 거의 사라졌지만 우리는 여전히 그들로부터 배우고 교훈을 적용한다.

"출산 전 임신부가 우울증과 불안, 스트레스에 시달리면 아이가 나중에 행동장애를 일으킬 수 있습니다. 아이가 조금 컸을 때 행동 교정을 할 수도 있고 약을 먹여 치료를 할 수도 있지만 무엇보다도 임신부에게 필요한 조치를 지원할 수도 있죠." 르투르노 교수가 내게 한 말이다.

그렇다, 지원이다. 그런데 지원하고 싶으면 우선 지원 수혜자에게 그 단어가 주는 의미를 물어보아야 할 것 같다. 최근에 아내 레이에게 당신에게 어떻게 하면 도움이 되었겠느냐고 물어보았다. 내가 다시 살 수 있다면 그때로 돌아가서 그렇게 했을 것이다. 나는 다음과 같은 아내의 대답에 담긴 지혜와 정확성을 전혀 반박할 수 없다.

"지역사회가 좀 더 역할을 했으면 좋았을 거예요. 우리 문화의 보다 많은 사람들이 임신에 대해 동일한 의견을 가졌으면 더 좋았겠죠. 의사나 자원봉사자 또는 가족 중의 누군가 나를 지원했으면 어땠을까 생각이 들어요. 의사가 단 한 번이라도 임신한 이후에 정신 건강이 어떠냐고 물었으면 좋았을 텐데. 누가 남편한테 전화해서 이런 말을 했으면 얼마나 좋았을까? '당신 때문에 태아가 정신적인 상처를 입고 있는데 알고 있어요? 당신 아내와 어떤 불화가 있건 이제부터는 산모와 태아를 보호하는 것이 당신의 역할입니다.' 아이를 갖는 것은 신성한 장소이자 시간인 사원에 들어가는 것과 마찬가지임을 알아야 해요. 아이가 만들어지고 있는 곳이니까요." 아내는 말을 이어간다.

"임신하면 바로 들을 수 있는 정신 건강 교실이 있어야 해요. 출산 교실이 있듯 정신적 출산 교실이 필요하죠. 임신부는 남편이나 직장이 아니라 태아에게 집중해야 해요. 그리고 남편을 포함한 모든 사람들은 임신부를 전심전력으로 지원해야 한다고 생각해요. 사회가 임신부를 보호해야 하는 이유는 모든 사람이 이 아이를 만들고 있기 때문이에요. 아이 한 명을 만들려면 온 세상이 필요하다고요."

내가 가진 선택권은 무엇인가?
의학이 중요시되는 문화에서의 출산

21세기가 시작하면 인류의 자연 정복에 한계가 있다는 것을 깨닫고 출
산에 인간성을 회복시켜야 한다.

- 미셸 오당Michel Odent [*]

가정의로 수십 년을 근무하면서 나는 거의 1,000건의 분만을 도왔
다. 의과대학에서 배운 표준적인 분만 과정에 따르면 모든 임산부의 회
음부를 절개해야 했다. 태아의 머리가 회음부에 도달해서 산도를 통해
나올 것 같으면 나는 "절개 준비!"라고 소리친다. 이미 질 입구를 부분
마취했으므로 몇 센티미터를 절단하고 태아를 '집어서' 간호사에게 넘
겨준다. 그러고는 내가 낸 상처를 다시 꿰맨다. 다른 방식은 몰랐다.

몇 년 후 나는 우연한 기회에, 1980년대 암흑기에도 브리티시컬럼비
아주에서 불법으로 일했던 산파들로부터 대부분의 분만에서 회음부 절
개가 전혀 필요치 않다는 사실을 알게 되었다. 그들은 내게 외과적 수

---

[*] 프랑스의 저명한 산부인과 의사이자 《출산과 호모사피엔스의 진화(Childbirth and the Evolution
of Homo sapiens)》의 저자이기도 한 미셸 오당이 개인적인 자리에서 한 말이다.

술 없이 자연분만으로 아기를 낳는 과정이 있다고 친절하게 설명했다. 어떻게 알 수 있었을까? 그다음은 더 놀라웠다. 여성들은 분만대에 올라가 불편한 자세를 하지 않아도 아이를 낳을 수 있다는 것을 알게 되었다. 내가 의문을 제기하자 한 산파가 "누워서 양다리를 들고 똥을 싼다고 생각해보세요"라고 대답했다. 또 놀라운 것은 밝은 불빛 아래 태아를 집어 입에다 흡입관을 삽입할 필요 없이 바로 엄마와 살을 맞대고 접촉할 수 있도록 한다는 점이다. 탯줄을 바로 자르지 않아도 되고 고동이 멈출 때까지 아기에게 산소를 함유한 적혈구를 전달할 수 있다.[1] 거의 모든 걸 자연에 맡기는 셈이다.

한때 사이비로 비난받았던 이러한 분만 방식은 지금은 주류 의학계의 인정을 받고 있다. 마침내 의사들은 '전문가'의 노움이 있든 없든 인류가 수십 년간 행해온 자연분만을 양심껏 지지할 수 있게 되었다. 미국 기자인 앤 패디먼Anne Fadiman은 미국에 이민 온 몽족의 여인들이 미국 의사들의 의술 관행을 거부하고 그들의 전통적인 방식을 고집하면서 생기는 의료문화의 충돌에 대해 글을 쓴 적이 있다. 전통적인 방식에는 "산도 확장을 위한 회음부 절개를 거부하고 쭈그려 앉은 자세로 분만하는 방식도 포함되어 있으며 …… 분만 시 남편은 뒤에서 산모를 끌어안고 타액으로 산모의 배를 문지르며 태아가 나오기 전에 큰 소리로 콧노래를 불러준다."[2] 한마디로 이들은 전통, 직관, 몸에 대한 타고난 감각, 자연, 그리고 이들은 몰랐지만 가장 최신의 의술을 자기 편에 두고 있었다.[3] 뒤에서 도와준 남편은 물론 말할 것도 없다.

현대 산과학의 발전 덕분에 많은 산모와 태아를 질병과 고통, 죽음에서 구할 수 있었다. 문제는 그 승리 과정에서 기술적인 접근 방식을 취하면서 엄마와 아기의 자연스러운 요구를 무시하고 심지어 짓밟기까지

했다는 점이다. 아이를 세상에 내놓는 일은 단순히 밀고 당기고 자르고 끄집어내는 게 전부가 아니다. 그것은 인간의 성장 과정 중 중요한 관문이며 이를 어떻게 넘느냐에 따라 평생 심각한 영향을 미칠 수도 있다. 출산 과정을 질병 치료 과정으로 이해하는 현대 의학은 자연과 인간의 신체가 주는 교훈과 정면으로 부딪친다. 더 심각한 것은 과학적인 접근 방식으로 '적어도 피해는 안 준다'는 스스로의 약속마저 깨트리는 경우가 많다는 점이다. 경험에 입각한 전통 의술을 고집하며 현대 의학의 위대한 업적을 버릴 필요는 없다. 우리는 둘 다 포용할 수 있다.

나는 '자연'분만이든 아니든 어느 특정한 형태의 분만을 옹호하지도 반대하지도 않으며 여성 개인의 선택을 평가하지도 않을 것이다. 이 책을 진행해 나가면서 나의 관심은 오늘날 그런 선택이 이루어지는 문화적 맥락에 있다. 이 맥락에는 **누가** 선택하는지 그리고 **어떤 식으로** 선택이 이루어지는지가 포함된다. 시인 에이드리엔 리치Adrienne Rich는 《더 이상 어머니는 없다Of Woman Born》에서 이렇게 말하고 있다. "모든 여성이 살면서 진정한 의미의 선택권을 가지려면 가부장적 문화에서 모성이 가진 힘과 나약함을 완전히 이해해야 한다." 어쩌면 인생에서 가장 중요한 시기에 수동적으로 의료 서비스를 받아들이는 존재로만 여성을 인식한다면 비인간적이라고 할 수 있다. 이는 단순한 비유를 떠나 수백만 년에 걸친 진화 과정을 통해 산모와 태아의 유대를 강화하고 아이들의 건강한 성장을 보장하는 육체적 · 정신적 그리고 호르몬 작용 과정을 방해한 것이다.

몇 년 전에 미셸 오당 박사와 이야기할 기회가 있었다. 그는 출산을 정상화하자는 주장으로 세계적인 명성을 얻었다. "출산의 산업화를 탈피하고 엄마와 아기의 첫 접촉을 방해하지 못하도록 해야 합니다." 그가 매력적인 프랑스 발음으로 이렇게 말한다. "어미 고릴라가 출산할 때 누가 그 새끼를 집어 들려고 하는 상황을 상상해보세요. 어미가 얼마나 공격적으로 새끼를 보호하려 하는지 이해할 수 있을 겁니다. 우리 문화는 오랫동안 그 본능을 억압해왔어요." 안타깝게도 현대 의학은 이 타고난 지혜를 억눌러왔다.

정상적 시스템이라면 위험을 감소시키고 건강을 도모하며 생존을 보장할 수 있을 때만 의학이 개입해야 하나 오늘날에는 무조건적인 전제조건이 되어버렸다. 그 대표적인 예가 제왕절개수술이다. 필요에 따라 생명을 살리는 방법이 될 수 있지만 그렇지 않을 때는 해를 끼칠 수도 있다. 아무리 넓게 보아도 제왕절개술은 전체 분만의 10~15퍼센트면 충분하다고 한다. 그런데 내가 사는 브리티시컬럼비아주의 제왕절개술 비율은 **40퍼센트**에 이른다. 일부 국가는 이 수치를 더 넘어서는 등 다른 곳의 상황도 마찬가지다. 전 세계적으로 보면 2000년부터 2015년 사이에 제왕절개 비율은 두 배로 늘었다. "출산의 위험이 크지 않은 고학력 여성들 사이에서 제왕절개술이 눈에 띄게 증가했으며 특히 브라질이나 중국에서 이 현상이 두드러졌다"고 2018년 의학 학술지 〈랜싯〉의 상세보고서는 지적하고 있다.[4]

제왕절개술이 널리 보급되면서 가시적인 '부가가치'가 창출되었다면 이런 추세를 용인할 만도 하지만 사실은 그렇지 않다. 〈랜싯〉은 "지난 30년간 제왕절개술은 적정 수준으로 간주되는 10~15퍼센트를 초과하여 증가했으며, **모성이나 출산 전후 시기에 유의미한 이득은 없었다**"고 주장했다.[5] 미국산부인과학회조차 2014년에 "제왕절개분만이 과용되고 있다"고 우려를 표했을 정도였다.[6]

"안전하게 현대 의학을 대체할 방법을 찾는다면 산파술을 재발견해야 합니다." 1986년 출산학회에서 오당이 주장한 말이다. 당시는 북미 의사들이 밥그릇을 놓고 산파들과 치열하게 싸우던 시기였다. 많은 주에서 이 싸움은 아직 끝나지 않았고 잘해야 앙금만 남긴 채 휴전하는 정도다. "산파술의 재발견은 여성에게 출산을 돌려주는 것과 마찬가지입니다. 의사들이 산파와 여성을 통제하는 것이 아니라 도와주는 세상을 상상해보십시오."[7] 그의 말은 의사가 자연의 지배자가 아닌 복종자가 되어야 한다는 뜻으로 이는 소위 '담당의'라는 용어를 완전히 다르게 받아들인 것이다.

문제는 인간에게 필요 불가결한 자율성이다. 한 나라의 출산 문화는 자신의 몸에 누가 그리고 어떻게 권력을 휘두르는지를 암묵적 또는 명시적으로 보여주는 가치관이다. 최근의 연구에 의하면 산부인과 진료가 호르몬의 정상적인 분비를 방해해서 건강을 해치고 새로운 질병에 노출시킬 위험이 있다고 한다.[8] 그렇다면 의사들의 도움을 받는 분만이 계속 늘어나는 추세는 어떻게 된 일인가? 그래서 이 문제를 뉴질랜드의 의사이자 베스트셀러 정상분만 개론서의 저자인 세라 버클리Sarah Buckley에게 물어보았다. 나는 순수하게 의학적인 관점에서의 답변을 기대했으나 돌아온 것은 정상이라는 그릇된 생각이 어떻게 우리 문화에 침투하는지를 여실히 보여주는 답변이었다. "의사들이란 의술이 신체보다 우월하며 여자의 몸은 기본적으로 문제가 있다는 사회의 기대를 산모에게 실행하는 대리인입니다. 산모들은 무엇이든 잘 받아들이고 취약하지요. 우리 문화는 여자의 몸은 날 때부터 결함투성이라서 고도의 의술이 필요하다고 여성들에게 각인시키려 합니다. 그리고 계속해서 **어린이를 양육하는 방식도 이런 문화의 영향을 받습니다.**"

여성에 대한 차별 말고도 불필요한 과잉 진료가 발생하는 보다 큰 원

정상이라는 환상

인은 자연분만에 대한 불신, 그리고 문제가 생길 수 있고, 생길지도 모르며, 생기게 마련이라는 데 대한 공포로서 이는 현대 서양 의학을 이룬 토대 중의 하나다.*

밴쿠버 BC 여성의원의 가정의학과 과장인 마이클 클라인Michael Klein은 병원 분만에 대해 광범위한 연구를 실시했다. "의학도들은 출산을 무섭고 위험한 것으로 간주하는 등 편견이 가득 찬 분위기에서 공부합니다." 의사가 되기 위한 훈련 과정을 지배하는 기본 배경은 "출산이란 문제가 발생할 가능성 있는 사고로서 골반저의 모양이 뒤틀릴 정도로 심각한 의료사고가 터질 수 있으며 여성은 언제 터질지 모르는 폭탄이니 빨리 뇌관을 제거해야 한다"라는 관점이다. 의과대학을 다니고 수련의 생활을 할 때 나는 항상 출산에는 문제가 발생하게 마련이며 합병증과 위험성이 함께한다고 배웠다. 거기까지는 그렇다고 치자. 문제는 내 훈련 과정 어디에서도 **자연과의 일치**를 찾아볼 수 없었다는 점이다. 출산이란 단지 산모의 몸에서 태아를 끄집어내는 기계적 과정 이상이라는 것을 산모들과 산파들이 알려주었다. 출산은 육체적·정신적으로 진화를 통해 발전된 목표를 가진 뿌리 깊은 과정이다.

셰리 돌먼Sherri Dolman이라는 캘리포니아 출신의 한 여성은 자신의 임신 관련 자주권을 쟁취하기 위한 치열하고 집요한 싸움을 벌였다. 승소하기는 했지만 그동안의 경과를 들어보면 처절하기까지 하다. "아이를 가지려고 3년이나 노력했어요. 그런데 마침내 아기를 가지고 나니 나 자신이나 아이를 위해 어떤 결정도 할 수 없었지요. 아마 죽을 때까지 잊지 못할 겁니다." 돌먼은 원치도 않고, 나중에 밝혀졌지만, 필요하

---

* 소송이 많은 미국에서는 법정 분쟁 가능성 때문에 의료사고 보험료가 높다.

지도 않은 제왕절개수술을 강요받았다. "의사는 내 결정을 무시했을 뿐 아니라 나를 주권을 가진 인격체로 존중하지도 않았어요. 자기가 더 잘 안다고 생각했나 보죠. 남자들한테는 함부로 이래라저래라 못하면서 여자들한테는 노상 지시한다니까요."

34세였지만 돌먼에게는 17살 먹은 아들이 있었다. 아무것도 모르는 10대에 낳은 아이였다. 정신적 스트레스로 인해 출산 시 진통이 너무 오래 계속되자 제왕절개를 해야 했지만 다음 출산 때는 자연분만을 하겠다고 생각했다. 3년의 시도 끝에 여아를 임신했다. "처음부터 이번에는 제왕절개술을 하지 않겠다고 다짐했어요. 자연이 의도한 그대로의 방식으로 딸을 낳기로 했죠. 내 몸을 신뢰하고 주위의 지원을 얻을 거라고 자신했으니까요." 돌먼은 되도록 많은 의사들을 만나며 최선을 다해 가능성을 타진했다. "의사들은 예외 없이 한번 제왕절개술로 출산했으면 계속 그 방식으로 가야 한다는 거예요. 어떤 의사들은 그 문제로 저와 이야기하려 하지도 않았어요. '환자로 받아는 주겠는데 제왕절개 수술 일정을 잡을 겁니다'라면서요."

의학적인 관점에서 본다면 의사들의 주장에는 그 어떤 근거도 없다. 돌먼이 딸아이를 임신할 즈음에 제왕절개 후 자연분만vaginal birth after cesarean section: VBAC의 안정성을 입증하는 자료가 이미 많이 축적되어 있었고 질 수축으로 인한 자궁파열 같은 문제가 자연분만에 영향을 주지 않는다는 것이 입증되어 있었다. 사실 돌먼의 자궁을 스캔으로 상세히 검사했던 의사는 문제가 발생할 확률은 처음 출산하는 임산부만큼이나 낮다고 평가했다. 하지만 잘못된 믿음이 얼마나 뿌리 깊은지를 보여주 듯 그 의사는 아직도 자연분만이 위험하다고 생각하고 있다. 또한 돌먼의 자연분만을 도와주기로 했던 의사는 마지막 순간까지 겁을 내고 입장 철회를 고민했다고 한다.

일상적인 태아 검사 결과 정상 판정이 난 후 돌먼은 병원을 벗어날 수 없었고 구금 위협에 시달렸으며 제왕절개술을 받아들이라는 협박을 받았다. 이렇게 끔찍한 일을 겪은 후 "일종의 외상후스트레스장애에 시달렸어요. 정상적으로 일상생활을 할 수 없었죠. 나는 태어난 아이를 처음으로 만지지도, 편하게 해주지도 못하는 못난 어미처럼 느껴졌어요. 배 속에 있어도 아이와 아무런 관계도 없고 단절된 것 같은 느낌이 들었어요. 아가는 내가 필요하면 울었지만 난 역할을 충분히 하지 못한 것 같아요. 아기가 태어나서 1년 동안 거의 매일 밤을 울다가 잠들곤 했어요."

뒤에 얻은 아이 둘은 자신의 주관적 존재를 되찾는 구원이었다.

산파의 도움하에 돌먼은 세 번째 아이를 무사히 자연분만하는 데 성공했다. "매우, 매우 고통스러웠지만 살면서 가장 놀랍고 가슴 뛰는 경험"이었다고 말한다. 다른 수많은 여성들과 마찬가지로 돌먼은 스스로 자신의 행동을 선택했기 때문에 고통의 대가를 누릴 수 있었다. "아무리 고통스러워도 내 몸의 주인은 나였어요. 어떤 일이 생기더라도 그건 내게 엄청난 힘을 주었어요. 내 몸의 주인이라는 생각이 들었으니까요." 10년이 지났지만 그 이야기를 하니 돌먼의 눈에 눈물이 고인다. "아, 이건 기쁨의 눈물이에요. 딸아이는 항상 자기가 태어날 때 이야기를 해달라고 하죠. 처음 그 애를 안았을 때 내 몸 여기저기 똥을 싸질렀다고 하면 웃겨 죽어요. 그런 이야기를 하는 것 자체가 우리를 하나로 묶어주는 경험이죠." 2011년 돌먼은 네 번째로 4.1킬로그램의 건강한 남자아이를 출산했다. 역시 산파의 도움을 받아 병원에서 자연분만을 했다. 5년 전에 돌먼은 10명의 의사들로부터 다시는 자연분만을 하지 말라고 강력한 권고를 받은 적이 있었는데도 말이다.

하지만 이런 사례는 모두에게 해당되지도 않고 그래서도 안 된다. 마취과 레지던트인 대니엘은 이렇게 말한다. "내 의학적 경험으로 볼 때 어느 한 가지만 고집해서는 안 된다고 생각합니다. 하지만 그때까지만 해도 나 자신의 결정에 대한 믿음이 있었어요. 그래서 숲속의 오두막집을 빌려 수중분만을 계획했죠." 그런데 원하는 대로 되지 않았다. 진통만 계속되자 산파는 병원에 입원해서 하반신 마취를 통해 긴장을 이완하자고 했다. 분만을 유도하는 호르몬인 옥시토신을 투여했지만 효과가 없었다. 36시간 동안 지독한 산고에 고생하던 대니엘은 결국 제왕절개를 하기로 했고 오늘날까지도 그 결정이 잘 된 거라고 생각한다.

대니엘과 돌먼은 다른 과정을 겪었지만 이 둘의 출산에는 핵심적인 면에서 공통점이 있다. 그것은 산모가 자신이 주인이라고 느꼈다는 점이다. "내 의견을 존중해주었어요. 모두들 내가 무얼 걱정하는지 들어주었죠. 심지어 가정의학 전담 간호사까지 나를 보러 내려왔어요. 내 눈을 똑바로 바라보는데 진심이라는 생각이 들더군요. 이런 사람들이라면 안전하다고 느꼈어요." 이 말에서 우리는 여성의 출산 경험을 결정하는 두 번째 요소를 읽을 수 있다. 바로 안전함과 지지다.

여성의 강인함과 나약함을 동시에 존중하는 의료 시스템은 최고의 출산 경험을 여성에게 제공한다. 브루클린 출신으로 브리티시컬럼비아에서 활약하는 산파인 일라냐 스탠저-로스Ilana Stanger-Ross가 쓴 임신 출산 입문서인 《A는 조언(안심시키는 유형)A Is for Advice(The Reassuring Kind)》에는 이런 경향이 반영되어 있다. "가장 긍정적인 분만 경험을 가진 여성들은 모든 결정을 이해하고 그 의사결정 과정에 발언권이 있다고 느끼는 여성입니다. 이는 자연분만을 원했지만 잘 되지 않아 의사가 개입해서 결국 제왕절개를 하는 복잡한 출산에도 해당됩니다."[9]

출산의 생리를 공부하면 그에 내재된 자연의 섭리와 진화의 최종 단계인 인간의 신체에 대해 놀라지 않을 수 없다. 생물학적 관점에서 볼 때 포유동물의 출산은 단순히 자궁에서 태아를 끌어내는 과정이 전부가 아니다. 출산을 하게 되면 에스트로겐, 옥시토신, 프로락틴처럼 태아가 잘 클 수 있도록 감정과 행동을 제어하는 호르몬의 분비가 촉진되어 태아가 따뜻함과 유대감, 안전함 등을 느낄 수 있게 한다. 즉 출산은 산모와 태아의 관계를 형성하는 틀이며 아이는 이곳을 중심으로 성장하기 시작한다.[10]

태아를 집던 분만실에서 수십 년간 멀어져 있던 나는 대화 중 스탠저-로스가 사용한 '출산 트라우마'라는 용어를 듣고 깜짝 놀랐다. "그런 용어가 생겼어요. 안타깝게도 분만 경험을 트라우마로 느끼는 여성들이 많아요. 그러면 아이와의 관계에도 영향을 미치죠. 출산이 고통스럽다면 지금 팔에 안고 있는 아이에 대한 느낌이 어떻겠어요?"

마침 때맞추어 이 놀라운 트렌드를 아주 상세히 이해할 수 있는 사례를 접하게 되었다. 이 장의 집필을 끝내는 날 당시 최대의 화두였던 코로나19 팬데믹과 관련해서 뉴욕의 한 기자와 화상 인터뷰를 하게 되었다. 기자 이름을 코트니라고 하자. 코트니는 중간에 생후 3개월 된 아이를 보여주었다. 내가 지금 진행 중인 프로젝트를 알게 되자 코트니는 최근 마운트시나이병원에서 명망 있고 유능하다는 산부인과 의사한테 당한 끔찍한 일을 마치 속사포처럼 쏟아냈다. 들어보니 상상할 수 있는 최악의 출산 트라우마임에 분명했다.

37세의 젊고 건강한 코트니는 자연분만을 생각하고 있었다. 그런데 30주째에 의사가 전화를 하더니 산모의 연령을 고려해서 39주째에 유도분만을 실시할 거라고 마치 법으로 정해진 것처럼 일방적으로 이야기했다. 의사의 표현에 의하면 그건 35세 이상의 모든 산모에게 해당되는 '병원 내규'라고 했다. "지난 5월부터 다녔으니까 의사는 처음부터 내 나이를 알고 있었어요. 너무 충격을 받아 한마디도 못하고 전화를 끊었어요. 진정하려고 와인 반 잔을 마셨지만 너무나 화가 나서 한잠도 잘 수 없었어요." 그때부터 상황은 더욱 악화일로로 치달았다. "갑자기 융통성이 사라지고 독재자처럼 지시하는데 너무 힘들었어요. 내가 그런 의료 서비스를 기대한 게 아니었거든요. 의사가 저보고 이래라저래라 하는 게 싫어요. 그리고 의사의 말투가 너무나 기분 나빴어요. '아이가 어~엄청 커요. 어~엄청.' 그래서 의사한테 따졌죠. '초음파 스캔해도 태아의 체중을 정확히 알기 어렵다던데요.' 그랬더니 '우리 병원은 정확히 알아요. 태아는 최소 4킬로그램 이상 나갑니다'라고 의사가 대꾸하더군요." (실제 체중은 3.5킬로그램이었다.)

코트니는 다른 의사를 찾을까 생각해보았지만 시기가 너무 늦었고 전문가의 실력을 존중해 그냥 다니기로 했다. "38주째가 되자 의사는 매번 '자연분만하기는 어려울 것 같은데. 뭐라고 말해야 할지 모르겠네요'라고 하더군요. 그래서 전 '제왕절개술은 아닌 것 같아요'라고 대꾸했죠. 그때는 매주가 힘들었어요. 출산 3~4주 전부터 매일 울고 거의 노이로제에 걸릴 지경이었어요. 그리고 약속한 날짜에 병원에 갔는데 거기서 또 지옥이 펼쳐지더군요. 수많은 사람들이 오가는 대기실에서 세 시간을 기다리다 남편한테 '여보, 우리가 대체 왜 여기에 앉아 있는 거지? 브루클린으로 돌아가 자연분만하자.' 이렇게 말했어요." 하지만 인생의 가장 중요한 시기에 아무런 힘도 없고, 자신의 생각은 무시되고, 권위 있는 의사한테 협박이나 받으며, '전문가'의 위세가 대단한

정상이라는 환상

사회에서 자란 코트니는 자신의 주장을 끝까지 펼칠 방법이 없었다. 어쩔 수 없이 유도분만을 하기로 하고 15시간을 산고에 시달렸지만 아무 소용이 없었고 결국 제왕절개술밖에 남지 않았다.

"정신적으로 무너지더군요. 계속 구토가 올라왔어요. 이 유도분만이라는 게 정말 끔찍하더군요. '제길, 다 관두고 그냥 제왕절개나 받자. 다른 방법이 없잖아?'라고 중얼거릴 정도였어요. 그래서 우리는 수술실로 들어갔고 거기서도 사방에 토하며 마치 미친년처럼 흐느꼈어요. 너무나 겁이 나서 온몸이 다 떨리더군요. 수술을 시작했는데 정말 길게 느껴졌어요. 그러더니 의사가 그러더군요. '아, 복근이 이렇게 단단한지 몰랐어요.' 당연하죠. 필라테스를 20년이나 했으니까요. 전 생각했죠. '왜 그걸 지금에야 알지? 9개월 동안 내 몸을 정기검진하고 몇 주 전부터 수술을 계획하지 않았나?' 이튿날 의사가 뭐라고 했는지 알아요? '마운트시나이병원 영상학과에 연락해서 초음파 사진이 정확하지 않았다고 불만을 접수할 거예요'라고 하더군요. 입원한 그 주 내내 의사한테 무시당한 게 억울해서 밤새 한숨도 못 자고 울었어요."

산파의 도움을 받아볼 생각은 하지 않았냐고 물어보니 "난 그 정도로 과감한 사람은 아니에요. 기존 시스템을 믿는 편이죠"라는 답이 돌아왔다.

그런데 이 끔찍한 이야기가 주류 백인 사회의 중산층 여성에게 발생했다는 점에 주목할 필요가 있다. 빈곤층, 특히 유색인종인 경우는 산모를 무자비하게 다루어 사망에 이르는 경우도 많이 발생한다. 2019년 세계보건기구의 보고서에 의하면 "전 세계 조사 대상 여성의 42퍼센트가 출산 중 병원으로부터 신체 및 언어 폭행 또는 차별을 당한 적이 있으며 심지어 꼬집고 손바닥으로 때리거나 소리 지르고 조롱하고 힘으로 제압하는 등 수모를 당한다"고 한다.[11] 이는 단지 제3세계 국가에만 해당하지 않는다. 캐나다에서도 퀘벡의 한 병원에서 출산 중인 원주민 산모를 놀리고 악담하는 직원들의 동영상이 나돌기도 했다. 간호사들이 이 산모를 "멍청하며 섹스밖에 할 줄 아는 게 없으니 차라리 뒈지는 게 낫겠다"고 말하는 장면이 나오는데 실제로 이 산모는 몇 분 후에 사망해버린다.[12]

✛ ✛ ✛

전에 미셸 오당은 내게 이런 말을 한 적이 있다. "내가 생각하는 이상적인 출산 환경은 조용한 방 안에 산모 혼자 희미한 조명 밑에 앉아 있고 그 옆에는 산파가 차분하게 앉아 뜨개질하며 기다리는 그런 환경입니다." 이는 수술실의 밝은 조명과 기계음, 부산하게 위협조로 움직이는 수술진을 날카롭게 비꼬는 말이다.

이는 인간의 본성을 다룬 장에서 토의했던 '내재된 기대'를 다시 연상시킨다. 다른 모든 생명체처럼 인간도 삶이 어떤 범위 내에서 이루어질 것이라는 결론에 도달한다. 우리는 적응을 잘하기 때문에 대가만 있다면 최고가 아닌 것도 참을 수 있다. "태아의 분만 경험에는 출산 트라우마가 없어야 하며 그것만이 태아와 산모가 고대부터 품었던 기대에 부응하는 것이다." 진 리들로프가 원시부족사회를 다룬 연구에서 한 말이다. 그는 다른 포유류들은 출산을 위해 어두우며 조용하고 외딴 장소를 찾지만 인간은 "쇠로 만든 수술 도구, 밝은 조명, 고무장갑, 소독약과 마취제 냄새, 요란한 기계음"으로 출산 트라우마를 자초한다고 지적한다.[13]

다른 사람은 못 느껴도 산모는 뭔가 잘못된 점을 느낀다. 나는 아직도 첫 아이를 낳을 때 "힘 주세요. 그래, 그렇게요"라고 외치던 간호사보고 "제발 입 좀 다물게 하라"고 아내가 내 귀에 대고 속삭인 게 기억난다.* 사람의 몸은 안전하지 못하고 정서적인 교감이 없다고 느끼면 감각 호르몬의 작용으로 경직된다. 병원은 여성이 찾는 조용하고 안전하면서 조화를 이룬 장소를 무시해서 여러 임신 합병증을 야기하고 이를 치료하기 위해 다시 개입하는 끝없는 악순환을 창조한다.

산파 일라냐 스탠저-로스는 전통적 지혜와 현대 의학의 관계를 이렇게 요약했다. 사실 이는 건강한 사회라면 언급할 필요조차 없는 것이기는 하다. "우리는 산고를 겪고 있는 사람을 삶의 신성한 과정을 통과하는 인격체로 보아야 합니다. 산모는 아픈 환자가 아닙니다. 단지 **매우 정상적인 과정인** 분만을 하고 있을 뿐입니다."

---

* 당시 열심이었던 그 간호사와는 브리티시컬럼비아 여성병원의 분만실에 같이 근무하면서 매우 친해졌다.

Chapter 12

달에서의 원예: 손상된 양육

우리 모두는 아이들을 잃어버렸다. 바라건대 그들을 한번 쳐다보라. 길

거리에서 싸우거나 상가에서 해롱대고 TV 앞에서 약에 취해 있다. 우리

세대는 무언가 끔찍한 것에 아이들을 빼앗겼다.

- 러셀 뱅크스Russell Banks, 《달콤한 내세The Sweet Hereafter》

현대사회에는 양육법이 차고 넘친다. 서점에 가면 매대마다 임신부

터 학교 중퇴까지 이 골치 아픈 문제에 대처하는 방법을 다룬 책으로

가득 차 있다. 육아를 주제로 하는 블로그와 SNS 그리고 온라인 강의

도 쉽게 찾아볼 수 있다. TED 강연 리스트에는 "육아의 최전선에서 겪

은 이야기"라는 항목이 있을 정도다. 냉소적이기는 하지만 전쟁터에서

나 사용할 최전선이라는 단어에 많은 이가 공감할 것이다. '좋은 부모'

가 되기 위한 싸움은 시간과 우리 자신, 심지어 아이들과 벌이는 지구전

이나 마찬가지다. 우리가 책장 앞에 섰을 때는 이미 녹초가 되어 조언을

얻으려는 것이다. 우리는 아이들을 공정하게 대하고 싶어 한다. 다만 **방

법**을 모를 뿐이다. 우리를 이끌어줄 방향타가 필요하다.

좋은 소식은 방향타가 있다는 점이다. 우리에게는 인간으로서 육아

에 타고난 재능과 성향이 있다. 나쁜 소식은 우리 사회의 기본적인 믿음과 널리 퍼진 편견 때문에 타고난 지혜를 제대로 알지 못한다는 점이다. 이 지혜는 타고나는 것이기 때문에 배워서 습득할 수 없으며 단지 활용할 수 있을 뿐이다.

이 장에서는 현대 서양 문화 안에서 정상에 대한 잘못된 생각이 양육을 저해하는 두 가지 방식을 다룰 것이다. 하나는 양육에 대한 본능의 약화이며 또 다른 하나는 건강한 자녀 양육에 적대적인 환경의 조성이다. 어린이를 키우는 데 온 세상이 필요하다면 우리가 그 방법을 잊는 데 필요한 것은 해로운 문화뿐이다.

책으로 본능을 억누르기

최근에 작가가 아이의 엄마라는 것 말고는 발달심리학에 대해 어떤 배경도 없던 경제학자가 쓴 양육서가 베스트셀러가 되었다. 경제학을 전공해서 그런지 에밀리 오스터Emily Oster가 쓴 《최강의 데이터 육아 Cribsheet》는 숫자를 제시한다. 이 책은 여러 가지 중에서도 특히 모유수유나 모자동실같이 전통적으로 내려왔던 육아법을 비판한다. 〈뉴요커〉 서평은 호의적으로 "이 책에서 주로 말하고자 하는 것은 부모의 취향이 중요하다는 것이다. 당신은 어떤가?" 이 책이 칭찬받는 건 아이가 **필요한 것**이 아니라 부모가 **선호하는 것**이 중요하다는 양육 원칙 때문이다. 문제는 어떤 문화든 구성원들의 취향은 그 문화의 성격에 좌우된다는 것이다. 우리 어른들이 부자연스러운 환경에서 '선호'하는 것은 우리의 자연스러운 본성이 선택할 것과 충돌하는 게 당연하다. 그래서 오늘날 부모들은 어린이의 성장 시 필요한 욕구와 이를 충족시키기 위해 부모에게 필요한 것 **모두를** 중요하게 생각하지 않는 그런 문화를 보고 배운다.

오스터의 의도가 좋았다는 데는 일말의 의심도 없다. 책이 출간될 때쯤 〈뉴욕 타임스〉에 오스터가 쓴 "죄책감에 찌든 부모에게 필요한 데이터"라는 칼럼이 실렸다.[1] 부모들을 수치심에서 구한 것은 칭찬받아 마땅하다. 그러나 가장 선별하여 뽑은 데이터마저 부모의 죄책감을 덜어주기 위해 급조된 숫자라는 건 그렇다 쳐도 이게 간단한 문제가 아니라면 어찌할 것인가? 부모들이 느끼는 불안은 정보나 데이터가 부족해서가 아니고 오랜 기간 자신의 본능과 단절되어 있었기 때문에 발생된 거라면 어찌할 것인가? 본능이 새겨져 있는 유전자와 마찬가지로 본능은 자기 스스로 자동적으로 나타나는 것이 아니다. 적당한 환경이 조성되어야 본능이 발현된다. 그렇지 않은 환경에서는 아예 본능을 찾아보기 힘들다. 이는 인간뿐 아니라 인공적인 환경에서 살아야 하는 모든 동물에게 해당한다. 우리 시대에 '육아 전문가'가 넘치는 것도 해결 방법은 없고 단절만이 존재하기 때문이다.

물론 이런 풍조가 21세기에만 있었던 것은 아니다. 인간의 본성에 대한 이론과 마찬가지로 서구 사회에서 육아에 대한 태도와 접근 방식, 이론은 당시의 시대상을 반영하고 그에 따라 더욱 강화되었다. 시대에 따라 영아 살해 풍습이나 영아 협박 또는 학대가 나타나기도 하는데 물론 당시에는 정상으로 받아들여졌다. 역사심리학자인 로이드 드마우스 Lloyd deMause가 지적했듯이 14세기에 "어린이는 부드러운 밀랍이나 석고 반죽 또는 진흙처럼 주물럭거려 사람의 형상으로 만들어야 할 존재로 보는 관점이 지배적이었다."[2] 이는 어린이를 태어날 때부터 독립적인 주체로 보지 않는다는 뜻이었다. 또한 이 시기를 전후해 육아에 관

정상이라는 환상

한 책이 본격적으로 늘어났다고 드마우스는 주장한다.

19세기는 드마우스가 사회화 모드라고 이름 붙인 시기로, 양육의 목표가 사회적으로 잘 기능하고 "다른 사람들과 잘 어울리는" 인간으로 만드는 것이었다. 즉 사회의 기대에 부응한다는 뜻이다. 이런 관점은 "20세기 심리 모델의 근간"이 되었다. 그중 가장 유명한 것이 대중을 위한 육아법을 보급시킨 벤저민 스폭Benjamim Spock 박사의 모델이다. 그의 저서 《스폭 박사의 육아서Baby and Child Care》에서 박사는 "습관적으로 잘 못 자는 아이"에 대한 치료법을 제시한다. 어린이가 밤에 "짜증을 내지" 못하도록 하는 방법은 "다정하지만 단호하게 잘 자라고 말하고 방에서 나가 다시 돌아오지 않는 것"이라고 한다. 맞는 말이다. 아이들은 물리적·정서적으로 엄마의 품을 찾도록 되어 있기 때문에 자지 않고 짜증을 내는 것이며 다른 포유류의 새끼들도 마찬가지다.

오늘날에도 많은 '전문가' 그룹은 계속해서 사회화 모드에 대한 이야기를 한다. 최근에 조던 피터슨은 "아이들을 가정 밖에서 성숙한 시민으로 키우는 방법"에 대한 책을 출판했다. 메가셀러가 된 《12가지 인생의 법칙12 Rules for Life: An Antidote to Chaos》에서 그는 부모들에게 이렇게 경고한다. "아무리 뭐라고 해도 당신은 아이들을 사랑하지 않는가. 그런데 그들의 행동 때문에 아이들이 싫어진다면 당신보다 아이들을 훨씬 덜 사랑하는 다른 사람들은 어떨지 생각해보라. 그 사람들은 당신의 아이들을 처벌하려 할 것이다. …… 그런 일이 생기지 않도록 하기 바란다. 아이들이 이상적인 행동과 그렇지 않은 행동을 분명히 알도록 해야 한다."[3] 피터슨은 그러기 위해 제스처와 신체를 이용해 겁을 주어야 한다고 주장한다.

'사회화'는 아이들을 생명체가 아닌 반죽 정도로 생각하는 것보다는 그래도 친절한 접근 방식이기는 하지만 여전히 어린이의 욕구가 아닌 것을 중요하게 생각한다. 즉 부모가 자기도 모르는 사이에 착한 역할 하기를 원하는 사회의 요구 사항을 중요하게 생각한다는 뜻이다. 다른 방법은 없는지 보고 싶다면 우리보다 더 오래되고 자연 친화적인 육아법을 들여다보면 도움이 될 것이다. 그런 문화에는 '육아 전문가' 같은 사람이 필요 없다. 가르침을 통해서건 단순 모방을 통해서건 육아의 지혜가 세대를 거쳐 내려왔기 때문이다. 스폭 박사의 충고를 크리족 여성이 한 말과 비교해보자. "우리 부족은 두 살이 되기 전에는 아이를 땅에 내려놓지 않아요." 또는 조던 피터슨의 '작은 괴물'을 다루는 방법과 인류학자인 애슐리 몬터규Ashley Montague가 캐나다 노스웨스트 준주의 넷실릭Netsilik 이누이트족의 전통적인 육아법에 대해 한 설명을 비교해보자. "넷실릭 부족의 엄마는 그 어떤 어려운 상황에서도 굴하지 않고 아이에게 따뜻한 체온과 사랑을 듬뿍 준다. 절대로 아이를 꾸짖지 않고 아이가 원하지 않으면 개입하지도 않는다."[4] 어떻게든 이 아이들은 피터슨 박사의 엄한 훈계가 없어도 잘 자라 지역사회의 생산적이고 사회적인 구성원이 된다.

우리의 양육 본능은 어린이의 성장 욕구를 확실히 보장하도록 설계되어 있다. '전문가들'은 우리더러 그런 건 무시하라고 했겠지만.

그런데 여기 반전이 있다. 우리가 말하는 게 단지 어린이의 욕구만이 아니라는 점이다. 실제로는 엄마의 욕구를 고려하지 않고는 어린이의 욕구를 말할 수 없다. 영국의 소아과 의사인 D. W. 위니콧D. W. Winnicott은 이런 말을 한 적이 있다. "한 명의 아이 같은 건 없습니다. 아이가 한 명 있으면 그를 돌봐주는 누가 반드시 있는 거예요. 엄마와 아이가 같이 크는 겁니다. 이 둘은 개인과 사회가 조합된 환경에 존재합니다."[5] 이를 애슐리 몬터규는 이렇게 말하기도 했다. "아이가 태어나면 엄마도 태어나는 겁니다. 태어날 때 또는 그로부터 한참 후에도 엄마가 아이와 같이 있고 싶은 욕구는 아이보다 더 큽니다."[6] 또 다른 좋은 점은 돌봐주는 사람에게 타고난 육체적·정신적 인센티브가 없다면 아이를 키우는 일은 현재보다 훨씬 힘든 일이 될 것이라는 점이다. 아이들의 생존에 필요한 욕구를 채우는 일이 부모에게 보상이 되었기 때문에 많은 아이들이 욕구를 채울 수 있었다. 다행히도 우리의 생물학적 대인 관계 방식은 요구 사항이 상호적이다(우리 문화의 안타까운 점은 스트레스가 타고난 보상을 감소시켜 실제보다 양육을 힘들고 어렵게 만든다는 것이다).

시인 에이드리엔 리치는 상호적인 관계에서 나오는 심오한 기쁨을 이렇게 표현했다. "아이에게 젖을 물리고 나를 가득히 쳐다보는 초롱초롱한 눈을 보면 단지 입과 가슴이 아닌 상호의 시선으로 서로에게 결속되어 있다는 느낌을 받는다. 깊고, 고요하며, 정열적이고, 검푸르며, 뭘 안다는 듯 집중하는 표정이다. 중독된 듯 먹는 것 외에 다른 육체적 즐거움이 없을 때 젖가슴을 아이에게 완전히 맡기면서 얻는 짜릿한 느낌은 정말 대단했다."[7] 신경생물학적으로 리치의 표현은 정확했다. 영상을 통해 확인해보면 아이의 미소는 엄마의 두뇌 중 정크푸드를 먹었을 때나 마약을 했을 때와 동일한 부분을 활성화시켜 쾌락 물질을 분비하고 황홀경에 이르도록 한다.[8] 자연은 파렴치한 마약업자와 똑같다.* 뇌의 다른 복잡한 구조와 마찬가지로 포유류의 결속은 성장과 활성화를 위한 경험이 있어야 작동한다. 이는 고래든 침팬지든 생쥐든 인간이

---

* 농담이고, 반드시 그런 것도 아니다. 어린 시절에 이런 쾌락 물질이 부족하면 성인이 되어 약물이나 강박적인 행동에 빠질 가능성이 높다는 것이 전작《굶주린 유령의 왕국에서》의 주요 내용이다. 이에 대해서는 15장과 16장에서 다시 다루겠다.

든 동일하게 적용된다. 양육이라는 뇌 회로가 작용하려면, 즉 '활성화'되려면 환경이 회로를 불러내 이를 계속 유지시켜야 한다. 공황/슬픔, 놀이, 보살핌 시스템 등의 용어를 만든 신경과학자 자크 판크세프는 남성이나 여성이나 뇌에 양육 회로가 내재되어 있어 "적당한 환경이 되면 깨어날 준비를 하고 있다"고 주장한다. 또한 그는 뇌의 특정 부분에서 이와 관련된 회로와 연결 고리 그리고 화학물질을 발견해 이것이 그가 말하는 "아이와 엄마의 황홀한 감정의 발레"를 추게 만든다고 말한다. 이때 아이의 생존에 필수적인 부모의 양육 본능이 깨어나고 몸 안의 천연 마약이라고 할 만한 바소프레신, 옥시토신, 엔도르핀 같은 화학전달물질이 분비된다. 이런 물질들은 자연분만 시 나오는 '사랑의 화학물질'과 성분이 유사하다. 직접적인 피부 접촉과 모유수유 역시 엄마의 몸에 이런 물질을 분비하도록 만든다. 부모와 자식의 생리작용은 이런 식의 상호작용으로 연결되어 있기 때문에 상호작용 또는 부재의 여파는 아이가 커서도 평생 지속될 수 있다. 마찬가지로 상호작용이 부족하면 부모의 본능이 깨어나지 않아 부모 자식 간의 관계가 장기적으로 훼손될 수 있다.[9] 다른 원인도 있지만 이런 식으로 우리 사회는 접촉에 목말라하는 사회가 되었다.

신석기 혁명과 농사로부터 유래한 인류의 문명은 인류의 존재 기간을 기준으로 보면 순간에 지나지 않는다. 문명은 불과 1만 2,000여 년 전부터 발달했지만 유인원이 지구에 출현한 것은 수백만 년 전이고 현생인류는 20만 년 전에 출현했으니 말이다. 문명이 발달하기 전까지, 또는 지역에 따라 최근까지도 인류는 소규모 수렵채집사회를 이루고 살았다. 다르시아 나르바에즈 박사는 이렇게 말한다. "우리의 사촌 격인 영장류를 포함한 우리 조상들의 초기 경험은 인간의 필수 요소인 **인**

간 본성의 발달을 위한 사회적 공통물을 제공했다."(볼드체 표기는 원문을 그대로 따름) 나르바에즈 박사는 수렵채집 무리가 공유하는 육아의 일곱 가지 특징을 찾아내고 이것들이 자신이 말하는 '진화한 둥지'의 특징이라고 덧붙였다. 아래에서 그 특징을 읽어보고 우리 시대의 평균적인 양육 방식과 비교해보기 바란다.

우리 문화가 유발하는 스트레스 속에서, 교육받은 중산층 부모조차 이렇게 하기 쉽지 않다. 이런 것이 있다는 것을 미리 알았다고 해도 마찬가지다.

- 출산 전후의 힘든 시기를 위로
- 어린이의 필요에 신속하게 반응해서 고통 경감
- 일상적이고 광범위한 신체 접촉(안고 다닐 때를 포함)
- 출생 2년에서 5년 사이에 아이가 원할 때마다 모유수유, 평균 4년 차에 이유식 시작
- 온화하고 잘 돌봐주는 어른들 여러 명의 보호
- (엄마와 유아에 대한) 사회의 적극적인 지원 분위기
- 다양한 연령대의 남성들과 자연에서 창의적이고 자유로운 놀이[10]

"둥지라는 말에는 임신 중 엄마가 스트레스 없이 편안한 마음가짐을 갖고, 고통스럽지 않은 출산 과정을 거치며, 출산 전후의 힘든 시기를 위로받고, 엄마와 아이를 분리하지 않으며, 유아 포경수술*도 없고, 고

---

* 나르바에즈 박사가 포경수술을 언급했을 때 속으로 뜨끔했다. 나도 이 수술을 여러 번 했지만 북미 환경에서 크게 건강상의 이점도 없고 어린이에게 고통만 유발하는 것으로 나타났다. 특히 내가 훈련받은 수술 방식은 더욱 그렇다.

통스러운 절차도 없으며, 모유수유와 출산 초기 1년의 애정이 듬뿍 담긴 손길과 그 이후로 성년이 될 때까지 지속되는 보호 등이 포함되어 있습니다." 나르바에즈 박사가 내게 말했다. 8장에서 인류가 **이형종**이 되었다고 주장한 사람이 나르바에즈 박사였다고 한 말 기억나는가? 박사는 인류가 지구상의 모든 존재 중 유일하게 종족의 건강한 성장 욕구를 규칙적으로 방해하는 존재가 되었다고 말한다. "우리 문화는 아이들을 둥지 밖으로 상당히 멀리 밀어냈어요. 우리에게는 어린이가 가능성이 풍부한 어른으로 성장하는 데 필요한 요소와 제대로 발전할 시스템이 없어요. 그래서 둥지에서 쫓겨났다고 하는 겁니다."

진 리들로프는 남미 정글의 원주민과 생활하던 중 부모의 중요한 양육 원칙과 위배되는 사례를 보았다고 기록한 적이 있다. "어느 날 젊은 아빠가 한 살배기 아이한테 화내는 걸 보았다. 내가 보는데도 아이에게 소리치고 위협적인 몸짓을 하고 거의 때릴 지경까지 갔다. 아이는 무서워서 귀청이 터질 듯 소리 질렀다. 그러자 아빠는 자신이 벌인 일에 놀라서 마치 죄지은 사람처럼 가만히 있었다. 자연을 상대로 큰 죄를 저지른 것이다. 옆집에 살아서 그 가족을 자주 마주쳤는데 그 뒤로는 아들의 존엄을 무시하는 행위는 본 적이 없다."[11]

여기서 '존엄'이라는 단어에 주목해야 한다. 아이를 존엄성와 연관시켜 생각하는 사람이 몇 명이나 될까? 그렇기 때문에 어린이를 제대로 보지 못하는 것이다. 생각해보라. 단 한 번도 유아를 '존엄한dignified' 존재라고 말해본 적 없더라도 **분노한**indignant 유아를 만난 적은 꽤 많을 것이다. 이건 말장난이 아니다. 아기들조차 육체적·정신적으로 무시당하고 짓밟힌다는 걸 안다. 아니, 아기들이 더 잘 안다. 그런 면에서 리들로프의 사례는 나르바에즈 박사가 소규모 수렵채집사회에서 알게 된 내용 그리고 일반적으로 원주민 문화에서 목격되는 풍습과 일치한다. 즉 전반적으로 이런 문화에서는 아이들을 때리는 것이 인정되지 않았고 지금도 마찬가지다. 예수의 친절한 정신에 푹 빠진, 아니 빠졌다고 믿는 유럽의 기독교인들이 '신세계'에 발을 내딛었을 때 아메리카의 '야만인들'이 아이들의 체벌을 금지하는 걸 보고 엄청난 충격을 받았다.[12] 이와 반대로 청교도들의 윤리관은 "매와 질책을 동원"하는 것이라고 17세기 매사추세츠의 한 목사가 말했을 정도였다.[13]

이런 분위기는 그때를 기점으로 바뀌었지만 완전히 사라지지는 않았다. 조던 피터슨은 "매를 들지 않으려면 다른 사람에게 체벌 대신 '안 돼'라는 말을 했을 때 효과가 있어야 한다"고 주장한다.[14] 여기서 피터슨이 말하는 '다른 사람'이란 두 살짜리 아이로서 다른 곳에서는 '고집 센 말썽꾸러기' 정도로 불린다. 행동주의 사상에 빠졌던 피터슨은 훈육이란 어린이들을 겁주는 것인데 어른이 "더 크고, 힘세며, 능력이 있어" 위협이 먹히기 때문에 가능하다고 믿는다. 그는 자랑스러운 듯 이렇게 말한다. "딸이 어릴 때는 노려보기만 해도 얼어붙게 만들 수 있었다." 2011년과 2012년에 각각 영국의 〈텔레그래프Telegraph〉에 실린 헤드라인은 이런 생각이 아직 남아 있다는 것을 보여준다. 하나는 "아이들에게 매를 안 든 지 너무 오래되었다. 교사가 단지 가볍게 건드려주기만 해도 훈육의 효과가 증가될 것이다"이고, 다른 헤드라인은 "매를 아껴서 아이들이 엉망이 되었다. 체벌금지법 이후 무너진 교권을 어떻게 다시 회복할 수 있을까?"이다.

미국소아과학회는 100여 개의 연구 결과를 검토한 뒤 2018년에 예부터 내려온 지혜와 부합하는 내용의 성명을 발표해서 어린이와 청소년에 대한 체벌과 언어폭력을 중지할 것을 요구했다. 미국 전역의 소아과 의사 6만 7,000명으로 구성된 이 단체는 그런 조치가 장기적으로 폭력성을 증가시키고 자기 통제와 책임감을 훼손할 뿐이라고 주장했다. 또한 스트레스 호르몬 수치가 상승해 정상적인 뇌의 발달에 영향을 주고 정신적 문제를 야기할 수 있다고 했다.[15] 하버드대학에서 최근에 실시한 연구에 따르면 체벌에 의한 신경체계 및 자존심 손상은 극심한 폭력만큼이나 심각한 부작용을 낳는다고 한다.[16] 그나마 다행인 것은 이런 분위기가 바뀌어 젊은 부모들이 갈수록 체벌을 하지 않는다는 점이다. 이는 우리가 다시 과거로 돌아간다는 의미로서 환영할 만한 일이라고 생각한다.

우리 사회가 본능과 몸으로부터 단절되었다는 또 다른 사례로 모유수유를 들 수 있다. 북미 지역과 세계 각국에서 실시한 대규모 연구에 의하면 모유수유는 아이뿐 아니라 장기적으로 엄마에게도 건강에 유익하다고 한다.[17] 미국소아과학회의 회장인 로리 펠트먼 윈터Lori Feldman Winter 박사는 〈뉴요커〉와의 인터뷰에서 경제학자 에밀리 오스터가 모유수유를 비판하는 것은 무얼 잘못 알고 있기 때문이라고 비난했다. "그건 백신접종을 거부하는 것만큼이나 나쁜 일입니다"라고 윈터 박사는 덧붙였다.*

다른 기고문에서 오스터는 "엄마의 역할이란 외로우며 다른 사람과 떨어져야 한다"라고 말했다. 너무나 맞는 말이다. 그러나 이런 모성의 속성은 모성 그 자체에서 나오는 것이 아니라 엄마를 소외시키는 문화에서 나온다. 달에서 화초를 키우는 일은 보지 않아도 엄청 힘든 일이지만 그런 노력으로 원예에 대해 알 수 있는 것은 아무것도 없으며, 단

---

* 명확히 하기 위해 박사의 이 말은 코로나19 발생 이전에 했다는 점을 밝혀둔다.

정상이라는 환상

지 잘 키우려면 어떤 조건이 구비되어야 하는지에 대해서만 알 수 있을 뿐이다. 그 글에서 오스터는 동생의 결혼식에 참석했다가 "우는 아이를 달래려 40도에 달하는 벽장에 들어가 젖을 먹인 기억"을 언급했다. 벽장은 우리 사회가 아이와 엄마에게 짐 지우는 스트레스 상황을 가장 적절하게 비유한다. 그곳은 누가 볼까 봐 창피해서 숨어 들어가는, 땀이 찔찔 흐르고, 숨 막힐 듯 답답한 곳이니 말이다. 엄마와 아이의 상호 교감을 고려하면 큰 소리로 우는 건 당연한 일 아닌가? 내가 자라면서 본 경험에 의하면 스트레스가 많은 상황에서 아이에게 젖을 물리는 건 매우 힘들고 짜증 나는 일로서 엄마에게는 고통으로, 아이에게는 스트레스로 작용할 수 있다.

'수면 교육'이라는 말도 마찬가지다. 아이들이 제시간에 자도록 훈련받아야 한다는 것은 아이들도 어른의 생활주기에 맞추어야 한다는 전제에서 시작한다. 물론 맞벌이 부부나 도와줄 사람 없는 부부에게는 매우 적절하고 불가피한 선택일 수 있다. 그러나 그렇게 함으로써 우리가 잃는 것에 대해 제대로 알아야 한다. 심리학자인 고든 뉴펠드는 육체적인 접촉이야말로 부모와 연결하는 유일한 방법이라고 말했다. 아이가 품에서 떨어지려 하지 않고, 스폭 박사의 조언인 '다정하지만 단호하게 잘 자라고 말하고 방에서 나가 다시 돌아오지 않는 것'을 따르려는 부모에 '저항'하는 것은 기본적으로 자신의 욕구를 표현한 것이다. 아이의 고통에 눈과 귀를 막아버리면 우리의 양육 본능도 약화되고 어린이는 커서도 그 결과에 영향받을 수 있다.

2006년에 나는 한 신문에 "아이가 홀로 울다 지쳐 잠들어야 한다고 더 이상 생각하지 않는 이유"라는 기고문을 내면서 아이를 홀로 내버려두면 뇌에 스트레스를 주어 안 좋은 결과가 나올 수 있다는 점을 지적했다. 이는 엄마에게도 고통스러운 일이다. 내 장모인 모니카Monica는 1940~1950년대의 초보 엄마 시절에 아이의 울음소리를 무시하라는 의사들의 조언을 따르느라 무척 힘들었다고 말했다. "거의 고문이었네. 엄마로서의 감정이 완전히 무시되었으니까." 몇 년 후 그 신문은 내 기고문을 다시 홈페이지에 게재했고 8만 번 이상 공유되면서 많은 댓글이 달렸다. 그중 하나는 정말 재미있었다. "이 기사는 단지 전두엽에 관한 헛소리에 지나지 않는다. 아이의 뇌 회로는 그렇게 어린 나이에 쉽게 심리적으로 영구 손상을 입지 않는다. 전액골 피질이 성인이 돼서까지 영향을 미칠 패턴을 익히지 않는다는 뜻이다. 절대로 불가능하다. 만일 그렇다면 지금까지 존재했던 3세대, 즉 사일런트 세대(1945년 이전 태어난 세대 - 옮긴이), 베이비붐 세대, X세대 모두 불안하고 정신적으로 문제가 있어야 한다." 난 속으로 생각했다. '그렇게 생각한다면 더 이상 할 말이 없다.'

부모의 스트레스가 중요한 이유

유년기를 포함한 어린 시절 전체에 걸쳐 어린이는 보호자의 감정 및 신경체계에 의해 내부 상태가 조절된다. 상호 간의 생물학적 관계는 간단하다. 보호자가 스트레스를 받으면 아이도 스트레스를 받는다.

연구 결과 부모가 스트레스를 받으면 참을성이 없어지고 아이에게 더 가혹해진다고 한다. 스트레스로 부모가 불안해하며 잘 호응하지 않고 절제하지 못한다는 것이다. 최근 유력한 연구에 의하면 "부모가 스트레스를 받는 상황에서 아이는 외부의 스트레스 요인으로부터 제대로 보호받지 못한다고 느낄 뿐 아니라 부모와의 관계도 악화될 수 있다"고

한다.[18] 또 다른 연구에 의하면 스트레스가 증가했을 때 엄마가 더 엄해질 수 있지만 주위의 도움을 많이 받으면 스트레스가 감소한다고 한다. 고대의 지혜가 옳다는 것이 다시 한번 입증된 것이다.

부모의 스트레스 역시 산만함과 무관심처럼 눈에 덜 띄는 방식으로 나타난다. 아이를 사랑하면서도 부모는 대인관계나 경제적 문제 또는 개인적 문제에 시달려 아이에게 신경을 쓰지 못하거나 '옆에 있지' 못하는 경우가 많다. 이는 부모의 분노나 쌀쌀한 태도만큼이나 아이의 발달에 영향을 준다. 저명한 심리학자이자 이론가인 앨런 쇼어Allan Schore는 이렇게 말한다. "영장류에 대한 실험은 새끼는 어미가 앞에 있어도 심리적으로 연결되지 않으면 극심한 분리불안장애를 겪을 수 있음을 보여준다."[19] 쇼어 박사는 이런 식의 분리를 '근접 분리'라고 이름 붙였다. 매우 가까이 있지만 동시에 너무 멀다는 뜻이다. 이는 부모가 늘 겪는 스트레스 때문에 우리 사회에서도 많이 볼 수 있는 현상이다. 이때 어린이는 '넌 내 주의를 끌 만한 가치가 없어. 그러려면 더 노력해야 해'라는 메시지를 부모로부터 받는다. 구체적으로 이런 경험을 기억하든 안 하든 이는 우리의 무의식과 신경체계에 각인되어 남아 있다.

상황을 보다 어렵게 만드는 것은 경제적 어려움으로 인한 분리다. 〈뉴욕 타임스〉는 2018년 "현대의 부모 역할이 힘든 이유는 경제적 원인 때문이다"라는 제목의 기사를 실었다. 기사에서 "지금 미국의 어린이들은 처음으로 부모 세대보다 가난한 세대가 될 가능성이 높다. 부모 입장에서 아이들에게 해줄 수 있는 최선은 계층의 상승을 위해 지원하거나 그게 안 되면 최소한 현 계층에서 밀려나지 않도록 도와주는 일이다."[20] 최근에 가까운 지인이 자신이 본 장면을 내게 이야기해주었다. 중산층의 엄마가 숙제를 미루는 다섯 살 난 아들에게 이렇게 소리 질렸다는 것이다. "너 그렇게 하면 커서 뭐가 될래?" 아들이 이렇게 대꾸했으면 어땠을까? "엄마는 내가 어른이 되었을 때의 정신상태는 걱정 안 해요?"

어떤 사회계층의 가정에서는 맞벌이가 선택 사항이 될 수도 있다. 오스터는 이렇게 말한다. "난 아이들을 정말 좋아한다. 너무나 사랑스럽다. 하지만 아이들하고 집에만 있으면 행복할 것 같지는 않다. 그렇다고 일이 더 좋다는 건 아니다. 선택을 해야 한다면 당연히 아이들이다. 그런데 아이들하고 있으면서 얻는 '한계효용'은 급속히 감소한다. …… 처음 한 시간은 아주 즐겁다. 그런데 네 시간이 지나면 슬슬 일이 그리워진다. 내가 하는 일은 한계효용이 그렇게 빨리 감소하지 않는다. 최고점은 높지 않지만 시간대별 만족도는 훨씬 더 천천히 감소한다."[21] 아이를 키우면서 보내는 시간의 질을 측정한 걸 보니 오스터는 매우 똑똑한 사람임에 틀림이 없다. 그리고 다른 사람들이 그렇듯 당연히 그렇게 주장할 권리가 있다. 너무 오랫동안 집안일 외에 의미 있는 일을 추구하는 것을 표현하고 정당화하는 것이 억압되고 좌절되었기 때문이다.

물론 의미 있는 일로 되돌아갈 기회나 일을 다시 해야 하는 압력도 모든 여성들에게 똑같이 적용되지는 않는다. 항상 그랬듯 계층에 따라 매우 상이하다. 어쩔 수 없는 경제적 궁핍함 때문에 다시 일을 시작해야 하고 그것도 너무 빨리 시작해야 하는 부모들이 많다. 하루하루 살기가 힘든데 어떻게 아이의 미래를 생각할 수 있겠는가? 특히 미국에서는 초보 엄마 중 유급휴가를 받을 수 있는 비율은 20퍼센트 미만이다. 아동 발달 비영리단체인 제로투스리Zero to Three의 정책기획관인 미라 존스-테일러Myra Jones-Taylor는 〈가디언〉과의 인터뷰에서 유색인종에게 이 문제가 더 심각하다고 말했다. "부모들이 그냥 집에 있을 수가 없어요."[22] 특히 북유럽 지역은 정책이 좀 더 관대해서 아빠들에게도 육아휴직이 주어진다.

미국 여성의 네 명 중 한 명은 출산 후 2주 이내에 복귀하는데 이 기간은 미국산부인과학회에서 권장하는 출산휴가의 3분의 1에 불과하다. 이 권장 기간조차 오늘날 제왕절개술이 많이 행해지고 있는 상황을 감안해 엄마의 신체가 수술에서 회복하는 기간을 고려해서 그 정도로 잡은 것이다. 그렇게 짧은 출산휴가는 아이들의 필요는 전혀 생각하지 않는 조치다. 신경생물학적 관점에서 어린이가 건강하게 성장하려면 훨씬 더 오랜 기간이 필요하다. 이상적으로는 아이가 생물학적 독립성을 갖추는 단계인 최소 9개월이면 좋다. 엄마와 갑자기 접촉이 단절되면 아이는 충격을 받는다. 이는 사람보다 양육 기간이 훨씬 짧은 동물에서도 마찬가지다.*

모든 외로운 부모들

영국의 인류학자인 콜린 턴불Colin Turnbull은 중앙아프리카의 옛 벨기에령 콩고에서 피그미족과 3년을 같이 살았다. 이 부족은 약간의 변화를 제외하고는 수천 년 전부터 내려온 생활 방식을 최근까지 고수했다. 턴불은 고전이 된《숲 사람들The Forest People》에 자신이 본 것을 자세히 기록했다. "아이는 물론 자신을 낳은 엄마와 아빠를 알고 그들에게 특별한 애정이 있으며 부모 역시 아이를 끔찍하게 사랑한다. 그러나 어릴 때부터 자신이 부족 모두의 아이임을 안다. 왜냐하면 모두가 숲의 아이

---

* 예를 들어 또래보다 일주일 빨리 젖을 뗀 쥐는 성체가 되어 알코올의존이 될 가능성이 높았다.

들이기 때문이다."²³ 소규모의 수렵채집 군락에서 대가족과 친척은 따뜻하게 반겨주고 적극 지원하는 필수적인 네트워크다. 양육은 엄마와 아빠 단 두 사람으로 끝나지 않고(홀로 수행하는 일은 훨씬 더 적다) 폭넓은 부족의 네트워크 안에서 여러 세대의 친척이 애정을 보여주면서 이루어진다.

또한 양육을 지원하는 선발된 보호자 그룹이 있었는데 나르바에즈는 이들을 알로마더allomother라고 이름 붙였다. 그리스어에서 파생한 접두어 '알로allo'는 '원래 있던 것이 아닌'을 뜻한다. 알로마더들은 "엄마가 휴식이 필요할 때 아이를 맡아 데리고 다니며 같이 놀아준다. 이들은 일상적인 일들을 대신 해준다. 말하자면 엄마와 아이, 아빠와 아이의 관계에서 완충제 역할을 한다." 부모에 대한 지원이 클수록 아이들과의 관계가 좋다는 것이 많은 연구를 통해 밝혀졌다. 나르바에즈는 이렇게 말한다. "전통적으로 거의 모든 사회에는 산욕기가 있어서 그 기간 동안 지역사회의 여성들이 산모를 돌봐주고 젖이 잘 나오도록 영양분이 풍부한 차와 음식을 제공하고 빨리 회복할 수 있도록 한다. 이들은 모든 집안일을 대신 해주어 산모가 회복하면서 아이와의 유대관계와 수유에만 전념할 수 있는 분위기를 조성한다."²⁴ 사실상 이런 문화에는 사회화된 '모두를 위한 양육' 정책이 있어 모든 사람들이 혜택을 보고 있다.

이 장을 쓰던 2020년 5월 중순에 아프가니스탄 카불에서 끔찍한 테러 사건이 발생해 산모를 포함 24명이 사망했다. 그러자 고아가 된 아이들을 돌보고 젖을 주려 여성들이 몰려드는 감동적인 장면이 연출되었다. 코로나19 마스크를 쓴 한 젊은 여성이 이렇게 말했다. "이 테러에서 엄마를 잃은 아이들에게 젖을 주려고 왔어요. 전 아이 낳은 지

4개월 되었고 이 아이들에게 젖을 물려 사랑을 느끼게 해주고 싶어요."[25] 어쩌면 알로마더링은 모성 본능 만큼이나 자연스러운 것일 수 있다.

핵심은 이것이다. 에밀리 오스터처럼 벽장 속에서 고통받거나 아이들과 조용히 유대하고 싶은 본능을 억제하는 것은 자연이 원하는 것이 아니다. 엄마와 아빠에게 이런 스트레스를 강요하는 것은 양육의 기본 목표가 아니다. 문제는 그 사회와 문화에 있다.

우리가 집단 양육 모델에서 멀어졌다고 말하면 매우 절제된 표현일 것이다. 오늘날의 고립된 핵가족은 '발전한 진화적 지위evolved evolutionary niche'와 매우 거리가 멀며 세대가 거듭될수록, 특히 경제 및 기술적으로 획기적인 '진척'이 있을 때마다, 그 특징은 점점 희미해진다. 진화상 선례들이 파괴되면서 우리는 본능적인 유산이 연쇄적으로 무너지는 것을 보고 있을 수밖에 없다.

불과 몇 세대 만에 우리가 살던 지역사회에 어떤 일이 발생했는지 살펴보기 바란다. 우리 또래가 기억하는 동네는 거의 모든 사람이 서로를 알고, 아이들은 하루 종일 길거리에서 놀았으며 모든 어른은 마치 부모처럼 우리를 지켜보았고 장난이 지나치면 언제라도 주의를 주었다. 식료품점, 빵집, 철물점 등 동네 가게에서 모든 쇼핑을 했고 자동차 정비소도 걸어가도 될 만한 가까운 곳에 있었다. (사담을 하자면 어릴 적 부다페스트 집 앞의 보도는 운동장만큼 넓어서 이웃 아파트 단지의 어린이들이 많이 와서 놀았다. 그런데 최근에 강연을 하러 헝가리에 갔더니 그 보도가 지금은 훨씬 좁아졌고 여러 차선의 도로가 보도를 따라 건설되었으며 맞은편에는 맥도날드의 드라이브스루점과 주유소가 세워져 있었다.)

이런 기억은 너무나 아련해서 마치 〈세서미 스트리트Sesame Street〉의한 장면처럼 느껴지고 동네 구멍가게는 희귀종이 되어버렸다. 지방자치단체별로 거점지역이 활성화되어 있음에도 우리는 점점 차를 몰고 출근하거나 쇼핑하러 멀리까지 영혼도 창문도 없는 대형마트로 간다. 아는 사람이 있던 곳은 대량 생산된 상품을 배달하는 낯선 사람들이 차지했다. 은행, 주유소 또는 슈퍼의 카운터에서 인간관계를 맺으며 발생했던 경제행위는 점점 감정적으로 메마르고 기계화된 거래로 대체되었다. 여러 연령대의 아이들이 뛰노는 소리로 시끄러웠던 교외 지역의 보도는 더 이상 그런 모습 없이 텅텅 비어 있다. 아이들은 같은 나이별로 세분화된 학교에 다닌다. 먹고살기 위해 어쩔 수 없이 대가족을 떠날 수밖에 없다.

교회나 다른 사회적 행사 참여도 점점 감소하고 있다. "우리는 모르는 사이에 지난 30년간 서로서로 멀어지고 지역사회로부터 격리되었다"라고 하버드공공정책대학원의 로버트 D. 퍼트넘Robert D. Putnam 교수가 2000년에 기고한 바 있다.[26]

태생적으로 사회적 존재이지만 우리는 이제 비유하자면 물 밖의 고기 신세가 되었다.

특히 지역사회와의 유대가 매우 중요한 엄마들이 가장 많은 타격을 받았다. 에이드리엔 리치는 20세기 중반의 상대적 풍요로 "교외에 작은 집을 얻고 다음에는 더 큰 집으로 이사하면서 다른 집과의 단절"이 발생했다고 주장한다. "아파트에 사는 서민층 엄마와 새로운 부유층 주부 모두 중요한 것을 잃어버렸다. 그들은 집에 갇힌, 극도로 단절된 엄마가 되었다."[27] 이런 경향은 전 세계적으로 나타났으며 자본주의가 글로벌화되면서 그 추세가 점점 심화되고 있다.

과거에는 이랬다고 주장해봤자 아무 소용이 없기는 하지만 결집력

정상이라는 환상

의 약화와 지역사회의 지원 감소는 확연한 추세이며 안타까운 일이다. 시카고 로욜라대학의 심리학과 교수이면서 평생 아동 발달을 연구해온 제임스 가바리노James Garbarino는 인터뷰에서 내게 이렇게 말했다. "과거에는 사회적 연대가 있었죠. 개인주의가 없었던 것은 아니지만 사람들을 연결해주는 사회구조가 더 지배적이었습니다. 그런 것들이 점점 더 위축되고 사람들은 그것의 중요성을 알지도 못한 채 없애버렸죠. 이런 사회구조의 중요성을 인식하지 못한 채 없애버려도 아무 문제가 없을 거라고 생각했습니다." 그런 면에서 조니 미첼Joni Mitchell의 노래 가사가 맞았다. 없어진 다음에야 무엇이 있었는지 진정으로 알게 된다.

자연이 특별한 것이 된 문화는 문제가 있는 문화다. 자연적 본능에 접근하고 이를 신뢰하는 방식의 양육을 하기 위해 우리는 서로가 필요하며 공동체와 사회의 지원이 있어야 한다. 우리 아이들이 우리를 필요로 하듯 말이다. 혼자 하는 육아는 고통스럽다. 마치 양육 산업 단지parental-industrial complex에서 나온 '전문가'의 반反본능적 최신 육아법을 따라 하기 힘든 것과 마찬가지다(아이젠하워 대통령에게는 사과의 말씀을 전한다).* 양육법에 문제가 있으면 개인과 사회도 병들게 마련이다.

---

* 대통령 임기 말에 그가 '군산 복합 단지(military-industrial complex)'에 대해 경고한 것은 잘 알려져 있다.

Chapter 13

잘못된 방향으로 두뇌를 강요하기:
어린이들의 사보타주

아이들에 대한 대우를 보면 그 사회의 본질을 가장 잘 알 수 있다.

- 넬슨 만델라Nelson Mandela *

"혹시 부모만 비난한다고 욕을 먹지 않나요?" 소아과 의사이며 하버드대학 교수인 잭 숀코프Jack Shonkoff에게 물었다. "사실 그 부분을 많이 우려합니다. 환경이 관계에 미치는 중요성을 이야기하다 보면 결국 사람들은 '부모가 잘못했네. 부모 책임이야'라는 결론에 도달하게 됩니다." 숀코프 교수는 소아 발달에 대한 연구로 잘 알려져 있는데 이 문제를 있는 그대로 접근하려는 사람이 겪는 주요 딜레마를 압축해서 이렇게 표현했다. "어린이의 삶에서 부모가 절대적으로 중요한 것은 아니지만 문제가 생겼을 경우 그것이 부모와 관계가 없다고는 말할 수 없습니다. 그렇지만 진실은 부모가 사회와 완전히 떨어져 아이를 키우지 않는다는 점입니다."

---

* 1995년 5월 8일 프레토리아에서 있었던 넬슨만델라아동기금 발족식에서 한 연설의 일부.

제대로 보려면 렌즈의 각도가 넓어야 한다. 부모들이 자식의 양육에 책임을 져야 한다는 말은 맞지만 부모들이 자식을 키우는 세상을 창조한 것은 아니다.

우리 문화의 생태는 아이를 정서적으로 안정시키고 사회와 연결시키는 양육을 지원하지 못한다. 앞에서 본 대로 이런 불안정한 사태는 아이가 아직 배 속에 있을 때부터 산모의 스트레스가 그대로 전달되고, 제왕절개수술을 거친 다음, 부모의 보호본능이 억제되고, 아이의 발달에 필요한 욕구가 무시되는 상황을 거쳐 발생한다. 부모에게 점점 참을 수 없을 만큼의 사회경제적 압력이 가해지는 데다 잘못된 양육 정보까지 더해져 상황은 더욱 악화된다. 경쟁을 강조하는 교육제도하에서 어린이와 청년들은 잘못된 대량 소비시장의 희생양이 된다.

부모는 자식에게 최선을 다한다. 나도 그랬으니 잘 안다. 또한 나 자신이나 양육에 대해 모르는 것이 있었기 때문에 내 '최선'에 한계가 있다는 것도 잘 안다. 의도가 아무리 숭고하더라도 실행할 수 있는 능력은 어린 시절의 경험이나 해소되지 못한 트라우마 또는 아이들에게 물려주어야 한다고 사회에서 기대하는 유산 그리고 일상생활의 스트레스 등에 크게 좌우된다. 이런 제약 사항을 안다고 해서 죄의식에서 자유로울 수 있을까? 특히 내 젊은 시절의 한계로 인해 아이들에게 남은 상처를 본다고 해서 죄의식에서 벗어날 수 있을까? 반드시 그렇지는 않다. 하지만 적어도 죄의식과 비난은 아무런 도움이 되지 않으며 요점과도 멀다는 것은 알고 있다. 특히 맥락을 제대로 이해한다면 더욱 그렇다. 제임스 가바리노는 1995년에 이런 주장을 폈다. "이제 부모에 대한 비난을 멈추고 사회적으로 유해한 환경에서 아이를 키우는 것이 얼마나 힘든지 제대로 알아야 한다."[1]

당시 코넬대학교의 인성발달센터 교수 겸 가정생활개발센터 공동이사장이었던 가바리노는 사회적으로 유해한 육아 환경의 요소로 "폭력, 빈곤, 경제적 압력, 관계의 단절, 비행, 절망감, 우울증, 과대망상, 소외 등으로 모두 가정과 공동체를 의기소침하게 만드는 것들"을 지적했다. 그는 또한 "애매하지만 동일하게 해로운 것으로 **어린이의 삶에서 어른의 부재**"를 꼽았다.[2] 진화 과정에서 당연한 것으로 받아들여졌던 어른의 존재가 급격히 무너져서 지금은 이를 알아채지도 못하고 있다. 더욱 심각한 것은 이를 자연스러운 것으로 받아들인다는 점이다.

공동체와 가정의 연결 관계가 약해지면 아이들은 필연적으로 다른 곳에서 애착 욕구를 충족하게 되어 있다. 다른 종의 새끼들과 마찬가지로 어린이는 **누군가**를 애착해야 한다. 신경생리학적으로 그것을 원한다. 애착할 만한 사람이 없으면 공포를 느끼고 방황하며 뇌 구조에 문제가 생긴다. 실제로 학습이나 건전한 관계 형성, 감정 조절 같은 기능과 관계있는 뇌 회로가 제대로 발달하지 못한다.

어린이의 뇌는 누구한테 애착해야 한다고 알려주지 않는다. 자연은 부모가 항상 옆에 있다고 전제한다. 어린이는 이런 기대가 신체와 신경체계에 각인된 채로 태어난다. 따라서 어린이는 뉴펠드의 용어로 기댈 사람이 없는 상태인 '애착 결핍attachment void'을 견뎌내지 못한다. 따라서 갓 태어난 오리 새끼가 거위나 다람쥐, 산림감시원, 심지어 장난감 자동차 등 무엇이라도 처음 마주치는 존재를 믿고 따라다니듯 사람의 아기도 주변에 있는 누구한테든 애착해서 결핍을 채워야 한다.

오늘날 우리 아이들에게 '주변에 있는 누구'는 보통 또래 아이들이다. 성인 주도의 다세대 공동체가 약화되니 어린이나 청소년은 서로로부터 인정받아야 했다. 이는 어린이의 발달을 연구하는 측면으로 보면

정상이라는 환상

헛수고에 불과하다.

물론 또래 친구들과 밀접한 관계를 맺고 싶은 욕망과 필요는 확실히 자연스럽고 건강한 것이다. 이런 우정은 평생 가장 중요한 유대감을 형성할 수 있다. 그러나 정서 발달이라는 측면에서 보면, 애착 대상에서 어른을 배척하고 비슷한 나이의 집단을 선택하는 또래 지향은 대단히 위험하다.* 맹인이 맹인을 인도하면 둘 다 구덩이에 빠진다는 말이 있기는 하지만 그래도 미성숙한 존재끼리 서로를 인도하는 것보다는 낫다. 43세가 된 내 둘째 아들 애런은 지금 돌이켜보니 또래 지향 때문에 제대로 성장하지 못했다고 생각한다. 애런은 이렇게 털어놓았다. "10대 시절에는 온통 친구들이 나를 어떻게 생각하는지, 나를 얼마나 좋아하는지, 그들의 기대에 부합하려면 어떻게 해야 하는지에 대한 생각밖에 없었어요. 그것 때문에 어른이 되어서도 부족한 게 많았죠." 물론 그가 정말로 지향한 것은 또래들이 아니었다. 어린 시절에 정서적으로 아이에게 맞추는 부모가 없었기 때문에 나타나는 자연스러운 결과일 뿐이었다.

무한한 가치를 지닌 정서적 안전함은 성숙한 어른이 되기 위한 전제조건이다. 보통은 아이들이 또래로 구성된 세계 속으로 들어가면 성인과의 연결에서 오는 안전함은 사라진다.** 정상적인 사회에서는 청소년들의 우정도 어른들의 관심하에 공동체를 기반으로 형성된다. 그러

---

* 또래 지향 현상에 대해서는 뉴펠드와 공동으로 집필한《아이의 손을 놓지 마라(Hold On to Your Kids : Why Parents Need to Matter More Than Peers)》에 자세히 기술되어 있다.

** 물론 성인들이 정서적으로 안정되고 지원할 의사가 있으며 같이 있어서 안전을 제공할 수 있어야 한다. 학대받은 아이들에게 또래 무리는 어떤 경우에는 부적절하기는 하지만 안전판을 제공할 수도 있다.

나 우리 사회에서는 보호해주는 어른이 없는 상황에서 또래의 상호 교류가 발생한다.

아이들이 돌봐주는 어른 없이 지내면 경쟁하는 두 개의 애착 대상 중에서 선택해야 한다. 하나는 부모와 연결하는 자연스러운 애착이며 또 다른 하나는 또래 그룹의 유혹이다. 그런데 부모가 패배하면 아이들은 자연스럽게 또래에게 갈 수밖에 없다. 이는 아이들 역시 패배한다는 뜻이다. 이 모든 것은 대중문화에 현혹되어 나이 어린 가수나 배우를 우상처럼 떠받들고 SNS에서 수백만 명이 말 그대로 '팔로우'하면서 더욱 악화된다. 옛날 같았으면 젊은이들은 보다 성숙한 성인을 모방해야 할 대상으로 따랐을 것이다.

이 글을 읽고 이렇게 말하는 부모도 있을 것이다. "하지만 **내** 아이의 친구들은 모두 사랑스럽고 솔직하며 편견이 없어요." 이런 성격이 실제로 있으며 축하해야 할 자질인 것은 맞지만 아이가 또래집단에서 **주된** 안정감과 위안을 받는다면 그건 바람직한 일이 아니라 아이가 단지 잘 '대응'한다는 의미다. 또래집단에서 아무리 성숙한 친구라도 발달에 필요한 안전함을 제공하지는 못한다. 그 외에도 어린이들은 내부적으로 일관적인 태도를 유지하지 못한다. 우리는 개학 첫날 전에는 다정했던 친구가 방학 동안 완전히 다른 사람이 되어 나타난 걸 보고 충격을 받은 기억이 있다. 또한 어린이는 상대방에게 건강한 성장을 가능하게 하는 무조건적인 긍정적 존중을 제공하지도 못한다. 사실 이는 어른들에게서조차 찾아보기 힘들다. 일반적으로 미성숙한 또래들은 본질적으로 상대방을 '있는 그대로' 받아들이지 못하고 상대방의 상처받은 감정의 경험을 공감하지도 못하며 솔직한 표현도 받아들이지 못한다. 또한 상대방의 스트레스 상태를 완화해주지도 못하고 기질적 차이를 인정하고

정상이라는 환상

인내하지 못한다. 어설픈 자질밖에 없는 또래집단에서 인정을 받는다 해도 매우 제한적이기 때문에 안정적이지 못하며 자기를 억제해야 하고 진정한 개성이 아닌 순종을 강요받는다.

더 극심한 경우에는 또래만 지향하다 보면 거부되거나 추방당하고 따돌림을 받을 가능성이 높다. 2001년 내털리 앤지어Natalie Angier가 쓴 〈뉴욕 타임스〉 기사에 의하면 "뉴스에는 따돌림 문제가 넘친다. 미국 국립보건원의 조사에 의하면 중학생의 4분의 1은 위협, 조롱, 욕, 꼬집기, 때리기, 조롱, 비웃음 같은 심각하고 만성적인 따돌림의 가해자 또는 피해자(때로는 둘 다 해당)라고 한다."[3] 유럽에서도 비슷한 보고가 있었다.[4] 스페인에서 독일까지, 영국에서 체코까지 공무원과 학교 행정관은 동일한 문제에 부딪혀야 했다. 세계보건기구는 2012년에 어린이의 3분의 1이 또래한테 따돌림을 당한다고 추정했다.[5] 오늘날 많은 어린이나 10대들은 실생활에서 발생하는 따돌림에 아무 생각이 없거나 관심이 없는 척하며, 심지어 그 속에서 '짜릿한 쾌감'을 느낀다고 하는 아이들도 있다. 청소년들이 마치 삶의 희열인 것처럼 SNS상에서 따돌림과 성폭력을 자랑한다는 내용의 보고서를 자주 접할 수 있다. 피해자는 자살과 자해까지 저지르는데도 말이다.

2019년에 밴쿠버 외곽에서 약물 과용으로 사망한 비행 청소년의 이야기는 전 세계를 충격에 빠트렸다. 〈내셔널 포스트National Post〉 기사는 이렇다. "8월 7일 14세의 카슨 크리메니Carson Crimeni는 또래가 없어 외로웠던 차에 나이 많은 형들과 어울리기 위해 브리티시컬럼비아주 랭글리에 있는 야외 스케이트장 인근에서 마약을 복용했다. 약 기운이 올라와 횡설수설하자 무리들이 그를 놀리고 비웃으면서 촬영하기 시작했다. 인터넷에 영상이 올라가고 여기저기 돌아다녔다. 누군가 그 영상에

'몰리*에 취한 12살짜리'라는 제목을 붙였다. 그 영상에 나온 카슨은 키가 작고 회색 후드티에 검정색 바지를 입고 있었다. 〈글로벌 뉴스Global News〉에 의하면 또 다른 영상에서 그를 '모자 속에 쑥 들어간'이라고 표현했다고 한다. 나중에 찍힌 영상에시는 눈이 뛰어나오고 빙빙 도는 게 보였으며 땀을 흘리며 코를 훔치고 있었다." 몇 시간 후 소년은 소생시키기 어려울 정도로 너무 많은 약물 때문에 거의 죽을 지경에 이르렀다. CBC 보도에 의하면 그 절박한 순간에도 "어떤 소년이 SNS에 구급차 사진을 게시하고 농담조로 '카슨 거의 갔네 ㅋㅋㅋ'라는 제목을 달았다."[6] 그 직후에 '거의'라는 말은 사라졌다.

카슨 크리메니는 극단적인 경우일지 모르지만 오늘날 많은 어린이들은 또래로부터 무시되고 조롱받으며 심지어 왕따를 당할 위험에 처해 있고 때로는 자신이 괴롭힘의 가해자가 되기도 한다. 이런 풍조 속에서 어린이가 자신을 방어하기 위해서 할 수 있는 조치는 감수성이 높은 감정의 문을 닫아버리는 것이다. 가정이나 또래집단에서 발생하는 괴로운 상황 때문에 야기된 허약한 감정으로부터의 도피는 성숙한 성장을 방해하고 진정한 의미에서의 독립된 자아 형성에 지장을 준다.

고든 뉴펠드는 유럽의회에서 한 연설에서 세태를 비꼬며 이렇게 말했다. "오늘날의 어린이들에게는 따뜻한 감정이 사라지고 있습니다. 슬픔과 실망, …… 직감, …… 수치심과 당혹감이 없어졌습니다. 흥미롭게도 부끄러움이 없어지면 공감 능력도 같이 사라진다는 것이 연구를 통해 밝혀졌습니다. 또한 좋아하는 감정 역시 실망할 수 있기 때문에 상처를 입기 쉽습니다. 우리는 모든 경험 중 가장 마음 아픈 것은 부모가

---

* 향정신성의약품 엑스터시를 일컫는 속어.

헤어지는 상황입니다. 안타깝지만 오늘날 어린이들은 그 어느 때보다 부모의 이혼과 또래와의 교류를 많이 경험합니다. 그 결과 아이들은 심각할 정도로 감정이 없어졌습니다. 뇌의 방어 기구가 저항하기 힘든 나약한 느낌을 방어하는 데만 몰두하기 때문입니다."[7] 이런 과정으로 어린이의 감정 기구는 다시 약해지고 인간으로서의 감정은 위험해진다.

그런데 왜 우리 아이들은 취약성에 노출된 채 있어야 할까? 그들이 상처받기를 **바라기** 때문일까? 뉴펠드와 나는 같이 쓴 책에서 이 문제를 아래와 같이 접근했다.

감정은 사치가 아니라 우리를 구성하는 본질적인 자질의 하나다. 단순히 느낀다는 즐거움이 아니라 생존에 필요한 중요한 가치다. 감정은 우리가 방향을 잡아 세상을 읽게 해주며 생존에 필수적인 정보를 제공한다. 위험한 것과 좋은 것, 생존을 위협하는 것과 성장에 도움이 되는 것을 알려준다. 우리가 볼 수 없고 들을 수 없고 맛을 느끼지 못하거나 뜨거운 것과 차가운 것 같은 고통을 느끼지 못하면 얼마나 무기력해질지 상상해보라. 감정을 차단하는 것은 감각기관에 필수적인 부분, 더 나아가 우리의 존재에 없어서는 안 될 부분을 잃는 것과 마찬가지다. 감정은 삶을 가치 있고 흥미진진하며 도전적이고 의미 있는 것으로 만든다. 세계를 탐구하도록 하고, 발견에 동기를 부여하며, 성장을 촉진시킨다. 맨 아래 세포층까지 내려가도 인간은 방어 모드 아니면 성장 모드 중 하나 둘 다는 될 수 없다. 아이들에게 감수성이 사라지면 인생을 무한한 가능성으로 생각하지도 않고, 자신에게 엄청난 잠재력이 있다고 여기지 않으며, 이 세상을 자신의 표현을 반기고 성장시키는 무대라고 생각하지 못한다. 또래지향성 때문에 감수성이 사라지면서 아이들은 자신의 한계를 벗어나지 못하고 두려움에 빠지게 된다. 오늘날 그렇게 많은 아이들이 우울증과 불안감, 기타 질환으로 치료받는 것은 전혀 놀랄 일이 아니다.

어른들만이 줄 수 있는 사랑, 관심, 안전함만이 아이들을 느낄 필요가 없는 상태에서 벗어나게 할 수 있으며, 위험한 행동이나 익스트림스포츠나 약물로는 경험하기 힘든 삶과 모험을 회복하게 해준다. 이런 안전함이 없다면 아이들은 정신적으로 성장해서 성숙해지고, 의미 있는 관계를 맺으며, 가장 강력하게 자기를 표현하는 능력을 제대로 발휘할 수 없다. 결국 감수성을 잃는다는 것은 자기 자신으로부터의 도피나 마찬가지다. 우리가 가까이 있는 아이의 손을 잡지 못한다면 아이들은 가장 진정한 자신을 지키는 능력을 잃어버릴 것이다.

감수성이 사라지면 왜 성숙해지지 못할까? 자연의 어떤 것도 취약해지지 않고는 '자신이 되지' 못하기 때문이다. 껍질이 매우 단단한 갑각류도 먼저 탈피를 하고 부드러운 상태가 되듯 거대한 나무도 부드러운 새순이 필요하다. 사람도 마찬가지다. 감정적으로 약해지지 않으면 성장이 없다. 진정한 회복력이나 결심, 자신감, 용기 같은 '강인한' 자질도 우선 부드러운 상태가 있어야 한다.

감수성이 사라지면 성숙을 방해하는 것 외에도 공허함이 더 커진다. 지루함을 유발시키고 순수한 관계를 위태롭게 하며 호기심과 배움을 방해한다. 또한 현재로부터 도피하고 싶은 욕망을 키우고 경쟁적인 게임이나 시끄러운 배경음악, 사회적으로 위험한 상황과 행동, 쇼핑중독, 약물중독 같은 과다한 자극에 빠진다.

이익을 추구하는 물질주의 사회는 문화적으로 발생한 어린이와 청소년들의 거짓 욕구를 착취하는 데 매우 뛰어나다. 브리티시컬럼비아대학 법학과 교수인 조엘 바칸Joel Bakan은 그의 저서 《기업에 포위된 아이들Children Under Siege》에서 이렇게 주장한다. "우리는 우리 사회의 건강 훼손을 심각하게 생각해야 합니다."[8] 충격적일 정도로 자세히 기록한 이 책에서 바칸은 기업들이 이익을 위해 어린이의 감정을 이용하는, 정밀하고 사악한 여러 방법을 설명하고 있다. 기업은 매우 의도적으로 조작 방법을 구사했으며 앞으로도 그럴 것이다. 1983년에 어린이를 타깃으로 한 직접광고 비용은 1억 달러였으나 30년이 지난 현재는 150억 달러로 폭증했다.*

부모의 스트레스와 또래지향성으로 돌봐주는 어른과의 연결이 약해지면서 기업은 미성숙한 어린이들을 착취했고 이로 인해 공허감은 더욱 악화되었다. 기업은 상호 협조하에 아이들로부터 성장의 기원이 될 수 있는 풍부한 감정을 빼앗아버렸다. 10년 전에 바칸은 이렇게 경고했다. "미국 어린이는 1년에 평균 3만 개의 TV 광고를 보는데 광고 대다수는 아이들에게 직접적으로 상품을 홍보하는 내용으로서, 상품과의 관계를 통해 행복해질 수 있다는 교묘하고도 해로운 메시지를 담고 있다. 즉 사람이 아니라 상품과의 관계가 중요하며 쿨한 사람이 되고 또래와 잘 어울리기 위해서는 그 상품을 사야 하고, 부모나 교사가 아니라 패스트푸드 회사나 장난감 회사가 어린이들을 제일 잘 이해하며, 유명회사 브랜드야말로 아이들의 사회적 가치와 정체성을 제대로 보여준다는 그런 메시지다."[9] 이런 트렌드는 SNS와 인터넷 광고가 활성화되면서 더욱 강화되었다.

---

* 이 숫자는 미국의 광고집행비 기준이나 미국 문화의 영향력을 감안할 때 그 피해는 전 세계적이다.

바칸은 세계적으로 유명한 어린이 대상 광고 전문가들을 인터뷰했다. 그중 한 명인 덴마크 출신의 마틴 린드스트롬Martin Lindstrom은 자신이 만든 광고에 대해 심각한 우려를 표명했다. 바칸이 쓰기를, 그는 "어린이들이 계속해서 높은 빈도로 광고에 노출되면 결국 '어린이와 그들의 미래'에 비극을 초래할 것이며 …… 매우 해롭고 더 큰 문제는 이제 시작에 불과하다는 점이다"라고 경고했다. 린드스트롬은 광고산업이 계속해서 어린이들의 상상력과 창조적인 능력을 잠식할 것이라 예측했다. 그렇지만 이런 모든 경고에도 불구하고 그는 여전히 업계에 남아 있다. 바칸은 내게 이렇게 말했다. "이 사람들은 아주 똑똑하고 통찰력도 있지만 사악합니다. 알면서 그런 짓을 하니까요. 린드스트롬과 이야기를 나눠보면, 그에게는 아이가 있고, 모든 것에 대해 매우 비판적이며 끔찍한 방향으로 잘못 가고 있다고 생각합니다."

바칸이 설명한 대로 린드스트롬의 생각은 놀랄 만큼 핵심을 찌르고 있다. "어린이에게는 감정이 전부입니다. …… 그리고 광고가 성공하기 위해서는 가장 깊은 곳의 감정을 이용해야 합니다. 돌봄, 애정, 낭만을 뜻하는 **사랑**은 기본적인 감정의 하나입니다. …… 또 다른 감정으로는 폭력, 테러, 끔찍함, 잔인함, 전쟁 등에 나타나는 **공포**가 있고요. 그리고 아이가 어른으로부터 간섭받지 않으려는 마음인 **독립심**이 있습니다."(볼드체 표기는 원문을 그대로 따름) 이 교묘한 분석은 아이들을 건강과 존엄성, 순순한 독립심으로 이끌기보다는 완전히 그 반대 방향으로 유도해서 평생 이윤을 추구하는 기업들의 희생자가 되도록 하고 어린이들로부터 청소년기를 빼앗아 간다. 청소년기는 성장하는 시기로서 최대한 능력을 발휘하고, 정서적으로 성숙해지며, 공감 능력과 자기 인식력이 깊어지고, 상호 이익이 되는 방향으로 소통하는 방법을 배우고,

자신의 창조적인 능력을 깨닫고, 다음 세대를 성장시키기 위한 발판을 마련하는 시기다.

기업이 아이들에게 제공하는 온라인 게임, 비디오 게임, 대량 생산한 장난감, 각종 IT 기기, 또래들과 소통할 수 있는 온라인 플랫폼, 10대 청소년 그리고 점차적으로 어린이들에게까지 퍼지는 포르노 비슷한 성적 취향물 등은 어린이의 성장을 방해한다. 린드스트롬은 바칸에게 이렇게 털어놓았다. "우리는 아이들의 뇌를 그릇된 방향으로 이끌고 있습니다." 심리적으로 그리고 신경생물학적으로 이 마케팅 천재의 말은 100퍼센트 맞는다. 최근에 '메타'로 이름을 바꾼 페이스북이 인스타그램이라는 브랜드를 통해 10대 소녀들의 정신 건강에 해로운 프로그램을 마케팅한 것은 기업이 청소년의 건전한 마음 상태를 해친다는 것을 증명하는 단적인 예에 불과하다.[10]

어디에서나 볼 수 있고, 위압적이며, 상업화된 디지털 기기와 미디어 세상이 어린이의 뇌와 정신에 위해를 가한다는 것이 알려지면서 이로 인한 충격을 감시하던 사람들에게 커다란 경종을 울리기는 했지만 그 위협은 여전히 성장 중이며 확대일로에 있다. 여기서 내가 문제 삼는 것은 어린이들의 디지털 기기 사용뿐 아니라 아이들 앞에서 강박적으로 기기를 사용하는 어른들도 포함한다.

하버드대학 출신의 심리학자 겸 청소년 중독 전문가이며 최근에 《내 아이에게 언제 스마트폰을 사줘야 하나?The Tech Solution》를 집필한 쉬미 강Shimi Kang과 이야기할 기회가 있었는데 내게 이렇게 말했다. "요즘 엄마들은 아이를 보면서도 스마트폰을 하고 기저귀를 갈 때는 아예 아이에게 폰을 줘버립니다. 옛날에 기저귀를 가는 건 엄마와 아이 사이의 매우 역동적인 경험이었어요. 어떻게든 아이가 가만히 있도록 만들어야 했는데 지금은 휴대폰만 주면 아이가 가만히 있어요. 식당에 가도 아이들이 아이패드나 컴퓨터를 보면서 음식 먹는 걸 너무나 흔하게 볼 수 있어요. 어디서나 마찬가지예요. 아이들의 뇌는 스마트폰을 너무 좋아하죠." 그 대신 애차이라는 신경생물학적 작용이나 엄마와 아이가 눈을 마주치며 상호 소통할 때 뇌에서 분비되는 옥시토신, 세로토닌, 엔도르핀 같은 화학전달물질은 찾아볼 수 없게 된다. 쉬미 강은 이 화학전달물질이야말로 "장기적 행복과 성공의 비결"이라고 강조한다.

이런 IT 기기들이 아이들에게 그렇게 인기 있는 이유는 아직 밝혀지지 않았지만 뇌과학 분야는 그 원인으로 설계를 꼽는다. 쉬미 강 박사는 이렇게 썼다. "비디오 게임, SNS, IT 기기, 앱은 아이들을 스크린 앞에 잡아두고 그 보상으로 도파민을 방출하도록 설계되어 있다. 뒤에서 보겠지만 도파민은 약물중독이나 행위중독 과정에서 가장 강력한 화학전달물질이다. 이는 뇌의 '기분이 좋아지는' 화학전달물질의 하나로 짜릿한 기분을 느끼게 하며 동기를 부여하고 활기와 감사함을 느끼게 한다."[11] 앱이나 IT 기기들이 아이들의 뇌에서 도파민을 분비하도록 '설계'되었다는 강 박사의 주장은 매우 정확하다. "휴대폰은 세계 최고의 신경과학자와 심리학자들이 첨단의 뇌 연구와 동기와 보상에 관한 지식을 갈아 넣어 만든 기기다." 강 박사는 이런 임무에 너무 딱 들어맞는 이름으로 마치 풍자 영화나 소설에 나올 법한 회사를 예로 들었다. 바로 도파민 랩스Dopamine Labs라는 회사다. "이 회사는 도파민을 유도하고 분비하게 만들려는 회사들을 대상으로 컨설팅을 하기 위한 목적으로 신경과학자와 소프트웨어 개발자들이 주축이 되어 설립했다. …… 이걸 **설득형 디자인**이라고 한다." 물론 가장 큰 목적은 중독이다. 기업의 수익이라는 면에서 볼 때 꼭 필요하지는 않지만 가져야 한다고 생각하는 물건이 항상 부족한 소비자만큼 이상적인 소비자는 없다.

권위 있는 소아과 저널인 〈미국의사협회 저널 소아과학JAMA Pedi-atrics〉은 2019년에 스크린을 쳐다보는 어린이에게 발생하는 신경생물학적 변화를 연구한 결과를 처음으로 발표했다. 보고서는 "무대조군 실험을 통해 불과 한 세대 만에 어린이의 세계가 디지털화되고 놀이와 학습 그리고 관계 형성에 영향을 미쳤다는 것이 밝혀졌다. …… 스크린 중독은 어릴 때 시작해서 커질수록 늘어나며 9세 이하의 아이들은 학교나 보육원에서 보는 시간을 제외하고도 두 시간 이상 화면에 몰두하는 것으로 나타났다. 그 결과 언어 발달 지연, 수면장애, 운동능력 및 전반적인 인지능력 저하, 책을 읽어주는 것과 같은 부모와의 교류 활동 감소 등이 나타났다"고 설명했다. 어린이들을 대상으로 첨단 영상 기법을 실험한 이 연구를 통해 스크린을 바라보는 시간이 길어질수록 "언어 및 문자 습득 능력과 연관 있는" 뇌 백색질의 기능이 약해진다는 것이 밝혀졌다.[12]

마리 스윙글Mari Swingle은 청소년들의 문제 행동이나 집중력 장애 또는 중독 행동 등을 치료한 경험이 많다. 신경심리학자이며 뇌와 디지털 기기와의 관계를 종합적으로 다룬《아이마인드i-Minds》의 저자이기도 하다. 스윙글은 내게 이렇게 말했다. "아이들은 자폐증은 아니지만 자폐증 비슷한 특징을 가지고 있습니다. 웃어도 반응이 없고 말도 어눌하죠. 제가 예전에 애정 어리게 일컬었던 '부산한 아이들'이 지금은 스마트 기기가 없으면 아무 목적 없이 방황하거나 반대로 좀비처럼 멍해집니다. …… 지금은 어른이 되었지만 당신의 아이들은 상당 기간 이런 기기에 익숙해 있습니다. 산책이나 카누, 스케이트보드 심지어 스키로도 치유하지 못합니다." 스윙글은 무분별한 전자기기 노출이 뇌의 발달에 미치는 영향을 매우 염려한다. "관찰과 사고, 과도기 등을 포함한 정상적이고 기본적인 상태에 집중하지 못하는 상태가 되고 공허하고 지루한 상태가 이어진다. 문화적·생물학적 관점에서 보면 이런 변화는 학습 능력과 사회화, 취미생활, 부부 생활, 부모 역할, 창조력 등 기본적으로 사회와 문화를 구성하는 모든 요소에 영향을 미친다. 기분과 행동을 조절하는 신경생리학적 과정이 사라지는 것이다."[13]

물론 스윙글은 디지털 기기가 선의를 가진 부모에게 어떤 의미인지 잘 알고 있다. "스트레스와 피로를 덜어주는 역할"을 하는 기기를 사용하는데 사전 준비는 필요하지 않다. "즉시 사용 가능하며 부모와 보호자 심지어 교사에게도 간절한 휴식과 위로의 시간을 제공한다." 하지만 여기서 하나의 문제를 해결하면 또 다른 문제가 발생하는 악순환이 발생한다. 이런 형태의 위안은 요즘처럼 스트레스가 많은 시대에 이해가 되는 부분도 있지만 반드시 대가가 있게 마련이다. 그리고 가장 큰 대가는 우리 아이들이 치른다.

광고와 마찬가지로 이런 기술을 만들고 배포한 사람들은 그것의 문제를 잘 알고 있었고 자기 아이들한테 문제가 발생할까 봐 매우 신경 썼다. 2019년 《비즈니스 인사이더Business Insider》에 실린 어떤 기사는 애플, 구글, 심지어 노골적으로 어린이를 타깃으로 하는 앱인 스냅챗 등 실리콘밸리 주요 기업의 설립자나 CEO들이 자신의 아이들은 집에서 스마트기기를 사용하지 못하도록 세심한 노력을 기울이고 있다고 폭로했다.[*14] 애플 CEO였던 고 스티브 잡스Steve Jobs는 당연하다는 듯이 자신의 아이들에게 당시 새로 출시된 아이패드 사용을 금지시켰다.

---

* 실리콘밸리 중역들 사이에 퍼진 이런 분위기는 2020년 넷플릭스 다큐멘터리 〈소셜 딜레마(The Social Dilemma)〉에서도 느낄 수 있다.

이게 항상 나쁠까? 물론 그렇지 않다. 세상은 그렇게 간단하지 않다. 브루클린에서 활약하는 건강 강사로 다양한 청소년과 같이 일하는 엘런 프레드릭스Ellen Friedrichs는 어떤 학생들에게는 "인터넷이 생명줄"이라고 주장한다. "신앙심 깊은 중소 도시의 마을에서 일요일마다 동성애를 혐오하는 내용의 설교를 들어야 했던 동성애 성향의 소년은 전에는 상상하지 못했던 방식으로 인터넷에서 '너와 같은 사람your people'을 찾을 수 있습니다." 이런 '생명줄'이 소외된 청소년에만 해당되는 것은 아니다. 작년부터 지금 글을 쓰는 이 순간까지 나는 전 세계의 가족과 친구, 학생들과 주로 인터넷으로 소통해왔다. 우리는 코로나19를 겪으며 인터넷이 없으면 견디기 힘들 만큼 외로웠겠지만 이런 기술 덕분에 지역사회의 유대가 강화된다는 것을 새로 알게 되었다. 그러나 이런 장점에 현혹되어 잘못된 낙관주의나 위안을 가져서는 안 된다. 인터넷 접속이 가져다주는 쾌락과 혜택을 단절로 인한 위기 상황과 혼동해서는 안 되며 디지털 세상이 아이들의 인식 및 감정 체계에 미칠 영향을 상쇄시킨다고 생각해서도 안 된다.

❖ ❖ ❖

캐나다의 퀘벡주가 2020년 5월부터 시작한 코로나19 봉쇄 조치를 해제했을 때 수업 과정에서 음악, 연극, 미술, 체육처럼 필수적이지 않은 과목을 생략했다. 그 근거는 학문을 다루는 과목이 더 중요하다는 것이었다. 여기서 한 가지 의문이 떠오른다. 학과목이 무엇보다 중요하다는 것인가? '직업훈련'을 우선시하는 것은 교육 시스템의 근간인 건강한 성장을 중요시하는 것과 매우 다르며 특히 아이를 양육하는 시스템에서는 더욱 그렇다. 단지 '기술 습득'만을 중요하게 생각한다 하더라도 교육 이데올로기와는 매우 상이하다. 왜냐하면 인식능력은 실제로 놀이가 필수적인 역할을 하는 감정에 따라 달라지기 때문이다.

고든 뉴펠드는 브뤼셀에서 이렇게 말했다. "우리는 학교가 두뇌를 키운다고 생각했어요. 하지만 지금은 학교에서 사용할 수 있는 두뇌를 키우는 것은 놀이라는 것을 알아요. 성장은 대부분 놀이를 통해서 이루어집니다."

퀘벡교육위원회가 불필요하다고 판단한 과목들은 필수적인 뇌의 회로를 이용한다. 포유류의 새끼들이 놀이를 하는 데는 매우 중요한 이유가 있다. 신경학자인 자크 판크세프는 인간에게는 다른 포유류와 마찬가지로 정해진 '놀이PLAY' 시스템이 뇌에 있다는 것을 밝혀냈다. 놀이는 두뇌 개발에 필수적인 엔진이며 감정이 성숙해지는 과정에 없어서는 안 될 요소다. 제임스 가바리노는 이렇게 말했다. "하나의 종으로서 우리는 장난기와 그것이 지성과 생산성을 경유해서 만드는 모든 것들 때문에 문화적으로 한 덩어리로 진화해왔다."[15] 그리고 고든 뉴펠드에 의하면 진정한 의미의 놀이는 결과 위주가 아니며 놀이의 즐거움은 최종 결과가 아니라 그 행위 자체에 있다. 자유스러운 놀이는 어린 시절의 '기본적인 욕구'인데 소비지상주의와 디지털 문화 때문에 사라졌다는 것이다. 신경과학자 스티븐 포지스는 내게 이런 말을 했다. "문화는 더 이상 정상적인 발달 과업을 중요하게 생각하지 않습니다. 정상적인 발달 과업은 엑스박스Xbox 게임기로 노는 것이 아니라 다른 사람과 함께 놀이하는 것입니다. 휴대폰이나 문자로 이야기하는 것이 아니라 서로 얼굴을 맞대고 대화하는 것입니다. 이 모든 것들은 신경 작용으로서 회복탄력성을 제공하고 내면의 감정 상태를 조절할 수 있는 능력을 창조합니다."

솔직히 말해서 나는 디지털 기기의 문제점이 거의 측정 불가한 수준으로 치명적이라고 생각한다. 2016년 통계에 의하면 영국의 5세부터 15세 사이의 어린이들은 하루 동안 인터넷에 세 시간, TV 시청에 두 시간을 소비한다고 한다. 반면에 독서 시간은 2012년 한 시간에서 2016년에는 30분으로 줄었다.[16] 오늘날 대부분의 게임은 스크린 앞에서 우리를 대신하는 아바타와 친구를 대신하는 가상의 목소리를 통해 이루어진다. 이 모든 것들은 정확히 언제 자유롭고, 창의적이며, 발전적이고, 상호반응적이며, 개별적이거나 집단적인 게임이 되는가? 우리는 어떤 형태의 뇌를 창조하고 있는가?

교육 시스템에 대해서도 동일한 질문을 할 수 있다. 2016년 미국의 교수이자 풀브라이트 장학생 출신인 윌리엄 도일William Doyle은 동핀란드대학에서 한 학기 근무한 후 돌아와서 그의 가족 모두 "놀랍도록 스트레스가 없고 훌륭한 학교 시스템"을 경험하고 왔다며 〈로스앤젤레스 타임스Los Angeles Times〉에 기고한 적이 있다. 일곱 살인 아들은 가장 어린 아이들 반에 배정되었는데, 아들에게 발달 지연이 있어서가 아니고 일곱 살 이하의 어린이는 "공식적으로 공부를 하지 않기 때문이었다. …… 그곳에서는 많은 어린이들이 놀이, 노래, 게임, 대화를 통해 배우고 있었다." 일단 학교에 가면 실내 활동 45분 후에는 무조건 야외에서 15분을 휴식하도록 되어 있다. 도일이 거기에 있으면서 가장 많이 본 구호는 "어린이는 어린이답게" "아이들은 노는 게 일이다" "잘 놀아야 잘 배운다" 등이었다. 그래서 이런 교육의 결과는? 핀란드는 서양 국가 중 꾸준히 학업성취도가 거의 최상이며, 지구상에서 문맹률이 가장 낮은 국가다.[17]

알피 콘Alfie Kohn은 그의 뛰어난 저서인《경쟁에 반대한다No Contest》
에서 이렇게 말한다. "경쟁이 적합하고 바람직하며 필요하고 심지어 피
할 수 없다는 메시지는 어린이집부터 대학원까지 끝없이 우리에게 주
입된다. 모든 수업은 이를 기정사실화하고 있다."[18] 이 책에서 콘은 순
수한 배움에 미치는 경쟁의 부정적인 영향을 지적하고 있으며 경쟁, 칭
찬, 점수, 보상, 고집 센 아이에 대한 벌이 타고난 동기를 파괴하고 안
정적인 감정을 훼손한다고 경고하고 있다. "칭찬이 아이들의 동기를 북
돋는가? 물론 그렇다." 콘이 비꼬듯 말한다. "아이들은 칭찬받기 위해
열심히 한다."

"그래요? 그게 뭐가 문제죠?"라고 누군가는 되물을지 모른다. 결국
은 칭찬이 칭찬을 부르는 결과를 낳는다. 발달심리학자들은 어린이의
노력을 칭찬하는 것은 도움이 되고 자존감을 높이지만 **성취**만을 강조
하면 어린이들은 외부의 인정만 추구하여 자신의 존재가 아니라 자신
이 한 일, 다른 사람들이 요구하는 일만을 중요하게 생각할 뿐이라고
말한다. 이는 건강한 자아의 형성을 가로막는 또 다른 장벽이다.

부모와 교육자로서의 사랑과 헌신에도 불구하고 우리가 아이들을 키
우는 세상은 '원래 그런 것'이라는 미명하에 여러 방법으로 우리의 노
력을 폄하한다. 아이를 키우는 데는 '원래'가 없으며 그 결과는 엄청나
다. 지금도 그렇지만 현재 때문에 미래는 대가를 치를 것이다.

Chapter 14

고통의 보장: 문화가 우리의 성격을 형성하는 방법

"그건 말이야." 국장이 불쑥 끼어들었다. "해야 할 일을 좋아하는 것이
행복과 미덕의 비결이네. 모든 습성 훈련이 목표하는 바는 불가피한 사
회적인 숙명을 사람들이 좋아하도록 만드는 것일세."

- 올더스 헉슬리Aldous Huxley, 《멋진 신세계Brave New World》

베셀 반 데어 콜크가 "우리 문화는 개인의 개성에 집중하라고 가르
치지만 깊숙이 들어가면 우리는 개별적 유기체로는 거의 존재하지 않
는다"라고 한 말을 생각해보라. 이런 비교가 불편할지 편안할지(어쩌
면 둘 다?) 모르겠지만 독립적으로 스스로 결정한 자아가 없다는 면에서
인간은 동료 생물인 개미와 크게 다르지 않다고 생각한다.

개미 사회에서는 여왕개미, 일개미, 병정개미를 가리지 않고 모든 유
충이 동일한 유전자 특성을 가지고 태어난다. 어떤 유충이 어떠한 생물
학적 특징을 가지고 무엇이 될지는 순수하게 집단의 필요에 의해 결정
된다. 암 전문가 겸 작가인 싯다르타 무케르지Siddhartha Mukherjee는 〈뉴
요커〉에 기고한 글에서 이 현상을 이렇게 설명했다. "개미 사회에는 강
력한 계급제도가 있다. 하나의 개미 군락은 보통 완전히 다른 신체 구

조를 가지고 다른 행동을 하며 상이한 역할을 하는 개미들로 구성되어 있다." 유전적으로 동일한 개미들은 신체적·사회적 환경이 보내는 신호에 따라 생물학적으로 다른 개미로 성장한다. 여왕개미가 죽으면 일개미들이 "찌르고 물고 싸워 다리와 머리를 잘라내는 등 치열한 생과 사의 결투를 벌여" 최후의 일개미 몇 마리가 남아 군주의 자리에 오른다. DNA 구조에 어떤 변화도 없이 여왕개미 몸에 생리적 변화가 생겨 많은 알을 낳고 왕국을 지배하며 일개미의 상태에 있을 때보다 훨씬 오래 산다.[1] 전 조지타운대학 교수이자 신경정신과 의사인 마이클 커Michael Kerr는 인간의 가족 시스템에서도 동일한 현상을 발견하고 자신의 책에서 이렇게 묘사했다. "유충이 커서 무엇이 될 것인가는 그 사회가 결정하는 일이다. 그런 과정을 거쳐 유충이 커서 어떤 위치에서 역할을 할지 결정되고 그 위치에 따라 성장이 결정된다."[2]

자신만의 고유한 자아를 갖고 싶어 하지만 이런 면에서 보면 우리는 개미와 가깝다. 마이클 커는 인터뷰에서 내게 이렇게 말했다. "인간에게는 생각하는 것보다 훨씬 더 스스로 결정할 권한이 없습니다. 큰 조직을 떠나서는 개인으로서의 역할을 상상할 수 없죠." 다른 말로 하면 우리의 특성과 인성에는 우리가 성장하는 사회의 분위기가 반영되어 있다는 것이다. 우리가 맡은 역할(또는 맡지 못한 역할)과 사회에 적응하는 방식(또는 배척되는 방식) 그리고 우리 자신이 어떻다고 믿도록 사회가 만든 이미지가 우리 자신의 건강과 질병의 많은 부분을 결정한다. 다른 것들도 그렇지만 이런 면에서 볼 때 건강과 병은 사회라는 대우주의 축소판이다.

현대사회의 핵가족이 어린이가 성장하는 데 주요한 요람이라면 그 요람은 그 자체로 지역사회, 동네, 도시, 경제권, 국가 등과 같은 실체

정상이라는 환상

에 의해 형성된 더 큰 맥락 안에서 유지된다. 우리 시대의 가장 중요한 맥락은 극도의 물질주의, 소비주의적 자본주의 그리고 그것의 세계화된 표현이다. 우리가 누구이고 무엇을 하는가에 대한 가장 기본적인(그리고 알고 보니 매우 왜곡된) 전제는 세상을 사는 사람들의 신체와 마음에 나타난다. 역사와 현재의 복잡한 관계를 감안할 때 문화적 규범 역시 우리의 몸 안에 나타날 수 있다.

여기서 애착과 진정성의 줄다리기가 뚜렷이 나타난다. 우리가 설령 그것이 진정한 우리 자신과 멀어지는 것을 의미하더라도 가정에 적응하도록 조건화되어 있는 것처럼, 우리는 우리의 안녕에 누적된 비용이 발생하더라도 사회에서 기대하는 역할을 충실히 수행하고 그에 필요한 특성을 떠맡을 준비가 되어 있다(길들여졌다고 말하는 사람도 있을 것이다).

울프 캡Ulf Caap을 처음 만난 건 14년 전이다. 당시 이케아 북미 지사의 인사 담당 부사장이었던 캡은 모든 것을 다 가진 것 같았다. 그러나 세계적으로 인정받는 이 비즈니스 리더는 실존적 불만족에서 비롯된 개인적인 여정의 일환으로 나를 찾았다. 그는 가장 불편한 깨달음을 얻었다. 우리 사회의 '정상적' 기준으로 보면 엄청난 성공을 거둔 그의 삶과 사회가 요구한 대로 살아가는 일은 그에게 "사이비, 환상, 가짜 같은 삶"을 강요했다. "그 안에는 사실상 **나**라는 존재가 없었습니다"라고 그는 회상했다. 또 다른 사례로 〈걸스Girls〉*라는 미니시리즈로 유명해진 작가 겸 배우 리나 더넘Lena Dunham이 있다. 약물중독 재활 프로그램에 입교했는데 자신의 특징을 적어보라는 숙제가 주어졌다고 한다. "내 거라고 내세울 만한 특징이 하나도 없다는 걸 깨달았어요."

---

* 더넘이 제작하고 주연한 HBO의 인기 있던 드라마 시리즈.

울프 캡은 그 뒤로 친구가 되었고 때로는 조력자가 되었다. 우리는 공동으로 진정한 자아와 사회에서의 역할이 매우 차이 나는 사람들을 위한 고위중역용 워크숍 프로그램을 만들어 운영했다. 자신의 진짜 생각이나 감정, 욕망, 욕구를 사무실 문 앞에 두고 들어갔다가 하루 일과가 끝나면 마치 주차된 차를 찾듯 이것들을 다시 챙겨 간다는 뜻이 아니다. '가짜'라는 느낌이 지속되려면 자신의 진정한 일부분은 오랫동안 창고에 박아놓고 키를 못 찾아야 한다. "성공하려면 인간으로서의 가치를 부정해야만 했습니다"라고 캡이 내게 털어놓았다. 70대 중반이지만 매우 건강한 캡은 진정한 자아를 억압하고 그로부터 단절되면서 생의 에너지가 고갈되었다고 확신한다. "회사로 가는 걸음걸이가 전처럼 가볍지 못했어요. 질병을 끌어당기고 있었던 거죠."

다행히 캡에게는 자신의 소외감을 탐구하고 초월할 수 있는 건전한 의식과 (그도 인정할) 특권이 있었다. 과거를 회상하며 캡은 이렇게 말했다. "지난 40년을 거의 미친 듯이 살았어요. 사회와 회사에서 성공이라고 인정받는 것만 추구했지요. 내가 필요한 것에 대해서는 전혀 관심을 두지 않았어요. 회사에서 원하는 대로 하면 성공할 거라고 생각했던 거죠." 그의 내적인 통찰력은 20세기 가장 영향력 있는 트라피스트 수도사인 토머스 머튼Thomas Merton이 그의 자서전인 《칠층산The Seven Storey Mountain》에서 가장 정확하게 설명했다. "우리는 속세에서의 성공을 잘못 생각하고 있다. 완벽한 성공은 다른 사람의 생각이나 의견, 칭찬에 달려 있다고 생각한다. 마치 그곳만이 유일하게 실제로 존재할 수 있는 곳인 양 다른 사람들의 상상력 속에서 산다는 게 얼마나 이상한 일인가!"[3]

캡이 경험한 것 같은 정체성의 위기는 의식적으로 생각한다고 생기는 것이 아니다. 가족부터 시작하는 여러 환경에서의 성장 결과다. 그는 내게 이런 말을 한 적이 있다. "내가 거둔 성공은 100퍼센트 외적인 것입니다. 다섯 살, 15살 때의 내가 인정받기 위해 필요한 것으로서 구축한 정신 구조에 기반을 둔, 완전히 외적인 것이죠." 그런 면에서 에리히 프롬이 지적했듯 알게 모르게 가족은 사회가 그의 용어로 '사회적 성격'을 형성하도록 '영매' 역할을 한다.

프롬의 표현에 따르면 사회적 성격은 "어떤 한 문화의 구성원 대부분에게 나타나는 핵심 성격"이며 우리 모두에게 있어 세상에 다르게 내보이는 **개별적** 성격과는 다르다. 사회적 성격은 그것이 우리를 정의하고 지배하는 만큼 특정한 문화 내에서 우리가 '정상적인' 타입에 딱 들어맞도록 해준다. 프롬의 정의는 우리가 사회에서 기능하는 방식을 충격적일 만큼 제대로 설명한다. 개미 사회처럼 말이다.

내가 여기서 말하는 '우리'는 개별적인 의미의 우리가 아니다. 집합적인 의미의 '우리'는 훨씬 더 맹목적이고 위험하다. 예를 들어 우리는 아무도 사람들이 길거리에서 자는 걸 보고 싶어 하지 않지만 사회 전체로서 우리는 노숙자의 증가를 놔둔다. 지구상의 어떤 생명도 멸종하길 바라지 않지만 기후 변화의 진전은 거침이 없다. 우리 안의 무언가가 그런 재앙을 정상적인 것으로 만든다. 그 결과를 우리가 적극적으로 가능하게 했든, 부정했든 아니면 단지 수동적으로 기권했든지 상관없이 말이다. 의심할 여지 없이 어린 시절에 경험한 공포로 인해 나는 평생을 왜 그렇게 많은 사람들이 절대 용납할 수 없는 것을 마치 최면에 걸린 듯 받아들이는 이유가 궁금했다. 우리에게 해롭고, 우리가 사는 세상에도 해로운 것을 정상적인 것으로 받아들이도록 동화시키는 어떤 메커니즘이 있다고 생각했다. 그건 확실히 타고난 성향은 아니었다. 어떤 방식인지 모르지만 시스템의 가치관과 기대가 우리 안에 들어와 우리 자신과 혼동하도록 만든다.

프롬이 지적했듯 사람들의 행동에서 중요한 것은 사회적 유형을 따르겠다는 의식적인 결정이 아니라 "행동해야 하는 대로 행동하기 바라는 것"이다.[4] 문화는 이런 방식으로 목적에 맞는 사람들을 창조한다. 현실과 허구를 나란히 놓고 보면 도움이 된다. 올더스 헉슬리의 《멋진 신세계》를 보면 개인은 "너무나 조건 지워져 있어서, 하기로 되어 있는 행동 외에 다른 행동을 할 수가 없다."[5]

따라서 정상적이고 자연스러운 것은 사람들에게 **좋은** 것이 아니라 그들에게 기대되는 것에 의해 결정되며 그런 특징과 태도가 문화를 유지한다. 그러고는 이런 것들을 '인간의 본성'이라고 받들고 여기서 벗어난 것은 비정상으로 간주한다. 대부분의 경우 사람들은 지배적인 생각과 일치하는 방식으로 성격을 개발하고 발전시킨다.

우리 문화에 주입된 사회적 성격의 특징은 무엇일까?

첫 번째 성격적 특성: 자신으로부터의 격리

자신의 욕구를 희생한 채 사회적으로 부과된 임무, 역할, 책임에 과도하게 몰두하는 것처럼 사후에 습득한 성격적 특성은 건강을 위협할 수 있다. 이런 특징은 어린이의 발달 단계상의 욕구가 거절되고 자연과의 연결이 단절된 결과로 생긴다. 문화는 만성적으로 스트레스를 받아 피하고 싶은 상황에서도 사람들이 임무를 수행하도록 하여 강화와 보상 과정을 통해 이런 특징을 더욱 튼튼하게 한다. 나는 의사로 일하면서 일중독 때문에 존경과 감사 그리고 금전적 보상 및 지위를 얻었지만 정신 건강을 해쳤고 가족 간의 감정은 균형을 잃었다. 그럼 나는 왜 일 중독에 빠졌을까? 어린 시절의 경험으로 인해 사랑을 못 받은 대신 다른 사람들이 나를 원하고 필요로 하고 예뻐해주어야 했다. 단 한 번도 의식적으로 그렇게 해야 되겠다고 생각한 적이 없었음에도 사회와 일의 영역에서 너무나 잘 '작동했다'.

자신으로부터 멀어지는 메커니즘은 매우 다양하다. 이 메커니즘은 우리가 세상에 존재하기 시작할 때부터 스트레스로 작용해 양육 환경과 사회적으로 인정되었지만 아이의 욕구를 부정하는 양육 방식에 영향을 미치기 시작한다. 물론 트라우마가 생기면 이 영향은 더욱 강해진다. 그러나 개인적인 상처가 없더라도 이런 성향은 순응주의적 경쟁 중심적인 교육제도로 인해 더욱 강해진다. 또한 '적응'하기를 원하는 사회적 기대와 또래로부터 인정받으려는 욕구 그리고 자신의 지위에 대한 불안감이 이를 부추긴다.

자신이 부적합하다고 느끼도록 만들어 사회를 유지하는 이미지 집착 문화, 아니 어쩌면 더욱 은밀하게 이미 존재하는 감정을 이용하는 문화에서 미디어는 육체적 완벽함을 이상적인 것으로 포장하고 젊은 사람이나 나이 먹은 사람이나 자신의 몸을 수치스러운 것으로 인식하게 만든다. 친구인 피터 러빈은 몇 년 전에 사람들에게 보툴리늄 톡신을 주입하는 성형 시술에 관한 글을 쓴 적이 있다. 그 물질은 일시적으로 근육을 이완시켜 노화에서 오는 주름살을 제거한다. 하지만 얼굴을 부자연스럽게 만들어 얼굴 표정이 어색해진다. 러빈이 내게 말했다. "아이를 키우는 엄마 중에 보톡스를 맞는 사람이 있어요. 이 사람들은 아이와 감정을 교류할 수 없고 심지어는 아이의 감정을 읽지도 못하죠. 그런 형태의 접촉을 하지 못하는 겁니다." 마찬가지로 SNS를 포함한 많은 분야에서 우리는 인공적으로 '보톡스를 맞은' 우리 자신을 보여준다. 진정한 우리 자신이 아니라 남들이 그렇다고 인식해주기를 바라는 모습이다. "대중에게 인터넷은 일종의 보톡스 역할을 합니다. 우리는 우리 자신이 될 능력이 없어졌어요. 그게 우리를 인간적으로 만들고 다른 사람과 소통할 수 있도록 만드는데도 말이죠."

두 번째 성격적 특성: 지나친 소비

대량 소비 문화의 커다란 업적 중 하나는 우리가 열정적으로 바라는 것과 우리가 필요로 하는 것이 같다는 것을 확신시켜준 점이다. 불가리아 출신의 프랑스 심리분석가인 줄리아 크리스테바Julia Kristeva는 이렇게 말한다. "욕망을 채우기 위해 상품이 만들어지듯 욕망도 만들어진다. 인공적으로 '필요'가 만들어졌다는 것을 모른 채 우리는 필요를 소비한다."[6] 밥 딜런Bob Dylan이 1965년 영국 공연에서 두 명의 악착같은 팬으로부터 사인을 해달라는 요청을 받고 이렇게 대답했다는 일화가 생각난다. 그 둘 중 한 명이 밥 딜런이 탄 리무진의 창문에 대고 이렇게 애걸했다. "우리는 당신의 사인이 필요해요." 그러나 딜런은 그 말에 반박하며 무뚝뚝하게 말했다. "아뇨, 당신은 사인이 **필요**하지 않아요. 필요했으면 해줬을 거예요." 여기에 핵심이 있다. 소비지상주의 사회가 일깨운 사회적 성격은 필요와 욕망을 혼동해서 원했던 대상을 더 이상 바라지 않는 지경까지 이른다. 공급아, 수요를 맞춰봐.

토머스 머튼은 1948년에 애절한 마음으로 이렇게 말했다. "우리가 사는 사회는 신체의 모든 신경을 흥분시켜 최고 수준의 인공적인 긴장 관계를 유지하도록 하고, 욕망을 최대한도로 끌어올리며, 새로운 욕망

정상이라는 환상

과 가짜 정열을 가능한 많이 만들려고 노력한다. 욕망에 부합하기 위해 공장에서는 물건을 만들어내고 인쇄소에서는 책자를, 스튜디오에서는 영화를 찍어낸다."[7]

항상 '최고 수준의 인공적인 긴장 상태'에서 살다 보니 사람들은 불만족하고 항상 칼날 위에 서 있는 듯 불안하다. 진짜 필요, 진짜 감정, 진짜 걱정, 진짜 삶으로부터 동떨어진 중독적인 경로에 사로잡혀 있는 것이다.

욕망하는 것을 이루지 못하면 개인적인 실패로 간주한다. 사회의 여건이 우리에게 불리해서 성공이 불가능해도 마찬가지다. 미국의 영화배우이자 감독, 정치활동가인 대니 글로버Danny Glover는 내게 이렇게 말했다. "어릴 때 타이드 세제 광고 보는 걸 좋아했어요. 지금 생각해 보면 내가 타이드하고 무슨 관계가 있어서 그런 건 아니에요. 그냥 우리 집 부엌도 저랬으면 좋겠다, 우리 집 세탁기도 저랬으면 좋겠다, 모든 게 저러면 얼마나 좋을까, 그런 마음에서 그랬던 것 같아요. …… 주위에 온통 우리가 거의 갖기 어려운 것들이 보여도 그것을 가질 수 없다는 것을 알기 때문에 자신이 무가치한 존재라고 느껴지잖아요." 그의 말은 사회비평가인 닐 포스트먼Neil Postman이 1985년에 쓴 문화비평서 《죽도록 즐기기Amusing Ourselves to Death》에서 지적한 내용과 일맥상통한다. 행복한 사람들로 가득한 광고에는 "팔리는 제품에 대한 정보는 아무것도 없지만 그 제품을 사야 할 사람들의 공포와 환상, 꿈에 대한 모든 것을 알려준다. 광고주는 무엇이 옳은가가 아니라 소비자에게 어떤 문제가 있는지를 알아야 한다."[8]

문화적 분위기로 인해 부족하다는 확신이 굳어지면 우리는 소비에 중독되어간다. 대니 글로버는 내게 이렇게 말한다. "소비는 고통을 줄이는 한 방법이죠. 불필요한 물건을 사면서 고통을 분산시키는 사람들이 있어요. 자본주의 구조상 사람의 가치가 소비 능력으로 평가되는 지경까지 이르렀어요. 월마트에서 사든 삭스피프스애비뉴 백화점에서 사든 상관없어요. 그 대상이 마약이든 다른 형태의 행위든 간에 모든 중독은 시스템 내에서 인간으로서 가치가 낮게 평가된다는 감각을 상징합니다. 기본적으로 그거예요. 바로 시스템 안에서 소외되었다는 느낌입니다."

세 번째 성격적 특성: 수동적 최면

헉슬리의 디스토피아적 미래에 나오는 시민들과 달리 우리는 시험관 안에서 어떤 방식으로만 행동하도록 프로그램화된 로봇이 아니다. 표면적으로는 민주국가의 구성원으로서 우리에게는 어느 정도까지 자유가 있지만 실생활에서는 사회적으로 용인되는 수준을 넘어가지는 않는다. 감히 보트를 흔들지 못하니 보트와 같이 가라앉는 걸 택한다는 뜻이다.

사회적 성격에 프로그램된 자포자기는 종으로서 존재가 위협받는 상황에서도 우리를 수동적으로 만든다. 진짜 감정과 순수한 필요를 직접 느끼는 건강한 사람들은 아무리 잘 포장되어 있어도 인공적인 필요와 상품에 흔들리지 않는다. 또한 무력의 위협을 받지 않는 이상 납득할 수 없는 것을 받아들이지 않으며 그럴 때에도 이를 드러내지 않는다.

위대한 대중 지식인 노엄 촘스키는 이렇게 주장했다. "어린이들은 끊임없이 **왜**냐고 묻는다. 설명해주기를 바라며 이해하고 싶어 한다. 하지만 얼마 안 있어 학교에 들어가면 길들여진다. 다르게 하면 안 되고 이렇게 해야 하는 거라고 학교에서 배운다. 사회의 기관들은 우리 자신의 운명을 스스로 결정하려는 노력을 무력화하고, 변화를 주어, 한계를 벗어나지 못하도록 조직되어 있다."[9]

문제는 어린이들이 그 자체가 문화를 대표하는 소우주인 현대적인 가족제도하에서 자라는 데 있다. 에리히 프롬은 "가정은 사회가 필요로 하는 것을 자라나는 아이들에게 전달하는 기능을 가지고 있다"고 말했다. 우리가 앞에서 어린이의 성장에 관해 다룬 모든 장에서 이를 확인할 수 있다. 어린이에게서 모유수유를 박탈할 때, 자연스럽게 안기기를 바라는 기대가 좌절될 때, 홀로 남겨져 울다가 지쳐 잠들 때, 감정을 억지로 억눌러야 할 때, 다른 사람의 기대에 부응하도록 훈련받을 때, 자유로운 놀이를 할 수 없을 때, '타임아웃' 같은 징벌적 수단으로 아이들이 가장 원하는 완전한 지지 같은 것을 빼앗겠다고 협박할 때, 자연과의 접촉이 거부될 때, 사회적 성격의 씨가 뿌려진다. 이 모든 것들은 내부적인 공허함을 조성해서 나중에 이를 채우기 위해 중독이나 강박증이 발생하게 마련이다. 불평등한 물질주의 사회의 요구에 굴복해서 우리의 독립심이 종속될 때 특히 그렇다.

이상적인 민주주의 세계인 미국 헌법의 '우리들we, the people'이 창조하는 사회가 실제로 있으면 얼마나 좋을까? 분명히 추구할 가치가 있는 꿈이리라. 그러나 그런 것이 있다고 믿는 것만으로는 충분하지 못하다. 그런 것은 오늘날 발생하는 사태와 정면으로 부딪치지 않는 이상 발생하지도 않을 것이며 발생할 수도 없다.

3부

비정상에 대해 다시 생각하기:
적응과정으로서의 고통

분별 있는 눈에는

지나친 광기는 가장 신성하다는 뜻이다.

완전할수록 더욱 신성하다.

언제나 그렇듯 여기서도

다수가 이긴다.

동의하면 정상이고

반대하면 바로 위험한 사람이 되어

쇠고랑을 차게 된다.

- 에밀리 디킨슨Emily Dickinson

네 자신이 안 되기 위해: 중독에 관한 오류 바로잡기

가끔 미친 듯 탐닉하지만 약물에서는 아무런 쾌락도 찾을 수 없다. 목숨
과 명성과 이성이 위험할 정도로 추구했지만 없었고 고통스러운 기억에
서 벗어나려 할 때만 쾌락을 찾을 수 있었다.

- 에드거 앨런 포Edgar Allan Poe

혈관외과 의사인 브루스가 수술 가운을 입고 있는데 경찰이 들이닥
쳤다. "수갑을 찬 채 병원 밖으로 끌려 나갔습니다." 그는 7년 전 화창
한 그날을 이렇게 회상했다. "그 수모는 말할 수가 없었죠. 조그만 마을
이라 다들 나를 알았어요. 지방신문 1면에도 여러 번 나갔죠. 말 그대
로 나락으로 추락한 겁니다." 지방의 유명 인사였던 이 의사는 환자 이
름으로 처방전을 발행해 자기가 투약했다. "난 처방전을 너무 많이 발
행했어요. 그래서 경찰은 처음에 내가 무슨 마약 밀매 조직을 운영하는
거라고 생각했답니다." 얼마 안 있어 모두 들통났다.

브루스처럼 힘든 수련 과정을 거쳐 사회에서 인정받는 의사가, 게다
가 결혼해서 다 큰 아이까지 있는 사람이 왜 그렇게 자기 기만적이고
부정직하며 직업적으로 위험한 일을 저질렀을까? 그는 분명히 자신의

건강과 가족 그리고 생계가 위험해질 수 있다는 걸 알았을 것이다. 왜 그렇게 자기 파괴적인 행동에 탐닉(이 말이 맞는 표현인지 모르겠지만)하는 걸까?

이 질문은 의사 생활을 하는 내내 나를 괴롭혔지만, 북미 대륙에서 가장 높은 수준의 약물 사용 성향을 보여주는 밴쿠버의 다운타운 이스트사이드에서 근무했던 12년간 특히 더 그랬다. 몇 블록 안에 수천 명이 모여 알코올, 아편, 담배, 대마초, 코카인, 암페타민, 본드, 소독용 알코올 등 모든 종류의 약물을 흡입하거나 먹고 투약하며 자포자기의 심정으로 중독된 삶을 살아간다. 뉴욕이나 디트로이트 또는 브리스틀에서 온 사람들도 여기 와서 충격을 많이 받는다.

나는 "환자가 얼마나 오래 사느냐로 의사의 성공이 결정된다면 내 환자는 젊어 죽는 사람이 많으니 나는 실패자다"라고 말하곤 했다. 그들은 HIV나 C형 간염의 합병증, 심장판막, 뇌, 척추, 혈액의 감염으로 죽었다. 자살, 약물 과용, 폭력으로 죽기도 하고 혼잡한 거리에서 약물에 취해 돌아다니다 교통사고로 죽기도 했다. 지금은 치료를 끝내고 직장으로 복귀한 브루스처럼 '정상 생활하는' 중독자와 달리 이들은 건강, 외모, 치아, 가족, 직장, 집 등 모든 것을 잃었다. 개중에는 편안한 중산층의 삶을 버린 중독자도 있었고 일부지만 부자였다가 추락한 사람들도 있다. 그 과정에서 이들은 최종적으로 목숨을 잃을 수도 있다는 것을 잘 알고 있었다. 하지만 우리가 생각하는 것 이상으로 끝까지 내몰린 중독자들은 여전히 약물에 취해 살고 있으며, 나는 이를 2009년에 발간한 책《굶주린 유령의 왕국에서》에서 다루었다.

이해와 과학 그리고 감정에 힘입어 중독에 관한 지배적인 관점은 지난 10여 년간 다소 나아졌다. 그럼에도 중독의 유래와 본질에 대한 잘

정상이라는 환상

못되고 위험한 인식이 여전히 의료부터 사법부 및 경찰까지 여러 분야에 만연하다. 심지어 재활 및 회복같이 좋은 의도를 가진 분야에도 사각지대가 있을 정도다. 기존 접근 방식이 문제가 많고 심지어 해롭다는 걸 깨닫자 새로운 관점이 필요하다는 주장이 설득력을 얻고 있다.

본격적으로 이 문제를 다루기 전에 두 가지 커다란 오해를 먼저 풀고 가야겠다. 그건 중독이 '잘못된 선택'의 결과 아니면 '질병'이라는 주장이다. 사실은 어느 것도 이 누그러질 기세가 안 보이는 사회적 질병을 설명하지 못할 뿐 아니라 해결하려는 노력을 방해할 뿐이다.

중독이 **잘못된 선택**이라는 관점은 이해도가 높아짐에 따라 지금은 언급하는 사람이 거의 없지만 여전히 많은 사람들의 사고에 박혀 있으며, 특히 법에서 중독자를 공격할 때 주로 사용되는 논리다. 이 논리는 너무나 잘못되었기 때문에, 그렇게 비극적인 결과만 초래하지 않았다면 웃음을 유발할 정도다. 이런 관점은 2017년 미국 법무장관이던 제퍼슨 세션스Jefferson Sessions의 연설에 잘 나타나 있으며 마치 1980년대 마약과의 전쟁을 연상시킨다. 그는 버지니아의 청중 앞에서 이렇게 소리쳤다. "낸시 레이건Nancy Reagan 여사가 말했듯 '그냥 안 한다고 하세요.' 마약과 중독에 관한 진실을 교육하고 알려주면 많은 사람들이 올바른 선택을 할 겁니다."

캠페인의 성공 여부를 판가름하려면 보통 50년 정도 걸리지만 마약과의 전쟁 캠페인의 정확한 성공 여부는 단 한 가지의 추잡한 사실로 드러난다. 세션스가 연설했던 2017년에만 매 3주당 약물 과다 복용으로 사망하는 사람이 9·11 테러 전체 희생자보다 더 많았다. 즉 그해에 7만 명 이상이 마약으로 사망했다는 뜻이다.[1] 4년 후인 2021년에는 10만 명이 죽었다.[2] 같은 해 내가 거주하는 브리티시컬럼비아주에서는

1,700여 명이 약물남용으로 사망했으며 이는 코로나19로 인한 사망자의 두 배가 넘는다.

중독을 '잘못된 선택'으로 보는 시각은 솔직히 말하면 '전부 염병할 네 잘못이야'라고 꾸짖는 것과 마찬가지다. 이런 관점은 끔찍할 정도로 효과가 없을뿐더러 아무것도 알려주지 못한다. 나는 의사 생활을 하면서 단 한 번도 어떤 의미로든 중독자가 되기로 '선택'했다는 말을 누구에게서도 들어본 적이 없다. 다운타운 이스트사이드에서 천천히 무너지는 환자나 길거리에서, 호텔 방에서, 밴쿠버의 마약 골목에서 아무도 모르게 사라지는 중독자들에게서는 더욱 들어본 적이 없다.

만일 사회적으로 보수적인 의견을 가진 사람이 "어쨌든 그 사람들이 중독을 택한 거 아닌가요?"라고 말한다면 미국 국립약물오용연구소장인 노라 볼코프Nora Volkow가 한 말을 들려주겠다. "(최근) 실시한 연구에 의하면 반복적으로 약물을 사용하면 뇌에 영구적인 변화가 일어나 **자율적인 조절 기능이 훼손**된다고 한다."[3] 이를 해석하면 중독에 관한 한 '자유의지'는 신경생물학적으로 발생할 수가 없다는 것이다.

사실 나는 그건 약과라고 본다. 중독자 대부분은 약물 사용 습관이 자리 잡기 **전**에도 선택권이 없었다. 뇌는 **이미** 경험으로 훼손되어 특히 '선택한' 약물의 효과에 매우 민감한 상태에 도달했기 때문이다(선택이라는 표현 역시 안 맞는 것 같다). 이는 목표가 약물이건 행동이건 똑같다. 한마디로 선택 모델은 중독의 최초 원인이라는 문제를 무시한다.

질병 모델은 대부분의 중독 전문가가 맞는다고 생각해서 치료 프로그램에 응용되지만 이 역시 인간의 기본적인 요소를 제대로 보지 못한다. 이 모델은 신체와 정신(이 경우는 뇌와 정신)을 분리시켜 뇌를 순수하게 생화학적인 의미로만 받아들인다. 사실은 정신이 걸러낸 개인적 ·

사회적 사건이 평생 우리의 뇌를 형성한다. 과학적인 면에서 보면 우리는 사람에게서 생물학적인 부분만 딱 떼어서 생각할 수 없다. 특히 중독처럼 정신적으로 여러 겹에 쌓인 과정은 더욱 그렇다.

물론 중독을 신경화학적인 관점에서 보는 게 의미가 없다는 뜻은 아니다. 볼코프 소장 및 다른 학자들은 의존 약물이 장기간에 걸쳐 뇌를 변화시켜 (중독의 유혹을 제어하는 데 도움이 될 만한) 충동 제어 같은 기본적인 기능을 약화시킨다는 점을 훌륭하게 증명했다. 이는 약물로 보상 및 동기부여 회로를 훈련시킨 경우에도 마찬가지였다. 그런 면에서 보면 뇌가 손상된 기관이라는 견해는 옳다. 합리적인 결정을 할 능력이 부족하고 강박적으로 중독적 행위만을 충족시키려는 목적만을 가지고 있기 때문이다.

약물 하나에만 초점을 맞추면 잘못 생각하기 쉽다. **뇌의 화학물질에 변화를 일으키는 데는 약물중독까지 필요 없다**. 스캔해보면 인터넷 게임 중독자의 뇌에서도 약물중독자와 유사하게 해를 끼치는 변화가 발견된다.[4] 뇌의 보상작용을 유발하는 강박적 음식 섭취도 마찬가지 효과를 낸다.[5]

이런 모든 주장에도 불구하고 중독 문제가 유전적으로 프로그래밍되어 있어 치료 가능하다*[6]는 주장은 수치스러운 '잘못된 선택' 모델에서 과학적 그리고 인간적으로 한 단계 발전한 모델이라는 점은 부인할 수 없다. 우리가 신장이 아프다고 그 주인을 비난하지 않듯, 뇌가 '아프다고' 누구를 비난하는 것도 말이 안 된다. 특히 그 뇌가 유전적인 요인으

---

* 미국중독의학회가 내린 정의에 따르면 "중독은 복잡한 뇌 회로의 상호작용과 유전자, 환경 및 개인의 생활 경험 등이 반영되어 치료 가능한 만성적인 내과적 질병이다. 중독 증세가 있는 사람들은 해로운 결과에도 불구하고 강박적으로 약물을 사용하거나 행동을 한다."

로 문제가 생겼을 때는 더욱 그렇다.* 문제는 전통적으로 의학에서 그렇듯 질병 패러다임은 하나의 과정을 병적 측면으로 간주한다는 점이다. 또한 '치료할 수 있다treatable'는 것과 '치유할 수 있다healable'는 것은 매우 다르다는 점도 새겨야 한다. 이는 중독의 본질이 아니라 의료 시스템이 중독을 잘 이해하지 못함을 말하고 있다.

'질병'이라는 단어는 12단계 중독치료 과정에서 자주 마주친다. 알코올의존자 모임이나 마약중독자 모임에 참여하는 사람들은 "내 질병"이라는 말을 한다. "내 질병이 나를 죽이려고 해요" "내 질병이 사랑하는 사람을 아프게 했어요"라는 식이다. 이런 프로그램이 수백만 명에게 도움을 주고 거기에서 사용하는 용어가 사람들의 생각과 행동을 바꾸는 데 많은 역할을 한다는 점은 의심의 여지가 없다. 나는 다만 여기서 '질병'이라는 용어가 문자 그대로의 사실보다 비유적으로 사용해야 보다 치료에 도움이 된다는 점을 말하고 싶다. 모든 만성질환이 그렇듯 중독을, 두려워하고 싸워 이겨야 하는 사악한 존재로 간주하기보다는 같이 참여해야 할 동적인 과정으로 보면 궁극적으로 치유의 가능성이 높아진다.

중독을 보다 근본적으로 다루기 위해 단지 유전자나 뇌의 회로만 볼 것이 아니라 실제 생활에서 마주치는 것도 고려해야 한다. 즉 사람들이 살면서 경험하는 것들도 자세히 들여다보아야 한다는 말이다.** 모든 종류의 중독은 비정상적인 질병이 아니며, 일부러 자초한 것도 아니

---

* 미국중독의학회와 연방의무감의 2016년 약물중독보고서에 의하면 50퍼센트 가까운 '질병'이 유전적 요인으로 발생한다고 한다. 이런 의견에 대한 문제점은 이 장의 마지막 부분에서 다루겠다.

** 앞에서 말한 미국중독의학회의 질병 위주 정의는 생활 경험을 자세히 말하거나 설명하지 않고 있다. 보다 세부적으로 들어가 볼 필요가 있다.

며, 뇌의 질환도 아니며, 재수가 없어서 그런 유전자를 타고난 것도 아니다. 제대로만 이해하면 그렇게 골치 아프지도 않다. 이 책에 나오는 표면적으로는 알기 어려운 다른 질병과 마찬가지로 중독의 뿌리는 대응기제다. 중독은 분명히 질병의 **특징**을 띠고 있다. 신체 기관의 기능 장애, 장기간에 걸친 마약 사용으로 인한 조직 손상, 신체 증상 장애, 뇌 특정 부분의 회로 손상, 회복과 재발 사이클, 심지어 죽음까지 그렇다. 그러나 중독을 '질병'이라고 부르는 것은 핵심에서 벗어날 뿐 아니라 그에 영리하게 대처할 기회마저 놓치는 것이다. 중독은 맨 처음 시작할 때, 어떻게 참아야 할지 모르는 질병에 대한 방어가 작용한 것이다. 다른 말로 하면 부자연스러운 상황에 자연스럽게 대응하려는 노력이며 어릴 때 발생해서 어른이 돼서도 계속되는 부상의 고통을 달래려는 행위다.

기본적인 두 가지 질문

수십 년에 걸쳐 의사 생활을 하고 수많은 대화를 나눈 결과, 중독과 관련해 가장 먼저 할 질문은 중독의 잘못된 점이 무엇이냐가 아니고 '올바른' 점이 무엇이냐라는 점을 깨달았다. 중독자들은 습관으로부터 무엇을 얻는가? 그들에게 무엇을 해주는가? 다른 사람이 접근하지 못하는 무엇을 얻고 있는가? 이 질문은 중독을 이해하는 데 필수적인 요소로서 알코올, 아편, 코카인, 암페타민, 본드, 정크푸드, 오락, 섹스 중독, 포르노 중독, 폭식 후 구토 등 모든 중독에 해당된다. 이 경우, 물론 우리는 개인적인 습관을 넘어 집단적 집착의 영역으로 넘어가는 중독에 대해 얘기하게 된다

중독되기를 선택하는 사람을 만나본 적 없는 것처럼 적어도 중독 초기에 원하는 것을 얻지 못하는 사람도 본 적이 없다. 여러 차례에 걸쳐 사람들의 중독이 사회적 관계를 부드럽게 한다는 이야기를 들었다. 캐나다 원주민 혼혈로서 《잿더미 속에서From the Ashes》를 쓴 작가 겸 교수이며 교도소에 수감된 경험이 있는 제시 티슬Jessie Thistle은 약물 사용으로 "친구들과 사귈 수 있었고 내게 힘과 신뢰를 주었죠. 약물은 한동안, 약 3년 동안 잘 먹혔어요. 말하자면 방탄조끼를 입은 거였죠"라고 내게 말했다. 다재다능한 TV 프로듀서인 리나 더넘도 "그것 때문에 더욱 사교적이 되었고 편안해질 수 있었어요. 의사소통이 쉬워졌죠"라고 말했다. 더넘이 말하는 '그것'은 안정제에 대한 의존이었다. 매우 중독성이 강하지만 의사들이 이것을 너무나 쉽게 처방한다. 안정제는 더넘의 창조적인 자기표현까지 효력을 넓혔다. 약을 먹으면 "전혀 거리끼는 게 없어져서 악마처럼 글을 쓸 수 있었어요"라고 내게 말했다.

'따뜻함'은 약에 취해 있는 느낌을 말할 때 자주 듣는 표현이다. 중독자들이 잘 아는 그런 느낌을 표현한 것이다. 배우이자 동화작가인 제이미 리 커티스Jamie Lee Curtis는 이 따뜻한 목욕의 느낌을 내게 이렇게 표현했다. "추운 데 있다가 따뜻한, 하지만 뜨겁지는 않은 물속으로 들어가 몸을 담글 때 올라오는 안락함 같은 거예요. 내겐 매우 친근해서 좋아하는 느낌이죠. 그걸 느끼려고 10년 동안 약을 훔치기도 하고 의사를 속이기도 하는 등 별짓을 다 했어요."

커티스의 말을 들으니 소외된 다운타운 이스트사이드의 환자들한테 종종 듣던 말이 생각났다. 한번은 약물중독 재활시설에 막 입원한 환자에게 "헤로인을 하면 어떤 느낌인가요?"라고 물었다. 그곳은 당시만 해도 북미 대륙에서 유일하게 의사의 감독하에 약물을 투입하던 시

정상이라는 환상

설이었고 나는 그곳의 담당 의사였다. 그는 30대 후반의 나이로 우람한 팔뚝과 빡빡 깎은 머리, 오른쪽 귓불에 피어싱을 한 커다란 황동링 등으로 매우 사나워 보였다. 그가 나를 빤히 쳐다보면서 말했다. "선생님, 어떻게 설명을 해야 할지 모르겠어요. 그건 마치 세 살 먹은 아이가 온몸이 떨릴 정도로 열이 나고 아픈데 엄마가 무릎 위에 올려놓고 포근한 담요로 감싼 다음 따뜻한 치킨 수프를 먹여주는 그런 느낌이에요." 동료 환자인 시인 버드 오즈번Bud Osborn도 자신이 경험한 아늑하고 따스한 느낌을 이렇게 표현했다. "항상 차가웠던 몸속 깊숙한 곳이 따뜻해지는 느낌입니다."

록 기타리스트*이자 TV 리얼리티쇼의 스타인 데이브 나바로Dave Navarro는 내게 약물에서 "일종의 사랑과 인정"을 발견했다고 말했다. 이는 약물 사용자들한테 흔히 듣는 표현이다. 팟캐스트를 진행하는 영국의 코미디언 러셀 브랜드Russell Brand 역시 사랑을 이야기한다. "처음 헤로인을 맞았을 때 마치 너무나 성스럽고, 숭고하며, 포근하며, 엄마 같았어요. 보호받는 느낌이었죠." 그가 '엄마 같았다'고 한 말은 단순한 비유적 표현이 아니었다. 아편중독의 영향을 신경생물학으로 직접 표현한 것이다.

다른 사람들이 동굴이나 수도원 또는 고가의 치유센터에서 오랫동안 추구하는 것을 약물에서 찾는 사람들도 많다. 코미디언이며 〈새터데이 나이트 라이브Saturday Night Live: SNL〉의 고정 멤버였던 대럴 해먼드Darrell Hammond는 내게 이렇게 말했다. "알코올은 서너 시간의 평화를 줍니다. 완벽한 평화죠. 머릿속의 복잡한 생각, 부정적인 생각이 사

---

* 제인스 어딕션과 레드 핫 칠리 페퍼스의 기타리스트였다.

라집니다. 소중한 경험이죠." 평화와 고요를 중독자의 생활과 연결시켜 생각하는 사람은 없겠지만 중독자들은 이 '소중한' 상태를 추구해서 한참 동안 누린다.

리나 더넘은 안정제에 의존하는 동안 일시적이나마 정상이라는 환상에 빠졌다. 이 환상은 '합법적인' 수단, 즉 의사의 처방으로 얻은 약물이라는 사실로 더욱 견고해진다. "제약회사는 당신을 정상적으로, 아니 정상 이상으로 더 나은 생활을 할 수 있다는 거짓말 같은 약속을 해요. 술은 먹으면 냄새가 나고 마약을 하면 생활이 엉망이 되지만 클로노핀*은 '와! 이 약을 먹으니 약 먹은 사람들이 할 거라고 생각했던 생활이 아닌 정상적인 생활을 할 수 있는데'라는 생각을 오랫동안 할 수 있죠."

그렇다면 이렇게 물어보는 것도 의미가 있을 것이다. '정상'이라고 느끼게 하는 '질병'이 있어요? 몸이 아픈데 '평상시보다 더 컨디션이 좋다'고 가장 최근에 느낀 게 언제죠?

이런 증언들에 비추어볼 때 제퍼슨 세션스가 주장한 '더 나은 선택'이 얼마나 말이 안 되는지 느낄 수 있을 것이다. 그렇다면 낸시 레이건보다 더 나은 일을 하는 건 어떨까? '진통제는 안 먹는다고 말해'나 '복부의 따뜻하고 아늑한 느낌은 필요 없다고 말해' 같은 더 진실한 광고판이나 표지판을 세워서 말이다. 또는 내부의 평화, 고요함, 주인 느낌, 자존감, 공동의식과 우정, 자유로운 자기표현, 묘하게 안락하고 정상적인 느낌, 사랑은 필요 없다고 말해도 마찬가지다. 나바로는 내게 이렇게 말한 적이 있다. "내가 약물을 취할 때마다 **사람이 원래 느끼게 되어**

---

* 클로노핀은 클로나제팜의 상품명으로서 벤조디아제핀 계열의 안정제다. 이 계열의 또 다른 안정제로는 바리움(디아제팜)과 아티반(로라제팜) 등이 있다.

있는 게 무엇인지 알 것 같았어요." 어떻게 여기에 대고 안 한다고 할 수 있겠는가.

이 모든 것을 감안하면 중독으로 얻는 보상은 자신의 한계에서 탈출하는 것이다. 내가 말하는 한계란 있는 그대로 불편하고 소외된 감정을 느끼는 재미없는 경험을 말한다. '정상'으로 작동하는 여러 겹 밑의 소외된 불편함은 고문만큼 고통스러울 수 있다. 비정상적이고 무가치하며 부족한 느낌이 지속된다. 전 세계에서 제일 유명한 헤로인 중독자인 롤링 스톤스의 키스 리처즈Keith Richards는 그의 자서전《삶Life》에서 탈출 전략을 이렇게 표현한다. "그건 내 생각에 다른 사람들로부터 사라지기 위한 노력이다. 단 몇 시간이나마 다른 사람이 되기 위해 거쳐야 하는 복잡한 과정이다."[7]

왜 자아가 탈출해야 하는가? 갇혔다거나 고통을 받을 때 탈출하고 싶어 한다. 깨어 있는 시간 모두 내면이 엄청나게 혼란스럽고, 의심스러우며 아무런 의미도 찾을 수 없고 외로움과 무가치하다는 느낌이 넘치면 중독될 가능성이 높아진다. 또한 배 속이 차갑고 아무런 희망도 없으며 자유에 대한 믿음이 부족하고 도움이 필요하며 외부의 힘든 상황과 내부의 혼란과 공허함을 참기 어려울 때도 마찬가지다. 힘든 마음 상태를 조절하기 힘들고 우리의 감정을 견디기 어려울 때, 특히 이 모든 어려움이 원인이 되어 나타나는 고통을 위로하고 싶을 때 더욱 그렇다. 그러므로 가장 중요한 것은 공포다. 사람들이 중독되면 모든 것을 느끼지 못하는 효과가 있다고 말하는 게 놀랄 일이 아니다. 고통에 몸부림치는 사람만이 마취 상태를 갈구하기 때문이다.

탈출을 위한 중독의 논리는 정해져 있다. **내가 있는 곳은 견딜 수 없어. 날 여기서 꺼내줘.**

여기서 우리는 중독에 관한 두 번째 기본적인 질문에 도달한다. 그건 **중독의 원인을 묻지 말고 고통의 원인을 물어라**로서 이는 내게 일종의 신조가 되었다. 기존의 의학적 질병 이론이나 일반적인 편견으로는 이 질문에 답하기 어려우며 감히 대꾸할 수조차 없다. 하지만 이 원칙이 없다면 마음과 신체 그리고 영혼에 대한 고통이 왜 이렇게 만연한지 그 어떤 단서도 찾을 수 없다.

중독이 발생하는 힘들고도 불친절한 경험을 제대로 알기 위해서는 이를 극복한 사람들에게 물어보는 것이 좋다. 그들의 이야기를 듣자면 무엇을 위로하고 왜 위로해야 하는지에 대해 명확한 답이 나온다. 지면이 부족해 모든 사람의 비극적 이야기를 담지는 못하지만 간단하면서 가장 대표적인 사례만 아래에 엮어보았다.

- 캐나다의 전설적인 아이스하키 스타인 시어런 플러리Theoren Fleury 는 14살 때 코치로부터 성적 학대를 당했다. "코치는 습관처럼 내가 옆에 있기만 하면 내 발에 자위행위를 하고 구강성교를 한 다음 자도 록 허락했습니다." 그런데 그게 전부가 아니라고 내게 말했다. 알코 올의존자인 아버지 때문에 집안이 엉망이 되어 누구한테 의지할 사 람이 없었다. 하지만 경제적으로 어렵고 정서적으로 엉망인 부모를 필사적으로 기쁘게 해야 했다. 몇 년 후 뉴욕 레인저스팀의 호전적 공격수로 몇백만 달러를 벌게 되자 안타깝게도 알코올과 코카인에 중독되었다.

- 아편중독이었던 외과 전문의 브루스 역시 제대로 된 가정에서 자라 지 못했다. "아버지라는 존재가 아예 없었어요. 자라면서 내 삶에 아 버지는 없었어요. 내가 아주 어릴 때, 네 살 때 가출했고 엄마는 내가

필요한 역할을 맡기에 너무 어렸어요. 나를 가졌을 때 겨우 16살이었으니 사실 어린애나 마찬가지였어요. 자아를 형성해야 할 시기에 내겐 아무도 없었어요. 늘 고통과 함께했죠."

- "거의 평생" 약을 했다고 말한 세계적인 사진작가 낸 골딘Nan Goldin은 11세 때 언니가 자살했다. "그건 내게 엄청나게 결정적인 트라우마였어요." 분명 결정적이기는 하지만 중요하지는 않았다. 골딘은 상당히 문제가 많았다고 기억한다. "나는 정신적으로 문제가 많은 집안에서 성장했어요. 언니는 항상 말썽이었죠. …… 나를 뺀 모든 사람한테 물건을 던진 기억밖에 없어요. 언니를 정신병원에 넣기도 하고 심지어 고아원에 보내기도 했죠. 항상 싸우고 어지러웠고 고함소리가 끊이질 않았어요."

- 다운타운 이스트사이드의 시인이었던 고 버드 오즈번은 세 살 때 그의 아버지가 창문에서 뛰어내리려 하자 톨레도 경찰이 수감시켰는데 그곳에서 목을 매어 자살했다. "어릴 때 오즈번은 단 한 사람, 할머니를 의지했지만 이모가 할머니를 총으로 쏘아 죽이고 자신도 자살했다"고 밴쿠버 출신의 저널리스트인 트래비스 루픽Travis Lupick이 그의 저서 《우주를 위한 싸움Fighting for Space》에 썼다. 이 책은 오즈번 등이 주도한 마약 정책의 개혁을 요구하고 있다. 오즈번이 다섯 살 때는 엄마가 죽도록 두들겨 맞은 다음 강간당하는 것을 목격했다. 1년 후에는 그 자신이 베란다에서 몸을 던져 죽으려 했다.

- 〈SNL〉의 대럴 해먼드는 엄마한테 육체적·정신적으로 짐승 취급을 받았다. 이는 그의 자전적 다큐멘터리 〈크랙 업Cracked Up〉에 잘 나타나 있다.

- 리나 더넘은 어렸을 때 성적 학대를 당했으며 동시에 감정적 고립을

당해 오랫동안 트라우마로 남았다. 최근 케타민 중독치료 과정에서 "어릴 때 고립되어 느끼는 엄청난 슬픔을 목격하는" 경험을 했다.

각자의 이야기가 독특하고 트라우마는 다양하지만 어느 정도 일반화는 가능하며 필요하기도 하다. 특히 학대와 방임이 인종과 계층의 가장 밑바닥에서 발생할 때는 더욱 그렇다. 밴쿠버의 다운타운 이스트사이드에서 근무했던 10여 년 동안 대부분 원주민이며 성매매 단속으로 잡힌 여성 환자들이 아동기나 청소년기에 성적 학대를 당한 경험이 있다는 것을 알게 되었다. 이런 성적 학대야말로 과거 캐나다의 잔인한 식민지 시대에 생겨나 여러 세대에 걸쳐 내려오는 유산이다. 성적 학대를 포함해 어린 시절에 트라우마를 겪으면 성인이 되어 중독에 빠질 확률이 높다는 것이 여러 대규모 연구를 통해 밝혀졌다. 1997년 10만 명 이상의 학생들을 대상으로 한 연구에 의하면 신체적 또는 성적 학대를 당한 청소년은 그렇지 않은 학생들보다 약물에 빠질 확률이 두 배에서 네 배까지 높다.[8] 신체적·성적 학대를 모두 경험한 청소년은 둘 중 하나만 경험한 학생보다 약물을 사용할 확률이 두 배 높았다. 알코올 섭취도 마찬가지 패턴을 보여준다. 전국적으로 1만 명의 청소년을 대상으로 한 조사에 의하면 성적 학대 경험이 있는 청소년은 10대에 음주를 시작할 가능성이 세 배나 많다고 한다.[9]

❖ ❖ ❖

이제 중독에 관해 잘못 알고 있는 두꺼운 장막에서 벗어나 중독이 사람들에게 어떤 영향을 미치는지 알았고, 어떤 종류의 경험이 이런 '특전'을 쉽고 매력적으로 만드는지 고려하기 시작했으므로 다음 장에서는 장막을 더 걷기를 제안한다. 우리가 사는 세상에는 불쌍하고 불행한 일단의 사람들을 지칭하는, 소위 '중독자'로 낙인찍힌 사람들이 있고 '그들'과 확실히 차별되는 '정상적인' 나머지 우리들이 있다는 주장은 편리하지만 매우 위험한 또 다른 잘못된 믿음이다.

위대한 코미디언 조지 칼린George Carlin이 한 말을 비틀자면 "큰 클럽에 우리 모두 들어가 있는 거다"(그의 스탠드업 코미디 대사 중 "그건 큰 클럽이고, 네가 속한 건 아니야 It's big club and you ain't in it"를 반어법으로 비꼰 문장 – 옮긴이).

내보이기: 중독에 대한 새로운 시각

우리는 진즉에 새로운 시각을 가졌어야 한다. 중독의 이해에 근간이 되
는 신경과학이 바뀌었고 기존의 치료법이 먹히지 않았기 때문이다.

- 마이아 샬라비츠[*]

중독인 것과 아닌 것을 구별해서 설명했고 우리 생활에 미치는 충격
과 영향을 알게 되었으므로 이제 새로운 정의를 내리려 한다. 내 생각
에 새로운 정의가 앞의 정의보다 더 정확하고 더 강력한 것 같다. 유전
자에 달렸다는 결정론을 극복했기 때문에 치유의 가능성도 다룰 수 있
다. 하지만 주의해야 할 것이 있다. 내 정의는 보다 정확하고 희망적이
지만 그와 동시에 보다 포괄적이다. 즉 중독의 범위를 더욱 크게 규정
하기 때문에 자기 자신이 그 안에 포함되어 있을 수도 있다.

중독은 복잡한 심리적·정서적·생리적·신경생물학적·사회적·영적 과정

---

[*] 왕성한 필력을 자랑하는 기자 겸 작가인 샬라비츠가 2016년 6월 25일 자 〈뉴욕 타임스〉에 기고한
〈중독에서 벗어날 수 있는가?(Can You Get Over an Addiction?)〉라는 글에서 인용했다. 샬라비
츠 자신도 장기간 중독치료를 받고 있다.

이다. 일시적이나마 편안함과 쾌락을 주기 때문에 자꾸만 하게 되는 행동을 통해 나타나지만 장기적으로 부정적인 결과를 초래한다. 그러나 중독된 사람은 거부하거나 포기하지 못한다. 그러므로 중독의 세 가지 특징은 아래와 같다.

- 단기적인 고통의 감소 또는 쾌락을 주기 때문에 이를 추구

- 자신과 다른 사람들에게 미치는 고통이 장기적

- 중단하기 곤란함

두 가지만 바로 지적하겠다. 첫째로 내 정의에는 질병이 없다. 그렇다고 질병을 제외해야 한다는 뜻은 아니다. 6장에 언급했지만 대부분의 질병은 별개의 '사물'이 모인 게 아니고 한 사람의 일생이 반영된 복잡한 과정으로 이해하는 것이 가장 좋다. 결국 다른 질병도 마찬가지지만, 중독을 병이라고 부르면 근본부터 치유할 수단이 없는 건 말할 것도 없고 현상을 제대로 설명하지도 못한 채 중독을 파악해야 하는 문제가 생긴다.

둘째로 내 정의는 약물에만 해당되지 않는다. 강박적인 성적 탐닉에서 포르노, 습관적 쇼핑에서 인터넷(이 둘은 내가 잘 안다), 게임에서 도박, 폭식 · 폭음에서 구토, 일에서 익스트림스포츠, 집요한 운동에서 강박적인 관계 추구, 환각제에서 명상에 이르기까지, 약물에 몰두하도록 하는 동일한 충동이 많은 활동을 활성화할 수 있다. 문제는 외부의 대상이 아니라 그 대상과의 내적 관계. 일시적으로 고통을 감소시키고 쾌락을 주는 것을 갈망하고 그것에 빠져드나요? 그래서 안 좋은 결과가 초래되지만 끊지 못하나요? 그럼 잘 오셨습니다. 커피는 뒤에서 타 드시면 됩니다.

내가 이런 주제로 이야기하는 것을 직접 듣거나 유튜브에서 보았다면 내가 다음에 무슨 말을 할지 잘 알 것이다. 보통 여기서 강연을 멈추고 손을 들어보라고 한다. "지금 말한 정의에 따라 현재 또는 과거에 한 번이라도 중독된 적이 있나요?" 청중 수에 상관없이 가끔 거짓말하는 경우를 제외하고는 손을 안 든 사람이 없다. 이게 오늘날 우리 문화가 완전히 정상적이라고 말하는 중독이다. 눈치 볼 게 없으니 독자 여러분도 손을 들든 안 들든 이런 식으로 테스트해보기 바란다.

물론 일반적인 경우가 아니면 모든 중독이 똑같지 않다. 내 환자 중에 다운타운 이스트사이드의 HIV와 C형 간염 환자는 중독에 빠지게 만든 고통이 우리와 엄청난 차이를 보인다. 약물의존성이 삶을 지배하는 정도와 그로 인해 발생하는 결과의 심각성에서 차이가 많이 난다. 그들의 잘못이 아닌 사회경제적·인종적 이유로 인해 내부 또는 외부 자원이 감소된 것은 말할 것도 없다. 사회에서 그들에게 가해왔고 계속해서 가하고 있는 배척과 처벌의 수위 역시 다르다.

엄연한 이 정도의 차이는 매우 중요하며 이를 과소평가하거나 무시해서는 안 된다. 하지만 차이가 난다고 해서 중독 과정에 중독을 경험하는 모든 사람이 알고 있는 어떤 본질적인 성질이 있다는 사실이 바뀌지는 않는다. 아무도 예외가 될 수 없으며 가장 지위가 높은 사람도 마찬가지다. 여기에는 우리 문화의 엉망진창인 가치 체계에서 파괴적인 습관이 '성공'으로 포장된 사람도 포함된다. 또한 대부분의 '정상'인 시민들이 사실은 지독하면서도 확실한 의존성 때문에 우리가 조롱하고 동정하는 중독자들과 매우 닮았다는 사실이 없어지지도 않는다. 물론 우리는 이를 잘 인정하려 하지 않는다. 올바른 '우리'와 찌그러진 '그들'을 구분하는 얇은 선조차 존재하지 않는다. 그런 건 다 지어낸 것에 불과하다.

여기서 트라우마에는 중증도 범위가 있다는 것을 알면 도움이 된다. 우리가 앞에서 소문자 t 트라우마로 불렸던, 성장하면서 받는 상처부터 보다 확실한 대문자 T 트라우마까지 모든 종류의 고통은 중독적인 진통제를 절실히 필요로 한다. 다시 말하지만 트라우마/상처에서 중요한 것은 무엇이 발생하느냐가 아니라 그것이 우리 **내부**에서 발생해서 그 효과가 지속된다는 점이다. '왜 고통스러운가?'라는 질문은 의식적인 기억을 회피하거나 기억하는 사람에게 별로 의미가 없는 감정적 상처에 자리를 내주어야 할 것이다.

스스로가 '행복한 어린 시절'을 보냈다고 하는 사람들이 꽤 있다. 삶에 큰 문제가 없는 한 이 말에 토를 달 이유는 없을 것이다. 하지만 자신이나 사랑하는 사람에게 중독이라는 문제가 생겼을 때는 질문이 생기는 것이 당연하다.* 동정심으로 자신의 내면을 들여다보면 대부분의 사람들은 자신이 트라우마와 심리적 상처 사이 어딘가에 있다는 걸 알게 된다. 순수하게 행복한 기억에도 감정적 상처가 없지는 않으나 보통은 행복한 것만 기억하고 아픈 기억은 잘 하지 않는다. 내 경험에 의하면 계속해서 '행복한 어린 시절'만을 보냈다고 주장하는 사람들도 질문만 제대로 하면 자신들의 삶에서 보지 못한 것들이 있다는 것을 바로 깨닫는다.

작가 겸 연극배우인 스테파니 위틀스 와크스Stephanie Wittels Wachs의 남동생 해리스가 2015년에 약물 과다 복용으로 사망하는 일이 발생했

---

* 물론 이런 질문에 중독의 원인을 배제할 필요는 없다. 경미한 것부터 심각한 것까지, 육체적이든 정신적이든, 이 책에서 다룬 것 같은 어린 시절의 상처가 있는 사람은 누구나 자신을 불쌍하게 생각하여 고통의 역사를 조사해보면 도움이 될 것이다.

다. 와크스는 스스로 인정할 정도로 가정생활도 포기한 일중독자였다. 나를 〈라스트데이Last Day〉 팟캐스트에 초청하기 전까지 와크스는 자신과 동생이 정상적이고 행복한 가정에서 자랐다고 굳게 믿고 있었다. 어머니가 수하여행도 따라왔으며 사진회 회장도 하는 등 여러 학교 행사에 적극적으로 참여했다며 정상이고 행복한 생활을 했다는 증거를 대기도 했다. 또한 아버지는 밖에서 일하고 어머니는 가정주부로서 전통적 의미에서 부모의 역할에 충실한 가정이었다고 했다. 이 모든 기억이 가져다주는 안정감은 사실일 수 있다. 와크스는 정말로 아이들을 사랑하고 신체적·사회적 필요를 충족시켜주는 부모 밑에서 성장했을 수 있다. 하지만 그 '정상' 안에는 와크스가 전혀 생각하지 못했던 심각한 감정적 상처가 숨어 있었으며 내 질문을 계기로 내면 깊은 곳에서 표면으로 부상했다. 나중에 와크스는 청취자에게 이렇게 털어놓았다고 한다. "대화를 해보곤 정말 깜짝 놀랐습니다. 가보 선생님이 정말 정확하더라고요. 내 어린 시절에 대한 기억은 불완전한 게 맞아요."

작가인 데이비드 셰프David Sheff 역시 유사한 깨달음을 얻고 깜짝 놀랐다. 그의 책 《뷰티풀 보이Beautiful Boy》는 베스트셀러가 되었고 최근에는 스티브 카렐과 티모시 샬라메 주연의 영화로도 나왔다. 그의 가정에는 학대나 극도의 고통 같은 대문자 트라우마는 없었다. 별다른 방법이 없자 셰프는 무엇이 그의 재주 많고 명랑하며 민감한 장남이 생명을 위협할 정도의 심각한 중독에 빠졌는지를 알기 위해 자신에게 불편한 질문을 던질 수밖에 없었다. 뒤돌아보면 아들 닉Nick의 고통은 어릴 때 부모의 사이가 안 좋은 데서 시작되었다는 것을 알 수 있었다. "우린 결혼하지 말았어야 해요. 정말로 우리 결혼에는 문제가 너무나 많았어요"라고 그가 내게 털어놓았다. 문제는 자기 망상이었다. 가족 모두가 아는 사람과 불륜을 저지르는 와중에도 셰프는 이런 생각을 품었다. "내가 행복하고 아내도 행복하면 아이들도 안정을 찾을 것이고 그러면 행복한 가정을 꾸릴 것이며 그러다 아이들을 이 문제 많은 가정에서 독립시킬 수 있을 거라고 생각했어요. 그게 닉을 위한 일이라고 믿었죠. 그걸 합리화하려고, 문제가 없는 걸로 만들려고 했어요." 그가 솔직한 마음으로 과거를 돌아다보고 실체를 파악하려 한 것은 정말 잘한 일이다. 자세한 것까지는 모르겠지만 셰프는 지금은 아들과 서로를 이해하는 솔직한 대화를 통해 어린 시절 닉의 고통이 커서 중독에 빠지게 했다는 것을 서로 인정했다고 내게 말했다.

나도 그랬지만 댄 섬록Dan Sumrok 역시 트라우마를 부정하는 사람들을 많이 만났다. 내 친구이자 동료인 섬록은 가슴까지 내려오는 긴 수염과 정열적인 강의 스타일 때문에 마치 성경에 나오는 예언자 같은 모습을 하고 있다. 하지만 그가 설파한 것은 질병이 아닌 정상적인 상태였다. 가정의로서 그는 처음에는 멤피스의 테네시의과대학, 그다음엔 내슈빌대학, 최근에는 교외 지역에서 거의 2만 5,000명의 마약중독 환자들을 치료했다. 그 역시 중독을 유전적이든 아니든 질병이라고 생각하지 않는다. 그의 경험에 의하면 트라우마는 기본적인 요소라고 한다. "1980년에 제대하자마자 트라우마에 대한 글을 쓰기 시작했죠. 난 의과대학 1학년생이었고 내 삶은 조각나 있었어요. 내 가장 친한 친구는 위스키 형제인 조지, 잭, 짐*이라고 떠벌릴 정도였죠. 매우 적극적인 12단계 중독치료 추종자들이나 몇몇 치료 프로그램 참여자들은 나한테 이렇게 말했어요. '그런데요, 선생님, 중요한 건 트라우마가 아니에요.'

---

* 조지 디켈, 잭 대니얼스, 짐 빔 등의 테네시 위스키 브랜드.

그러면 나는 그들을 안심시키고 싶어서 '내가 약속합니다. 어떤 의견이든 환영합니다. 트라우마가 중요하지 않은 환자를 만나고 싶어요'라고 대답하곤 했죠." 하지만 그런 사람은 없었다.

상처의 정도에 상관없이 모든 중독은 일종의 노피다. 힘들지만 제대로 해결되지 못한 고통스러운 감정으로부터 탈출해 허상일지라도 일시적인 자유 상태로 들어가는 것이다. 다시 말하지만 그게 아니라는 증거를 대기 바란다.

❖ ❖ ❖

코카인이나 필로폰처럼 '고위험성' 마약을 포함해 모든 약물은 그 자체에 중독성이 없다고 하면 다들 놀랄 것이다. 어떤 종류건 마약을, 그것도 중복해서 해본 사람 대부분은 절대로 중독되지 않는다. 이런 것들을 통해 중독의 본질을 보다 잘 알 수 있을 것이다.

내 강연을 듣는 청중에게 가끔 물어본다. "알코올은 중독성이 있습니까? '예'입니까, '아니요'입니까? 음식은 어떤가요? '예'입니까, '아니요'입니까? 일중독은 어떤가요? 섹스는요? 포르노나 쇼핑은 어때요? '예' 또는 '아니요'로 대답해 주시기 바랍니다." 정답은 질문 안에 있다. 달래야 할 고통의 정도에 따라 '예'일 수도 있고 '아니요'일 수도 있다.

샌디에이고 출신의 내과 전문의 빈센트 펠리티는 지금은 잘 알려진 아동기 학대 경험 연구Adverse Childhood Experience: ACE의 주요 연구자 중 한 명이었다. 개인적으로 이 연구는 좀 더 알려져야 한다고 생각한다. 여하튼, 이 연구는 펠리티가 비만클리닉 환자들이 살아온 일대기를 들

정상이라는 환상

어보기로 결정하면서 생겼다. 이 환자들은 모두 어릴 적에 트라우마를 경험했다고 털어놓았다. 1990년대에 캘리포니아의 카이저 건강보험 회원 병원을 중심으로 중산층 백인만 7,000여 명을 대상으로 실시된 이 연구는 어린이가 학대에 노출된 경험이 많을수록 성인이 되어 중독이나 정신 건강 문제 및 기타 건강 문제를 야기할 가능성이 높다는 것을 밝혀 냈다.[1] 학대 경험은 크게 세 가지로 나뉜다. 즉 학대(정신적·신체적·성적), 방임(신체적·정서적), 가정 역기능(가정에서의 알코올 또는 약물 남용, 이혼 또는 친부모의 사망, 가정 내 우울증이나 정신질환, 폭력적인 대우를 받는 어머니, 수감된 가족 구성원)이다. 이런 경험이 여럿 발생하면 단순 합산이 아니라 곱셈의 효과가 있다. ACE 점수가 6인 성인은 0인 성인보다 주사용 마약에 빠질 위험이 46배 더 높다고 한다.

한 토론에서 펠리티는 이렇게 말했다. "마약을 상습적으로 복용하면 그 행위 자체로 중독이 된다고 일반적으로 알려져 있습니다. 하지만 우리의 연구 결과는 조금 다릅니다. …… 중독은 특정 약물의 중독적인 속성과는 관계가 없습니다. 다만 정신에 작용하는 안도감 말고는 없죠. 다른 말로 하면 스스로 치료하는 데 조금 모자라기 때문에 필요량보다 많은 양을 흡입한다는 겁니다."[2]

어린 시절의 학대와 관련해 펠리티가 발견한 사실들은 내가 후생유전학을 다룬 장에서 틀렸음을 밝힌 유전적 결정론을 더욱 쓸모없게 만든다. 어떤 중독 유전자도 발견되지 않았으며 미래에도 발견되지 않을 것이다. 사람을 보다 감수성이 풍부하게 하는 성향이 있는 유전자 집단이 존재할 수는 있다. 그러나 소인predisposition은 운명predetermination이 아니다. 중독은 육체적 질병과 비슷하게 작동한다. 유전자는 환경에 의해 작동하고 멈춘다. 그리고 어린 시절의 학대는 유전자의 활동에 영향을 주어 미래에 문제를 일으킨다. 인간과 동물에 대한 연구에서 약물 남용에 대한 유전적 위험성은 양호한 양육 환경으로 상쇄된다는 것이 밝혀졌다.[3]

받아본 메일 중 가장 기분 좋은 것은 네 살 아이의 엄마가 보낸 감사의 메일이었다. 과거에 알코올의존자였던 남편은 아이에게 '알코올의존자의 유전자'를 물려줄까 두려워 아이 가지기를 거부했다. 하지만 내 책을 읽고 알코올의존의 원인이 트라우마라는 것을 깨닫고 존재하지도 않는 알코올의존 유전자에 대한 공포를 없앨 수 있었다. 그리고 마침 그의 아내는 가임기가 끝나기 직전이었다. 너무나 기뻤다. 전에 얼굴도 모르는 사람으로부터 생명의 은인이라는 감사를 받은 적은 있지만 나로 인해 멀리 떨어진 곳에 새로운 생명이 탄생한 것은 처음이었다.

어린 시절의 학대가 신경생물학적 중독을 유발하는 방식은 우리가 이미 다룬 사람과 사람 간의 생물 활동을 다루는 학문과 관계있다. 예를 들어 자궁에 있을 때 스트레스를 겪으면 기능 면에서 뇌의 스트레스 대응능력이 감소하여 중독 성향을 갖게 하는 것 등이다. 또한 이런 경험은 뇌의 동기유발을 조절하는 부분에 손상을 입히는 장기적인 결과를 가져와 약물중독이나 행위중독을 야기한다.* 신경정신과 의사이며 신경과학자, 작가 그리고 트라우마 연구자이기도 한 브루스 페리는 내게 이런 말을 한 적이 있다. "우리의 연구와 다른 많은 사람들의 연구를 통해 도파민수용체의 수와 농도는 기본적으로 자궁에 있을 때 결정된다는 것을 밝혔습니다."[4]

누가 '도프dope'(마리화나를 지칭하는 속어 - 옮긴이)라는 말을 만들었는

---

* 자크 판크세프는 이를 뇌의 탐색 도구(seeking apparatus)라고 이름 붙였다.

지 모르지만 그는 무언가를 알고 있었던 것 같다. 왜냐하면 약물이건 행동이건 모든 중독은 **도파민**과 관계있기 때문이다. 도파민은 동기유발 과정의 중요한 신경전달물질로서 이것이 없다면 모든 포유류는 활력이 없고 움직이려는 그 어떤 동기도 생기지 않는다. 배고픈 실험실 쥐의 도파민수용체를 인공적으로 제거하면 눈앞에 먹이가 수북이 쌓여 있어도 굶어 죽어버린다. 사실 모든 중독자는 도파민에 미친 사람이라고 할 수 있다. 다만 현재의 순간을 흥미진진하고 짜릿하게 만드는 도파민을 외부에서 찾을 뿐이다. 실제로 사람들이 약물이나 행동에서 얻는 모든 '기분 좋은' 느낌이나 특성에는 뇌 화학물질이 자연적으로 발생한다. 중독은 다른 문제가 없을 때 우리가 몸 안에서 발생시키고 유지하도록 프로그램되어 있는 느낌을 유도하려는 노력 때문에 발생한다.

예를 들어 섹스 중독은 '과도한 성적 충동'과는 아무런 관계가 없으며 모든 원인은 전적으로 도파민에 있다. 뉴욕시의 사회복지사이며 포덤대학 및 럿거스대학의 외래교수를 지낸 재커리 알티Zachary Alti는 성치료 및 행위중독, 그중에서도 포르노 중독을 전문으로 연구한다. 그는 내게 이렇게 말했다. "포르노를 볼 때 우리 뇌의 도파민 수치가 높아집니다. 계속해서 볼수록 도파민 수치는 점점 높아지죠. 약물중독의 경우 사용 직전에 도파민 분비가 많아지지만 행위중독의 경우는 도파민 그자체가 주요한 행위의 목적이 돼요. 특히 포르노 중독의 경우 이런 도파민의 급증이 반복해서 일어납니다." 스마트폰 회사나 앱 제작 회사와 마찬가지로 포르노 제작사들도 소비자의 머릿속을 점령해야 한다는 점을 잘 알고 있다. 사회학자인 게일 다인스Gail Dines는 2010년에 출간한 역동적인 책《포르노랜드Pornland》에서, 업계 잡지인 〈성인 비디오 뉴스

Adult Video News〉에 포르노업계의 내부자가 스탠퍼드대학 연구 자료를 인용해 포르노를 보는 사람의 20퍼센트가 중독자라며 자랑스러운 듯 떠벌리는 기사가 났다고 전한다. "그 기사는 철저하게 자본주의적인 접근 방법을 동원해 '데이터 이용하기Exploiting the Data'라는 제목이 붙었다"라고 다인스는 덧붙였다.[5]

그러면 제이미 리 커티스 같은 사람들이 말하는, 특히 아편중독자에게 나타나는 사랑의 감정은 어떻게 설명할 수 있을까? 그건 우리 뇌 내부의 아편제 수용체가 작용해서 자생적 아편제인 엔도르핀이 신경전달물질의 역할을 하기 때문에 발생한다. 자크 판크세프 박사는 20년 전에 아편중독은 양육이나 감정적 친밀함, 사회적 유대처럼 사회적 연결을 강화시키는 뇌의 작용이 원인이라고 주장했다. "심각한 사회적 고통과 불안감을 느끼는 사람이 특히 아편중독의 위험이 높으며 이는 임상실험으로 입증되었다. 사회적으로 소외된 사람들에게 특히 중독 증상이 나타나는 현상도 같은 원인으로 설명할 수 있다."[6] 현재 미국 그리고 정도는 약하지만 캐나다 및 영국에서 나타난 오피오이드opioid 과다복용 위기는 이 관찰의 예리함을 비극적으로 입증했다.

엔도르핀 체계의 발전은 어린 시절의 도움을 주는 관계에 좌우된다. "얼굴을 보고 하는 상호작용은 어린이의 공감 신경체계를 활성화시킨다"라고 페퍼다인대학의 심리학과 교수이며 임상 심리학자 겸 신경과학자인 루이 코졸리노Louis Cozolino는 말했다. "이렇게 시스템이 활성화되면 옥시토신, 프로락틴, 엔도르핀, 도파민의 분비가 증가한다. 이들 물질은 중독과 관련된 동일한 생화학적 작용을 한다."[7] 어린이가 감정적으로 잘 이해해주는 부모와 친밀한 관계를 형성하면 뇌의 모든 시스템이 정상적으로 성장하지만 그런 관계가 형성되지 못하면 성장이 방해받는다.

　싱어송라이터인 얼래니스 모리셋Alanis Morissette에게는 다른 중독도 있었지만 가장 큰 문제는 일중독이었다. 모리셋은 엔도르핀 중심의 용어로 표현하자면 그 경험이 일종의 보상이었다고 말한다. "유명해지면 애착하려는 경향이 강해지죠. 생각해보세요. 모든 시선이 당신을 주시하고 있어요. 모두가 당신에게 과도하게 반응하고 주의를 기울이죠. 사랑받고 받들어지며 관심받는 그런 느낌을 추구하는 거예요." 모리셋은 자신의 유명세를 이용해 많은 사람들이 놓치거나 아주 짧은 기간만 느끼는 어린 시절의 환희를 추구한 것이다.

　로버트 파머Robert Palmer가 사랑에 중독되었다는 노래를 불렀을 때 그는 손을 든 모든 사람에게 말한 것이다. 짜릿한 쾌감이나 부드러운 위로를 추구하는 모든 약물중독자, 모든 워커홀릭, 도박중독자, 쇼핑중독자, 섭식장애자 말이다. 다만 우리가 중독되는 사랑은 진짜 사랑이 아니라 어떻게 해서든지 부족한 사랑을 채우려는 절박한 시도라는 점만 기억하면 된다.

　받아들이기 불편하다는 것을 잘 알지만 그래도 현실을 직시하는 편이 낫다.

부정확한 고통의 지도:
정신질환에 대해 우리가 잘못 알고 있는 것

우리는 어떤 주요 정신질환도 생물학적으로 이해하지 못한다.

— 앤 해링턴Anne Harrington *

플로리다대학의 신문방송학과 신입생이었던 대럴 해먼드는 19살에 처음으로 극심한 정신질환을 경험했다. "이루 말할 수 없는 공포에 휩싸였어요. 그 공포의 정도가 너무 심해서 어떻게 이겨냈는지도 기억이 안 날 정도예요. 누군가 말하는 걸 보았는데 말소리보다 입술이 나중에 움직였다고 했더니 의사들이 내게 우울증과 편집증 그리고 정신질환 진단을 내렸어요." 해먼드는 항우울제, 아미트립틸린, 항정신병약물인 치오리다진 등을 처방받았다. 그 뒤로 몇십 년 동안 그가 만난 의사만 해도 40명에 달했으며 우울증, 양극성장애, 복합 PTSD, 기타 이름도 기억나지 않는 여러 가지 병을 진단받았다. 그의 치료는 그 정도 중증의 정신질환은 뇌의 생물학적인 질병으로 인해 발생한다는 의료계의 전통적인 사고방식에 따라 이루어졌다. 따라서 약물 칵테일을 계속 바꿔가

---

* 하버드대학교의 과학사 학자이며 《마음 해결사(Mind Fixers)》의 저자. 이 말은 2019년 10월 CBC 라디오 인터뷰 중 나온 말이다.

며 처방받았다. 최초로 14년 연속 〈SNL〉에 출연하며 빌 클린턴 대통령 역할부터 상스러운 숀 코너리Sean Connery를 우스꽝스럽게 풍자한 역할까지 다양한 배역을 소화하면서 커다란 성공을 거두는 동안에도 계속해서 상실과 불안, 소외감 그리고 절망감을 느꼈다. 자신의 고통을 중단시킬 수 있는 유일한 방법은 알코올과 공공연한 자해로 스스로를 치료하는 방법밖에 없었다. 그의 몸에는 아직도 스스로 칼로 그은 상처가 50군데가 넘는다.

35년째 고통이 계속되던 차에 해먼드는 뉴욕시 웨일코넬의과대학에 재직 중인 내빌 코트비Nabil Kotbi를 만났고 그의 말 두 마디에 인생이 바뀌는 경험을 하게 된다. "당신의 증상을 정신병이라고 부르지 마세요. 그냥 부상당한 겁니다." 증상의 원인이 어떤 알 수 없는 의학적 질환이 아니라는 것을 깨달은 순간을 해먼드는 내게 이렇게 털어놓았다. "할렐루야 합창이 들리는 것 같았어요. 그분은 내게 정신질환은 매우 구체적인 무엇으로부터 시작한다는 걸 알려주려 한 것 같아요. 거기에는 이야기가 있는데 그 이야기 안에서 자신만이 아무런 힘이 없다는 거죠." 처음 진단을 받은 뒤 이 특별한 의사를 만나기까지 수십 년간 아무도 그에게 어릴 때의 트라우마 경험을 물어보지 않았다. "엄청난 고통 속에 병원에 가서 의사의 진찰을 받았는데 '그렇게 아프지 않을 텐데'라는 말을 들었을 때의 느낌을 어떻게 설명해야 할까요? 아무도 '아, 이건 어릴 때 받은 학대와 관련이 있는 것 같군요'라는 말을 하지 않았어요. 당시에는 특별한 원인 없이 아프면 양극성장애라는 진단을 받았어요. 의사들이 아는 게 그것밖에 없었으니까요. '원인 미상의 울증과 조증 증세 반복' 같은 의무기록 잘 아시잖아요? 처음에는 리튬, 다음에는 데파코트 같은 안정제를 처방했지만 아무 효과가 없었어요. 내 삶에 대한 진실이 인정받기 전까지는 **그 어떤 것도** 효과가 없었어요." 해먼드의 어린 시절은 모친의 학대로 점철되어 있었다.*

뇌 기능에 장애가 있는 것처럼 보이기 때문에 정신질환이 일부 질병의 요소를 나타내주는 것도 맞다. 하지만 주류 정신의학계가 정신질환의 생물학적 요소를 너무 강조하는 바람에 모든 것을 DNA가 지시하는 뇌 화학물질의 불균형 현상으로 보는 경향이 강하다. 정신과 의사인 케이 레드필드 제이미슨Kay Redfield Jamison은 양극성장애라고도 불리는 조울증에 관해 왕성한 집필활동을 하며 《불안정한 마음An Unquiet Mind》을 출판하기도 했다. 이 책은 극도의 흥분 상태와 절망적인 무기력 상태를 왔다 갔다 하는 정교한 의식의 경험을 알고 싶은 사람이라면 반드시 읽어야 할 책이다. 하지만 화려하게 쓰인 제이미슨의 이 회고록은 현대 정신의학이 아직도 신봉하는 단순 유전자 결정론을 전제로 하고 있다. 이 책에서 저자는 조증 발현 시기를 이렇게 묘사한다. "그날 내 마음은 하늘 높이 날고 있었다. **신이 내 유전자에 설정한 마법의 신경전달물질 덕분이다.**" 사실은 신도 유전자도 별로 관련이 없다.

또 다른 통렬한 작품인 《불의 손길Touched with Fire》에서 제이미슨은 "조울증의 유전적 배경은 너무나 강렬해서 거의 부정하기 어렵다"라고 보다 구체적으로 표현하기도 했다.[1] 25년이 지난 오늘날 우리는 확실하고 과학적인 증거가 거의 없으며 있다고 해도 설득력이 없다는 것을 잘 알고 있다. 저자가 '거의 부정하기 어렵다'고 내민 증거조차 가족력과 입양, 쌍둥이 연구에 관한 문헌에 기반을 두고 있지만 이런 주장

---

* 넷플릭스 다큐멘터리 히트작인 미셸 에스릭(Michelle Esrick) 감독의 〈크랙 업〉은 해먼드가 어릴 때 겪었던 끔찍한 사건들을 다루고 있다. 코트비 교수의 인터뷰가 나온다.

정상이라는 환상

은 대부분 잘못된 가정으로 가득 차 있다.** 유전자가 원인이라고 제이미슨이 내보이는 증거는 믿는 사람한테만 '강력할' 뿐이며 증거 자체는 순전히 허구이며 정교하지 못하다.[2] 정신질환과 중독 문제를 다룬 내 책에는 나 자신의 경험을 포함해서 많은 사람들의 개인적인 이야기를 담고 있지만 유전적 결정론을 강요하지 않는다.

　'정신질환'이라는 용어는 실제 현상을 묘사하기는 하지만 우리의 관심을 뇌의 생리적인 면에만 집중시킨다. 이는 마치 협심증을 심장혈관의 협착 때문에 심장으로 가는 혈액의 양이 제한되어 발생하는 증상으로 보는 것과 마찬가지다. 또한 의학이 반드시 개입해야 하는 것으로 문제를 한정시킨다. 일부 진실이 있다고 해도 이런 전제는 매우 의심스러울 뿐 아니라 우리의 이해를 제한시킨다. 더욱 나쁜 점은 이런 결정론 때문에 많은 사람들이 적절한 치료를 받지 못하며 훨씬 완벽하고 인간적이며 도움이 되는 시각을 갖지 못하게 된다는 것이다. 대럴 해먼드를 치료한 의사들이 신봉했던 유전적 결정론은 그의 병을 스스로 치료할 수 없는 것으로 격상시켜 그가 말했던 '자신만이 아무런 힘이 없다'는 믿음을 더욱 굳건하게 만들었다. 그런 관점은 환자를 시키는 대로

** 유전형질은 DNA 염기서열 조작 없이도 한 세대에서 다음 세대로 전달된다. 일란성 쌍생아는 대개 한 어머니로부터 출생하여 한 집안에서 성장하므로 환경적 요소로부터 유전자적 요소만을 분리해내기 어렵다. 각자 다른 가정에 입양된 경우라도 생모가 동일하고 이별이라는 동일한 트라우마를 여전히 가지고 있다. 여기서 입양에 관한 여러 견해로 독자들을 피곤하게 하고 싶지는 않으며 다만 이 주제는 ADHD와 중독을 다룬 두 권의 전작에서 충분히 다루었다. 관심이 있는 독자는《굶주린 유령의 왕국에서》에 실린 '부록 1: 입양과 쌍둥이 연구 오류'를 참조하기 바란다. 간단히 말해 쌍둥이와 입양에 대한 연구들이 많은 주목을 받기는 했지만 거의 밝혀낸 것이 없다. 쌍둥이 연구가 '밝혀냈다는' 사실에 대한 철저한 반론은 심리학자 제이 조지프(Jay Joseph)가 쓴《쌍둥이 연구의 문제(The Trouble with Twin Studies)》를 참조하라.

치료나 받는 존재로 위상을 하락시키고 평생 약을 먹어 증상이 악화되는 불상사를 낳기도 한다.

정신의학 역시 이런 생물학적 접근 방식을 이용해 다른 분야의 의학과 동일한 실수를 저지른다. 일생의 경험과 감정을 교묘하게 복잡한 과정으로 엮어 '질병'이라는 꼬리표를 붙이고 할 일을 다 했다는 듯 자빠져버린다.

의사가 되기 위한 수련 과정에도 질병의 근원을 추적하지 않는 것은 당연하고 환자의 일생 경험을 알려는 노력은 없다. 시간이나 에너지가 필요하지 않은 간단한 설명은 의사에게 매력적인 피신처다. 의사 중에는 카를 융Carl Jung이 우리의 '그림자'라고 일컬었던 자신의 숨겨진 슬픔과 상처를 마주하기를 극구 기피하는 사람들이 많다. 그런데 의사만 그런 것도 아니다. 동료 의사 중 한 명이 내게 이런 말을 했다. "환자들 역시 이에 동조해서 자신의 삶을 제대로 돌아보려 하지 않아요. 그렇게 되면 회복하면서 모든 것이 바뀌어야 하잖아요. 어린 시절의 경험으로부터 회복하는 건 엄청난 일입니다. 대단히 가치 있는 일이기는 하지만 정말로 많은 노력이 필요하지요." 하지만 모든 게 유전자 때문이라는 복음과도 같은 변명 덕분에 상처를 직접 마주할 일이 없어지니 더욱 질질 끌려다닌다.

오히려 이러한 한계는 정신의학 분야에서 특히 문제가 되고 있지만 제대로 된 근거는 더욱 없다. 암이나 류머티즘성관절염과는 달리 혈액검사나 조직검사, 엑스레이 사진, 초음파 검사 같은 신체검사 결과 때문에 정신의학적 진단이 확정되거나 뒤집힐 일이 없다. 이런 말을 하면 놀라는 독자들이 많을 것이기에 다시 한번 확실히 할 필요가 있다. 자신의 기분이 어떻다는 설명이나 수면 패턴이나 식욕 같은 행동 설명 말고는 정신질환을 측정할 수 있는 **신체적 지표는 존재하지 않는다**.

　모든 개념이 그렇지만 정신질환도 **심상**construct이다. 즉 현상을 이해하고 관찰한 것을 설명하기 위해 개발한 특정한 프레임이라는 뜻이다. 이런 정의는 어떤 면에서는 맞고 다른 면에서는 틀리다. 그리고 결정적으로 객관적이지 못하다. 그냥 놔두면 이 방식이 우리가 인식하고 해석하는 만능 렌즈가 될 수도 있다. 이런 관점을 택하면 보이는 현상뿐 아니라 그런 현상을 발생시킨 문화의 편견과 가치관에 대해 많은 것을 알 수 있다. 그 현상을 종교적 관점에서 '죄스러운' 것으로 보든 생체의학적 관점에서 '정신적으로 아픈' 것으로 보든 상관이 없다.[3] 어떤 문화에서는 미래에 대한 선견지명을 가진 사람은 예언자 또는 주술사가 된다. 우리 문화에서는 미친 것으로 간주될 가능성이 높다. 잔 다르크나 중세의 성인 또는 빙엔의 힐데가르트 같은 성스러운 음악의 작곡가가 현대의 의료 체계하에서 어떻게 버텨나갈지 매우 걱정된다. 나는 전에 수백 명의 청중 앞에서 만일 내가 캐나다 총리에게 당당히 걸어 나가 마치 잔 다르크가 그랬던 것처럼, 미래를 보니 총리가 기후변화에 대응해서 투쟁하는 전 세계적인 지도자가 된다고 예언하면서 우선 화석연료 업계가 지원하는 선거자금을 포기하는 것부터 시작하라고 한다면 무슨 일이 생길지 큰 소리로 예측해본 적이 있다.

　현대사회의 전형적인 좌뇌 중심의 물질주의적 성향은 그렇다고 쳐도 우리는 어떻게 정신질환을 기본적으로 생물학적인 현상이라고 간주하게 되었을까? 부분적으로는 전통 의학에서 애타게 추구하던 것이 완성되지 못한 채 그대로 넘어왔기 때문인 것 같다. 1984년 퓰리처상을 수상한 존 프랭클린Jon Franklin은 이렇게 말했다. "현대의 정신의학은 정확성과 계량화 가능성에서 분자유전학에 비견할 만큼 엄밀한 학문이

되느냐의 기로에 서 있다."⁴ 질병과 건강을 설명하는 데 실패한 유전자 혁명과 마찬가지로 과학에 기반을 두고 정신의학을 설명하려는 노력은 대단했다. 그러나 거의 40년이 흘렀어도 우리는 이 상상의 기로에 조금도 가까이 가지 못했다. 아니 사실은 더 멀어졌다. 2013년 미국 정신의학협회는《정신질환 진단 및 통계 편람 제5판Diagnostic and Statistical Manual of Mental Disorders, DSM-5》을 발행했는데 태스크포스 책임자였던 데이비드 쿠퍼David Kupfer는 기자회견에서 이를 인정했다. "미래에는 완전히 신뢰할 만한 정확한 진단 결과를 제공하는 생물학적 · 유전적 생체지표를 이용해 질병을 발견할 수 있기를 희망합니다. 하지만 우리가 1970년대부터 기대했던 이런 약속은 실망스럽게도 아직 요원합니다. 우리는 수십 년째 환자분들에게 생체지표를 기다리고 있다고 말해왔습니다만 여전히 기다릴 수밖에 없습니다."⁵

하버드 의학전문대학원의 출판국장을 지내고 현재 기자 겸 작가로 활동하는 로버트 휘터커Robert Whitaker는 화학전달물질의 불균형 때문에 정신질환이 발생한다는 이론을 신봉하는 사람이었다. "처음 정신의학과 관련된 글을 쓰기 시작했을 때는 그 이론이 맞는 줄 알았어요. 그러니까 제 말은 안 그럴 이유가 없었다는 거죠." 그의 환상은〈보스턴 글로브Boston Globe〉에서 기자 생활을 할 때 알게 된 연구 결과로 깨지기 시작했다. "사람들한테 이렇게 물어보았어요. '우울증이 세로토닌 때문에 발생한다는 걸 어디에서 발견했는지 또는 도파민 분비가 비정상적으로 많아지면 조울증에 걸린다는 걸 어디에서 보았는지 말해줄 수 있어요?' 출처 논문에서 확인해달라고 해도 연구원들은 '그건 우리가 발견한 게 아니고 그냥 말이 그렇다는 거예요'라고 하더군요. 문제는 그들 연구를 추적해보니 그들이 말한 것이 틀렸다는 점이었어요. 정말 놀라웠죠." 답이 없는 이런 특이한 결과는 그의 저서 《전염병의 해부학 Anatomy of an Epidemic》에 기록되어 있으며 다른 연구 문헌에서도 입증되었다.[6]

마찬가지로 나도 잘못 알고 있었지만 ADHD, 우울증, 양극성장애 진단은 아무것도 설명하지 못한다. **진단으로 설명할 수 있는 것은 아무것도 없다**. 진단은 추상적 개념 또는 요약이다. 때로 도움이 되지만 항상 불완전하다. 진단은 한 사람이 겪을 수 있는 수많은 증상, 또는 어떤 사람의 행동 패턴과 사고, 감정을 다른 사람이 관찰한 결과를 직업적으로 짧게 요약한 것이다. 이 사람에게 진단은 전에 너무나 장황하고 모호해서 정확히 알기 어려운 평생의 경험을 설명해줄 수도 있다. 하지만 이것이 치유를 향한 첫 번째 긍정적인 걸음이 될 수 있다. 나는 이걸 직접 경험했다.

진단이 곧 설명이라고 가정하거나 믿는 순간부터 더 이상 진전은 없다. 특히 사람의 마음처럼 본질적으로 추상적인 무언가의 병에 대해서는 더욱 그렇다. 영국의 심리학자 루시 존스톤Lucy Johnstone은 내게 이런 말을 한 적이 있다. "육체적인 질병은 원칙적으로 점검하는 방법이 있어요. 혈액검사를 해보거나 혈중 효소 농도를 점검하자고 할 수 있어요. 그러고는 결과에 따라 진단을 확정하거나 부정할 수 있지요. 그런데 정신병리학에서는 그냥 논쟁이 무한 반복되는 거예요. 안 그래요? 이 환자는 왜 기분이 왔다 갔다 하나요? 양극성장애가 있어서 그래요. 양극성장애가 있다는 걸 어떻게 알죠? 기분이 왔다 갔다 하니 알죠." 내 마음은 A. A. 밀른A. A. Milne 작품의 주인공인 곰돌이 푸와 피글렛이 눈밭을 걷는데 모퉁이를 돌 때마다 '헤팔럼'(《곰돌이 푸》에서 사람의 꿈을 먹는 코끼리 괴물 - 옮긴이)의 발자취를 발견하고 몸을 떠는 느낌이다.

정신질환의 진단, 특히 어린이의 진단을 반대하는 이유는 그런 진단이 정상적이고 건강한 느낌이나 행동을 '질병 취급'하거나 '문제가 있는 것으로 낙인'찍기 때문이다. 아이들은 지루함을 느끼거나 초조해서도 안 되고 화를 내거나 슬퍼해서도 안 되는가? 나는 그렇다고 답하겠지만 그게 그리 간단하지만은 않다. 과잉 진단이 문제이긴 하나 남의 말을 잘 듣는 부모나 운이 없는 교사, 지나치게 열성적인 교직원, 부도덕한 제약회사 때문에 지난 수십 년간 ADHD 환자가 급증했다는 이야기는 들어보지 못했다. 앞에서도 말했지만 오늘날 아이들이 태어나는 세상은 인식 기능과 감정 조절 기능의 붕괴를 조장하도록 설계된 세상이다. 나는 어린이의 정신 건강에 엄청난 변화가 일어나고 있다는 조짐을 도처에서 본다.

그렇다면 도대체 왜 진단 모델을 계속해서 비판하는가? 진단은 **문제의 인식과 경험을 활성화하는 근원적인 사건과 역학관계**에 대해서는 아무것도 알려주지 않기 때문이다. 진단은 수많은 원인이 아니라 결과만 보도록 의사들을 훈련시킨다. 어린이가 집중을 못하고, 초조해하며, 어울리지 못하고, 안절부절못하는 원인은 여러 가지가 있을 수 있다. 불안, 가정에서의 스트레스, 흥미롭지 않은 자료에 대한 지루함, 교실에 앉아 있어야 하는 제약에 대한 저항, 괴롭힘에 대한 두려움, 권위적인 교사, 트라우마, 그리고 믿기 어렵겠지만 태어난 달도 원인이 된다. 브리티시컬럼비아대학은 거의 100만 명에 달하는 학생들의 처방 기록을 11년 이상 조사한 결과 12월에 태어난 아이들이 그해 1월에 태어난 아이들보다 ADHD에 걸릴 확률이 39퍼센트 더 높다는 것을 밝혀냈다. 이유가 뭘까? 12월생은 1월생보다 거의 1년 일찍 입학한다. 즉 두뇌 발달이 11개월 늦다는 말이다. 따라서 이들에게는 '유전성 뇌 질환'이 아

　　　　　　　　　　　　　　　　정상이라는 환상

니라 주의 및 통제 회로의 자연스러운 발달 지연이 발생한 것이다.[7]

《DSM-5》의 항목 중 하나인 적대적 반항장애ODD는 보통 ADHD 및 기타 '질병' 항목으로 분류된다. "당신의 아이가 자주 화를 내고, 짜증스러워하며, 말로 다투려고 하고 당신이나 다른 어른들을 향해 저항과 분노를 표출한다면 ODD일 가능성이 높습니다"라고 메이오 클리닉은 조언한다.[8] 여기서 중요한 단서는 '~을 향해'라는 말이다. 저항은 관계가 있다는 전제하에서만 발생한다. 혼자서 감기로 고생할 수 있고, 스스로 발목을 부러트릴 수 있다. 나와 어떤 **관계**가 있지 않는 한 나는 누구에게도 반대하거나, 화를 내거나, 짜증을 부릴 수 없다. 나는 강연 도중 치료사, 부모, 교사, 의사 앞에서 가끔 이렇게 말한다. "내 말을 못 믿으시겠다면 오늘 밤 방문을 걸어 잠그고 아무도 못 들어오게 한 다음 누군가에게 저항해보시기 바랍니다. 성공하면 유튜브에 올리세요. 즉시 엄청난 인기를 끌 겁니다."

어린이는 관계 속에서 성장하기 때문에 그 관계의 주변 환경을 보지 않으면 어린이의 행동을 제대로 이해하기 어렵다. 이런 관점에서 보면 소위 적대적 반항장애 아동은 돌봐주는 어른과 충분한 관계를 형성하지 못해 별로 친하지 않고 완전히 신뢰하기 어려운 어른에게 통제받는 것을 자연적으로 거부하는 성향을 보이는 것이다. 이를 '장애'라고 간주하면 어린이의 내적인 경험에 대해서는 아무것도 알 수 없다. 단지 이 말 안 듣는 아이가 불편한 사람의 관점에서 본 것에 지나지 않는다. 또한 감정이 어떻게 작용하는지에 대해서도 전혀 알 수 없다. 이유가 뭐든 믿기 어렵고 같이 있으면 안전하다고 느끼기 어려운 어른에게 저항하는 것은 전혀 장애가 아니다.

점점 더 많은 젊은이들이 자연스럽게 반항적인 태도를 취한다면 우리는 이런 질문을 해야 한다. "우리 문화는 어떻게 어른과 아이 사이의 건강한 관계를 붕괴시키는가? 왜 우리는 가정과 지역사회, 학교 그리고 사회를 진단하고 치료하지 않고 어린이들을 '장애'가 있다고 진단하는가?"

심리학자이자 작가, 트라우마 연구자로 활약하는 브루스 페리 박사*는 진단을 거의 무시하는 단계까지 이르렀다. 이는 별생각 없이 반사적으로 나온 편견이 아니다. 몇십 년간 수만 명의 아픈 아이들을 진찰하고 우리가 '질환'이라고 부르는 증상에 대해 방대한 양의 논문을 집필한 결과 박사는 자기 분야의 규범과 관행을 중요하지 않게 생각하게 된 것이다. 페리 박사는 내게 이런 말을 했다. "처음 정신의학에 입문했을 때 진단이 생리학과 관계가 없다는 것을 바로 알 수 있었어요. 진단은 단지 묘사하는 데 불과하며 예를 들어 주의집중 문제를 가진 사람에게는 수많은 생리적 접근 방법이 있다는 걸 알았죠. 하지만 의사들은 이런 수준의 묘사가 **정말로 존재하는** 것처럼 행동했어요. 하지만 난 알았어요. 진단이라는 의미 없는 묘사어를 사용해서 중재와 결과를 연구한다면 쓰레기를 얻을 뿐이라는 걸 알았죠. 하지만 우리는 계속 그렇게 해왔어요."

최근 들어 페리 박사는 "《DSM》에 의존하는 것도 완전히 잘못되었다"고 완강하게 주장한다. 《DSM》 집필에 참여해달라는 요청을 받았지만 거절했다. "그 사람들한테 이렇게 말했어요. '보세요, 사반세기만 지나도 후손들은 우리가 이런 식으로 사람들을 생각했다는 것을 믿지

---

* 텍사스 휴스턴 소재 아동 트라우마 아카데미의 선임연구원이며 시카고의 페인버그 의대 심리학/행동과학 교수다. 최근 오프라 윈프리(Oprah Winfrey)와 공동 집필한 《당신에게 무슨 일이 있었나요?(What Happened to You?)》는 베스트셀러가 되기도 했다.

못할 겁니다. 사람은 그렇게 간단한 존재가 아닙니다'라고요." 박사는 병원에서 자신이 가르치는 내용 그대로 실천했다. "우리는 15년, 20년 동안 진단을 내리지 않았지만 그 때문에 제대로 치료하지 못한 건 하나도 없어요. 사실은 그런 딱지 없어도 더 잘할 수 있어요."

가정의로서의 경험과 인간 개발에 대한 이해를 바탕으로 나 역시 동일한 노선을 추구했다. 우울증이나 불안장애, ADHD, 중독 같은 정신 질환을 다룰 때는 그런 공식적인 진단명에 별 관심이 없다. 내 '진단적' 관심은 살면서 환자가 겪고 있는 특정한 구체적인 어려움과 이를 유발시킨 트라우마에 있다. '처방'은 지속되는 트라우마로 생기는 정신적 상처를 치료하는 데 집중한다.

이제 어쩌면 놀랄 수도 있는 주장을 하나 하겠다. 나는 약이 효과가 없다고 주장하는 사람은 아니다. 정신과 약의 유익한 효과를 경험한 사람이라면 다른 분야에서와 마찬가지로 신경생물학이 정신적 고통을 덜어주는 데 커다란 역할을 한다는 점을 부인할 수 없을 것이다. 때로는 이런 약들을 잘 사용하면 내가 지금 말한 증상의 치료에 도움이 될 것이다. 단 도움이 된다는 뜻이지 치료가 된다는 뜻은 아니다. 이는 의사로서의 의견일 뿐 아니라 개인적인 경험이기도 하다.

40대 중반에 세로토닌 농도를 높여준다는 프로작을 복용하기로 했다. (뇌의 주요 화학전달물질 중 세로토닌은 감정 조절과 공격성 완화에 커다란 역할을 한다고 알려져 있다.) 수백만 명이 먹는다는 이 약의 효과를 의심하면서도 고통스러운 마음 상태로부터 벗어나고픈 마음이 너무 컸다. 당시 내 일기장에는 이런 글이 있을 정도였다. **"살아나갈 에너지가 하나도 없다. 지난 두 달간 모든 주말을 무기력하고 시무룩한 상태로 보냈다. 나도 우울하고, 같이 있는 다른 사람도 우울하게 한다."**

그런데 곧 나는 다른 사람이 됐다. 며칠 안 지났는데 아내가 내 표정이 부드러워졌다며 좋아했다. 아침이 되면 짜증 대신 활기가 넘쳤고, 가족들에게 화를 덜 내며, 훨씬 많이 웃고, 전에 차갑고 까다로웠다면 이제는 온화함을 느끼고 표현할 수 있었다. 마치 조금만 닿아도 쓰라린 상처에 누가 반창고를 붙여 더 이상 안 아픈 것 같았다. 처제도 나를 보고 놀랄 정도였다. "이렇게 느끼는 게 정상이라고? 전혀 몰랐어!" 내 경험은 1994년 엘리자베스 위첼이 자신의 개인 경험을 담은《프로작 네이션Prozac Nation》에서 한 묘사와 비슷하다. "어느 날 아침에 일어나 보니 정말로 살고 싶은 마음이 들었다. 서서히 해가 뜨면 샌프란시스코의 안개가 걷히듯 내게서 우울한 기운이 걷히는 느낌이었다. 프로작 때문이었을까? 물론이다."

새로운 것에 빠진 사람들이 다 그렇듯 나도 처음에는 가만히 있다가 금방 이 약을 열심히 홍보하기 시작했다. 의료 행위를 하면서 일종의 프로작 홍보맨이 되어 단지 불만이 많은 사람들에게서 질병을 찾으려는 실수를 범하고 말았다. "뇌에 화학물질의 균형이 깨졌습니다. 세로토닌이 부족한데요." 우울증 증상이 있는 환자들에게 처방전을 쓸 만반의 준비를 하고 이런 식으로 진지하게 설명하곤 했다. 하지만 과학적으로 근거가 없는 말을 한다는 생각은 전혀 들지 않았다. 적어도 짧은 기간만큼은 약이 도움 되는 게 맞기도 하다. 또한 신경정신과 약물이 삶의 질을 개선하고 심지어 사람의 생명을 구하는 경우도 보았다. 하지만 약물이 (경우에 따라) 관찰 가능한 효과를 보인다고 해서 그로부터 정신질환의 입증된 **원인**이 뇌의 생화학물질이라고 추론하는 오류를 저질러서는 안 된다. 생리학적 문제가 유전적으로 유발된다는 추론의 오류는 말할 것도 없다.

　　　　　　　　　　　　　　정상이라는 환상

어떤 약물이 효과가 있다는 주장은 증상의 기원에 대해 아무것도 밝혀내지 못한다. 아스피린이 두통에 효과가 있다고 해서 머릿속에 아스피린의 주요 원료인 아세틸살리실산이 선천적으로 부족하기 때문에 두통이 생긴다고 주장할 수 있을까? 버번 위스키 한 잔으로 긴장이 풀어진다면 당신의 신경체계에 DNA에 새겨진 위스키 성분이 부족하다고 말할 수 있을까? 인간의 두뇌 속에는 50여 가지 이상의 신경전달물질이 있지만 이들의 복잡한 상호작용을 우리는 이제 겨우 알아가기 시작했으니 신체와 뇌의 작용이 겹치는 순간의 경험에서 배울 수 있는 거의 무한한 가능성에 대해서는 말할 것도 없다. 다시 한번 강조하지만 뇌의 생리작용은 환경 내에서 움직이는 삶이 표출된 것이다.

더 나아가 브루스 페리는 이렇게 말했다. "뇌는 역사를 담고 있는 기관이다. 그 안에는 우리의 이야기가 저장되어 있다." 화학물질과 신경망의 형태로 저장하고 있기 때문에 힘든 경험이 불안정한 신경생물학적 결과를 낳는 것은 놀랄 일이 아니다. 심한 트라우마를 경험한 사람들에게서 보듯 두뇌를 단층 촬영한 결과 이상이 발생된다 하더라도 그 결과가 "질환"에 신경화학적인 **근원**이 있음을 입증하지는 못한다. 최근에 출생부터 29세까지 30년에 걸친 연구 결과가 발표되었다. 유아기에 적정한 양육을 받지 못하면 30년 후에 정서적으로 중요한 측두엽 해마의 크기가 커져서 "경계성 인격" 특징과 자살 성향이 나타날 확률이 높다고 한다. 다시 말해, 뇌의 유전자는 "질병"도, 신경생리학적 부조화도 "발생시키지" 않으며 모든 것은 살면서 얻은 경험의 결과라는 뜻이다.[9]

영국 작가인 요한 하리Johann Hari는 중독과 우울증을 개인 및 기자의 두 가지 관점에서 연구했다. 그는 자신의 베스트셀러《물어봐줘서 고마

위요Lost Connections》에서 지독한 우울증으로 고생한 이야기 그리고 맨 처음 우울증 진단을 받았을 때의 희열에 대해 이야기한다. "이상하게 들리겠지만 그 순간 마치 소파 뒤에서 돈다발을 발견한 것처럼 좋았다. 이런 느낌을 부르는 용어가 있다. 당뇨병이나 과민성대장증후군처럼 질병이라고 한다."

나도 그랬지만 하리도 처음 약을 복용하고 효과가 좋았다.《물어봐줘서 고마워요》에서 그는 이렇게 고백했다. "몇 년쯤 지난 후 의사가 그날 묻지 않은 걸 어떤 사람이 물어보았다. 이렇게 고통받아야 할 이유가 있나요? 당신의 삶에 무슨 일이 생겼나요? 지금 아파서 변화시키고 싶은 게 있어요?" 정답은 모두 '예스'였다. 그에게는 과거의 트라우마와 현재의 스트레스 모두 있었고 그는 이를 '정상'의 일부라고 생각했다. 시간이 지나면서 그는 어떻게든 증상을 버티게 도와주었던 협의의 의학적 모델 때문에 치료로부터 더욱 멀어진다는 걸 깨달았다. 그가 생물학적 접근 방법에 완전히 질린 것은 아니었지만 "이로 인해 고통을 받는 이유와 해결 방식에 대해 상식에 입각한 통찰력이 사라졌다는 점이 슬펐습니다. 어떻게 표현해야 할지 모르겠는데 정말로 그것 때문에 자신의 고통을 정확히 이해하기 어려워졌습니다"라고 내게 털어놓았다.

어린 시절의 고통이 클수록 정신병을 비롯한 정신질환으로 고생할 확률이 높다는 것은 누구도 의심하지 않는다. 연구에 의하면 어릴 때 여러 형태의 학대를 당한 경험이 있는 사람들은 그렇지 않은 사람들보다 정신병 진단을 받을 확률이 몇 배 더 높다.[10] 2018년 학술지 〈조현병회보Schizophrenia Bulletin〉는 어릴 때 겪은 트라우마의 상처가 깊을수록 망상과 환각 증상이 심각하다는 내용의 논문을 게재했다.[11] 임상심리학자이며 영국학술원 회원인 리처드 벤탈Richard Bentall 교수는 몇 년 전에

이 과학적 사실을 요약했다. "어린 시절의 학대와 성인이 된 이후 정신 질환 사이 연관성에 대한 증거는 통계적으로 흡연과 폐암 사이 연관성만큼이나 강력하다. 또한 이러한 종류의 경험이 뇌 구조에 영향을 끼친다는 증거도 강력하며, 이는 정신과 환자에게서 비정상적인 뇌 신경 영상이 많이 나타나는 것을 설명한다."[12] 하버드대학의 연구 결과도 이와 흡사하다. "이러한 뇌의 변화는 **난관에 봉착했을 때 생존과 번식을 용이하게 하기 위한 적응반응**으로 이해할 수 있다. 뇌의 변화와 정신병리학의 연결 관계는 복잡 미묘하다."[13]

정신질환자를 치료하는 의사들은 잘 알고 있지만 논문을 검토하는 학자들이 말하려 하지 않는 것이 있다. 바로 뇌의 신경생물학적 작용, 즉 마음의 작용 기능에 부정적 영향을 미치는 것이 단지 학대만이 아니라는 것이다. 신경생물학은 '정신질환' 및 건강과 마찬가지로 연속체다. 학대나 방임이 **아니더라도** 성장하면서 입는 감정적 상처는 생리적으로 안 좋은 결과를 낳을 수 있다. 페리 박사는 어린 시절의 학대 경험이 아동기 학대 경험ACE 연구에서 큰 비중을 차지할 정도로 중요하기는 하지만 "관계의 역사만큼 결정적이지는 않으며 …… 현재 당신의 기능을 가장 잘 알려주는 예측 변수는 현재 당신과 연결된 사람이고 그다음 강력한 변수는 당신이 과거에 연결되었던 사람입니다"라고 말한다.

✢ ✢ ✢

"그렇게 까다롭게 굴지 좀 마"라는 말을 듣는 사람들이 있다. 이 말은 "너 자신에게 그렇게 충실하지 좀 마"라는 뜻이다. 유전자가 예민하다고 반드시 병에 걸리지는 않지만 이런 사람들은 강인한 성격을 가진 사람들보다 삶의 부침에 보다 많은 영향을 받는다. 절대로 무시할 만한 영향이 아니다. 예민한 사람들은 보다 많이, 보다 깊이 느끼며 주관적으로 그리고 생리적으로도 스트레스에 쉽게 압도된다. 원숭이나 인간이나 공히 부정적 경험에 보다 민감한 뇌 화학물질을 가진 유전자를 물려받을 수 있으며 반대로 긍정적 경험을 보다 잘 받아들이는 유전자를 물려받을 수도 있다(그리고 물론 민감성 역시 연속적인 개념이다).

저명한 유전학자 리처드 르원틴Richard Lewontin은 이렇게 말한다. "유전자는 환경에 대한 민감성을 결정하며 환경은 유전자의 차이가 얼마나 중요한지를 결정한다. 환경이 바뀌면 모든 예측은 의미가 없어진다."[14] 고통을 더 심하게 느끼기 때문에 정신질환이나 중독 같은 피난처로 도피하고 싶은 마음이 큰 사람들이 있다. 이런 사람들은 견디기 힘든 현실을 받아들이기 위해 현실을 부정하거나, 현실에서 도피하고, 여러 자아로 분리하고, 환상을 만들어낸다. 그러나 그렇다고 해서 이들이 유전 가능한 신경생물학적 질병을 가지고 있다고는 말할 수 없다. 샌프란시스코 캘리포니아 대학의 소아과/신경정신과 교수인 톰 보이스Tom Boyce는 이런 아이들을 **난초**에 비유했다. 즉 "극도로 환경에 민감해서 고통스러운 상황에 특히 취약하지만 성장을 보살피고 지원하는 환경에서는 일반적으로 활력이 넘치고 창의적이며 성공한다"는 것이다.[15] 스트레스가 심한 상황에서 정신적 고통을 악화시키는 바로 그 '민감성' 유전자가 양호한 환경에서는 정신적 회복력을 강화시켜 궁극적으로 행복감을 가져다주는 역할을 한다.[16] 민감성이 학대나 무시로 상처받지 않는 한 이런 사람들은 보다 지혜롭고 창조적이며, 예술적이고, 너그러워질 가능성이 크다. 우리 문화에 엄청난 기여를 한 사람들은 가장 민감했던 사람들이지만 동시에 이들은 살면서 극심한 고통을 느꼈다.

　　　　　　　　　　　　　　　　정상이라는 환상

민감성은 재능과 저주가 함께 들어간 전형적인 세트 메뉴라고 할 수 있다.

내가 만나본 정신질환자들은 때로는 놀랄 만큼 이런 특징을 잘 보여준다. 의대 재학생 시절에 내 또래의 환자와 나눈 대화는 아직도 기억이 생생하다. 키가 크고 머리는 산발이었던 그 사람은 돈이 나오는 프로젝트 때문에 의미 없는 질문을 던지는 내 모습을 뚫어지게 쳐다보았다. 하지만 나는 속으로 그가 삶과 사회, 존재의 비결, 인간에 대해 갖고 있는 통찰력에 매료되어 있었다. 그의 말을 들으면서 내게도 이런 지혜가 있으면 얼마나 좋을까 생각했다. "당신이 생각하는 것은 진실이 아닙니다." 그가 갑자기 끼어들었다. "내가 당신보다 더 똑똑하다는 건 사실이 아니에요."

❖ ❖ ❖

유전자와 관련해서 온갖 미디어에서 그렇게 떠들어대고 학계에서는 풍부한 자금으로 그렇게 DNA 연구를 해도 아직 그 누구도 정신질환을 일으키는 유전자나 특정한 정신상태를 야기하는 유전자를 발견하지 못했다. 제하닌 오스틴Jehannine Austin은 교수 겸 연구자로 밴쿠버에서 정신 건강을 위한 유전자 카운슬링을 한다.*

"어떤 정신질환에 더 취약하게 만드는 유전자는 모든 사람에게 있습니다." 하지만 이 유전자는 "어떤 문제를 일으키기에는 아주아주 멀리

---

* 제하닌 오스틴 교수는 캐나다 학술원 회원이며 박사학위를 보유하고 있다. 브리티시컬럼비아대학의 정신의학 및 의학유전학과 교수 겸 연구소장이며 정신건강 및 약물사용 연구재단의 집행이사도 맡고 있다.

떨어져 있습니다. …… 그야말로 **살아가는 동안 어떤 일이 일어났는지**가 고통을 겪는 사람과 그렇지 않은 사람으로 나뉘게 하죠." 오스틴 교수가 내게 한 말이다.

유전자에서 어떤 원인을 찾는 노력에는 눈에 보이는 것 이상의 무엇이 있다고 생각한다. 이미 내가 다룬 요소들이 있다. 한편으로는 트라우마를 정면으로 마주하는 데 대한 두려움이고, 다른 한편으로는 발달 심리학을 도외시하기 때문이다. 또한 간단하고 이해하기 쉬운 답변을 선호하고 거의 모든 것에서 일대일 답변을 찾으려는 성향도 한몫한다. 하지만 우리의 삶은 경이로울 정도로 복잡해서 그렇게 단순화시키기 어렵다.

유전자 이론에 집착하는 또 다른 심리적 · 사회적 요인도 있다. 첫 번째는 우리 모두 잘 아는 것이다. 우리 모두는 책임지는 걸 싫어한다. 개인으로서 자신의 행위에 대해, 부모로서 아이들의 상처에 대해, 사회로서 여러 가지 모순점에 대해 우리는 가급적 책임 문제에서 멀리 떨어지고 싶어 한다. 이때 자연이 만든 중립적이고 사심 없는 시녀 같은 유전자라는 존재가 책임과 죄의식이라는 음울한 그림자로부터 우리를 자유롭게 한다. 마치 변덕스럽고 속 좁은 신처럼 유전자가 우리의 운명을 지배한다면 우리는 모든 책임에서 자유로워진다.

유전자 논쟁은 그것이 없었더라면 설명하기 곤란했을 사회적 불평등과 부당성을 정당화하는 데도 이용된다. 골상학이나 우생학 같은 과거의 엉터리 학문이 그랬던 것처럼 이런 논쟁도 전통적으로 하는 역할이 있다. 중독이나 정신질환 현상이 생물학적으로 물려받은 유전에 의해 결정된다면, 사회적 환경이 어린 자녀를 둔 부모를 어떻게 지원하는지, 사회적 태도나 편견이나 정책이 인구의 일정 부분에 어떻게 부담과 스트레스를 주고 소외시키는지, 그리고 그렇게 해서 얼마나 더 많은 고통을 주는지 살펴볼 필요가 없어진다. 루이스 메난드Louis Menand는 〈뉴요커〉에 기고한 글에서 이를 잘 표현했다. "'모든 것은 유전자에 있다.' 이는 **기존 질서를 위협하지 않으면서** 기존 질서를 설명하는 방법이다. 왜 지구상에서 가장 자유롭고 부유한 국가의 국민이 행복을 느끼지 못하고 반사회적인 행동을 하지? 시스템 때문일 리 없어. 분명 어딘가 배선에 결함이 있는 거야."[17]

하지만 여기에는 명백한 모순이 있다. 개인적 책임이나 사회적 평가가 주는 불편함에서 벗어나기 위해 유전자적 결정론에 집착할수록 우리는 급격히 그리고 불필요하게 모든 종류의 고통에서 아무런 역할도 하지 못하게 된다. 쓸데없는 죄의식이나 비난이 없이도 전적으로 책임을 떠안게 될 수 있다. 더욱 안타까운 점은 우리의 정신 건강이 유전자에 좌우되지 않는다는 뉴스가 사라지면 우리는 더 이상 유전자의 희생물이라고 주장할 수 없게 된다. 반대로 우리 각자 그리고 모두가 할 수 있는 일은 매우 많다.

마음은 놀라운 일을 만들어낼 수 있다: 광기부터 의미까지

광기와 정상을 구별하는 선은 당신이 어디에 서 있느냐에 따라 달라져야 한다. 이쪽에서 보면 미쳤지만 다른 쪽에서 보면 정상으로 보일 수도 있다.

- 리처드 벤탈, 《광기를 설명하다Madness Explained》

정신질환을 병으로 보지 않는다면 도대체 무엇으로 보아야 할까? 내가 선호하게 된 방식은 '질병'이라는 우산 밑에 있는 다른 병을 다루는 방법과 동일하다. 즉 질병을 외부에서 온 침입자가 아니고 그 질병이 발생한 삶을 표현하는 것으로 간주하는 방법이다. 이런 방식은 한 사람의 감정적 세계와 인격 내에서 원치 않는 공간을 차지하는 질병을 보다 직관적으로 볼 수 있도록 해준다.

우선 지금 현재 많은 관심을 받고 있으며 나도 잘 알고 있는 우울증depression부터 시작해보자. 무언가를 억제depress한다는 것은 수영장에서 비치볼을 누르듯 아래로 누른다는 뜻이다. 이 비유가 좋은 게 공을 물속으로 밀어 넣는 게 얼마나 힘든지 해본 사람들은 다 알기 때문이다.

물속에 계속 공을 잡아놓는 건 쉬운 일이 아니다.

우울증에 걸렸을 때 억제되는 것은 그것이 없기 때문에 쉽게 눈에 띈다. 바로 우리가 살아 있다는 것을 일깨워주는 연속적인 느낌의 흐름인 감정이다. 비치볼과 씨름하는 사람과 달리 우울한 사람은 삶의 에너지를 가라앉히려 하지 않는다. 대신 한때 화려했던 감정이 사막처럼 황량해진다. 대개 남아 있는 유일한 '느낌'은 감정이라기보다는 감각이며 모든 것을 삼킬 것처럼 위협하며 멀리서 울리는 고통이다. 이 감정의 억압을 질병이라고 한다면 그것이 가진 원래의 적응 기능을 못 보고 지나갈 수도 있다. 경험해야 할 시기에 고통스럽다고 감정을 피하는 것은 화를 자초하는 일이다. 내가 애착과 진정성 사이의 비극적 갈등에 대해 이야기한 것을 기억해보기 바란다. 가장 가까운 관계가 위협당한다고 느끼면 우리는 억압한다. 아니 보다 정확히 말하면 **우리가** 억압하는 게 아니다. 우리 마음이 우리를 대신해서 자동적·무의식적으로 억압하는 것이다.

나 자신의 우울증은 쉽게 알아볼 수 있다. 어릴 때부터 모아온 내 사진 앨범에는 얼굴 어디에도 웃음기라고는 찾아볼 수 없다. 시무룩하지 않으면 나이에 걸맞지 않게 심각한 사진뿐이다. 전쟁과 학살의 시대에 나는 슬픔과 공포에 휩싸인 어머니의 감정을 흡수했다. 어린 시절의 사진에 그것이 나타난다. 심리학자 겸 영적 지도자인 A. H. 알마스A. H. Almaas는 이렇게 말한다. "어린이는 …… 엄마의 몸 안에서 또는 같이 있는 사람에게서 긴장과 경직 그리고 고통을 느낄 수 있다. 엄마가 고통받으면 아이도 고통받는다. 고통이 사라지는 법은 없다."[1] 그 고통을 온전히 다 느꼈다면 도저히 견디지 못했을 것이다. 어떤 아이도 그렇게 할 수 없다. 게다가 한 살도 안 된 나이에 어머니와 별도로 슬픔과 분노를 담을 공간도 없었다.

앞에서도 언급했지만 자신으로부터 분리하기 위해 내 영아기와 유아기 같은 극단적인 경험이 필요한 것은 아니다. 가장 위험하고, 그렇기 때문에 가장 기피하는 두 가지 감정은 통렬한 슬픔과 건강한 분노로서 이들은 자주 '부정적'이라는 타이틀이 붙는다.* 물론 아이는 환희나 정열 또는 자부심을 억눌러야 할 때도 있다. 바로 이런 감정이 반감과 질투심을 불러일으키거나 부모 자신이 극심한 스트레스나 우울증으로 고통받고 있어 전혀 이해하지 못할 때다. 어느 방법이든 거부된 감정을 억제하는 것이 취약성으로부터 탈출해서 자신과 주위 상황 사이의 고통스러운 분열을 피하는 가장 확실한 방법이다. 하지만 여기에도 함정이 있다. 의식 아래로 억제할 감정을 우리 마음대로 선택할 수 없으며 용도가 끝났다고 작용 방향을 의도적으로 뒤집을 수 없다는 것이다. 미국 소설가 솔 벨로Saul Bellow는 《오기 마치의 모험The Adventures of Augie March》에서 이렇게 말한다. "누구나 억압에는 정밀함이나 정확성이 없다는 것을 잘 알고 있다. 무엇을 누르면 그 언저리도 같이 눌린다." 이렇듯 어떤 상황에서는 적응하는 행위가 될 수 있는 감정의 억압이 삶과 동떨어진 만성적 분리 상태가 될 수 있다. 뇌에 프로그램되어 성격의 일부가 된다는 것이다.

두뇌 감정 시스템의 생물적 작용을 누구보다 심도 있게 연구했던 신경과학자 자크 판크세프는 생리적 질병 모델을 준엄하게 비판한다. "우울증을 '화학적 불균형'으로 설명하는 이론은 의미가 없다. …… 모든 생명체와 비생명체에는 '화학적 불균형'의 문제가 있다"고 지적한다.

---

* 이와 대조적으로 우리 뇌에는 진화적으로 프로그램화된 분노(RAGE)와 슬픔(GRIEF) 회로가 있음을 떠올려보라.

그는 또한 우울증을 단절에 대한 적응반응으로 보았다. 이는 고통에서 탈출하기 위해 생리학적 "폐쇄 기전"이 작용하는 것과 같은 원리인데 "지속되면 새끼 포유류가 위험해진다."[2] 즉 우울증은 유전된 질병이 밖으로 나타나는 것이 아니라 슬픔과 분노를 가라앉히고 위험한 행동을 억제하기 위한 대응기제로 나타나는 것이다. 우울증에 신경전달물질이 전혀 관련이 없다는 뜻은 아니다. 다만 이 물질이 우울증의 주요 **원인**이 아니라 여기에 경험이 **반영**되어 있다는 것이다. 뇌 문제에는 성장기의 존재에 대한 스트레스가 반영되어 있으며 한번 문제가 생기면 살면서 계속 스트레스의 원인이 된다. 그래서 판크세프 박사가 "우울성 질환의 다양한 증상과 변종이 생긴다"고 결론 내린 것이다.

내 정신 건강 문제가 특정한 역사적 상황을 배경으로 태어난 가족에서 기원한다는 것을 알게 되면서 나는 엄청난 변화를 경험해왔다. 또한 어디를 보든, 어떤 '질병'을 연구하든, 그 상태가 아무리 심각하든지 상관없이 일반적으로 적용된다는 것을 알았다. 사실은 문제가 심할수록 원인을 찾기가 더 쉬웠다. 우울증부터 조현병, 주의력결핍과잉행동장애와 섭식장애 그리고 자해 행위까지 조사를 해보면 다양한 정신 건강상의 문제에는 다 의미가 있었다.

❖ ❖ ❖

"임상심리학자가 되기 전에 나는 중증 정신질환자라는 진단을 받았다." 뉴욕의 치료사인 노엘 헌터Noël Hunter는 자신의 저서인 《정신 건강 서비스에서의 트라우마와 광기Trauma and Madness in Mental Health Services》에서 이렇게 회상했다. 도움을 구하기 전 20대 초반에 헌터는 극심한 고통과 "조종당하는 느낌"으로 힘들어했다. 헌터 박사가 내게 말했다. "나는 제정신이 아니었고 강제 입원될까 봐 매우 겁이 났어요. 심리학자, 사회복지사, 정신과 의사도 여러 명 만나봤는데 증상이 여덟 가지나 된다고 하더군요." 의사는 다섯 종류의 약을 처방하면서 평생 복용해야 한다고 했다. 헌터는 책에 "혹시나 유전적 결함을 물려줄까 봐 아이를 가지는 것도 두려웠다. 가족 전체에 엄청난 수준의 학대가 있었고, 돌봄과 사랑 대신 냉혹함과 탐욕이 넘쳤으며, 정서적 방임은 모든 것이 부적절해 보이는 지나친 간섭에 의해서만 균형이 잡혔다"라고 썼다.[3] 찾아보니 그 의미는 명확했고 어디에도 비정상적인 것은 없었다. 헌터의 '피해망상'은 어린 시절의 경험이 감정에 그대로 정확하게 남겨진 것이었다. 자세한 이야기는 하지 않았지만 어려서 아무런 힘이 없을 때 힘세고 적대적인 사람에게 시달린 적이 있었다. 그 경험은 고통스럽고 무서웠으며 정상적인 신경세포의 성장을 방해하고 현실감을 왜곡시켰다.

사람의 마음은 의미를 만드는 작용이다. 마음은 예민한 시기라면 포용할 수 없는 감정을 이해할 수 있도록 스토리를 만들어낸다. 하지만 개인이 하지 않은 이야기에서 감정은 진짜였고 지금도 진짜다. 그 감정은 헌터가 '조종당한다'고 느꼈던 것처럼 여러 가지 다른 방법으로 표출될 수 있다. 하지만 다른 사람에게는 그런 이야기를 하는 사람이 완전히 미친 사람으로 비친다. "기상천외한 것으로 보이기 때문에 '완전히 이해 불가'라고 말합니다"라고 헌터가 자신의 경험을 말한다. 그러나 내 경험에 의하면 피해망상적 환상의 내용이 아닌 감정적 질감과 성장의 역사에서 진실을 찾는다면 헌터와 같은 증상을 가진 환자의 이야기는 항상 완벽하게 일관된다. 이러한 일관성을 알게 되고 이를 자아감과 통합시키자 헌터는 자신을 다르게 이해하고 조절할 수 있었다. 오늘날 헌터는 '평생' 먹어야 한다던 약을 끊은 지 오래되었다. 나는 이러한 사례를 많이 보았고 많이 알고 있다.

최근 공인 치료사 자격을 땄으며 현재 심리학 석사과정을 밟고 있는 40세의 레슬리는 17세부터 30대 중반까지 10여 차례 자살을 시도하거나 자해를 했다. 만성적인 불면증에 시달렸으며 시도 때도 없이 울기도 하고 인간관계를 유지하기가 힘들었다. 그의 의무기록은 만성 우울증, 경계성 인격장애, 기분 부전 장애, 공황장애, ADHD, 양극성장애 등 《DSM》의 항목들로 꽉 차 있었다. 또한 만성 방광염과 섬유조직염 진단도 받았다. 두 종류의 항우울제, 항정신병약물, 벤조디아제핀계 안정제 등 다섯 가지 정신질환약을 복용했으며 신체적 고통을 경감시키기 위한 세 번째 항우울제를 소염진통제와 함께 처방받기도 했다.

레슬리는 이제 어떤 약도 복용하지 않고 다방면으로 영향을 주는 고통으로부터 의미를 찾는 데 주력하고 있다. 자신이 아무 쓸모도 없다는 믿음은 자신을 보호하기 위한 전략이 잘못 비틀어진 것이었다. 이상하게 들리겠지만 그건 최악의 선택지 중 최선이었다. 레슬리처럼 고통에 시달리는 아이에게는(다시 말하지만, 세부 사항보다 윤곽이 더 중요하다) 괴로움을 처리하는 두 가지 선택지가 있다. 하나는 아이가 사랑을 의존하는 사람이 무능력하고 사악하거나 적합하지 않다고 결론을 내리고는 이 무서운 세상에 혼자 남는 거고, 다른 하나는 모든 잘못이 자신에게 있다고 결론 내리는 것이다. 후자의 방식이 고통스럽기는 하지만 아무런 힘도 없고 도와줄 사람도 없이 생명이 위협에 처하는 상황인 전자의 방식보다는 훨씬 낫다. 이 첫 번째 방식에는 사실 아무런 선택권도 없다. '내 잘못이야. 내가 나빴어'라고 생각하면 그나마 더 나은 게, '내가 열심히 하고 잘하면 사랑받을 수 있어'라는 가능성을 믿을 수 있기 때문이다. 그래서 심지어 정신적인 문제나 중독 문제를 가진 사람에게서 거의 보편적으로 나타나는 자신의 무가치함에 대한 믿음도 대응 기제로 이용할 수 있게 된다. 이는 30장에서 다시 다루겠다.

그러면 레슬리의 만성적인 공황장애는 어떻게 된 것인가? 레슬리의 소위 '뇌 질환'은 사실 상처에 놀란 정신이 밖으로 표출된 것이었다. 즉 어린이의 두뇌가 초각성 상태의 공포 상황에 적응하는 것이었다. 이런 식으로 고통에 적응하는 것이 습관화되면 진짜로 심각한 위협 상황과 덜 심각한 위협 상황 또는 안전한 상황을 구별하지 못한다. 안전 상황과 위협 상황을 구별하는 능력은 안전한 상황에서 건전한 방식으로 진화하게 마련이지만 초기의 불안 상태가 지속되면 그 능력이 사라진다. 그렇게 되면 아무런 위협이 없을 때도 공격받는다고 느끼거나 반대로 위험이 닥쳐도 이를 알아차리지 못하게 된다.[4]

레슬리는 자신의 자해 충동에 대해서도 동정심을 갖게 되었다. "자해 충동은 심각한 고통으로부터 나를 보호하려 했고 고통을 느끼지 못하도록 했어요." 자해에는 어릴 때 엄마한테 맞았던 것처럼 가죽 벨트로 자신을 때리는 행위도 포함되어 있었다. 레슬리에게 왜 그랬느냐고 물어보니 "그렇게 하면 조금 차분해지고 나 자신이 조절되는 느낌이 들었어요"라고 했다. 충격적이지만 사실이다. 우리 자신을 엄청난 혼란 속으로 던져버리는 것 같은 이런 정신상태와 행동이 사실은 우리의 신경체계를 **통제해서** 몸과 마음에 평정 상태를 불러오기 위한 시도로 시작된다.

자해하는 젊은이들이 늘어나고 있다. 그런 행위의 원인으로 '정신질환'을 인정하지 않는다면 우리는 대신 이런 질문을 해야 할 것이다. 사람들은 왜 자신을 해치는 행위를 할까? 레슬리의 사례에서 보았듯 역설적이지만 이런 행동은 자신을 누그러뜨리는 역할을 한다. 단기적으로 위안을 가져다준다. 자해에 의지하는 사람이 점점 늘어나는 현상은 갈수록 스트레스와 트라우마가 우리를 지배한다는 신호다. 코미디언 대럴 해먼드는 내게 자해가 "머릿속에서 발생하는 내면의 공포보다는 훨씬 더 다루기 쉬워요"라고 말했다. "자해한 사람의 팔을 보면 자살하려고 그은 게 아니에요. 죽을 목적으로 그런 게 아니에요. 그건 '내가 너무 힘들다는 걸 좀 알아줘' 또는 '상처에 응급처치를 해서 반창고를 붙이고 닦고 하면 아프기는 하지만 견딜 만할 거야. 하지만 내 머릿속의 상처는 어쩔 수 없어'라는 뜻이에요." 캐나다 원주민 작가 헬렌 노트Helen Knott는 이런 과정을 다음과 같이 신랄하게 묘사했다. "날카로운 칼날이 피부 위를 긁고 지나가는 순간 나 자신에 대해 품고 있던 증오가 날아가는 것 같았다. 피부가 벌어지는 순간 마치 속에서 엉망으로 얽혀 있던 감정이 밖으로 분출되어 나가는 느낌이었다. …… 난 죽고 싶지 않았다. 자해는 죽으려고 하는 게 아니다. 어떻게든 견디며 살아보려고 하는 것이다."[5]

이렇듯 누구에게는 완전히 미친 행위로 보이지만 다른 사람에게는 처음부터 정상으로 보이는 행위나 믿음이 많다. 따라서 치료가 목적이라면 어른의 분별력과 연민으로 이런 행위를 새롭게 이해해야 한다.

✢ ✢ ✢

우리는 위대한 배우 로빈 윌리엄스Robin Williams의 비극적인 삶에서도 동일한 교훈을 얻을 수 있다. 자살하기 하루 전인 2014년 8월 10일 저녁에 그는 샌프란시스코 베이 에어리어의 화려한 파티에 참석했다. 그 날 파티에 왔던 사람들은 그의 활달하고 사람을 좋아하는 성격을 보았을 것이다. 하지만 그는 속으로 거의 자포자기한 상태였다.

그는 파긴슨증후군과 치매의 특징을 지닌 퇴행성 뇌질환인 루이소체 치매로 고통받고 있었다. 우울증이나 불안증과 달리 이 병에 걸려도 특별한 생리학적 증상은 보이지 않으며 부검을 통해서만 나타난다. 그의 아내는 로빈이 죽은 다음 이렇게 말했다. "그는 제정신이 아니었으며 자신도 이를 잘 알고 있었어요. 항상 이렇게 말했어요. '뇌를 재부팅하고 싶어.'" 자살하고 싶은 생각이 처음으로 든 것은 아니었다. 이미 그는 2010년 한 인터뷰에서 "감행할 용기가 없다"고 자신을 한탄했다.

코믹한 작품에서 보여준 바보 같지만 위트 있는 모습 외에도 그는 부드러움과 감수성으로 많은 사람들에게 감동을 주었다. 세상을 향해 아낌없이 사랑을 퍼부었지만 막상 자신에게는 그렇게 하지 못했다.

그의 고통의 근원은 어린 시절에 있었다. 작가 앤 라모트Anne Lamott 는 윌리엄스와 같은 일리노이에서 자랐다. 잘 알려진 페이스북 게시물에서 라모트는 어릴 때 "우리는 두려움과 부끄러움이 많았으며 자신에 대한 존중이나 품위는 전혀 없었어요." 라모트에 의하면 윌리엄스의 평생에 걸친 딜레마는 "어떻게 하면 깊은 나락에서 단 한 발자국이라도 비껴가느냐"였다고 한다.

그 게시물에서 라모트는 그의 고통에 유전적 요인이 있다는 것을 내비쳤다. 그러나 윌리엄스는 자신의 입으로 유전적 요인 말고도 정신적 고통을 설명할 수 있는 많은 정보를 누설했다. "어릴 때 내 유일한 친구는 상상력이었다." 이렇듯 깊은 외로움을 표현한 적도 있다.[6] 그는 정서적으로 거리가 먼 어머니와 '무서운' 아버지가 있는 집에서 자신만의 고독을 벗어나기 위해 이상하고 우스꽝스러운 인물을 창조해내는 놀라운 능력이 있다고 자랑했다. 또래 문화 속에서 예민한 아이들이 그렇듯 그 역시 학교에서 따돌림을 당했다. 그는 상상 속에서 자유를 얻었다. 지어낸 인물들이 "현실에서 하기 어려운 것을 말하고 할 수 있었기 때문이다." 이런 재주로 인해 그는 어머니와 친해질 수 있었다. 그는 2010년 팟캐스터 마크 마론Marc Maron에게 "코미디와 여흥으로 엄마와 소통하려는 이상한 욕구가 있었어요"라고 말했다. 그는 단어 선택을 잘못했다. 아이가 부모에게서 애착을 찾는 행위는 전혀 이상한 게 아니다. 모든 아이가 그렇게 해야 한다는 게 비정상적인 것이다. 그렇게 그의 재능을 꽃피우게 한 대응기제는 결국 다시 자신이 갇힌 감옥의 창살이 되었다. 자신이 창조한 재치 있고 혼란스러우면서도 재미있는 인물 속에서 진짜 감정을 억누르는 방법을 알게 되었고 죽기 전까지 그 역할에 충실했다.

지나치게 활달한 아이들에게 리탈린을 주어 안정시키듯 코카인은 그에게 지나친 에너지로부터 휴식할 수 있는 여유를 주었다고 말한 적이 있었다. 그는 중독자가 그렇듯 평생에 걸쳐 자신을 불편해했으며 '꿈속에서 활기차게 걷기sleepwalking with activity'라고 이름 붙인 자신의 의식으로부터 탈출하고 싶어 했다. 1970년대의 TV 히트작인 〈모크와 민디 Mork & Mindy〉에서 그는 우주에서 온 모크와 진짜 자신을 둘 다 연기했다. "그거 알아? '노No'라고 할 줄 알면 자신에게 더 충실해져"라고 민디가 모크에게 말하자 모크는 형언할 수 없을 만큼 슬픈 표정으로 대답했다. "아마 그럴 일은 절대 없을 거야."

윌리엄스가 결국 깊은 나락을 극복하지 못한 건 자기 인식이 부족해서가 아니었다. 퇴행성 질환이 발병하기 한참 전부터 그는 자칭 '사랑

해주세요please-love-me 증후군'을 앓고 있었다. 이 질환은 정신과 의사가 《DSM》에서 찾아볼 수 있는 그 어떤 질환보다 고통스러웠다. 누가 윌리엄스에게 연결 관계를 파악해서 그 '증후군'이 조울증, 중독, 자살 성향 그리고 말기 상태 뇌의 내재된 원인이라는 걸 알려주었다면 얼마나 좋았을까 하는 생각이 든다.*[7] 거기서부터 무섭고 외로웠던 어린 시절로 되돌아가 원인을 파악할 수 있었을 것이다. 그것으로부터 의미를 찾았으면 자살로 생이 끝나지 않을 수도 있었을 텐데 말이다.

✤ ✤ ✤

그렇다면 어떤 질병이 정신병, 망상, 환각 등의 증상으로 대표되는 조현병처럼 유전이 원인인 뇌 질환이라고 간주되는가? 과학은 명확하게 대중의 믿음이 틀렸다고 선언했다. '조현병 유전자'는 없으며 이를 발견했다는 주장은 모두 철회되어야 했다. 여러 조사를 통해 발병 원인의 4퍼센트만이 여러 유전자의 조합에 기인한다는 것이 밝혀졌으며 ADHD나 자폐증에서와 마찬가지로 어떤 특이한 유전자가 원인은 아니었다.[8] 그렇다면 후세로 전달되는 것은 질병이 아니라 민감성이었다. 이름만 봐도 어느 정도 감을 잡을 수 있다. 조현병이라는 용어가 유래한 그리스어는 '분리된 마음'이라는 뜻이다. 그러면 자연스럽게 다음 질문이 따라온다. 왜 마음은 스스로 분리되어야 할까?

자기 분리는 겪고 있는 사건을 더 이상 견딜 수 없을 때 나타나는 방어 작용이다. 실제 생활을 정말 참을 수 없다고 깨달은 사람은 그것으

---

* 윌리엄스와 관련한 후일담으로 루이소체치매와 유사한 파킨슨병의 발병은 만성 우울증 및 스트레스와 관련이 있다는 것이 밝혀졌다. 이 장의 미주 7번을 참조할 것.

로부터 도피할 수밖에 없다. 여기에 정해진 유전자는 작용하지 않으며 체질적 감수성과 압도적인 경험에서 나오는 생존본능만이 존재한다. 원인이 무엇이든 이런 고통에서 벗어나려면 불쾌한 감정이 생길 때마다 이것을 분리시켜야 한다. 트라우마와 맞닥뜨렸을 때 현실로부터 분리하는 행위는 즉각적인 자기방어다.[9] 그런 관점에서 볼 때 이런 행위는 민감한 생명체가 어려움을 극복하는 기적적인 변화라고 할 수 있다.

정신병에 걸리면 정신질환의 중요한 특징 중 하나인 붕괴가 발생한다. 그렇게 극단적인 상태가 되면 이 세상과 완전히 분리된다. 조현병에서 바로 이런 현상이 나타나는데, 단 현실과의 분리는 고통의 정도와 유전적 민감성에 따라 가벼운 증상부터 심각한 증상까지 달라진다.

현실로부터의 가벼운 도피 증상을 해리라고 한다. 어릴 때 성적 학대를 당했던 헬렌 노트가 이를 잘 설명한다. "내 몸은 아무것도 느낄 수 없었고 내 영혼은 처음 보는 귀신처럼 내 몸 밖에 앉아 있었다. 내가 사는 삶이 누구의 삶인지, 내가 사는 몸이 누구의 몸인지 알 수 없었다. 이건 내 이야기도, 내 삶도, 내 현실도 아니었다. 내 감정 쪽으로 몸을 기울이면 감정의 모서리에서 떨어질 것 같아 무서웠고 그러면 내게 무슨 일을 저지를지 알 수 없었다."[10] 우리가 장애disorder라고 부르는 것이 사실은 공격당한 피해자가 고통으로부터 자신을 지킬 수 있는 기발한 수단이라는 것이 밝혀졌다.

아이스하키 스타인 시어런 플러리의 기억 역시 이와 비슷하다. 그는 10대에 코치에 의해 성적인 학대를 당한 후 소아 학대 예방 운동을 적극 지지하고 있다. "그가 처음 몇 번 나를 범했을 때는 기억이 없어서 그렇게 많이 아프지는 않았다. 눈을 떠보면 그는 내 위에 서서 자기 몸을 닦고 있었다. 무슨 일이 일어난 거는 같은데 그게 무언지 정확히 몰랐다. 보면 사람의 마음은 참 대단한 것 같다. 몇 년 후 심리치료를 받을 때도 상담사에게 그 이야기를 하면서 기절해버렸다. 정신이 몸을 떠난 것이다. 상담사가 날 흔들어 깨워야 할 정도였다."[11] 상황이 끔찍하기는 하시만 그가 '대단하다'는 단어를 사용함으로써 자신을 고통으로부터 보호하려는 그 당시로 돌아갔다는 것을 알 수 있었다. 비슷한 경험을 한 사람 누구에게나 이런 태도가 바람직하다고 생각한다.

❖ ❖ ❖

만성적·강제적으로 자신과 분리되는 현상은 전 세계적으로 점점 많은 환자들이 진단받고 있는 주의력결핍과잉행동장애ADHD*의 전형적인 증상이다. 이 증상이 해리 수준의 분리는 아니지만 자신과 자신의 행위 그리고 다른 사람으로부터 분리되는 것은 확실하며, 내 개인적인 판단으로는 환자에게 심한 좌절감을 준다. ADHD는 집중 기간이 짧고, 쉽게 주의가 분산되고, 지루함을 느끼며, 충동이 자제가 안 되고 (주로 남자아이들에게서 나타나는) 가만히 있지 못하는 증상이다. 그 결과 어린이 수백만 명이 신경 자극제를 처방받으며 그중 일부는 항정신병약물을 복용한다. 이는 정신질환을 치료하기보다는 어린이를 안정시키고 보다 유순하게 만들기 위한 목적이다. 이런 약품이 성장하는 어린이에게 미치는 장기적 영향에 대해 아는 것이 없었으므로 화학약품으로 어린이의 행동을 조절하려는 시도에 대해 사회적으로 많은 실험이 실시되었다. 그 연구 결과는 우리에게 많은 것을 생각하게 해준다. 2010년 이후 밝

---

* 과잉행동이 동반되지 않는 경우는 ADD라고 하지만 실제로는 ADD와 ADHD를 구분 없이 사용하기도 한다.

혀진 바에 의하면 장기간 항정신병약물을 복용하면 성인의 두뇌 크기가 줄어든다고 한다.[12] 어린이에 대한 연구에서는 단기적이고 조직적인 폐해가 벌써 나타나고 있다. 여기 밴쿠버에 있는 브리티시컬럼비아 아동병원은 비만, 당뇨, 심혈관질환처럼 그런 약들이 신진대사에 미치는 영향을 연구하기 위한 특별 클리닉을 신설했다.

흔히들 ADHD는 '가장 유전성이 높은' 정신질환이라고 하지만 그건 마치 석영을 가장 부드러운 수정이라고 부르는 것만큼이나 말이 안 된다고 생각한다. 전문가들은 ADHD의 유전성을 30∼50퍼센트라고 평가한다.[13] 비록 내 아이들 중 두 아이와 내가 이 '뇌 질병' 진단을 받았지만 유전성은 전혀 인정할 수 없다. 분리tuning out는 해리의 먼 친척뻘로 탈출을 통한 적응과 같은 계열이다. 상황이 고통스럽지만 이를 바꿀 수도, 이것에서 탈출할 수도 없어 상황을 벗어날 다른 방법이 없을 때 생명체는 분리를 선택한다. 내가 어릴 때도 그런 선택을 할 수밖에 없었고, 앞 장에서 설명했듯 내게 물려받은 민감한 성격을 가진 아이들도 사랑은 풍부했지만 정서적인 혼란 속에서 부모의 불안과 우울증 그리고 갈등으로 얼룩진 어린 시절을 보내면서 마찬가지 선택을 했다. 따라서 두뇌가 문제의 근원은 아니지만 이런 적응반응이 뇌에 새겨진다.

오늘날 문제아동이 점점 더 많이 발생하는 게 사실이지만 아이의 뇌나 부모가 문제 행동의 원인이라고 비난하는 것은 말이 안 된다. 다른 질병의 사례에서도 보았지만 단기적으로 증상의 빈도가 증가한다고 해서 유전적 요인이 원인이 될 수는 없다. 자크 판크세프 박사는 ADHD는 정신질환이 아니라 현대 같은 사회적 조건하에서 타고난 놀이PLAY 시스템의 개발이 좌절되었기 때문에 발생한다고 주장한다. 그 해결책으로는 어린이에게 놀 기회를 더 많이 주어 "사회적 두뇌의 건설"을 도와

주어야 한다고 말한다.[14]

생물학적인 마인드를 가진 사람들이 우울증을 세로토닌이라는 화학 전달물질의 부족이 원인이라고 설명하듯, ADHD도 두뇌의 동기부여를 담당하는 도파민이 부족해서 발생한다고 주장하는 사람들이 있다. 그래서 도파민을 강화시키는 리탈린이나 애더럴 같은 신경 자극제를 처방한다. 도파민이 관계가 있는 것은 확실해 보이지만 여기서도 전통 의학은 환경과 생리의 상호작용을 무시한다. 오늘날에는 트라우마나 어린 시절의 스트레스가 ADHD와 관계가 있으며, 이 둘이 뇌의 도파민 회로에 영향을 주고 있고, 이로 인해 어린이의 집중 및 과제 수행 능력이 방해받는다는 연구 결과가 많이 발표되었다.[15, 16] 트라우마와 어린 시절의 스트레스는 엄마가 우울증을 앓고 있거나 집안의 분위기에 문제가 있을 경우에도 발생한다. 6세부터 17세 사이의 어린이 6만 5,000명을 조사한 결과 ADHD 판정을 받은 어린이의 부모는 어릴 때 이런 문제를 가지고 있었을 확률이 훨씬 더 높다고 한다.[17]

어린이의 뇌를 화학물질로 변화시키기 전에 아이들이 성장하는 환경을 먼저 바꾸어야 한다. 그 환경은 계속 변화하면서 점점 더 스트레스가 심해지고 있다. 어떤 질병의 진단 기준에 부합하는 어린이를 만나면 나는 우선 가정의 분위기를 조사해서 부모들이 자신도 모르는 사이에 아이들에게 물려준 스트레스를 이해할 수 있도록 도와준다. 모든 경우에 어린이들은 탄광 속 카나리아 역할을 했다(유해가스에 민감한 카나리아가 갱도에서 이상 징후를 보이면 광부들이 대피한 데서 유래 – 옮긴이). 아이들의 엄청나게 예민한 '증상'은 가족 간에 해결되지 않은 문제가 있다는 뜻이지만 그런 문제가 커지기를 원하지 않는 문화적 압력에 눌려 밖으로 표출되지 못한다. 우리가 질병과 그와 관련된 특질을 질병의 증상이

정상이라는 환상

아니라 사회심리생물학적으로 미흡한 성장이 발현된 것으로 간주한다면, 유연하고 건강한 두뇌와 심리적 성장을 가능하게 할 환경을 어떻게 만들어줄 것인지에 대해 우리 자신에게 물어보아야 할 것이다. 의사, 부모, 교육자 등 우리 모두는 무엇보다 관계의 신경생리적 측면을 존중해야 한다.*

우리는 어쩌면 개에게서 배워야 할지 모른다. 2017년에 발표된 수의학회지에 의하면 보다 잘 흥분하고 집중을 잘 못하며 말을 잘 안 듣는 '문제 있는 개'에게 신경 자극제 같은 약물을 투여하면 '증상'을 완화시켜 보다 잘 훈련을 받도록 만들 수 있다고 한다. 〈사이콜로지 투데이 Psychology Today〉는 "보다 흥미 있는 사실은 특정한 환경과 사회적 여건이 ADHD 증상의 발병에 영향을 준다는 것이다. 다른 개들과 많은 사회적 접촉을 했거나 사람을 많이 접해본 개들에게는 ADHD 같은 증상이 잘 나타나지 않았다. 주인이 더 많이 개를 접촉하고 같이 놀수록 문제가 적었다. 장기간 홀로 방치된 개는 주인이 돌아오면 매우 흥분된 증상을 보일 확률이 높다. 연구진이 발견한 또 다른 흥미 있는 연구 결과는 주인이나 다른 개와 떨어져 홀로 자는 개가 문제 발생 소지가 높다는 것이다"라고 전했다.[18] 심리학자나 의사, 교육자들이 이들 수의사만큼 통찰력과 공감하는 상상력이 있다면 무턱대고 아이들에게 약을 처방하지는 않을 것이다.

---

* 나는 ADHD 치료에 약물을 이용하는 것에 반대하지는 않지만 자동적으로, 광범위하게, 장기적으로 다른 대안을 고려하지 않고 무조건 약물을 사용하는 데는 반대한다. 보다 자세한 내용은 내가 쓴 《흩어진 마음(Scattered Minds)》을 참조하기 바란다.

✥ ✥✥

흔히 조울증으로 알려진 양극성장애에서도 이런 현상을 찾아볼 수 있다. "21살 때 처음 아프기 시작했어요." 카테리나가 말을 꺼냈다. "그러고는 완전한 정신병 환자 같은 모습을 보여주었어요. 내가 악의 결정체처럼 느껴졌고 살아 있을 가치조차 없는 무시무시한 존재처럼 생각되었죠. 심지어 긴장증 상태에 빠져 사방에서 내가 얼마나 쓸모없는지 그리고 나쁜지를 말하는 목소리가 들리기도 했어요."

이 인터뷰는 특이하게 일대일 방식이 아니라 부모의 입회하에 진행되었다. 그들은 딸의 병이 뇌의 화학전달물질과 관련된 문제가 아니라는 것을 직감적으로 알고 있었다.

카테리나의 조증 삽화manic episode(조증 상태가 병적으로 집중 유지되는 기간 – 옮긴이)는 엄마와 말다툼을 한 후 발생했다. "엄마가 한 말 때문에 상처를 받았고 화도 났어요. 나 때문에 우리 가족이 다 망해서 뿔뿔이 헤어질 거라고 생각했어요. 처음에는 무서웠는데 조금 지나니 기분이 좋아지더군요. 그러더니 점점 발전해서 나중에는 내게 엄청난 힘이 있는 것처럼 느껴져 세상을 구할 수 있을 것 같았어요. 더 이상 난 파괴의 기운이 아니었어요. 이 세상의 모든 미술품을 다 복원시킬 수 있을 것 같았어요."(현재 카테리나는 26세로 토론토에서 미술을 공부한다). 조증 상태의 환자들이 그렇듯 카테리나는 에너지가 넘쳐 몇 주씩 잠을 안 자다가 결국 정신병원에 입원했다. 약을 먹고 증상이 조금 가라앉기는 했으나 엄청난 힘을 가진 것 같은 망상의 원인에 대해서는 그 누구도 아무런 말을 하지 않았다. "이 문제를 생각해봐야 한다는 거죠? 하지만 의사들은 망상이 열나는 것과 비슷하다고 했어요." 카테리나가 내게 물었고 나는 질문으로 대답했다. "그 망상이 정확하다면 어떻게 하겠어요? 구체적으로 정확하다는 게 아니라 감정적 현실과 정확히 일치한다면 말입니다." 나는 '가족이 다 망한다'거나 '세상을 구할 수 있다'거나 하는 망상에는 공통점이 있음을 짚었다. 카테리나는 바로 그 유사성을 알아챘다. "둘 다 내게 통제 능력이 있는 거네요. 힘이 있는 거죠."

넘치는 힘의 근원은 곧 표면으로 드러나기 시작했다. "내가 11살 때 부모님은 정말로 힘들었어요. 밤에 지독하게 싸우고 …… 서로에게 고함을 질렀어요. 아빠는 내 앞에서 울었어요. …… 그게 **이해가 되었던** 게 아빠는 정말로 힘들었고 아빠하고 나는 아주 가까웠거든요." 심리학자들이 '융합fusion'이라고 부르며 경계가 없어서 안 좋은 영향을 미치는 그 '가까움'이 성장기 내내 카테리나를 지배했다. 안 좋은 결과를 낳기는 하지만 카테리나는 부모를 보호하는 것이 도덕적 의무라고 생각하고 마치 수치심의 상징처럼, 무가치의 증거처럼 가족을 지키지 못하는 무능함을 뒤집어썼다. 부모의 슬픔을 흡수하는 것은 자연이 어린이에게 부여한 책임이 아니다. 애착과 인성 발달 연구의 선구자인 영국의 정신과 의사 존 볼비는 이렇게 말했다. "어린이와 성인 또는 부모와의 역할이 뒤바뀌면 거의 항상 부모에게 문제가 생길뿐 아니라 **아이에게도 문제의 원인**이 된다."[19]

카테리나의 정신병 단계는 일종의 내부 고통으로 그 안에서 '명확한' 역할을 하기 위해 어린이로서 꾸겨 넣었던 모든 감정이 어른의 마음을 잡아먹는 형국이었다. 역시 어릴 때 트라우마가 있었고 고국에서 정치적 비극을 겪었던 카테리나의 부모 역시 딸의 감정은 물론이고 자신들의 감정을 제대로 처리할 수 없었다. 이 모든 것이 합쳐져 극도의 사악함과 신에 가까운 전능함에 대한 망상은 카테리나가 결코 가져서는 안 될 '힘'의 두 축이 되었다.

2013년에 프랑스와 노르웨이의 양극성장애 진단을 받은 환자 600명에 대한 연구가 실시되었다. 보고서는 "연구 결과는 어린 시절의 트라우마와 심각한 양극성장애 증상 사이에 일관된 연관관계가 있음을 밝혀냈다. 게다가 성적 학대뿐 아니라 정서적 학대도 양극성 장애의 심각성을 결정하는 데 중요하다는 것을 알았다"라고 설명했다.[20] 다시금 말하지만 카테리나가 어릴 때 겪었던 것 같은, 보다 미묘한 형태의 감정적 상처는 조사하기에 더 힘들기는 하지만 예민한 어린이에게 위험한 것은 마찬가지였다.

막바지에 카테리나는 내게 이렇게 물었다. "그럼 망상의 내용에 보다 집중해서 그것을 이해해야 한다고 생각하시나요? 약을 처방하는 것보다는 그게 더 치료에 도움이 된다는 말씀이죠?" 나는 대답했다. "반드시 뭐가 더 좋고 나쁘다는 게 아닙니다. 약을 먹지 않았다면 지금 나와 이런 대화도 할 수 없을 거예요. 내가 생각하는 문제점은 의사들이 다른 노력 없이 그냥 너무 자주 약을 처방한다는 점입니다. 그것 말고는 의사들이 하는 게 없어요."

나는 카테리나 가족에게 치료를 계속 받아서 개인별 트라우마와 상호 얽힌 관계를 찾아낼 것을 권고했다.

✛ ✛ ✛

섭식장애 역시 어린 시절의 트라우마와 가족의 스트레스와 관련이 있다고 주장하는 논문이 최근 많이 발표되었다. 독자들은 빈센트 펠리티 교수가 비만클리닉 환자들의 인생사에 관심을 두기 시작하면서 아동기 학대 경험 연구ACE가 시작되었다고 한 것을 기억할 것이다. "체중을 줄이도록 도와줄 수는 있었지만 유지하는 데는 실패했어요. 계속 그 이유에 대해 고민하다 마침내 답을 찾았죠. 환자들이 이렇게 말하더군요. '모르겠어요? 우리가 먹는 건 우리의 고통입니다.'"

거식증을 포함한 '유전성' 정신질환을 가진 사람들에게 각각의 개인사는 항상 무엇인가를 알려준다. 10대부터 거식증으로 고생한 동료 의사 한 명은 그 누구에게서도 찾아볼 수 없을 정도로 완벽주의자라고 스스로를 말한다. 사실 그 거식증은 자신이 '불완전'하지만 아무도 불완전한 있는 그대로를 환영하지 않는 환경에 적응하기 위한 반응으로 나온 것이다.

중독이나 자해 또는 강박장애 환자들과 마찬가지로 섭식 습관의 장애에는 반드시 '대가'가 있게 마련이다. 현재 27세인 안드레아는 17세 때부터 자신이 먹는 것에 극도로 민감해졌다. "다른 사람들한테 요리를 만들어주면서도 나는 그걸 안 먹었어요. 내가 먹는 건 모두 무게를 재고 계량을 했어요. 대학 다닐 때는 아침으로 그릭요거트에 시리얼이나 뮤즐리를 타 먹었는데 모든 걸 계량컵으로 재 완벽하게 정한 양만 먹었던 기억이 나네요. 내가 무얼 먹었는지 알 수 있도록 모든 걸 기록했어요. 궁극적인 형태의 통제였어요." 키가 170센티미터였지만 몸무게는 48킬로그램까지 빠졌다. 안드레아에게는 7년 동안 생리가 없었다.

그렇게 자신을 부정해서 무엇을 '얻느냐'고 물었더니 안드레아가 답했다. "내가 상황을 통제한다는 느낌 그리고 스스로를 인정하는 느낌이요. 기본적으로 내가 하는 행동을 조절하기 때문에 자신에 대해 더 좋게 느끼는 거죠." 어린 시절의 기억이 "나쁘지 않았다"고 했지만 인터뷰에 참여했던 안드레아의 어머니 캐시 말로는 반드시 그렇지는 않았다고 했다. 수년에 걸친 극심한 갈등 끝에 부모가 이혼한 것은 안드레 아가 여섯 살 때였다. 그런 상황에서 아이는 자기 인정이 부족하며 정 서적으로 불안한 환경을 대신할 무언가를 필요로 하게 마련이다.

내가 인터뷰했던 서식증 또는 폭식증 환자는 거의 공통적으로 어려 운 환경 속에서도 최소한 자신의 몸에 대해서는 통제를 하고 싶은 절박 한 바람을 가지고 있었다. 섭식장애를 전문으로 연구했던 심리학자 줄 리 T. 아네Julie T. Anné는 이 환자들에게 고통을 못 느끼는 것 말고도 일 반적으로 세 가지가 부족하다고 한다. 즉 통제, 정체성, 자아존중감이 부족하다는 것이다. 아네는 이렇게 말한다. "관계가 중요한 이 세상에 서 사람은 감정적으로 승리하기 위해 기막힌 방법을 고안해냅니다. 우 리 문화에서는 이것이 자신의 몸과 자신의 완벽성을 추구하는 것으로 나타납니다. 다른 말로 거식증이라고 하지요." 그러나 우리가 다루었던 정신적 문제를 가진 모든 사람들에게 아무도 이런 중요한 질문을 하지 않았다. **이 모든 것은 다 어디서 온 것인가? 그리고 해결하려는 진짜 문 제는 무엇인가?**

✥ ✥ ✥

로빈 윌리엄스의 작품 중 가장 사랑받은 작품은 아카데미상을 수상 했던 영화 〈굿 윌 헌팅Good Will Hunting〉이다. 여기서 그는 경관을 공격 한 일을 계기로 분노한 보스턴 출신의 청소부를 돕는 친절한 심리학 자로 나온다. 맷 데이먼Matt Damon이 연기한 이 천재적인 젊은이는 진 흙 속에 묻힌 다이아몬드 같은 존재였지만 굳어버린 분노와 저항의 껍 질 속에 자신의 나약함을 묻어버렸다. 가장 상징적인 장면은 윌리엄스가 데이먼에게 대놓고 간단하지만 강렬한 대사인 "네 잘못이 아냐It's not your fault"를 계속 반복하자 결국 데이먼이 무너져 윌리엄스에게 안겨 흐느끼는 장면이다. '네 잘못이 아냐'라는 말은 데이먼이 속으로 갈구했던 불굴의 연민뿐 아니라 지혜도 함께 전해준다. 행동장애부터 심각한 정신질환까지 **그 누구의** 잘못도 아니고 우리가 보았듯 뇌나 유전자의 잘못도 아니다. 제대로 치유되지 못한 상처가 밖으로 나타나는 것이고 그러는 데는 **다 이유가 있게 마련**이다.

어떤 것의 의미는 사람들의 개인사나 가족, 어린 시절을 초월해서 영향을 미친다. 이 책에서 지금까지 다루었던 모든 문제들을 해결하려면 보다 광각의 렌즈로 더 큰 세상을 들여다보아야 한다. 내 메시지를 영화 같은 장면으로 전달할 수 있다면 로빈 윌리엄스가 자신을 포함한 모든 이들의 눈을 지그시 쳐다보면서 이렇게 단호하게 말하라고 했을 것이다. "그건 당신의 잘못이 아냐. …… **그리고 개인적인 일도 아냐.**" 중요한 것은 우리 자신으로부터 동떨어진 문화의 망상과 신화가 나타나 우리를 아프게 하는 이 세상이다.

다음 장에서 그 큰 세상을 들여다보자.

4부

우리 문화의
중독성

상처를 드러내서 공개하는 것이 치료의 첫 단계가 되기도 한다. 한때는
참을 수 있었지만 더 이상 참을 수 없게 되고, 그냥 지나쳤던 것이 확연
히 보이게 되면 문화적 변화에 뒤이어 정치적 변화가 생기기도 한다.

– 리베카 솔닛Rebecca Solnit, 《어둠 속의 희망Hope in the Dark》

Chapter 19

사회부터 세포까지: 불확실성, 갈등, 통제 상실

인류의 역사는 부자와 가난한 사람의 만년에 걸친 두뇌 싸움의 역사다.

가난한 사람이 몇몇 전투에서 승리한 적도 있지만 부자는 만년 동안 이

겨왔다.

- 아라빈드 아디가Aravind Adiga, 《화이트 타이거The White Tiger》

그 원인이 무엇이든 만성적인 스트레스는 신경체계를 날카롭게 만들고 호르몬 분비를 왜곡하며 면역체계를 약화하고 염증을 발생시키며 신체적·정신적 조화 상태를 흩트린다. 이를 매일 보는 나로서는 스트레스 연구의 아버지인 야노시 셀리에가 주저 없이 한 말, "인간에게 가장 큰 스트레스 요인은 감정적인 것이다"에 동의한다.[1] 여태까지 우리가 트라우마와 질병 그리고 치료를 이 책에서 다루었으므로 인간의 감정적 스트레스를 결정하는 가장 중요한 요소가 개인에서 문화로 확대된다는 점만 부연하겠다. 우리는 사실상 생물심리**사회적** 존재다.

여태껏 우리가 스트레스에 대해 다룬 것을 복습해보자. 우선 스트레스를 받으면 두뇌의 감정 센터와 신체의 모든 생리적 기구를 연결하는 시상하부-뇌하수체-부신HPA축이 급격하게 또는 만성적으로 활성화되

거나 과활성화되기도 하고 심지어 소진되기도 한다.* 그다음에는 브루스 매큐언이 '신항상성 부하'라고 이름 붙인 현상이 나타난다. 변화하는 까다로운 상황에 직면해 내부의 균형을 유지하기 위해 신체가 희생하는 현상이다. 우리 문화에서는 많은 사람들이 정신적·육체적 손상을 무릅쓰고 신항상성 부하를 짊어질 수밖에 없는 운명을 안고 태어났다. 보다 많은 증거가 필요하다면 나이를 먹을수록 스트레스가 점진적으로 충격을 준다는 최근 예일대학교의 연구를 참조하기 바란다. 그 보고서는 "우리 사회는 그 어느 때보다 더 많은 스트레스를 경험하고 있으며 이로 인해 사람들의 정신적·신체적 건강상태가 더욱 나빠지고 있다"라고 지적하고 있다.[2]

물론 우리의 경제생활과 마찬가지로 스트레스에는 '기회의 균등'이 없다. 부와 권력으로 결정되는 사회구조상 인종과 성별에 따른 내재적 불균형 때문에 어떤 사람들이 훨씬 체질적으로 스트레스를 더 많이 받는다. 개인과 그룹이 다른 존재를 대상으로 치열한 경쟁을 해야 하는 문화에서는 스트레스를 유발하는 장치에 차별이 없는 것이 사실이지만 그렇다고 하더라도 그 효과는 동일하지 않다. 자신과의 분리 그리고 진정성의 상실에 대한 개인적 스트레스가 모든 계층에 나타나기는 하지만 권력의 불균형에서 기인한 신항상성 압력은 안타깝게도 주로 정치적·경제적 약자에게 가해진다.

그러면 우리 사회에 가장 널리 퍼진 감정적 스트레스의 도화선은 무엇일까? 나 자신과 다른 사람들의 경험을 종합해본 결과 스트레스를 다룬 논문들의 결론, 즉 **불확실성, 갈등, 통제 상실, 정보 부족** 같은 심리

---

* 2장과 3장 참조.

정상이라는 환상

적 요소들이 스트레스를 가장 많이 유발하고 HPA축을 강력하게 활성화한다"는 결론을 전적으로 신뢰할 수밖에 없다.[3] 자본주의가 어쩔 수 없이 그렇듯 이런 조건을 양성하는 사회는 강력한 스트레스 요인을 발생시켜 건강을 해친다. 유발 하라리Yuval Noah Harari는 그의 베스트셀러 《사피엔스Sapiens》에서 자본주의는 "단순한 경제 원칙이 아니다"라고 주장했다. "자본주의는 어떻게 행동하고, 자식들을 교육시키고, 생각해야 하는지를 알려주는 일련의 가르침으로 이루어진 규범이다. 가장 중요한 교리는 경제성장이 최고의 선 또는 적어도 대리선이라는 것이다. 정의, 자유, 심지어 행복의 기준도 경제성장이기 때문이다."[4] 오늘날 자본주의의 영향력은 너무나 깊으면서도 폭넓기 때문에 그 가치관과 가정 그리고 기대치는 문화, 정치, 법률뿐 아니라 학문, 교육, 과학, 언론, 스포츠, 의료, 양육 및 대중문화에까지 강력한 영향을 미치고 있다. 자본주의 문화의 패권은 도처에 퍼져 있어서 이에 대한 불만 역시 팽배하다. 이 장과 다음 장에서 자본주의가 우리의 건강에 미치는 영향력을 알아보자.

✤ ✤ ✤

의과대학에서 나는 삶과 건강을 별도의 언어로 생각하도록 교육받았다. 사물을 이렇게 보는 이유는 그 자체가 자본주의가 낳은 '정상적인' 세계관의 필수 요소이기 때문이다.

이런 식으로 의료 시스템은 지배적인 윤리를 반영하고 강화한다. 세분화된 물질주의적 문화에서 사람들은 모든 것을 개인적으로 받아들이고 자신의 정신적·육체적 고통을 자신에게만 해당되는 불행이나 심지어 실패라고 생각한다. 전 영국 총리인 토니 블레어Tony Blair가 그린 세상, 즉 사회에서 '사회적' 요소를 쏙 빼버린 그런 세상을 생각해보자. 그는 오늘날까지도 탈사회적 규범의 대변인으로 많은 보수를 받으며 인기를 구가하고 있다. 그는 대부분의 건강 문제는 "엄격하게 말하면 전혀 공공의 건강 문제가 아니다. 생활 방식의 문제다. 비만, 흡연, 지나친 음주, 당뇨병, 성병 등은 역학적인 측면에서 보면 전염병이 아니며 수백만 회에 걸쳐 수백만 **개인들이 내린 결정**의 결과다"라고 주장했다.[5] 이런 관점은 그 '수백만의 결정'이 트라우마나 스트레스와 관계있다는 수많은 연구논문을 간단히 무시해버린다. 이런 트라우마와 스트레스에는 낮은 사회경제적 또는 직업상의 지위 그리고 노동조합의 힘이 약해지면서 '복지 국가'와 공동체 기관이 해체된 이후 영국의 고질병이 되어버린 빈곤 문제에서 발생하는 스트레스도 포함된다. 상당히 많은 증거가 있음에도 '개인의 결정'이 후기자본주의가 조성한 사회적 분위기의 근본이라는 점을 블레어 전 총리는 몰랐던 것 같다. 광범위한 경제적 · 정치적 상황을 개인의 건강 및 행복과 연관시키기를 거부하는 것은 물질주의의 핵심 요소이니 이는 당연한 이야기다. 이렇게 개별적인 것들을 연결시켜 결론을 도출하지 못하는 사람은 결코 국가의 지도자가 되어서는 안 된다.

문화는 후생유전학적 방식을 포함해서 모든 생물심리사회적 방식으로 우리에게 영향을 미친다. 예를 들면 스트레스성 염증, 텔로미어 손상으로 인한 조로증, 우리가 먹는 방식과 음식, 우리가 먹고 호흡하는 독성물질 등이다. 또한 문화는 부모로부터 아이들로 전해지는 것처럼 밖에서 안으로 작용하는 방식으로 영향력을 미친다. 그리고 한 사람에게서 다른 사람에게로, 사회적 · 정치적 · 경제적 환경에서 각 개인의 몸으로(분자생물학자 마이클 코보르Michael Kobor의 표현을 빌리면 '사회에서 세포로') 영향력이 전달된다. 블레어의 철학과 달리 문화는 우리 자신의 행복과 관련해 내리는 거의 모든 '개인의 결정'에도 엄청난 영향을 미친다.

모든 스트레스 요인은 생명체가 자신의 생존에 필요하다고 생각하는 것이 없거나 없어질 위기에 처했음을 알려주는 역할을 한다. 예를 들어 음식물 공급의 단절은 모든 생명체에게 중요한 스트레스 요인이 된다. 마찬가지로 인간에게 사랑, 일, 품위, 자존감 또는 존재의 의미가 없거나 없어질 위기에 처하는 것도 중요한 스트레스 요인이다.

2020년 새로운 코로나바이러스가 퍼져 전 세계 경제를 초토화하기 몇 주 전, 다른 사람도 아닌 국제 자본의 집행을 기획하는 위원회인 국제통화기금IMF의 총재 크리스탈리나 게오르기에바Kristalina Georgieva는 이미 불평등과 금융 부문의 불안정으로 세계 경제가 대공황 같은 경기 침체에 빠질 위험이 있다고 경고했다. "새로운 10년을 정의할 주제를 찾는다면 그것은 불확실성의 증가가 될 것입니다."[6] 내 개인적인 경험으로는 캐나다의 경우 이런 경고성 발언이 아니라도 상황이 안 좋다는 것을 쉽게 알 수 있었다. IMF 총재의 우려스러운 경고가 나오기 한 달 전 캐나다 국민 90퍼센트가 식료품 가격이 소득보다 더 빨리 상승한다고 우려를 표명했다. 그 전년도에는 캐나다의 여덟 가구 중 한 가구가 식량 불안정을 경험했다.[7] 내가 사는 브리티시컬럼비아주는 2017년에 여성의 52퍼센트가 가계 재무로 "심각한 정신적 스트레스"를 받고 있다는 내용의 보고서를 발표했다.[8] 이런 추세는 전 세계적인 현상이며 지난 수십 년간 증가 일로에 있다.

또한 지난 수십 년간 우울증부터 당뇨병까지 만성적인 정신질환 및 신체적 질병이 최근 급증한 것도 결코 우연이 아니다. 영국의 의료 전문가 두 명은 이렇게 말한다. "신자유주의*로 인해 노동환경은 훨씬 더 위험해졌으며 그 결과 보다 많은 스트레스와 건강 문제를 유발해서 …… 근골격계질환이나 심혈관질환 같은 수많은 만성질환의 원인이 된다."[9] 대중에게 계속해서 불확실성이라는 스트레스를 조성하는 체제 아래 사는 우리로서는 전혀 놀랄 일이 아니다. IMF나 세계은행 같은 기관들이 소위 개발도상국에게 요구하는 파괴적인 정책인 사회보장 예산의 삭감, 근로자의 권한을 억압하고 민영화를 조장하는 정책 등이 선진국에도 널리 퍼졌다. 캐나다의 정치철학자 존 랠스턴 솔John Ralston Saul은 이를 '경제의 십자가형 이론the crucifixion theory of economics'이라고 불렀다. 즉 "깨끗하고 건강하게 다시 태어나기 위해서는 경제적·사회적으로 먼저 죽어야 한다"는 이론이라는 것이다.[10]

경제 시스템이 우리의 건강에 미치는 영향은 이해하기 어렵거나 추적하기 곤란하지 않다. 2013년 스웨덴 청년과 당시 그리스를 집어삼킨 경제위기를 겪는 그리스 청년의 건강 및 스트레스 상태를 비교한 결과 그리스 청년들이 훨씬 안 좋은 것으로 나타났다. 아테네 청년들은 "미래에 대한 기대가 낮고" 많은 사람들이 우울증과 불안증세로 시달리는 등 스트레스가 심했으며 코르티솔 호르몬 분비도 **낮은** 수준을 보였다.[11] 코르티솔 호르몬은 장기적인 스트레스의 지표다. 이것이 낮아지면 건강하고 방어적인 스트레스 반응 메커니즘이 없어진다는 뜻으로

---

* '신자유주의'라는 말은 주로 사회복지 프로그램 감소, 기업 영향력 강화, 자유방임주의 그리고 후기 자본주의하에서 정부에 대한 기업 지배력 강화 등을 비판하는 사람들이 사용하나 원래는 1930년대 이런 정책을 옹호하는 사람들이 처음 만들어낸 용어다. 나는 비판적이지도 좋지도 않은 의미로 사용하겠다. 이 책에서는 사람들의 건강이 영향받는 객관적인 현실을 뜻한다

장차 질병에 걸린다는 전조이기도 하다.** "그리스의 사회적 위기가 국민들에게 생물학적인 영향을 미치는 것 같다"고 이 보고서는 경고한다. 이와 비슷하게 캐나다에서 실시한 연구에 의하면 여성이 경제적으로 심한 어려움을 겪으면 아이들도 6세까지 스트레스 호르몬 수치가 눈에 띄게 높아져 성인이 된 후 질병에 걸릴 확률이 높아진다.[12]

오늘날 사람들은 자기들이 마음대로 할 수 없는 것은 물론이고 완전히 영향권 밖에 있는 어떤 힘에 의해 좌우되는 삶을 살고 있다. 다음 불경기가 언제 닥칠지, 어떤 초대형 기업이 사업 규모를 축소하거나 합병 또는 이전에 휘말릴지 전혀 알 수 없기에 순식간에 생계가 위태로워질 수 있다. 코로나19로 인한 경제적 피해가 세계를 덮치기 전에도 이미 우리는 또 다른 거대 산업이 인원 감축에 들어갔다는 뉴스에 익숙해져 있었다. 코로나19가 영국에 상륙하기 몇 주 전인 2020년 1월 〈가디언〉의 헤드라인은 "일주일 만에 3,150명의 직원이 일자리를 잃으면서 일반 소매 산업의 위기가 깊어지다"였다. 이보다 몇 개월 앞서 〈뉴욕 타임스〉는 심화되는 미국 가정의 위험성에 대한 기사를 보도했다. "가계 소득에서 주거비용 및 의료비, 교육비가 차지하는 비율이 그 어느 때보다 크며 그 증가율이 소득 증가율을 앞지르고 있다. 오늘날의 중산층은 이전 세대보다 더 오래 일하며, 새로운 형태의 스트레스를 받고, 더 큰 경제적인 부담을 지고 있다."[13] 유명한 인류학자이며 연구자 겸 작가인 웨이드 데이비스Wade Davis는 최근 〈롤링 스톤Rolling Stone〉과의 대담에서 이렇게 말했다. "역사상 가장 부유한 국가에 살고 있다고 하지만 대다수 미국인은 추락을 막아줄 안전망이 없는 높은 줄에 매달려 아슬아

** 명확히 할 것이 있다. 코르티솔 수치가 높아도 낮아도 신체의 스트레스 적응에 무리가 간다. 높으면 과도한 반응을 보이고 낮으면 약한 반응을 보인다.

슬하게 살고 있습니다."[14] 그런 사회에서 신항상성의 과부하를 막을 계획은 상상하기 어렵다.

가장 앞선 자본주의 국가가 가장 원초적인 개인주의 윤리를 드러내며 국민 대다수를 불안에 빠뜨리고 있지만 이는 비단 미국만의 녹특한 현상은 아니다. 전 세계적으로 미국의 경제적·문화적 영향이 너무나 커서 비평가 모리스 버먼Morris Berman은 이렇게 주장했다. "20세기가 '미국의 세기'였다면 21세기는 '미국화된 세기'가 될 것이다."[15] 경제협력개발기구OECD의 보고에 의하면 1980년대 이후 전 세계 중산층에 대한 압력이 점점 더 커지고 있다.[16] 이렇듯 자본주의가 성공했다고 주장하는 전 세계 모든 국가에서 많은 사람들이 만성적인 불확실성하에서 자기 통제권을 상실한 채 스트레스에 노출되어 호르몬 분비, 면역체계 및 전반적인 신체 이상으로 고생하고 있다.

따라서 직장이나 실업에 대한 불안감이 질병을 발생시키는 현상은 놀랄 일이 아니다. 미국에서 실시한 연구에 의하면 실업 상태가 장기적으로 계속될 경우 51세부터 61세 사이에 뇌졸중이나 심장마비가 올 확률이 두 배 이상 높다.[17] 흡연이나 음주, 식습관처럼 스트레스와 관련된 행동을 반영해도 그 결과는 동일했다. 사실 계속되는 실직은 흡연, 음주, 과도한 긴장만큼이나 심장마비에 걸릴 확률을 높인다.[18] 심지어 일자리를 잃을지 모른다는 **두려움**조차도 실제로 실직하는 것만큼이나 강력한 노인 건강 예측인자이다. 1970년대 말부터 1990년대 중반까지의 약 15년간 미국의 주요 기업에서 "해고를 당할까 봐 늘 걱정한다"고 대답한 직장인의 비율은 24퍼센트에서 46퍼센트로 거의 두 배 늘었다.[19] 늘 시간에 쫓기고 변화가 무쌍하며 업무가 과중한데 이런 요소들이 전혀 줄어들 기미가 없는 직업군의 사람들 역시 스트레스가 증가하면서

정상이라는 환상

건강이 나빠지는 경우가 많다.[20]

　스트레스의 가장 대표적인 증상은 염증이다. 내가 본 환자들에게서 이 둘의 연관성을 많이 목격할 수 있었다. 염증은 자가면역성 질환부터 심장 및 뇌의 심혈관질환, 암, 우울증까지 질병과 관련해서 그 범위가 매우 넓다. 이 책을 쓰기 위해 한 여러 인터뷰 중 스티븐 콜 박사의 말은 정곡을 찌르는 내용이었다. "아무리 연구를 해도 나오는 결론은 장기간 위협이나 불안감에 노출된 사람들에게서 염증성 유전자의 활동이 증가한다는 것이었습니다. 쥐와 원숭이에게서도 동일한 증상을 확인할 수 있었고, 심지어 물고기에게서조차 스트레스와 위협 또는 불확실성이 커질수록 신체는 염증반응이라는 방어 프로그램을 더욱더 가동한다는 것을 알 수 있었습니다."

❖ ❖ ❖

　이렇듯 대부분의 사람들이 상황에 대한 통제력을 잃고 불안한 지위로 전락하는 가운데 이를 즐기는 사람도 있다. 이 계층의 사람들에게는 분쟁조차 스트레스의 원인이 되지 못한다. 어떤 분쟁이든 힘이 강하면 스트레스가 적게 마련이다. 전에는 공산주의 성향이 있다고 비판받는 사람들만이 '계급투쟁'에 대해 이야기했다. 그런데 최근에는 진영에 상관없이 특권층이 모든 것을 지배하며 이들이 중하층 계급을 공격하고 있다는 사실을 절감하고 있다. 워런 버핏Warren Buffett 같은 억만장자 투자의 귀재조차 이런 불길한 조짐을 보고 2006년 〈뉴욕 타임스〉와의 인터뷰에서 이렇게 말했다. "계급투쟁이 있는 것은 확실합니다. 그러나 전쟁을 일으키는 쪽은 우리 부자 계층이고, 부자들이 승리할 것입니다."[21] 비교적 양심적인 부자인 아이스크림 재벌 벤 코언Ben Cohen은 2020년 역시 〈뉴욕 타임스〉에 더욱 솔직히 털어놓았다. "오늘날 미국의 민주주의는 기업의 이익을 위해 움직입니다. 정말 끔찍스러워요. 우리가 민주주의를 감시하고 그 안에 살고 있는데도 점점 더 나빠지기만 합니다."[22] 세계화된 오늘날 미국의 방식은 다른 많은 나라들에게 본보기가 된다.

심지어 노벨상을 수상한 경제학자 조지프 E. 스티글리츠Joseph E. Stiglitz도 이런 이슈에 목소리를 높이고 있다. 최고의 전문가로 인정받는 스티글리츠는 노벨상 수상 경력 외에도 세계은행의 수석 이코노미스트와 빌 클린턴 행정부 시절 대통령 경제자문위원회 의장을 역임했다. 따라서 그는 많은 정책을 수립했고 현재는 그 효과를 아쉬워하고 있다. 지금은 컬럼비아대학 교수로 재직 중인 스티글리츠는 안 그래도 특권층이 지배하는 세계에서 점점 불평등이 증가하면서 그것이 사회와 정치 그리고 건강에 미치는 영향을 언급하고 비난했다. 그는 자신이 "사회적 결합에서 계급전쟁"으로의 이행이라고 이름 붙인 현상이 발생하고 있는 것에 대해 안타까움을 표했다.

2012년에 발표한 《불평등의 대가The Price of Inequality》에서 스티글리츠 교수는 이렇게 말한다. "경제 시스템만큼이나 정치 시스템도 무너지고 있다. 자본주의는 약속한 것을 가져다주지 못하고 불평등, 공해, 실업만 가져다주었다. 그리고 **무엇보다도** 모든 것이 용인되고 아무도 책임지지 않는 상태까지 가치관이 하락했다."[23](볼드체 표기는 원문을 그대로 따름)

이 책에서 스티글리츠와 여러 비판적 학자들은 자본주의의 한계에 대해 설명한다. 그러나 그들에게 묻고 싶다. 시스템이 실패한 것이 아니라 훌륭하게 성공하고 있다고 하면 어떻겠는가? 여러 가지 해악이 발생했으니 '실패'했다고 주장하는 것은 어떤 사람들에게는 시스템이 잘 작용하고 있다는 것을 무시하는 행위다. 이 어떤 사람들은 대부분의 부를 소유하고 엄청난 권력을 휘두르는 사람들이다. 스위스 은행 UBS는 2020년 10월 코로나19로 인한 혼란 기간 중 전 세계의 억만장자들은 2020년 4월부터 7월 사이에 10조 달러까지 재산이 늘어났다고 말했다. 당시 세계 최고의 부자인 제프 베이조스Jeff Bezos는 재산이 740억 달러 증가했고 테슬라 회장인 일론 머스크Elon Musk는 증가액이 1,030억 달러에 이르렀다.²⁴ 〈토론토 스타Toronto Star〉는 "캐나다 부자 상위 20명의 재산이 370억 달러 증가했다. 이는 캐나다 국민 수백만 명이 일자리를 잃거나 근로시간 감축으로 생활비 충당도 어려운 상태로 전락했고 정부는 개인과 중소기업의 긴급 금융지원을 위한 자금조달을 위해 차관을 도입했던 시기에 발생한 일이다"라고 보도하기도 했다.²⁵

자본주의가 모든 사람들에게 평등과 기회를 제공한다는 **개념**은 믿음으로 받아들여야 한다. 역사와 물질적 현실은 어떤 증거도 제시하지 못하기 때문이다.

널리 알려진 미국의 연구보고서는 정치적 의사결정을 할 때 일반인들의 의견은 정책 결정에 아무런 영향을 미치지 못한다고 주장했다. 즉 대중의 통제력이 약하다는 것이다.* "일반 대중이 경제 엘리트나 조직화된 이권 세력과 부딪히면 일반적으로 대중이 진다. 심지어 거의 모든 대중이 원하더라도 정책은 변하지 않는다"²⁶라고 이 보고서는 결론짓고 있다.

---

* 여러 논문과 〈뉴욕 타임스〉, 〈뉴요커〉 등에 폭넓게 게재되었다.

"부자들은 어떻게 그렇게 막강한 권력을 갖게 되었나?" 스티글리츠와 마찬가지로 노벨경제학상을 수상한 폴 크루그먼Paul Krugman이 〈뉴욕 타임스〉에 기고한 글에서 던진 질문이다. 크루그먼은 지금까지 정부와 대중에 대한 다국적기업의 영향력 지배를 가속화한 세계화를 찬양해온 사람이다. 그는 이렇게 자답한다. "미국이 민주주의 국가라기보다는 과두제 국가이기 때문이다."[27] 이런 측면에서 본다면 소비자운동가이며 사회운동가인 랠프 네이더Ralph Nader의 신랄한 주장을 반박할 이유가 없다. 그는 미국의 양대 정당은 사실 "하나의 몸뚱이에 서로 다른 화장을 한 두 개의 머리가 붙어 있는" 형상이라고 주장했다. 다른 국가들 역시 겉으로는 민주주의를 내세우고 있지만 속에서는 돈 많은 소수가 실질적인 권력을 휘두르고 있다.

그러면 그것이 우리에게 어떤 영향을 미치는가? 스코틀랜드 출신의 정열적인 노동운동가였던 지미 리드Jimmy Reid는 1972년 글래스고대학 총장에 취임하면서 연설을 했고 〈뉴욕 타임스〉는 이를 "링컨 대통령의 게티즈버그 연설 이후 가장 위대한 연설"이라고 추켜올렸다.* 그는 심리학도 신경생물학도 공부하지 않았지만 자신이 대표하는 사람들이 느끼는 불확실성과 통제 상실, 그리고 고통을 잘 알고 있었다. 그는 이 연설에서 이렇게 외쳤다. "소외야말로 오늘날 영국이 당면한 심각한 사회 문제를 가장 정확하게 제대로 표현하는 단어입니다. 사람들은 사회로부터 소외되었다고 느낍니다. …… 우선 소외가 무슨 뜻인지 명확히 해야 할 필요가 있습니다. 소외는 자신이 통제할 수 없는 무자비한 경제 환경에 희생된 사람들의 절규입니다. 의사결정 과정에서 제외된 평범

---

* 스코틀랜드 친구 중 한 명은 〈뉴욕 타임스〉가 이렇게 함으로써 링컨을 더 돋보이게 했다고 주장한다.

한 사람들의 절망입니다. 자신의 운명을 결정하는 데 아무런 발언권이 없다고 느끼는 사람들의 절박함과 절망감입니다."[28]

그러나 그가 연설을 한 시기는 전후 시대의 끝으로 그때만 해도 사회 보장 프로그램이 비교적 잘 되어 그가 비난한 시스템이 대중에게 가장 호의적인 모습을 보일 때였다. 그가 오늘날 다시 나타난다면 무슨 말을 할까 궁금하다.

인간의 정신 훔치기: 단절과 불만

어느 사회에서나 불운한 개인이 이탈하는 경우가 발생하지만 사회가
정상적으로 돌아가고 심지어 번영을 누릴 때에도 집단적인 이탈이 발
생하는 경우는 오직 자유시장 체제하에서만이다.

- 브루스 알렉산더Bruce Alexander, 《중독의 세계화The Globalization of Addiction》

스트레스와 트라우마에 대한 강연을 주로 하다 보니 사람들한테 코
로나19 전염병으로부터 어떤 교훈을 얻을 수 있느냐는 질문을 가끔 받
는다. 중요한 교훈 중 하나는 연결의 필요성이다. 세계화된 물질주의로
인해 현대사회에서 점점 연결이 사라진다. 이런 현상은 코로나19로 인
한 단절이 정신적 빈곤을 초래한다는 사실을 깨닫기 한참 전부터 있었
다. 단절이 건강에 미치는 영향은 실로 어마어마하다.

정치적 · 사상적 성향에 상관없이 지금은 사회적 동일감이 점차 눈에
띄게 사라지는 현상을 매우 슬퍼해야 할 때다. "같은 사람이라는 느낌,
동일한 집단에 소속되어 공동의 운명을 가졌다는 느낌이 오늘날에는
없습니다." 때로 바른 소리를 하는 보수 성향의 평론가 데이비드 브룩
스David Brooks가 최근에 〈뉴욕 타임스〉에 보낸 기고문에서 한 말이다.[1]

어쩌면 처음부터 그렇게 설계되어 있는 것일지도 모른다. 즉 소비를 가장 중요하게 생각하는 사회에서 사랑, 신뢰, 보호, 사회적 양심, 참여 같은 것들은 어쩔 수 없이 희생되어야 한다는 것이고 이를 자본주의 용어로는 매몰비용이라고 한다.

어딘가에 소속되어 서로를 위해주고 내면에서 나오는 배려 정신을 느끼는 연대감을 중요하지 않게 생각하는 사회는 인간이라는 것이 주는 의미를 외면하는 사회다. 이런 사회에는 반드시 병이 발생하기 마련이다. 그렇게 말하는 것은 도덕적인 판단이 들어간 주장이 아니라 객관적인 사실에 입각한 평가다. 신경정신과 의사이자 신경과학자인 브루스 페리는 내게 "사람들이 의미감을 잃고 단절되는 순간 질병이 발생하며, 우리의 정신적·육체적·사회적 건강의 붕괴가 일어난다"고 말했다. 단절과 동일한 효과를 내며 모든 사람의 안녕에 영향을 주는 유전자나 바이러스가 발견된다면 신문 헤드라인은 온통 그 뉴스로 도배될 것이다. 모든 계층에서 폭넓게 발생하기 때문에 우리는 그것을 당연하게 여긴다. 우리는 그 안에서 수영한다고 할 수 있다. 우리 모두는 각자 개인적인 목표를 위해 노력하는 단순한 개인에 지나지 않는다는 보편화된 신화에 너무 깊숙이 빠져 있다. 그런 식으로 우리를 정의할수록 우리의 존재 그리고 우리가 건강하기 위해 필요한 것에 대한 필수적인 요소로부터 점점 멀어질 뿐이다.

심리학자들 사이에는 우리에게 꼭 필요한 요소에 대해 일치된 리스트가 있다. 이 중 일부는 이미 우리가 다루었던 것들이다. 그 다양한 항목은 아래와 같다.

- **소속감**, **관계감**, 또는 **연계감**

- **자주권**: 자신의 삶에 대한 통제

- **지배력** 또는 **자신감**

- **진정한 자부심**, 업적이나 성과나 획득 또는 다른 사람의 평가에 휘둘
  리지 않기

- **신뢰성**: 평생 필요한 개인적·사회적 자원을 가지고 있는 느낌

- **목적의식, 삶의 의미, 초월성**: 자신을 소외된 편협성을 초월한 어떤
  것의 일부라고 생각한다. 그 어떤 것이 완전히 정신적이든, 또는 단
  지 우주적/일반적이든, 또는 인류의 기원을 생각할 때 자연이든 상
  관없다. "인간의 육체적·정신적 삶과 자연이 상호의존적이라는 말은
  자연이 그 자체와 상호의존적이라는 의미다. 왜냐하면 사람은 자연
  의 일부이기 때문이다." 1844년 26세의 카를 마르크스Karl Marx가
  한 말이다.[2]

이 항목 중 당신이 모르거나 직접 느끼기 어려운 것은 없다. 자신의
경험에 비추어 검토해보기 바란다. 위 항목들이 충족되었을 때 느낌이
어떻던가? 이것이 부족하고, 거부되거나, 고갈되었을 때 몸과 마음에
어떤 일이 발생하는가?

❖ ❖ ❖

브루스 알렉산더는《중독의 세계화》의 저자이자 사이먼프레이저대
학의 심리학 명예교수다. 우리는 2000년대 초반에 사회적으로 소외된
밴쿠버 다운타운 이스트사이드의 마약중독촌에서 같이 일했다. 그의
말에 따르면 그는 당시 물질만능주의자의 이기심으로 꽉 차 있었기 때

문에 그런 경력을 매우 어리석게 생각했다고 한다. "당시 나는 오늘 밤 당장 환자 몇 명이 죽는다 해도 우리는 강하니까 우리 자신과 다른 사람들을 위해서라도 성공할 거라고 생각했어요. 하지만 지금은 생각이 바뀌었죠. 그건 정말 위험한 생각입니다. 그런 생각은 사람을 있는 그대로 받아들이지 않아요."

내가 진정성과 애착을 두 가지 기본 욕구로 명명했듯이 그는 사람들이 지닌 "개인적 자율성과 성취라는 필수적 욕구, 그리고 그와 똑같이 중요한 사회적 소속감이라는 필수적 욕구"를 파악하고 이 둘의 결합을 **사회심리적 통합**이라고 이름 붙였다.[3] 우리 둘은 건전한 문화에서는 사회심리적 통합이 목적이자 규범이 된다는 데 의견의 일치를 보았다.

알렉산더 교수의 설명에 의하면 **이탈**은 앞에서 나열한 항목에 있는 자신과 다른 사람 그리고 의미와 목적에 대한 연결이 단절되는 현상이다. 이 단어가 '방향 상실'처럼 두루뭉술하게 이해되는 걸 막기 위해 그는 시각적 비유를 이용했다. "어깨뼈가 이탈했다고 생각해보세요. 그러니까 뼈가 탈구되어 자기 위치에서 벗어난 거예요. 팔도 그대로고 어깨뼈도 그대로 매달려 있지만 더 이상 제 기능을 못하는 겁니다. 쓸모가 없는 거죠. 그게 이탈된 사람들이 겪는 상황입니다. 극심하게 고통스럽죠." 많은 사람들이 자주권, 관계, 신뢰 그리고 의미에서 단절되었다고 느낄 때 개인의 경험을 넘어서 집단적으로 이런 극심한 고통을 느낀다. 이것이 **사회적 이탈**이다. 이는 개인의 트라우마와 마찬가지로 정신질환, 절망감, 중독, 육체적 질병의 강력한 원인이다.* 인간의 욕구라는 측면에서 보면 비정상이지만 지금은 그런 이탈이 우리 문화에서 확

---

* 알렉산더는 사회적 이탈의 개념을 헝가리계 미국 경제학자인 칼 폴라니(Karl Polanyi)가 1944년에 쓴 《거대한 전환(The Great Transformation)》에서 최초로 창안했다고 인정했다.

고한 '정상'의 자리를 차지했다. 극단적인 예로 식민지 개발 과정에서 북미 원주민에게 가해진 육체적·정신적 이탈이 있으며 최근 사례로는 세계화로 인해 러스트벨트부터 애팔래치아 탄전 지역까지 미국 전역에서 발생한 경제적 공동화를 들 수 있다. 이로 인해 노동자 계층의 자살 및 약물 과다 복용으로 인한 사망이 급증하는 결과를 초래했다. 프린스턴대학 경제학자인 앤 케이스Anne Case와 노벨상 수상자인 배우자 앵거스 디턴Angus Deaton은 이 현상을 '절망사'라고 불렀다.*

계층별로 나타나는 양상은 다르지만 이탈 현상은 계층에 상관없이 발생한다. 사회적으로 특권이 있으면 외부에서 불어오는 이탈의 강풍을 피할 수는 있겠지만 연결, 목적의식, 자존감이 부정당하는 내부의 충격은 피할 방법이 없다. 아무리 훌륭한 업적이나 자질, 외부의 평가가 있어도 이를 채울 수 없다.

❖ ❖ ❖

스코틀랜드 노조 지도자는 '소외'를 사회로부터 분리되어 스스로의 운명을 결정하지 못하는 상황으로 정의했다. 이 단어에는 또한 우리의 본질, 우리 자신 그리고 다른 사람으로의 분리라는 뜻도 포함되어 있다. 19세기 중반 카를 마르크스는 이미 이를 꿰뚫어 보았고 거기에 하나를 더했다. 바로 우리가 주인이고 통제권을 갖는 의미 있는 행위로서의 노동으로부터의 단절이다. 이런 면에서 그는 선견지명이 있었다. 노동에는 자신감, 지배력, 목적의식처럼 앞서 나열한 항목 중 많은 핵심

---

* 2020년 이 부부가 쓴 유명한 저서 《절망의 죽음과 자본주의의 미래(Deaths of Despair and the Future of Capitalism)》를 참조하라.

욕구들이 포함되어 있다. 2013년에 실시된 갤럽 조사에 의하면 단지 30퍼센트의 미국 근로자만이 직장에서 주인 의식을 가지고 일한다고 한다. 142개국으로 조사 대상을 확대하면 그 비율은 13퍼센트로 줄어든다. 두 명의 경제 전문가는 〈뉴욕 타임스〉에 "대다수에게 노동은 사람의 기운을 소진시키고 낙담하게 만드는 경험이다. 그리고 이런 경향은 점점 더 심해지고 있다"라고 쓰기도 했다.[4]

우리의 내적 가치감이 지위 중심적이 되어, 외부에서 부과한 경쟁적 성취와 획득의 기준에 좌우되고 타인의 눈에 맞춘 매우 조건적인 인정(인정 가능성이라고 해야겠다)에 의존하면 소외는 피할 수 없다. 최근 수십 년 사이에 중산층이 몰락하면서 세속적인 성공으로 자신을 평가하던 사람들은 자신의 가치에 심각한 상처를 입었다. 중산층의 꿈이 사라져버려 많은 사람에게 고통과 분노를 유발하고 있다. 경제 사다리의 맨 위에 있다는 사람들조차 자신의 가치 하락을 경험하고 있다. 이는 물질주의적 가치관이 의미와 목적을 추구하는 욕구와 정면으로 충돌하기 때문이다.

여기에는 도덕적인 잣대를 들이댈 수도 없다. 객관적으로 보면 공동체적인 필요성을 제외시키고 자신만의 덧없는 욕구에만 집중하다 보니 가장 깊은 곳에 있는 자신과의 연결이 줄어든 경우다. 깊은 자아는 진정한 의미의 우리의 안녕을 발생시키고 유지하는 우리의 일부분이라고 할 수 있다. 자신의 성격 덕분에 승리를 거둘 수도 있고, 다양한 정체성으로 단기적 안도감을 얻을 수도 있지만 아무리 물질적인 이득으로 자신의 이미지를 포장한다고 해도 이것들은 사람다움을 알아보는 것을 포기하는 대신 얻는 허접한 대가(그리고 문제)에 불과하다. 매일 수백만 달러를 굴리는 어떤 투자가가 퓰리처상을 수상한 기자인 찰스 두히 그Charles Duhigg에게 이렇게 말했다. "내 인생을 낭비하는 것 같은 생각이 들어요. 내가 죽으면 내가 잘 살았다고 좋게 평가해줄 사람이 있을까요? 내가 하는 일이 전부 아무 의미가 없는 것처럼 느껴져요." 두히그는 "심지어 가장 숭고한 자기 이미지를 가진 의학계나 법조계 전문가들도" 이런 의미의 상실로 힘들어한다고 말한다. 그는 그 이유에 대해 고민했다. 그러고는 이렇게 답했다. "가혹한 근로시간, 사내 정치, 세계화로 인해 더욱 심화된 경쟁, 인터넷 때문에 생긴 '24시간 대기 문화' 등이지만 그것 말고도 이 사람들이 알기 힘든 무엇이 있다. 그건 자신의 일이 그렇게 엄청난 노력을 쏟아부을 만한 가치가 없다는 잠재적인 느낌이다."⁵ 단순한 경제 원리와 같다. (자존감이나 정체성 또는 물질적 야심을 억지로 끌어올리는) 인위적인 인플레이션은 필연적으로 거품이 꺼질 때 침체나 심지어 붕괴로 이어질 수밖에 없다.

욕구와 마찬가지로 우리는 본질적으로 의미를 기대한다. 그런데 이를 부인하면 심각한 결과가 초래된다. 순수하게 심리적인 욕구가 아닌 호르몬과 신경체계는 의미의 존재 여부를 정확히 체크한다. 2020년 실시된 한 건강 연구는 "삶의 의미가 있고 이를 추구하는 것은 건강과 행복에 중요한 요소"라고 결론 내렸다.⁶ 간단히 말해 삶이 보다 의미가 있다고 느낄수록 정신 및 육체 건강이 좋다는 것이다. 이 연구 자체는 인생의 교훈을 다시 확인하기 위해 그런 연구 결과가 필요하다는 것을 알려주는 이 시대의 상징 같은 것이다. 당신은 언제 행복하고 기쁨이 충만하며 마음이 평안한가? 일부러 나서서 다른 사람을 도와주고 소통할 때인가? 아니면 당신의 보잘것없는 자존심을 중요하게 여겨 빛나게 할 때인가? 우리 모두는 답을 알고 있다. 하지만 어쩐 일인지 항상 그대로 되지 않는다.

기업은 실질적으로 사람들의 욕구를 충족시키지 않으면서 그 욕구를 이용하는 데 천재적인 능력이 있다. 나오미 클라인Naomi Klein은《슈퍼 브랜드의 불편한 진실No Logo》에서 1980년대 대기업들이 사람들이 더 큰 조직에 속하고 싶은 자연스러운 욕구를 어떻게 이용하는지 적나라하게 보여준다. 나이키, 룰루레몬, 더바디샵처럼 브랜드 인지도가 높은 기업은 제품보다 마케팅에 더 역점을 둔다. 이들은 의미와 정체성 그리고 브랜드와의 연상작용을 통해 거의 종교에 가까운 소속감을 판다. "그건 사람들이 공허하고 다른 사람들을 갈망한다는 뜻이지요"라고 내가 운을 띄우자 왕성한 작가이자 운동가인 클라인은 "맞아요"라고 대답했다. "단지 운동화만 파는 것으로는 부족하다는 걸 깨달은 이 회사들은 무언가에 소속되고 싶어 하는 갈망과 욕구를 철저히 이용하는 겁니다. 인간은 초월적인 존재의 일부가 되고 싶어 하니까요."

포드나 제너럴모터스 같은 회사들의 기업 윤리나 사회적 책임 또는 환경 윤리 규범에 대해 다양한 생각을 할 수 있지만 노동조합의 힘을 얻은 근로자들은 몇 세대에 걸쳐 부를 축적하기도 하고 일을 통해서 의미를 찾기도 했다. 그러나 북미 대륙에서 공업이 쇠퇴하면서 노동자들은 일정한 수입이 끊겼을 뿐 아니라 삶의 의미도 잃어버려 결국 이탈 문제가 더욱 심화되었다. 서비스직과 아마존 물류센터 일자리가 늘어나기는 했지만 어디서도 소속감을 대신하지 못했다. 사람들의 목적의식과 연대감을 말살시키는 이런 추세는 20년 전 HBO의 미니 시리즈 〈더 와이어The Wire〉에서 부두 노동자 프랭크 소보트카가 로비스트 친구에게 한탄하는 말에서 애달프고 솔직하게 표현된다. "근데 문제가 뭔지 알아? 브루스. 전에는 허접한 거라도 이 나라에서 **만들었어**. 우리가 다 **지었다고**. 지금은 그냥 옆 사람 주머니에 손을 넣어 빼먹는 게 다야."

❖ ❖ ❖

개인과 사회의 정신상태만이 연결에 좌우되는 것은 아니다. 우리의 육체 건강도 마찬가지다. 인간은 생물심리사회적 존재이기 때문에 서구 사회에 점점 증가하는 고독은 단순히 심리적 현상 이상이다. 이제 그것은 공중보건의 위기가 되었다.

저명한 신경과학자로 고독을 연구했던 존 카시오포John Cacioppo는 2018년 사망하기 한 달 전에 자신의 배우자이자 동료인 스테파니 카시오포Stephanie Cacioppo와 공동으로 〈랜싯〉에 기고문을 실었다. "사람을 초조하고 우울하게 하면서 이기적으로 변화시키고 조기 사망의 위험성을 26퍼센트 높이는 질병이 뭔지 맞혀보시라. 선진국 국민 중 3분의 1이 걸려 있고 12분의 1은 증상이 심각한 데다 환자 비율이 점점 높아지는 질병이다. 소득, 교육 수준, 성별, 민족에 상관없이 발병하며 전염성이 높다. 이 병은 일부 특이한 성격을 가진 사람이 아니라 **평범한 사람들에게 나타난다**. 바로 고독이라는 질병이다."[7]

지금은 만성적인 고독이 질병에 걸릴 확률과 조기 사망의 위험을 높인다는 것을 확실히 알고 있다. 암이나 기타 질병의 사망률을 증가시키며 하루에 담배 15개비를 피우는 것만큼 위험하다는 것이 입증되었다. 2015년 미국심리학회 연례회의에서 발표된 논문에 의하면 고독은 급증하는 비만만큼이나 공중보건에 위험하다.[8] 스티븐 콜 박사는 고독이 유전자의 정상적 기능에 영향을 줄 수 있다고 말했다. 놀랄 일도 아닌 게 앵무새도 혼자 키우면 염색체를 보호하는 텔로미어가 짧아져 DNA 복구에 영향을 미친다.[9] 사회적 고립은 면역체계 활동을 억제하고, 염증을 확대시키며, 스트레스 호르몬 분비를 교란해서 심장병 및 심장마비로 인한 사망의 위험을 높인다.[10] 코로나19 이전에도 사회적 고립이 이런 영향을 미쳤지만 위기 이후에는 문제가 더욱 심각해져 많은 사람의 삶에 악영향을 미쳤다.

고독이 건강을 위협하는 요소로 부상하게 된 것은 '개인의 선택'을 무시하는 가치관과 관습이 뿌리를 내렸기 때문이다. 그 결과 사회보장 프로그램이 감소했으며, 공공도서관 같은 '공유' 공간이 줄어들었고, 사회적 약자와 노약자, 빈곤층을 위한 예산이 감소했으며, 대안이 없는 독점화로 지역 경제에 타격을 입혔다. 설명을 위해 흔히 보는 사례를 들겠다. 월마트 같은 대형 유통사가 어느 지역에 들어온다고 해보자. 부동산 개발업자들은 좋아하고 정치인들도 새로운 투자를 환영하며 소비자들도 다양한 상품을 저렴한 가격에 구입하게 되니 좋아한다. 그러나 그로 인한 사회적 충격은 없을까? 자영업자와 소상공인들은 대형 업체와 경쟁이 안 되니 문을 닫을 수밖에 없다. 그러면 일자리를 잃거나 낮은 임금을 주는 다른 일자리를 찾아야 한다. 잘 아는 철물점, 약국, 정육점, 빵집 등 여러 가게가 동네에서 사라진다. 더 이상 오랫동안 잘 아는 주인이나 이웃과 인사하는 동네 가게로 가지 않고 각자 차를 몰고 집에서 멀리 떨어진, 창문도 없고 미적으로도 꽝인 창고형 매장으로 간다. 아니 집을 나서지도 않을 수 있다. 인터넷으로 주문하면 되는데 뭐 하러 나가겠는가?

〈뉴욕 타임스〉는 2016년에 자신을 고독하다고 대답한 미국인의 비율이 1980년대와 비교했을 때 20퍼센트에서 40퍼센트로 증가했다고 보도했다.*[11] 이런 추세에 놀란 영국 정부는 새로 고독부를 신설하기

---

* 코로나19 이전에 나온 이 기사의 인터넷판 제목은 "사회적 고립은 우리를 어떻게 죽이는가"였다.

도 했다.

고독의 시스템적인 문제점을 설명하면서 미국 공중위생국장 비벡 머시Vivek Murthy는 이렇게 주장했다. "우리가 사는 21세기 세상은 우리에게 항상 시간과 노력, 에너지, 헌신을 경쟁적으로 추구하도록 요구한다. 추구하는 것 자체가 경쟁이다. 우리는 일자리와 지위를 추구한다. 재산과 돈, 명성을 두고 경쟁한다. 우리는 돈을 벌고 성공하려고 노력한다. 반면에 그 과정에서 우리가 중요하게 생각하는 관계는 종종 뒷전으로 밀린다."[12]

머시 국장이 말한 '우리가 사는 21세기 세상'은 추상적인 개념이 아니라 특정한 사회경제 시스템, 명확한 세계관, 생활양식을 구체적으로 나타내는 개념이라는 것은 놓치기 쉬운 부분이다.

✤ ✤ ✤

그렇지만 우리의 소비문화가 약속한 것을 지키는 것이 가능할까? 마음만 먹으면 그렇게 할 수 있을까? 혹시 이런 약속이 충족되면 보다 만족스러운 삶을 살 수 있지 않을까?

저명한 심리학자로 녹스대학 명예교수인 팀 카서Tim Kasser에게 이런 질문을 던지자 그는 단호하게 대답했다. "물질적인 성공을 목표로 중요하게 생각할수록 일상생활에서 느끼는 행복과 만족도와 즐거운 감정이 사라진다고 연구 결과는 일관적으로 보여줍니다. 소비사회가 세운 목표를 중요하게 생각하는 사람들에게는 우울증, 불안, 약물남용이 더 흔히 나타납니다." 교수는 그가 미국 기업 자본주의Amercian corporate capitalism: ACC라고 이름 붙인 현상에 나타나는 네 가지 원칙을 지적한다. "ACC

　　　　　　　　　　　　　　　　　　　정상이라는 환상

는 **이기심**, **금전적 성공**에 대한 강한 열망, 높은 수준의 **소비**, **경쟁**에 기반한 대인관계 방식을 바탕으로 하는 일련의 가치관을 조성하고 조장합니다."[13]

그는 한쪽에는 물질주의적 사상이 있고 다른 한쪽에는 공감, 관대함, 협조 같은 친사회적 가치가 있어서 마치 시소처럼 올라갔다 내려간다고 주장했다. 전자가 올라가면 후자는 내려간다는 것이다. 예를 들어 사람들이 돈, 이미지, 지위를 주요 관심사로 중요하게 생각할수록 환경보호에 유익한 활동에 참여할 가능성이 낮으며 자신이 무의미하며 불안하다고 생각한다는 것이다. 또한 이런 사람들은 대인관계의 질도 낮을 가능성이 많다. 그 결과, 불안하다고 느낄수록 더욱 물질적인 것을 추구하게 된다. 물질주의는 만족을 약속하지만 사실은 공허한 불만족만을 유발해서 더욱더 물질적인 것을 갈망하게 된다. 이 거대하고 계속 진행되는 중독성 소용돌이는 소비사회가 불안을 조장해 작동하는 방식 중 하나다.

소외, **고독**, **의미 상실**, **이탈** 등 여러 형태의 단절은 우리 사회 곳곳에서 볼 수 있다. 마음과 육체 그리고 영혼이 영양실조에 걸려 허약해진 지금 그 어느 때보다 만성질환과 정신질환 그리고 중독 현상이 많은 것은 결코 우연이 아니다.

소시오패스가 당신을 죽여도 아무도 신경 쓰지 않는다: 전략으로서의 소시오패스

모든 사이코패스가 병원에 있지는 않다. 사무실에도 많다.

- R. D. 헤어R. D. Hare [*]

로버트 러스틱Robert Lustig은 의사 중에서 내분비학과 전문의들이 가장 불행하다며 번아웃에 시달릴 가능성도 제일 높다고 주장한다. 자신이 번아웃 환자니 맞을 듯하다. 내분비학과는 대사질환, 즉 아드레날린, 갑상샘, 뇌하수체, 췌장처럼 호르몬을 생산하는 분비샘의 질환을 전문으로 다룬다. 그에게 우울증이 어떻게 그와 동료들에게 직업병이 되었는지 물어보았다. "갈수록 우리는 회복하지 못하는 환자들을 더 많이 돌보고 있어요. 바닥에 뚫린 구멍으로 물이 막 들어와 가라앉는 보트에서 찻숟가락으로 물을 퍼내는 것 같아요." 게다가 소아과가 부전공이라 소아비만, 소아당뇨, 기타 질환이 지난 몇십 년간 어린이들 사이에서 급증하는 현상을 보고 더욱 우울해한다. 전에는 성인에서만 볼 수

---

[*] 브리티시컬럼비아대학의 명예교수이며 세계적으로 인정받은 사이코패스 연구의 권위자.

있던 심혈관질환이 갈수록 어린이에게 나타나고 있다.**

러스틱에 의하면 이런 추세가 계속되는 이유는 정부의 규제를 받지 않는 대기업이 최신 기술을 동원해 교묘하게 뇌의 쾌락과 보상 회로를 자극해서 사람들을 중독에 빠지게 하기 때문이라고 한다. "그래서 신경과학자를 고용하고 fMRI 장비를 이용하는 겁니다." 의식과 뇌의 미스터리를 풀기 위해 시작한 신경과학이 기업의 주머니를 불리는 수단이 된 또 다른 사례다. 내가 지어낸 용어가 아니라 실제로 이런 분야를 지칭하는 '뉴로마케팅neuromarketing'이라는 단어가 있다. "그들의 목적은 행복을 병에 담아 판매하는 겁니다." 러스틱이 덧붙인다. 아니면 행복을 햄버거나 스마트폰 또는 그 많은 앱에 담아 팔기도 한다. 한마디로 이런 기업들은 집단 중독이라는 완전히 합법적인 야외 시장에서 마약을 파는 양심 없는 장사치에 지나지 않는다.

이들이 행복이라고 파는 것은 사실 쾌락으로서 이 둘은 철학적·경제적으로 다른 의미를 가지고 있고 손실과 이익에 영향을 미친다. 러스틱에 의하면 쾌락이 '기분 좋은데. 더 하고 싶어'라는 느낌이라면 행복은 '기분 좋아. 만족해. 꽉 찬 느낌이야' 같은 느낌이라고 하는데, 이는 내가 중독과 뇌 화학물질의 작용에 대해 알고 있는 것과 정확히 일치한다. 비슷한 부분도 있지만 쾌락과 행복을 움직이는 신경화학적 연료가 다르다. 쾌락은 도파민과 아편제를 이용하는데 둘 다 단기간 폭발적으로 작용하는 반면에 만족감은 보다 지속적이고 천천히 분비되는 세로토닌을 기반으로 한다. 세로토닌 물질이나 이로 인한 행동에는 잘 중독되지 않는다. **모든** 중독에는 두뇌의 도파민(인센티브/동기) 그리고/또는

** 러스틱의 저서 《미국인의 마음을 해킹하다(The Hacking of the American Mind)》를 참조하라.

아편제(쾌락/보상)가 필요하다. 만족감 없는 쾌락이 즉각적 충족을 추구할 때 중독성이 생기며, 따라서 기업 입장에서는 수익을 낼 수 있다. 즉각적 충족은 사고팔 수 있다. 단 그럴 경우 전혀 만족이 아니며 드라마 〈매드맨Mad Men〉*에 나오는 가공의 광고 천재 돈 드레이퍼가 말하는 가짜 '행복'에 가깝다. 그는 이 드라마에서 이렇게 혼잣말을 한다. "행복은 무엇인가? 더 행복해지고 싶다고 느끼기 직전의 순간이다." 진정한 행복은 비시장재이기 때문에 시간이 지난다고 스스로 가치가 사라지지는 않는다.

뉴로마케팅은 인간의 의식에 대한 전략적 침략으로서 의식적으로 과잉행동을 유도하고 두뇌의 도파민/엔도르핀 작용을 지속적으로 교란시킨다. 이런 작용은 마이클 모스Michael Moss가 2013년 쓴 식품산업에 대한 탐사보도 성격의 책《배신의 식탁Salt Sugar Fat》에 잘 나타나 있다. 그해 가장 널리 읽힌 책 가운데 하나였다. 그는 이 책에서 사람들의 건강은 전혀 고려하지 않고 소비자를 정크푸드에 중독시키려는 식품업계의 음모를 폭로했다. 이들은 최신 과학기술과 마케팅 기법을 결합해서 설탕, 소금, 지방의 완벽한 조화**로 뇌의 쾌락 중추를 자극하는 행복점bliss spot을 찾아냈다. 요샛말로 해서 집단 중독을 유도하기 위한 이런 '마인드 해킹mind-hacking'은 신경과학적 측면에서 자유의지를 손상시킨다. 계획적으로 욕구를 억제하는 전액골 피질의 작용을 약화시키고 본능적인 감정 회로가 이성적인 사고를 마비시킨다. 이는 만연한 자유기

---

* 호평을 받은 TV 미니시리즈로 20세기 중반의 광고업계를 그리고 있다.

** 때에 따라서는 카페인 같은 다른 첨가제가 들어가기도 한다. 따라서 도파민 분비를 촉진시키는 음료인 레드불이 만일 정직하게 광고를 한다면 라벨에 '재생불능 에너지 드링크'라고 수식어를 추가해야 할 것이다.

업 물질주의가 마치 금융시장을 '규제 완화'하듯이, 신경생리학을 악용해 뇌를 '통제 해제'하는 무시무시한 사례다.

특히 9·11 테러 이후 그리고 코로나19 시기에 하도 많이 쓰이다 보니 단어의 원래 의미가 손상되기는 했지만 이런 행위를 '음모'라고 부르는 것은 전혀 과장이 아니다. 잘 믿는 사람과 분노한 사람들만이 터무니없는 음모 이론에 쉽게 속아 넘어간다고 하지만 선동당할 수 있다는 공포는 누구에게나 해당된다. 직접적으로 공중보건에 영향을 미쳤던 행위를 포함해 기업의 악행을 조사해보면 이익을 위해 대중을 기만해왔다는 것을 잘 알 수 있다. 공개되기 전까지는 모두 비밀이다. 이런 행위는 철저히 조직의 탐욕스러운 논리를 신봉한다. 생명을 위협하지만 수익을 낳는 이런 기만행위는 제약, 원자재 채취, 항공, 자동차 제조, 식품 제조 등 거의 모든 산업과 기업에서 볼 수 있다. 이런 산업을 통제하는 사람들은 엄청난 권력을 가지고 있으며 '존경받는' 사람들이고 심지어 자선사업가인 경우도 있다는 점 말고는 우리가 여기서 장황하게 논점을 늘어놓을 필요가 없다. 이 사람들은 친사회적인 가치관의 부정을 죄악이 아니라 수용 가능한 덕목으로 만들었다. 어쨌든 그들에게는 이렇게 하는 것이 필요했다.

문제가 드러나도 대중은 이미 반발하기에 너무 무감각해져 있거나 다른 대안을 생각할 수 없기 때문에 아무런 끈질긴 저항을 하지 못한다. 짧은 기간 동안은 대중의 분노가 폭발할 수 있으나 구조적인 변화로 연결되지는 못한다. 지금은 대중의 건강과 인간 윤리에 해를 끼치는 것들에 완전히 무감각해졌다고밖에 표현을 못하겠다. 내부고발자인 에드워드 스노든Edward Snowden은 2021년 코미디언이자 팟캐스트 진행자인 러셀 브랜드에게 이렇게 말한다. "가장 커다란 음모는 공개적이고 잘 알려져 있습니다. 이건 이론이 아니라 법과 정책, 정부 시스템, 기술, 금융 등을 통해 나타나는 실제죠. …… 다만 우리가 익숙해져 있을 뿐입니다. 그 방법이 너무나 **진부하기 때문에 속에 숨어 있는 탐욕을 보지 못하는 겁니다.**"[1] 음모 이론이 아니라 실제 음모라는 것이다. 사회 최상층계급이 저지르는 이런 광범위한 속임수를 무시하거나 어쩔 수 없이 참는다는 사실은 엘리트들이 지배하는 사회의 효율성과 우리 문화가 주입한 수동적인 사회적 성격에 대해 의문을 품게 만든다.*

로버트 러스틱은 미국을 "전 세계 마약의 수도"라고 부르는데 코카인, 헤로인, 메타암페타민 또는 옥시콘틴처럼 대량 판매되는 오피오이드를 말하는 게 아니다. 그가 말하는 마약은 설탕으로서 네덜란드 보건국장은 2013년에 "역사상 가장 중독성이 강하고 위험한 마약"이라고 선포까지 했다. '중독성이 강한'이라는 말은 전혀 지나친 표현이 아니다. 하버드의대의 연구에 의하면 혈당지수가 높은 음식, 즉 혈당 수치를 급격하게 상승시키는 정크푸드를 먹는 사람들이 더 빨리 배고파진다고 한다. fMRI 스캔을 해보면 코카인이나 헤로인 같은 마약을 흡입했을 때 활성화되는 부분과 동일한 부분이 활성화된다.[2] 수익 기회를 절대 놓치지 않는 다국적기업은 설탕에 범벅이 된 식품을 대대적으로 아이들에게 마케팅하고, 트라우마와 빈곤, 억압 때문에 중독성 물질에 특히 취약한 사람들을 희생 대상으로 삼는다. 미국의 가난한 흑인층과 브라질 도시 빈민가인 파벨라favela가 대표적인 예다. (상대방을 존중하는 것 같지만 실제로는 거만함이 드러나면서 동시에 완곡한 듯 보이는 표현인) '개발도상국'에서는 빈곤층 여성들이 가정을 방문해서 이미 영양이 부족한 동포들에

---

* 사회적 성격은 14장에서 다루었다.

게 그런 정크푸드를 팔러 다닌다.

설탕 섭취가 건강과 장수에 미치는 영향은 코로나19로 인한 예상 피해보다 훨씬 더 심각하다. 2017년 〈랜싯〉에 발표된 한 보고서는 전 세계적으로 1,100만 명이 채소류, 씨앗류, 견과류는 부족하고 소금, 지방, 설탕만 가득한 식습관으로 사망한다고 밝혔다.[3] 미국 심장협회가 발표한 또 다른 논문에 의하면 전 세계적으로 설탕이 들어간 음료 섭취만으로 18만 명이 사망한다.[4] 이를 코카콜로니제이션coca-colonization이라고 한다.

북미자유무역협정에 따라 필연적으로 발생한 농업의 기업화로 인해 멕시코는 이제 비만과 관련 질병으로 미국과 전 세계 1위를 다투고 있다. "OECD 연구에 의하면 멕시코의 비만 인구는 1996년 20퍼센트에서 73퍼센트로 증가했다"고 2020년 8월 BBC가 보도했다.[5] 또한 CBS 뉴스는 "소아비만은 10년 사이에 세 배가 늘었고 10대의 3분의 1이 과체중이다. 전문가들은 소아비만 환자의 5분의 4는 평생 비만 상태를 유지할 것이라고 말한다"고 보도했다.[6] 멕시코에서는 매년 40만 명이 당뇨병 진단을 받고 있으며 그 숫자는 참혹한 마약 전쟁에서 사망하는 숫자보다 더 많다.**

캐나다가 이 숫자를 빠르게 따라잡고 있으며, 호주, 뉴질랜드, 아시아도 가세하고 있다. 중국의 성인 비만율은 1991년 20.5퍼센트에서 2011년 42.3퍼센트로 20년 만에 두 배로 늘었다. 중국 역시 코카콜라가 엄청난 영향력을 행사해 정부의 정책 변화를 유도하고 높은 수익을

** 비만과 당뇨를 줄이기 위한 교육지책으로 멕시코의 오악사카주는 어린이에게 패스트푸드와 가당 음료 판매를 금지했으나 큰 효과는 보지 못하고 있다.

거두었다.[7]

과거 육중한 몸집을 자랑했던 영국의 전 총리 보리스 존슨Boris Johnson은 2020년에 신종 코로나바이러스 감염으로 며칠간 집중치료실에 입원했다가 퇴원한 이후 체중감량의 전도사가 되었다. "너무 호들갑을 떨거나 지시하는 스타일은 아니지만 현실은 비만이 합병증의 주요 원인이라는 점입니다. 솔직히 말해서 살을 빼는 것은 코로나의 여러 위험 요소로부터 자신을 보호하는 방법 중 하나입니다." 총리는 퇴원 후 이렇게 말했다. 그는 정크푸드의 광고 및 마케팅을 제한하고 건강한 식습관을 장려하는 정책을 도입했다. 혹자는 이를 정확한 조치라고 말할지 모르겠지만 그가 좀 더 과학적으로 접근했다면 빈곤과 흑인·아시아인·소수민족의 지위가 코로나바이러스로 인한 질병과 사망의 주요 원인이라고 꼽았을 것이다. 또한 비만은 사회적인 원인으로 발생하며 그가 속한 당이 거의 50년간 주장해온 긴축정책과 자유방임정책이 도입됨에 따라 전 세계적으로 비만이 극도로 늘어나고 있다는 점을 인식했을 수도 있다. 영국 성인 인구의 거의 3분의 2가 비만 또는 과체중이며 6세 어린이 역시 같은 비만율을 보이고 있다. 영국의 국민건강보험공단은 2018년과 2019년 사이에 비만으로 인한 입원 수가 87만 6,000건으로 전년 대비 거의 25퍼센트 증가했다고 주장했다.[8]

약물남용으로 인한 죽음이 전적으로 제약회사의 조작에 의한 것이 아니듯, 식품이나 담배와 관련된 질병 역시 순전히 기업이 사람들의 마음을 '해킹'했기 때문에 발생했다고 말하기는 어렵다. 차라리 글로벌화된 자본주의 때문에 삶으로부터의 단절과 이탈 그리고 스트레스가 발생해서 조작 가능한 환경이 조성되었다고 말하는 게 더 맞을 것이다. 더럼대학 공중보건학 교수인 테드 슈레커Ted Schrecker와 보건지리학 교수인 클라라 밤브라Clara Bambra는 최근의 경제 동향이 보건에 미치는 영향을 연구해왔다. 이들은 "현재 신자유주의적인 정책을 펴고 있거나 1980년부터 2008년 사이에 신자유주의가 크게 확대된 국가일수록 …… 비만 및 과체중의 비율이 높다. 이는 전 세계적으로 비만이 증가하게 된 시기가 신자유주의의 확산과 성장 시기와 일치한다는 것을 보여준다"라고 말한다.[9] 하지만 보리스 존슨은 체중감소 캠페인을 하면서도 이 문제는 건드리지 않았다.

전 세계적인 비만 문제는 앞에서 다룬 스트레스와 이에 동반되는 시간 부족, 운동 부족, 점증하는 불안, 가족 간의 유대 약화, 지역사회 소멸, 사회적 네트워크 붕괴 등 생활양식의 문제가 전 세계적으로 확대되고 있다는 증거다. 사람들이 건강하지 못한 식습관을 계속하고 자기 파괴적인 행위를 하는 이유는 다양하지만 주원인은 감정적 고통, 스트레스, 사회적 이탈이다. 그리고 앞에서 보았지만 모든 중독과 마찬가지로 폭식은 스트레스에 대한 반응이며 트라우마로 인한 충격을 달래는 방법이다. 어떤 사람이 한 말이 정곡을 찌른다. "당신이 먹는 것이 아니라 당신을 먹고 있는 것이 문제다." 사람들은 스트레스를 받으면 건강하지 않은 식품을 '선택'해서 쪄서는 안 될 부위에 살이 찌면서 병이 생긴다. 또한 세로토닌/만족 회로를 감소시키고 도파민 분비를 촉진시켜 단기적 쾌락을 추구하는 방향으로 뇌 기능을 변화시킨다.

기업의 경영진은 과학과 심리학 분야의 전문가들에게 충분한 보수를 지급했기 때문에 그들에게 권력을 부여하는 시스템에서 발생하는 스트레스로부터 이익을 취하는 방법을 잘 안다. 알지 못하면 그들은 제대로 맡은 일을 할 수 없다.

＋ ＋ ＋

　대형 식품업체만 대중을 속이는 데 뛰어난 것이 아니다. 니컬러스 크리스토프Nicholas Kristof는 2017년 〈뉴욕 타임스〉에 기고한 글에서 제약업계가 "25년 동안 전국에 걸쳐 조직적으로 조작을 일삼아 베트남전쟁과 이라크전쟁의 전사자를 모두 합친 것보다 더 많은 6만 4,000명이 전년도에 사망한 원인을 제공했으며 탐욕스러운 남미의 마약왕과 미국 제약업계 경영진들이 엄청난 이익 앞에 인간성을 내버렸다"고 주장했다. 그럼 정부의 반응은 무엇인가? 크리스토프의 표현을 빌리면 "우리의 정책은 '15명을 오피오이드에 중독시키면 감옥에서 썩어야 하는 악당이 되지만 1만 5,000명을 중독시키면 마케팅의 천재로 칭송받고 엄청난 보너스를 받는다'는 것이다".[10] 새클러 가문이 운영하는 퍼듀사가 옥시콘틴 같은 아편제를 비교적 안전한 진통제로 의사들에게 마케팅했다는 것은 잘 알려져 있다. 그 약의 중독성을 충분히 인지하고 있으면서도 그런 식으로 판촉 활동을 한 것이다. 그 결과 지난 몇십 년에 걸쳐 수십만 명이 사망했다.

　그동안 새클러 가문은 고귀한 뜻을 실천하는 공공자선가로 위장했는데 이는 자선사업가들이 흔히 취하는 방식이다. 상당한 부를 축적한 이 가문은 엄청난 재산을 북미와 유럽, 이스라엘 등 전 세계의 병원, 의과대학, 박물관에 기부하면서 명성을 쌓았다.

　내 경험에 비추어볼 때 차별 대우가 있다는 크리스토프의 말에 전적으로 동의한다. 만일 다운타운 이스트사이드의 내 환자 한 명이 소량의 코카인을 판매하다 적발되면 그는 징역형에 처해진다(실제로 많은 환자들이 자신이 통제하지 못하는 습관을 충족시키기 위해 마약 판매에 나선다). 반면 내가 이 글을 쓰고 있는 이번 주에 많은 사람을 실망시킨 판결이 발표되었다. 새클러 가문에게는 푼돈인 45억 달러를 벌금으로 내는 대가로 새클러 가문은 계속 재산을 유지하며 어떤 형사 책임도 지지 않게 되었다. 이제 이들은 부리에 수십억 달러를 물고 자유롭게 날아다니는 새가 되었다. 아니 독수리가 되었다고 해야 맞을까?*

제약회사만 욕할 수 없는 게 이들은 그저 담배업계의 모범적인 전통을 따라 했을 뿐이기 때문이다. 담배회사들은 수십 년간 아무렇지도 않게 사람의 생명을 경시하고 담배의 위험을 부정하고 은폐했으며 규제 법안의 입법을 막았다.[11] 캐나다에서는 매해 4만 5,000명이 담배로 사망하는데 이 숫자는 약물 과용으로 사망한 사람의 숫자보다 10배 더 많다. 담배와 관련된 질병으로 고생하는 사람들은 수십만 명에 달한다. 전 세계적으로 담배로 인한 사망자는 매년 700만 명이 넘는다.[12] 사망자가 한 명 있으면 30명의 만성질환자가 있다고 보면 된다.

능숙한 사기꾼인 담배회사는 절대로 목표를 놓치는 법 없이 가장 약한 대상을 정확히 조준한다. 〈뉴욕 타임스〉 기사에 따르면 "담배회사들은 미국의 흑인들을 대상으로 지난 수십 년간 공격적인 마케팅을 펼쳐왔다. FDA는 흑인 흡연자 가운데 85퍼센트가 뉴포트나 쿨 같은 멘솔 담배를 피운다고 발표했다. 관련 연구에 의하면 멘솔 담배가 일반 담배보다 중독성이 강하며 끊기 더 어렵다."[13] (이 글을 쓰는 지금 바이든 행정부는 멘솔 담배의 판매를 금지하는 방안을 발표했다.) 선진국에 대한 마케팅이 금지되자 담배, 주류, 가당 음료 및 패스트푸드를 판매하는 다국적기

---

* 이 판결은 원고의 항소로 번복되어 이 책을 편집하는 동안에도 치열한 법정 싸움이 계속되었다. 새클러 가문에 대해서는 33장에서 자세히 다룰 것이다.

업들은 규제가 느슨하고 정부가 덜 까다로운 소위 개발도상국으로 눈을 돌렸다. 이제 수백만 명이 병에 걸려 죽을 것이다. 아니 미래가 아니고 현재 죽어가고 있다.

알면서도 수많은 사람을 병들게 해서 죽음에 이르도록 만드는 자들은 도대체 어떤 사람들인가? 법대 교수인 조엘 바칸*은《기업의 경제학The Corporation》을 집필했고 이를 기반으로 동명의 다큐멘터리가 제작되어 많은 상을 수상하기도 했다. 이 책에서 그는 사람들에게 하듯 기업의 정신 건강을 체크했다. 미국의 법률은 1800년대 이후 기업을 '인격체'로 간주했기 때문에 크게 불공평한 것도 아니다. 그런 관점으로 평가하면 "많은 기업들이 소시오패스의 범주에 들어간다. 즉 양심 없이 행동하고, 자신이 한 행위가 다른 사람에게 끼칠 영향을 전혀 고려하지 않으며, 사회적 법적 규범을 따라야 할 필요성을 느끼지 못하고, 죄책감이나 후회하는 감정을 느끼지 못한다"고 바칸은 주장했다. 정신의학적 측면에서 보면 이건 절대 반박할 수 없는 케이스다. 권한은 무한한데 진실을 은폐하려 하고, 거짓을 퍼트려 질병과 죽음을 전파하는, 전혀 책임지지 않는 '인격체'를 달리 어떻게 설명할 수 있을까?

다른 의견이 필요하면 뉴욕의 정신분석 전문의인 스티븐 라이스너Steven Reisner에게 물어보면 된다.** 그는 내게 이렇게 말했다. "자기도취narcissism와 반사회적 태도sociopathy야말로 미국 기업을 정의하는 단어입니다. 그러나 21세기 미국에 있어 그것들이 잘못되었다고 생각하는 것은 완전한 착각입니다. 오늘날 자기도취와 반사회적 태도는 **전략**입

---

*   13장 참조.

**   라이스너는 참여 의식을 가지고 "심리학과 자본주의가 충돌하는 부분을 조명하는" 〈매드니스(Madness)〉라는 팟캐스트를 운영한다.

니다. 그것도 매우 성공적인 전략입니다. 특히 재계와 정계 그리고 연예계에서 그렇습니다." 이런 반사회적 성격이 추세를 역행한다고 생각해서 비정상이라고 부를지도 모르겠지만 사실은 이것들이 추세라고 하는 게 더 맞겠다.

그러면 왜 이런 전략을 추구할까? 고삐 풀린 자유시장 이론의 수호성인이자 노벨상 수상자인 경제학자 밀턴 프리드먼Milton Friedman은 정확히 답을 못하고 있으며 어떤 윤리적 제어장치도 내놓지 못하고 있다. 그는 전에 어떤 인터뷰에서 이렇게 말했다. "그런데, 탐욕으로 움직이지 않는 사회가 있으면 말해줄래요? 러시아가 그런가요? 중국은 탐욕을 기반으로 돌아가지 않는다고 생각하나요? …… 세상은 개별적으로 이익을 추구하는 개인들에 의해 돌아가는 겁니다."[14] 덧붙여 그는 "기업의 유일한 사회적 책임은 자원을 이용해 이익을 극대화하는 활동에 종사하는 것"이라는 철칙에 대해서도 이야기한다.[15] 여기서 '사회적 책임'이라는 말에 주의해야 한다. 그는 사리에 움직이며 최소한의 규제만 받는 기업 자본주의야말로 **모든 사람에게 최선**이라고 철저하게 믿었다. 이렇게 말하는 이 사람은 자신의 배신을 예견하고 끝에 가서 천벌을 받는 콧수염이 말린 영화 속의 악당이 아니라 '정상적인' 정계와 재계에서 아직도 상당한 지위를 유지하는 이론가다. 그가 아직 지위를 유지하고 있다는 사실은 우리가 어떤 사회에 살고 있는지에 대해 많은 것을 시사한다.

바칸은 원래 기업이 "기본적으로 건강하고 민주적인 사회"를 괴롭히는 유해한 생명체라고 생각했지만 더 이상은 아니다. "병이 전이되어 병원균이 숙주를 감염시켜버렸습니다." 바칸의 평가다.

✥ ✥ ✥

오늘날 기후변화만큼 인류에게 심각한 영향을 끼쳐 지구의 여러 지역을 황폐화하고 행성 자체를 위협하는 것은 없다. 수십 년간 사전 경고가 있었음에도 이를 가볍게 여기고 이익을 위해 위협을 무시한 기업과 정부 부처의 소시오패스적 행태가 이를 가장 명확하게 보여준다고 생각한다.

독일의 위대한 자연과학자, 지리학자인 알렉산더 폰 훔볼트Alexander von Humboldt가 베네수엘라의 식민지 농장이 자연을 파괴하는 현장을 목격한 후 인류의 행동이 기후에 미칠 영향에 대해 처음 경고를 낸 것은 1800년이었다. 그는 인류가 환경을 파괴하면 "미래 세대가 상상하기 어려운 타격을 입을 수 있다"고 경고했다.[16] 거의 200년이 지나 전 세계 153개국에서 1만 1,000여 명의 과학자들이 긴급 경고를 발표했다. "우리는 명확하고 분명하게 지구가 기후 위기에 직면해 있음을 선포한다. 지속 가능한 미래를 위해 생활양식을 바꾸어야 한다. 지구 사회의 기능과 자연생태계의 상호작용에 커다란 변화가 있어야 한다."[17] 이보다 40년 전 최초의 국제 기후 회의가 제네바에서 열렸지만 대부분의 사람들은 잘 알지 못한다. 그 이후 전 세계의 과학자와 환경운동가, 보건 전문가들은 계속해서 경고음을 울려왔다. 기후운동가인 그레타 툰베리 Greta Thunberg가 기후 문제로 세계 정치가들을 비난하기 한참 전, 정확히는 툰베리가 태어나기도 전인 1992년 캐나다의 세번 컬리스-스즈키 Severn Cullis-Suzuki는 12세의 나이에 리우데자네이루에서 열린 제1회 유엔 지구정상회의에서 세계 지도자들을 대상으로 연설했다. "오늘 여기에 온 것은 무슨 다른 의도가 있어서가 아닙니다. 저는 저의 장래를 위

　　　　　　　　　　　　　　　정상이라는 환상

해 싸우고 있습니다. 제 장래를 잃어버린다는 것은 선거에서 지는 것이나 주가지수가 하락하는 것과는 다릅니다. 저는 모든 후대 세대를 대표해서 여기에 선 것입니다." 우리는 그 뒤로 세계 사람들의 안녕을 위협하고 존재 기반을 위협하는 재앙 앞에서 어떤 조치가 취해졌는지, 아니 정확히 말하면 어떤 조치가 취해지지 않았는지 잘 알고 있다.

〈미국의사협회 저널〉은 2014년에 이렇게 경고했다. "건강은 기후변화와 밀접하게 연결되어 있다." 4년 후 〈랜싯〉은 "1990년부터 전 세계적으로 극심한 고온에 의한 피해가 증가하고 있으며 2017년 폭염 노출 환자는 2000년 대비 1억 5,700만 명 증가했다"고 보고했다.[18] 최근에는 〈랜싯〉, 〈영국 의학 저널British Medical Journal〉, 〈뉴잉글랜드 의학 저널New England Journal of Medicine〉 등 전 세계 200여 학술지의 편집자들이 〈월스트리트 저널Wall Street Journal〉이 "초유의 호소"라고 일컬은 공동 사설을 통해 정치 지도자들의 기후 위기 대응 실패는 "세계 공중보건의 가장 큰 위협"이라고 말했다.[19] 기후변화가 발생하면 심혈관질환 같은 각종 급성 및 만성 질환, 감염 취약성 그리고 정신질환이 증가한다. 심장 및 신장 질환자, 당뇨병 환자 및 호흡기 질환자는 특히 위험하다. 이미 수많은 사람에게 스트레스를 주고 있는 불안정한 식량 및 물 공급에 대해서는 추가로 언급하지 않겠다.

대기업들이 적극적이고 단호하게 지구의 건강을 무시하는 행위에는 이렇게 반사회적인 배경이 깔려 있다. 석유회사들은 수십억 달러를 쏟아부어 정부의 조치를 중단시켰다. 싱크탱크, 은퇴한 과학자, 사이비 풀뿌리 단체에 돈을 주어 기후변화를 의심하고 비웃도록 조종했으며 정치인들, 그중에서도 미국 정치인들을 금전적으로 후원해서 온실가스 배출 감소를 위한 국제적인 협력을 방해했다. 2019년 〈가디언〉은 이들이 자신의 대외적 이미지를 친환경적인 것으로 위장하는 데 엄청난 자금을 쏟아부었다고 주장했으며 〈뉴욕 타임스〉를 포함한 많은 언론에서도 동일한 취지의 내용을 보도했다. 과거를 이야기하는 게 아니다. 2020년 기준 미국의 100위권 기업들은 기후변화 관련 입법을 반대한 의원들에게 엄청난 정치후원금을 지원했다. 후원을 받은 정치인들이 기업의 이익을 대변하기 위해 적극적으로 활동하리라는 것은 보지 않아도 훤하다. 기업 입장에서는 금전적 이익과 비교해볼 때 기후변화로 인한 피해는 아무것도 아니다.

✤ ✤ ✤

의학적인 관점에서 질병의 전이에 비유한 조엘 바칸의 말은 매우 적절하다. 몸 안에서 어떤 세포가 증식해서 인근에 있는 세포를 파괴하고, 다른 장기에까지 퍼져, 숙주의 에너지를 빼앗고, 방어를 무력화시키며, 궁극적으로 생명까지 위협할 때, 그렇게 성장하는 세포를 우리는 암이라고 부른다. 이런 식으로 생명을 위협하는 시스템에 의해 움직이는, 비정상적이고 유해한 현상이 우리가 사는 세상에 만연해 있다. 비정상이 정상이 되었고 이상한 것이 불가피한 것으로 바뀌었다.

이익 논리에 의하면 탐욕은 교리이며 건강은 부수적 피해에 지나지 않는다. 내분비학자 로버트 러스틱은 비꼬는 투로 내게 이렇게 말했다. "당신의 죽음을 원하는 게 아닙니다. 그들은 그저 당신의 돈을 원하는 겁니다. 당신이 죽건 말건 신경 안 써요."

상처받은 자존심: 살갗에 파고든 인종과 계급

우리는 인디언이라고 아빠가 말하자 내 동생은 손을 들더니 울면서 아빠
한테 물었다. "그래도 우린 여전히 인간의 일부인 거죠?"

- 헬렌 노트, 《원주민의 눈으로In My Own Moccasins》

대부분의 친척과 동네 사람들이 학살된 후 헝가리에서 어린 시절을
보내면서 나는 민족적 정체성 때문에 모욕을 당하는 일이 많았다. 그중
에서도 내 친구가 도와준다고 한 말은 절대 잊을 수 없다. 그는 "괴롭히
지 마. 유대인인 게 애 잘못은 아니잖아"라며 나를 놀리던 아이들에게
대들었다. 아무 뜻 없이 말한 그 '잘못'이라는 말은 그 뒤로 오랫동안
뇌리에 남아 다른 사람들이 나를 어떻게 생각하는지 알게 되었다.

이처럼 어린 시절에 '이방인'으로 취급되는 상황을 직접 당했지만 사
춘기 이후 북미 대륙에서 중산층 백인이라는 특권층의 지위에서 살았
던 경험은 내 세계관에 깊은 영향을 미쳤다. 나는 아직도 나와 배경이
다른 주위 사람들이 품고 있는 생각이나 겪어야 할 고통을 잘 이해하지
못한다. 우리처럼 주류로 사는 사람들은 다른 사람들 모두 우리와 똑같
을 거라고 생각하기 쉽다. 위성에서 지구를 내려다보면 그렇게 보일지

몰라도 실제 지상은 그리 단순하지 않다. 캐나다의 원주민이나 미국의 흑인들이 백인들과 동일한 삶을 살고 매일 똑같은 어려움에 봉착하며 역경을 헤쳐나갈까? 단연코 아니다.

혁명적인 흑인 지도자였던 맬컴 X Malcom X는 사후 발간된 자서전 앞부분에서 자신이 거부당했던 사회의 표준에 맞추어 재탄생하려고 자신을 부정했던 경험에 대해 이야기했다. 젊었을 때 그는 타고난 곱슬기를 없애려고 두피를 불로 그슬리는 등 머리를 괴롭혔다. "이게 자기 비하로 나가는 첫 큰 걸음이었다. 말 그대로 살을 태워서 백인의 머리처럼 보이려고 했으니까."[1] 몇 년 후 네이션 오브 이슬람의 리더가 된 맬컴 X는 청중에게 자기혐오를 버리라고 요구했다. "누가 자신의 머릿결을 증오하라고 가르쳤나요? 누가 피부 색깔이 싫어 백인처럼 보이려고 표백하라고 했나요? 누가 코와 입술 모양을 저주하라고 가르쳤나요? 누가 정수리부터 발바닥까지 자신을 미워하라고 가르쳤나요?" 그의 말을 읽으면서 나는 속으로 뜨끔했다. 동유럽에서 외모 때문에 금방 내 '민족'의 정체가 드러났던 경험 때문이었다.

사람의 기를 죽이는 맬컴 X의 이런 질문은 단순히 정신적 또는 감정적 자아를 훨씬 넘어서는 의미를 가지고 있다. 자기 부정은 생리적으로 엄청난 영향을 미쳐 건강에 영향을 준다. 그것은 인종차별이 어린이에게 가하는 가장 고통스러우면서도 와닿는 아픔이다.

캐나다 의사 클라이드 허츠먼Clyde Hertzman*은 처음으로 '생물학적 각인'이라는 개념을 소개했다. 이는 우리가 이 책에서 여러 방법을 동원

---

* 59세로 일찍 유명을 달리하기 전까지 브리티시컬럼비아대학의 보건전염병학과 교수였으며 인구 건강과 인간 개발 분야 캐나다 연구위원을 역임했다. 그는 사회적 요소가 건강에 미치는 영향에 대한 연구로 국제적인 명성을 쌓았다.

해 찾으려고 했던 것과 정확히 일치한다. 즉 우리의 사회적 환경과 경험은, 그의 말을 빌리면, "어릴 때 살갗에 파고들어" 우리의 신체를 형성하고 발달에 영향을 준다. '살갗에'라는 표현은 말 그대로 살면서 마주하는 경험이 피부와 신경체계 및 내장까지 닿는다는 뜻이다. 예를 들어 캐나다 원주민들이 질병에 시달리고 일찍 사망하는 이유는 유전적 요인 때문이 아니며 인종차별이나 빈곤 같은 것들이 여러 방식으로 몸속에 스며들었기 때문이라는 것이다.

이번 장에서는 건강을 결정하는 가장 중요한 사회적 요인인 인종과 경제적 지위가 생물학적으로 우리에게 어떻게 각인되는지를 트라우마가 있다는 전제하에 간단히 살펴보겠다. 세 번째 요인인 성gender은 다음 장에서 다룰 예정이다. 단, 여기서는 두 요소를 별개로 다루겠지만 그렇다고 해서 이 둘이 독립적으로 작동한다고 생각하면 오산이다. 개인에게 이 둘은 겹치는 부분이 많기 때문에 어떤 증상의 원인이 딱 잘라 무엇이라고 구별하기 불가능할 정도다. 그래서 '교차적'이라는 용어가 있는 것이다. 가부장제 아래 여성이 받는 건강상의 영향과 인종차별적 분위기 아래 유색인종이 받는 영향을 분리하기 어렵다. 이는 부를 추앙하는 사회의 가난한 사람이나, 아직 동성애에 대한 혐오가 극심한 사회의 게이나 레즈비언에게도 마찬가지로 적용된다.

내 친구 중 마음챙김 강사 겸 대중 강연자이자 작가인 아프리카계 캐나다-영국인 밸러리 (비말라사라) 메이슨-존Valerie (Vimalasara) Mason-John은 이 모든 요소를 직접 동시에 경험했다.** 모든 것들의 결합 작용

***

** 비말라사라는 성중립 언어인 'they/them' 대명사를 쓰길 원한다. 본문의 경멸적인 인종차별적 표현은 비말라사라에게 허락을 받고 썼다.

으로 거식증과 약물중독까지 이르렀는데 그 시작은 영국 에식스주 바킹사이드에 있는 버나도Barnardo 고아원에서 어릴 때 겪은 인종차별 괴롭힘이었다. "날마다 어떤 아이가 와선 '야, 깜둥아. 별일 없냐? 시꺼먼 집에 가서 쿤플레이크coon flake(콘플레이크를 흑인을 혐오하는 말인 'coon'으로 바꿔 놀린 말 – 옮긴이) 먹으면 내일 아침엔 하얘질 거야'라고 했어요. 정말 끈질기더군요." 비말라사라가 내게 말했다. "사람들은 내 손이 원숭이 같다고 놀렸어요. 네 살 때는 피부를 표백하려고 한 적도 있죠." 지금은 다 커서 캐나다에 살고 있는 비말라사라는 이렇게 말한다. "섹슈얼리티sexuality를 젠더gender 그리고/또는 인종과 분리하는 것은 불가능합니다. 누구와 관계를 맺을 때는 이 모든 것이 작용해요. 이 요소들이 교차적으로 작용해서 내가 있는 것입니다. 아침에 집을 나서면 내 정체성 중 어떤 것이 핍박받을지 아무도 몰라요. 어떨 때는 전부가, 어떨 때는 단지 하나만 그럴 수 있죠. 그렇지만 항상 다른 사람에게 위협으로 작용하는 정체성은 내 검은 피부입니다."

미국의 흑인 작가 타네히시 코츠Ta-Nehisi Coates는 이렇게 간결하게 표현했다. "인종은 인종차별주의의 아들이지 아버지가 아니다." 다른 말로 하면 인종이라는 개념은 인종차별주의자들의 왜곡된 상상에서 생겨났다는 것이다. 인종차별의 영향은 실재하지만, 생리학 또는 유전학에 인종이라는 용어는 없다. 피부색이나 체형 또는 두상이 조금 다르다고 해서 어떤 '인종'이라고 단정 짓지 않는다. 역사적으로 인종이라는 개념은 아프리카, 호주, 북미를 포함한 다른 지역의 원주민들을 정복해서 노예로 만들고 필요하면 말살함으로써 부유해지려는 유럽 자본주의가 커지면서 생겨났다. 사실 '인종'이라는 단어는 18세기 말까지는 그렇게 중요하지 않았다. 심리학적으로 말하면, 개인의 수준에서 인종차별이 수반하는 '타자화'는 자기 의심에 대한 해독제다. 다시 말해 비록 나 자신이 마음에 들지는 않지만 적어도 **누군가**에 대해선 우월감을 느낄 수 있고 그들과 비교해 특권을 주장함으로써 권력과 지위를 가졌다는 느낌을 얻을 수 있다는 것이다. 프랑스 철학자 장 폴 사르트르Jean Paul Sartre는 이렇게 말했다. "반유대주의자는 두려운 사람이다. 유대인이 두려운 게 아니라 자신과 자신의 의식, 자유, 본능, 책임, 고독, 변화, 사회 그리고 세상이 무서운 사람이다. …… 유대인의 존재는 반유대주의자의 불안을 억누를 뿐이다."**2** 기본적으로 자신과 다르지 않은 다른 사람들을 자기 마음대로 분노에 차서 그들에 대해 갖고 있는 잘못된 이미지대로 그들을 취급하는 데서 인종차별주의는 시작한다. 뛰어난 작가였던 제임스 볼드윈James Baldwin은 이렇게 말한 적이 있다. "백인들은 애당초에 흑인이 필요한 이유를 진지하게 생각해보고 알아내야 한다. 당신들 백인이 흑인을 만들었다면 그 이유를 찾아야 한다."

어릴 때 유대인으로서 느꼈던 수치심을 생각해보면 미국의 흑인 심리학자였던 케네스 하디Kenneth Hardy*가 말한 "공격당한 자기감"이라는 용어는 매우 적절하다는 생각이 든다. 이러한 상태에 대해 하디 박사는 다음과 같이 말했다. "다른 사람에 의해 자신에 대한 정의가 내려질 때, 나의 자기감이 나인 것이 아니라 내가 아닌 것으로 정의될 때, …… 영혼에 끊임없이 구멍이 뚫린다. 따라서 내가 누구인지는 내가 어떻게 정의되는지에 대한 반응이 된다. 나는 항상 다른 무언가에 대한 반응이다."**3**

---

* 케네스 하디 박사는 아이켄버그 사회정의 연구소의 소장이며 필라델피아 소재 드렉셀대학의 결혼 및 가정치료학과 교수로 있다.

캐나다 원주민인 데인자족과 네히요족 그리고 유럽인의 혈통을 가진 저술가 헬렌 노트는 현대 캐나다에 사는 원주민이기에 이러한 공격당한 자아라는 경험을 잘 알고 있다. "8학년 사회 시간에 내가 '다른 사람'이라는 걸 알았다. 이방인, 야만스러운 인디언, 피도 눈물도 없는 잔인한 인디언이 되었다."[4] 외부의 편견에 의해 자신이 결정되기 때문에 생기는 고통과 시련은 정체성에 깊은 상처를 낼 수밖에 없었다.

트라우마와 중독 그리고 회복에 대한 시적 기억인 헬렌 노트의 《원주민의 눈으로》을 읽고 나서 우리는 2019년 어느 겨울날 아침에 줌Zoom을 통해 만났다. "타자화는 내 속에 깊이 들어와 있어요. 내 가족에게도 깊이 들어와서 외부 세계와 소통할 때 작용하지요. 엄마는 항상 '완전한 원주민도 아니고 완전한 백인도 아닌' 그런 존재로 나를 취급했어요. 어딜 들어가든 그 장소에서 다른 존재라는 걸 느꼈죠. 어디에 앉든 '내가 이런 대화를 하기에 안전한 장소인가? 너무 눈에 띄는 건 아닌가?'를 항상 고민해야 했어요. 거의 항상 무의식 속에서 안전을 생각하는 거죠."

노트는 여성이 인종차별을 당하면 "백인이 지배하는 공공장소에서 심지어 신체의 모습이 바뀌는 경우도 있다"고 설명하면서 내게 생생한 예를 들어주었다. "내 기억에 할머니는 식료품점에 들어가면 갑자기 …… 어깨를 움츠리고 얼굴을 바닥으로 향했어요. 누구하고도 눈을 마주치지 않고 그냥 걷기만 했어요. 그 어디라도 넓은 공공장소에 가면 항상 그랬죠. 완전히 다른 사람이 되는 겁니다. 그것 말고는 할머니는 항상 공간을 **장악하는** 가모장이었어요. 주도적으로 이야기를 하고 사람들을 불러 이거 해라 저거 해라 지시하는 스타일이었죠. 지금은 79세라 연세가 있어서인지 조금 달라지긴 했어요. '더 이상 신경 안 써' 그

정상이라는 환상

런 태도로 스스럼없이 다니세요."

왜 "항상 인종 문제를 중요하게 생각하는지" 물어보자 하디 박사는 솔직하면서도 의학적으로 정확하게 대답했다. "내가 그렇게 하지 않으면 그 모든 생리학적 작용을 설명할 방법이 없거든요." 감정을 억압해서 나타나는 신체적 질병은 인종차별이 야기하는 많은 폐해 중 하나다. 3장에서 우리는 인종차별이 생명을 단축시킨다고 말했다. 미국 흑인의 염색체 손상을 막아주는 텔로미어를 연구한 조사에 의하면 인종적 편견의 내면화를 포함해 노골적인 인종차별 경험과 공격당한 자기감 **모두**가 "공동으로 작용해서 생체학적 노화를 촉진시킨다".[5]

공개적이든 아니든 사회에 뿌리박힌 편견은 건강에 엄청난 영향을 미치지만 최근까지는 잘 알려지지 않았다. 그러다가 2020년 5월 조지 플로이드의 사망과 신종 코로나바이러스의 발생을 계기로 논문이나 데이터의 형태가 아니라 직접 대중에게 공개되었다. 비무장 흑인에 대한 셀 수 없이 많은 폭력 사건 중 하나인 플로이드 사망 사건은 서구 사회, 그중에서도 특히 미국 사회에 구조적으로 만연한 인종차별의 위험성을 전 세계가 깨닫게 했다. 코로나19는 경찰의 폭력성이 치명적인 인종차별의 단지 한 가지 결과에 불과하다는 점을 명쾌하게 보여주었다. 미국의 라틴계 사람과 흑인의 코로나19 감염률은 다른 사람들보다 세 배 높았으며 코로나19로 사망할 가능성은 두 배 더 높았다. 영국에서는 열악한 주거 환경, 빈곤, 차별과 불평등에 기인한 기저질환으로 인해 유색인종의 감염 비율이 더 높았다.

이런 연구와 암울한 통계 숫자 뒤에는 많은 위대한 작가들이 적나라하게 묘사했던 실제 인간들의 고통스러운 삶이 있다. 어떤 연구논문도 타네히시 코츠가 볼티모어 폭동 때 슬럼가에서 보낸 젊은 시절에 대해 표현한 묘사만큼 구금, 단절, 공포, 억압된 분노로 인한 스트레스를 잘 전달하는 것은 없다. "우리는 밖으로 나갈 수 없었다. 길거리는 온통 철조망 밭이었고 공기는 너무나 탁했으며 물은 몸에 좋지 않았다. 하지만 밖에 나갈 수 없었다. …… 적당히 폭력적이지 않으면 죽을 수도 있었다. 너무 폭력적이어도 마찬가지였다. 그러니 밖에 나가는 것은 불가능했다."[6]

"미국에서는 전통적으로 흑인의 몸을 파괴한다. **그것은 유산이다**"라고 코츠는 말한다. 이는 지난 시절 성난 군중의 린치에서도 보이고 폭력이 금지된 오늘날에도 명확히 나타나지만 보다 은밀하고 광범위한 효과는 흑인의 몸에 남긴 인종차별의 증거를 통해 나타난다. 더욱 중요한 것은 이 효과가 마치 처음부터 프로그램된 것처럼 사람의 몸에 작용한다는 점이다. "심장질환, 당뇨병, 비만, 우울증, 약물남용, 학업 중단, 조기 사망, 장애 퇴직, 급격한 노화와 기억상실 등은 어린 시절의 사회적 요인과 관련이 있다"고 클라이드 허츠먼은 지적했다.[7] 미국 흑인들이 당뇨병, 비만, 고혈압에 더 잘 걸리며 심장마비처럼 생명을 위협하는 질병이 나타날 확률이 두 배 더 높다는 점은 전혀 놀랄 일이 아니다. 예를 들면 미국 동남부 지역에 거주하는 45세의 흑인 남성이 심장마비에 걸릴 확률은 동일 지역의 56세 백인 남성, 미드웨스트 지역의 65세 백인 남성과 동일하다. 논문을 읽다가 어린이와 청소년도 피부색에 따라 고혈압 발생률이 다른 점을 알고 아연실색했다.[8] 왜 그럴까? 고혈압의 '고'는 너무 많다는 뜻이고 '혈압'은 '혈액의 긴장 상태'를 말하는데 인종차별이 이를 유발하기 때문이다. 비슷한 이유로 미국의 흑인 아이는 백인 아이보다 천식으로 사망할 확률이 여섯 배 높았다.[9]

이것은 우리가 이 책에서 지금까지 다룬 내용의 일부에 불과하다. 가정이건 교실이건 사회적 분위기에 복종하지 않을 수 없는 어린이들은 심장, 신경계, 스트레스 호르몬 반응 및 만성질환에 걸릴 확률이 높다. 개인의 순수한 자아를 억누르면 신체에 문제를 일으켜 질병을 키운다. 폭력을 동반한 억압 뒤에는 더욱 심각한 질병이 발생할 수 있다.

제임스 볼드윈은 이렇게 말했다. "이 나라에서 흑인으로 살면서 비교적 사회문제에 깨어 있다면 그건 거의 항상 분노 상태에 놓인 것과 같다." 그가 이 말을 한 것은 1961년이다. 수십 년간 인권 의식이 진보하고 흑인 대통령까지 배출했지만 여전히 변한 게 없다. 볼드윈은 또한 비록 정당한 분노라고 해도 혼자만 분노하는 것은 해결 방안이 못 된다고 주장했다. 바로 다음 문장에서 그는 "가장 시급한 문제"는 "분노가 당신을 해칠 수 없도록 어떻게 조정할 것이냐"라고 설명했다.[10] 나는 이러한 분노 그리고 흑인들의 분노를 두려워하고 응징하는 분위기에서 발생하는 필연적인 억압이야말로 전립선암으로 사망하는 흑인 남성과 유방암에 굴복하는 흑인 여성이 많은 결정적인 이유라고 확신한다.

유전적 영향과 상관없이 흑인들에게 발생하는 이런 현상은 빈부격차와도 무관하다. 예를 들면 앞에서 말한 흑인 여성의 유방암은 계층에 상관없이 발생한다. 산모 사망률은 라틴계가 아닌 백인과 비교할 때 서너 배 더 높다. 영아 사망률 역시 최소 두 배 더 높다. 이는 교육 수준이나 사회경제적 지위와 상관없이 공통적으로 발생하는 현상이다. 하버드대학 T. H. 찬 공공보건대학원의 학회지에 실린 논문은 이렇게 경고하고 있다. "간단히 말해 백인 여성보다 흑인 여성에게 **출산이란 사형선고와 마찬가지다**."[11] 더욱 놀라운 일은 흑인이 아닌 의사를 만나면 아이가 사망할 확률이 두 배 높아진다는 점이다. 흑인으로 태어난 범죄에 대한 '형벌'이라고 하겠다.[12] 왜냐하면 백인 아이는 의사가 누구여도 아무런 차이가 없기 때문이다. 간단히 말해 "인종이 아니라 인종차별이 미국 흑인 여성과 아이들의 생명을 위협한다"는 점이 최근 여러 연구 결과로 입증되었다.[13]

우리는 지금까지 가장 중요한 인종을 포함한 감정적 스트레스 요인들이 어떤 식으로 살 속에 스며드는지 알아보았다. 이 요인들은 염증 유발 유전자를 활성화하고, 염색체와 세포의 노화를 촉진하며, 세포 손상을 일으키고, 혈당을 상승시키며 기도 협착을 발생시킨다. 심지어 경제적 조건이 나쁘지 **않아도** 장기간에 걸쳐 반복적으로 인종차별로 인한 스트레스는 시간이 흐르면서 증가하여 건강을 해치고 스스로 건강을 유지하기 어려워진다. 신항상성 부하로 인한 마모 손상이 지나치게 나타나는 것이다. 혈압, 스트레스 호르몬, 혈당지수, 염증성 단백질, 지질 같은 생체표지자를 측정해보면 백인보다 흑인이 월등히 높았으며 그중에서도 흑인 여성이 흑인 남성보다 높았다. 인종에 상관없이 빈곤층 사람들이 부유층 사람들보다 높았지만 **가난하지 않은** 흑인이라고 해도 **가난한** 백인보다는 높았다. 가난하지 않은 흑인 여성과 가난하지 않은 백인 여성의 차이가 특히 컸는데 이는 인종적으로 계층화된 사회에서 인종과 성별의 교차 작용이 건강을 결정한다는 것을 설명하는 사례다.[14]

테네시에서 활동하는 심리치료사 에보니 웨브Eboni Webb는 내게 이렇게 말했다. "인종차별이 시스템적으로 발생하면 여러 세대에 걸쳐 트라우마가 발생합니다." 비록 줌을 통해 화상으로 차분하게 이야기했지만 가족사에 관한 웨브의 이야기는 가족에게 어떤 고통이 있었는지를 여실히 보여주었다. "우리 집안 여자들은 피부가 아주 하얀 편이예요. 어느 누구도 백인과 결혼하지 않았지만 백인한테 강제로 당하는 일은

정상이라는 환상

피할 수가 없었어요. 몇 세대에 걸쳐 그런 폭력을 당한 거죠. 폭력 그 자체도 트라우마지만 트라우마 때문에 우리 자신을 무장하지 않을 수 없었어요. 부모님은 내게 학교에서 무슨 일을 당하더라도 집에 와서 울라고 했어요. 학교에서는 울지 말라고요. 상처 입은 감정에 대해 말해 보죠. 감정 전체를 내보일 수 없는 사람들에게는 무슨 일이 생길 것 같아요? 아이를 키우는 흑인들에게 중요한 것은 '인종차별이 존재한다'가 아니고 '인종차별로 목숨이 위태로울 수 있다'는 것입니다. 어릴 때 경험은 생존경쟁에서 살아남는 방법을 배우는 것이었어요. 우리에게는 어떤 이상적인 방법으로 아이를 키울 만한 여유가 없습니다." 생존경쟁에서 살아남는 것은 신체의 스트레스 조절 기구가 오랜 기간 활동하는 방식이기는 하다. 그러나 이로 인한 영향은 수도 없이 많다.

✣ ✣ ✣

1957년 13살 때 나는 3만 8,000명의 다른 헝가리 동포들과 함께 잔인한 스탈린 독재를 피해 가족과 함께 캐나다에 도착했다. 국가의 가사에 있는 대로 캐나다는 진실성이 있어 보였고 강했으며 자유로웠다. 우리가 도착한 그해에 칼렌이라는 네 살짜리 원주민 소녀가 정부에서 지정하고 교회가 운영하는 기숙학교 등교 첫날에 혓바닥에 바늘이 꽂힌 사건이 발생했다. 칼렌의 죄는 교실에서 원주민 언어를 사용했다는 것이었다. 이 불쌍한 소녀는 입술이 베일까 봐 한 시간 동안 혓바닥을 입속에 넣지 못했다. 얼마 지나지 않아 성적 학대가 시작되었다. 아홉 살에 알코올의존자가 되었고 얼마 후에는 고통을 없애려다가 아편제에 중독되었다. 우리는 얼마 전 치유 센터에서 만났다. 칼렌은 슬픔으로 눈물을 흘리고 몸을 떨면서 자신의 이야기를 했다. 그게 전부라고 생각했는데 아니었다. 지금은 할머니가 되어 몇 년째 술을 끊었지만 손주가 중독으로 인해 극심한 고통을 겪고 있다는 것을 알고 비통해했다. 칼렌에게 우리의 국가는 잔인한 거짓말에 지나지 않았다. 과거에도 '진실되고 자유로운 캐나다'는 존재하지 않았고 아직도 존재하지 않는다.

캐나다에서는 미국을 경멸하는 것이 일종의 즐거움이 되었지만 우리가 그렇게 우월함을 느낄 만한 것도 없다. 잔인한 폭력성을 동반한 경찰의 적대 행위가 원주민과 유색인종을 대상으로 자행되었기 때문이다. 교도소 수감 인원의 30퍼센트는 이 나라 전체 인구 구성원의 5퍼센트가 안 되는 원주민들이다.*

밴쿠버 다운타운 이스트사이드의 가난하고 중독에 찌든 내 환자들 가운데도 원주민의 비율이 30퍼센트에 이른다. 이들은 말살과 추방이라는 식민지의 중독성 유산과 공동사회의 집단학살을 물려받아 계승해왔다. 원주민 어린이들은 원치도 않는데 정부가 강제하는 엄격한 기독교 기숙학교에 들어가 전통 언어와 문화를 금지당했고 이를 어기면 고통스러운 벌에 처해졌다. 이곳에서는 끔찍하고 뿌리 깊은 성적 학대와 체벌의 문화가 지배했다. 이들은 아동복지를 개선한다는 목적으로 원주민 어린이를 부모에게 빼앗아 다른 가정에 입양시키는 소위 '식스티스 스쿠프Sixties Scoop'(아이스크림을 국자로 푸듯 마구잡이로 아이들을 데려가 입양 보낸 것을 비유한 표현 - 옮긴이)**를 겪기도 했다. 원주민 보호구역의 열악한 환경과 몇 세대에 걸쳐 나타나는 트라우마도 경험했다. 멀리 떨

---

* 여성 수감자만 따지면 그 비율은 50퍼센트로 늘어난다.

** 사실 이런 조치는 1980년대 중반까지도 계속되었다.

어져 있는 기업의 이익을 위해 보호구역이 잠식되고 오염되는 사태도 겪었다. 2021년 캐나다 전역의 옛 기숙학교 터에서 어린이들의 유골 수천 구가 발견되자 전 세계는 경악했다. 실종된 것으로 알려진 다른 수천 명의 아이들은 아직 유해조차 찾지 못했다. 이들의 죽음은 가족과 지역사회에 커다란 슬픔으로 깊이 새겨져 있지만 캐나다 정부나 기독교 단체들은 최근까지도 이를 인정하지 않고 있다. 2021년 말 기준 약 2,000개의 무연고 묘비가 발견되었으며 추가로 5,000에서 1만 개의 묘비가 존재할 것으로 생각되나 아직 찾아내지 못했다.

원주민들의 건강과 생활환경은 너무나 열악해서 사회, 경제, 문화 등 모든 면에서 정부 정책이 연속적으로 실패했다고밖에는 달리 원인을 설명할 방법이 없다. 원주민들의 수명은 다른 캐나다인보다 15년 짧으며 영아 사망률은 두세 배 더 높고 제2형 당뇨병은 네 배 더 많다. 불과 100년 전만 해도 이들은 당뇨병이 무엇인지도 모르는 사람들이었다.[15] 높은 혈당수치는 아무것도 아니다. 당뇨병은 실명과 심부전증, 신부전증의 주요 원인이며 사지절단을 유발하기도 한다. 다른 인구 집단이 보통 70대에 당뇨가 발생하는 데 비해 이들은 평균적으로 40대에 발병하며 발병률 역시 증가 추세를 보이고 있다. 2010년에 실시된 조사에 의하면 "2005년에 60세 이상 원주민 여성의 50퍼센트와 남성의 40퍼센트가 당뇨병을 앓고 있었다. 반면에 80세 이상의 비원주민인 경우 남성은 25퍼센트, 여성은 20퍼센트만이 당뇨 증상을 보였다. …… 또한 가임기 원주민 여성의 임신성 당뇨병 비율도 다른 집단 대비 높았다."[16] 1994년 연구 결과에 의하면 캐나다 인디언, 이누이트, 메티스족 등 원주민 사회의 자살률은 다른 집단보다 높으며[17] 이 추세는 아직도 유효하다.

에스터 타일페더스 Esther Tailfeathers는 약물의존성이 매우 높은 앨버트 주 블러드 트라이브 원주민 보호구역의 의사로서 약물회복 프로그램에 나를 두 번 초대했는데 그중 한 번은 7,500명 인구 중 20명이 약물남용으로 사망한 다음이었다.* 나는 타일페더스에게 지금은 전문직으로 자리를 잡았지만 원주민으로서 캐나다에서 성장하는 과정이 어땠냐고 물어보았다. "때로는 끔찍한 적도 많았어요. 우리 가족은 카드스톤 마을로 이주한 첫 원주민이었죠. 세를 들어 살았는데 스쿨버스가 없어서 마을 반대편에 있는 학교까지 먼 길을 걸어 다녀야 했어요. 1학년 때인데 아이들 몇 명이 집까지 나를 따라온 게 기억나요. 그중에 대장이 큰 돌을 집어 나에게 던지자 다른 아이들도 곧 따라 하더군요. 그렇게 맨 처음 괴롭힘과 증오를 배웠죠." 하지만 그게 끝이 아니었다. 19살 때 토지소유권 문제로 대규모 시위가 벌어졌는데 왕립 캐나다 기마경찰대**에게 구타당한 후 투옥되었다.

"안타깝게도 이제는 우리가 기숙학교부터 시작해서 무슨 일이 발생했는지 잘 알고 있기 때문에 상황이 나아졌을 거라고 생각하겠지만 나는 그렇게 생각하지 않아요. 오히려 더 나빠졌어요." 타일페더스가 덧붙였다.

---

* 반면에 인구 500만 명의 브리티시컬럼비아주에서 2020년 약물남용으로 인한 사망자 수는 170명으로 이 숫자가 역대 최고였다. 블러드 트라이브의 사망자 비율을 그대로 적용하면 브리티시컬럼비아의 월 사망자는 4,000명에 이를 것이다.

** 왕립 캐나다 기마경찰대는 매우 인정받는 국립 경찰 조직이지만 창설부터 지금까지 주요 임무는 영토와 자원, (기숙학교 시대에는) 심지어 아이들을 빼앗기지 않으려는 원주민의 저항을 진압하는 것이었다.

　1848년 베를린 의사인 루돌프 피르호Rudolf Virchow는 실레지아 지역으로 파견 나가 치명적인 발진티푸스를 조사했다. 이 병은 박테리아의 침입으로 생기는 전염병으로서 당시에 폴란드어를 사용하는 독일 북부의 이 지역에 창궐하고 있었다. 그는 질병에 대처하기 위한 의료적 대응 방안을 내놓으면서 사회적·정치적·경제적 해결책도 동시에 제시해 물의를 빚었다. 권고안 중에는 폴란드어의 공식 언어 지정, 정교분리, 지방자치조직 설립, 남녀 무료교육 그리고 가장 중요한 **자유롭고 제한 없는 민주주의**" 등이 포함되어 있었다.

　현대 병리학의 아버지로 추앙받는 피르호는 건강을 사회적 환경 및 문화와 분리해서 생각하기를 거부했다. 그는 "의학으로 인해 우리는 모르는 사이에 사회로 나와 여러 심각한 문제들을 직접 마주하게 되었다"라고 주장했다. 해결 방안이 의학이 아니라 정치적이라고 비난을 받을 때면 그는 이렇게 응수했다. "의학은 사회과학이며 정치는 대규모로 시행되는 의학에 불과하다."

　그의 명성에도 불구하고 거의 200년이 지난 오늘날에도 전 세계의 의사와 학자들은 여전히 정치적·사회적·직업적 무관심에 맞서 싸우며 그가 연구하면서 얻은 가르침을 전파하고 있다. 전염병학자인 마이클 마멋Michael Marmot***은 사회적 계급이 건강에 미치는 영향에 대해 연구했다. 그는 "자본주의의 폐해에 관련한 연구를 해보니 몇몇 특이한 경

*** 　마이클 마멋은 유니버시티칼리지런던대학교의 전염병 및 공중보건 교수이며 2015년에는 세계 의사협회 회장을 역임했다.

우를 제외하고 불평등과 건강은 절대로 양립할 수 없다"는 것을 깨달았다.[18] 수십 년에 걸친 연구 결과는 다양한 논문과 도서로 출간되어 사회적 불평등과 건강의 연관성을 보여주는 사례로 충분히 활용되고 있다.

여기서 그 원리를 다시 반복할 필요는 없다. 불평등과 빈곤은 이제는 익숙해진 유전자 기능 저하, 염증, 염색체 및 세포의 노화, 심장질환, 면역기능 저하를 초래해서 질병과 장애 그리고 죽음에 이르게 만든다. 태아일 때, 어린이일 때 그리고 청소년기에 생물학적으로 각인되었기 때문에 성인이 된 후 곤란을 겪거나 생존이 위협받으면 더욱 악화된다. 예를 들어 가난한 집안 어린이의 스트레스 호르몬 수치는 다른 아이들보다 월등히 높은데 이는 생물학적 위험 요소로 작용해 성인이 된 후 여러 질병을 일으키는 원인이 된다.[19]

캐나다 사람들은 국가의 공적 건강보험제도에 자부심을 느끼고 있고 특히 국경선 남쪽의, 정글의 법칙이 지배하는 혼란스러운 지역을 보면 그럴 만도 하다. 하지만 연구에 의하면 기껏해야 국민의 25퍼센트만이 건강보험의 덕을 보고 있으며 50퍼센트는 열악한 사회적·경제적 환경으로 제대로 혜택받지 못하고 있다.[20]

내 개인적인 의견으로는 이 50퍼센트도 상당히 적게 잡은 수치라고 생각된다. 2014년 시카고에서 열린 보건 회의에서 어떤 참가자는 이렇게 말했다. "우편번호를 말해보세요. 그러면 당신이 얼마나 오래 사는지 알려줄게요." 시카고의 가장 빈곤한 동네와 부유한 동네의 기대수명 차이는 거의 30년에 달한다.[21] "불과 몇 킬로미터 떨어져 있지만 이라크와 캐나다만큼이나 차이가 난다고 보면 돼"라고 내 의사 친구가 덧붙였다. 애국심에 절은 캐나다 사람들은 2016년에 실시한 비슷한 연구 결과도 참조할 필요가 있다. 이에 의하면 새스커툰시의 극빈 지역에 거

정상이라는 환상

주하는 시민은 다른 지역 주민보다 2.5배 사망 확률이 높았으며 영아 사망률은 부유한 지역 대비 세 배 높았다.[22]

앞에서 언급한 적이 있는 인류학자 애슐리 몬터규는 1974년 '사회적 뇌손상sociogenic brain damage'이라는 용어를 만들었다. 연구 결과 빈곤 상태를 포함해 스트레스에 찌든 환경은 뇌의 성장을 방해한다는 것이 밝혀졌다. 보다 최근에는 어떤 학자가 빈곤을 '신경독neurotoxin'이라고 부르기도 했다. 가난한 집안의 어린이와 청소년의 뇌를 스캔해보면 대뇌피질의 면적이 작고 해마와 편도체가 위축되어 있는 것을 알 수 있다. 이 부위는 기억 형성과 감정 처리를 담당하는 피질하 영역이다.[23] 가난한 청소년은 빈곤으로 인한 스트레스 때문에 세로토닌 체계가 손상되어 극심한 감정의 혼란을 겪을 가능성이 높다.[24]

토론토의 극빈 지역에서 활동하는 의사 게리 블로흐Gary Bloch는 의료계 안팎을 대상으로 가난과 인종 및 성별 차이가 동시에 작용해 질병이 발생한다는 것을 알리고 있다. 고혈압이나 흡연, 안 좋은 식습관이 건강에 안 좋듯 의사들이 빈곤을 질병의 위험 요소로 인정해야 한다고 주장한다. 사실 이런 요소들은 거의 동시에 작용하는 경우가 많다. 환한 미소와 진지한 태도가 특징인 이 서글서글한 47세의 의사는 우리 가족과도 잘 안다. 그는 다이어트 보조제를 처방하기도 하고 금융 상담사에게 보내 보조금과 세금 문제를 해결하도록 하는 등 빈곤에서 벗어날 수 있다면 그 어떤 지원도 아끼지 않는다. 그는 한 사회복지사한테 들은 의미심장한 이야기를 내게 들려주었다. "의사가 이렇게 말해요. '이 항생제를 하루 세 번 식후에 …… 만복 상태에서 드세요.' 그러면 난 항상 미친놈같이 웃음이 나더라고요. 그리고 빈곤층 노동자인 다른 여자들도 웃어요. '하루 세끼라고? 하루 세끼가 무슨 말이에요? **만복** 상태는 또 뭐예요?' 또 다른 복지사는 이런 이야기도 해줬어요. '당뇨환자가 있었는데 토론토의 수용시설에서 살았어요. 그는 고령에 거동이 불편 했지만 약의 부작용인 설사 때문에 당뇨약을 전혀 먹지 않았죠. 그 시 설에는 60명이 사는데 화장실은 달랑 두 개밖에 없었거든요. …… 급 할 때 바로 화장실에 갈 수 없었어요. 그래서 약을 안 먹으려 했죠.'"

"내가 찾는 퍼즐의 빠진 조각은 사회적 문제가 건강에 미치는 영향 을 인지하는 것과 이에 대응하는 행동을 하는 것을 이어주는 연결 고리 같은 겁니다"라고 블로흐는 내게 말했다. 하지만 현재 사회적 상황을 볼 때 이는 달성하기 어려운 임무다. "저는 항상 사회적 트라우마를 고 려합니다. 솔직히 말하면 의대에서는 그런 걸 배운 적이 없어요. 전통 적인 학계나 의료계는 이런 형태의 간섭을 의료 행위에서 중요하다고 생각하지 않았어요. 사회적 트라우마는 마주쳐보면 거대한 야수 같아 서 얼마나 강하고 실제 존재하는지 알 수 있어요. 맞서기에 무서울 정 도죠."

캐나다 보건 전문가 데니스 래피얼Dennis Raphael은 의사들이 사회적 결정요소를 진지하게 받아들인다면 '금연하세요'나 '가난에서 벗어나 세요' 같은 처방전을 남발하지 않을 거라고 비꼬았다. 예를 들어 '축축 하고 열악한 주거 환경에서 살지 마세요' '스트레스가 많고 보수도 적 은 육체노동을 하지 마세요' '큰 길가나 공장 근처에 살지 마세요' '외 국으로 휴가도 가고 일광욕도 많이 하세요' 같은 것들이다.[25] 이건 더 친절하고 더 온당하며 더 평등한 평행우주로 옮겨 가란 말과 다름없다.

불평등이라는 괴수는 사람들의 인생을 쥐어짤 촉수를 많이 가지고 있다. 우선 불평등은 가장 빈곤한 사람에게만 영향을 미치지 않는다. 물질주의적 원칙에 지배되는 사회에서는 사회계층에서 차지하는 상대

정상이라는 환상

적 위치가 계급을 막론하고 건강의 척도가 된다. 사회 내에서의 계급과 건강의 관계를 **사회적 경사도**social gradient라고 하며 사회의 모든 부문에 통용된다. 그 이유는 간단하다. 지위에 따라 통제할 수 있는 수준이 달라지는데 통제하지 못하면 생리적으로 스트레스와 질병을 유발하기 때문이다. 이는 마이클 마멋의 유명한 화이트홀 연구에도 잘 나타난다. 이 연구에서 영국 공무원 사회의 계급이 심장병, 암, 정신 건강 등과 관계가 있다는 것이 밝혀졌다.[26] 흡연이나 혈압 같은 행위 요소와 상관없이 계급이 낮아질수록 이런 병에 걸릴 확률이 높았다. 비교적 경제적으로 안정되어 있고 꽤 괜찮은 중산층들이 모여 있는 집단에 대한 연구인데도 이런 결과가 나왔다. 불평등을 주로 연구하는 또 다른 영국의 전염병학자인 리처드 윌킨슨Richard Wilkinson은 이렇게 비평했다. "사회구조를 바꾸는 것보다 오염된 건물을 비우는 것이 더 쉽다. 만일 죽음과 질병의 사회적 경사도가 반대 방향으로 기울어져 높은 지위의 사람들이 최악의 상태라고 한다면 사람들의 반응이 얼마다 다를지 쉽게 상상할 수 있다."[27]

마지막으로 경쟁과 물질제일주의에 기반을 둔 사회에서 우리는 물질적인 조건뿐 아니라 자신을 보는 방식에도 영향을 받는다. 재산 상태에 의해 자신을 평가하거나 또는 다른 사람에 의해 평가를 받으면 아무리 안정적인 지위라도 사다리의 아래에 있다는 그 자체가 스트레스로 작용해 건강을 해친다. 신경과학자 로버트 새폴스키는 이렇게 날카롭게 비꼬았다. "당신에게 무엇이 없는지를 깨달을 때 건강이 상한다."[28]

우리 사회의 구성원들이 끝없이 자신에게 없는 것을 깨닫고, 그런 것들을 가질 자격이 없다는 것을 느낄 때 인종차별, 빈곤, 불평등이 발생한다.

사회의 충격 완화 장치: 여성에게 더 가혹한 이유

내 여성 환자의 대다수는 건강한 방식으로 분노를 표출할 줄 모른다. 억

압된 분노는 우울증 및 다른 정신질환의 원인이 된다.

— 줄리 홀랜드Julie Holland, 《변덕스러운 계집들Moody Bitches》

이번 장은 의학계의 공공연한 미스터리를 정면으로 다룰 것이다. 여
성은 왜 남성보다 만성적인 신체질환으로 더 고통받는가? 그리고 왜
더 많이 정신질환을 진단받는가? 내가 '공공연한'이라는 단어를 쓴 이
유는 **몸마음**의 일체와 인간의 생물심리사회적 성향에 비추어볼 때 답
이 아주 명백하고 예측 가능하기 때문이다. 만일 우리가 이를 모른다면
가부장적 문화의 '정상적인' 방식을 당연하게 여겼기 때문이다. 수백
년에 걸친 여성들의 저항과 진보에도 불구하고 가부장적 사회는 권력
의 역학 관계뿐 아니라 무의식적인 남성의 관심사에 의해 지배당하는
경우가 많았다.

내가 말하는 '우리'란 내 직업인 의사와 사회 전체뿐 아니라 지배적
인 성 계급에 속하는 나의 신분과 그러한 소속이 나에게 주입한 조건화
를 의미한다. 사실 때로 나는 내가 말하는 성평등 방식에 훨씬 못 미치

는 역할을 한다. 매우 강하고 단호한 여성인 아내 레이는 우리의 개인적 관계에서 그러한 현실에 대해 필요 이상으로 자주 계속해서 경각심을 일깨워준다. 주변을 둘러보면, 우리 문화에서 매일 벌어지는 여성과 남성 사이의 무의식적 교류 방식에서 레이와 내가 동떨어져 있지 않다고 느낀다. 이는 남녀 모두에게 피해를 주지만 특히 여성의 신체적·정서적 안녕을 희생시킨다.

건강 문제에 있어서 남녀의 차이는 과소평가되었을망정 엄연한 현실이다. 여성은 노인이 되기 훨씬 전에 만성질환으로 고통받기 시작해 남성보다 더 오래 장애와 질환에 시달린다. 최근 미국의 한 유명 의사는 여성이 만성질환, 편두통, 섬유근육통, 과민성대장증후군 그리고 류머티즘성관절염 같은 자가면역질환에 걸릴 확률이 더 높다는 것을 지적하며 "여자들이 더 심하게 앓는다"고 말했다.[1] 4장에서 보았지만 여성은 남성보다 류머티즘성관절염은 세 배, 루프스 질환은 아홉 배 걸릴 확률이 높으며, 다발성경화증 발생 비율의 남녀 격차도 지난 수십 년간 점점 더 커졌다. 비흡연성 악성종양의 발병률 역시 남성보다 높다. 흡연 여성이 폐결핵에 걸릴 확률은 두 배 더 많았다.[2] 불안증세, 우울증, PTSD 발병 가능성 역시 남성의 두 배에 이른다.[3] 뉴욕에서 활동 중인 신경정신과 의사 겸 작가인 줄리 홀랜드는 내게 이렇게 말했다. "우리는 전혀 정상적이지 않은 뉴노멀을 보고 있습니다. 미국 여성의 약 25퍼센트는 신경정신과 약을 먹고 있지만 수면제나 항불안제 등을 포함하면 그 비율은 더 높아질 것입니다. 직원 회의를 가든 학부모 회의를 가든 그곳에 있는 사람 4분의 1, 아니 그 이상이 신경과 행동을 누그러뜨리기 위해 매일 약을 먹고 있어요." 알츠하이머 치매 역시 미국의 흑인이 백인보다 발병률이 높듯 여성들에게 더 많이 나타난다.[4]

치매와 관련한 마지막 언급은 질환의 원인에 대한 단서를 제공해주기 때문에 잠시 멈추고 생각해볼 필요가 있다. 이 책에서 우리는 미충족된 성장 욕구, 스트레스, 트라우마 등이 신체에 미치는 영향을 추적해왔다. 과학적인 증거의 유무를 떠나 이러한 정서적인 문제가 염증 및 기타 신체적·정신적 질병을 일으키는 원인이라는 것이 일관적인 주장이었다. 그렇다면 피부색에 상관없이 여성은 흑인 집단과 어떤 문제와 스트레스를 공유하는지 궁금해질 것이다. 내가 볼 때 답은 간단하다. 두 집단 모두 이들을 존중하는 대신 비하하고 왜곡하며 사람들에게 그들을 억압하라고 강요하는 문화가 목표하는 대상이라는 점이다. 이 평가가 정확하다면 이런 압력이 교차로 작용하고 서로 중복해서 나타나니 질병도 마찬가지일 거라고 예상할 수 있다. 실제로 그 영향은 엄청나다.[5]

앞 장에서 우리는 인종차별과 불평등의 생물학적 각인 효과와 이로 인한 건강의 불균형 문제를 다루었다. 이 장에서는 가부장적 사회에서 여성으로 산다는 것이 주는 스트레스를 논리적 단계를 밟아 조사해볼 것이다. 이 스트레스 역시 우리의 살갗에 파고들어 면역체계를 포함한 인체 시스템을 파괴한다.

내가 리즈라고 이름 붙인, 활기 넘치는 38세 여성은 매니토바라는 작은 마을의 소방관이다. 리즈는 토론토의 보건 회의에서 만났을 때 자신의 괴로운 건강 상태를 들려주었다. 당시 리즈는 우리가 2장에서 다룬 글렌다와 마찬가지로 대장에 발생하는 크론병으로 피로, 혈변, 경련성 복통 등의 증상이 나타나 1년째 휴직 중이었다. 크론병에서 회복하자 PTSD가 찾아와 정상적인 생활이 불가능할 정도의 불안과 무시무시한 공포 그리고 불면증으로 고통을 받았다. "매일매일 공포에 떨어야 했어요. 전혀 두려워할 이유가 없는 대상에 공포를 느꼈어요. 여러 상황에서 어떻게 행동할지 모르니 나 자신을 믿을 수 없었죠. 모자를 떨어트렸는데 알 수 없는 이유로 울음이 터지곤 했어요. …… 다른 사람들 앞에 있을 때나 무언가를 하고 있을 때나 가리지 않았어요. 자살할까 생각도 많이 했죠. 이런 증상을 극복하려고 술을 먹었어요. 매일 술을 먹기 시작했어요."

이쯤이면 독자들은 리즈에게 어린 시절의 트라우마가 있다는 것을 알고도 전혀 놀라지 않을 것이다. 일곱 살 때 성적 학대를 당했고 그 기억은 어린 시절과 사춘기 내내 리즈를 괴롭혔다. 성적 트라우마는 모든 종류의 심신 상태에 위험 요인이며 여자아이가 남자아이보다 더 취약하다는 것을 우리는 알고 있다. 성인이 되어서도 우리 사회의 여성들이 일상생활이나 직장생활에서 항상 성희롱의 대상이 된다는 것은 더 이상 비밀이 아니다. 미투운동으로 사람들의 의식에 변화가 생기기는 했어도, 오랫동안 그래왔다. 아내가 16세 때 아이스크림 가게에서 일한 적이 있는데 할아버지뻘인 가게 주인이 뒤에서 아들에게 낄낄대며 하는 이야기를 들었다고 했다. "쟤 따먹어도 돼." 아내는 그때를 이렇게 기억했다. "구역질이 날 정도로 충격이 커서 한동안 멍했어요. 그런 말은 처음 들었는데 정말 소름이 끼쳤어요. 나를 완전히 물건 취급한 거잖아요. 당연히 난 아무 말도 못했어요." 어떻게 보면 당연하지 않은 일일 수도 있지만 이 땅의 여성과 소녀들이 매일 경험하는 일이라 매우 '평범한' 일이며 전 세계 어디서나 마찬가지다.[6] 이렇게 매일 성적 대상이 되고 위협당하는 분위기에서 어떻게 여성들에게 '자존감의 상처'가 발생하지 않을 수 있겠는가? 앞에서도 다루었지만 자존감의 상처는 케네스 하디 박사가 인종차별로 인해 생긴 깊은 상처 중의 하나로 신체적·심리적 안녕에도 해를 끼친다.*

전통적으로 남성들이 지배하던 경찰이나 소방업무에서 여성들이 마주하는 위험에 대한 기사를 점점 많이 접하고 있다. 응급의료요원이 경험하는 2차 트라우마 외에 직장의 유해한 남성적 분위기도 리즈에게 타격을 주어 장내 염증과 정신적 고통을 유발시켰다. 나약하게 대처하거나 현장에서 마주치는 비극적 상황을 못 견뎌 하면 경멸과 조소가 돌아왔다. "분위기가 아주 마초적이죠. 적응을 못 하면 부담스러운 존재로 취급받아요. 특히 여자가 그러면 '쫄보pussy' 취급을 받아서 물리적으로 괴롭히기 시작하고 어떤 식으로든 방해를 하죠. 한번은 내 침대 속에 탐폰을 집어넣은 적도 있었어요. 왜 그런지 모르겠어요. 그런 물건들이 여성성을 대표해서 그런 것 같아요." 이런 집단 따돌림 역시 몸과 마음을 공격한다. 2017년에 실시된 여성 소방관에 대한 연구에 의하면 직장에서 놀림과 위협을 받으면 자살을 생각하고 보다 심각한 정신질환에 걸릴 확률이 높다고 한다.[7] 이러한 경향은 덜 남성적인 직업에서도 마찬가지였다. 정신적인 면뿐 아니라 육체적인 면에서도 질환이 발생한다.[8]

공격을 받았을 때 정상적인 사람에게 나타나는 반응은 화를 내는 것이다. 이는 진화 발달상 우리의 육체적 혹은 정서적 경계를 유지하려는 뇌의 분노RAGE 시스템이 기능하기 때문이다.** 내 친구인 줄리 홀랜드가 이 장의 맨 앞에 여자들이 분노를 억제하기 때문에 건강을 해친다

---

* 하디 박사의 공격받은 자기감에 대해서는 22장을 참조하라.

** 신경과학자 자크 판크세프는 뇌의 정서 시스템을 보살핌(CARE), 공황/슬픔(PANIC/GRIEF), 공포(FEAR), 놀이(PLAY), 욕정(LUST), 추구(SEEKING), 분노(RAGE)로 분류했다. 9장에서 소개했다.

정상이라는 환상

고 한 말은 내가 우울증, 자가면역질환 그리고 암환자로부터 관찰한 것과 항상 일치한다. 자연스럽고 자발적으로 '아니요'라고 거부하지 못하는 뿌리 깊은 성향은 이 문화의 여성들에게만 나타나는 것이 아니고 많은 지역에서 더욱 강력한 영향력으로 나타난다. 이는 고의적인 억제보다 더 깊은 곳에서 발생한다. 앞에서 이야기했지만 억제suppression와 대비되는 의미로서의 억압repression은 무의식적으로 발생한다. 이는 마치 건강한 감정이 의식 아래로 사라지는 것과 마찬가지다. 한마디로 마음에서 멀어지면 눈에서도 멀어진다. 홀랜드는 이렇게 말한다. "여자들은 그렇게 교육받았어요. 화나 있는 것조차 모르면 책임자하고 이야기를 할 수도, 문제를 해결할 수도 없어요. 그냥 울다가 먹다가 여러 다른 방법으로 우리를 위로하는 수밖에 없어요."[9]

어린 시절에 스스로를 억제하는 행위는 성별로 결정되는 사회적 환경에서 더욱 강화된다. 많은 여성들은 결국 **자기 침묵**에 빠지게 되는데 이는 "자신의 생각과 감정을 억눌러 안전한 관계, 그중에서도 특히 친밀한 관계를 유지하려는 성향"을 말한다. 자신의 경험을 이렇게 만성적으로 부정하면 치명적인 결과를 불러올 수 있다. 2,000여 명의 여성을 10년 이상 추적 조사한 결과에 의하면 "배우자와 갈등이 발생했을 때 감정을 속으로 삭이는 여성들은 드러내는 여성보다 네 배 이상 사망확률이 높다".[10] 가정에서도 그렇고 직장에서도 마찬가지였다. 또 다른 연구에서는 권위적인 상사 밑에서 일하는 여성이 화를 억누르면 심장병 발병 가능성이 높아진다고 한다.[11] 분노를 그대로 표현하면 직장을 잃을 가능성이 높은 분위기에서 이는 당연한 적응반응이다.

우리는 5장과 7장에서 강박적인 자기희생, 분노 억제, 지나치게 다른 사람 의식하기 같은 자기 부정적 성향이 질병을 유발한다는 것을 알았다. 자가면역질환 환자에게 공통적으로 나타나는 바로 이런 성격이 가부장적인 사회에서 여성들에게 주입되는 것이다. 응급요원이었던 리즈는 이렇게 말했다. "나는 인간으로서의 나를 부정하고 내 욕망과 욕구를 부정했어요. 나보다는 다른 사람이 더 중요했죠. 나 자신의 관심사보다 직장이 더 중요했어요. 내면의 목소리는 전혀 듣지 않았어요."*

다른 사람을 우선시하고 '내면의 소리를 무시하는 것'은 여성들이 건강을 상하는 데 중요한 역할을 하는 요소다. 의료계가 간과하는 방식에는 여러 가지가 있는데 그중에서 가장 나쁜 것이 사회가 소위 '정상'이라고 간주하는 것들에 의해 여성이 건강을 해치는 방식이다. 이에 대해 좀 더 알아보자.

❖ ❖ ❖

여성의 성적 대상화 역시 건강과 관계가 있다. 이용할 수 있는 어떤 용도가 있기 때문에 존중받는다는 건 그 대상에 대한 공격이다. 특히 여성과 소녀들이 대상화될 가능성이 높았으며 심지어 그것이 권력화된다는 달콤한 생각이 퍼지기도 했다. 유명한 캐나다의 싱어송라이터인 얼래니스 모리셋은 어린 팝스타이자 TV 연예인으로서 남자들한테 받았던 관심이 모두 성적인 동기에서 나왔다는 것을 알고 느꼈던 "권력의 오만"에 대해 내게 이야기한 적이 있다. "어딜 가나 내가 가진 지성이나 고유한 가치는 완전히까지는 아니어도 거의 사람들의 관심을 끌지 못했어요. 그런데 갑자기 내가 물건 취급을 당하고 성적 대상이 되면서 휘두

---

* 늘 그렇지만 리즈의 크론병을 치료했던 어떤 의사도 어린 시절의 트라우마나 현재의 스트레스 그리고 자신과의 관계를 물어보지 않았다.

를 수 있는 권력이 생겼다는 걸 알았어요. 사람들한테 매력적인 평가를 받고 솔직히 미성년자 강간에 다름없지만 이런 식으로나마 힘을 얻어도 괜찮겠다는 생각이 들었어요.** 그게 권력이라고 느껴지기도 했어요. 그건 마치 '기회가 있을 때 권력을 잡아야지'라고 치기 어린 생각을 하는 것과 마찬가지죠." 모리셋이 말하는 시대는 젊은 여자들이 주로 남자들에게 온갖 종류의 노골적인 '콘텐츠'를 게시하는 온리팬스 같은 온라인 플랫폼이 생기기 10여 년 전이라는 점을 잊어서는 안 될 것이다. 하지만 오늘날에도 〈뉴욕 타임스〉의 비즈니스 세션에 "실직자로서 온라인에서 누드화를 팔고 있는데 여전히 어려움"이라는 헤드라인이 버젓이 나올 정도다.[12]

쉽게 접근 가능한 온라인 포르노를 통해 첫 성교육을 받는 젊은이들이 점점 늘어나고 있다. 빅토리아 시대의 춘화나 계부가 갖고 있던《허슬러Hustler》컬렉션 같은 성인잡지를 말하는 게 아니다. 사회학자이자《포르노랜드》의 저자인 게일 다인스는 "오늘날 가장 인기 있고 돈을 많이 버는 인터넷 포르노는 여성이 비하되고 굴욕을 겪는 하드코어 체벌 동영상으로 업계에서 '곤조gonzo'라는 장르로 불린다"고 말한다.[13] 이렇듯 섹스를 육체적인 폭력과 정신적인 적대감으로 표현하는 포르노는 점점 더 나이가 어린 아이들에게 노출된다. 11세쯤에 처음 접한다는 조사 결과가 많았다.

여성들은 성적인 매력과 아부의 교활한 결합을 경계해야 한다. 다인

** 모리셋은 최근 발표된 다큐멘터리 〈재그드(Jagged)〉에서 이렇게 말한다. "오랫동안 치료를 받으면서 어떤 형태로든 내가 희생자가 되었다는 걸 인정하는 데 한참이 걸렸어요. 내가 동의한 거라고 말하긴 했지만 사람들은 내가 겨우 15살이었다며 15살은 동의 의사를 표현하기에 너무 어리다고 말했어요. 지금은 '그래 모두 소아성애자였어. 모두들 미성년자를 강간한 거야'라고 생각해요."

스는 여성잡지와 청소년잡지가 갈수록 다른 사람 특히 남성의 마음에 들기 위한 기술을 다양화함으로써 변화된 세태에 적응하는 방법을 알려주고 있다고 지적했다. 소녀들은 자연스럽게 자신을 표현하는 방식이 아니라 이성을 유혹하고 파트너를 잡아두거나 억압적인 권력구조에서 '힘을 보유하기 위한' 방법으로 성적인 매력을 발산하도록 배운다. SNS에서 관심을 추구하는 사람들이 가학적 섹스를 정상적인 것으로 간주하기 시작하면 끔찍한 결과를 초래한다. 2020년 여름 '틱톡 챌린지'에서 10대 소녀들이 "넷플릭스의 납치 포르노 영화인 〈365 데이즈365 Days〉를 흉내 내어 섹스 후에 팔다리가 멍들고 칼로 벤 동영상"을 공유하면서 물의를 빚은 적이 있었다.[14] 반면에 남자 아이들은 포르노 영상을 통해 지배를 통한 쾌락을 배우고 부드러운 감정은 배척해버린다. 약한 감정을 억누르는 것은 남성의 트라우마가 표현되는 현상 중 하나로 다른 사람에 대한 동정심을 가차 없이 잘라버린다. 특히 데이트 강간이나 동의 없는 섹스처럼 그 다른 사람이 우리가 원하는 무언가를 가지고 있을 때 더욱 그렇다.

❖ ❖ ❖

여성들은 오래전부터 가부장적 문화에서 여성이 지고 가야 하는 부담과 이것이 여성의 순수한 자기실현을 축소시키고 방해하는 방식을 알고 있었다. 1792년 33세의 메리 울스턴크래프트Mary Wollstonecraft는 《여성의 권리 옹호A Vindication of the Rights》라는 제목으로 놀랄 만큼 급진적인 내용의 책을 발표했는데, 이 책에서 여성들은 "자신의 정신적 능력이 어떤 힘을 갖기도 전에 인공적인 성격을 띠게 만들어진다"고 주장했다.[15] 정확히 200년 후 불굴의 급진적인 페미니스트 운동가인 안드레아 드워킨Andrea Dworkin은 가부장제하에서 여성의 신체가 갖는 기본적 범위를 이렇게 표현했다. "자기 상실은 단지 초자연적인 흡혈귀 소행이 아니라 물리적인 현실이다. 그리고 그 현실은 차갑고 극단적이어서 **말 그대로 신체의 완전성과 제 역할을 하고 생존하는 능력을 무너뜨린다.**"[16] 드워킨이 어떤 과학적 근거를 가지고 그런 주장을 했는지 모르지만 '말 그대로'라는 표현을 사용한 것은 매우 적확하다고 생각한다.

드워킨이 설명한 그런 자기 상실은 대부분 여성의 몫이 된다. 여성들은 가족의 경제적·물리적 욕구를 해결하는 역할 외에도 자신을 희생해서라도 가족들을 정서적으로 돌봐줘야 하기 때문이다. 우리 문화에서 돌봄 역할은 주로 여성에게 돌아간다. 오늘날 많이 쓰이는 용어인 **감정노동**은 이처럼 외부의 압력에 의해 역할을 받아 스트레스에 시달리는 여성들의 역할을 잘 설명한다. 이 단어는 "결코 끝나지 않는 여성의 일"을 가사노동이나 출산의 고통이라는 단어보다 훨씬 더 정확하게 표현하고 있다.

여성은 감정적 접착체 또는 다른 말로 결합조직의 역할을 해서 핵가족과 대가족 그리고 지역사회를 연결시킨다. 여성이 남성보다 루푸스, 류머티즘성관절염, 경화증, 섬유근육통 같은 **실제** 결합조직의 질병에 더 잘 걸린다는 것은 결코 우연이 아니다. 따라서 다른 만성질환도 그렇지만 이런 질병은 단지 개인의 문제가 아니라 우리가 지금까지 조사해왔던 여러 사회적 요인을 반영해서 발생한다.

돌보는 사람이 받는 스트레스가 면역체계를 약화시킨다는 것은 잘 알려져 있다. 대다수가 여성인, 알츠하이머 환자의 보호자는 면역기능과 상처 회복 능력이 약화되고 호흡기계통의 질환에 잘 걸리며 보호자 역할을 하지 않는 다른 사람들과 비교해 훨씬 더 잘 우울증에 걸린다.[17] 다른 사람을 돌보면서 발생하는 스트레스로 인해 약해지는 건 면역체계만이 아니다. 정서 장애가 있는 아이를 돌보는 엄마는 비정상 범위의 코르티솔 수치를 보였고 신진대사 기능의 저하와 체지방 축적 같은 증상을 보였다.[18] 4장에서 언급한 대로 이들은 텔로미어 길이가 단축되어 조기 노화를 보이는 경우도 많았다.

자신의 감정과 욕구를 생각하지 않고 다른 사람을 돌보는 데만 집중하는 이런 성향은 코로나19 팬데믹으로 더욱 강화되기만 했다. 2020년 10월 〈뉴욕 타임스〉는 "엄마는 사회의 '충격 완화 장치'다"라는 제목으로 기사를 내기도 했다. 결혼한 여성을 대상으로 한 조사에 의하면 가장 큰 스트레스 원인은 자녀 양육으로 대다수 여성이 자신의 불만을 속으로 삭인다고 한다. 배우자에게 나서서 도와달라고 요구하는 대신 "자신이 원인이 되어 문제가 생겼다고 자책하고 해결할 책임이 있다고 생각하여 직장을 관두거나 항우울제를 복용하기도 하고 코로나19에 대한 자신의 우려를 무시하기도 한다."[19]

영국 작가 캐럴라인 크리아도 페레스Caroline Criado Perez는 사회, 경제, 문화, 학문, 심지어 의학 분야 등 사실상 거의 모든 분야에 나타나는 무조건적인 남성 위주의 편견을 다룬 베스트셀러 《보이지 않는 여자들Invisible Women》에서 "이 모든 추가적인 일들이 여성의 건강을 해치고 있다"고 주장했다. 페레스는 남녀 사이의 불균형한 노동의 분배를 매우 흥미로운 예를 들어 설명한다. "우리는 오랫동안 여성(특히 55세 이하의 여성)은 심장 수술 예후가 남성보다 좋지 못하다고 알고 있었다. 그러나 2016년 캐나다의 한 연구에서 심장 우회수술을 받은 여성은 수술 후 곧바로 가족을 돌보는 역할로 돌아갔지만 남성들은 다른 사람으로부터 돌봄을 받는 위치로 돌아갈 확률이 높다는 사실을 발견하면서 남녀 간 예후 차이를 나타내는 요인 가운데 하나로 여성의 돌봄 부담을 다룰 수 있게 되었다."[20]

우리 사회는 남성이 여성으로부터 보살핌 받을 자격이 있다는 것을 말로 옮길 필요가 없을 정도로 당연하게 여긴다. 여기서 내가 말하는 것은 여성이 남성에게 제공하는 자동적인 보살핌으로서 이성 간의 관계를 튼튼하게 결합시켜주는 보이지 않는 감정적 연결물을 말한다. 즉 성별 차이에 기반을 둔 사회가 얼마나 완고한지, 우리가 얼마나 그 사회에 깊이 침잠해 있는지를 말해주는 전통적 역학 관계를 말한다. 상당한 남성이 여성이 없을 때에야 비로소 보살핌을 받고 있다는 걸 느끼며, 예를 들어 아이들이 태어나서 자신에게 관심이 적어지는 것처럼 보살핌이 줄어들면 극도의 분노를 표출한다. 배우자가 자신을 감기 걸린 사람 대하듯 멀리하고 힘들게 한다고 내게 불만을 표하는 여성도 많았다. 내가 관찰한 어떤 가정에서는 남편이 부인에게 보살핌을 요구해서 아이들이 엄마로부터 돌봄을 받지 못하는 일이 벌어지기도 했다(아버지가 아이 같은 역할을 하니 당연히 아버지와 아이 사이의 정상적인 관계 수립도 불가능했다). 이런 일이 발생하면 엄마는 지치게 되고 과로로 인해 몸이 반란을 일으켜 여러 육체적·정서적 증상이 나타나고 결국 자신과 가족들에게도 부담을 주게 된다.

여기서 '내가 관찰한 어떤 가정에서 발생한 일'은 사실 아이들이 어렸을 때 우리 가정에서 발생한 일이라는 것을 고백한다. 아니 단지 과거에만 발생한 일도 아니다. 이 분야의 전문가인 내 아내 레이를 인터뷰하니 이런 말을 했다. "당신의 고통이 마치 내 책임인 것처럼 말하는데 나는 한 번도 책임을 게을리한 적이 없어요. 항상 나 때문에 그렇다고 부정적인 눈으로 보잖아요? 그래서 정말 그런가 생각해서 얼음판 위를 걷듯 조심스럽게 행동했어요. 그러니까 우울감, 소외감, 외로움이 느껴지기 시작하더군요. 엄청난 분노가 밀려와서 정말 힘들고 짜증이 났어요." 그러고는 전문가다운 진단도 내놓았다. "남자들이 좌절하면 엄마한테 화를 내는데 그 분노가 여자한테 돌려진 거죠. 여자는 남자를 항상 기쁘게 해주어야 해요. 남자는 자신의 분노와 좌절을 구별하지 않아요. 여자는 그저 대상물에 지나지 않거든요."

줄리 홀랜드와 이야기해보니 여성들에게 불안 증세와 우울증이 많이 나타나는 이유는 남자들의 화를 받아주고 이를 달래주어야 한다는 문화에서 나오는 책임감 때문이라는 데 전적으로 동의했다. 그런 면에서 여성들이 항우울제와 항불안제를 먹는 것은 남녀 모두를 위한 것이라고 보아야 한다. "여자아이들은 세상을 살아가는 방법이 다른 사람을 맞춰주고 만족스럽게 만드는 것이라고 알게 모르게 교육을 받아요. 엄마를 보면 알 수 있잖아요? 엄마가 저녁을 준비하고 설거지와 빨래를 할 동안 아빠는 신문을 보고 있어요. …… 다른 사람의 고통을 떠안는 거예요. 내가 처음 남편이랑 데이트할 때 이런 말을 했어요. '당신이 슬프고 두려울 때 내가 당신을 밝은 빛으로 이끌고 싶어요.'" 그 말의 의미를 알았기에 난 고개를 끄덕여 동의했다. 50년 전에 내 아내도 똑같은 임무, 아니 정확히 말해 '부담'을 떠안았기 때문이다. 아내는 "처음 만났을 때 당신의 빛을 보았어요. 그리고 그림자도 보았어요. 내가 치료해줄게요. 그 어두움을 몰아낼게요"라고 내게 말했다. 아무리 좋게 평가해도 전혀 쉽지 않은 일이다.

코넬대학교의 철학과 부교수이며 우리 시대의 페미니스트 사상가인 케이트 만Kate Manne은 《남성 특권Down Girl: The Logic of Misogyny》에서 여성에게 기대되는 것과 요구되는 것을 이해하기 쉽게 개념화했다. 즉 **여성적이라는 딱지가 붙은 상품과 서비스**로서 "여성이 제공해야 하는 것들"이다. 이런 요소로는 "배려, 애정, 숭배, 동정, 섹스, 아이, 안식처, 보살핌, 안전함, 위로, 안락함" 같은 것들이 있다. 이는 **남성적이라는 딱지가 붙은 특혜와 특권**으로서 "남성이 받아야 하는 것들"과 대조된다. 이런 요소에는 "권력, 권위, 지위, 명성, 영예, 높은 계급, 출세욕, 높은 서열의 여성들이 바치는 충성과 사랑, 헌신으로 생기는 영광스러운 지위" 같은 것들이 있다.[21] 이들 중 어떤 그룹이 더 많은 억압과 희생 그리고 스트레스를 유발할 것인지는 뻔하다. 잊지 말아야 할 것은 케이트 만이 이 책에서 그리는 여성들은 비교적 특권이 있는 여성이라는 점이다. 많은 여성들은 부여된 성역할 외에도 빈곤과 한부모 양육, 인종차별이라는 무거운 짐을 져야 한다. 우리는 앞에서 이런 요소들이 결합하여 건강에 어떤 영향을 미치는지 알아보았다.

✢ ✢ ✢

내가 **가부장제**라고 말할 때 이는 개별 남성이 지닌 의식적인 의지나 심지어는 의식적인 인식을 의미하는 것이 아니라 권력 시스템을 가리킨다. 가부장제는 고대부터 문명의 탄생과 함께 발생했지만 자본주의는 이를 입맛에 맞게 변형시켰고 경제, 정치 그리고 가정을 포함한 사회의 모든 기관에서 그 결과를 보고 있다. 이 제도하에서는 남성도 효과가 의심스러운 '혜택'을 받는 대가를 치른다. 남성을 만족시켜주어야 하는 대상으로 여성을 전락시키고 나면 남성의 역할은 무엇인가? 엄마의 뜻에 따라 감정적 안녕이 좌우되는 무기력하고 의존적인 아이에 불과하게 된다. 이 아이가 성인의 몸을 하고는 거드름 피우고, 불평하고, 삐치고, 자신을 돌보는 사람에게 요구하는 것이다. 그는 절대로 충분해하지도 않고, 절대로 만족하지도 않는다. 결국 남자나 여자나 모두 무기력한 존재로 전락하게 된다.

남성의 고통 역시 원인과 결과라는 사이클에서 보면 가부장제가 원인이다. 특히 취약성vulnerability을 터부시하는 것은 여성뿐 아니라 남성에게도 매우 해롭다. 남성에게 분노는 허용될지 모르지만 슬픔이나 비탄 그리고 단지 자신의 한계를 인정하는 것에 불과한 '약함'은 허용되지 않는다. 퇴역 군인 중에는 고통, 우울증, 자살 및 여러 트라우마 증상 등 가부장제가 남긴 부작용을 극복하지 못해 고생하는 경우가 많다. 이런 부작용은 취약한 감정을 자연스럽게 발산하지 않으면 결코 극복하지 못한다. 억압된 여성성과 마찬가지로 해로운 남성성은 매우 치명적이다. 알코올의존이나 약물중독, 일중독, 폭력, 자살 성향* 등을 통해 많은 피해자가 발생한다. 이는 취약성, 슬픔, 공포로부터 회피하려는 방어기제가 작용해서 생긴다.

테리 리얼Terry Real이라는 치료사는 이렇게 말한다. "우리 문화에서는 단절을 통해 '소년에서 남자로 바뀌게' 합니다. 자신의 감정으로부터, 취약성으로부터, 타인으로부터 단절되는 법을 배우는 것을 우리는 자율이고 독립이라고 합니다. 그것은 트라우마를 동반하는 상처지만 문화적으로는 규범적이기 때문에 드러나지 않습니다." 그는 《남자가 정

---

* 최근의 연구에 의하면 9·11 이후 테러와의 전쟁으로 이라크와 아프가니스탄에 참전한 군인들 중 3만 명 이상이 자살했다고 한다. 이 숫자는 이 전쟁에서 전사한 인원의 네 배가 넘는다. https://coloradonewsline.com/2021/07/08/report-veteran-suicides-far-outstrip-combat-deaths-in-post-9-11-wars/.

말 하고 싶은 말I Don't Want to Talk About It》에서 남자의 유약함과 남자의 감수성 부정에 대해 이렇게 이야기한다. "내게 유약함이란 트라우마이자 인간이기를 거부하라는 명령과 같았다. 남성성의 핵심은 상처 입지 않는 것이다. 상처를 입을수록 '소녀스러워지는' 것이고 상처를 입지 않을수록 '남자다워지는' 것이다. 따라서 인간으로서의 유약함은 억제된다. 남성은 비인간적인 기준에 자신을 맞추려 노력하지만 계속해서 그 기준에 못 미친다는 느낌에 괴로워한다." 리얼이 그 말을 하자 나는 리즈의 침대에 탐폰을 던져놓았던 남자 소방관들이 생각났다. 그들은 자신의 취약성이 부끄러웠기 때문에 리즈의 취약성을 수치스러운 것으로 만들려 했던 것이다.

"내가 치료하는 사람들은 나름 업계에서 성공한 대단한 사람들이지만 개인사를 들어보면 정말 힘든 사람들이 많아요"라고 리얼이 내게 털어놓았다. 남성의 지배는 남녀 모두에게 엄청난 희생을 요구하지만 어떤 척도로 측정해도 그 대가가 너무 크다.

그들의 고통이 느껴진다: 트라우마에 찌든 정치

정계를 속속들이 잘 아는 사람들 사이에서는 거의 모든 정치인들이 대책
없는 문제아 취급을 받는다. 단지 선거로 뽑힌 사람들이기 때문에 참는
것뿐이다.

– 마이클 울프Michael Wolff,
《압도적 승리Landslide: The Final Days of the Trump Presidency》

개인과 세포 단위에서 시작한 우리의 여행은 이제 생물심리사회학이
라는 양파의 맨 바깥 껍질인 정치에 도착했다. 정치가 질병이나 복지,
트라우마와 무슨 상관이 있는지 의아해할지 모르겠다. 그게 왜 중요하
지? 왜 그걸 이야기해야 하지? 물을 수도 있다.

정치적인 영향력 안에 들어갈 때마다(또는 들어가지 않을 때마다) 오늘
날 정치와 그를 둘러싼 미디어 문화가 그 어느 때보다 위험하다는 것을
쉽게 느낄 것이다. 마을의 소문부터 세계정세까지 최신 관심사는 항상
대화의 소재가 되어온 것이 사실이다. 하지만 오늘날에는 너무나 대립
이 심해서 어떤 조사에 의하면 60퍼센트의 미국인들이 명절에 가족이
모이는 것이 두렵다고 응답할 정도로 대화가 불가능해 보이기도 한다.[1]

정상이라는 환상

2019년에 네브래스카대학에서 실시한 연구에 의하면 "많은 미국인들이 정치에 노출되면서 육체적 건강을 상했으며 심지어 정신이 피폐해지고 친구를 잃었다고 생각한다".[2] 이들의 생각은 상상 이상으로 정확한 것 같다. 텔로미어를 연구하는 엘리사 에펠 박사(4장 참조)는 "정치 때문에 스트레스를 받나요? 당신의 몸을 더 빨리 늙게 할 수도 있습니다"라는 제목의 기고문에서 정치 때문에 발생하는 신항상성 마모로 인해 건강을 유지하는 염색체 구조가 짧아질 수 있다고 경고했다.[3] 워싱턴 DC의 어떤 심리학자는 이런 증상을 지칭하는 '헤드라인 스트레스 질환headline stress disorder'이라는 용어를 만들어내기도 했다.[4]

정치적 삶을 통해 잠시나마 휴식을 얻을 수 있다면 그나마 덜 걱정될 것이다. 하지만 우리의 전화는 휴대용 스트레스 기계가 되어 새로운 소식을 전해준다고 계속 울려댄다. 갈등과 불확실성을 품고 있는 문제, 우리가 어찌할 수 없는 문제와 관련하여 별거 아닌 소식부터 심각한 소식까지 전해준다. SNS의 피드는 계속해서 우리가 소비할 뉴스를 공급해준다. 잠시도 쉬는 법이 없다.

우리가 아무것도 할 수 없어서가 아니다. 마음만 먹으면 뉴스 소비 행태를 변경해서 원한이나 앙심, 불안, 암울함으로 가득 찬 뉴스를 거를 수 있다. 좀 더 남들의 의견을 경청하고 우리와 생각이 다른 사람과도 공감을 할 수 있다. 엄격한 마음챙김 요법을 채택해서 예외 없이 스크롤 전후로 5분간 심호흡할 수도 있다. 이런 것들이 효과는 있겠지만 충분하지 않을 수도 있다. 내 생각으로는 우리가 목격하는 '극당파성', '양극화', '극단화'를 넘어서서 또는 그 배후에 무슨 다른 원인이 있는 것 같다.

가장 높은 곳에 있는 정치인과 맨 밑에 있는 우리 같은 사람들 그리고 그 중간에 우리보다는 특권이 있는 사람들을 포함해서 정치권에 있는 사람들을 가까이서 살펴볼수록, 상처받은 사람들이 상처받은 사람을 선출하고, 트라우마를 겪은 사람들이 트라우마를 겪은 사람들을 이끌고 트라우마를 입은 사회환경을 고착시킨다는 것을 알게 되었다. 이모든 정치적 태도와 전문가적 견해 그리고 정치공작의 근간에는 보이지 않는 감정적인 교류가 끊임없이 흐르고 있다. 물론 내가 이를 입증할 수는 없다. 사회심리학은 자연과학적인 측면에서 확실한 답을 내놓지 못한다. 내가 할 수 있는 일이라고는 이를 지적하고 가능하면 사례와 연구를 인용하여 나의 관찰 내용을 제공한 뒤 사람들이 스스로 알아서 잘할 거라고 믿는 것밖에 없다. 물론 나도 트라우마라는 중요한 이슈를 고려한다. 그것이 이미 가족들의 식사 중 토론에 더욱 감정적인 요소를 추가한다고 해도 말이다.

우선 정치적 문화는 위험한 신화가 일반적 진실이 되는 여러 분야 중 하나다. 정치는 우리가 이야기했듯이 사회의 성격과 밀접한 관계가 있다. 구성원들이 원하는 특성들이 모여 주어진 시스템 내에서 사람들이 잘 기능하도록 배치해야 한다. 비록 그 특성이 역겹더라도 말이다. 이는 지도자에게도 동일하게 적용된다. 우리 같은 사회는 지도자에게 정치색이라고 부르는 일련의 성향과 세계관을 요구한다. 직무에 필요한 것을 감안할 때 이것이 없다면 정치가로서의 활동을 시작할 수 없을 것이다. 사람들에게 트라우마를 주는 사회경제적 시스템을 돌보는 데 가장 적합한 특성은 이런 정치가들의 연민 회로를 바로 가동 중지시키지는 않더라도 정서적 삶의 중요한 측면에 무뎌지게 하는 특성일 것이다. 이는 항상 어린 시절 자아에서 시작되며, 예외가 있겠지만 그런 예외를 나는 많이 보지 못했다. 특히 권력의 최정점에 있는 사람은 더욱

　　　　　　　　　　　　　　　　정상이라는 환상

그랬다.

트라우마가 정치 무대에 투영되면 인류와 지구에 미치는 영향이 엄청나다. 결국 정치인들은 정책을 만들고 정책은 건강에 해가 되는 문화적 여건을 창조하거나 고착화한다. 우리가 트라우마를 아무리 잘 알거나 또는 전혀 모른다고 해도 우리가 사는 이 세계에 트라우마가 영향을 미치는 것을 막을 수 없다. 우리가 의도했던 바와 다르게 **개인**의 몸에 문제가 생겼다고 알려주는 것이 질병이듯, **국가**에 문제가 생겼다고 알려주는 것은 중독이나 기후변화 같은 사회적 질병이다. 정치 일반에 떠도는 체념과 냉소적 분위기 그리고 말도 안 되는 수준의 의심과 앙심도 마찬가지다. 물론 이런 것들 때문에 선거제도부터 낙태 문제까지 그리고 전염병 대책까지 사람들을 고민하게 만들기는 하지만 말이다.

편집증적인 백신 기피증은 합리적인 의심과는 다르다. 마찬가지로 백신이나 봉쇄 반대자에 대한 경멸적이고 독선적인 비난도 책임 있는 시민의 태도는 아니다. 트라우마를 다루면서 그것이 단지 사람들의 생각뿐 아니라 내면의 정신적 삶을 보여주는 말과 행동, 즉 **내가 누구이고 어떻게 사는지**에 대한 정서적 반영이라는 것을 알았다. 이런 면을 보지 못하고 말이나 행동의 내용을 해결하려고 시도한다면 핵심을 놓치는 것이다. 사회경제학적인 측면에서도 마찬가지다. 어떤 개인이나 집단이 그렇게 생각하고 행동하는 이유를 알려면(진정으로 그 결과가 염려된다면 이유를 반드시 알아야 한다) 그 극단적인 감정 반응의 기저에 있는 트라우마를 유발한 상처를 이해할 준비가 되어 있어야 한다. 우리가 옳고 그들이 틀렸다는 생각이 강할 때 이렇게 하기는 어려울 수 있다. 하지만 그렇기 때문에 더욱 이런 의견을 받아들여야 한다.

이 모든 것이 단지 추측에 근거하지는 않는다. 어릴 때 겪은 트라우마는 성인이 된 후 정치적 성향에 직접적으로 영향을 미친다는 것이 밝혀졌다. 매사추세츠대학 심리학과 명예교수인 마이클 밀번Michael Milburn에 의하면 어릴 때 엄격한 부모 밑에서 성장한 사람일수록 외세와의 전쟁이나 징벌적 법안 또는 사형제도같이 독선적이고 공격적인 정책을 지지하는 성향이 높다고 한다. 그는 내게 이렇게 말했다. "어릴 때 체벌을 많이 받았다는 건 가정에 문제가 있었다는 이야기입니다. 심각한 수준의 체벌을 경험한 남성들에게서 낙태를 반대하고 사형을 찬성하고 무력 동원을 지지하는 경향이 많이 나타납니다. **특히 심리치료를 받지 못했을 경우**에 더욱 심합니다." 나는 특히 마지막 말에 끌렸다. 밀번은 "심리치료는 자기반성과 자기성찰의 좋은 기회"라고 설명했다.

정치와 트라우마의 융합은 새로운 개념이 아니다. 수십 년 전 위대한 폴란드계 스위스 심리분석가인 앨리스 밀러Alice Miller는 오래전부터 독일에 유행했던 가혹한 양육 방식이 나치 권위주의 탄생에 어떻게 도움이 되었는지를 지적한 바 있다. 또한 독일 파시즘 정권의 지도자들, 특히 아돌프 히틀러Adolf Hitler나 헤르만 괴링Hermann Göring처럼 괴물 같은 사이코패스들이 어릴 때 받은 극심한 고통과 억압이 그들의 정신적·정서적 삶, 그리고 필연적으로 정치적 성향을 형성하는 데 결정적인 역할을 했다고 설득력 있게 주장했다. 밀러는 자신의 저서《너 자신을 위해서For Your Own Good》에서 이렇게 말했다. "제3제국의 지도자 중 가혹하고 엄격하지 않은 양육 방식으로 성장하지 않은 사람은 단 한 명도 없었다."[5] '가혹하고 엄격하다'는 건 '트라우마가 생긴다'는 뜻이다. 물론 밀러가 말하는 가정환경은 귀가 시간은 엄격하지만 자상한 부모가 있는 환경이 아니라 어린이에게 공포에 찌든 세계를 각인시켜주고 그리고/또는 어린이에게 고통이 닥쳐도 아무 소리 하지 말 것을 요구하는 그런 가정이다.

인간의 본성과 세계 그리고 그 안에서 자신의 위치, 행동의 동기를 부여하는 잠재의식적 충동 등에 대해 지도자들이 갖고 있는 무의식적 믿음은 그들의 정치체제를 유지하는 데 매우 중요하다. 이는 곧 우리의 삶과 전 세계에 중요하다는 뜻이다. 그들이 어린 시절에 자신이 선택하지 않았고 통제할 수 없는 불행한 환경의 영향으로 얻게 된 세계관이 수십 년 후 다른 사람과 우주에 대한 느낌과 작용을 결정한다. 하지만 영국의 심리치료사인 수 게르하르트Sue Gerhardt가 지적했듯 "우리는 아직 지도자 또는 전체로서의 문화가 가진 내면의 심리적·감정적 동적 역학 관계를 잘 이해하지 못한다."[6]

여기서 간단히 캐나다와 미국에서 두 명씩 정치적 괴물을 살펴보자. 이 네 명의 정치인은 국민에게서 엄청난 권력을 부여받았다. 입장에 따라 매력적으로 보이기도 하고 끔찍하게 보이기도 하는 이들 정치인은 트라우마로 점철된 어린 시절에 형성된 성격적 특성을 가지고 있다.

캐나다 전 총리인 스티븐 하퍼Stephen Harper는 냉철하면서, 범죄에 단호하고, 기후변화는 중요하지 않으며, 중독은 범죄자의 선택이라는 태도로 인해 보수주의자들로부터 엄청난 지지를 받은 반면 진보주의자들로부터는 비난을 받았다. 그는 목가적인 어린 시절을 보냈다고 회상하고는 했지만 사실 엄격하면서도 '깐깐한' 아버지 밑에서 성장했으며 그의 할아버지는 갑자기 사라져 되돌아오지 않은 일도 발생했다. 〈토론토 스타Toronto Star〉 기자 짐 코일Jim Coyle은 하퍼의 추억과 달리 "가부장적인 아버지 밑에서 억압받으며 컸을 거라고 쉽게 짐작할 수 있다"고 말했는데 이 말에 전적으로 동의한다.[7] 하퍼의 전기 작가는 그를 "독선적이고 비밀이 많으며 잔인하다"고 평가했으며 그의 전 비서실장은 그가

"의심과 비밀이 많고 뒤끝이 있으며 사소한 일에 갑자기 분노가 폭발하는 성격"을 가지고 있다고 증언했다. 캐나다의 어떤 칼럼니스트는 하퍼의 "생기 없고 사이코패스 같은 눈"에 대해 기사를 쓰기도 했고 또 다른 기자는 그를 "냉담하고 이해하기 어렵다"고 평가하기도 했다. 어떤 아이도 태어나면서부터 눈에 생기가 없는 아이는 없다. 그런 눈을 가졌다는 것은 어릴 때 무서운 것을 보고 놀라서 움츠러들었다는 것을 말해주는 증거다.

하퍼의 후임 총리는 매력이 넘치는 사람으로 완전히 다른 분위기를 풍겼다. 쥐스탱 트뤼도Justin Trudeau는 부드럽고 포용하는 어조로 이야기하는 것으로 유명하다. 그는 2017년 캐나다의 유명한 록스타가 뇌종양으로 사망하자 그를 애도하며 울었던 사건을 포함해 여러 번 기자회견 중 눈물을 터트렸다.[8] 자제하면 더 좋겠지만 정치인이 약한 면을 보여주는 게 문제가 될 일은 아니다. 그러나 많은 사람들이 지적했듯이 사람 좋은 그의 성격에는 어딘지 모르게 가식적이고 느끼한 부분이 있는 게 사실이다. 최근에는 학대로 상처받은 원주민을 추모하는 기념일에 가족 여행을 간 일로 매우 심심한 사과를 표하기도 했다.*

그는 과거에 캐나다 원주민이 겪었던 고통에 대해 잘못을 깊이 뉘우친다고 말했던 사람이다. 이렇게 윤리적·정서적으로 둔감하다는 것은 어린 시절의 트라우마에 깊은 영향을 받았다는 뜻이다. 그의 아버지 피에르 트뤼도Pierre Trudeau는 1960년대와 1970년대에 총리를 지낸 뛰어난 정치인이지만 동시에 성질이 매우 급했다. 아버지는 힘이 넘쳤고 일중독이었으며 지위에 목마른 사람이었다. 쥐스탱 트뤼도는 바람둥이

---

* 2021년 9월 30일 제1회 진실과 화해의 날에 있었던 일이다.

아버지에다 30살 어린 어머니 밑에서 어린 시절을 보냈다. 그의 부모는 잦은 다툼을 벌였고 엄마의 양극성장애로 인해 더욱 상황이 안 좋아졌다. 그의 어머니는 때로 조증 상태에서 기분이 아주 좋아져 믹 재거 같은 엽색꾼과 염문을 뿌리기도 했다. 그는 어린 시절을 "가족으로 같이 보내는 시간에 특별한 의미를 부여하려고 최선을 다해 몸부림쳤던 시간"으로 기억했다.[9] 트뤼도 총리나 어떤 정치인도 내게 상담을 의뢰한 적은 없지만 불안했던 어린 시절 때문에 가식적인 부드러움과 속 보이는 아부가 특징인 성격을 갖게 되지 않았을까 추측해본다.

미국 정치에서 지지층이나 윤리관, 성격 등의 측면에서 도널드 트럼프Donald J. Trump와 힐러리 클린턴Hilary Rodham Clinton만큼 대조적인 정치인이 또 있을까 싶다. 둘의 차이는 쉽게 알 수 있다. 비슷한 점은 잘 안 보이지만 일단 파악되면 많은 정보를 알 수 있다. 양쪽 지지자들은 2016년에 발간된 〈사이언티픽 아메리칸Scientific American〉의 분석 기사에서 이처럼 최정상의 정치가들에게 사이코패스적인 특징이 많이 나타난다고 주장한 연구 결과를 보면 적잖이 놀랄 것이다. 그중 하나는 '무정함'인데 트럼프와 클린턴 모두 상위 20퍼센트 안에 들었다.[10]

트럼프의 만화 같은 유치함과 미국 정치 시스템에 끼친 해악 그리고 그가 대통령에 오를 때 가졌던 문화적 영향력 때문에 그가 얼마나 슬프고 정말로 상처받은 사람인지 모를 수 있다. 하지만 그의 조카이자 심리학자인 메리 트럼프Mary Trump는 누구보다 그를 잘 알고 있었으며 그의 허풍과 치욕을 가장 깊숙한 곳까지 파헤쳤다. 우리는 메리 트럼프가 2020년에 쓴 《너무 과한데 만족을 모르는Too Much and Never Enough》이라는 트럼프 평전을 통해 그가 현실과 동떨어져 허풍이 세고, 자기도취적이며, 적대적이고, 철저히 기회주의적인 인간이 될 만한 여러 이유가 있었다는 것을 알 수 있다. 메리 트럼프는 할아버지 프레드 트럼프Fred Trump에 대해 "내심으로 할아버지를 사이코패스라고 부르는 데 전혀 거부감이 없다. 그에게는 인간다운 면이라고는 전혀 없었으며 아이들을 여러 가지 다양한 방법으로 경멸적으로 대했다"라고 묘사했다. 메리 트럼프의 아버지이자 도널드 트럼프의 형인 프레드 트럼프 주니어Fred Trump Jr.는 어린 시절의 트라우마를 극복하지 못하고 알코올의존증으로 41세에 사망했다. 세상은 트럼프가 어떤 경험을 했는지 알아버렸다. 메리 트럼프는 그의 장사꾼 같은 인격 뒤에 숨어 있는 고통을 드러내지 말아야 했지만 트라우마에 무지한 이 세상은 기어코 드러내고야 말았다. 신경정신과 의사 베셀 반 데어 콜크는 내게 이렇게 말했다. "트럼프야말로 트라우마가 키운 전형적인 인물입니다."

작가인 토니 슈워츠Tony Schwartz는 트럼프의 베스트셀러인 《거래의 기술The Art of the Deal》을 대필하면서 그를 가까이서 접할 기회가 있었다. 나중에 〈뉴요커〉와의 인터뷰에서 그는 이렇게 트럼프를 평가했다. "거짓말은 트럼프의 제2의 천성입니다. 그에게는 내가 만나본 그 어떤 사람보다 자신이 한 말이 언제나 맞거나, 또는 맞는 편이거나, 아니면 적어도 맞아야 한다고 자신을 확신시키는 뛰어난 재주가 있었습니다."[11] 앞에서도 말했지만 그 누구에게도 제2의 천성은 진짜 성격이 아니다. 아무도 거짓말하는 게 타고난 성격인 사람은 없다. **성격에 맞는** 거짓말쟁이는 있을 수 있어도 **타고난** 거짓말쟁이는 없는 법이다. 프리드리히 니체Friedrich Nietzsche는 어떤 책에서 현실에 상처받았을 때 사람들은 거짓말을 해서 현실을 헤쳐나간다고 했는데 이는 도널드 트럼프에게 딱 들어맞는 말이다. 자동적이건 고의건 그는 어릴 때 거짓말을 함으로써 거부되고 상처받는 상황을 피할 수 있었고 커서는 정치적 영향력을 갖는 데 도움을 받았다.

힐러리 클린턴은 아직도 지지자들이 많고 저력 있는 정치인으로서 2016년 대선의 진정한 승자라고 믿는 사람들이 많다. 적어도 트럼프와 비교해보면 클린턴은 침착함, 우아함, 공감 능력, 근면성, 합리성에서 귀감이 되고 있다. 하지만 그런 끝없는 야망과 '끈질김'이 어디서 오는지 그리고 그 대가는 무엇인지에 대해 아무도 의심하지 않았다. 이를 축복해야 할까, 아니면 트럼프의 허세만큼은 아니어도 여전히 안 좋은 행태로 보아야 할까? 하지만 이런 질문은 클린턴을 거의 신격화하는 선거유세전의 열풍에 묻혀버렸다. 내가 볼 때 특히 위험하다고 생각한 부분은 지도자의 '사람 마음을 끄는' 성격을 너무나 성급하게 정상화하고 찬양한다는 점이었다.

대선 후보 지명 전날 밤 클린턴의 삶과 업적에 대한 영상을 배우 모건 프리먼Morgan Freeman의 해설을 곁들여 전 세계로 송출한 적이 있었다. 거기에는 클린턴이 엄하고 까다로운 아버지에게 배운 교훈을 인용하는 장면이 나온다. "징징대거나 불평하지 말고 해야 할 일을 능력 범위 내에서 최선을 다해 하라." 어떻게 봐도 이건 그럴듯한 포장에 불과하다. 클린턴의 전기를 통해 아버지가 변덕스럽고 잔인하다는 것을 이미 알고 있는데 말이다. "아버지는 어머니와 하나뿐인 딸을 빈정거리며 놀렸고 때로는 세 아이의 군기를 잡는다고 지나칠 정도로 엉덩이를 때리기도 했다."[12] 국무장관 시절 배포된 동영상에서는 "어머니는 내가 유연하고 용감하게 크기를 바랐어요"라고 말했다. 그러고는 이 유연성이 어떻게 심어졌는지에 대해 이야기했다. "내가 네 살 때 동네에는 아이들이 많았어요. 밖에 놀러 나갈 때 머리에 리본을 맸는데 아이들이 그걸 보고 나를 놀렸어요. 그게 처음으로 괴롭힘을 당한 기억이었는데 무서웠어요. 어느 날 내가 집 안으로 막 뛰어 들어가서 엄마한테 안겼더니 '이 집에 겁쟁이가 있을 곳은 없다. 다시 나가서 아이들하고 맞서 싸워 이길 방법을 찾아라'라고 하시더군요." 그건 유연함이 아니라 억압이다. 그런 환경에서 아이는 '이 집에서 취약성은 수치며 무서움이나 공포심이 있을 공간은 없다. 고통을 느끼지도 드러내지도 말고 속으로 삼켜라. 너를 도와줄 사람은 아무도 없다. 여기서 그 어떤 동정도 기대하지 마라'라는 메시지를 느낀다. 하지만 이 말이 조그만 소녀의 감수성에 주는 충격이 역겹다고 느끼는 사람은 아무도 없었다. 그 누구도 부모의 품에서 안전함을 찾는 소녀는 겁쟁이가 아니라는 말을 못 했다. 겨우 네 살 먹은 평범한 아이에 불과한데도 말이다.

어쨌든 고통을 감내해야 했던 인생의 교훈은 제 역할을 하기는 했다. 60여 년 후 선거 캠페인을 벌이고 있던 클린턴은 갑자기 몸이 아파 폐렴과 탈수 증세로 길거리에 쓰러지기 전까지 모든 사람에게 '약점'을 숨길 수 있었다. 같은 날 "컨디션이 아주 좋아요. 뉴욕 날씨는 정말 끝내주네요"라고 말했지만 크게 믿는 사람은 없는 것 같았다. 말할 것도 없이 동일한 자기 억제가 작동해서 남편의 바람기를 용서했을 것이다. 작가 조앤 디디온Joan Didion은 나중에 그 바람기를 "시골 소년에게서 흔히 볼 수 있는 탐욕적인 성욕"이라고 표현하기도 했다. 충격받은 사람들이 그렇듯 힐러리 클린턴은 남편의 부정을 자신의 잘못이라고 생각했다. 남편이 엄청난 스트레스를 받고 있는데 자기는 남편의 정서적 욕구를 제대로 돌보지 못했다고 친구에게 이야기한 걸로 보아 가부장적 문화에서 여성에게 요구되는 역할에 충실했던 것 같다. "힐러리는 자신이 똑똑하고 예민하지 못해서 자신의 걱정거리에서 해방되지 못하며 남편이 치르는 대가를 제대로 알지 못한다고 생각하고 있었어요."[13]

정상이라는 환상

친구에게 털어놓은 이 말에 힐러리 클린턴의 사고방식이 잘 요약되어 있다.

　내면화된 공감 부족은 선거 캠페인 기간 중 힐러리 클린턴이 무심코 (그래서 더욱 많은 것을 말해준다) 트럼프 선거 캠프의 절반을 "답이 없는 놈들 a basket of deplorables"이라고 부름으로써 많은 미국인에게 그들이 뼛속까지 무슨 생각을 하는지를 드러내 보였다. 즉 힐러리를 지지하는 도시의 엘리트층은 트럼프를 지지하는 사람들의 경제적·정치적·도덕적 불만 사항을 무시해도 된다고 경멸스러운 태도로 비하한 것이다. 이 말에 대한 역풍으로 그해 11월에 있었던 선거에서 충격적으로 힐러리가 패배한다.

　보수 평론가 데이비드 브룩스David Brooks는 2016년에 이 두 정치인을 제대로 파악하고 글을 쓴 적이 있다. "힐러리 클린턴과 도널드 트럼프는 둘 다 삶을 믿을 수 없고, 냉혹하며, 경쟁적이고, 제로섬 게임으로 간주했다. 따라서 성공하려면 불굴의 노력을 기울여야 하지만 사람들의 이기적인 습성을 감안할 때 취약성을 보이는 것은 위험하다는 사고방식을 가지고 있었다."¹⁴ 나는 단지 그 위기감은 그들이 정계에 입문하기 한참 전에 시작했다는 말을 더하고 싶을 뿐이다. 각 진영의 지지자들은 이 둘이 비슷하다는 이야기를 들으면 난리를 피우겠지만 어린 시절의 고통이라는 면에서 매우 유사하다.

　과거부터 여러 국가의 지도자들을 다룬 전기를 읽어보면 모두들 방식은 다르지만 어린 시절에 정신적인 고통을 겪은 경험이 있다. 그들은 어떤 잘못을 저질렀더라도 그들만의 특유의 자질로 어려움을 '극복'하고 변화를 일으킨 사람으로 역사에 기념비적인 존재로 남는다. 아직도 많은 사람들은 이런 지도자들의 자질을 칭송하고 따라 하려 노력한다.

그건 지극히 정상적인 행태다.

지금부터 문제는 우리다. 이익 추구에 목마른 미디어의 선동에 휘둘린 정치적 문화는 우리의 상처받은 '내면의 어린이'를 정확하게 타격하여 가장 깊은 곳에 내재한 단호함과 안전함, 심지어 우수함을 바라는 욕망을 자극한다. 사실 정치라는 게 많은 사람들이 동시에 무의식적으로 어릴 때 충족되지 못했던 욕구를 해결해달라고 그들의 지도자에게 기대하는 것이라고 보면 된다. 그래서 인지과학자 조지 레이코프George Lakoff는 "우리 모두는 무의식적 은유로 국가를 가정으로 생각한다"고 말했다.[15]

나는 대니얼 시겔 교수에게 도널드 트럼프처럼 적대감과 독단적 분위기가 물씬 풍기는 지도자를 사람들이 따르는 이유를 물어본 적이 있다. "사람들은 사실 모두가 지켜보는 공인이 무기력함의 반대인 공격성을 표출하고 강하게 자기주장을 하는 걸 보면서 희열을 느끼는 겁니다." 신경정신과 의사로서 정신작용을 연구하는 시겔은 힘이 없다고 느끼는 사람들이 이런 걸 보고 힘이 생긴 것처럼 느낄 수 있다며 이렇게 언급했다. "그건 마치 아이가 자기를 보호할 수 있는 부모를 찾는 것과 마찬가지예요. 이제 나는 안전하고 모든 게 다 잘 되리라는 느낌 같은 겁니다." 그가 말하는 것은 **감각기억**sense memory이라고도 불린다. 이는 어릴 때 만들어진, 지워지지 않고, 잘 알지 못하는 자국으로서 우리의 몸마음에 오랫동안 보존되어 있다가 오늘날 정치에서 보는 것 같은 불안감 때문에 깨어난다.

진보 측면에서 보면 지도자를 친절하고, 잘 도와주며, 돌봐주고, 포용적인 사람으로 우상화하는 것 역시 부모의 역할을 기대하는 또 다른 형태의 바람이다. 민주당 지지자로서 세태를 풍자하는 노래로 유명한

랜디 레인보우Randy Rainbow는 조 바이든Joe Biden이 카멀라 해리스Kamala Harris를 러닝메이트로 지명한 날 밤 둘이 환히 웃는 사진을 트위터에 올리며 "엄마 아빠, 안녕히 주무세요. 내일 아침에 만나요"라고 썼다.[16] 비록 농담이지만 이런 식으로 어린이처럼 정치인을 우상화하는 사람들은 혼란스러운 반대 증거가 나와도 무시하기 쉽다.

❖ ❖ ❖

정치와 인접한, 사실 점점 더 정치와 겹쳐지는 분야는 우리가 대중문화라고 부르는 연예, 스포츠, 유행, 덕질 등 광활한 영역이다. 사실 대중문화의 사회적 기능은 정말 중요한 것으로부터 사람들의 관심을 돌리는 것이다. 유명인들의 사생활을 파헤치고 스포츠 경기의 사소한 것까지 따지는 에너지를 우리 시대의 여러 문제를 해결하기 위한 시민운동으로 돌린다면 어떤 일이 생길지 짐작이 갈 것이다.

리얼리티 게임쇼의 사회자가 국가의 최고지도자로 선출된 것은 이 두 분야의 경계가 허물어졌다는 것을 단적으로 보여준다. 캐나다의 현 총리가 국제적인 명성을 얻으면서 들은 찬사는 "영화배우 뺨치는 외모"였다. 30년 전 잘 알려지지 않았던 대통령 후보 빌 클린턴은 〈아세니오 홀 쇼The Arsenio Hall Show〉에 나와 색소폰을 연주한 뒤 전국적으로 유명해졌다. 오늘날 전직 미국 대통령 버락 오바마Barack Obama는 마사스빈야드섬에 파티가 없을 때는 심야 토크쇼에 한 번씩 나와 듣기 좋은 말을 하며 자신의 가치를 저하시키고 있다.[17] 뉴스가 연예가 소식이 되고 연예가 소식이 뉴스가 되는 그런 세상이다.

이 모든 게 정치의 질이 떨어졌기 때문에 생겼다고 한탄하는 사람도 있다. 그러나 이는 우리가 얼마나 대중문화에 길들여져 방청객처럼 수동적으로 정치참여를 바라보게 되었는지를 감안하지 않은 생각이다. 현대의 연예산업을 움직이는 영웅 숭배와 감정의 투영은 대부분 트라우마라는 초특급 연료로 움직인다. 아래와 같은 상황이 얼마나 **정상적**으로 간주되는지 상상해보라. 그 분야에서 최고로 대접받던 전도가 양양했던 젊은 스타가 마약중독과 정신질환 또는 자해행위로 한순간에 사라진다. 업계 거물이 오랫동안 자행했던 다양한 종류의 성 착취가 밝혀진다. 스포츠 스타나 연예인이 계속해서 성폭행을 참아왔다는 사실을 밝힌다. 청순한 아역 스타가 섹스 심벌로 재탄생하지만 말로가 별로 안 좋게 끝난다.

대중문화는 기껏해야 이런 사건들을 잠깐 정신 들게 하는 일탈로 취급할 뿐이다. 잠시 엄숙한 침묵 속에서 망자를 추억하지만 곧바로 연예인을 바라보고 이들에 대한 가십을 좇거나 소비한다. 그런데 우리는 정확히 무엇을 소비하는 걸까? 때로는 예술을 소비하고 더 자주 해가 안 되는 재미를 소비한다. 그러나 우리는 자신의 고통을 완화시키거나 또는 고통을 인정받기 위해 쇼로 위장된, 다른 상처받은 사람들의 고통을 동시에 소비한다. 우리는 병적인 고통을 이겨내는 '유명인'을 존경했다가도 하나라도 잘못되면 예상하지 못했다는 듯 놀란다.

유명인의 입장에서 보면 자라면서 가정에서 받지 못한 대우를 그나마 비슷하게 받을 수 있기 때문에 유명세를 얻으려고 노력하는 것이다. 한 시대를 풍미했던 매릴린 먼로Marilyn Monroe, 엘비스 프레슬리Elvis Presley, 커트 코베인Kurt Cobain, 에이미 와인하우스Amy Winehouse 등은 대표적으로 어린 시절의 고통과 대중의 관심이 충돌하는 과정에서 희생된 슈퍼스타다. 네 사람 모두 특별한 능력과 트라우마로 인한 절망감이 뒤섞인 카리스마 덕분에 스타덤에 올랐지만 이들의 재능은 우상화되고 착취되었으며 대중 무대에서 공연할 때조차 아픔은 무시되었다.

어리사 프랭클린Aretha Franklin처럼 장기간에 걸쳐 화려한 경력을 쌓았음에도 남들 모르게 고통받는 사람도 많다. 언니인 어마 프랭클린Erma Franklin은 이렇게 말했다. "어리사는 엄청난 고통이 있어도 다른 사람에게 드러내지 않았어요." 하지만 눈이 있는 사람이라면 어리사 프랭클린의 고통을 볼 수 있었다. 자기 확신에 찬 성가인 〈리스펙트 Respect〉를 불렀던 이 가수는 어린 시절부터 무시당하고 커서도 계속 학대를 당해 관계 수립에 문제가 있었다. 이러한 관계 단절은 1972년 로스앤젤레스에서 촬영된 뛰어난 콘서트 다큐멘터리 〈어메이징 그레이스Amazing Grace〉에 매우 잘 나타나 있다. 당시 30세의 어리사 프랭클린은 뛰어난 노래 실력과 풍부한 감정으로 건물이 뒤흔들릴 정도로 관객들을 열광시킨다. 그러나 목사가 연단에 올라 이 뛰어난 하느님의 딸이 가진 재능을 찬양하려 하자 자신만만했던 얼굴이 금세 굳어졌다. 가부장에 대해 정서적으로 잔인한 기억이 남아 있던 프랭클린은 그가 나타나자 몸이 경직되고 얼굴에는 연습된 존경심과 원치 않는 단절이 뒤섞인 묘한 표정을 띤다. 마치 자기 몸에 들어가 있지 않은 것처럼. 바로 조금 전까지만 해도 하느님의 복음과 기원의 달콤한 고통이 투영되었던 바로 그 똑같은 몸인데도 말이다. 노래 속에서 이 뛰어난 예술가는 사생활에서 휘두르지 못한 권력과 힘을 사용하는 마술을 부렸다. 프랭클린은 공감하기보다는 신격화하는 문화와 비즈니스 영역에서 더 유명해졌다. 현실이 그 마술을 깰까 봐 우리는 그 고통을 외면한다.

나는 얼래니스 모리셋, 데이브 나바로, 리나 더넘, 애슐리 저드Ashley Judd, 러셀 브랜드, 제이미 리 커티스 등 유명인들이 이 책을 위해 인터뷰를 허락해준 사실에 매우 고무되었다는 말을 하고 싶다. 오프라 윈프리와 주얼Jewel, 시아Sia, 레이디 가가Lady Gaga 같은 가수들은 최근에 자신의 트라우마와 이것이 삶과 경력에 미친 영향을 공개했다. 정치와 관련해서는 미국 대통령의 아들인 헌터 바이든Hunter Biden이 그의 중독 이력의 원인인 트라우마에 대해 공개적으로 이야기했다. 그의 아버지는 약물과 관련된 '범죄'에 대해서 징벌적 정책을 편 것으로 악명이 높지만 최근 뉴스에서 아들의 고통에 대해 비교적 동정적인 발언을 하기도 했다.

❖ ❖ ❖

이 모든 것이 합쳐져 시스템은 사이클을 이루며 원활하게 돌아간다. 우선 우리가 누구이고 무엇인가에 대한 잘못된 믿음 위에 건설된 사회가 우리의 기본적 욕구를 좌절시키는 환경을 창조해서 고통받는 사람들을 키우고 자기 자신과 다른 사람 그리고 의미로부터 단절된 사람들을 양성한다. 두 번째로 선택받은 소수의 인원, 특히 현실을 부정하고, 공감력을 단절하고, 취약성을 두려워하고, 옳고 그름에 대한 자신의 생각을 차단하고, 자신을 가까이 들여다보기를 포기하도록 만드는 초기 대응 기전을 가진 사람은 권력을 차지하게 될 것이다. 그들은 그렇게 안락함과 안전함을 추구하는 대다수를 지배한다. 그다음, 사람들은 비웃음과 소외로 너무 오랫동안 고통을 받아왔기 때문에 순순한 본능과 집합적인 자기주장을 버리는 대신 가짜 약속과 위로하는 듯한 카리스마에 거짓 애착으로 끌리게 된다. 마지막은 우리의 상처 입은 지도자들이 편협한 시각으로 현상을 그대로 유지하거나 악화시키는 정책을 법

제화하는 것으로 사이클은 완성된다.

오하이오주의 전 상원의원이었던 니나 터너Nina Turner는 2020년 버니 샌더스Bernie Sanders의 선거유세를 도우면서 마태복음 7장 16절을 자주 인용했다. "그들의 열매로 그들을 알지니." 우리가 현재 수확하는 열매로 판단해볼 때 우리의 사회와 정치라는 나무는 뿌리부터 열매까지 트라우마에 오염되어 있다. 다른 열매를 거두려면 우리 중 많은 사람이, 어쨌든 되도록 많은 사람이 우리의 지도자들이 체질적으로 하지 못했던 많은 일들을 해야 한다. 즉 용감하게 내면을 살핀 다음 조심스럽고 정직하게 외면을 살펴야 한다.

5부

온전함으로
가는 길

세상을 보는 관점이 변하면 세상이 변한다.

- 조지프 칠턴 피어스Joseph Chilton Pearce, 《우주 달걀 속의 균열The Crack in the Cosmic Egg》

Chapter 25

앞서가는 정신: 치유 가능성

정신은 소리치고, 설명하고, 증명하고, 항변한다. 그러나 속에서는 어떤 목소리가 올라와 소리친다. "정신아, 조용히 해! 마음이 하는 말을 들어보자."

– 니코스 카잔차키스Nikos Kazantzakis, 《영혼의 자서전Report to Greco》

세포 단위부터 사회 단위까지 인간의 건강과 질병에 대해 중요한 사항을 모두 훑어보았고, 둘 사이의 불가분한 상호관계까지 추적해보았으므로 이제는 '좋은 소식'을 찾아볼 차례다. 즉 치유라는 주제다. 좋은 소식이라니 힘이 날지도 모르겠지만 그렇다고 그게 쉽다는 뜻은 아니다. 이 혼란스러운 시절에 도대체 어떤 방식으로 치유에 접근해야 할까? 사회경제 시스템이 근본 원인 치료에 전혀 관심이 없는 데다 우리가 당연히 여겼던 것들을 빼앗아간 팬데믹이 덮친 상황에서 어떻게 앞으로 전진이나 할 수 있을까? 가능성이 그렇게 없어 보이는데 희망을 유지할 수 있을까?

그런데 도대체 치유가 뭔가?

내가 말하는 치유는 다른 게 아니라 **온전함으로 가는 자연스러운 움직임**이다. 온전함이라는 최종 상태나 심리적 이상 상태가 아니라는 점에 주목하기 바란다. 목적지가 아니고 방향이며 지도상에서 보면 점이 아니라 선이다.

치유는 자기개선self-improvement도 아니다. 차라리 **자기회복**self-retrieval이 더 가까울 것 같다. 사실 현대사회의 자기개선 문화는 너무나 쉽게 치유의 여정을 흐리게 하거나 복잡하게 만든다. 자기개선 문화는 오늘날 우리가 경험하는 상황을 만든 그 소비지상주의적 세력 때문에 주목받게 되었다. 치유한다는 건 우리가 잃어버린 부분을 되찾는다는 것이지 그걸 변화시키거나 '더 좋게' 만드는 게 아니다. 심층심리학자이자 야생 가이드인 빌 플롯킨Bill Plotkin*은 내게 핵심 문제는 "잘못된 것을 찾는 게 아니라 아직 완성되지 못하거나 살아보지 못한 온전함을 찾는 것"이라고 말했다.

치유는 치료와도 다르다. 치료는 질병에서 해방되었다는 뜻이고 치유는 완벽한 상태로 들어온다는 뜻이다. 동료 의사인 리사 랭킨**은 "**치료**가 안 되었지만 **치유**될 수도 있고, 치료는 되었지만 치유가 안 될 수도 있습니다. 치료와 치유가 동시에 발생하면 가장 이상적이지만 그게 쉽지 않죠"라고 말한다. 뒤에서 이런 사례를 살펴볼 것이다.

중독과 관련해서도 이와 비슷한 구분을 할 수 있다. **약물로부터 벗어난** 상태가 아니더라도 **절제하는** 삶을 살 수 있다. 전자가 해로운 것이 없거나 피하는 것이라면(이 자체가 가치 있는 목적이 될 수도 있다) 후자는 현재 이 순간에 있는 그대로의 삶을 경험할 수 있는 새롭고 적극적인

---

* 그가 콜로라도에 세운 아니마스밸리재단은 휴양과 워크숍, 그리고 자연 그 자체를 인간의 온전함을 달성하는 표본이자 스승으로 이용하는 '퀘스트'라는 과정을 제공한다.

** 랭킨의 질병과 치유에 관한 이야기는 5장에서 다루었다.

정상이라는 환상

능력이다. 비유하자면 치료는 생명을 위협하는 증상이나 질병을 없애는 것이고, 치유는 우리 자신과 우리 안에서 우리의 삶을 살아볼 가치가 있는 것으로 만드는 내부의 자질을 하나로 결합하는 것이다. 우리는 치료받기 '위해서' 치유하지 않는다. 그런 소망이 실재한다는 것은 인정하더라도 말이다. 치유는 그것이 최종 목적이 될 때 가장 잘 알 수 있다.

그다음은 만병통치 처방이 아니라(그런 것은 없다) 우리 사회가 점점 불안과 혼란에 휩싸이는 상황에서 개인 및 사회 수준에서 치유의 가능성을 언급하고 싶다. 또한 내 능력 범위 안에서 치유가 우리에게 요구하는 것이 무엇인지, 치유에 가장 적합한 내외부적 상황이 어떤 것인지에 대한 제안을 하겠다.

✤ ✤ ✤

온전함을 위해 나아가는 첫걸음은 우리 자신의 고통과 세상의 고통을 인정하는 것이다. 이게 끝없는 고통과 우울함, 특히 희생 같은 소용돌이에 휘말린다는 뜻은 아니다. '트라우마'를 기반으로 만들어진 새롭고 엄격한 정체성, 또는 그와 관련된 '치유' 역시 똑같은 함정이 될 수 있다. 진정한 치유란 과거와 현재의 우리 삶에 대한 진실에 가장 솔직하고 객관적으로 우리 자신을 여는 것이다. 어디에 상처를 입었는지 인정하고 우리뿐 아니라 주위의 다른 사람에게도 영향을 준 그 상처로 인한 충격을 정확하게 조사해야 한다.

오만 가지 이해 가능한 이유 때문에 이것이 어려울 수도 있다. 아무리 불편한 마음이 잘못된 생각으로 가려진다고 해도 진실이 상처 입는 것은 피할 수 없다. 우리는 피할 수 있다면 상처 입는 것을 좋아하지 않는다. 비록 고통의 끝에 보다 좋은 무엇이 있다는 것을 느낀다고 하더라도 말이다. 나데쥬다 만델슈탐Nadezhda Mandelstam은 스탈린 치하의 혹독한 삶에 대한 회고록인 《회상Hope Against Hope》에 이렇게 적었다. "삶을 정면으로 바라보는 것은 너무나 어려운 일이다." 우리 대부분은 그렇게 하지 **않으면** 치러야 할 대가가 너무 크다는 결론을 내렸을 때, 또는 현실을 갈망하는 고통에 충분히 익숙해졌을 때만 진실을 찾으려 한다. 그런 면에서 그리스 극작가 아이스킬로스가 합창단을 시켜서 노래하게 한 이 가사는 교묘하게 핵심을 찌른다.

> 제우스는 우리가 알게 한다네.
> 조물주가 원칙처럼 이걸 계획했다는 걸.
> 우리 모두 고통에 고통을 반복하다 진리를 깨닫게 된다네.[1]

물론 예외는 있을 테지만, 나 자신은 한 번도 성장하고 변화하는 경로에서 그 어떤 문제나 상실, 어떤 질병, 고뇌 또는 소외감으로 자극받지 않은 사람을 보지 못했다. 다행히(어떤 관점을 택하느냐에 따라 안 그럴 수도 있지만) 삶은 필수적인 고통을 바로 문 앞까지 배달하게 마련이다.

'진리'는 크면서도 작은 단어로서, 잘못 이해되는 경우가 많다. 나는 영적인 진리를 말하는 게 아니다. 그렇다고 '거짓 또는 진실'에서처럼 순수하게 학문적 의미의 진리나 입증 가능한 사실을 말하는 것도 아니다. 그게 전부였다면 열심히 공부하는 것으로 진리를 얻었을 것이며 모든 학문 연구소에는 진실을 깨달은 현대판 부처가 넘칠 것이다. 많은 장점에도 불구하고 지적 능력은 우리를 어디로 이끌었는가? 우리는 결국 불공정하고, 자기소멸의 위협에 빠져 있으며, 풍요 속에서도 유례없는 고통과 결핍에 시달리며, 소외감과 절망감이 도처에 만연한 세상에 살고 있다. 사실 우리의 지적 재능은 있는 그대로의 사물을 **부정**하려는 우리 자신에게 너무 쉽게 흡수되고 말았다. '합리성'과 '합리화하다'가 괜히 어원이 같은 게 아니다.

내가 말하는 진리는 훨씬 소박하며 실용적이다. 사물을 똑바로 보는 것이며 이 순간에 그런 일이 생기는 이유를 제대로 아는 것이다. 이런 종류의 진리는 우리를 치유로 이끈다. 진리에 접근하기 위해서는 우리의 재능보다 훨씬 풍부한 무언가를 이용해야 할 것이다.

마음으로 말을 할 수 있으면 지성은 훨씬 지적인 도구가 된다. 진리로 **이치를 따지려** 하기보다 진리와 **공명하는** 우리 내면의 것에 마음의 문을 열어야 한다는 뜻이다. 앙투안 드 생텍쥐페리Antoine de Saint-Exupéry의 《어린 왕자Le Petit Prince》에서 여우가 왕자에게 이렇게 충고한다. "내가 비밀을 하나 알려줄게. 아주 간단한 거야. 마음으로 볼 때만 가장 잘 볼 수 있어. 가장 중요한 것은 눈에 안 보이거든." 우리 속의 상처받고 고통을 싫어하는 또 다른 우리를 보호하기 위해 종종 그러듯 부정한다고 해도 사실이 희미해지거나 왜곡되지 않는 한 지성은 입증할 수 있는 **사실**을 볼 수 있다. 물론 내가 진리라고 부르는 것을 조금도 가지고 있지 않으면서 사실이라고 주장하고 선포하거나 고집할 수 있다. 하지만 치유하는 형태의 진리는 느껴야 알 수 있는 법이다.

이런 주장이 모호하거나 비과학적이라는 생각이 들면 마음heart은 추상적인 개념 이전에 원래 살아서 박동하는 심장이라는 기관이었다는 점을 기억하기 바란다. 일찍이 스티븐 포지스는 사회적 참여와 사랑의 신경 회로가 심장과 심장의 기능에 밀접히 연관되어 있다는 것을 밝혔다. 이보다 더 중요한 것은 심장 자체에 신경 회로가 있다는 점이다.*
언어적 사고를 담당하는 대뇌만이 진정한 뇌라고 인정받기도 했지만
더 이상 유효하지 않다. 사실 내장과 심장은 비슷하다. 내장의 느낌이
일종의 앎이듯 심장도 사물을 확실히 **알고** 있다. 그래서 내장의 신경조
직을 심장과 마찬가지로 '제2의 뇌'라고 부르는 것이다. 따라서 우리 몸
에는 세 개의 뇌가 있어 이 셋을 연결하는 자율신경계의 기능으로 조화
롭게 작용한다고 하는 것이다. 이러한 심장과 내장에 대한 지식이 없다
면 누가 적절히 표현했듯이 우리는 단지 "천재 수준의 파충류"에 지나
지 않을 것이다.**

그렇다고 해서 우리의 모든 행동의 시발점인 정신mind을 무시해서는
안 된다. 마음이 치유로 향하는 최고의 나침반이라면 의식적이든 무의
식적이든 정신은 지나가야 할 영토다. 때로는 이 둘이 앞서거니 뒤서거
니 할 때도 있지만 치유가 이루어지면 이 둘이 나란히 협조한다.

2,500년 전에 부처는 이렇게 말했다. "모든 것의 시작과 끝에는 정신
이 있으며 모든 것이 정신에 달려 있다." 내가 위대한 스승 고타마 싯다
르타의 말씀을 꺼내는 이유는 그것이 우리가 실재한다고 믿는 것을 이
해하는 데 꼭 필요하기 때문이다. 그것은 또한 내가 병원에서 사용하는
치료 방법의 기본이며 개인 수양에도 활용한다. 우리는 정신을 통해 우
리가 사는 세상을 구축한다. 이는 매우 중요한 가르침이다. 현대 심리
학과 신경과학은 우리의 정신이 세상을 만들기에 앞서 세상이 어떻게
우리의 정신을 만드는지를 보여주었다. 그리고 우리는 어떤 선택권도

---

* 심장을 싸고 있는 섬유집인 심낭의 신경망과 두뇌의 신경체계과의 연결 작용에 대해 연구하는 학
  문이 신경심장학(neurocardiology)이다.
** 조지프 칠턴 피어스의 《하트-마인드 매트릭스(The Heart-Mind Matrix)》에 나오는 말이다.

없이 세상이 우리에게 주입한 정신으로부터 세상을 만든다. 물론 우리가 태어난 세상은 부분적으로는 **다른 사람들**의 정신이 만든 것이다. 마치 영원으로 거슬러 올라가는 데이지 체인(등반 시 여러 도구를 묶어놓는 줄 – 옮긴이)처럼 말이다.

이게 암울하게 들릴 수도 있다. 하지만 부처의 가르침은 우리에게 탈출구를 제공해준다. 매 순간 우리는 우리가 보는 세상에 살고 있고 우리가 실재한다고 믿는 세상에 살고 있기 때문이다. 여기에서 치유가 발생한다. 우리는 우리의 마음을 만들었고, 우리에게 우리 자신과 다른 사람들에 대한 위험하고 진실이 아닌 믿음을 주입시킨 세상에 대해 어떤 것도 할 수 없다. 하지만 우리는 발전하는 세상을 만든 정신에 대한 책임을 느낄 수 있다. 치유하는 능력은 이 책임을 기꺼이 떠맡으려는 데서 시작한다. 그런 정신은 단 한 번뿐인 선언이 아니라 매번 해야 하는 약속이며, 그런 정신을 망각할 때마다 상기해야 한다. 나 역시 나 자신을 계속 일깨워야 한다. 그것은 스스로 부여한 순진함이나 쾌활한 소위 적극적 사고방식을 불러일으키는 것이 아니다. 우리의 모든 관점을 기꺼이 다시 생각하려는 태도이다.

상처받은 정신이 독재적이라면 그 독재자는 속으로 자리에서 물러나고 싶은 것이다. 나는 살면서 이런 경험을 여러 번 했다. 안 좋은 믿음이나 불과 몇 초 전까지 가지고 있던 인식을 내려놓자마자 자유를 느낄 수 있었다. 또한 환자를 치료하는 과정에서 엄청난 반전을 자주 경험하는 행운을 누릴 수도 있었다. 모든 경우에 있어 중요한 변화는 사람들의 환경이나 과거 속에서 일어나는 것이 아니라 사람들이 그것들을 어떻게 받아들이느냐에 달려 있었다. 이는 다음 두 사람의 이야기에서도 명확한데 그들의 경험은 말 그대로 우리가 경험하지 않아 다행이라는 생각이 들 정도지만 고통 끝에 진리에 도달했다. 그들이 할 수 있다면 우리 중 누구도 할 수 있다.

추적추적 비가 내리는 2019년 어느 날 아침 나는 세지윅에 있는 아늑한 집에서 수 해니시Sue Hanisch를 만났다. 세지윅은 리버풀에서 북쪽으로 120킬로미터 떨어져 있는 작은 마을이었다. 62세의 이 재활치료사 겸 트라우마 치료사는 차를 마시면서 부드러운 목소리로 내게 킬리만자로산을 등정한 이야기를 해주었다. 일반인에게도 대단한 일인데 13년 전 아일랜드공화국군Irish Republican Army: IRA이 런던 빅토리아역에서 일으킨 폭탄 테러로 오른 다리 아랫부분을 잃고 왼발에 중상을 입은 그녀에게는 말할 것도 없다. "어떤 간호사는 내 다리를 보고 울음을 터트렸고 다른 간호사는 구토를 하더군요"라고 사고 당시를 회상했다. 쓰레기통 안에 설치된 5킬로그램의 폭약으로 발생한 이 폭발로부터 정확히 50년 전인 1940년 같은 날 독일 공군의 코번트리 공습으로 해니시의 할아버지가 사망했다.

여러 번 수술을 겪었고 좌절의 날을 보내야 했다. 그날 부상자는 모두 40명이었고 해니시 바로 앞에 있던 사람은 그 자리에서 즉사했다. 살아 있다는 것에 엄청난 죄의식을 느꼈고 심한 우울증에 빠졌다. "폭탄이 그 사람 바로 앞에서 터졌어요. 내가 어떻게 살아 있을 수 있을까? 그 사람이 나 대신 죽었는데 이 세상에 살면서 어떻게 나의 삶을 최대한 가치 있게 살지 않을 수 있을까? 그런 생각이 들었죠."

정신적 상처가 상당 부분 치유되자 해니시는 무릎 아래로 보철구를 장착하고 거의 감각이 없는 발로 킬리만자로로 떠날 준비를 했다. 치유가 가능했던 이유는 자신의 경험을 삶의 여러 단상과 혼합했기 때문인데, 그것이 뜻하는 바에 대해 자신에게 했던 절망적인 이야기를 더 이

정상이라는 환상

상 믿지 않게 된 것이다. "이 세상에 살아 있는 건 은총이자 저주 같은 것이에요. 굉장히 고통스러운 경험이지만 나는 부상에서 의미를 찾을 수 있었어요. 그 사건 때문에 놀랄 만한 경험을 할 수 있었던 거죠." 해니시에게 그 경험은 항상 다른 사람들과 연관되어 있다. "내가 정말로 삶을 살 가치가 있다고 생각하게 된 건 다른 사람들과의 연결 덕분이에요. 다른 건 아무것도 없어요. 정말로요. 내가 여기 살아 있다는 걸 느끼게 해주고 살고 **싶다**고 느끼게 해주죠. 어떻게 하면 다른 사람들이 연결되어 있다고 느끼도록 할 수 있을까? 그것만이 유일하게 내게 진심으로 중요한 것이에요."

해니시가 했던 연결 중 가장 의미 있는 것은 이 세상 그 누구도 예상하지 못한 사람과의 연결이었다. 항상 모험을 좋아했기에 해니시는 테러가 있은 지 몇 년 후 평화봉사단 활동의 일환으로 남아프리카 공화국의 콰줄루나탈에 간 적이 있었다. 봉사단 중 일부 인원이 북아일랜드 출신으로서 해니시의 몸을 엉망으로 만들고 인생의 진로를 바꾼 그 조직이 있는 나라였다. "입장을 바꿔 상대방의 이야기를 듣고 싶었어요. 상대방의 고통을 보면 다른 위치에서 서로를 이해할 수 있을 거라고 생각했던 거죠."

가는 길에 강을 건너야 했는데 보철구에는 물이 묻으면 안 되기 때문에 어찌해야 할지 신경이 날카로워졌다. 하지만 걱정할 필요가 없었다. 일행은 이미 물을 안 묻히고 안전하게 건너갈 계획을 다 세워놓았다. 두 사람이 해니시를 어깨에 둘러메고 강을 건넜는데 그중 한 명이 IRA 출신이었다. "그가 IRA에서 활동했다는 사실을 알고 말할 수 없이 감정이 복받쳤어요. 나도 울고 돈이라는 그 사람도 울었죠. 같이 일하면서 그들이 인생에서 발생한 사건으로 얼마나 상처받았는지를 알 수 있었어요. 돈은 당시 17살로 가장 어렸어요. 여덟 살에 처음 총을 가졌고 보호소에서 자랐다고 했어요. 감옥에도 갔다 오고 따돌림도 당하면서 정말 힘들었다고 하더군요. 사람을 죽였다는 자책감에 죄의식을 떨쳐버리지 못했죠. 전에는 내가 전혀 상상도 못 했던 삶을 살아온 사람들과 같이하게 된 건 내게 큰 행운이었어요. 나라도 그런 환경에서 자라면 제2의 돈이 되지 않으리라는 보장이 없죠."

킬리만자로산에 오른 것은 그로부터 몇 년 뒤였다. 이번에도 북아일랜드 출신이 동행했다. 그는 해니시의 이야기를 듣고 자원한 사람이었다. 정상에 오르자 가장 어울리지 않을 것 같은 이 두 사람은 그곳에서 가장 어울리지 않는 행동을 한다. 같이 춤을 추면서 '절정경험'이라는 용어를 새로 정의하게 만들었다. "다시 충만한 삶으로 돌아올 수 있었어요. 그건 다 사랑 때문에 가능했습니다." 해니시가 당시를 이렇게 회고했다.

개인적으로 지옥 같은 경험을 했지만 과거와 화해하는 또 다른 사례가 있다. 헤르만 괴링의 종손녀인 베티나 괴링Bettina Göring이다. 나치 제국원수였던 헤르만 괴링은 해니시의 할아버지를 죽인 독일 공군을 지휘했고, 나의 조부모를 죽인 범죄 정권의 중심인물 중 하나였다. 우리가 만나게 된 것은 어떤 다큐멘터리 영화의 감독 덕분이었다. 그가 만든 영화에 우리 둘이 나온 적이 있었는데 우리가 만나면 서로 많은 것을 제공할 수 있을 것이라 생각했다고 한다. 나는 밴쿠버에서, 베티나는 태국에서 스카이프로 통화했다. 베티나는 파트타임으로 치유사 일을 하면서 그곳에서 살고 있다고 했다. 그런 일이 발생했고 서로 숨김 없이 털어놓을 수 있었다는 사실에 대해 내가 잘 쓰지 않는 '기적'이라는 단어로 표현하지 않을 수 없었다. 처음 시작은 베티나가 했다. 내 책에 대해 감사하다는 글을 전하고 싶다고 했다. 한 사람은 희생자의 자손으로, 다른 한 사람은 범죄자의 친척으로 매우 다른 곳에서 인생의 여정을 시작한 사람들이 치유 여행에 동참해 우연히 서로를 만나서 이해하게 되는 만남은 내게 있어 마치 마술 같았다.

베티나는 전쟁이 끝나고 11년 후에 태어났지만 평생 어두운 그림자를 달고 살아야 했다. 매우 민감해서 몇 세대에 걸친 집안의 트라우마를 짊어지고 괴물 같은 종조부의 범죄에 대한 죄의식을 온몸으로 느꼈다고 했다. 헤르만 괴링은 태어난 지 6주 만에 어머니한테 버림받고 엄격하고 잔인한 양육시설에서 자랐다. 이곳에서는 나치 지도자들의 일생을 연구했던 심리학자 앨리스 밀러Alice Miller가 '사악한 교육방식poisonous pedagody'이라고 이름 붙인 방식이 자행되었다. 다른 사람들을 그렇게 심하게 괴롭혔던 끔찍한 내면세계로부터 탈출하기 위해 헤르만 괴링은 모르핀 중독과 폭식 장애로 고통받았다.

베티나는 어떻게 자신을 치유했는지 설명했다. 호주에서 집단심리치료를 받으며 깨달았다고 했다. "도저히 말이 안 되지만 심하게 죄의식을 느꼈어요. 머리로나 마음으로나 도저히 이해할 수 없었지만 죄의식을 피할 수 없었어요." 내게 이 말을 하면서 베티나는 몸을 떨었다. "그 수치심과 공포, 그것과 관련된 모든 것들을 직접 마주하는 일은 매우 고통스러웠어요." 뛰어난 공감 능력을 가진 베티나는 그 내부의 능력을 이용해 과감하게 자신을 열고 종조부의 영혼을 경험하기로 결정했다. 그건 내면의 울림과 떨림에 자신을 맡긴다는 뜻이었다. 종조부 괴링을 용서하기 위해서가 아니라 **자기 자신**을 용서하고 항상 자신과 동일시했던 암흑을 놓아주기 위해서였다. "엄청 무서웠지만 난 피하지 않았어요. 마치 내 영혼의 가장 어두운 밤을 뚫고 가는 것 같았어요. 나는 최악 중의 최악, 괴물과 맞섰죠. 무서웠지만 다시 빠져나오니 훨씬 더 자유로움을 느꼈어요."

우리가 헤어진 다음에 나도 정확히 그런 감정을 느꼈다. 내 과거는 전혀 바뀐 게 없지만 가능성에 대한 생각은 바뀌었다. 트라우마 전문가인 내 친구 베셀 반 데어 콜크가 10년 전 어느 상쾌한 가을날 업스테이트 뉴욕에서 열린 학회에서 발표를 한 뒤 같이 점심을 먹으면서 한 말이 생각난다. 어떤 말이나 행동 때문에 그랬는지는 생각나지 않지만 갑자기 테이블 맞은편에서 그가 안경 너머로 나를 빤히 쳐다보더니 말했다. "가보, 어디를 가든 그렇게 아우슈비츠 티를 낼 필요 없어." 그 순간 콜크는 나를 알아보았다. 내 적극적인 삶의 태도와 살면서 누렸던 엄청난 행운에도 불구하고 스스로 움직이는 절망감은 항상 그늘처럼 숨어서 내가 좌절하거나 낙담할 때 그리고 가장 순진하고 무방비상태에 있을 때 빛을 제거하려 한다.

콜크가 인식했던 정신적 강제수용소는 고통스럽고 놀라우며 통제할 수 없는 사건이 만든 어린 시절의 경험이 갖는 **의미**가 건설했고 울타리를 세웠다. **단지 사건 그 자체 때문에 생긴 것이 아니다**. 그 의미, 즉 '나는 상처받은 사람이라 치유받을 가능성이 전혀 없다'고 끝없이 되뇌는 그 의미는 자주 내 주관적인 삶의 경험을 채색했다. 외부요소에도 불구하고, 그리고 반대로 내가 목격하고 배운 것에도 불구하고 말이다. 나는 항상 사람들이 무엇을 경험하고 믿고 행하더라도 모든 사람에게는 발전과 성장 가능성이 있다고 믿었다(여기서 '믿었다'는 말로는 부족하다. 왜냐하면 나는 항상 믿음보다 훨씬 강력한 신념을 말하기 때문이다). 그런데 유일하게 나는 예외였다. 정신력의 힘이란 이렇게 강력한 것이다. 이러한 사고방식이 자기 파괴적이고, 경험에 반대되며, 이웃의 다른 신념과 모순되더라도 오랜 기간 굳건하게 자신만의 신념을 유지할 수 있다.

온전함을 향한 감동적인 여정이 불가능한 이유는 이것이 어떤 트라우마는 받아들이기 힘들다는 개념과 모순되기 때문이다. 이 장을 집필하던 도중 나는 같은 헝가리 출신의 유대인이며 국제적으로 인정받는 심리분석가 겸 작가로 이제 90대에 접어든 에디트 에거Edith Eger와 이야기하는 영광을 가졌다. 나를 베티나와 연결해주었던 그 영화감독이 에거를 소개해준 것이다.

1944년 내가 태어나 5개월이 됐을 때 16세였던 에거와 그 가족은 코시체에서 아우슈비츠로 이송되었다. 코시체는 내 어머니의 고향이었고 조부모 역시 그곳에 살다가 다른 곳으로 추방되었다. 조부모와 에거의 가족은 아마도 같은 열차로 움직였을 가능성이 높다. 내 조부모와 에거의 부모는 도착하자마자 가스실로 직행했다. 에거가 수용소에서 살아남아 공포를 극복한 이야기는 《마음 감옥에서 탈출했습니다The Choice》에 자세히 묘사되어 있다. 에거가 말한 선택choice이란 무엇일까? 당연히 자신이나 가족의 출생 시기와 장소를 선택한다는 뜻은 아닐 것이다. 자신이 가진 유일한 주체성을 행사할 길을 찾았다는 뜻이다. 이것은 변하지 않는 과거에 대한 자신의 관점과 감정적 태도 안에 내재해 있었다. 이 책에서 에거는 수십 년 후 어떻게 히틀러를 용서했는지 이야기한다. 이 사건은 1933년부터 히틀러의 거주지로 사용되었던 바이에른 알프스산맥의 베르그호프에서 발생했다. "우리가 겪은 고통과 과거에 얽매이기는 너무 쉽다. 그래서 나는 히틀러의 집이 있던 곳에 가서 그를 용서했다. 이는 히틀러와는 아무 상관이 없으며 나를 위해 한 일이다. 히틀러를 쇠사슬에 묶어두기 위해 정신적·감정적 에너지를 쏟았던 나 자신의 그 부분을 놓아준 것이다. 그 분노에 얽매여 있는 한 나도 히틀러처럼 쇠사슬에 묶여 과거에서 벗어나지 못하고 슬픔에 잠겨야 했다. 용서한다는 것은 발생한 일 또는 발생하지 않은 일로 슬퍼한다는 뜻이며 또 다른 과거를 만들 필요성을 포기한다는 뜻이다. 즉 과거에 있던 그대로, 현재에 있는 그대로 삶을 받아들인다는 뜻이다."[2] 에거가 과거를 '선택'할 수 있게 된 것은 그것을 좋아하거나 용서한다는 의미가 아니라 놓아준다는 의미라고 말할 수 있다. "물론 히틀러가 600만 명을 학살한 사실을 받아들인다는 뜻은 아니다. 그건 이미 발생한 일이고, 그것이 여태껏 고난을 겪으며 지탱해온 내 삶을 파괴하길 원치 않을 따름이다."

콜크가 내게 아우슈비츠를 놓아주라고 한 말은 더 이상 과거의 고통과 분노에 집착할 필요가 없다는 뜻이며 내가 아무것도 모를 때 갖게 된 믿음에서 벗어나라는 뜻이었다. 그건 추구해볼 가치가 있는 자유다.

2019년 다시 연락했을 때 에거는 치유의 지혜에 관한 두 번째 책인 《더 기프트The Gift》 집필을 마무리하고 있었다. 나의 기원에 대한 이야기를 그렇게 잘 아는 사람을 두 번 다시 만나기 어렵다는 것을 알았기 때문에 가슴이 뭉클해졌다. "에디트, 난 아직 극복하지 못했어요. 76년이 지나 여기까지 왔는데도 말이에요." 에거는 부드럽게 웃었다. "가보, 죽을 때까지 못할 거예요. 아니 그럴 필요가 없어요. 그냥 같이 살게 내버려둬요." 에거는 아무것도 바꿀 게 없다고 내게 일깨워주었다. 내 마음속에 내 이야기를 어떻게 받아들이느냐가 중요하다는 것이다.

우리 중 그 누구도 완벽하거나 성인 수준의 연민을 가질 필요가 없다. 치유하기 전까지는 감정이나 영혼의 최고 수준에 도달할 필요도 없다. 우리에게 필요한 것은 과정이 어떻든 치유가 자연스럽게 이루어지도록 하는 것이다.

정상이라는 환상

과거를 불문하고 그 누구라도 외침이건 속삭임이건 온전함이 부르는 소리를 듣고 그 방향으로 나아가겠다고 결심할 수 있다. 마음을 가이드로 삼고 정신을 적극적이고 호기심 많은 파트너 삼는다면 그 부름에 가장 어울리는 길로 갈 수 있다.

네 개의 A와 다섯 개의 연민: 치유의 원칙

> 자연의 모든 것은 스스로 성장하고 몸부림치며 어떤 저항에도 굴하지 않
> 고 어떤 대가를 치르더라도 자신의 독자성을 확립해서 이를 유지한다.
>
> - 라이너 마리아 릴케Rainer Maria Rilke,
> 《젊은 시인에게 보내는 편지Briefe an Einen Jungen Dichter》

그 누구도 다른 사람의 치유 과정을 계획할 수 없다. 치유는 그런 식으로 작동하지 않기 때문이다. 자신의 경로를 스스로 찾아야 하는 과정에는 로드맵이 없다. 하지만 지형을 파악해서 설명하고 익숙하게 만들어 어려움을 극복하도록 준비시킬 수는 있다. 어떤 자연의 법칙이 치유를 지배해서 특히 어떤 태도와 특징을 일깨우고 반응하게 만드는지 알수 있다. 자연분만과 마찬가지로 치유는 강제하거나 서두른다고 되는 것이 아니며 여러 사람의 도움을 받아야 가능하다. 그래서 시인이자 음악가인 주얼은 이렇게 말했다. "자연은 강요하는 것이 아니라 돌보는 것이다." 자신의 개인 경험에 의거해 인터뷰 도중 주얼이 내게 해준 말이다.

다음에 말하는 네 개의 A는 단계별 과정이나 엄격한 명령이 아니다.

많은 사람들이 유용하다고 인정한 치유 원칙이다. 원래《몸이 아니라고 말할 때When the Body Says No》를 집필할 때 만들어 그 뒤로 계속 수정해서 일곱 개에서 네 개로 압축했다(다음 장에서 개인 및 사회적 치유와 잘 어울리는 두 개의 새로운 A를 소개할 예정인데 그중 핵심은 정의다). 이것들은 인간의 필요에 대응하는 건전한 특성을 가지고 있다. 가끔 어린 시절에 정서적·육체적으로 안 좋은 환경이나 그저 발전을 지원할 수 없는 환경으로 성장이 저지되거나 지연되는 경우가 있기는 하지만 말이다. 치유의 필수적인 항목은 이런 특징들을 우리 삶에 모두 받아들여 그 길을 우리가 배우는 것이다.

1. 진정성Authenticity

간단히 말해서 진정성은 우리 문화에서 선언되기보다는 마케팅되고 있다. 심지어 코카콜라도 '오직 그것뿐the real thing'이라며 팔린다. 오늘날 우리 주위에는 너무나 많은 거짓 진정성이 있다. 누군가 군중 앞이나 카메라 앞에서 '진짜'를 보여주지만 확신을 사지는 못한다. 말과 행동이 달라서일 수도 있고, 아니면 전달 과정이 너무 부담스럽거나 과장이 심해서일 수도 있다.

진정성은 무어라고 딱 꼬집기 어렵다. '순수함', '진실함', '독창성' 같은 동의어들이 떠오르지만 진정성은 그 뜻을 전부 전달할 수 있는 정확한 정의를 찾기 어렵다. 비슷한 자연 상태인 사랑처럼 진정성은 개념이라기보다 살아보고 경험해보고 누려본 무엇이다. 있을 때는 대부분 느낄 수 있다. 그러나 순수하게 학문적인 용어로 사랑을 설명해본 적이 있는가? 진정성도 마찬가지다.

진정성을 추구하다 보면 여러 위험이 동반된다. 우선 진정성은 추구한다고 얻는 게 아니며 그냥 나타나는 것이라는 모순이 있다. 당연히 어떤 이상적인 자기 이미지를 추구하는 것은 순수하게 자기 자신이 되는 것과 양립할 수 없다. 우리는 먼저 자신을 완전히 받아들이는 것부터 시작해야 한다. 아니타 무르자니가 죽을병에 걸렸다는 것을 알고 그랬듯이 말이다.* "다른 사람을 조금이라도 언짢게 만들어 그쪽에서 기분 나빠 하는 것을 느끼면 바로 꼬리를 내렸어요. 그게 **예전의** 나였어요. 지금은 누가 나를 싫어해도 상관없고 다른 사람을 실망시키는 것도 무섭지 않아요. 예전의 부정적인 성격이 두렵지가 않습니다. 그것도 내 다른 모습에 불과하다는 걸 깨달았으니까요."

가장 직접적으로 진정성에 접근하는 방법은 그것이 없다고 느꼈을 때 진정성을 대신하거나 방해하는 자기 신념에 약간의 호기심과 의심을 품는 방법이다.

진정성이 부족하다는 것은 긴장이나 불안, 초조함이나 후회, 우울감이나 피로감을 통해 나타난다. 이런 것들 중 하나라도 나타나면 우리 자신에게 물어볼 수 있다. 내가 거부하고 저항하거나 무시하고 피하는 내부의 지침이 있는가? 안전성과 소속감이 무너질까 봐 내가 표현하거나 생각하기를 꺼리는 진실이 있는가? 나의 진정한 가치를 알기는 하는가?

자신에게 '아이고, 아파' 또는 '아시잖아요. 그런 뜻이 아니라는 거', 아니면 '이런 상황에서 정말 어떻게 해야 할지 모르겠어'라고 인정하는 능력이 늘어난다는 것은 진정성을 향한 충동이 더욱 강력해진다는

---

* 7장 참조.

뜻이다. 충분히 인식한 후에 선택할 수 있는 기회가 나타나서 진정으로 우리가 원하고 필요로 하는 것을 알 수 있다. 전에는 발생한 다음에나 알 수 있었지만 지금은 잠시 멈추어 '음, 이 감정을 내가 억누르려 하는구먼. 이게 진짜 내가 원하는 거야? 다른 선택지는 없나?'라고 할 수 있다. 오래되고 미리 프로그램된 작동 방식 대신 새로운 선택지가 출현한다는 것은 진정한 우리 자신으로 다시 돌아온다는 뜻이다.

2. 주체성Agency

주체성은 우리 삶에 영향을 주는 중요한 결정에 있어 '대응 능력'을 최대한 발휘해서 우리의 존재에 대해 책임을 느끼는 능력이다. 주체성이 박탈당하면 스트레스의 원인이 된다. 빈곤, 불공정, 소외, 주변 환경의 몰락 등 사회적 또는 정치적 이유에서 그런 박탈감이 생길 수 있다. 질병의 경우에는 내부의 억압 때문인 경우가 많다.

주체성을 행사하는 것은 강력한 치유다. 심리학자 켈리 터너Kelly Turner는 말기암 진단을 받은 환자에게서 치료하지 않아도 종양이 사라지는 소위 자연완화spontaneous remission에 대한 연구를 했다. "여러 병원과 암병동 등에서 상담사로 일하면서 보니 환자들 가운데는 지시 사항을 잘 따르는 '착한' 환자들이 있는 반면에 질문을 많이 하고 자신이 조사한 결과를 들이대거나 심지어 의사의 지시를 거부하는 '짜증 나는' 환자들이 있다는 것을 알게 되었다"고 터너는 말한다. 그런데 자신의 치료법을 스스로 결정하려는 후자의 환자들이 장기적으로 보면 경과가 더 좋았다.[1] 터너에 의하면 암을 극복한 환자들은 지나고 나서 보니 의사들의 손에 운명을 맡기기보다 조금 더 빨리 운명의 주체가 되지 못한 것을 아쉬워했다고 한다.

진정성과 마찬가지로 자본주의에서는 '자신의 주인공이 되어라'나 '네 인생은 너의 것' 같은 모토를 이용해 거짓 주체성을 선전한다. 맥락을 전혀 고려하지 않은 채 개인의 선택이 브랜드가 되는 시대에 살고 있다. 광고되는 자유라는 것도 어떤 제품이나 서비스를 선택하느냐에 따라 나의 정체성이 좌우되는 수준으로, 결코 우리를 만족시키지 못한다. 그렇다고 주체성이 일종의 거짓 전능함이나 어떤 상황에도 적용되는 궁극적인 지배를 뜻하는 것도 아니다. 삶은 우리보다 훨씬 더 크기 때문에 실제는 그러지 못하면서 삶을 통제하는 척해서는 치유가 이루어지지 않는다.

주체성은 우리의 삶에서 우리가 무엇이 되고 어떻게 될 것인지, 그리고 내면의 어떤 부분과 동일한 정체성을 가지고 그에 따라 행동할지에 대한 결정을 한다는 의미가 아니다. 주체성은 그렇게 오랫동안 자신이라고 생각했던 우리의 성격을 다시 생각하는 것으로부터 시작하는 경우가 많다. 그 성격 안에서 우리는 안전함을 느꼈지만 동시에 노예가 되어 있었다. 착해야 한다거나, 재주가 많아 많은 것을 이루어야 한다고 느끼거나, 다른 사람을 기쁘게 하고 즐겁게 해야 하며 '재미있는 사람'이 되어야 한다는 강박적인 생각에는 자유가 없다. 반대로 다른 사람의 요구에 자동적으로 반대하는 것도 주체성을 행사하는 것으로 볼 수 없다. 무조건적인 반응에서는 절대 '대응 능력' 또는 1장에서 본 반응 유연성이 생길 수 없다. 알다시피 트라우마가 생기면 이런 능력들이 제한된다.

또한 주체성은 어떤 태도나 영향력, 맹목적 수용 또는 권위에 대한 도전이 아니다. 그것은 자유롭고 충분히 사물을 평가하고 직감에 의거하여 선택할 권리를 스스로 갖는 것이다. 이 선택에는 세상의 기대나 타고난 개인적 환경으로부터 영향이 작용하지 않는다.

3. 분노Anger

내게 '건강한 분노'를 정의해달라는 사람들이 있다. 다음은 건강한 분노가 아닌 것들이다. 맹목적인 분노, 호통, 분개, 원한, 앙심, 짜증 같은 것들이다. 이런 분노는 분출되지 못하고 동떨어진 감정이 쌓였을 때 생긴다. 이런 감정은 표현하기보다는 상담 등을 통해 이야기하는 게 낫다. 억압된 분노와 지나치게 표현된 분노 모두 해롭기는 마찬가지다.

자연스럽고 건강한 형태의 분노는 우리의 생명이나 신체적 · 정서적 온전성에 대한 위협을 감지했을 때 작동하는 영역 방어라고 할 수 있다. 우리의 뇌가 그렇게 프로그램되어 있기 때문에 이를 막을 수는 없으며 이것이 자크 판크세프가 말하는 자기방어적 분노 시스템이다. 이것이 최대한 작동하는 것이 우리의 온전함을 유지하고 생존하기 위한 기본 조건이다. 자신의 영역이나 새끼를 지키려는 동물을 생각하면 된다. 온전함을 유지하기 위한 행동에는 한때 망각했던 이런 본능적인 감정을 되살리는 것이 포함된다. 이는 분노를 부추기거나 원한을 품는 것과는 다르며 그 반대다. 건강한 분노는 매우 중요한 반응으로 수치심이나 자기합리화를 먹고 자라는 내면의 짐승이 보이는 반응이 아니다. 그것은 상황에 따라 달라지며 오래 지속되지 않는다. 필요할 때만 소환되어 위협을 격퇴하고 다시 가라앉는다. 공포나 혐오 또는 만성 짜증을 경험하지도 않는다.

사실 우리가 이야기하는 분노는 유효하고 자연스러운 감정으로서 그 자체로서 누구에게 해를 주려는 의도가 없다. 어떤 사람들에게는 이 사실을 분명히 일깨워줄 필요가 있다. 가장 순수한 형태의 분노에는 옳고 그른 윤리적 판단이 들어가 있지 않다. 그냥 있는 그대로의 상태이며 가장 고상한 형태는 온전함과 마음의 평정을 유지하는 것이다. 그것이 해로운 형태의 분노로 변하면, 감정을 무력화시키지 않으면서 자신만이 옳다거나 자학하는 사고 패턴을 중지시켜야 한다. 또한 거부하지 못하는 습성 때문에 분노를 일으키고 그것이 해로운 방향으로 표출될 수 있다는 것도 관찰할 수 있다.

우리는 분노가 어떻게 생겼는지 생각나지 않을 정도까지 분노를 드러내지 않도록 배웠다. 하지만 이를 너무 이상화하거나 과장해서는 안 된다. 폭탄이 터지는 것 같은 분노의 표출이나, 저주가 들어간 혼잣말이나 도움이 안 되기는 마찬가지다. 진정성과 마찬가지로 순수한 분노는 남에게 보여주는 행위가 아니다. 분노의 핵심적인 메시지는 상황이 요구하는 바에 따라 간결하고 강력하게 아니라고 말하는 것이다. '그렇게 나쁘진 않아'라든가 '이거 아무것도 아냐' 또는 '이런 걸로 소란 피우고 싶지 않아'라고 말하며 참거나 회피하는 상황이 될 때마다 분노를 드러내는 기회가 될 수 있다. 또는 평범하게 '마음에 안 들어'라든가 '이건 아닌 것 같아'라고 인정하는 것만으로도 한 발자국 전진하는 방법이 될 수 있다.

연구 결과에 의하면 현대 의학으로 치료하지 못하는 근위축성측색경화ALS나 섬유근육통 환자들의 경우 분노를 표현하는 것이 육체 건강에 도움이 된다고 한다. 우리는 이미 2장에서 ALS 환자들이 정말로 사람이 좋다는 것을 다룬 바 있다. 또 다른 ALS 연구에 의하면 분노와 가장 거리가 멀 것 같은 '가장 성격이 좋은' 환자들이 병세가 급격히 악화되고 삶의 질이 추락했다.[2] 이는 주로 어린 시절의 트라우마가 원인이 되어 발병하는 섬유근육통 환자도 마찬가지였다. 2010년에 〈유럽 통증 저널European Journal of Pain〉에 실린 한 연구는 "일반적으로 분노를 억제하는 여성 섬유근육통 환자는 일상생활에서 고통을 느낄 확률이 더 높다. 심리학적 치료는 섬유근육통 증상을 완화시킬 목적으로 분노를 표현하는 데 집중되어야 한다"라고 결론지었다.[3]

문제는 화를 낼 것이냐 말 것이냐가 아니라 삶의 굴곡에 따라 자연스레 따라오는 감정의 변화를 어떻게 건강한 방식으로 받아들이냐다.

4. 인정Acceptance

인정은 어떻게 변하더라도 그대로 받아들이는 데서 시작한다. 자기만족이나 포기와는 관계가 없다. 이것들이 가끔 인정인 것처럼 받아들여지기는 한다. 어깨를 으쓱하며 '원래 그렇지 뭐'라고 표현하는 것을 생각하면 된다. 마치 자기 위주의 고집불통 사고가 진정성으로 비치듯이 말이다. 인정은 바로 **이 순간**의 상황을 그대로 받아들이는 것이다. 우리는 잘 거부하거나 묵과하지 않는다. 진실을 거부하거나 부정하고 환상을 품기보다는 그저 **진실과 함께 있으려고** 애쓴다. 그 과정에서 우리는 실제 이 순간과 연결될 수 있다.

또한 인정하는 것이 얼마나 어려운지를 받아들이는 것도 인정이다. 모순처럼 들릴지 모르지만 진정한 인정은 어떤 측면이라도 부인하거나 배제하지 않으며, **있는 그대로 받아들이지 않으려는 우리의 충동조차** 받아들인다. 분노, 슬픔, 두려움, 저항, 심지어 증오도 그 안에 포함되어 있다. 우리를 인정하는 것은 어떻게 느껴야 할지 모른다는 것과 우리의 감정이 복합적이라는 것을 직시하는 데서 시작한다. 우리 경험의 **어떤** 부분이라도 거부하는 것은 부자연스러운 자기 거부이지만 우리는 이를 자연스러운 것으로 받아들인다. 중대한 실수를 저지른 적이 있는가? 자신에 대한 증오와 분노 또는 혼란으로 가득 찼던 경험이 있는가? 그렇다면 이런 것들이 인정으로 가는 요소가 될 수 있다. 왜냐하면 이런 것들의 근저에는 항상 고통이 있기 때문이다. 사실 증오나 분노, 심지어 혼란은 고통이나 슬픔을 느끼지 **않으려는** 마음의 작용이다. 있는 그대로 현재와 과거를 받아들이면 불만 속에 숨은 보석 같은 건강한 슬픔이 나타난다. 그것 역시 포용하기 쉽지 않지만 우리를 관통하려는 슬픔에 쏟을 에너지를 미연에 예방할 수 있다면 건강한 슬픔이 성장하게 할 수 있다. 그래서 고든 뉴펠드는 "우리는 눈물의 바다에서 구원받으리라"라고 말했다.

인정하는 것과 **참는 것**은 구분해야 한다. 무엇과 같이 있는 것과 무엇을 인내하는 것은 서로 아무런 관계가 없다. 인정은 다른 세 개의 A가 들어올 공간을 만들어주기 때문에 활력을 준다고 할 수 있다. 즉 인정은 마음속에 **분노**를 받아들일 수 있고, 자유로운 **주체성**을 증가시키며, **진정한** 경험이 무엇이든 이를 받아들인다. 반면에 참아서는 안 될 것을 참으면 치명적이다. 예를 들어 학대나 방임 같은 상태에 스스로를 포기하듯 던진다면 자신의 가장 중요한 부분과 욕구 그리고 가치를 **거부하는 것**과 마찬가지다. 이런 것들은 당연히 존중되어야 하고 보호되어야 함에도 말이다. 이는 진정한 인정으로 보기 어렵다.

캘리포니아 산호세에서 심리치료사로 일하고 있는 38세의 달린은 자가면역질환이 발병하자 결혼 생활의 현실을 더 이상 참을 수 없다고 인정했다. 기독교 원리주의를 신봉하는 가정에서 자라난 달린은 신이 주신 임무는 남편이 트라우마로 인해 자신을 학대할 때마다 이를 '받아들이는'(이라고 쓰고 '참는'으로 읽는다) 것이라고 진정으로 믿었다. 달린은 그때를 이렇게 털어놓았다. "스트레스와 질병이 동시에 닥치자 어느 순간에는 '제기랄, 신을 숭배하는 순교자처럼 살며 끔찍한 결혼 생활을 견뎌왔지만 이제는 더 이상 갈 데가 없어. 정말 환장하겠네!'라는 생각이 들더군요."

이와 똑같은 일이 사회적 수준에서 불공정과 억압에도 발생한다. 지금 일어나고 있는 어떤 일, 그 단순한 사실을 받아들인다고 해서 그 일이 발생해야 한다고 인정한다는 뜻이 아니다. 인종차별, 빈곤 등 여러 사회적인 병폐를 해결하기 위해서는 그것들이 우리의 현실임을 먼저 인식해야 한다. 어차피 그것들은 존재하는 것이고 우리는 그로부터 오는 고통과 슬픔을 시인해야 한다. 이제는 결과만이 아니라 근본 원인을 어떻게 효율적으로 제거할 수 있는지에 대해 우리 자신에게 물어보아야 한다. 행동할 때만 건강한 분노로, 주체성으로, 자율성으로 나아갈 수 있다.

다섯 가지 연민

저명한 신경과학자인 제임스 도티James Doty*는 스탠퍼드대학의 연민 및 이타주의 연구 교육센터를 이끌고 있다. 1440멀티버시티라는 치유센터에서 열린 공개 대담에서 그는 내게 이렇게 말했다. "연민은 너무나 경우가 다양해서 학문적 연구의 대상이 되지 않는다고 생각하는

---

* 베스트셀러 《닥터 도티의 삶을 바꾸는 마술가게(Into the Magic Shop)》의 저자이다.

사람들이 있습니다. 하지만 현대 과학은 마음챙김, 자기 연민, 타인에 대한 연민을 실천하는 것이야말로 당신의 신체를 변화시켜 육체적·정신적 건강을 증진시키고 장수로 이끄는 지름길이라는 것을 증명했습니다."* 치유와 구원으로서의 연민은 개인에게 국한된 것은 아니다. 보다 건강하고 덜 상처받은 세상을 꿈꾼다면 연민이 가진 치유력을 이용하고 확대해야 한다.

환자를 상담하고 수많은 치료사를 교육하면서 나는 다섯 가지의 연민이 있어서 서로 대등한 위치에서 서로를 기반으로 성장한다는 것을 알았다. 이들은 힘을 합쳐 우리를 격려하고 안내하며 방향을 잡아 온전함으로 나갈 수 있도록 도와준다. 그래서 극작가 겸 의사인 안톤 체호프Anton Chekhov는 이렇게 말했나 보다. "연민은 무감각을 넘어 우리를 치유로 이끈다."

1. 일반적인 인간적 연민

'연민compassion'이라는 단어는 '같이 고통을 겪는다'는 라틴어에서 온 말이다. 다른 사람의 고통을 아주 생생하게 경험하든 그렇지 않든, 입문 수준의 연민은 **고통과 함께하는** 능력을 말한다. 또한 누군가 몸부림치고 있다는 것을 알고 **가슴 아파한다는** 뜻이다. 가치중립적인 사실이 아니라는 뜻이다.

사람 간의 연민에는 반드시 다른 사람의 느낌을 알고 이해하는 공감이 있어야 한다. 연민은 우리가 누구를 보고 있는지, 심지어 그 순간에 우리의 감정이 어땠는지에 따라 오르락내리락할 수 있다. 직업과 관련

---

* 대화의 간략한 내용은 다음 영상에서 확인할 수 있다. "취약성에 대한 신경외과 의사 담화: 가보 마테와 제임스 도티", 2019년 7월 12일, https://www.youtube.com/watch?v=WiAXbZmA2dU.

해서 '연민피로증'을 경험해본 사람이라면 알 수 있듯이 확실히 연민은 닳거나 고갈될 수 있다. 하지만 대개 사람들은 충분히 휴식을 취하고 보충을 하면 다시 예전 수준으로 돌아온다. 소시오패스나 사이코패스에게 많이 나타나듯, 연민이 없다면 영혼이 상처 입었다는 표시며, A. H. 알마스의 표현을 빌리자면 "상처의 압박"이라는 표시다. 주관적 판단이 아니라 스스로 공감의 갭, 즉 연민의 부족이 생겼다고 느껴지면 어떤 고통을 아직 완전히 느끼고 흡수하지 못했는지 물어보는 게 좋다. 어떤 상황에서 그리고 누구 앞에서 원래 개방적이고 부드러웠던 마음이 딱딱해지고 닫히는지를 관찰하면 자신의 감정이 상처받았던 역사에 대해 많은 것을 알 수 있다.

연민은 동정과도 다르다. 동정은 어느 수준에서는 남들이나 자신의 이야기를 그대로 믿을 때 발생한다. 연민으로 인해 최선의 사회정책이 도출될 수 있지만 동정은 아무것도 하지 못한다. 누군가를 동정하기 위해서는 우선 서로 불공평한 위치에 선 다음 상상 속의 횃대에 올라가 그 사람의 불행을 내려다보아야 한다. 인종이나 경제적 지위로 인해 실제 보유한 권력이 차이가 난다고 하더라도 이를 마치 영원하고 근본적인 것으로 여기면 우리 누구에게도 아무런 도움이 되지 않는다. 우리에게 똑같이 필요한 존재인 자기 연민에게도 건강하지 못한 짝인 '자기 동정'이 있다. '자기 동정에 빠져 허우적거리는' 상황은 자기를 불쌍하게 여기는, 익숙하지만 지저분한 함정에 빠져 헤맨다는 느낌을 전해 준다. 자신을 동정하게 되면 자신을 운명 때문에 어쩌지 못하는 불쌍한 사람으로 간주하고 여기서 위안을 느낀다. 또한 자기 동정은 상처받은 세상에 안착한 자신의 이야기를 더욱 강화하고 책임감에서 벗어나게 해서 치유를 어렵게 만든다. 반면에 자기 연민은 상황을 있는 그대로 받아들이며 고통을 이야기로 겹겹이 싸서 고착시키지 않는다. 다만 "나는 아프다"라고만 말한다.

2. 호기심과 이해에서 오는 연민

두 번째 연민은 모든 것은 존재하는 이유가 있으며 그 이유가 중요하다는 것을 첫째 원칙으로 삼는다. 아무런 편견이 없어도 우리는 어떤 사람이나 어떤 집단이 왜 그렇게 생겨 먹었고, 왜 그런 행동을 하는지 궁금할 때가 있다. 특히 그 사람이 나를 화나게 하거나 당혹스럽게 만들면 더욱 그렇다. 이를 상황 연민이라고 부를 수 있다. 자기 자신이나 남을 도와주려는 노력이 아무리 절실해도 그 고통과 고통의 이유를 알지 못하면 도와줄 수 없다. 중독에 빠진 사람들이 어떤 고통에 내몰렸고 이를 벗어나기 위해 어떤 고생을 했는지 그리고 어떤 상처를 가지고 살아가는지 이해하지 못한다면 단지 안됐다고 느끼는 것만으로는 충분하지 않다. 전후 상황을 제대로 파악하지 못하면 단지 의미 없는 호의에 불과하게 되고 의도는 좋지만 결국 효과 없는 간섭이 되고 만다. 슬프게도 현재 유행 중인 부적절한 중독치료에서 그 한계를 볼 수 있다.

방식을 논하기 전에 왜 그런지 이유를 찾는 것이 호기심과 이해가 작동해서 얻는 연민이다. 개인적 또는 사회적으로 모든 만성질환에 이런 방법이 필요하지만 실제 실천하기는 쉽지 않다. 현대사회는 쉬운 설명, 빠른 판단, 자동반사적 해결책에 너무 빠져 있다. 정확한 시각으로 원인을 제대로 파악하려면 인내와 호기심과 용기가 있어야 한다.

15장에서 언급했던 메티스족 작가인 제시 티슬은 중독과 범죄에 물든 어린 시절과 청년에 대한 기억을 생생하게 묘사한 책을 썼다. 이 책은 이런 종류의 철저한 연민으로 가득 차 있다. 그는 내게 이렇게 말해주었다. "내가 《잿더미 속에서》를 쓴 이유는 나와 우리 형제들에게 일어난 일을 사람들에게 알리고 싶었기 때문입니다. 어떤 면에서는 우리 가족의 무죄를 주장해서 사람들이 이해하길 바란 것일 수도 있어요. 그래서 우리나라의 역사를 가지고 다시 기억할 수 있도록 한 겁니다. 추억처럼 단지 기억하는 게 아닙니다. 국가에 의해 해체되고 망각된 역사를 재조립하고 재기억하는 겁니다." 동료 원주민 작가 및 미술가와 함께 티슬은 동포들의 가정과 국가 모두의 상황에 대한 연민이 존재해야 하고 전 세계에 그리고 자신에게 알려야 한다고 요구하는 것이다.

3. 인식의 연민

자신의 아편중독 습관을 만족시키기 위해 거짓으로 처방전을 발행한 혐의로 체포된 혈관외과 전문의 브루스를 15장에서 다룬 적이 있다. 매우 굴욕적이었지만 그 사건은 그에게 인생을 바꾸는 개벽 같은 경험이었다. "그런 일이 발생하지 않았다면 내가 원하는 대로 다른 사람의 고통을 망각한 채 직업적으로 유능하지만 정서적으로 지체아인 삶을 살았을 것입니다. 다른 많은 의사들처럼요." 그는 이전의 '자기중심적' 연결 관계 대신 다른 사람들 속에서 자신을 보는 '새로운 태도'를 이렇게 묘사한다. "나 역시 결점이 있고 힘들어하는 사람이라고 할 수 있습니다. 당신도 마찬가지입니다. 그러니 어떻게 이 문제를 해결할 수 있을지 같이 고민해봅시다."

그는 내가 말하는 **인식의 연민**을 실천하고 있는 것이다. 이를 통해 우리 모두는 같은 배를 타고 비슷한 고통과 모순에 시달리고 있다는 것을 인식하고 느낄 수 있게 된다. 이것을 깨닫기 전까지는 우리 자신과 다른 사람에게 고통만 주고 있던 상황이었다. 인간성에서 멀어져 판단과 저항에서 긴장 상태를 유지하기 때문에 우리 자신에 고통을 준다는 것이고, 다른 사람들의 수치심을 유발하고 고립을 심화하기 때문에 다른 사람에게 고통을 준다는 것이다. 내 말에 확신이 서지 않는다면 다음에 누구를 판단할 때 당신의 몸 상태를 점검해보기 바란다. 가슴, 배, 목의 느낌이 어떤가? 상쾌한 느낌이 드는가? 안 그럴 것이다. 그러니 당연히 건강에도 좋지 않다.

누구를 평가하지 말라는 뜻이 아니다. 왜냐하면 평가는 당신이 하는 것이 아니라 마음속에서 자동적으로 이루어지기 때문이다. 판단을 위해 자신을 평가하는 것은 수치의 바퀴를 계속 돌리는 것과 마찬가지다. 연민 어린 호기심으로 자신의 판단력과 몸의 상태를 평가하면 된다. 이 고통스러운 세상을 우리의 고통을 비추는 거울로 생각할 수 있을 때 그리고 다른 사람들이 우리의 모습을 통해 자신을 볼 수 있을 때, 즉 인식으로 다시 연결될 때 치유는 자동적으로 진행된다.

4. 진실의 연민

우리는 친절한 행동이 사람들의 고통을 덜어준다고 믿는다. 불필요하고 예방 가능한 고통에 관해서는 그럴 수도 있지만, 우리 모두에게 어릴 때부터 닥치는 예방 불가능한 상처와 실망, 시련으로부터 보호한다면 딱히 동정심을 불러일으키지 못한다. 그런 일은 헛될 뿐 아니라 역효과를 낳아 거짓이라고 비난받을 수도 있다. 자신의 상처를 극복하지 못한 데서 나오는 그럴듯한 이타심이라고 말이다.

의도가 무엇이든 다른 사람의 고통을 피하거나, 다른 사람이 고통을 제거하는 데 일조한다면 그 누구에게도 도움이 되지 못한다. 트라우마를 치료하려 하면 반드시 고통이 발생하게 되어 있다. 그래서 우리는 고통 앞에서 부정하고, 억압하며, 억누르며, 합리화하고, 정당화하고, 기억이 희미해지며 정도는 다르지만 해리 상태로 들어가기도 한다. 아무 느낌이 없을 때까지 여러 방법을 사용하다 보면 고통은 필연적으로 따르게 마련이다. 사실 고통은 오래전부터 나타나려고 준비하고 있었던 것뿐이다. 물론 고통을 피하는 것은 자연스러운 현상이다. 헬렌 노트는 이렇게 말한다. "평생토록 피해 다닌 감정이 있다고 할 때, 일단 그 감정에 따라잡히면 당신은 그들한테 골목으로 끌려가 신나게 두들겨 맞고 불구가 될 것이다."[4] 하지만 그런 일이 일어나지 않아도 된다. 진실의 연민은 고통이 적이 아니라는 것을 잘 알고 있다. 사실 본질적으로 고통은 연민을 가지고 있다. 고통을 통해 무엇이 문제인지 알 수 있기 때문이다. 어떤 면에서 보면 치유에서 중요한 것은 고통으로부터 우리를 보호해야 한다는 개념을 버리는 것이다. 이런 방식으로 연민은 또 다른 중요한 특징인 용기로 가는 입구가 될 수 있다.

진실의 연민은 또한 단기적으로 진실이 더 심한 고통을 유발할 수도 있다는 것을 알고 있다. 산호세의 심리치료사 달린은 자신의 망가진 결혼 생활에서 벗어나는 순간 이를 깨달았다. "부모나 형제들은 나를 이해하지 못해요. 이해할 수도 없고 받아들일 수도 없어요. 나는 사랑받고 싶고 그들과 연결되고 싶은데 아마 절대로 그런 일이 발생하지 않을 것이기 때문에 내 마음은 찢어집니다." 애착을 하면 진정성을 얻을 수 없다는 것은 사람들이 깨닫는 가장 아픈 현실이다. 하지만 그 고통 속에 자유가 있다. 그것은 어릴 때 반대 방향으로 강요된 비극적이고 의무적인 선택을 뒤집고 그것이 어쩔 수 없는 선택이었음을 입증한다. "그것은 다른 사람을 기쁘게 해야 한다는 의무감에서 탈출하고 다른 사람의 생각에 신경 쓰지 않는 여정입니다. '저 사람한테 인정받고 싶다'

라는 생각이 들 때가 있어요. 하지만 그건 양파를 다듬는 것과 같아요. 껍질을 까면 깔수록 내 진정성에 자유가 생깁니다. 내가 진정으로 인정받을 수 있는 곳을 찾아야 했어요. 고통스러웠지만 당연히 해야 할 일이었습니다."

진실과 연민은 상호 보완하는 파트너가 되어야 한다. '나는 정직해'라고 자신을 합리화하며 다른 사람의 무릎에 달갑지 않은 진실을 내팽개치는 것만으로는 연민을 가질 수 없다. A. H. 알마스는 "연민을 가졌을 때만 사람들은 진실을 볼 수 있다"라고 말했다. 안정성 없이 진실은 치유 작업을 할 수 없다.

5. 가능성의 연민

우리 모두에게는 세상에 드러내는 길들여진 성격, 때로는 억눌리고 때로는 분출하는 감정 그리고 우리가 보여주는 행동 이외의 무엇이 있다. 이를 이해하면 **가능성의 연민**을 알 수 있다. 내가 가능성이라고 한 말은 '아마도 언젠가'같이 미래의 발생하지 않은 무언가를 뜻하는 게 아니라 지금 현재 항상 가능한 본질적인 자질을 말한다. 가능성은 경탄, 경외, 미스터리, 상상력처럼 존재를 완전히는 증명하지 못하는 인류의 위대한 재능과 연결되어 있다. 이런 연결을 키워나가는 것은 우리의 몫이다. 바쁘게 돌아가는 세상은 증거를 제시하지 못하기 때문이다. 가장 깊은 수준에 있는 이 연민은 겉보기에 불가능한 것은 그저 그렇게 보일 뿐이며 우리가 가장 필요로 하고 원하면 언제라도 현실화될 수 있다는 점을 인정한다.

가능성을 열어놓으면 즉각적인 결과가 필요 없다. 즉 긍정적인 의미로 우리 모두에게는 눈에 보이는 것 이상의 무엇이 있다는 것을 안다는 뜻이다. 동일한 원칙이 우리와 다른 사람들의 내면에 있는 가장 생생하고 단단하고 다루기 힘들어 보이는 것에도 적용된다. 부처가 자신을 해하려 접근한 범죄자에게서 인간성을 찾을 가능성을 알아본 일화는 널리 알려진 이야기다. 그 범죄자는 나중에 가장 겸손하고 온화한 부처의 제자가 되었다.

기독교 신비주의자인 토머스 머튼Thomas Merton은 이렇게 말했다. "자신을 손에 넣기 위해서 자신감과 승리에 대한 희망이 있어야 한다. 그리고 그 희망을 계속 유지하기 위해서는 짧으나마 이긴다는 느낌이 있어야 한다."[5] 가능성의 연민은 열어놓고 승리가 들어오는 것을 기대하는 문과 같다고 말하고 싶다. 표면상에 나타나는 우리 자신이나 다른 사람의 성격적 특성이나 행동을 보고 '좋다' 또는 '나쁘다'라고 잘못 생각하지 않는 한, 그리고 우리 모두 온전함으로 나갈 가능성이 있다는 것을 느끼는 한 그것은 충분히 누릴 만한 가치가 있는 승리다.

무시무시한 선물: 질병에서 배우기

유방암을 극복하고 나서 완전히 새사람이 되었습니다. 그 전까지는 내
주위의 사람들을 돌보는 데 인생을 바쳤죠. 하지만 지금은 그 누구보다
나 자신을 우선합니다. 마음속에서 항상 좀 더 잘해야 한다는 목소리가
들려왔지만 마침내 모두 잠재웠습니다.

– 셰릴 크로Sheryl Crow *

우리는 5장에서 42세의 줄리아가 한 말을 기억한다. "저는 요즘 제
류머티즘성관절염과 아름다운 대화를 하고 있습니다. 울고 싶을 정도
예요." 겉만 보면 이는 괴상하며, 불가능할 것 같은 말이다. 심각한 손
상을 줄 수도 있는 질병을 친밀하고 긍정적인 친구로 보기보다는 피하
고 억눌러 투쟁해야 할 대상으로 보는 게 더 자연스럽지 않은가? 하지
만 내가 이번 장에서 다룰 많은 이야기나 내가 상담하면서 만난 많은
환자들처럼 줄리아는 병을 마주하면서 가치와 의미를 찾았다. 일부는
그 병이 소중한 선물이라고까지 말한다. 《뇌종양으로 얻은 축복Blessed

---

* 2021년 7월 10일 〈가디언〉과의 인터뷰에서 한 말이다.

with a Brain Tumor》을 쓴 윌 파이Will Pye를 인터뷰한 적이 있다. 그는 내게 "종양은 치유를 쉽게 하고 깨달음을 주기 위한 영혼의 선물이었습니다"라고 말했다. 줄리아와 파이는 전통적인 사고방식에서 벗어나 심오한 결론에 도착한 것이다. 질병 그 자체를 치유의 주체, 또는 적어도 배우고 성장할 수 있는 기회로 본 것이다. 단순히 질병**으로부터** 치유되는 것이 아니라 질병을 **거치면서** 치유된 것이다.

여기서 확실히 할 것이 있다. 질병은 결코 그 누구에게나 주고 싶은 '선물'이 아니다. 다른 방법이 있다면 절대로 그 누구에게도 권하고 싶지 않은 길이다. 그건 아래에 이어지는 이야기의 주인공인 용감한 사람들에게 그저 발생한 일일 뿐이다. 내가 그들의 위치에 있었다고 하더라도 그들과 같은 방식으로 내면의 힘과 용기, 믿음 그리고 현명함을 이용해 질병을 치료했다는 보장이 없다. 그럼에도 불구하고 이들의 노력은 치유에 관해 많은 것을 우리에게 가르쳐준다.

25장에서 우리는 치유와 치료를 구분했다. 나 자신이 예후가 가장 안 좋은 환자가 이를 극복하는 경우를 직접 목격했고 다른 사람의 글에서도 그런 사례를 확인할 수 있지만 우리가 찾는 것은 회복이 아니라 온전함이다. 치료가 아닌 치유야말로 질병이 이 사람들에게 주는 선물이다. 치료는 결코 영원히 보장되지 않지만 치유는 우리가 죽을 때까지 가능하다. 치유는 육체에 무슨 일이 발생하더라도 자신을 온전한 주체로서 경험하도록 해준다. 치유는 종착점이 아니며 질병과 마찬가지로 과정이다. 다음에 하는 이야기 속에서 질병이 교사 역할을 해서 치유 여행을 시작하는 경우를 만날 것이다.

질병이 있건 없건 꼭 엄청난 시련을 경험해야만 치유 여행을 시작할 수 있는 것은 아니다.

✢ ✢ ✢

"류머티즘성관절염하고 대체 무슨 이야기를 한 겁니까?" 내가 물었다. 줄리아는 치료 요법과 명상 및 다른 형태의 자가 치료를 하면서 약을 줄일 수 있었고 10년도 넘게 재발이 없었으며 혈액 수치도 상당히 개선되었다. "병이 나한테 이야기를 하면요, 그걸 뚫고 들어가야 할 대상이나 겪어야 할 비극으로 생각하지 않고 그냥 그걸 느끼는 거예요. 내 삶에 무슨 일이 일어나고 있는지, 내가 억누른 게 없는지, 호기심을 가지고 그것과 나란히 앉아 느끼는 거예요."

우리는 어린 시절 학대받는 가정에서 자라면서 줄리아가 매우 책임감이 많은 '훌륭한' 사람으로서 다른 사람의 감정을 보호하기 위해 자신의 감정을 억눌렀다는 것을 알고 있다. "나 자신한테 물어보았어요. 하고 싶은 말이 뭐니? 궁금했어요. 이게 딱 두 주 전에 발생한 일인데 너무 놀랐죠. 속에서 복잡한 감정이 일어나는 것 같아서 가만히 듣기만 했어요. 침대에 누워서 한 시간 정도 호흡 명상을 했어요. 그런데 그것 때문에 화가 나지는 않았고 그냥 궁금해지더군요. 다음 날이 되니 그 느낌이 사라졌어요. 약 복용을 바꿀 필요가 없었어요. 그 뒤로도 바꾸지 않았고요."

질병에 대한 사회적인 태도와 상반되지만 줄리아는 류머티즘성관절염이 고맙다고 했다. "그게 날 구했어요. 그건 내 몸이 '일어나. 일어나. 그렇게 엄청난 분노와 억울함을 속에 담아놓기만 하면 아무것도 도움이 안 돼'라고 내게 말하는 방법이었어요. 분노와 억울함을 담아두려고 한 것은 아니지만 이것들은 내 삶에 문제가 생겼다는 걸 알려주는 지표 같은 것이었어요. 요새는 1년에 한두 번 관절염이 재발하는데 그때마다 그게 왔다는 걸 그냥 인정하고 내가 무언가 배울 수 있지 않을까라고 생각하고 맙니다." 이는 우리가 바로 앞 장에서 본 보편적인 치유의 원칙 중 두 가지인 인정과 주체성의 힘에 대한 심오한 증명이다.

하지만 줄리아가 자신에 대해 연민을 가지고 질문하는 것만이 병을 잘 극복한 이유라거나 약이 효과가 없었던 이유라고는 말하고 싶지 않다. 우리가 본 것은 관절염이 줄리아에게 일으킨 자기 변화였다. 물론 이와 동시에 자기 삶에서의 자각, 평정심, 기쁨, 건강, 만족도가 지속적으로 증가했다. 질병에서 배운 덕분에 사회생활에서도 성장할 수 있었다. 본인의 소명이 무엇인지 깨달아 다른 사람을 도울 수 있는 기술과 능력을 키웠다. "너무나 많은 것을 얻었어요. 대학원에 진학해서 심리학을 공부했답니다. 이제 저의 새로운 전공은 질병의 만성통증입니다." 이게 3년 전에 나눈 대화다. 최근에 줄리아는 지난 12개월간 아무런 증상이 없어 "처음으로 16년 동안 복용했던 약을 끊었다"고 내게 이메일을 보내왔다.

동료이자 심리학자인 리처드 슈워츠Richard Schwartz에게 줄리아의 사례는 전혀 놀라운 일이 아니다. 그는 널리 통용되고 있는 내면가족체계Internal Family System:IFS라는 치료법의 창시자다. IFS는 사람의 성격을 독립적인 '부분'의 혼합물로 보는데 이 부분들은 살면서 부딪히는 여러 사건에 대한 반응으로 생긴다는 것이다. '내면가족'이란 서로 다른 이 부분들이 모인 것으로서 자기들끼리 사이가 안 좋기도 하고 협조적이기도 하다. 줄리아의 경우 어린 시절의 정서적·성적 학대가 불러일으킨 화와 분노가 '추방자' 부분을 만들어냈다. 어린이가 감당하기에는 너무 벅차 억압된 것이다. '사람이 좋고', 기대 이상의 성과를 내며, 책임감이 강한 성격은 '보호자' 부분을 나타내며 다른 사람으로부터 받는 사랑과 인정을 유지하도록 해준다. 그 중간 어딘가에 IFS에서 참자아라고 부르는 것이 존재하는데 이는 내가 7장에서 "자신만의 독특하고 순수한 본질에서 나오는 느낌에 충실하다"고 한 바로 그것이다.

이것이 성신적 또는 육체적 신호를 통해 몸이 우리한테 연락하는 방법이다. 질병과 증상은 우리가 이 핵심에서 벗어났을 때 이를 알려주는 방식이다.

슈워츠는 내게 이렇게 말했다 "내 경험에 의하면 우리의 부분들이 다른 방식을 통해 우리에게 도달하지 못할 때, 다른 방법이 없어 몸을 이용하는 겁니다. 의료적 증상은 다양합니다. 환자가 증상 자체에 집중하고, 이를 알고 싶어 하며, 질문을 하게 되면 보통은 증상을 이용하여 메시지를 전달하고 어떻게든 이를 표현하려는 그 부분을 만나게 되어 있습니다. 환자가 다른 방법으로 듣기를 거부했기 때문이죠. 부분을 듣기 시작하면 증상이 사라지거나 심지어 호전되는 경우도 많습니다." 류머티즘성관절염 환자 그룹에게 IFS 치료를 실시한 연구 결과, 바로 이 현상이 나타났다. 줄리아가 그랬던 것처럼 환자들이 '부분'과 자신의 몸에 귀를 기울이면 고통과 자기 연민 같은 주관적인 경험이 개선된다는 뜻이다. 마치 관절염이나 혈액 수치 같은 객관적인 지표가 개선되듯 말이다.[1]

5장에서 소개한 바 있는 루마니아 의사 비앙카 역시 자신만의 방식으로 질병과 대화했다. 기억나겠지만 비앙카는 일이나 개인 생활에서 스트레스를 많이 받으면, 즉 두 분야에서 너무 많은 일을 떠맡거나 자신의 욕구를 무시할 때 다발성경화증이 재발했다. 의사로부터 평생 먹어야 한다고 들은 약을 끊었지만 지금 비앙카의 상태는 안정적이다. MRI상으로는 아직 중추신경계에 염증이 남아 있지만 상당 기간 악화되지 않았고 비앙카가 자신을 돌보는 데 게을리하지 않는 한 특이한 증상은 나타나지 않고 있다. 자신을 게을리하면 피부에 마비가 일어나는데 비앙카는 이를 자신이 거부하는 감정이 나타나는 증상이라고 생각한다. "적신호 같은 거예요. '됐어. 멈춰. 이제 너 자신에게 돌아가'라고 말하는 거예요. 그러면 바로 멈추죠. 내 경험에 비추어볼 때 조금이라도 이런 증상이 나타나면 바로 멈추고 긴장을 푼 다음 명상에 들어갑니다. 내 느낌이 어떤지 그게 나한테 무슨 말을 하려는 건지 보는 거죠. 그게 무엇인지 아는 순간, 감정적 고통일 수도 있고, 내가 알지 못할 슬픈 감정 때문이거나 또는 어떤 계기가 있어 내가 다른 곳에 가서 여기에 없기 때문일 수도 있지만, 나는 다시 나 자신으로 돌아옵니다. 이를 아는 순간 증상은 감쪽같이 사라져요."

요즘 비앙카는 주로 다발성경화증 환자를 돌보고 있다. 이들 대부분은 외상후스트레스를 겪고 있으며 비앙카에게 볼 수 있었던 과잉 보상 성향과 '기대 이상의 성과와 성공'에 집착하는 성향을 갖고 있다.

✤ ✤ ✤

캐나다 온타리오에서 언어치료사로 일하던 도나 즈메낙Donna Zmenak은 2003년 자궁암 진단을 받았다. 세 아이를 데려오기 위한 3년간의 고통스러운 양육권 싸움을 포함해 일상생활에서 심한 스트레스를 받은 결과였다. 종양산부인과 의사는 곧바로 자궁과 인대를 제거하고 골반과 질 상부의 종양을 제거하는 근치자궁적출술을 받고 방사선 치료를 해야 한다고 했지만 즈메낙은 이를 거부했다. "의사에게 속을 다 들어내고 그렇게 살지는 않겠다고 말했어요. 그는 내가 어리석은 결정을 하

고 있다며 그렇다면 자기도 결정을 할 수밖에 없다고 하더군요. 그러고
는 바로 퇴원시켰어요."

의사가 자기 의견을 따르지 않는 환자에 대해 진료를 중단한 것은 이
해가 된다. 그러나 그 때문에 환자를 비하해서는 안 된다. 알렉산드르
솔제니친Aleksandr Solzhenitsyn의 소설 《암 병동Cancer Ward》의 주인공 코
스토글로토프의 절규가 생각났다. "어떻게 다른 사람을 대신해 결정할
권한이 있다고 생각합니까? 그게 끔찍한 결과를 유발했다는 걸 모르나
요? 조심하기 바랍니다. 그 누구에게도, 심지어 의사라 할지라도, 그럴
권리는 없습니다."[2]

1년간 즈메낙은 해독 식단을 따르고 보충제를 챙겨 먹으면서 식품영
양학을 전공한 의사들과 같이 투병했다. 정해진 치료 기간이 끝났지만
암이 전이되었으며 수술을 받지 않으면 기껏해야 6개월밖에 못 산다는
이야기를 듣고 즈메낙은 망연자실했다. 하지만 이번에도 수술을 거부
했다. 다 지나간 이야기고 결말이 어떻게 났는지 알고 있으면서도 즈메
낙을 인터뷰하는 내내 이 자신감과 결단력이 어디서 나오는지 도저히
이해할 수 없었다. "내 마음속에서 '넌 할 수 있어'라고 말하는 무언가
가 있었어요. 내면의 목소리가 외부 사람의 그 어떤 충고보다 값지다고
생각했어요. 물론 정말 나를 위해서 충고한다는 걸 알지만 나한테 꼭
맞는다고 생각하지 않았어요. 살고 싶었지만 그런 몸을 가진 젊은 여자
로 살고 싶지는 않았어요. 오래 사는 것보다 삶의 질이 더 중요하다고
생각했죠."

그 후 즈메낙은 요가나 명상을 하는 치료사들과 함께하면서 6개월
간 새로운 과정을 시작했다. 또한 자신만의 방법으로 암을 치료한 사
람들에게 조언도 구했다. 이때 셰릴 캔필드Cheryl Canfield가 쓴 《깊은 치

유Profound Healing》을 접하게 되는데 저자 역시 전통적인 치료 방식을 거부하고 자신의 치료법으로 암을 극복한 사람이었다. 즈메낙은 당시 캘리포니아에서 최면치료사 겸 건강상담가로 일하고 있던 캔필드를 찾아가 만났고 한동안 그와 같이 지내면서 "인정, 자주성, 진정성"의 가치를 배웠다고 한다. "캔필드는 그 모든 것뿐 아니라 **잘 죽는** 방법도 알려주었습니다. 집에 돌아갈 때쯤 저는 완전히 다른 사람이 되어 있었고 절대 이전의 나로 돌아가고 싶지 않았어요."

살날이 얼마나 남았든 상관없이 즈메낙은 어떻게 살아가야 할 것인지에 대해 근본적인 결심을 했다. 즉 의사나 가족, 친구들과 부딪히더라도 자신에게 충실하겠다고 다짐했다. "내가 6개월밖에 살지 못한다면 그 기간 동안 아이들은 진정한 나를 알 것입니다. 내가 어떤 사람이었는지를 알게 될 것입니다. 이 생각만 하면 너무 슬펐어요. 그런데 지금은 더 이상 슬프지 않아요. 인정했으니까요. 나는 나로서 살아갈 것이며 앞으로 계속 행복한 상태로 살겠다. 나 스스로 선을 긋고 절대 돌아가지 않았어요." 표현이 과했다고 생각했는지 즈메낙이 바로 수정한다. "나도 사람인지라 어쩔 수 없이 늘 그 함정에 빠졌지요. 하지만 금방 빠져나왔습니다."

6개월 동안 정신적·정서적·영적 대장정을 끝내고 난 후 즈메낙은 다른 의사로부터 더욱 심한 경고를 듣게 된다. 그 의사는 수술을 하지 않으면 언제 죽을지 모른다면서 '비참한 최후'를 맞을 거라고 겁을 주었다. "그때는 이미 암이 사라졌다는 걸 난 **알았어요**. 그래서 의사한테 이제 나한테 더 이상 암이 없다고 생각하며 사실 아이를 하나 더 가질 생각이라고 말했어요. …… 의사는 내 파트너를 빤히 보면서 이렇게 말하더군요. '아이를 가질 수도 없을뿐더러 출산 때까지 살지도 못합니다. 아니 아이를 갖기 전에 무슨 일이 생깁니다. 환자를 설득해 바로 수술을 받도록 하시지요. 수술이 너무 힘드니까요.' 그러더니 저한테는 '다른 사람 생각도 해야죠. 아이들은 어쩌라고요? 파트너 생각은 안 해요?'라고 꾸짖었어요." 즈메낙은 의사가 말한 '다른 사람'을 기쁘게 하려고 자신을 억압하면서 병이 악화되었는데 의사가 그들을 생각하라니 기가 막혔다.

얼마 후 여러 번 조직검사와 초음파검사를 했지만 자궁이나 복부 또는 림프절에 어떤 암세포도 발견되지 않았다. 틀리면 수술을 받기로 하고 자신 있게 한 검사였다. 검사 결과를 가지고 다시 그 의사를 만났다. "진료실에 들어가 웃으며 자리에 앉았죠. 의사가 '왜 이렇게 가만히 못 있고 왔다 갔다 합니까?'라고 하더군요. 화가 많이 난 것 같았어요. '소식 못 들으셨어요? 아무것도 없대요.' 의사는 '치료된 게 아닙니다. 당신은 암에 걸렸고 언제라도 다시 걸릴 수 있어요. 재발할 수 있으니 바로 수술해야 합니다. 절대 혼자 나을 수가 없어요. 불가능합니다. 자신을 속이지 마세요. 나은 게 아닙니다'라고 반박했죠. 난 일어나서 이렇게 말했습니다. '이제 난 옛날의 내가 아닙니다.' 그게 끝이었어요. 더 이상 그 의사를 만나지 않았습니다."

그 뒤로 가끔 의사에게 크리스마스카드를 보냈다고 한다. 거기에는 지금은 12살이 된, 자연분만으로 낳은 다섯째 아이의 사진을 동봉했다. 의사는 조직검사 결과 자궁 개구부가 불안정해서 출산이 불가능하다고 했지만 이를 이겨낸 것이다. "첫 번째 크리스마스카드에 이렇게 썼어요. '누구에게도 안 된다고 하지 마세요. 내가 아직 살아 있는 게 다 말해주고 있잖아요?'라고요." 의사로부터는 답장이 없다고 했다.

나는 즈메낙의 가정의인 낸시 에이브럼스Nancy Abrams를 만나 자세한

정상이라는 환상

의료기록을 확인할 수 있었다. 에이브럼스는 내게 이렇게 말했다. "내가 다 지켜보았습니다. 기록이 있어요. 암이 있었는데 어느 날 갑자기 다 없어졌어요. 왜 암 전문의들은 사람들이 스스로 나을 수 있다는 걸 알려 하지 않는지 의아합니다. 이 환자는 해냈어요. 게다가 조직검사 결과 불가능하다고 했는데도 다섯째 아이를 정상분만까지 했어요. 어쩌면 출산할 만큼 자궁이 튼튼하지 못했을 수도 있지만 이 환자는 해냈고 아무도 '도대체 어떻게 된 일이야?'라고 묻는 사람은 없었어요."

의사들은 알려고 하지 않는 태도를 당연시한다. 종양심리학자 켈리 터너Kelly Turner는《왜 불치병은 호전되는가Radical Remission》라는 책에서 최악의 경우를 예상한 의사의 진단에도 불구하고 암을 극복한 환자들의 이야기를 다루었다. 저자와 이야기를 하다 보니 그가 만났던 환자들에게 의사들이 마음을 열고 암을 극복한 이야기를 들어주었는지가 궁금해졌다. 이 환자들은 의사들의 예상을 깨고 암을 극복한 사람들인데 말이다. 터너는 내게 이렇게 말했다. "안타깝지만 그 답은 '아니요'입니다. 내가 만나본 환자들 대부분은 이렇게 말하더군요. '당신 같은 의사는 처음입니다. 의학과 관련된 학위를 가진 사람들은 제가 어떻게 암을 극복했는지 아무도 궁금해하지 않았거든요. 내가 했던 모든 방법을 의사한테 이야기해주려 해도 관심이 없었어요.' 이런 말을 노상 들으니 정말 마음이 아팠죠." 제프리 레디거Jeffrey Rediger* 역시《치유Cured》를 집필하기 위한 사전 조사 과정에서 100여 건 이상의 '자연완화' 사례를 보았다고 한다. "의사는 '계속 그렇게 하세요. 잘 낫고 있습니다'라고 말하는 게 끝이며 환자들이 어떻게 나았는지에 대해서는 전혀 관심이

---

* 하버드의대 신경정신과 교수이며 매클레인 남동부 성인심리 프로그램의 의료부문장을 맡고 있다.

없습니다"라고 레디거는 덧붙였다.

　의사들의 이런 태도가 어느 정도 이해는 된다. 몸과 마음의 불가분성에 대해 잘 알고 있고 인간 정신의 무한한 능력을 충분히 이해하고 있는 나 같은 사람조차 진통 의학에서 경험하고 예상하는 선을 한참 넘어버린 도나 즈메낙 같은 사람들의 이야기를 제대로 이해하기 쉽지 않다. 즉 그런 이야기를 믿을 만한 근거를 찾기 쉽지 않다는 뜻이다.* 즈메낙의 사례는 아무나 쉽게 따라 할 수 있는 게 아니다. 충분한 내면의 자질과 진실한 바람이 없으면 할 수 없다. 그런 경험에서 우리가 얻을 수 있는 교훈은 즈메낙 같은 극단적인 선택을 따라야 한다는 것이 아니다. 삶을 있는 그대로 받아들이는 능력과, 어떤 상황에서도 진실을 찾을 수 있는 진정성, 그리고 어떻게 반응할지 결정할 주체성을 얻을 수 있다는 것이다. 네 개의 A를 이용해 설명하자면 즈메낙이 "내가 아직 살아 있는 게 다 말해주고 있잖아요?"라고 한 말에는 건강한 분노가 있는 것이다. 자신을 탐구하는 즈메낙의 여정은 아직 끝나지 않았다. "내 진정성을 유지하기 위해 매일매일 노력합니다."

❖ ❖ ❖

　내가 만나본 또 다른 매우 단호한 사람으로는 에리카 해리스Erica Harris가 있다. 해리스는 10년 사이에 다른 사람들은 몇 번을 더 살아도 경험하지 못할 만큼 엄청난 수술을 받았다. 항암 화학치료, 전신 방사선치료, 골수이식, 이중폐이식, 만성감염에 의한 장기입원, 반복적인

---

* 여기서 근거란 세속적인 근거를 말한다.

피부암 절제술 등, 큰 것만 추려도 이 정도다. 적극적인 의학의 힘이 없었다면 오래전에 사망해서 지금 살아 있지 못할 것이다. 하지만 그로 인해 많은 것을 잃었다. 해리스는 내게 이렇게 말했다. "오른쪽 시력을 잃었고 아랫입술의 반이 없으며 골다공증과 만성신부전증을 앓고 있어요. 평생 면역억제약을 먹어야 하고 35세에 생리가 끊겼고(현재 44세이다) 세 번의 심장마비를 겪었으며 계속해서 면역글로불린 주사를 맞고 수혈을 받아야 합니다. 한때는 행복한 결혼 생활을 했지만 암 때문에 다 날아갔어요. 하지만 나는 과거 어느 때보다 더, 상상할 수 있는 그 이상으로 행복합니다. 너무나 행복합니다." 육체적으로 많은 것을 희생했지만 유쾌한 마음과 삶에 대한 긍정적 태도는 포기하지 않았다. 사실 더욱 충만해졌고 진심으로 느꼈으며 어떤 단서 조건도 필요하지 않았다.

기술이 좋아 많은 사람들이 찾는 운동치료사였던 해리스는 한때 매우 건강했지만 일에 관한 한 조금도 양보가 없었다. "나를 찾는 운동선수들한테 정말 열심이었어요. 다른 사람 도와주는 걸 좋아했죠. 열심히 훈련하다 대회를 몇 개월 앞두고 부상당한 선수가 있다고 쳐요. 내 치료를 받은 그 선수가 결승선을 통과하며 환호하는 걸 보면 나 자신 뿌듯한 자부심을 느꼈어요. 다른 사람이 보면 일중독이라고 하겠죠."

"그럼 '다소' 무리를 했겠네요." 내가 끼어들었다.

"예, 클리닉은 아주 잘 됐어요. 그런데 모든 시간이 예약이 차는 바람에 아픈 사람이 고통받는 걸 못 견디겠더라고요. 그래서 아침 일찍 와서 저녁 늦게까지 시간을 만들었어요. 사람들은 나보고 어디 아프냐고 묻기 시작했어요. 한 달에 한 번꼴로 패혈성 인두염에 걸렸고 등 아래쪽에 심한 추간판탈출증이 와서 오른쪽 다리가 정상이 아니었지만 그런 몸으로 클리닉에는 계속 출근했어요. 다리를 절면서도 다른 사람이 고통에서 벗어나도록 도와주었죠. 바쁜 게 좋았어요. 내 일을 정말 사랑했죠."

성격은 무리한 일정을 좋아했지만 몸은 그렇지 않았다. 35살의 어느 날 아이 둘을 데리고 외출했다가 충격적인 소식을 듣게 된다. "저는 두 어린아이의 엄마였고 막내는 아직 젖먹이였어요. 아쿠아리움에 있었죠. 그날 아침에 간단한 혈액검사를 했는데 병원에서 매우 긴급한 투의 전화가 왔어요. '에리카 해리스 씨인가요? 지금 바로 인근의 응급실로 가셔야 합니다'라고 하더군요. 결국 노인들에게서만 희귀하게 나타난다는 급성골수성백혈병AML 진단을 받았어요." 완치율이 좋다는 말을 듣고 두 번의 화학치료를 받았지만 아무 효과가 없었다.

2012년에는 완화치료 병원에 입원하라는 권고를 받은 적이 있었다. 그런데 거기서 매일 수혈을 받아도 두 달 이상은 살기 어렵다는 판정을 받았다. 이 절망적인 진단에 굴복하기 싫었던 해리스는 집에서 아이들과 시간을 보내며 매일 병원으로 수혈을 받으러 다녔다. 동시에 자신만의 정신 및 영혼 치료를 같이 했다. 불길했던 두 달이 거의 다 지나갔을 때 뜻밖에 병세가 호전되었다는 결과를 받고 의사나 해리스나 매우 놀랐다. "정말 힘든 과정이었어요. 어떻게 나았는지 모르겠지만 내면에서부터 나 자신을 변화시켜 현재와 과거에서 발생한 모든 것을 있는 그대로 받아들이고 표현했기 때문인 것 같아요." 해리스의 기억이다.

도나 즈메낙과 마찬가지로 해리스도 요가와 명상을 하고 영양치유를 실행했다. 그러나 가장 큰 변화는 살면서 처음으로 모든 감정을 느끼고 억압에서 벗어난 것이다. 완전히 슬픔에 몸을 맡기고 절망의 눈물을 흘렸다. "맨 처음 입원했을 때 애들이 병원에 왔다가 보모랑 집으로 돌아가는 걸 바라보았죠. 애들을 데리고 **내**가 가야 하는데. **내**가 저녁을 만들어주고, 내가 재워주고 싶었어요. 결국 창문에서 뒤돌아서 털썩 주저앉아 벽에 기대고 무릎을 모은 채 울기 시작했어요. 울고 또 울었죠. 며칠간 쉬지 않고 울었어요." 그러자 병원에서 이를 파악하고 신경정신과 의사를 불렀다. 그 이야기를 하면서 해리스는 활짝 웃었다. "의사가 들어왔는데 말 그대로 하와이안 꽃무늬 가운을 입었더라고요. 그건 마치 '난 지금 하와이로 휴가를 와 있지만 우울증을 치료할 약을 처방해줄 수는 있어요. 필요한 건 다 이야기하세요. 계속 울었다고 하던데요'라고 말하는 것 같았어요. 내게 정말 필요한 건 감정을 모두 경험할 수 있는 장소였어요. 처음으로 어떤 가식도 없이 말이에요. 상처를 전부 느껴보고 싶었던 거죠."

두 달밖에 못 산다는 말기 진단을 받은 지 거의 10년이 다 되어가지만 계속 문제가 재발함에도 불구하고 해리스는 여전히 활기가 넘치며 아이들을 잘 키워 훌륭한 어른으로 성장시켰고 다른 사람의 건강 회복을 돕는 일에 적극적으로 참여하고 있다. 언젠가 해리스와 나는 같이 일할 계획을 가지고 있다. 나는 그에게서 현대 의학의 기적과 자기 변화의 힘을 보았다. 이 둘 중 하나라도 없었다면 그런 결과는 나오지 못했을 것이다.

말기암이나 치명적인 질병에서 '기적적으로' 회복하는 사례를 많이 접했던 하버드대학의 제프리 레디거는 즈메낙이나 해리스가 겪었던 정체성의 변화야말로 가장 중요한 요소라고 생각했다. "그건 약간 모호한 개념이긴 한데 결국은 여기서 치유를 찾을 수밖에 없어요. 회복하는 사람들은 자신과 우주에 대한 믿음을 바꾸는 사람입니다." 이는 내가 경험한 바에 의하면 암, 자가면역질환, 다발성경화증, 근위축성측색경화증 등 어떤 질병을 가지고 있더라도 상관없이 동일하게 나타나는 현상이다.* 그들 중 일부는 도나 즈메낙처럼 의사의 치료를 거부했다. 반면에 윌 파이나 에리카 해리스처럼 의사의 치료로 도움을 받은 사람들도 있다. 어떤 경우든 이들은 자의적으로 불굴의 용기를 가지고 고통스럽지만 궁극적으로는 매우 신나는 제2의 천성을 탈피하는 경험을 하게 된다. 이는 내가 7장에서 애착과 진정성에서 이야기했던 자기희생적 특징이 혼합된 것이며 에리히 프롬이 '사회적 성격'이라는 용어로 구별했던 특징이기도 하다. 질병으로부터 배운다는 것은 자신이 생각했고 자신에 대해 느꼈던 모든 것을 질문해보고 그중에서 자신의 온전함에 도움이 되는 것만 유지할 수 있을 때 가능하다.

'기적적인' 치유에 대한 글에서 켈리 터너 역시 비슷한 결론을 얻었다. 진정성을 얻을 수 있도록 정체성을 새롭게 방향 설정해야 한다는 것이 터너의 요지다. "내가 인터뷰했던 모든 사람은 그 어떤 것을 주더라도 이 경험과 바꾸지 않겠다고 합니다. 왜냐하면 현재의 자신이 전보다 훨씬 더 완전하기 때문입니다. 온전함과 행복함 그리고 감사를 느끼기 때문에 이전의 자신으로 돌아가려 하지 않습니다. 이들 중 상당수, 아니 거의 모두는 전과 비교했을 때 자신이 완전히 다른 사람이 되었다고 제게 말했습니다." 앞에서도 말했지만 터너가 인터뷰한 환자 중 많은 수는 좀 더 일찍 깨달았으면 좋았을 거라고 했다. 우리가 해결해야 할 문제는 '고난이 닥치기 전에 미리 배울 수 있을까' '고통을 겪은 후에만 진리를 얻을 수 있을까?' 같은 것들이다.

---

* 근위축성측색경화증으로 곧 사망할 수 있다는 진단을 받은 사람들 가운데서도 부분적 또는 완전한 회복을 보였다는 연구논문이 신경학회지에 10여 편 발표되었다. 또는 말기암 판정을 받고 오랜 시간 휠체어나 인공호흡기에 의지했던 환자에게도 이런 사례가 발견되었다. 세계적 물리학자였던 스티븐 호킹 역시 2년 시한부 선고를 받았지만 50년 이상 살았다.

에리카는 이렇게 회고했다. "매 순간이 소중했어요. 평생 해보지 않은 것처럼 나 자신의 내면으로 들어가 겹겹이 쌓인 마음의 층을 돌이켜 보았어요. 마침내 운동치료사로서 사는 동안 내 몸이 그렇게 안 된다고 절규했는데 이를 무시했다는 걸 깨달았습니다. 이 병은 제게 위대한 스승입니다."

✤ ✤ ✤

셰릴 캔필드가 도나 스메낙에게 도움을 주었다는 말을 듣고 나는 말기 자궁암 선고를 받았지만 수십 년 이상 생존해 있는 캔필드를 만났다. 그런데 그가 한때는 질병에 굴복할 수도 있겠다는 생각을 했다고 하여 매우 놀랐다. 캔필드는 내게 이렇게 전했다. "《깊은 치유》을 쓰기 시작했을 때 원래 제목을 '죽음을 잘 맞이하기Dying Well'로 하려고 했어요. 왜냐하면 의사들이 하는 말이 꼭 맞지는 않지만 맞을 수도 있다고 생각했기 때문이죠. 내가 반드시 죽는다는 건 아니지만 어쩌면 암으로 죽을 수도 있다는 생각이 든 거예요. 이 책을 쓴 이유는 내 나이 41살에 내 육체와 가족 그리고 사랑하는 사람들을 떠나야 하는, 전혀 뜻밖의 여정을 어떻게 받아들여야 할지 몰랐기 때문입니다. 이 경험을 제대로 이해하고 내 뒤로 비슷한 경험을 하는 사람들에게도 무언가 도움을 주기 위해 인생의 마지막 프로젝트로 책을 쓰고 싶었던 것이죠. 하지만 제목을 바꾸지 않을 수 없었어요. 잘 죽기 위해 필요한 것은 동시에 잘 살기 위해 필요한 것이기 때문이죠. 그것이 자궁암이 내게 가르쳐준 것입니다."

《뇌종양으로 얻은 축복》을 쓴 윌 파이도 만나서 그 책을 쓰게 된 계기를 물어보았다. 크고 건장한 체격을 가진 파이는 31살에 악성종양 판정을 받았는데 발생 위치가 우울증이 심했던 21살에 자살을 생각하며 상상 속에서 총을 겨누었던 바로 그 위치였다. 그는 담당 의사의 허락 하에 내면의 가르침에 유의하면서 수술을 2년간 미루었다. 의학용어로 관찰대기watchful waiting를 하면서 집중적인 자기 치유를 실시했지만 최초 발병한 종양의 크기는 더 커지기만 했다. 하는 수 없이 종양을 절제한 뒤 방사선치료를 받았다. 지금 파이는 이런 종류의 뇌종양에 걸렸을 때 예상되는 생존 기간을 막 넘긴 상태다.* 그는 의사가 평생 먹어야 한다고 한 항경련제를 7년째 먹지 않고 있다. 이로 인해 어떤 일이 생길지 모르지만 이 책의 제목이 암시하듯 그는 여전히 그 병이 축복이라고 주장하며 그것이 일깨우는 신호라고 내게 말했다.

"무엇을 일깨운다는 말인가요?" 내가 물었다.

"예를 들면 이번 생의 유한함 같은 것입니다. 내가 죽는다는 사실을 보다 절실하게 이해할 수 있었습니다. 머릿속으로는 알고 있지만 실제로 우리는 죽음이라는 현실을 외면하고 무시하면서 살고 있습니다. 암에 걸린 후 나는 다른 사람과 대화를 하면서 이게 마지막이 될 수도 있다는 생각을 합니다. 그러면 훨씬 특별한 공감과 경청, 배려가 가능해집니다. 완전히 다른 사람이 되는 것입니다. 매일 아침 일어날 때마다 이 순간, 이날, 내 신체 그리고 지금 내쉬는 숨이 주는 선물을 온몸 가득히 느낍니다."

우리 문화에는 죽음은 말할 것도 없고 심지어 노화에 대해서도 기피

---

* 2021년 12월 현재, 월 파이는 앞선 10월에 했던 수술의 여파로 재활치료를 받고 있다고 전했다. 수술은 2011년에 최초로 진단받은 뇌종양이 재발했기 때문에 받았는데 평균적으로 진단 후 생존 기간은 5년에서 10년으로 간주된다.

하는 성향이 매우 강하다. 이는 신체의 유한함을 알려주는 신호인 노화를 없애거나 '역행'하는 제품이 얼마나 많은지 생각해보면 잘 알 것이다. 따라서 치유가 힘든 여정이라는 것을 이런 것에서도 느낄 수 있다. 진심으로 죽음의 불가피성을 받아들이고 죽는 날까지 모든 순간과 모든 날을 경험하겠다는 결심이 필요하기 때문이다.

몇 년 전에 우울증 같은 정신적 문제부터 육체적 질병까지 건강에 이상이 있는 사람들을 대상으로 치유 프로그램을 주관한 적이 있었다. 참석자 중에는 64세의 샘이라는 사람이 있었다. 그는 ALS가 상당히 진행된 상태였다. 알다시피 이 병은 몸의 마비와 신경의 퇴행을 불러오는 매우 까다로운 질환이다. 그는 일명 연수형 ALS였는데 이는 처음 발병한 곳이 사지가 아니라 말하고 씹고 삼키는 근육이라는 뜻이다. 그는 "내가…… 여기…… 온 이유는…… 살고 싶기 때문입니다"라고 쉰 목소리로 맥없이 천천히 이야기했다. 그가 자기 소개를 하자 나는 그의 발병 전 성격이 다른 ALS 환자들이 병에 걸리기 전에 가졌던 성격과 같다는 것을 느꼈다. 즉 감정을 차단하고 그 누구로부터의 감정적 지원도 거의 병적으로 거부하는 성격으로 우리가 앞에서 초자율적 자족형 성격이라고 불렀던 바로 그 성격이었다.

일주일간 살면서 처음으로 집중적으로 자아를 탐구하는 기회를 갖고 다른 참가자들과 밀접하게 의견을 공유한 다음 자신을 알게 하는 심리 치료 세션을 몇 번 가진 후 샘은 할 말이 있다고 했다. "처음 내가 살고 싶다고 한 말은 더 오래 살고 싶다는 뜻이었습니다." 그의 목소리에는 눈에 띄게 힘과 울림이 있었다. "더 이상 그렇게 생각하지 않습니다. 여전히 **살고** 싶은 것은 맞지만 그 '삶'은 시간적인 것이 아니라 질적인 것입니다. 전에 한 번도 그러지 못했지만 진정으로 나 자신이 되고 싶고 내 앞에 놓인 시간을 최대한 많이 느껴보고 싶습니다."

그는 의사들의 예상대로 그로부터 1년 6개월 후 사망했다. 치유 프로그램이 끝나고 몇 개월 뒤 그로부터 감사의 편지를 받았다. 거기에는 그가 마지막까지 보여주었던 활력과 사랑 그리고 기쁨을 찬양하는 내용으로 가득 차 있었다. 그가 사망한 후에는 그의 가족들이 역시 감사 편지를 보내왔다.

달력의 날짜가 아니라 그가 되찾은 자신의 특성으로 평가해볼 때 샘의 죽음은 내가 경험했던 이른바 '좋은 죽음'과 비슷했다. 그는 질병을 치료하지는 못했지만 치유는 받았다. 원하지 않았던 ALS가 아니었다면 분열된 상태로 제멋대로 있었을 부분들을 그는 조화롭게 하나로 엮었다. 또한 많은 사람들이 '때 이른' 질병에서 죽음을 보는 것같이 잔인하고 파괴적이며 무의미하다고 느꼈을 감정을 긍정적으로 보는 방법을 찾아냈다. 가족들은 나중에 보낸 편지에서 그의 뜻이 육체를 초월하여 살아남아 그들의 삶에도 영향을 미쳤다고 말했다.

월 파이는 이렇게 말했다. "이 여정은 도전 속에 숨겨진 선물을 찾는 것입니다. 내게 생긴 사건의 의미를 의식적으로 선택할 수 있도록 능력을 연습하고 계발할 수 있도록 해줍니다."

그러한 도전과 싸움에서 얻을 수 있는 선물은 '현재 생긴 사건' 안에서 지금 우리를 기다리고 있다. 지금 그것을 받아들일 것인지 아니면 한 번 더 긴급한 사건이 발생하기를 기다릴지는 여러분의 선택이다.

몸이 아니라고 말하기 전에:
자신으로 돌아가는 첫 단계

우리 자신과 다른 사람들을 진실한 마음으로 대하면 치유는 퍼져나갈 수밖에 없다.

- 헬렌 노트, 《원주민의 눈으로》

다시 말하지만 병에 걸렸다고 해서 누구나 진정성을 깨닫지는 않는다. 물론 그러면 좋겠지만 말이다. 우리 몸의 주요한 질병은 우리가 잃어버렸던 필수적인 부분이 가장 늦게, 그리고 가장 요란하게 우리를 부르는 것이다. 그런 긴급한 신호가 발생하지 않도록 하려면 더 늦기 전에 우리의 삶이 영락없이 보내는 사소한 위험 신호들을 더 잘 듣고 주의를 기울여야 한다. 이 장에서는 수많은 환자를 다루었던 내 경험에 비추어, 내부에서 들리는 그런 목소리를 가장 효율적으로 잘 듣고 반응할 수 있는 간단하지만 강력한 방법을 다루겠다.

이 연습을 하는 동안 이 책에서 내내 이야기해서 이제는 익숙해졌을 기본 사항을 다시 기억해보는 것이 도움이 될 것이다.

① **당신의 성격은 당신이 아니며 당신 역시 당신의 성격이 아니다.** 진정한 우리는 성격이라는 장막 너머 저 어딘가에 있다. 그렇다고 해서 성격이 '거짓'이라는 뜻이 아니다. 진짜 옷이나 거짓 옷이 없듯 말이다. 그렇지만 옷과 달리 성격 전체 또는 일부라도 '벗는' 것은 불가능해 보인다. 왜냐하면 **성격이 우리 자신처럼 보이기 때문이다.** 중요한 것은 진정성이라는 미명하에 갑자기 모든 것을 벗겨내서는 안 된다는(벗겨낼 수 없다는) 점이다. 그러나 성격이 우리를 정의하지 않는다는 점을 상기시켜보는 것도 도움이 된다. 대중가요의 가사를 이용하자면 우리는 그런 식으로 태어나지 않았기 때문이다.*

② **성격은 적응의 결과다.** 우리가 성격이라고 부르는 것은 순수한 특징과 훈련된 모방 스타일이 뒤섞인 것이다. 따라서 진정한 우리 모습을 제대로 반영하지 않거나 전혀 반영하지 못할 수도 있다. 개인의 성격은 각자의 기질이 가족, 지역사회 그리고 문화와 어떻게 상호작용을 했느냐에 따라 달라진다. 그러므로 우리의 진짜 욕구와 내면 깊숙한 곳의 바람, 진실한 본성을 제대로 반영하지 못하고 가족, 사회, 문화로부터의 소외에 대한 보상 추구에 지나지 않을 수도 있다. 부부 및 가족 문제 치료사인 리처드 슈워츠는 이렇게 말한다. "우리는 신원 오인으로 고생하고 있다. 우리 문화는 우리가 진정 누구인가에 대해 너무나 많은 약을 팔았다."[1]

치유 활동은 성격을 완전히 벗어버리는 것이 아니라 우리 자신을 자동화된 반응에서 벗어나게 하여 내면의 진정한 자아를 찾고 우리 주위의 필수 요소와 다시 연결하는 것이다. "해방이란 성격이 우리를 놓아

---

* 레이디 가가의 2011년 노래 〈Born This Way〉.

주고 자신도 긴장을 풀어 그 순간에 자유로워지는 것에 불과하다." A. H. 알마스의 말이다.[2] 우리에게는 아직 순수한 힘이 남아 있다. 전보다 보다 여유 있게 자신을 알릴 수 있으니 말이다.

③ **우리 몸은 정말로 점수를 기록한다.**** 비록 여러 겹의 제한적인 자기 확신과 훈련된 행동으로 뒤덮여 있다 하더라도 진정한 자아는 결코 사라지지 않고 몸을 통해서 끊임없이 우리에게 이야기한다. 그것의 언어를 배우면 메시지를 알아들을 수 있다.

④ **성격과, 진정한 자아를 잃는 것은 개인 수준에서 발생하는 것이 아니다.** 자신과의 단절은 우리가 사는 물질적 사회에 너무 만연해 있어서 경제, 문화, 정치 등 여러 분야에서 촉진되고 이용된다. 물론 역사적으로 보면 마음속에 숨어 있는 진정한 자아의 탐구는 전부터 계속 있어왔다. 그렇다면 우리 모두는, 비록 자신의 치유 여정에 책임이 있고 자신의 성격적 문제를 해결하려고 노력하지만, 다른 사람과 마찬가지로 일반적인 방식으로 참여하고 있다는 것을 알고 힘을 내도 좋을 것이다. 그 일반적인 방식이란, 불가능할 것 같은 변화와 회복에 관한 디즈니 뮤지컬인 〈미녀와 야수Beauty and the Beast〉의 주제가를 인용하자면, 아주 옛날부터 있던as old as time 이야기다.

✛ ✛ ✛

이 방식을 적용하는 데 중요한 것은 규칙의 엄격한 실행이 아니라 정신적 노력이다. 그리고 그 정신은 내가 연민적 질문Compassionate Inquiry:

** 베셀 반 데어 콜크가 쓴 트라우마에 대한 현대의 고전인 《몸은 기억한다(The Body Keeps the Score)》가 연상된다.

CI이라고 이름 붙인 방법론에 반영되어 있다. 연민적 질문은 내가 80여 개 국가에서 수천 명의 치료사들에게 전파한 전문적 훈련 방법이면서 동시에 아래에 기술한 대로 자기반성을 실천하는 방법이다. 훈련에 참가하는 치료사들은 처음 3개월간 다른 사람의 문제가 아니라 자신의 문제를 가지고 씨름하는데 이게 크게 도움이 된다는 사람도 있었지만 실망했다는 사람도 있었다. **치료사들이여, 자신을 치료하라**.

연민적 질문에서 **질문**이란 무슨 뜻인가? 순수한 의미로는 제한 없는 탐구라 할 수 있다. 무엇보다 질문을 하려면 굴욕을 받아들여야 한다. 소크라테스가 그랬던 것처럼 답을 아직 모른다는 것을 인정하거나, 이상적으로는 알맞은 질문이 아직 떠오르지 않았다는 것을 받아들이는 것이다. 따라서 당분간만이라도 자신이 어떻다고 믿는 것을 멈추길 바란다. 오늘날처럼 깊이 없는 대중심리학이 유행하는 때에 자기 인식은 우리의 어두운 과거를 밝혀주는 심오한 종류의 지식이 아니라 자신에 대한 지식으로 끝날 가능성이 높다. 이것이 바로 우리가 여기서 알고 싶은 것이다. 우리는 우리 자신을 알고 싶은 것이지 단지 우리 자신에 **관해서** 알고 싶은 것이 아니다.

이제 나머지는 **연민**이다. 연민적으로 질문하려면 마음을 열고 끈기와 너그러움이 있어야 한다. 곤란에 빠진 친구나 사랑하는 사람이 도움이 필요할 때 그들을 어떻게 대할 것인지 생각해보라. 그들이 혼란해하고 당황해하며 좌절하도록 놔두는 것이다. 동정심을 가지고 자신을 대할 때도 마찬가지다. 다만 실행하기 어려울 뿐이다. 동정은 우리가 다른 사람이 되어야 한다고 강요하지 않는다. 다만 우리가 갖지 못한 믿음과 행동의 원인과 방법 그리고 이유를 물어볼 따름이다. 나는 그 누구에게도 자신에게 연민적**이어야** 한다고 말하지 않는다. 연민에는 '마땅히 해야 한다'는 개념이 없다. 어쨌든 방어적이고 분리된 우리의 일부분은 그런 요구에 긍정적으로 반응하지 않는다. 그럴 이유가 없지 않는가? 자기 연민이 **부족함**을 깨닫고 관심을 기울여 우리 삶에 어떻게 다가오는지 호기심을 갖는 것이 훨씬 친절하고 효과적이다. 일단 알아보면 그것은 부드러워져서 그것의 기원과 현재에 미치는 영향을 알게 해준다.

여기에 감정적인 것은 아무것도 없다. 연민은 자신을 포함한 다른 사람에게 따뜻한 감정을 불러일으키는 것과는 구별된다. 그것은 태도지 감정이 아니다. 스스로 왔다 가는 감정과 달리 태도는 **어떤** 감정적 상태에서도 불러낼 수 있고, 발생시킬 수 있으며 키울 수 있다. 여기서 말하는 태도란 대상이 무엇이든 계속해서 판단을 하지 않는 것을 말한다. 자기 판단이 생기면(필연적으로 생기겠지만) 내용을 믿지 않고도 그 기원에 대한 호기심을 유지할 수 있다.

무엇이나 질문의 대상이 될 수 있다. 심지어 자기혐오처럼 매우 부정적인 경험도 가능하다.* 자신을 미워한다고 꾸짖기보다는 애초에 그것이 왜 발생했는지 먼저 알아야 한다. 그런 의도를 가지고 물어보면 때로는 많은 것을 깨달을 수 있다. 우리가 마음속에서 동정을 느껴 야수를 받아들이면 그것은 잘생기고 사랑스러운 친구로 변할 수도 있다. 아니면 적어도 긴장을 풀고 더 이상 우리를 탐욕스럽게 쫓아다니지 않을 것이다.

---

* 자기혐오의 적응적 소스에 관해서는 30장에서 추가로 다룰 예정이다.

몸이 아니라고 말하기 전에: 자기 질문 연습

이제 매일 또는 주 1회 또는 본인이 적당하다고 생각하는 주기를 골라 연습을 해보자. 장기간 해야 한다면 나도 마찬가지지만 유지하기 어렵다. 만일 하루에 단 몇 분도 시간을 내서 질문할 수 없다면 그 사실을 편견 없이 인정하고 그 이유를 찾아보는 것만으로도 가치가 있다.

편견이 없다고 해서 방심해도 된다는 뜻은 아니다. 우리의 성격은 우리가 그것들을 풀어놓거나 느슨하게 하려는 것을 느끼기만 해도 이성이라는 방해물을 토해내는 데 익숙하다. 사실 치유를 약속한다는 것은 그들의 속임수에 잘 넘어간다는 뜻이다. 가장 많이 하는 변명인 '그럴 시간이 없어요'조차 설득력이 없다. 우리 대부분은 자신이 생각하는 이상으로 시간이 많다. 너무나 바쁘다는 사람이라 해도 우리 모두에게 부족한 것은 시간을 사용할 **의지**가 없는 것이다. 고귀한 것이든 시시한 것이든 무언가를 기본적으로 추구하는 데 마음이 꽂히면 갑자기 '시간이 없는' 것처럼 느껴지는 것이다. '아, 난 정말 하고 싶은데 단지⋯⋯' 라며 안 되는 이유를 나열하는 것은 도움이 안 된다. 이게 당신 이야기 같다면 자기 질문이 당신에게 어떤 불편함을 초래하는지 스스로 물어보길 바란다. 그러면 실망하거나 반박당할 수도 있고, 또는 익숙한 상태에서 벗어날지 모른다는 두려움을 발견할지 모른다. 이러한 위험은 실존하는 것이다. 경우가 어떻든 자신을 억지로 강요하거나, 달래거나, 창피를 주어서 자기 질문을 하도록 만들어서는 안 된다. 심지어 도움을 얻기 위한 것이라도 말이다.

이 연습은 자신과 자신의 경험과 함께할 수 있는 조용한 방에서 아무런 방해를 받지 않고 문서로 하는 것이 제일 좋다. 답은 종이에 적어보

정상이라는 환상

라. 마음속에 떠오르는 생각이나 깨달음을 관찰하는 것보다 더 적극적이고 심오하게 마음의 작용이 발생하기 때문이다. 전자기기는 최대한 멀리하고 타이핑하는 것보다는 손으로 쓰는 것이 좀 더 자신과 연결되는 느낌을 줄 것이다.

이 연습으로 인생이 바뀌었다는 사람이 많았다. 선택하기 나름이겠지만 최소 일주일에 한 번 규칙적으로 하는 것이 중요하다.

질문 1: 중요한 분야에서 어떤 것에 아니라고 말하지 않았는가?

다른 말로 표현하면, 오늘 또는 이번 주에 어디에서 마음속으로는 '아니요'라고 말하고 싶었지만, 이를 억누르고 '예'라고(또는 침묵) 했는가?

현실을 직시하고 구체적으로 알고 있어야 한다. 지금 우리가 말하는 것은 가끔이 아니라 늘 발생하는 사건이다. 우리 모두는 자신의 안락함을 희생하고 다른 사람을 돕기 위한 사려 깊고 진심에서 우러나오는 결정을 한다. 부모는 항상 이렇게 행동한다. 어린이는 아픈 동안 엄마와 아빠가 얼마나 많은 날을 뜬눈으로 밤을 새며 자신을 간호했는지 모른다. 친구가 고통을 겪고 있을 때 집에서 휴식을 취하지 않고 친구를 만나기로 하는 것 역시 진정성 있는 결정이다. 연민적 질문은 절대로 순수한 이타심을 비난하려 하지 않는다. 그것은 많은 사람들의 성격에 뿌리박힌, **습관적**이고 **자동적**인 이타심으로서 많은 희생을 하면서도 앞에 내세우는 그런 종류의 성격이다.

이 경향은 직장과 사생활이라는 두 가지 중요한 분야에서 주로 나타난다. 직장생활에서는 예를 들어 감당하기 힘들다는 것을 알면서도 추가 업무를 떠맡는다거나, 주말에 집으로 일거리를 가지고 가서 자신과 가족의 시간을 포기하는 것 등이다. 자신의 개인 영역을 침범하는 동료를 거부하지 못할 수도 있고 누군가 당신의 의견을 물어보았을 때 진짜로 옳다고 믿는 대답이 아니라 그들이 원한다고 생각하는 답을 하는 것 역시 마찬가지다.

사생활에서는, 피곤해서 정말 쉬고 싶은데 친구의 술자리 요청을 수락하는 것이 포함된다. 정말 극도로 하기 싫거나, 하기 전에 해결할 문제가 있지만 결론을 내지 못하거나, 중간에 정말 '아니'라는 생각이 들더라도 파트너와 성관계를 하는 것 역시 마찬가지다. 긴급한 일이 있음에도 이사를 도와달라는 이웃의 부탁을 거절하지 못할 수도 있다. 또는 자신만의 시간을 갖고 싶었지만 아이를 봐달라고 배우자에게 부탁하지 못하는 것도 포함된다. 형제에게 봉양하는 부담을 덜어달라고 말하지 못하고 연로한 부모님을 계속해서 모시는 것도 마찬가지다.

보다 일반적인 상황에서 자신에게 물어보자. 누구에게 그리고 어떤 상황에서 가장 거절하기 힘든가? 거절하더라도 마지못해 한다거나, 미안한 마음이나 죄의식을 가지고 거절하는가? 또는 나중에 그 일을 매우 후회하는가?

생각해서 의식적으로 '예'라고 하는 것과 억지로 강압에 눌려 '아니요'라고 대답하는 것에는 엄청난 차이가 있다. 물론 복잡한 현대 생활의 현실에 부딪혀 그 경계가 모호해지는 경우도 많다. 직장을 유지하기 위해 우리를 괴롭히고 거절해야 할 요구를 받아들이기도 한다. 그런 경우라도 우리가 치르는 대가가 그로 인해 발생하는 스트레스만큼 가치가 있는지 자신에게 물어볼 수 있다. 그런 질문조차 하지 못한다는 사실은 커다란 사회문제다. 우리 대부분에게 '아니요'를 말하지 못하는 것은 개인적 또는 경제적 복지에 도움이 되지 못한다. 어떤 상황에서

　　　　　　　　　　　정상이라는 환상

거절하지 못하는지는 당신만이 알고 있다. 그렇다고 하더라도 의식적으로 어떤 목적을 가지고 만성적인 스트레스를 유발하는 상황을 받아들이는 것만으로도 아무 생각 없이 자동적으로 받아들이는 데서 한 단계 상승한 것이다.

질문 2: 아니라고 말하지 못하면 내 삶에 어떤 영향을 미치는가?

영향이 미치는 영역은 신체, 정서, 대인관계, 세 곳이다.

신체적 수준에서는 불면증, 요통, 근육경련, 구강건조, 오한, 복부통증, 소화불량, 피로, 두통, 피부발진, 식욕감퇴 같은 몸의 경고 신호에 대해 말할 수 있다.

정서적 측면에서는 슬픔, 소외감, 불안감, 권태감 등으로 답할 수 있다. 또한 감정의 부족으로 나타날 수도 있다. 예를 들어 예전처럼 즐거움을 못 느낀다거나 유머 감각이 무뎌지는 것 등이다.

대인관계 영역에서 가장 빈번하게 영향을 미치는 것은 마음속의 진짜 대답을 억눌렀을 때 그 대상인 사람이나 상황에 대한 분노이다. 그런데 자세히 보면 이는 매우 모순적인 결과다. 당신이 좋아하는 사람과 친밀한 관계를 유지하기 위해 '아니요'라는 대답을 억눌렀다고 가정해보자. 실제로는 사람의 감정이 상처받았기 때문에 그 사람으로부터 더욱 멀어지는 결과를 초래한다. 그 사람 역시 분노로 촉발된 감정의 상처를 당신에게서 느낄 것이다. 표정, 말투, 몸짓 등에 나타나기 때문이다. 그러므로 바라던 것과 정반대의 결과를 얻게 된다. 주의 깊게 관찰해보면 분노는 단순히 추상적인 성질의 감정이 아니라는 것을 느낄 것이다. 실제로 가슴이나 복부가 아프거나 턱, 목, 이마 등의 근육이 경직되는 증상을 느낀다. 또한 분노는 말하지 못한 것, 풀지 못한 감정의 앙금이다. '분개하다resent'라는 말은 알고 보면 '다시 느낀다'는 뜻의 프랑스어 'ressentir'에서 온 말이다. 즉 느끼고 또 느끼다 보면 분노한다는 뜻이다.

더 상세한 내용을 알기 위해 들여다볼 분야는 일상생활에서 다소 벗어난 곳에 있다. "나 자신의 의견을 제대로 주장하지 못하면 놓치는 것은 무엇인가?"라는 질문이 적절할 듯하다. 이에 대한 답은 재미, 즐거움, 자발적 동기, 자존심, 성욕, 성장과 모험의 기회 등등 끝도 없다.

질문 3: 몸의 어떤 신호를 무시해왔나? 주의를 기울여야 하는데 어떤 경고 신호를 그냥 지나쳤는가?

세 번째 질문은 바로 앞 질문과 방향이 반대다. 여기서는 진정성의 부족이 육체에 영향을 미친다. 어떤 날이나 어떤 주를 잡아 정기적으로 정밀한 신체검사를 해야 한다. 어떤 사람들에게는 이 질문이 필수적인 보완 조치다. 왜냐하면 자기 부정이 너무나 일상적인 것이 되어버려서 표현하지 않은 '아니요'를 구별할 줄 모르기 때문이다. 혀끝은 말할 것도 없고 마음속에 감히 답을 생각조차 못 한다.

목적은 피로감이나 만성두통, 소화불량, 요통 등 진행 중인 증상을 정기적으로 조사해서 이 증상 중 어떤 것이 표현되지 않은 '아니요'의 발현인지 알아내려는 것이다. 물론 신호를 알아내려면 장시간 멈추어야 한다. 몸과 마음을 별도로 보는 문화에 사는 우리는 몸이 보내는 신호를 무시하는 데 익숙해 있다. 다른 사람들이 우리의 자기 부정을 고마워하고 그로부터 이익을 취할 때 흘러나오는 도파민과 엔도르핀의 양이 늘어나면 마치 중독에서와 마찬가지로 뇌의 보상 시스템마저 좋아할지 모른다. '아드레날린 정키adrenaline junkies'라는 말이 생긴 데는

다 이유가 있는 것이다. 다른 사람들한테 잘하려는 충동은, 강박적이지 만 않다면, 자신에게 잘하려는 충동을 압도한다.

마찬가지로 자신의 역할을 자신이라고 생각하는 사람들은 '아니요' 가 정체성이라는 방음 장갑을 뚫고 세상에 잘 들리도록 만들기 쉽지 않 다. 우리는 자신과 세속적인 직업을 혼동한다. 의사, 치료사, 교사, 변호 사, CEO, 가장, 슈퍼맘 등. 따라서 우리 몸이 우리에게 말하려 하는 것 을 적극적으로 파악하기 위해 이 세 번째 질문이 있는 것이다. 몸이 어 떻게 한정된 정체성에서 주의를 돌려 우리가 진정으로 필요로 하는 것 에 집중하도록 하는지 알기 위해서 이 질문이 존재하는 것이다. 이 질문 을 하면 몸이 우리에게 큰 소리를 내는 것도 막을 수 있고 보다 비극적 인 사태로 발전하는 것도 예방할 수 있다.

질문 4: '아니요'라고 말하지 못하는 감춰진 이유가 있는가?

거부하지 못하는 습관의 배후에는 내가 **스토리**라고 부르는 것이 숨 어 있다. 이 스토리는 습관적인 자기 부정을 정상적이고 심지어 필요한 것으로 만드는 이야기, 설명, 정당화, 합리화를 뜻한다. 사실 이것들은 우리 자신에 대한 핵심적 믿음을 부정하는 데서 발생한다. 그것이 스토 리인지 모르는 경우도 많고 마치 그것이 진실인 양 생각하고 행동한다.

워크숍에서 이 질문을 던지면 스토리 밑의 스토리, 즉 숨어 있는 이 야기를 찾는 데 시간이 많이 걸린다. 특정 상황에 딸린 세부 사항(가령 "우리 엄마가 어떤지 알잖아요. 들볶이느니 그냥 알았다고 하는 게 좋아요.")을 지나치면 깊숙한 곳에 숨겨진 이야기를 발견할 수 있다. 그 이야기의 논리가 우리의 해석과 반응을 결정한다. 이 숨은 이야기는 항상 자신에 관한 것이지 현 상황에 관한 것이 아니다.

행동 뒤에 숨겨진 스토리를 찾기 어렵다면 '내가 무얼 믿고 이런 식으로 내 욕구를 부정할까?'라고 물어보라. 추측이라도 이에 대한 대답이 정답에 가까울 확률이 높다. 객관적이지도 정확하지도 않지만 우리의 스토리는 항상 우리의 행동 및 경험과 내부적으로 일치한다.

잘 아는 스토리는 아래와 같다.

- 안 된다고 하면 내가 일을 처리하지 못한다는 뜻이므로 나약하다는 신호다. 나는 강해야 한다.
- 사랑받으려면 '착해야' 한다. 아니라고 하면 사랑받지 못할 것이다.
- 다른 사람들이 어떻게 느끼고 경험하는지는 모두 내 책임이다. 그 누구도 실망시켜서는 안 된다.
- 무언가 유용한 일을 하지 않으면 나는 가치가 없다.
- 내가 진짜로 어떻게 느끼는지 사람들이 안다면 나를 좋아하지 않을 것이다.
- 내가 친구, 배우자, 동료, 부모, 이웃의 부탁을 거절하면 마땅히 죄의식을 느낄 것이다.*
- 거절하는 것은 이기적인 것이다.
- 화를 내면 사랑받지 못한다.

이 대답에서 특히 나타나는 것은 이중 잣대다. 우리는 이중 잣대라고 하면 "내 행동을 따라 하지 말고 내가 말하는 대로 해" 같은 풍자에서 보듯 다른 사람에게는 엄격하게 대하면서 자신은 예외로 하는 차별적

---

* 강박적인 죄의식과 잘 지내는 방법은 30장에서 다룰 것이다.

규칙을 떠올린다. 사실 이런 무의식적인 이중성은 보통 자신에게 적용되는 경우가 많은데 이를 역위선reverse hypocrisy이라고 부른다. 나는 가끔 이런 질문을 한다. "친구가 그렇게 하는 것이 맞는다고 생각하여 부탁을 거절하면 그들을 '나약'하다고 비난할 건가요?" 답은 예상했겠지만 "당연히 아니죠"이다. 당신에게도 물어보라. 누군가에게 다른 사람을 실망시키지 말아야 한다는 책임감을 부여해 부담을 주겠는가? 이웃이 갈 데가 있어서 요구를 거절한다면 그들을 이기적이라고 욕할 것인가? 자녀가 '유용하지' 못하다고 해서 아무 쓸모가 없다고 비난할 것인가? 이 질문을 하는 모든 사람과 마찬가지로 아마 당신도 아니라고 답할 것이라고 확신한다.

'강자' 의식이 뿌리박혀 있어 거절하지 못하는 사람들이 있다. 다른 사람들은 불평하지 않고 받아주는 그들을 좋아한다. 이런 종류의 '강함'은 부담을 주든 말든 할 말을 하는 진정한 힘과는 다르다. 우리 대부분은 선택권이 주어진다면, 의도치 않았던 힘을 가지고 사느니 차라리 의식적인 힘과 훈련된 강인함으로 살려 한다.

질문 5: 이런 스토리는 어디서 배웠나?

아무도 태어날 때 쓸모없다고 느끼지 않는다. 우리는 돌봐주는 사람과의 상호 교류를 통해 자신을 바라보는 시각을 키워나간다. 그 사람이 가진 트라우마가 원인이 되어 우리를 못되게 대하면 우리는 이를 또한 개인적으로 받아들인다. 만일 이유는 모르지만 그들이 스트레스를 받고 기분이 안 좋다면 우리는 이 또한 개인적으로 받아들인다. 어릴 때 우리가 덜어줄 수 없었던 부모의 고통에 대한 인식은 비록 부모에게 사랑한다는 말을 들었더라도 우리 자신의 가치를 의심하게 할 수 있다.

30장에서 설명하겠지만 그런 일이 치료사와 상담을 하면서 내게도 발생했다.

과거를 들여다보는 목적은 곰곰이 생각하려는 것이 아니라 놓아주려는 것이다. "고통을 깨닫는 순간 해탈의 길에 들어선 것이다"라고 부처는 말했다.[3] 그러므로 이 다섯 번째 질문은 있는 그대로 우리의 어린 시절을 솔직하게 볼 것을 요구한다. 희망이 아니라 사실 그대로 말이다.

질문 6: 언제 말하고 싶었던 '예'를 무시하고 부정했나?

'아니요'를 억누르면 병이 생기듯, 진실한 '예'도 마찬가지다. 의무감이나 공포심이라는 미명하에 포기한 것 중 하고 싶고, 보여주고 싶고, 창조하고 싶고, 말하고 싶은 것은 무엇이었는가? 어떤 놀고 싶고 알고 싶은 욕망을 무시했는가? 그럴 자격이 없다는 믿음이나 누가 채갈 것 같은 후천적인 공포 때문에 포기한 즐거움이 있는가?

말하지 않은 '아니요'에 대해서 자신에게 이렇게 물어보라. 내 창조적인 충동을 방해하는 믿음은 어떤 것인가? 나의 경우 직관을 무시한 채 그저 일만 해야 한다는 의무감이었다. 나는 내 책《몸이 아니라고 말할 때》에 그 시절을 이렇게 기록했다.

> 의사가 되고 나서 한동안 나는 일중독에 빠져 내면 가장 깊숙한 곳의 충동에 귀를 기울이지 못했다. 아주 가끔 평온함을 느낄 때면 명치끝에서 아주 약하게 무언가가 펄럭이는 것을 느꼈고 머릿속에서는 희미한 속삭임처럼 '글쓰기'라는 단어가 들려오곤 했다. 처음에는 이게 가슴앓이인지 영감인지 알지 못했다. 귀를 기울일수록 메시지는 점점 더 커져갔다. 글을 써야만 했다. 내 생각을 글로 표현해서 다른 사람들

이 내 말을 듣게 하고 나도 그 말을 들을 필요가 있었다.

알코올의존자였던 내슈빌 출신의 작곡가 겸 작사가 메리 고티에Mary Gauthier는 내게 이런 말을 했다.* "음악이 나를 살렸습니다. 음악을 통해 나 자신을 표현하고, 다른 사람과의 연결에서 오는 울림을 느꼈으므로 살 수 있었습니다. 또한 술을 안 먹고 버틸 수 있었습니다. 아침에 일어나서 움직일 수 있는 이유이기도 합니다." 그것을 무엇이라 부르건 내면의 창조적인 힘은 치유에 커다란 도움이 된다.

저명한 의학자 야노시 셀리에는 그의 저서 《삶의 스트레스》에서 "안에 있는 것은 밖으로 나와야 한다. 그렇지 않으면 엉뚱한 곳에서 터지거나 불만으로 꼭 차게 될 것이다"라고 말했다.[4] 내 안의 무언가에게 할 말이 있는데 이를 표현하지 않으면 침묵 속에서 질식사할 것이다. 이 책을 포함해서 내가 쓰는 책들은 밖으로 나가고 싶은 내면의 요구에 대한 응답이다.

---

* 사실 고티에는 노래만큼이나 최근에 쓴 책 《노래로 구원받다(Saved by a Song)》로도 유명하다.

Chapter 29

보는 것은 안 믿는 것이다: 부정적 믿음 되돌리기

자신이 가치 있다는 것, 치유받을 가치가 있다는 것을 인정하지 않으면
치유는 불가능하다. 우리의 세계관과 다른 사람과의 소통방식이 통째로
흔들리더라도 말이다.

- 마리오 마르티네스Mario Martinez, 《몸마음 코드The MindBody Code》

부적합한 것 같다는 느낌을 이용하는 사회에서 가장 많이 듣는 말은
"난 그럴 만한 가치가 없어요"라는 말이다. 이것은 내가 앞 장에서 별
도 항목으로 표시한 것들의 근거가 되는 느낌이다. 이를 해결하지 않으
면 열심히 자신을 조사하려는 노력을 좌절시킨다. 나 자신이 이 책을
쓰는 도중에도 이것의 따가운 바늘을 느꼈을 정도다. 내 친구이자 치유
분야의 멘토인 피터 러빈이 그걸 건드린 것이다. 그는 최근 나와의 대
화에서 이렇게 말했다. "'나는 할 만큼 했나?'라는 질문에는 긍정했어
요. '나는 할 만큼 했다. 그런데 나는 충분한가?' 이 질문과는 아직 씨름
하는 중이죠." 그게 무슨 뜻인지 알기에 가만히 웃고 말았다.

무가치한 느낌을 다루는 방법은 많다. 어떤 사람들은 그것을 긍정적
으로 인정하라고 가르치기도 한다. 내 개인적 경험으로는 그런 가르침

은 내가 가장 필요로 할 때면 사라져버린다.

자신이 가치 없다는 확신이 얼마나 은밀하게 뿌리박혀 있는지 그리고 그것을 지우기가 얼마나 어려운지를 과소평가해서는 안 된다. 우리는 거의 그것의 최면에 걸려 있다. 생물학자 브루스 립턴Bruce Lipton은 그것이 뇌파의 문제라고 주장한다. 가장 느린 뇌파인 델타파는 생후 두 살까지 가장 많이 나오며 여섯 살까지는 세타파가 우세하다. "7세 이하의 어린이에게는 세타파가 가장 많이 나옵니다. 세타파는 최면 상태로서 모든 것을 흡수합니다. 마치 최면에 걸린 것처럼 어떤 메시지도 다 받아들이는 거죠." 립턴의 주장이다. 그 시기를 지나야 알파파와 베타파처럼 의식적인 인식과 논리적인 사고와 관련된 뇌파가 나온다는 것이다. "우리는 삶에 대한 생각과 믿음을 받아들인 다음 더 나이를 먹어야 비판적인 사고를 할 수 있게 됩니다. 일단 받아들이면 잘못된 것이라도 진실이 되지요."[1] 그렇게 받아들인 진실, 아니 정확히는 거짓이, 이 세계에 존재하는 자신이라고 생각한다.

연민적 질문을 통해 자기기만을 인식하고 새로운 인식을 할 수 있다면 진정한 자주권을 수립할 수 있을 것이다.

❖ ❖ ❖

우리는 표현하지 않은 '아니요'와 '예'가 여러 영향을 미친다는 것을 알았다. 또한 스토리들이 그렇게 패턴화된 자기부정의 근거가 된다는 것을 알고 그 원인을 찾으려 시도했다. 그래서 결과가 무엇인가? 우리의 스토리를 이야기로만 아는 것도 그 자체로 가치는 있지만, 궁극적으로 우리가 원하는 것은 그것으로부터의 탈출이다.

다음 연습은 자신이 쓸모없다는 잘못된 망상에서 깨어나 우리 자신을 해방시키는 첫 단계를 알려줄 것이다.

중독을 다룬 내 책의 치유 파트에서 나는 UCLA 심리학과 교수인 제프리 슈워츠Jeffrey Schwartz가 그의 책 《마음과 뇌The Mind and the Brain》에서 만들었던 일련의 과정을 그의 허락을 받아 사용한 적이 있다.[2] 여기서는 한 단계 더 나아가 이 방법을 모든 종류의 부정적인 믿음에 적응해보려 한다.

슈워츠 교수는 원래 강박장애 환자의 치료를 위해 이 과정을 만들었지만 다른 형태의 잘못된 사고방식을 수정하는 데도 효과가 있었다. 결국 부정적 사고방식에도 강박적인 요소가 있기 때문이다. 아무런 재미가 없어도 계속해서 그렇게 생각하니 말이다. 이 과정의 요지는 의식적인 노력으로 전액골 피질의 능력을 강화시켜 과거의 잘못된 생각에서 탈피하고 현재로 되돌아오도록 뇌를 다시 훈련시키는 것이다. 이런 방법으로 그 어떤 반복적인 자기비하적 사고 패턴도 없앨 수 있다는 것이다.

이 방법은 **경험하는** 것이므로 노력과 주의가 필요하다. 한다고 되는 것이 아니고 경험해야 한다. 주의를 집중할 때만 마음이 두뇌를 되살릴 수 있다. **"의식적으로 주의를 기울여야 합니다.** 거기에 모든 것이 있습니다. 두뇌의 실질적인 변화는 주의라고 불리는 정신상태를 만드는 데 달려 있습니다. 주의를 기울이는 것이 중요합니다." 교수의 주장이다.

원래 슈워츠 교수의 치유 과정은 네 단계인데 나는 한 단계를 추가했다. 이 다섯 단계로 이루어진 과정은 규칙적으로 하면 가장 효과적이지만 심하게 자기 부정적인 느낌이 들 때마다 해도 좋다. 조용히 앉아서 쓸 만한 장소를 찾아라. 이 연습을 하다 보면 역시 손으로 쓸 만한 노트

정상이라는 환상

가 필요할 것이다.

1단계: 재평가

첫 번째 단계는 부정적인 사고방식을 있는 그대로 인정하는 것이다. 생각이든, 믿음이든, 거짓이든 좋다. 예를 들어 '나는 다른 사람의 기분이 전부 내 책임이라고 **믿는 것 같아**' 또는 '오, 나는 내가 강해져야 한다는 **생각을 갖고 있어**' 아니면 '나는 내가 도움이 될 때만 가치가 있다고 **생각하는 것처럼 행동해**' 같은 것들이다. 의식적으로 인식하는 것이 특히 이 단계에서 중요하다. 그것과 동일시하지 않으면서 정신상태를 관찰할 수 있는 우리 자신의 일부를 깨우는 것이 중요하다. 즉 우리 자신에게 관심이 있는 공정한 관찰자가 되어야 한다는 것이다.

이 단계에서 중요한 것은 부정적인 생각을 사라지게 해서는 안 된다는 점이다. 당신의 뇌를 오랜 기간 점령했으므로 사력을 다해 저항할 것이다. 사실 부정적인 생각은 이에 굴복해도 강해지지만 억누르고 없애려고 해도 마찬가지로 더욱 강해진다. 당신의 스토리가 잘못되었거나 틀렸다는 것을 밝히려 해서는 안 된다. 그 감정과 싸우는 것은 채소 반찬이 먹기 싫어서 "엄마, 미워!"라고 소리 지르는 두 살짜리에게 "안돼. 그건 그냥 네 생각이야"라고 말하는 것과 같다. 또한 이 부정적인 생각을 반대되는 유쾌한 생각으로 대체해서도 안 된다. 예를 들어 '나는 좋은 사람이야' 또는 '나는 순수한 빛의 통로야' 같은 것들이다. 정확히 말하면 이 단계는 은연중의 믿음이 진실이었다는 **확신**에서 벗어나는 것이다. 그렇게 함으로써 스토리를 논픽션난에서 제자리에 갖다 놓는다. 더 이상 반항해야 할 철통같은 법도 아니고 반박해야 할 비난도 아니다. 고통스럽고 제 기능을 못하기는 하지만 그냥 생각에 불과하다. 생각은 돌아올 가능성이 높다. 그렇게 되면 차분한 결단과 사려 깊으며, 경계하는 인식을 통해 그것을 재평가할 것이다.

2단계: 재속성화

이 단계에서는 재평가된 믿음이 비롯된 출처를 바로잡는 방법을 배우게 된다. '이것은 내 뇌가 낡고 익숙한 메시지를 보내는 것이다.' 자기 자신이나 다른 누구도 탓하지 않고, 그 원인을 적절한 곳, 즉 어릴 적 당신의 뇌에 프로그램된 신경 회로로 돌리는 것이다. 그곳은 감정 회로가 건강하게 발달하기에 적절한 환경이 부족했던 한 시기, 어린 시절을 나타낸다. 그 믿음이나 생각을 밀어내지는 않되, 당신이 그것을 요구하지도 않았고 그런 생각을 해야 마땅할 만한 무언가를 하지도 않았음을 분명히 하는 것이다.

재속성화는 자신에 대한 동정적인 호기심과 직접적으로 연관되어 있다. 부정적인 믿음이 있으면 한 인간으로서의 자신에 대해 아무 말도 하지 않는다. 그것은 도덕적 결함이나 나약한 성격의 문제가 아니라 자신이 어찌할 수 없었던 환경의 영향에 불과하다. 지금의 당신은 부정적인 믿음에 반응해온 결과다. 현재의 경험은 과거에 의해 고정되고 결정된 것에 대한 선택 반응에 훨씬 많이 연결되어 있다.

3단계: 재집중

이번 단계는 자신에게 약간의 시간을 내주는 것이다. 부정적인 믿음

정상이라는 환상

은 마음이 만들어낸 환영 같은 것이기 때문에 시간을 주면 사라질 것이다. 제프리 슈워츠는 핵심 원칙을 이렇게 말한다. "중요한 것은 어떻게 느끼느냐가 아니고 무엇을 하느냐다." 감정이나 느낌을 억누르라는 게 아니라 당신을 끌어내리게 하지 못하고 질문이 궤도에서 벗어나지 않도록 하라는 뜻이다. 의식적으로 우회하더라도 관계를 유지해야 한다.

방법은 이렇다. 자신을 통제하려는 부정적인 감정을 파악했다면 **다른 할 일을 찾아라**. 이렇게 하려면 의식적인 노력이 필요하며 처음에 놓쳤다고 해서 자신을 비난해서는 안 된다. 이런 믿음 패턴들은 우리가 행동을 하기 전에 발생하기 때문이다.

처음 시작은 소박해도 된다. 15분만 시간을 내면 된다. 좋아하고 활력을 유지시켜줄 행동을 선택하라. 이왕이면 건강하고 창의적이면 좋다. 여하튼 해를 끼치지 않고 즐거움을 줄 수 있는 것이면 된다. 무기력하게 부정적인 생각에 빠져들기보다 산책이나 음악감상 또는 십자말풀이처럼 15분이 금방 지나가는 것이면 된다. 슈워츠는 이렇게 제안한다. "신체 활동이 특히 도움이 되는 것 같습니다. 그러나 무엇이든 좋아하는 것을 하는 것이 중요합니다." 하지만 지금 당장 이런 활동을 할 에너지가 없다면 자신의 생활에서 사랑스럽고 활력이 넘치는 것에 재집중하면 된다. 즉 이미 달성했거나 달성 가능한 행동, 당신이나 다른 사람들에게 도움을 주었던 것들, 당신이 사랑했던 사람들, 당신을 사랑했던 사람들에게 집중하라는 뜻이다.

재집중의 목적은 두뇌에게 오래되고 피곤한 스토리에 굴복할 필요가 없다고 가르쳐주기 위함이다. 또는 맨 처음에는 비록 잠시라도 다른 것 선택하기를 배울 수도 있다.

4단계: 가치 재평가

여기서는 정말 잘 따져보고 현실을 깨달아야 한다. 지금까지는 부정적 믿음이 당신을 지배했기 때문에 자신에 대한 그 어떤 의식적인 믿음도 큰 힘을 발휘하지 못했다. '나는 사랑받을 가치가 있어'라고 말하면서도 다른 한편에서는 '난 가치 없는 놈이야'라는 생각이 떠올랐다고 하자. 열 번 중 아홉 번은 부정적인 쪽으로 생각이 기울 것이다. 그러므로 이 단계는 일종의 검사로 생각해도 된다. 즉 그렇게 많은 시간과 에너지를 쏟아부었던 믿음의 객관적 대가를 검토한다고 보면 된다.

이 믿음이 나한테 해준 게 뭐지? 물어본다. 아마도 가능한 답은 이런 것이리라. **그것 때문에 수치스러움과 소외감 그리고 쓰라림을 느꼈어. 더 이상 꿈과 모험, 사랑을 추구할 수 없어. 병도 생겼어.** 그 영향을 알기 위해서는 대답이 관념적인 수준을 넘어야 한다. 부정적인 믿음이 마음속에 차지한 공간을 생각하면서 당신의 몸을 느껴보길 바란다. 그 영향은 당신의 행동과 관계에 남아 있듯 당신의 몸 안에 남아 있다.

구체적이어야 한다. 파트너나 부인, 남편과의 관계에 있어 무가치함에 관한 스토리(또는 그 어떤 스토리라도)의 실제 가치는 얼마였나? 가장 친한 친구, 자녀, 직장 상사, 직원, 동료들과의 관계에서는 어떤가? 이 믿음에 지배받던 어제는 어땠는가? 지난주는? 오늘은 어떨까? 이런 사건들을 다시 떠올릴 때, 어떤 일이 일어날지 예상할 때 무슨 느낌이 드는지 주의를 많이 기울여야 한다.

완전하게 가치를 재평가하면 부정적인 믿음으로부터 생기는 **보상**이나 **배당금**을 고려해야 한다. 그 믿음이 짧은 시간이나마 해악으로부터 당신을 보호했는가? 비판이나 거절로부터 피할 수 있었나? 또한 검사가 철저할수록 좋다는 것도 기억해야 한다.

　가장 중요한 것은 자신에 대한 가치판단 없이 재평가해야 한다는 것이다. 이렇게 프로그램되기 위해 태어난 것이 아니므로 밝혀진 사실 때문에 처벌받는 일도 없다. 반대로 지금까지 받았던 형벌이 줄어들 것이다. 하지만 그것이 당신에게 어떤 개인적인 감정이 있는 것은 아니다. 다른 사람들도 다 그렇게 했다. 지금 어떻게 반응하느냐에 따라 개인적인 것으로 바뀔 수도 있다.

5단계: 재창조

　지금까지 무엇이 당신의 정체성을 결정했는가? 당신은 어떤 선택권이 주어지기도 전에 뇌에 새겨진 방식에 따라 움직여왔다. 그 자동적인 방식으로 오랫동안 입력된 믿음에 따라 여태껏 살아왔다. 이제 재창조할 시간이다. 정말로 선택할 가치가 있는 다른 생활을 생각해야 한다.

　당신에게는 가치관이 있고 정열이 있다. 의지도 있고 재능과 능력, 사회에 기여하려는 좋은 의도와 어쩌면 목적의식 또는 천직이라 할 만한 것도 있다. 당신의 마음속에는 사랑이 있고 그 사랑을 우주의 사랑과 연결시키고 싶어 한다. 재평가, 재속성화, 재집중, 가치 재평가를 하면서 당신을 묶어놓았고 당신이 묶여 있던 패턴을 놓아주는 것이다. 강박적인 소유와 자기 위로, 자기 정당화, 감탄, 망각, 의미 없는 행위로 물든 삶 말고 당신이 진정 원하는 삶은 무엇인가? 어떤 삶을 창조하고 싶은가? 가치관과 의지를 적어보길 바란다. 그리고 다시 말하지만 의식적인 생각을 가지고 해야 한다. 충실한 삶을 살고 있는 자신을 상상해보라. 당신에 대한 연민이 눈에 가득 찬 사람들을 볼 수 있는 삶을 상상해보라.

지옥으로 가는 길은 좋은 의도로 포장되어 있지 않다. 그 도로에는 의도가 부족하다. 재평가, 재속성화, 재집중, 가치 재평가를 하면 할수록 마음껏 재창조할 수 있다. 넘어질까 두려운가? 넘어질 거다. 사람이라면 당연한 거다.

❖ ❖ ❖

결론으로 현명한 사람들 또는 현명해지려는 사람들에게 한마디 하겠다. 재창조re-create에서 중간의 하이픈을 빼면 '놀다'라는 뜻인 '레크레이션recreation'의 동사형만 남는다. 이는 우리가 자신을 너무 진지하게 받아들이거나 조사 과정을 너무 진지하게 받아들여 자발성과 활력을 잃는 경우 우리 자신에게 아무런 도움이 되지 않는다는 것을 상기시켜준다. 이런 과정들은 별로 재미없을 수도 있다. 하지만 아무 부담 없이 해보면 효과가 좋을 것이다. 나는 사람들이 중간에 놀라서 웃는 것을 많이 보았다.

정상이라는 환상

Chapter 30

적에서 친구로: 장애를 딛고 치유로

나는 부서진 것을 고치지 못한 채 살아왔다. 유물을 캐내듯 애정을 가지고 부드럽게 진정한 나 자신을 찾아야 한다.

- 주얼, 《부서지지 않아Never Broken》

특별한 정신적 훈련을 일주일에 몇 번 하면 치유가 된다고 말할 수 있으면 좋겠다는 생각을 한다. 그러나 한두 번(또는 세 번, 스무 번, 쉰 번) 연습하고, 해보고, 시도한다고 해서 바로 온전함을 얻을 수는 없다. 단 한 번의 시도로 가능하기는커녕 우리 자신으로 되돌아가는 길은 여러 우여곡절과 막다른 길, 불확실한 길을 따라가거나 만들어야 한다. 내 경험으로 볼 때 희망하는 것만큼 가깝지도 않고 두려워하는 것만큼 멀지도 않다.

이 장은 치유에 방해가 되는 일반적인 장애물을 다루는 방법에 대해 이야기할 것이다. 심각한 죄의식, 자기혐오와 그 형제들인 자기 부정, 자기 거부, 자기파괴 충동, 기억상실 또는 고통의 거부라고 불리는 것들이다. 다시 말하지만 우리는 여기서 추상적인 개념을 이야기하는 것이 아니다. '난 가치가 없어' 그리고 '난 문제가 많아'라는 말은 단순한 생각 이상을 담고 있다. 리처드 슈워츠는 이것들이 우리의 신경계와 마음속에 "별도로 뭉쳐진 정신적 과정"으로 존재한다고 말한다. "효율성을 위해 두뇌는 뭉치를 이루도록 구성되어 있어(특정 기억, 감정, 세계관, 행동끼리 연결되어) 내부에 존재하며 필요시 가동한다."[1]

기원genesis 그리고 특히 몸마음 뭉치brain-mind cluster의 복잡한 기능을 이해하려면 연민적 자기 질문의 제1원칙을 알아야 한다. 아무리 스트레스를 주더라도 우리 몸 안의 모든 것들은 어떤 목적이 있어서 존재하는 것이다. 문제를 발생시키고 우리를 쇠잔하게 만들 수도 있지만 있어서 안 될 것은 없다. 그러므로 이제 질문은 '이걸 어떻게 없앨 수 있을까?'에서 '목적이 뭘까? 왜 여기 있을까?'로 바뀐다. 즉 우선 어색한 친구들을 알려고 노력한 다음에는 최선을 다해 그들을 적에서 친구로 만들려고 힘쓴다는 것이다.

사실 이상하게 들릴지 몰라도 그들은 항상 우리의 친구였다. 잘못된 방향으로 나가는 것처럼 보여도 그들의 기원은 우리를 보호하고 도우려는 것이었고 여전히 그렇다.

그러므로 이 '원하지 않는 것들'을 두려워하거나 피하고 거부하고 억압할 필요가 없다. 도리어 우리가 그렇게 하면 그들에게서 해방되는 것이 늦어질 뿐이다. 정신적·육체적 안녕에 가장 큰 피해를 주는 것은 그들이 아니라 그들이 나타나지 못하도록 저지하려는 우리의 필사적인 노력이다. 일단 이 내부의 적들을 있는 그대로 보고 건드리지 않으면 그것들도 우리를 비슷하게 보고 건드리지 않는다. 그러므로 저항이 아니라 인정과 이해를 통해서만 주체성을 얻을 수 있다.

나는 그들을 장난스럽게 '멍청한 친구들'이라고 부른다. '멍청한'이라는 형용사가 너무 심하다고 느끼면 덜 모욕적인 '둔한'이나 '완고한'

정상이라는 환상

으로 바꿔도 된다. 심층심리학자이며 야생 가이드인 빌 플롯킨은 제2차 세계대전이 끝난 줄도 모르고 필리핀의 숲속에 숨어 있다가 1970년대 말에 발견된 일본 군인들에서 본 따 이것들을 '충성스러운 병사들'이라고 불렀다. 내가 '멍청한'이라고 한 이유는 그들이 새로운 것을 배우지 못하기 때문이다. 그들이 처했던 환경은 더 이상 존재하지 않으며 우리는 위험에 처해 어찌하지 못하는 어린이가 아닌데도 이를 받아들이지 못한다는 뜻이다.

하지만 그들의 존재 이유는 결코 멍청하지 않다. 지금은 고통을 줄지 모르지만 원래는 우리를 구하려 했었다. 그들이 존재한다는 것만으로도 인간의 몸과 마음에 깊은 지성이 존재한다는 것을 입증한다. 다행스럽게도 치유에는 이들의 완전한 소멸이 아니라 재배치, 어쩌면 임무 재할당이 필요하다. 중요한 것은 그것들이 아니라 우리가 주도권을 쥐는 것이다.

지난 세월 나는 여러 못된 짓을 저지르기도 하고 해야 할 일을 제대로 안 하기도 했고 그로 인해 당연한 후회를 하기도 했다. 거짓말을 하고 임무를 게을리하기도 했으며 사람들에게 모질게 대하기도 했다. 그렇게 하고 난 다음에는 적당한 수준의 후회를 해서 잘못을 뉘우쳤다. 최대한 오류를 바로잡고 신뢰를 재수립하며 다시 그런 짓을 하기 전에 신중히 생각했다. 이런 종류의 건강한 후회는 자신에 대한 지식과 도덕적 잣대, 친사회적 가치관이 있어야 하는데 우리는 이것을 상호 연결된 자연으로 돌아오는 자연스러운 방법이라고 부르기도 한다. 이런 능력이 없는 데서 살고 싶어 하는 사람은 없을 것이다.

하지만 건강하지 못한 죄의식도 있다. 우리는 태어날 때부터 비난받아야 하며 심지어 당연히 벌과 책망을 받아야 한다는 상습적인 확신이다. 이런 측면에서 우리의 단점과 실수는 성장하고 더 잘할 수 있는 계기가 아니라 회복 불가능한 열등함의 증거가 된다. 이런 형태의 죄의식 또는 죄의식에 대한 공포는 건강한 '아니요'를 목 조르고 자기주장을 억압한다. 다른 사람의 반감이나 실망을 기대하기 때문에 우리가 나쁘고, 틀렸으며, 용서받을 수 없다는 확신을 불러일으킨다. 이를 그냥 놔두면 이 책의 여러 사례에서 보았듯 정신적·육체적 질병을 초래한다. 하지만 많은 사람들은 다른 사람을 실망시킨다는 생각을 하거나 자신의 욕구를 소중하게 생각하거나 자신을 위해 행동한다는 생각만 해도 자동적으로 죄의식을 느낀다.

가장 최악은 단지 존재한다는 것만으로도 뿌리 깊은 죄의식을 느끼는 것이다. 존재에 대한 죄의식은 말을 배우고 의식을 갖기 이전에 이미 자리한다. 나도 얼마 전 실로시빈psilocybin(환각 물질의 일종 - 옮긴이)을 이용한 치료 시간에 이를 느낀 적이 있다.* 소파에 누워서 전에 내 환자 중 한 명이 두 개의 마음double-mindedness이라고 표현했던 것을 느낄 수 있었다. 마음 한편에서 내가 누구고, 내가 어디에 있으며, 어느 시각에 있는지, 그리고 누구와 같이 있는지를 정확히 알 수 있었다. 또 다른 한편에서는 상담사의 친절한 얼굴을 쳐다보니 그가 내 어머니였고 나는 한 살 먹은 갓난아기였다. 나는 "엄마, 미안해요. 내가 엄마를 힘들게 했어요"라며 울고 있었다. 태어날 때부터 주위 사람들의 고통에

---

* 환각버섯이라고도 불리는 실로시빈에 대해서는 31장 정신적 양상에서 자세히 다룰 것이다.

대한 잘못을 느끼고 죄의식과 수치심에 몸서리치는 나 자신의 모습을 보았다.

상습적인 죄의식은 다른 '멍청한 친구들'과 마찬가지로 전성기가 지나면 일종의 보호자 역할을 한다. 어째서 그럴까? 이렇게 우리 자신을 허약하게 만들고 스스로 수치를 느끼게 하는 이런 것들이 어떻게 우리의 안전을 유지하는 역할을 할 수 있을까? 이는 피해 최소화harm reduction라는 측면에서 보아야 한다. 성인이 되어서 어린 시절 자신의 욕망이나 감정, 선호를 억눌러야 한다 하더라도 이를 지키지 않음으로써 필수 불가결한 애착 관계가 해를 입거나 위협받게 해서는 안 된다. 돌봐주는 사람에게 실망을 주고, 그로부터 거부될지 모른다는 불안감을 사전에 제거할 수 있는 강력한 장치를 내면에 개발해야 한다. 죄의식은 이런 내부의 감독관 중 가장 믿을 만한 존재다. 어린이의 표현은 중단된다. 그렇다. 그러나 부모와의 관계는 유지된다. 생존을 위해 그 나이에 누구나 그렇듯 애착이 진정성을 이기는 것이다.

대부분의 죄의식은 극단적으로 단순해서 한 가지 자극에 한 가지 반응만 야기된다. 그 자극이란 당신이, 어린이 또는 어른으로서, 다른 사람을 실망시킬지 모르는 그 어떤 짓을 자신을 위해 하고 싶다는 뜻이다. 이는 도둑질이나 기본적인 윤리에 저해되는 행동처럼 진정한 비행이 될 수도 있지만 대개는 자기의 영역을 주장한다거나, 부정적인 감정을 표현하거나, 단지 부정적인 감정을 갖는 것같이 내면의 충동에 따라 행동하는 것에 지나지 않는다. 죄의식은 **이기적**이라는 형용사와 별로 구별이 되지 않는다. 시간이 가는 줄도 모르는 이 눈치 없는 친구는 과거와 현재를 구별할 줄 모른다. 그는 현재의 모든 관계를(관계의 대상이 배우자, 자녀, 부모, 친구, 의사, 이웃, 낯선 사람이라도) 어린 시절의 관계라는 필터를 통해 해석한다.

죄의식은 무의식적인 기억의 목소리로 말하기 때문에 이성적인 것과 거리가 멀다. 거기에 있는 것을 막을 수도 없고 억지로 제거하지도 못한다. 죄의식이 지시하는 사항을 잘 준수한다고 하더라도 그때뿐이며 반드시 다시 나타나서 큰 소리로 주장하고야 만다. 이를 묵인하고 덫에 걸린 듯 가만히 있는 이유는 우리가 죄의식을 두려워하고, 증오하며, 제거하고 싶기 때문이다. **알았어, 하라는 대로 할게. 그러니 제발 사라져줘.**

좋은 의도를 가진 친구들이 죄의식을 인정하면 우리는 이를 위한 공간을 만들 수 있다. 메시지의 가치를 저하시키지 않고 다정한 대화를 하면서 우리는 매우 어리고 순진한 사람과 이야기한다는 것을 깨닫는다. 이것을 이해하게 되면 내부의 비난꾼에게 연민의 여지가 생긴다. 그때는 그것의 헌신에 감사하는 마음이 생긴다. 이제 우리는 단순 반복적인 경고 음악인 **이기적으로 굴지 마**라는 노래를 들을 수 있지만 우리 자신을 위해 그 노래에 맞추어 춤을 출 것인지 말 것인지를 의식적으로 결정해야 한다. **그래, 고마워. 무슨 말인지 알겠고 알려줘서 고마워. 여기 머물러도 되지만, 내가 다른 사람을 해치는지 아니면 그저 내 진정한 자아를 존중하는 것인지는 내 어른 지능이 판단하게 할 거야. 이건 내 쇼지, 네 쇼가 아니잖아.** 죄의식에게 앉으라고 자리를 주면 그것은 더 이상 내 집 전체를 약탈할 필요가 없게 된다.

✣ ✣ ✣

죄의식 못지않게 고약한 이웃으로는 자기 질책이 있다. 국제적으로 저명한 사진작가인 낸 골딘Nan Goldin은 오랜 기간 여러 약물 그중에서도 특히 아편제에 중독되어 자신을 질책했다. "아침에 눈을 뜨면 맨 먼저 자신을 자책하는 일부터 시작했습니다. 그리고 일어나는 게 너무나 힘들어 두 시간씩 걸리고는 했어요." 우리는 연민적 질문 치료 세션에서 만나 이렇게 이야기를 시작했다.

"이게 만일 재판이고 당신이 피고라면 검사는 당신에 대해 뭐라고 말할까요?" 내가 물었다.

골딘은 한순간도 망설이지 않았다. "내가 내 삶에서 몇 년을 잃어버렸다고, 앞으로 얼마 안 남았다고 했겠지요. 어른이 된 이후 대부분의 시간을 약에 빠져서 낭비하느라 아무것도 모른다고, 자신을 반성하고 진지하게 받아들이라고, 너무나 많은 것을 잃었다고 했을 거예요." 이게 창의적 영감으로 끝없이 정열적이고 독특한 예술 작품을 창조해서 국제적인 명성을 얻은 예술가 입에서 나온 말이라니 믿을 수 없었다.

"뭐라고요? 당신은 이 모든 걸 이루었는데 그게 자신에 대한 평가인가요?"

"다 소용없어요. 온통 문제투성이예요." 골딘은 어느새 원고와 검사와 피고의 자리에서 가혹한 판사의 자리로 위치를 바꿔 앉았다.

또한 자신이 무가치하다고 비난하는 동안 목구멍이 조여오고 가슴에 압박을 느꼈다고 말했다. 이 시점에서 나는 보통 환자에게 그런 증상이 처음이냐고 물어본다. "아니요, 아주 익숙한 느낌이었어요. 쉰 목소리와 여기 이곳이 눌리는 느낌은 매우 익숙합니다." 이건 전형적인 응답이다. 태양 아래나 그림자 속에나 새로운 것은 없다.

"자신이 무가치하고 문제가 많다는 느낌은 언제요? 얼마나 익숙하죠?"

"너무, 너무, 너무나요."

"그 느낌이 처음 나타난 건 언제죠?"

"아마 아홉 살 때인 거 같아요. 아니 그보다 더 빠를 수도 있어요. 내가 아주 어릴 때 엄마한테 공황발작이 왔다고 했어요." 다른 말로 하면 골딘이 자신과 자신의 신체적 증상을 규정하는 데 사용했던 핵심적인 믿음이 중독에 빠져 낭비했던 '잃어버린 수십 년'보다 훨씬 앞서 생겼다는 것이다. 매일 아침 자신을 난도질하며 힘들게 했던 그 시절 훨씬 전에 생긴 것이다.

건전한 어른과 함께 정신적인 고통을 나누고 고통의 정당성을 입증하지 않으면 발달상 없어서는 안 될 아이들의 자기애는 아이들이 모든 걸 개인적인 것으로 받아들이게 한다. 나쁜 일이 생겼을 때, 예를 들어 삶이 힘들거나, 주위 환경이 스트레스를 줄 때, 부모에게 무슨 일이 생기거나 아플 때, 가치 없고 문제 많은 **자신**의 잘못이라고 생각하는 것은 매우 자연스러운 현상이다.

이 믿음에 보호 기능이 있는지는 확실하지 않다. 젊은이의 세계가 혼란스러울 때, 예이츠의 표현을 빌리면, 모든 것이 무너져 내리고 중심을 잡을 수 없을 때,* 어린이는 두 가지 중 하나를 선택할 수 있다. 첫 번째는 엉망으로 문제가 많은 이 세상에서 부모는 어린이를 사랑하고 돌볼 능력이 안 되거나 그럴 의사가 없다는 것이다. 한마디로 아이는 안전하지 못하다는 것이다. 두 번째는 아이에게 문제가 있다는 것으로, 사실 매번 이 두 번째가 이기고는 한다. 헬렌 노트는 세대를 이어 나타나는 트라우마와 성폭력, 중독을 이야기한 책에서 그 과정을 이렇게 묘

---

* W. B. 예이츠의 1919년 시 〈재림(The Second Coming)〉.

사한다.** "나는 내게 잘못이 있다고 확신했다. 그래서 가만히 있었다."
노트는 다른 확신을 가질 수 없었다. 믿고 의지하는 사람이 욕구를 충
족하지 못한다는 것은 어린이에게는 커다란 충격이다. 따라서 죄의식
과 마찬가지로 자기 비난은 지치지 않는 보호자나 마찬가지다. 책임이
나에게 있다고 믿으면 잠시나마 주인의식과 희망을 얻을 수 있다. 내가
열심히 하면 필요한 사랑과 보살핌을 받을 수 있으니 말이다.

자기 비난은 많은 완벽주의자와 성공한 사람들에게 박차를 가해서
더 많이 더 잘하도록 하는 무자비한 채찍과 같다. 죄의식과 마찬가지로
이 성가시고 미숙한 목소리와는 협상이나 이성적인 대화가 불가능하
다. 있는 그대로 인정하고 원래 자리에 갖다 놓는 수밖에 없다.

한번은 부다페스트에서 워크숍을 하는데 자신의 내면에 전 세계를
집어삼키려는 '숨은 아돌프 히틀러'라는 실체가 있다는 한 독일 젊은
여성을 만난 적이 있다. 그는 마치 독재자의 영혼이 괴롭히는 것처럼
그것을 증오하고 두려워했다. 자신이 태어나기 훨씬 전에 발생한 유대
인 학살과 연결되어 있고 심지어 죄의식을 느끼는 경험을 한다고 했다.
자신에게 깊이 침잠해서 기억을 되살려보니 그 '히틀러'는 혼란스럽고
두려운 두 살배기 아이로서 장시간 홀로 남겨져 매우 화가 났다는 것이
밝혀졌다. 그 분노로 인해 공포와 버려지는 고통을 극복할 수 있었다.
이 상태에 있었다면 다시 나약해지고 상처받을 수 있었다. 물론 중독에
빠져 구원을 찾았던 비참한 소외 상태로부터 벗어날 수도 있었다.

아우슈비츠에서 살아남아 치료와 작품활동을 하는 에디트 에거는 이
렇게 말한다. "우리 모두 나치의 후예는 아니지만 우리 속에는 나치가

** 이 책에서는 헬렌 노트의 저서 《원주민의 눈으로》를 여러 번 인용했다.

있습니다."[2] 내부의 파시스트는 아주 무서워 보이지만 오래전에 우리 의식에서 사라진 겁 많은 우리 자신의 일부에 불과하다.

죄의식과 같은 악랄한 자기 혐오가 보다 큰 해악으로부터 우리를 보호하기 위해 처음 나타났다는 걸 깨닫는 것, 이 내면의 독재자가 얼마나 어린지를 깨닫는 것은 호기심과 연민, 심지어 감사하는 마음으로 이것을 받아들일 기회가 된다. 용납하지도 않고 꾸짖지도 않으면서 그냥 있는 그대로 놔두면 저절로 힘이 빠진다.

✥ ✥ ✥

죄의식이나 자기혐오에 관해서 우리는 끝없이 목소리를 들을 수 있다. 이들은 결코 멈추는 법이 없으니까. 하지만 우리의 내부 추방자와 보호자가 드러내는 보다 은밀한 방식도 있다. 이 방식은 청각적이라기보다 시각적이다. 즉 우리의 행동과 기분, 정보처리 과정에 나타난다. 이 책의 앞부분에서 말한 중독이나 정신질환 같은 보상성 공격을 말하는 것이다. 기억하겠지만 이것은 정적인 '사물'이 아니라 동적인 과정이며 잘하면 이것들을 적에서 우군, 강사, 또는 최악의 경우라도 짜증나는 지인으로 바꿀 수 있다.

골딘은 '낭비한' 수십 년이라고 후회하면서도, 매우 힘들었던 시기를 18세에 처음으로 손댄 약물 덕분에 살아낼 수 있었다고 인정한다. 물론 내게 자세한 이야기는 누설하지 말아달라고 부탁하긴 했지만 말이다. "말 그대로 중독 때문에 살아났어요"라고 내게 이야기했다. 그마저도 없었다면 아마 자살했을지도 모른다고 말했다. 우리 모두 그렇듯 골딘도 중독의 결과가 심하지 않기를 바랐다. 그러나 해악 그 자체가 아니라 피해 최소화에 집중한다면 어떨까?

내가 이렇게 제안했다. "당신이 18살일 때 우리가 만났다고 하고 거래를 해봅시다. 내가 당신을 살려줄게요. 자살할 필요 없어요. 고통에서 벗어날 길을 알려줄 테니 60대에도 왕성하게 창작 활동을 할 수 있도록 새로운 길을 열어줄게요. 하지만 대가를 치러야 합니다. 무슨 말인지 이해되나요?" 골딘은 동의한다는 듯 고개를 끄덕였다. "이 거래를 하면 창의적인 작품 활동을 할 수 있을 겁니다. 진리와 아름다움 그리고 고통을 표현하는 순순한 예술가의 삶을 살 수 있을 겁니다. 하지만 대가를 치러야 합니다. 아주 무거운 대가죠. 고립된 상태에서 어떤 관계도 맺지 못하고 자기 존중도 사라지며 60세까지 산다고 해도 건강을 잃는 겁니다. 가능성과 경험을 포기해야 합니다. 이것이 약물남용과 여러 트라우마를 극복한 당신이 맺었을 '거래 계약'인가요?" 골딘은 잠시도 주저하지 않고 고개를 끄덕였다. 이것이 이 둔한 친구들과 무의식적으로 '거래하는' 방식이다. 그도 그럴 것이 당시에는 이게 최선이었으니 어쩔 수 없었을 것이다.

제시 티슬은 마약중독자와 범법자로서 살아온 세월 때문에 좌절하고 있던 중 어른한테 꾸지람을 들었다. "그분 부엌에 갔다가 길거리에서 온갖 짓을 하고 돌아다닌다며 꾸중을 들었습니다. 끔찍했어요. 그 어른도 1960년대에 밴쿠버에서 살면서 헤로인 중독으로 고생한 비슷한 과거가 있다는 걸 알고 있었죠. 그래서 날 이해해주고 어떤 공감대를 형성할 거라고 생각했어요. 그런데 나를 혼내더라고요. '네가 어떻게 그럴 수 있니? 어른들에 대해 어떻게 그렇게 이야기할 수 있니?'" 티슬이 사과하기도 전에 그 어른은 말을 이었다. "'난 너의 어르신이 아니야, 제시. 중독이 어르신이지. 중독은 가정의 중요성을 가르쳐주고 건강의 중요성을 일깨워줘. 인간 사이의 연결과 인내도 알려주고. 이 모든 것들은 중독을 통해 배울 수 있지. 전부 다 말이야.' 그건 마치 엄청난 삶의 고난이자 테스트 같았어요. 마치 지혜로 들어가는 통과의식 같은 거 말이에요. 내게는 보이지만 다른 사람들은 보지 못하는 그런 지혜를 얻었죠. 세상이 달리 보이더군요. 중독이 문제없다고 하는 게 아닙니다. 약물중독만 아니었으면 20년 전부터 시작해 나도 친구들처럼 가정도 꾸리고 집도 샀을 겁니다. 하지만 나에겐 비전이 있고 그들이 절대 알 수 없는 방식으로 세상을 보고 있습니다."

✤ ✤ ✤

우리가 정신장애 및 인격성 장애라고 묶어서 지칭하는 질환도 도움이 될 수 있다는 시각으로 바라볼 수 있다. 18장에서 이런 질병에서 의미를 찾을 수 있다고 간단히 언급한 적이 있다. 이제 더 나아가 우호적인 공존, 심지어 생산적인 동맹까지도 생각할 수 있다. 내 아들이자 이 책의 공저자인 대니얼은 자신의 삶에서 겪은 이런 사례를 아래와 같이 묘사한다.

2019년에 약한 형태의 양극성장애인 순환기질 장애 진단을 받고 충격이 컸다. 미칠 듯이 생산적인 면과 우울한 성격이 사실 반대가 아니라 샴쌍둥이와 유사하며 이 둘이 내가 이 세상을 헤쳐나가는 데 도움을 주었다는 것을 깨닫고 나서 내 삶이 일관성을 가지게 되었다. 멈출 수도 없고 멈추려고 하지 않는 기분은 어린 소년의 머리가 최대한 돌아가 주위의 잡음을 제거하고 최고의 상태를 유지하려는 노력이며 반대로 감정이 무너질 때는 두꺼비집의 폭발을 막기 위해 차단 스위치가 설치된 것과 같았다.

신경안정제를 먹은 덕분에 이 둘 사이에 누가 있어 기분이 올라가고 내려가는 것을 감시하며 그것들이 내가 아니라는 것을 알려주었다. 지금은 내가 약한 조증 상태에 빠져 잠을 자기 힘들거나 아니면 일어났을 때 몸이 무겁고 의욕이 없는 걸 느끼면 그것과 싸우거나 힘들게 견디지 않는다. 이 둘 다 어떤 선물을 가지고 온다. 하나는 환희와 창조적인 영감이며 다른 하나는 나의 한계를 인정하고 얻는 휴식이다. 둘 중 어떤 것도 오래가지 않는다.

당신의 마음은 적이 아니라는 것을 아는 것이 내게는 정말 중요했다.

✥ ✥ ✥

"어린 시절이 기억나지 않아요. 어린 시절 무시무시한 경험이 있었다고 말하는 사람들도 많지만 …… 나는 내가 이렇게 행동하는 이유를 설명할 만한 기억이 없어요"라고 말하는 사람들을 많이 보았다. 당신역시 이 책에서 설명한 여러 고난 극복사를 듣고도 아무런 생각이 나지 않을지 모른다.

이런 형태의 기억 문제 때문에 치유가 방해받는 것은 아닌지 의심하는 사람들이 많다. 그렇게 생각할 필요가 없는 이유가 두세 가지 있다. 앞에서도 말했지만 트라우마는 우리에게 생긴 게 아니라 하나의 결과로서 우리 **내면에** 생긴다. 피터 래빈은 "트라우마는 연결의 단절이다. 우리의 몸과 생명, 현실 그리고 다른 사람과의 단절이다"라고 말한다. 그렇다면 우리가 살아서 건전한 정신을 가지고 있는 한 재연결이 가능하다고 말해도 과장이 아니다. 그것 때문에 과거가 필요한 것이 아니며 중요한 것은 현재다. 그것이 과거와 연결할 수 없다고 해서 치유하지 못한다고 좌절할 필요가 없는 첫 번째 이유다. 과거가 닫혀 있다고 하더라도 우리는 현재와 여기를 대상으로 삼을 수 있다.

그런데 보다 실질적인 두 번째 이유가 있다. 그것은 우리가 기억하지 못하는 것이 사실이 아니라는 것이다. 우리가 기억을 인지할 수만 있다면 그것은 우리 자신과 다른 사람과의 관계 속에서 매일 찾을 수 있다. 누가 우리의 도화선을 건드렸을 때, 즉 원하지 않았던 날카로운 감정 반응이 갑자기 나타날 때, 그때 과거가 나타나는 순간이다. 의식적으로 떠올리지 않더라도 실제로 경험한 그대로 어린 시절의 기억이 되살아나는 것이다. 현재의 감정과 신체의 경험을 이용해 그 기원을 찾아 과거의 기억을 되살리는 방법도 있다.*

'도화선'이라는 단어 그 자체에 중요한 단서가 있다. 이는 토론이나 대립 상황에서 반대편이 앞뒤로 마구 던지는 수사적 대포알이 되어, 대화가 깊어지게 하는 경우는 거의 없고 자주 대화를 끝내버린다. 하지만 잘 들여다보면 이것으로부터 배울 것이 많다. 무기에서 도화선이 차지하는 비율이 얼마나 되는가? 사실 보잘것없다. 아마 밖으로 드러나는 부품 중 가장 작지 않나 싶다. 무기에는 그 외에도 탄약과 폭발성 물질, 유도 시스템 그리고 적정한 힘으로 목표물을 타격하는 메커니즘 등이 장착돼 있다. 도화선을 건드렸을 때 우리를 때린 외부적인 자극에만 초점을 맞추면 어릴 때부터 어떤 탄약과 폭발물을 쟁여놓았는지를 들여

---

* 실제로 응용할 수 있는 방법이 팀 페리스(Tim Ferriss)와의 팟캐스트 방송에 설명되어 있다. "가보 마테 박사가 말하는, 어려운 순간을 재구성하고 힘을 얻는 방법", 〈팀 페리스 쇼(The Tim Ferriss Show)〉, 2019년 11월 4일, https://www.youtube.com/watch?v=_JLFw2FtEQ.

다볼 황금 같은 기회를 놓치고 만다.

여기서 간단히 '행복한 어린 시절'을 다시 생각해보자. 이것은 성인이 되어 병에 걸리거나, 중독에 빠지거나, 또는 감정적 고통을 겪는 사람들도 자주 이야기한다. 원만했던 그 시절을 회상하는 것은 자기 연민을 불러내기 위해서도 아니고 좋았던 시절을 기억에서 제거하기 위함도 아니다. 우리 내부에서 우리를 고문하는 것과 화해하기 위해서는 먼저 그 발생부터 그들을 알아야 하기 때문이다. 바로 이것이 발생하게 된 주변 상황에 대한 이해다.

한번은 살인 사건의 용의자에 대한 전문가적 의견을 달라는 요청을 받은 적이 있었다. 그는 알코올의존자였으며 세 명의 정신과 의사들하고 인터뷰를 했는데 어릴 때 유복한 시절을 보냈다고 했다. 유치장에서 이야기를 시작한 지 10분 만에 그는 아버지는 술고래였으며 어머니는 우울증으로 힘들어했다고 털어놓았다. 네 살 때는 팔이 부러졌으며 형이 머리를 태웠고 학교에 가서는 따돌림도 당했다고 했다. 실제와 그의 기억이 모순된다거나 틀렸다는 생각은 하지 않았다. 법의학 전문가조차 더 이상 질문하지 않고 그의 '행복했던' 이야기를 그대로 인정할 정도였다. 그렇다고 그가 거짓말을 한 것도 아니었다. 그가 아는 것은 그게 전부였다. 어쩌면 그는 스스로 '내 행복했던 어린 시절'이라고 이름 붙인, 엄격하게 선정된 기억의 슬라이드쇼에 집착하고 있는 것 같았다.

행복한 어린 시절에 대한 신화는 그렇게 극단적인 경우가 아니더라도 잘 나타난다. 스스로 일중독이며 백혈병, 이중폐이식 수술, 혈행성 전염병을 극복했던 에리카 해리스가 기억나는가? 대화 중에 그가 이런 말을 했다. "나는 사람들이 매우 행복하고 축복받은 시절이라고 말하는 그런 어린 시절을 보냈습니다. 경제적으로 여유가 있었고 친구도 많아서 학교에서 따돌림당하지 않았죠. 아주 어려운 상황도 없었죠. 그런데 12살 때 정말 심각한 문제가 생겼습니다." 가정불화가 생기자 해리스는 슬픔과 혼란에 빠져 어찌할 줄 몰랐다. 그는 이때 트라우마가 발생했다고 믿고 있다.

하지만 내 다음 질문으로 '매우 행복하고 축복받은 어린 시절' 이전부터 자기 단절이 시작되었다는 것이 금세 밝혀졌다. 이 질문은 내 환자나 의뢰인에게 자주 하는 것이지만 이제 독자들에게 던질 것이다. 어릴 때 기억이 행복한데도(여기서 말하는 행복한 느낌이란 안전하다는 느낌부터 목가적 편안함까지를 다 포함한다) 만성질환이나 감정적 고통, 중독, 부정적 감정 등에 시달린다면 특히 이 질문에 답해보길 바란다.

내가 슬프거나 불행하고, 화가 나면서, 혼란스럽고, 당황스러우며, 외롭고, 따돌림받을 때 누구랑 말했는가? 누구한테 이야기했는가? 누구를 믿고 털어놓았는가?

이때 자신의 대답과 이를 둘러싼 감정에 주의를 기울여보길 바란다. 만일 에리카처럼 그 대답이 '아무도 없다'이거나 누군가 옆에서 항상 도와줄 수 있는 '성인'이 아니라면 어린 시절에 확실히 단절이 나타나게 되어 있다(자신을 아껴주는 형제나 자매가 잠시 부모의 역할을 대신할 수 있으나 완전히 대신할 수는 없다. 그것 자체가 돌봐주는 성인과 단절되었다는 신호다). 자신의 느낌을 부모에게 드러내거나 도움이 필요할 때 이를 드러내기를 꺼리는 어린이는 없다. 어린 시절에 이를 제대로 표현하지 못하면 발달단계상 비정상적인 적응이 되어 나중에 여러 상처로 나타나는 심각한 문제를 야기한다.

따라서 어린 시절에 슬픔을 억누르는 것은 명확한 트라우마나 학대에서만 나타나는 현상이 아니다. 내가 치료하고 인터뷰해본 환자 중 만성질환이나 정신적 문제가 있는 사람치고 돌봐주는 사람이나 신뢰하는 어른에 대한 나쁜 감정을 아무 거리낌 없이 공개적으로 기억해내는 사람은 없었다. 이는 가장 행복했던 기억만을 골라내는 우리 삶의 자연스러운 기능으로서, 발생해야 했지만 발생하지 않은 것보다는 실제 발생한 것을 기억하는 게 쉽기 때문에 생긴다. 우리가 기억하는 기분 좋은 추억은 순수하기는 하지만 2차원적이어서 어린이의 실제 경험에 대한 깊이와 풍부함이 부족하다. 내부의 3차원적인 면과 재연결하기 전까지는 전체에서 자신을 보는 깊이에 대한 인식이 부족하고, 치유와 온전함으로 가는 길은 막힌 상태로 있다.

'아무도 말할 사람이 없는' 것이 트라우마를 유발한다는 것에 동의하지 않는 사람들을 위해 학대 비슷한 것도 겪은 적이 없는 에리카 해리스와의 대화를 이용해 설명하겠다. 나는 늘 하던 대로 사고실험 방식을 제안해서 자신으로부터 한발 물러나 비슷한 처지에 있는 다른 아이, 즉 자신의 아이를 상상하라고 했다. 내 실험에서 흔히 사용하는 이 방식은 이렇게 진행된다.

> "부모로서 당신의 아이가 당신과 비슷한 12살에 정신적 충격을 받았는데 이야기를 하지 않았다면 이를 어떻게 설명하겠습니까?"
> "나를 믿지 않았다는 거죠."
> "어린이가 부모를 믿지 않는다는 건 어떤 느낌일까요?"
> "매우 끔찍할 겁니다. 안전하게 보호받는다는 느낌이 안 들 테니까요. 마치 이 세상에 혼자만 남겨진 것처럼 아주 외로운 거죠."

여기에 바로 해리스의 '매우 행복하고 축복받은 어린 시절'이 실제로 존재했다. 그 어떤 것도 부모가 그를 사랑하지 않았으며 부모가 최선을 다하지 않았다는 증거는 되지 않았다. 단지 어릴 때 그 관계가 심히 단절되었다는 것을 의미한다. 12살에 절실하게 느꼈을 수는 있지만 그렇다고 그때 갑자기 시작한 것도 아니었다.

마지막으로, 사람들은 쓸데없이 비교를 하는 바람에 자신의 경험을 폄하하는 경우가 많다. 자신의 운명에 감사하는 게 당연하다고 할 수도 있지만 다른 사람이 당신보다 '더 많은' 고통을 당한다고 해서 자신의 고통이 조금 덜어지거나 영혼의 상처가 지워지는 게 아니다. 트라우마는 단계를 나누어 측정할 수도 없고 그래프에 위치를 나타낼 수도 없다. 당신은 어쩌면 에리카 해리스와 비슷한 말을 하면서 안심할지 모른다. "경제적으로 여유가 있었고 친구도 많았으므로 학교에서 따돌림당하지 않고 아주 어려운 상황도 없었죠." 하지만 보통은 내가 중간에 끼어든다. "다행입니다. 그런데 어린 조카아이가 울면서 '난 너무 슬프고 외롭고 힘든데 엄마나 아빠한테는 말을 못 하겠어요'라고 한다고 상상해봅시다. 조금이라도 도와줄 생각이 있다면 조카에게 '왜 그래? 뭐가 문제지? 배고픔이나 학대 또는 따돌림으로 힘들어하는 다른 아이들을 생각해봐. 넌 불평할 게 없어'라며 무시할 건가요? 그런 말을 해서 그 힘든 감정이 안전한 것이며 여전히 사랑받을 자격이 있다고 주장할 건가요?" 아직까지 이 질문에 그렇다고 대답한 사람은 보지 못했다. 그렇게 평범하게 이야기하면 그들은 마침내 그 안에서 자신에게 가해진 어리석은 이중 기준을 들을 수 있게 된다.

❖ ❖ ❖

마지막으로 이야기 한 편.

옛날 옛적에 죄의식, 자기혐오, 억압, 부정 등등으로 구성된 우리의 내면 친구 올스타팀이 나서서 우리를 보호하려 하자 온전함이란 것이 우리에게서 사라져버렸어요. 우리는 선발 과정에 거의 관여하지 않았고 그들이 자기 사업을 시작했을 때 알아채지도 못했죠. 리얼리티 TV쇼의 설계 전문가처럼 그들은 우리의 성격을 리모델링해서 우리가 어린 시절을 한 조각으로 만들 수 있도록 한답니다. 특정 방들을 예쁘게 꾸미고는 다른 방들은 판자로 둘러막고 경보기를 설치하고 지하실 문을 잠그는 거예요. 하지만 상처 없이 우리를 유지하려면 우리 자신의 핵심적인 부분을 벽으로 막은 채 어른이 되어야 해요. 그들은 자신의 일을 잘했죠.

오랜 기간 이 답답하고 분리된 집에서 살다 보니 더 넓고 환기가 잘 되는 주거환경이 그리워졌어요. 그래서 우리는 전문가들의 노고에 감사를 표하고 샌드위치를 먹으러 가라고 밖으로 내보냈어요. 그리고 우리는 다정하면서도 부지런하게 새로운 임무에 전념했답니다. 그건 아주 오래전부터 우리에게 필요했던 영혼의 단절에 대한 해독제였어요. 바로 우리 자신을 기억하는 임무 말이에요.

Chapter 31

천막 속의 예수: 환각과 치료

내가 아는 유일한 치료는 의식이다.

- 레슬리 마몬 실코Leslie Marmon Silko, 《의식Ceremony》

얼마 전 어느 날 아침 시피보족 주술사들은 나를 나만의 피난처에서 해고했다. 정글의 푹푹 찌는 무더위 속에 그 전날 밤까지만 해도 이들 남성과 여성 주술사들은 나에 대해 아무것도 몰랐지만 새벽이 되자 내 해고통지서를 작성하는 데 필요한 모든 것을 알게 되었다. 그들이 그렇게 한 것은 나와 같이 일하기 위해 전 세계에서 날아온 의료종사자들의 안녕과 내 이익을 위해서였다.

빛의 길 사원Temple of the Way of Light에 가기 위해서는 우선 리마에서 비행기로 90분 걸리는 페루 북부의 이키토스에 도착해야 한다. 거기서 아마존강의 지류인 험준한 나나이강을 타고 내려가 열대우림을 통과해서 때로는 배를 타고 둑의 가장자리에 있는 작은 마을을 지나가야 했다. 어느 때는 강폭이 너무 좁아 손으로 양옆의 열대식물을 만질 수 있을 정도였다.

우리가 도착한 날은 비가 억수같이 쏟아지고 있었다. 우리는 장화를 신고 때로는 붉은 흙이 깊게 빠지는 숲길을 천천히 걸어갔다. 지급받은 장화가 내 발보다 훨씬 커서 바닥에 붙어버리면 시피보족 사람들이 도와주어 나를 들어내고 장화를 뽑아낸 다음 다시 나를 장화 안으로 밀어 넣곤 했다. 약 45분 정도 빽빽하고 축축한 숲길을 걸어가니 길이 좁아지며 언덕 위 목적지에 도착했다. 루마니아, 영국, 호주, 브라질, 캐나다, 미국 등 각 대륙에서 건너온 보건 관계자들과 함께 치유 워크숍을 개최하기 위해서였다. 참석자들은 심리치료사, 심리학자, 정신과 의사, 상담사, 가정의, 내과 의사 등으로, 총 24명이었다. 초가지붕으로 덮인 공동 오두막집인 말로카maloca에서 아야와스카ayahuaska 의식을 치를 예정이었는데 그 인원수 정도만 수용이 가능했다. 페루나 아마존 분지에 있는 여러 국가에서 이런 의식이 치러지는데, 어떤 곳은 정직하게 진실한 믿음으로 운영되었지만 관광객들의 돈에만 관심이 있는 경우도 많았다.*

빛의 길 사원은 그나마 나은 평가를 받는 곳이었다. 매슈Matthew라는 영국인이 운영하고 있었는데 그 자신도 환각성 식물과 이를 이용하는 전통 의술의 효과를 크게 보았다고 알려져 있다. 주술사들은 페루 원주민인 시피보족이었으며 오두막집의 관리와 식사, 회의실 등을 관리하는 직원들도 마찬가지였다. 직원들은 원주민 주술사들과 긴밀하게 협력해서 전통 방식을 최대한 존중하는 한편 잘 모르는 서양인들에게 의미 있고 받아들일 수 있는 경험을 제공하기 위해 최선을 다했다. 또한 여러 나라에서 온 자원봉사자도 눈에 띄었다.

---

* 일반적으로 두 번째 유형이, 우리가 뉴스로 접하는 충격적이지만 안타깝게도 사실인 샤머니즘에 관한 것들이다. 이는 전통적인 치료 요법과 탐욕이 결합하여 나타나는 현상인데 당연히 아마존의 원주민과는 관계가 없다.

나는 10년 이상 이 신비한 아야와스카 식물로 끓인 쓴 음료를 이용하는 치유 워크숍을 주관해왔다. 이런 행사는 베지탈리스모vegetalismo라 불리는 전통적인 아마존의 약초 치료 요법과 내 연민적 질문 치유법을 적절히 조화시킨 것이다. 치유 행사는 주로 현시 주술사들이 밤에 진행하는데 특별한 일이 없으면 나도 참석해서 라 메디시나la medicina라는 차를 참가자들과 함께 마신다. 나는 아침 일찍 참가자들로부터 이 행사에 참가한 의도를 들어본다. 참가 이유는 해결하고 싶은 개인사, 알고 싶은 복잡한 감정, 또는 약초의 힘을 빌려 키우고 싶은 내적인 자질 등 다양했다. 행사 다음 날 참가자들로부터 빙 둘러앉아 주술사가 주문을 외우며 의식을 행하는 동안 경험했던 깨달음, 생각, 감정, 환영, 악몽, 멋진 꿈, 자극적 느낌, 신체의 불편감 또는 따분함을 다시 불러내 구체화하도록 도와준다.

　　참가자들이 우울증과 중독, 여러 육체적인 질병으로부터 회복하는 데 도움을 주는 이런 행사를 오랫동안 주관해와서인지 지금은 아주 능숙한 단계에 이르렀다. 다른 사람들이 아야와스카를 통해 많은 경험을 할 때 무슨 이유인지 모르지만 나는 참가자들의 치유에 저해되는 생각과 해결의 돌파구를 잘 느낄 수 있었고 직감을 통해 이들이 이제 막 얻게 된 깨달음을 일상적인 의식의 수면으로 가져갈 수 있도록 유도할 수 있었다. 나는 그들의 변화에서 많은 깨달음을 얻고 감동했다. 보통 일주일간의 치유 여행이 끝난 뒤에도 이들에게는 계속해서 효과가 지속되어 삶이 변화하는 걸 많이 보았기 때문이다.

　　하지만 나 자신의 변화에 대해 말하라면 그건 다른 이야기다. 살면서 다른 사람들의 변화도 많이 보고 도와주기도 했지만 나 자신의 치유에 대해서는 항상 부정적인 생각이 지배했다. 수십 차례에 걸쳐 아야와스카 의식에 참가하면서도 내게는 별일이 일어나지 않을 거라 믿었으며 대개 그 예상이 맞는 경우가 많았다. 환영이나 빙의, 조상이나 수호 동물 경험은 물론이고 심지어 단 한 번의 깊은 깨달음도 없었다. 단지 약한 매스꺼움과 보다 많은 일이 발생했으면 하는 아쉬움 외에는 아무것도 느끼지 못했다. 사실 짧은 순간 내 삶의 여러 축복을 깊이 감사하는 경험을 하기는 했다. 그럼에도 불구하고 아야와스카를 통해 얻은 이런 경험조차 경탄스러울 정도로 이요르(《곰돌이 푸》에 나오는 당나귀로, 우울하고 비관적인 성격이 특징임 ─ 옮긴이) 같은 내 성향을 변화시키지 못했다.

우리 24명이 첫 번째 의식을 시작할 때는 남성 셋, 여성 셋으로 구성된 주술사들이 들어왔다. 이들은 기껏해야 키가 150센티미터밖에 되지 않았으며 하얀 옷을 입고 원색의 벨트와 띠를 두르고 있었다. 여섯 명의 주술사들이 돌아가며 각 참가자에게 개인에 맞춘 주문을 외워 치료를 도와준다. 새소리, 개구리 소리, 부엉이 소리만 간간이 들리는 어두운 말로카의 고요한 침묵의 시간에는 시피보족의 언어로 된 옛 노래의 리듬에 맞추어 최면을 유도하는 주문이 끝없이 흘러나온다. 쓴 약초에 취한 상태에서 이런 주문은 상승효과를 낸다. 환각을 보는 사람도 있고 실제로 몸이 느끼는 것처럼 미묘한 감정을 느끼거나 오랫동안 잊힌 기억이 다시 돌아오는 사람도 있다. 반면에 나처럼 이런 신기한 경험을 하지 못해 실망하는 사람들도 있다.

주술사가 내 앞에 마주 앉을 때마다 나는 할 테면 해보라는 듯 마음을 단단히 먹는다. 내 안의 장애물을 한번 부숴보라고 속으로 외친다. 이런 태도가 별 도움이 안 된다는 걸 잘 알면서도 속에서 맨 먼저 큰 소리로 외치는 것을 막지 못한다. 예상대로, 평소의 좌절과 실망 외에는 아무 일도 일어나지 않는다(만약 내가 누군가를 지도하는 상황이었다면, '아무 일'도 일어나지 않았다고 하기는 어렵다고 지적할 것이다. 이러한 의식에서 어떤 경험이든 연민과 호기심을 가지고 접근하면 가르침으로 풍부해질 수 있다. 알다시피 설교하기는 쉬워도 실천하기는 어려운 법이다). 의식 중 대부분의 시간에 나는 멍해져서 나를 향한 주문이나 행위를 서의 의식하지 못한다. 다음 날 충분한 식사와 휴식을 취한 참가자들은 다시 모여 나와 족집게 같은 상담을 개시한다. 이들이 괴롭거나 기쁘거나 혼란스러웠던 경험을 이야기하면 그들의 환영을 이해할 수 있도록 유도하고 약초로 인한 깨달음을 실제 생활에 연결하도록 도와준다. 치유자와 스승으로서 역할을 하면서 모든 냉소적인 생각은 사라진다. 결국 치유는 나를 위한 게 아니고 이들을 위한 것이니 말이다. 모든 게 잘되고 있는 거다.

매슈가 점심 때 내 옆으로 오더니 주술사들이 나를 만나고 싶어 한다고 했다. 이들에게는 공동의 결정 사항을 전달하도록 두 명의 대변인이 있었다. 통역을 통해 이런 이야기를 들었다. "당신에게는 우리의 이카로스*로도 뚫을 수 없는 두껍고 검은 에너지가 있습니다. 그 에너지가 방 안에 가득 차 우리의 일을 방해하고 있습니다. 당신은 여기에 있어서는 안 됩니다." 내가 무슨 대답도 하기 전에 그들은 내가 낮에 하는 상담도 그만두어야 한다고 덧붙였다.

깜짝 놀랐다는 말로도 부족했다. 내 자존심은 이 상황을 어떻게 받아들여야 할지 몰랐다. 이 사람들이 일상생활을 포기하고 세계 도처에서 열대우림으로 달려온 이유는 바로 **나**와 같이 일하기 위해서 아닌가? 분명히 다른 해결 방법이나 중재책이 있을 것이라 생각했지만 주술사들은 완강했다. "낮에도 당신의 에너지가 다른 사람들에게 부정적

---

* 아야와스카 의식에서 행해지는 치유의 주문이라는 뜻의 고대 잉카어.

인 영향을 주고 있습니다. 더욱 중요한 것은 그들의 슬픔과 트라우마를 당신이 흡수하고 있다는 것입니다. 메디코médico**로서 당신은 오랜 기간 아픈 사람들을 돌봤지만 당신이 흡수한 것을 제거하지 못했습니다. 그리고 그보다 훨씬 앞서 당신은 분명히 아주 어릴 때 엄청나게 무서운 일을 겪었지만 아직 극복하지 못했습니다. 당신의 에너지가 두꺼운 이유가 바로 그것 때문입니다."

어젯밤 이전에 이 주술사들은 나라는 사람을 전혀 몰랐다. 내가 의사인 것은 물론이고 어릴 적 이야기나 내가 치유와 관련된 일을 한다는 것도 몰랐다. 하지만 그들은 정확히 나를 읽었다. 실망 속에서도 나는 그들의 말이 옳다는 것을 바로 느끼고 알 수 있었다. "우리가 당신을 도와줄 수 있습니다"라고 주술사들이 약속했다. 그들의 확신에도 불구하고 성공이 매우 의심스러웠다. 하지만 그들을 따른 것은 단순히 그들에 대한 존경이나 맹목적인 믿음 때문이 아니었다. 내 안의 무언가가 짐을 내려놓으라고 했기 때문이었다.

그로부터 10일간 나는 그곳에서 사회적으로 격리되었다. 내 숙소인 오두막에서 홀로 지내며 다른 참가자들을 멀리했다. 다행히 내 미국인 친구가 그들을 돌봐주었다. 그 기간에 나는 명상, 영성 책 독서, 요가, 열대우림 산책, 사색으로 시간을 보냈다. 이 낯선 상황에 대해 여러 가지 다양한 정신적·감정적 반응이 나타났다 사라지곤 했다. 이틀에 한 번씩 나 혼자 오두막집에 앉아 있으면 주술사가 와서 내 몸에 약초 물을 붓고 세 시간 이상 주문을 외웠다. 그는 연기를 내뿜으며 내 머리 위로 손을 흔들기도 하고 가슴이나 등에 손을 대기도 했다. 주로 자기네

** 스페인어로 '의사'라는 뜻.

고유 언어로 주문을 외웠지만 가끔은 스페인어 찬송가를 불러 성령과 성모와 예수를 불러내기도 했다. 그의 목소리는 저음의 바리톤부터 콧소리 고음 그리고 날카로운 가성까지 말할 수 없이 풍부하고 아름다웠다. 매캐한 어둠이 깔린 말로카 안에서 이 작은 주술사는 마치 거인처럼 보였다. 매일매일 나는 몸이 더 가벼워지고 마음의 번뇌는 줄어들었다. 하지만 네 번째 날까지도 그 어떤 환영이나 깊은 체험은 없었고 단지 편안해지면서 감사함을 느낄 따름이었다.

5일째 마지막 의식이 끝나고(그게 끝이라고 생각했다) 예상했던 대로 아무런 결과도 얻지 못했지만 정화와 감사의 마음을 느꼈다. 통역사 푸블리오를 통해 주술사들과 분위기 좋게 대화를 하고 있었는데 어떤 말을 하던 도중에 갑자기 바닥에 쓰러졌다. 아니 정확히는 어떤 통제할 수 없는 힘이 나를 내리꽂았다고 하는 게 맞을 것이다.

나중에 들어보니 엎드린 상태로 거의 두 시간을 있었다고 했다. 하지만 내게는 이틀처럼 느껴졌다. 기억의 소용돌이 속에 있는 동안 시간 감각을 느낄 수 없었다. 통역사와 주술사는 내내 침묵 속에서 무릎을 굽힌 채 나를 지켜보며 간호했다. 내 경험을 이야기할 필요도 없고 할 수도 없지만 마치 저세상 것 같은 환희는 아직도 기억이 난다.

마지막에 경험한 것은 분명히 말할 수 있겠다. 시퍼런 하늘을 배경으로 거대한 구름 조각이 헝가리어로 '행복한'이라는 뜻의 BOLDOG을 만든 게 보였고, 그 장면과 동시에 생각이 미치지 않는 곳으로부터, 아니 의식 저 너머로부터 내면의 평화가 밀려 들어왔다.* 그것은 나를 초월했지만 동시에 나의 일부로서 전에 '나'라고 생각했던 것을 무언가 신

---

* 나는 보통 영어로 생각하고 심지어 꿈도 영어로 꾼다.

정상이라는 환상

비롭고 초월적이며 경탄할 만한 것과 연결해주는 역할을 한다. 그때의 경험과 깨달음을 다시 생각하면 광활하고, 의식적이며, 분리되지 않고, 자신에 대한 집착에서 자유로웠던 그때와 동일한 상태가 내 의식에 충만해진다(이에 대해서는 다음 장에서 다룰 예정이다).

독자들은 내 시도하에 아야와스카를 통한 치료를 알기 위해 그렇게 먼 곳에서 날아온 의사들은 어떻게 되었는지 궁금할 것이다. 이들 거의 대부분 매우 잘했다는 것을 말할 수 있게 되어 다행이라고 생각한다. 나와 같이 행사를 이끌었던 의사는 완전히 자신을 용서할 수 있게 되었다. 당연히 그들은 실망했겠지만 예상했던 반발이 일어나는 대신 내가 나 자신을 돌보는 모델이 된 것에 대해 감사함을 느꼈다. 이것이야말로 과로에 지치고, 연민에 피로감을 느끼며, 상처받은 치료자들이 가장 필요했던 것일지 모른다. 주술사도 분명 그렇게 생각했을 것이다. 이 사원에는 유럽과 북미 각지에서 많은 사람들이 왔지만 의사들은 처음이었다. 시피보족 치유사들은 이들처럼 '마가 많이 낀' 사람들은 처음 보았다며 놀라는 눈치였다. 주술사들은 이렇게 말했다. "우리 자신이 치유자이기 때문에 사람들이 가져오는 고통과 트라우마를 정면으로 받아야 합니다. 따라서 정기적으로 그 나쁜 에너지를 우리의 몸과 영혼에서 제거해주어 우리에게 쌓이지 않고 부담을 주지 않도록 합니다. 당신들 메디코도 그렇게 하는 줄 알았습니다. 하지만 알고 보니 당신들은 몇 년 동안 흡수해온 슬픔과 무거운 에너지에 잔뜩 눌린 채로 이곳에 왔습니다."

최근에 그곳에 참여했던 어떤 의사와 이야기할 기회가 있었다. 그는 50대 후반으로 캐나다군에서 상당히 높은 지위에 있는 군의관이었다. 그의 환자 중에는 부상과 PTSD를 동시에 겪는 사람들이 많았다. "지금은 내 일에서 너무나 큰 즐거움을 느끼고 있지만 예전에는 피곤하고 냉소적이었어요. 32년을 했으니 어서 은퇴하고 싶을 지경이었죠. 이제는 의사이기 때문에 억지로 맺어야 하는 피상적인 관계가 아닌 진실한 연결 관계를 통해 사람들과 소통하고 싶어요." 의사라는 역할에서 벗어나게 해주는 주술사의 가르침으로 인해 큰 도움을 받았다는 이야기를 많이 들었다.

하늘색 바탕에 헝가리어로 '행복한'이라는 글자를 본 다음 날 아침 통역사가 간밤의 내 여행이 어땠냐고 주술사에게 물어보니 웃으면서 "아, 가보 선생은 신과 교감했어요"라고 대답했다.

✤ ✤ ✤

2009년 중독에 관한 책 《굶주린 유령의 왕국에서》를 발표한 지 얼마 지나지 않아 치료의 일환으로 아야와스카를 사용하는 것에 대한 문의가 들어오기 시작했다. 당시 내 답은 "아무것도 아니다"였다. 행복감을 증진하기 위한 환각작용의 일반적인 효과에 대해서도 아는 것이 없었기 때문에 당연한 대답이었다. 서양 의학 모델을 벗어나 치유 방법을 추구하는 데 항상 지대한 관심을 보였지만 처음에는 이런 질문이 귀찮다고 느껴졌다. 그렇게 이상하고 생소하며 '이단 같은' 방식에 전혀 신경쓰고 싶지 않았다. 더구나 환각성 있는 식물이 어떻게 중독을 극복하고, PTSD를 이겨내는 데 도움을 줄 수 있는지 상상이 되질 않았다. 그리고 질병의 원인이 되는 몸에 밴 자기 억압에서 해방시킨다니 말이 안 된다고 생각했다.

하지만 그 경험이 있은 후 현대심리학에 내면의 관찰이 접목되어 상승효과를 내는 환각 물질의 효과를 깊이 존중하게 되었다. 어쩌면 '존중'이라는 말은 너무 약할지 모른다. '경외'라는 표현이 더 맞을 것이다. 지난 수년간 나는 온전함과 의미 그리고 진정한 자아의 경험을 추구하는 사람뿐 아니라 약물중독이나 섹스중독, 암, 퇴행성신경질환, 우울증, PTSD, 불안, 만성피로 등으로 힘들어하는 사람들을 많이 만나보았다. 그들 모두는 습관적으로 정형화된 억압적 패턴에서 벗어나려 했다. 사람들은 나약하지만 생동감 넘치는 어린 시절의 자신, 부모, 사랑, 신, 진실, 공동체, 자연을 발견하려 노력했다. 모든 사람이 바라는 것을 다 찾았다고 말할 수는 없다. 다만 많은 사람이 진정성으로 가는 중요한 조치를 시작했으며 사람을 억누르며 심지어 죽음으로 이끌 수도 있는 마음의 패턴과 행동에서 상당히 벗어났다는 것만은 말할 수 있을 것이다.

브리티시컬럼비아에서 응급구조사로 일하는 어떤 30대는 내게 이런 메일을 보내왔다. "몇 달 전 아야와스카를 처음 경험한 이후 내 의식 속에서 날마다 변화를 느끼고 있습니다. 나 자신 속의 나 그리고 동물을 포함한 다른 생명과 같이 있을 때 느끼는 나라는 존재가 전과는 다름을 느낍니다. 내가 해온 모든 것을 완전히 새로운 관점에서 보고 실천합니다. 다른 사람의 고통을 덜어주기 위해 하는 행동이 달라졌으며 환자가 자신을 다른 관점에서 볼 수 있도록 도와주는 능력도 전과 다르다는 걸 느낍니다." 아마존 치유 여행에 참가했던 뉴욕의 부동산중개인도 비슷한 취지의 말을 한다. "지금은 이익을 좇으며 날마다 바쁘게 돌아가는 와중에도 가끔은 어떻게 진정으로 다른 사람을 도울까에 대해 깊이 생각합니다." 어릴 때 성적 학대에 시달린 경험 때문에 만성적인 질병과 중독으로 점철된 삶을 살아왔던 어떤 여성은 이렇게 말한다. "오늘 나는 삶이 주는 축복과 삶의 본질적인 신성함과 소중함에 경외감을 느낍니다. 전에는 전혀 알지 못했습니다."

어떤 초월적인 경험을 하기 선에 환사 경험이 먼저 영혼의 가장 깊은 곳에 있는 고통을 뚫고 들어간다. "오늘 나는 태아의 고통을 느끼고 이 것을 하늘에 맡깁니다." 의식이 끝난 후 어떤 젊은이가 이렇게 말했다. "나는 아야와스카에게 가장 깊고 가장 원초적인 고통으로 나를 데려가 달라고 부탁했지만 이루어지지 않았습니다. 그런데 오늘 갑자기 거기 에 있었습니다. 나는 자궁 안에 있었고 여태껏 느꼈던 최고의 고통을 느꼈습니다. 끔찍했습니다. 완전히 녹초가 되어버렸습니다. 내가 그렇게 원했던 상태였기에 그대로 가능한 오래 있으려 했습니다. 그리고 깨어났습니다. 난 주저 없이 그 고통을 하늘로 날려 보냈습니다. 가장 극심한 고통에서 지금은 최고의 환희를 느낍니다."

마이클 폴란Michael Pollan이 쓴 《마음을 바꾸는 방법How to Change Your Mind》은 환각작용의 치유 가능성을 많은 사람에게 알려주었다. 이 베스트셀러 작가는 내게 이렇게 말했다. "사람들은 무언가에 굶주려 있습니다. 그게 무엇인지는 딱 잘라 말하기 어렵지만 사람들이 자신들의 삶에 정신적인 무언가를 필요로 합니다. 그런데 우리 사회에는 정신적인 질병이 넘쳐납니다. 온갖 종류의 질병에 시달리지만 제대로 된 치료를 전혀 받지 못하고 있습니다."

폴란은 이 책이 〈뉴욕 타임스〉 선정 10대 베스트셀러에 포함되는 등 의료계에서 받아들이는 수준을 보고 놀랐다고 내게 털어놓았다. "정신의학계나 정신질환 치료 분야에서 상당한 비판이 있을 거라고 생각했습니다. 그러나 그들은 효과적인 약이나 치료법이 없다는 걸 잘 알고 있습니다. 내가 이 책을 쓸 때 보니 상황이 생각했던 것 이상으로 긴급해져서 환각성 약물이 다시 주목받게 된 것 같습니다." 그는 아야와스

　　　　　　　　　　　　　　정상이라는 환상

카, 페요테peyote, 담배, 버섯 등 전통적인 의식용 식물뿐 아니라 LSD, MDMA(보통 엑스터시, E, 몰리 등으로 불리는 향정신성 약물) 등 인공적으로 만든 환각제까지 연구했다. 치료 목적으로 이들에 대한 연구가 점차로 확대되고 있으며 결과도 고무적이다.

우리는 '환각을 일으키는psychedelic'이라는 단어를 '마음을 각성시키는mind alerting'이라는 단어와 동일한 의미로 사용하지만 어원을 살펴보면 보다 정확한 뜻을 알 수 있다. 영국의 신경정신과 의사 험프리 오즈먼드Humphry Osmond가 그리스어의 영혼에 해당하는 'psyche'와 드러내고 보여준다는 뜻의 'deloun'을 합성해 '마음을 나타내는'이라는 뜻의 'psychedelic'을 만든 것이다. 다시 말해 마음을 각성시키거나 '확장하는' 것이 아니라 자기 자신에게 의식을 보여준다는 뜻이다.*

치료 목적으로 환각성 물질을 사용할 때는 엄격한 조건하에 의사의 지도를 받아야 한다. 이는 매우 중요한 조건으로 제대로 지켜지지 않을 경우 〈마법사의 제자Sorcerer's Apprentice〉처럼 끔찍한 결말을 맞을 수도 있다. 하지만 안전한 환경에서 적절한 지도에 의해 실시한다면 환각 약물은 사람들이 일평생 필사적으로 없애려 했던 고통과 슬픔을 찾아내고 받아들이도록 해준다. 또한 그것은 성숙한 인격이라는 구조물 밑에 깔려 있던 평화, 환희, 사랑을 드러내 보여준다.

현대의 환각제 치료와 관련하여 연구와 학문에 관심이 있는 독자는 폴란의 저서를 참조하거나 각국에서 발표되는 보고서를 참조하기 바란다.[1] 여기서는 다만 10여 년의 체험자, 의사, 치료사로서 경험을 했지만 몸과 마음의 일치성에 뿌리를 둔 가능성에 깊은 인상을 받았다는 것만

---

* 또 다른 사례로 최근에 만들어져 약초에만 사용되는 '향정신성(entheogenic)'이라는 단어도 있다. 단어를 있는 그대로 풀이하면 '먹으면 신이 되는'이라는 뜻이다.

을 말하고 싶다. 나는 포르노, 담배, 알코올, 약물 등 온갖 종류의 중독에서 회복하는 사람들을 보았고 우울증과 각종 불안증을 극복하는 사람들도 보았으며 다발성경화증이나 류머티즘성 질환을 이겨내는 사람들도 많이 보았다.

✤ ✤ ✤

보스턴에 살고 있는 한국 입양인인 미옥에 대해 5장에서 잠깐 이야기한 적이 있다. 미옥은 성적으로 학대를 받아 트라우마가 있었고, 중증 피부경화증 진단을 받아 누가 거들어주지 않으면 '미라화된' 자신의 몸을 움직일 수 없었다. 서양 의학의 도움으로는 더 이상 기대할 게 없게 되자 그는 고통에서 벗어나는 유일한 길로 죽음을 생각했다. 그러던 어느 날 우연히 얻게 된 아야와스카를 혼자 있을 때 먹고 나서 그날 밤 몇 개월 만에 처음으로 침대에서 일어나 서서 걸을 수 있었다. 그 경험은 미옥을 완전히 바꾸어놓았다. "나 자신이 맨디Mandy*로, 물리적 신체를 가진 존재로 보이지 않더군요. 사회적 특성, 인종, 성 같은 요소들이 모두 사라지고 난 후 깊은 곳에 있는 진정한 나 자신을 볼 수 있었어요."**

---

* 맨디는 미옥의 영어 이름이다. 자신을 찾는 과정의 일환으로 원래 한국 이름인 미옥을 되찾았다. 지금은 아야와스카와의 연결을 소중하게 생각하는 의미로 이카로(Icaro)라는 성을 사용하고 있다.

** 미옥은 더 이상 나빠질 게 없었고 다행히 그 경험이 도움이 되기는 했지만, 나는 그 누구도 이 환각 식물을 홀로 섭취하는 걸 절대로 추천하지 않는다. 아야와스카는 그 어떤 환각성 식물보다 특히 더 믿을 만한 주술사의 지도하에 의식의 일환으로 흡입해야 한다. 이는 안전을 위해서도 그렇고 전통을 보존한다는 측면에서도 그렇다. 전통적으로 환각 식물은 의식의 일부분으로 해야지 절대로 즉흥적으로 흡입해서는 안 된다. 특히 의식을 갓 접한 초보자들에게는 더욱 그렇다.

그 뒤 미옥은 내가 주관하는 치유 여행에 참가해서 다른 형태의 치료와 육체적 처치를 받았다. 5장에서 언급했지만 이제 미옥은 혼자 건강하게 돌아다닐 수 있으며 자서전을 쓰고 있다. "전에 내 몸이 아플 때는 모든 게 그냥 내게 생긴 걸로 생각했어요. '이게 내 운명이구나. 죽는 수밖에 없어. 어찌할 도리가 없어'라고요. 나는 단 한 번도 나 자신의 주인이 되지 못했어요. 이 모든 것에 이유가 있다는 생각이 들자 그 의미를 찾기 시작했어요. 그게 내게 커다란 의미상의 변화를 주었죠. 내가 경험한 모든 트라우마에는 다 의미가 있으며 내가 살고 싶은 삶을 선택할 수 있다는 걸 깨달았습니다. 전에는 접근하지도 못했던 트라우마도 지금은 받아들일 만합니다. 어린 시절은 거의 기억나지 않았는데 아야와스카가 천천히 과거의 문을 열어주었고 어릴 때 내가 누구였는지, 지금 내가 누구인지 등 잃어버린 것을 기억나게 해주었습니다."

보스턴에 있는 미옥의 주치의와 이야기할 기회가 있었는데 그는 미옥의 병력과 회복을 어떻게 설명해야 할지 모르겠다고 말했다. 하지만 몸과 마음의 일치라는 측면에서 보면 이는 기적도 아니며 놀랄 일도 아니다. 자기 자신과 다시 연결되자 미옥은 트라우마에 갇힌 자신으로부터 벗어날 수 있었다. 미옥은 환각 식물의 도움을 받았지만 일반적인 원칙은 변함이 없다. 그는 습득된 믿음과 행동, 감정 그리고 그로부터 발생하는 신체적 반응으로부터 자유로워지기 시작했다. 미옥의 몸과 신경 체계, 면역 시스템, 세포들도 지금껏 설명한 방식대로 그를 따랐다.

❖ ❖ ❖

치료 분야가 아니더라도 환각 물질이 변화를 불러일으키는 데 효과가 있다는 것을 아는 사람들이 많다. 원래 이런 식물들은 단지 치료나 진통제 이상의 의미로 이용되었다. 주술사들은 이들의 영혼과 연결하여 마을의 중요 사항을 결정하고 사냥, 기상과 관련된 점을 치며, 조상과 교감하거나, 적군과의 평화를 중재하기도 했지만 가장 중요한 것은 자신의 운명을 아는 것이었다. 여러 종류의 꽃이나 관목, 나무 등 우리 기준으로는 영험이 있다고 생각되지 않는 모든 식물에조차 고유한 지혜가 있어서 이를 전문적으로 이를 흡수하는 데 다년간에 걸친 수련이 필요하다. 문화인류학자인 웨이드 데이비스는 평가에 인색하지 않았다. "나는 항상 젊은이들에게 말합니다. 우리의 부모들이 이런 환각 물질을 너무나 두려워해서 '절대 하지 마. 한번 먹으면 절대 못 빠져나와'라고 말한다고 말이죠. 하지만 그게 오히려 좋은 점입니다. 그런 면에서 나는 항상 이런 물질이 내 삶에 자극을 주고 소중한 존재였다는 것을 밝히는 데 주저함이 없습니다. 이 약 때문에 단지 독서로는 100만 년을 해도 이룰 수 없는 자연스러운 방법으로 연결을 이해하게 되었습니다."

주술사들은 어떻게 해서 그렇게 막강한 변화를 일으킬 수 있을까? 우리가 탐구해왔던 몸과 마음의 일치를 통해서, 그리고 무의식에 접근할 수 있는 그들의 힘을 통해서 가능하다. 무의식에는 의식이 모르게 우리의 삶을 이끄는 감정과 동기가 존재한다. 지크문트 프로이트Sigmund Freud는 꿈이 무의식으로 가는 지름길이라고 말했다. 환각 물질은 더욱 직접적인 길일 수도 있다. 환각 연구를 위한 다학문 협회Multidisciplinary Association for Psychedelic Studies의 설립자이자 회장인 릭 도블린Rick Doblin은 환각 물질을 이용한 치료 방법 연구를 맨 처음 시작했다. 최근에 그와 이야기할 기회가 있었다. "우리가 주의를 집중하는 의식과 내면에서 생각하고 느끼는 무의식 사이에는 막이 있습니다. 환각 물질은 그 막을 열어 보다 많은 것을 알게 해줍니다. 하지만 각각의 약물이 작용하는 방식은 전부 다릅니다. 그것은 당신과 억압당하고 무시당해왔던 당신의 일부를 연결할 뿐 아니라 자신과 자아를 초월해 보다 넓은 세상을 보게 합니다." 그는 이를 1600년대의 코페르니쿠스 혁명에 비유했다. "우리는 자신이 우주의 중심이라고 생각하는 경향이 있습니다. 환각 물질은 이를 바꾸어 우리가 엄청나게 큰 무언가의 일부라는 것을 깨닫게 합니다. 또한 전부터 그랬고 앞으로도 그럴 것이라는 점도 알게 합니다. 그것은 또한 습관적인 방식에서 우리를 벗어나게 합니다. 더 이상 '나'라는 시각에서 보지 않게 되면 새로운 가능성과 연결을 느낄 수 있습니다."

환각성 식물과 합성 환각 물질은 의학용어라는 측면에서 보면 '약물'이 아니다. 항우울제 프로작, 쉽게 구할 수 있는 아스피린이나 코데인 같은 약은 몸의 생물학적 상태, 즉 생리 상태를 바꾸기 위해 섭취한다. 상황에 따라 약이 효과가 있을 수도, 없을 수도 있지만 이런 치료 방식이 병의 원인과 무의식을 건드리지는 않는다. 환각성 약물은 신체의 상태를 바꾸기 위해 매일 섭취하는 것이 아니다. 이런 약물은 섭취한 뒤 한참이 지나서도 자신과 세계와의 새로운 관계에 쉽게 접근하게 해준다. 이는 아야와스카처럼 어떤 의식의 일부로 취하거나 MDMA처럼 치료의 일환으로 섭취해도 마찬가지다. 이런 경험을 하면 고장 난 뇌의 감정 기능이 원래대로 돌아온다. 따라서 환각 물질을 사용하면 배우자에게 폭력을 행사할 가능성이 낮아진다는 최근 연구 결과를 보고 나는 전혀 놀라지 않았다.[2]

그렇지만 나는 환각 물질의 전도사는 아니다. 열성적인 지지자들의 믿음과 달리 식물성 환각제든 제조된 환각제든 혼자만의 힘으로 인류의 전반적인 보건 상태나 의식을 변화시키지 못한다. 그러려면 대규모의 사회적 변화, 특히 주류 의료계의 인식 변화가 있어야 한다. 효과에도 불구하고 환각 물질을 통한 치료는 소수에게만 전수되며, 비용이 많이 들고, 많은 시간이 소요된다. 실용적이고 문화적인 이유로 인해 대부분의 사람들에게는 아직 접근하기 어려운 영역에 머물 수밖에 없다. 하지만 전반적으로 서양 의학이 벽에 부딪힌 이상 환각 물질을 제외하거나 환각 물질의 치료 가능성을 무시한다면 이 역시 업무 해태가 될 것이다.*

약효가 매우 뛰어나므로 환각성 약초나 약물은 그 자체로 매우 흥미로울 뿐 아니라 현대 의학이 이제 막 알기 시작한 몸마음의 원칙을 알리는 데 지대한 역할을 하고 있다. 그것들이 전하는 교훈은 약물이 있건 없건, 상황이 어떻건 간에 인간 정신의 강인함과 해결 가능성의 증거가 되고 있다. 모든 시대, 모든 대륙에서 사람들은 '지구'라고 불리는 약을 이용해서 병을 치료하고 지혜를 얻었으며 영혼을 깨닫고 후세에 문화를 물려주었다.

환각성 약물은 아메리카 대륙 남서부에 침입하여 무자비한 학살을 자행하는 식민지 이주자들과 대항하던 최후의 위대한 원주민 전사에게 영향을 주기도 한다. 역부족으로 패배하고 난 후 점점 줄어드는 원주민 보호구역에서 부족민들이 마지못해 살아가는 것을 본 코만치 추장 콰나 파커Quanah Parker는 그들을 위로하기 위해 영혼의 길을 선택한다. 그

---

* 다른 많은 사람들과 마찬가지로 나는 지금 추진하고 있는 연구를 통해 이런 치료방식이 오히려 가성비가 더 좋다는 것이 밝혀질 거라고 확신한다. 예를 들어 PTSD 증상을 보이는 환자에게 평생 들어가는 의료 비용을 계산해보라.

정상이라는 환상

는 사막 선인장의 일종인 페요테를 의식에 사용해 나중에 미국원주민 교회Native American Church를 설립한다. 다른 원주민의 종교와 마찬가지로 그는 종교 자체보다는 종교의 영성을 더욱 중요하게 생각했다. 일찍이 파커는 "백인들은 교회에 가서 예수에 **대해** 이야기하지만 우리 인디언들은 천막 속에 들어가 예수**에게** 이야기 한다"라고 말한 바 있다.³

페루의 정글에서 '신과의 합일'을 경험하고 난 후 콰나 파커의 말을 온몸을 통해 느낄 수 있었다.

Chapter 32

순수한 내 삶: 접령

있는 그대로의 당신이야말로 세상에 줄 수 있는 최고의 선물이다. 선물

이자 동시에 완성이다.

- A. H. 알마스, 《존재와 삶의 의미Being and the Meaning of Life》

2019년 페루의 정글에서 그런 갑작스러운 경험을 하기 전까지 영적인 체험은 내게 이야기나 이론 또는 개념으로서만 존재했다. 갖고 싶지만 갖지 못하는 어렴풋한 갈망으로 남아 있었다. 그렇게 많은 책을 읽고 그런 주제에 대해 내 의견을 명확하게 표현하는 것도 가능했지만 경이로움이나 미스터리 또는 '지식으로는 설명할 수 없는 평화' 등으로 표현되는 그러한 상태를 한 번도 직접 경험하지 못했다. 인류의 순수하면서 무언가를 깨닫게 하는 변화의 가능성에 대한 나의 믿음은 진실했지만 대부분 간접적으로 받아들인 것이었고 나 자신의 경험과는 상관이 없었다. 신에 대한 믿음이나 헌신적인 종교의식을 통해 깨달은 것도 아니었다. 그렇지만 페루에서의 경험으로 가능성을 조금이나마 느낄 수 있었고 믿음을 넘어 치유의 핵심에 닿을 수 있었다.

믿음이고 자시고를 떠나서 주술사가 "가보 선생이 신과 교감하고 있

다"고 한 말에 대해서는 그렇다고 인정할 수밖에 다른 도리가 없다. 초월적인 무언가가 그날 아침에 발생한 것이다. 그렇게 오랫동안 연구해왔던, '나'를 넘어선 내 속의 무엇인가와 뒤늦게 만난 것이다. 의식이 확장되고 자신의 정체성이라는 짐에서 벗어난 상태의 나 자신이라는 공간에 들어왔다. 주술사의 지도하에(물론 그 전에 많은 시간을 나 스스로 준비했지만) 흡입한 환각 약초는 내 일상적인 준거 틀에서 너무나 벗어나 평상시에는 절대 접근이 불가능했던 정보의 문을 열어준다. 셰익스피어는 《햄릿》에서 이런 종류의 지식에 대해 이야기한다. "호레이쇼여, 세상천지에는 철학 따위로는 꿈도 못 꿀 일들이 얼마든지 있다네."*

지금 되돌아보면 그 경험은 내게 새로운 믿음을 주입한 것이 아니고 광신적인 종파가 신의 존재를 확신하는 것만큼 단단한 신에 대한 불신감을 내려놓은 것이었다. 배우이자 사회운동가인 애슐리 저드는 말로 설명할 수 없는 믿음을 이렇게 함축적으로 표현했다. "믿지 않는 신에게 굴복하기."

❖ ❖ ❖

내가 페루에서 가장 먼저 배운 것(지식의 축적이 아니라 몸소 체험하는 배움)은 치유는 생각하는 마음의 조타실 밖에 있다는 것이다. 첫째로, 마음은 본질상 분열된 집안과 비슷하여 끝없이 자기들끼리 다툰다. 나의 경우, 한편으로는 언젠가는 어떤 방법으로든 '결정적인 순간', 깨달음의 순간이 올 거라고 믿으면서도 다른 편으로는 냉소와 회의에 사로

---

* 1장 5막의 대사. 셰익스피어 시대에 '철학'은 이성적·학문적 사고를 의미했다.

잡혀 있었다. 반대로 영혼은 그 자체로 하나다. 우리의 마음, 우리의 지식은 치유의 원칙을 저장하기도 하고 심지어 치유를 경험하도록 도울 수도 있다. 우리가 '끝까지' 가보고 싶다면 이들 믿음직한 보호자들이 문에서 비켜서 보다 덜 세련되고 더 나약한 요소가 무장 해제당한 채 들어오도록 할 수 있다.

둘째로, 이게 계획해서 되는 것이 아니라 그 반대임을 배웠다. 깨달음의 순간은 내가 그동안 세웠던 계획과는 아무런 상관이 없었다. 영혼의 영역으로 들어가는 그 순간은 자신을 통제할 수 있다는 착각을 버리고 자연의 방식에 전적으로 굴복할 때만 발생할 수 있다. 내 문제를 접고 들어가는 것이 그 테이블에 앉기 위한 입회비이자 판돈이다.

셋째로, 서로 연결된 것이지만 여러 가지 어려운 일을 해야만 했다. 리더 또는 치유자로서의 지위를 포기하고, 자신의 변화에는 신경을 못 쓰면서 예의 다른 사람을 도와주던 습관에서 벗어나서, 다른 사람이 내게 기대하는 역할을 내려놓고 그 어떤 인간적인 몰락도 감수해야 했다. 가장 어려운 것은 내 자아가 위협받고 분노하는 걸 그대로 보아 넘기는 일이었다. '나는 이 사람들을 실망시킬 수 없어. 이 사람들은 다 멀리서 **나**와 함께 참여하려고 온 사람들이야.' 평생 매달렸던 내 정체성이 완전히 뒤집혀버렸다. 할 수 있는 일이라고는 항복 조건을 협상하는 것밖에 없었다.

무슨 이유인지 모르지만 살다 보니 나 자신을 어찌할 수 없는 지경에 이르렀다. 내가 할 수 있는 것이라고는 모든 걸 내려놓고 다른 사람과 나 자신 그리고 무엇보다 갑자기 택하게 된 진로를 믿을 것이냐 말 것이냐를 선택하는 것밖에 없었다. 초기에는 안 그랬겠지만 믿기를 선택하니 엄청난 치유와 은총의 순간을 경험하게 되었다. 내려놓았기 **때문**

에 치유할 수 있었다고 말하지는 않겠다. 내가 아는 한 은총은 그런 식으로 오지 않기 때문이다. 하지만 전제조건임을 부인할 수 없다. 나의 경우 마침내 75살이 되어서야 그렇게 할 준비가 되었다.

모든 사람이 주술사나 환각 약초의 도움을 받으려 하지도 않을 것이고 그럴 필요도 없다. 그런 기회조차 가지는 사람이 많지 않다. 그건 중요하지 않다. 흔치 않은 상황이기는 했지만 내 특별한 경험은 이 책에서 줄곧 이야기했으며 누구에게나 가능한 일반적인 치유의 원칙으로 가득 차 있었다. 즉 인정하고, 정체성을 내려놓으며, 내부의 지침을 신뢰하는 것이다. 물론 이를 위해서는 습관화된 마음의 반대와 엄격한 통제를 포기하려는 순수한 자신을 이겨내야 한다. 내가 할 수 있다면 치유에 모든 것을 맡기고 치유가 자신을 제대로 이끌도록 할 수 있는 그 누구라도 할 수 있다고 생각한다.

페루에서 주술사와의 경험은 치유가 아닌 것이 무엇인지를 알려주었다. 오랜 기간 나는 치유하기 위해서는 다른 사람의 사례에서 보듯, 카타르시스를 느끼게 하는 기념비적인 사건이 있거나 어떤 방식으로 과거로 돌아가 힘들었던 과거를 내려놓거나 되살려야 한다는 고정관념이 있었다. 물론 그런 형태를 띨 수도 있지만 그게 반드시 필요한 것은 아니다. 다시 한번 강조하지만 변해야 하는 것, 또는 변할 수 있는 것은 과거가 아니라 현재의 우리 자신에 대한 관계밖에 없다. 그날 바닥에 누워 있는 동안(울다가 웃다가를 여러 번 반복했다고 한다) 나는 내 어린 시절은 원래 발생하도록 되어 있었다는 것을 깊이 느낄 수 있었다. 또한 조부모가 돌아가신 것을 바꿀 수 없듯 어떤 것도 그 시절을 바꿀 수 없다는 것도 알 수 있었다. 또한 어떤 것도 타고난 권한이자 정수인 평화를 방해하거나 분산시킬 수 없다는 것도 느꼈다. 나만이 아니라 다른 모든 사람에게서도 마찬가지였다. 그것은 인정하고 자시고 할 문제가 아니었다. 그 순간에는(지금도 그렇고 또 반드시 그래야 하지만) 단지 반갑게 맞이하는 것 외에 인정할 것은 아무것도 없다는 것을 알았다.

⫯ ⫯ ⫯

페루에 가기 전부터, 단지 관찰과 직관을 통해서였지만, 사람으로 산다는 것은 눈에 보이는 것 이상more than meets the eye의 무엇이 있다는 생각이 들었다. 아니면 영적 교사인 에크하르트 톨레Eckhart Tolle가 말장난했듯 '내가 모르는more than meets the I' 무엇이 있다고 생각했다. 우리는 추가적으로 느끼는 고독감 때문에 우리의 마음이 증명까지는 아니더라도 이해할 수 있는 것 이상의 일부분이며 동시에 그것이기도 하다. 행동주의 심리학의 창시자인 존 왓슨John Watson은 1928년에 "아무도 영혼을 시험관에서 만지거나 본 사람은 없다"라고 말했다. 오감으로만 한정한다면 그의 말이 맞는다. 그러나 서양 사회는 모든 감각을 활용할 줄 모른다. 밥 딜런Bob Dylan의 노래 가사에 나오듯* 정신을 다루는 사람들과 원주민의 문화가 항상 키워왔던 미묘한 감각이 우리에게는 없다. 불교 명상 지도자인 잭 콘필드Jack Kornfield는 "우리는 분열된 세계에 살고 있으며 우리의 영혼 역시 마찬가지입니다"라고 이야기한다. "우리는 직장에서 돈을 벌고, 헬스클럽에서 몸을 가꾸며, 사람에 따라 치료를 통해 영혼을 돌보기도 합니다. 콘서트에 가서 예술을 느끼고 교회나 회당, 모스크 등에 가서 신성해집니다. 하지만 신성함과 우리가

---

* 1965년 발표한 노래 〈Mr. Tambourine Man〉의 가사.

정상이라는 환상

하는 일이 구분되어 있고 우리가 만드는 음악과 다르듯 이것들은 모두 별도로 구분되어 있습니다."

　많은 알코올의존자들에게 금주 모임Alcoholics Anonymous: AA 같은 프로그램의 초기 단계에서 가장 어려운 과정은 자신의 인생을 신과 같은 고귀한 힘에 전적으로 맡기는 단계다. 물론 사람마다 이 단어를 다르게 받아들인다. 알게 모르게 우리 모두는 고귀한 힘을 추구한다. 이는 여러 가지 형태로 나타난다. 어딘가에 속하려는 바람, 삶의 목적을 알려는 노력, 학습된 자기중심적 사고의 한계를 벗어나려는 충동, 초월적 경험에 대한 선호 같은 것들이다. 하지만 안타깝게도 우리 문화는 덧없는 외부의 것으로 내부를 채우라고 가르친다. 내부에 없는 것을 외부의 것으로 대체할 수는 없는 일이기에 그것은 불가능하다. 우리를 끝까지 따라다니는 공허함은 가장 깊은 곳에 있는 우리 자신과의 연결이 끊어졌기 때문에 생긴다. 내가 영광스럽게도 멘토라고 생각하는 A. H. 알마스는 이런 관계의 단절을 '구멍'이라고 부른다. "구멍을 견뎌내고 그것을 넘어가는 것이 이제 더욱 어려워졌습니다. 사회의 모든 것이 반대하기 때문이죠. 사회 전체가 이를 반대합니다. 당신이 어디를 가든, 주위의 모든 사람들이 구멍을 메우려 합니다. 당신도 같은 방식으로 구멍을 메우지 않으면 사람들은 위기감을 느낍니다."[1]

　"나는 사회를 적으로 생각하지 않습니다." 대화 중 그가 자신의 의견을 명확히 밝힌다. "사회가 잠들어 있다고나 할까요? 그냥 모르는 겁니다. 그나마 종교가 있어서 우리에게 예의 그 물질적인 것 외에 다른 것이 있음을 알려줍니다. 어느 시기에 가면 정신적인 것에 대한 추구가 깨어나기 시작합니다. 그 시기는 알 수가 없어요. 자기 혼자 깨어나기도 하고, 다른 사람의 이야기를 듣거나 책을 읽고서 깨어나기도 합니다. 정신적인 호기심이 깨어나면 사회가 이해하고, 인정하며, 강요하는 한계를 넘어서 인간이 무엇인가에 대해 알고 싶은 욕망이 깨어납니다."

정신적 추구는 설명할 수도 없고 강요할 수도 없다. 그 방법은 무궁무진하다. 사람마다 맞는 방법이 있고 안 맞는 방법이 있다. 안절부절 못하는 내 마음이 버틸 수 있는 최대로 긴 시간 동안 명상을 추구한 적도 있었다. 한번은 열흘간 아무 말도 안 하고 명상에 빠진 적도 있었다. 두 번 다시 하고 싶지 않은 경험이었다. 무언가 얻은 게 있기는 했지만 나와는 맞지 않는다고 결론 내렸다. 요가, 명상, 간헐적인 환각 경험, 침묵 속의 명상, 정신 수련에 관한 고전 독서, 대가들과의 대화 등 이 모든 것들을 겪으며 천천히 깊은 곳에 있는 진리를 향해 나아갔다. 어떤 사람들은 위에 말한 모든 것 대신 스스로 만든 방법으로, 심지어 어쩌다 알게 된 편법으로, 자신의 영혼과 화해하는 방법을 찾아내기도 한다. 중요한 것은 커다란 깨달음이 아니라, 갑작스럽든 점진적이든, 마음을 붙잡고 있지만 마음과 혼동되지 않는 의식이 깨어나는 것이다. 동료 의사인 윌 쿡Will Cooke은 애팔래치아 인근의 남부 인디애나 지역에서 중독환자들을 돌보고 있는데 내게 정신적 개안의 순간을 이렇게 표현했다. "모든 사람의 안에 있는 스파크이며, 드러나길 바라는 희미하게 빛나는 자신이며, 살면서 축적한 모든 것들을 욱여넣고 쌓아놓았지만 빛나지 않는 것입니다. 하지만 잠시나마 이것들을 치우고 드러내면 그것은 항상 아름답습니다."

미국 저널리스트이자 방송인인 마이클 브룩스Michael Brooks는 36세의 나이로 요절하기 직전에 정신적인 추구에 대해 언급한 적이 있었다. 사망 후 진실과 정의에 대한 그의 정신과 유머 그리고 약속으로 국내외의 추모를 받고 있는 브룩스는 생전에 정신세계를 깊이 연구했다. 여동생 리샤 브룩스Lisha Brooks는 그가 점점 더 정신의 힘에 눈을 뜨게 되면서 죽기 전날 이렇게 말했다고 한다. "내 안에 우주나 바다 같은 광활함을 느끼고 있어." 현실을 직시하고 우리 자신으로 돌아오기 위한 노력을 명확히 하는 말을 통해 그는 이런 느낌을 키우고 확장하겠다는 의지를 밝혔다. "앞으로는 **나로부터 나 자신을 분리시키는 요소들에게서 멀어진다는 것**이 무슨 뜻인지 알기 위해 공부를 더 해야겠다. 내 안을 기억하고 싶다"라고 그는 썼다.

애슐리 저드는 자신만의 독특한 치유 방법을 만들어냈다. 최초로 영화산업의 거물인 하비 와인스타인Harvey Weinstein의 성범죄를 폭로한 사람 중 한 명인 저드는 알코올의존과 해소되지 못한 슬픔으로 점철된 가정의 상처를 오랫동안 그대로 품고 있었다. 그가 '믿지 않는' 신을 접하게 된 계기는 자연과의 밀접한 접촉 때문이었다. "그레이트 스모키 마운틴 국립공원 안에 있는 시냇가에 앉아 있었어요. 물을 따라 나비들이 몰려왔고 햇빛이 시냇물 위를 몽글몽글 비추고 있었죠. 모든 것이 편안해지는 순간이었어요. 바로 시간이 멈추고 나 혼자 있지만 편안한 깨달음의 순간이었죠. 항상 혼자지만 영원히 편할 것 같은 그런 느낌이었어요." 옛날 일이 다시 생각날 때마다 그때의 기억이 떠올라 치유의 길에 더욱 전념할 수 있었다고 말했다. "어떤 일이 생겨도 유머 감각을 유지할 수 있어요. 이미 한번 기를 꺾어놓았으니까 이제 괜찮을 거예요." 킥킥거리며 저드가 말했다.

캐나다의 올림픽 사이클 선수이자 스케이트 선수였던 클라라 휴스Clara Hughes 역시 자연을 접하면서 '이제 괜찮을 거야'라는 메시지를 얻었다. 하계 올림픽과 동계 올림픽 모두에서 여러 개의 메달을 딴(총 여섯 개였다) 유일한 선수인 휴스는 새롭게 강사와 교사로서 바쁘게 살아가면서 다른 사람들에게 치유와 영감의 메시지를 주고 있다. 휴스는 고통스럽게 극심한 우울증을 극복한 다음 깨달음을 얻었다. "꼼짝 못한다는 걸 알았어요." 활기찬 47세의 휴스는 내게 이렇게 말했다. "나는 매일 똑같은 일상을 반복하고 있었어요. '이건 건강한 삶이 아니야'라고 느꼈죠. 이건 내가 아니야. 내 삶을 회복해야 해. …… 2017년 3월 22일 나는 모든 걸 버렸어요. 강사 일도, 위원회 일도 모두 멈추고 무작정 걷기 시작했어요." 내면의 목소리에 귀를 기울이며 그는 새로운 정열을 마음속에 품었다. 바로 장거리 하이킹으로서 '온전함으로 가는 통로'라는 마지막 단계에 완전히 새로운 의미를 부여하는 목표였다. 지난 3년간 1년의 반은 걸으면서 보냈을 정도였다.

장거리 하이킹에는 여러 가지 좋은 효과가 있었지만 그중에서도 특히 휴스에게 치유에 도움이 되도록 현재를 깨닫게 해주었다. "걷다 보면 내일은 없어요. 어제는 사라졌고요. …… 남은 건 여기 그리고 지금밖에 없어요. 숲이 말하는 게 들려요. 산과 물도 마찬가지죠. 그들의 목소리가 들립니다. 나무는 가족이 되고 바위는 친숙한 존재가 됩니다. 그리고 만나서 반가워합니다." 걸으면서 휴스는 회복탄력성이 있다는 것의 의미를 새롭게 알게 되었다. "이제 어떤 힘든 일이 발생하더라도 숨을 쉴 수 있어요. 어떤 공허함이 닥쳐도 …… 앉아 쉴 수 있고, 글을 쓰고 그림을 그릴 수 있어요. 정원을 가꾸고 설거지도 할 수 있죠. 다시 내 호흡으로 돌아올 수 있어요. 그래도 괜찮을 거예요. 바로 나니까요." 나는 휴스가 그림 그리기나 정원 가꾸기에 관한 이야기를 해서 매우 기뻤다. 왜냐하면 우리 가운데 그처럼 거창하게 자연으로 여행을 떠날 수 있는 사람이 거의 없기 때문이다. 우리를 다시 우리의 본성nature(물론 이는 대문자 자연Nature의 다른 표현에 불과하지만)으로 돌아오게 하는 모든

정상이라는 환상

행동은 치유의 원천이 될 수 있기 때문이다.

　V가 몇 번의 수술과 화학치료 요법을 겪고 전이성 자궁암에서 회복하는 과정에서도 자연은 커다란 역할을 했다. 작가이며 사회운동가인 V는 이렇게 말했다. "아프기 전에는 자연이 무서웠어요. 그러다 자연이 자기한테 오라고 말하는 소리를 들었어요. 마치 '넌 여기 와야 해'라고 말하는 것 같았죠." 모든 건 처음에 병실 창문 밖에 있던 화분에 담긴 나무에서 시작했다. "그 나무와 사랑에 빠졌어요." V가 웃으며 그때를 회상했다. "당시 병세가 너무 심각했을 때였어요. 몸무게가 15킬로그램이나 빠지고 살 수 있을지도 확실하지 않았는데 그 나무를 보면서 혼자 생각했죠. '맙소사, 내가 죽음을 기다리면서 매일 이 나무를 쳐다봐야 한다고?' 그런데 나무가 그날 처음 내게 말을 걸기 시작했어요. ……오! 잎이 어떻게 생겼는지 생각해본 적도 없는데 …… 그다음 날은 나무의 **껍질**이 말을 하더니 그다음은 나무의 **몸통**이 말을 걸더군요. 사실 사람들과 말하기도 싫었고 사람들이 내 옆에 오는 것도 싫었어요. 그냥 나무하고만 있고 싶었어요. 나무랑 나 사이에 놀랄 만한 일이 생긴 거예요. 그 병실을 떠나던 날 나무에는 꽃이 피더군요. 하얀 꽃이 피었어요. 그게 내 변화의 시작이었죠."

　원주민들에게 이런 건 아무것도 아니다. 자연과의 합일은 아주 오래전부터 이런 문화의 토대였다. 북미 대륙에 원래 있던 나라를 잔인하게 빼앗기는 과정에서도 자연에 속해 있다는 느낌을 한 번도 잃어버린 적이 없었다. 나바호족 인디언 출신의 활동가이자 예술가이고 각종 의식을 주관하며 빛나는 여성Woman Stands Shining이라는 단체를 이끌고 있는 팻 매케이브Pat McCabe에 따르면 그것은 생명선 같은 것이며 회복과 힘의 원천이라고 한다. "내 마음속에 제일 먼저 떠오르는 것은 우리 모두 자연에게 한 약속이 있다는 것입니다. 그런데 그건 단순한 약속이 아니라 미친 사랑과 같은 것입니다. 우리는 자연과 모든 생명이 번성하도록 도울 능력이 있습니다. 그건 현대 세계의 패러다임이 아니에요. 모든 게 개인주의적이고 인간중심적이에요, 안 그런가요? 완전히 자기중심적이죠. 하지만 당신이 지구라는 보다 큰 커뮤니티의 일원이 되어 새와 물고기, 나무, 산, 하늘과 미친 듯이 사랑에 빠지면 당신을 뒤에서 밀고 앞에서 당기는 게 더 많아집니다."

이 책을 쓰기 위해 여러 인터뷰를 하다 보니 많은 사람들이 인디언의 전통에 대한 경험과 공경을 떠올리는 걸 보고 많이 놀랐다. 이런 형태의 공경은 내가 페루의 말로카나 콜롬비아의 오두막 또는 앨버타의 한증막 같은 남북미에서 현지 주술사 및 노인들과의 교감으로 경험했던 것과 같은 것이다. 나를 반겨준 모든 커뮤니티에 감사드린다. 신식민주의적 '정착민'의 입장에서 보면 외지인인 나를 그들의 장소에 받아주고 그들의 방식을 알 수 있게 해준 점에 대해 감사한다. 물론 지배적인 문화에서 온 내가 느끼는 건 어쨌건 한계가 있기는 하겠지만 말이다.

우리가 원주민의 지혜를 단순히 소비의 대상으로 보지 않고 그 삶과 죽음의 방식에 대해 관심을 기울여야 할 전통의 보고로 보기 시작하면, 이렇게 광범위하면서도 단일한 관점을 통해 현대 서양 의학에서 몸과 마음을 별도로 보는 이분법적이고 생물학적인 관점을 종식시킬 수 있을 것이다. 원주민의 전통문화 자체가 생존을 위해 노력하고 있는 와중에도 그것은 여전히 서양 의학의 기술적인 기적을 보완할 수 있다. 또한 그것은 서양 의학이 우리의 감성적·사회적·공동체적·영적 필요를 존중하지 못하는 부분을 교정해주는 중요한 역할을 할 수도 있다.

헬렌 노트는 한증막에서의 경험을 자궁으로 돌아가는 것에 비유했다. "자신의 힘만으로는 우리를 치유할 수 없다는 점을 인정하고 도움을 청하는 겸손함이 필요합니다. 인간으로서 우리는 자신이 얼마나 하찮은 존재인지를 인식해야 합니다. 인간으로서의 고통과 이를 극복하려는 노력을 통해 한증막은 우리를 대자연의 중심으로 도로 가져다 놓습니다. 모든 것을 내려놓고 대지 위에 누워 그대로 있는 겁니다. 그것은 또한 막강한 힘을 가지고 있습니다." 크고 뜨거운 돌들이 한증막 중앙의 구덩이로 들어오면 참가자들은 그것들을 마치 '할머니와 할아버지'처럼 환영한다. 이것은 비유적인 표현이 아니다. 이것은 우리 대부분이 학교에서 배우는 것보다 훨씬 더 현명하고 명확하게, 사물을 깊이 있게 이해하고 관찰하는 것이다. 결국 우리 모두는 그 바위를 만든 대지와, 기도와 찬양이 시작하기 전부터 내린 물로부터 탄생하지 않았는가? 만약 우리가 그런 식으로 사물을 볼 수 있다면 우리를 창조하고 유지하는 것을 파괴하고 약탈하기 전에 한 번 더 생각하지 않았을까? 서양 문화는 인디언 문화가 인식하고 존중하는 이러한 합일성에 대한 접촉을 오래전에 잃어버리고 너무나 많은 대가를 치렀다.

라코타족의 피가 섞인 정신과 의사인 루이스 멜마드로나Lewis Mehl-Madrona*는 고급 응급 의학과 부족의 전통적 치료 방법 모두에 능통한 경험을 지니고 있다. 그에 의하면 둘 다 효과가 있으며 둘 중 하나라도 없으면 곤란하다고 한다. 나도 그랬지만 그도 양쪽의 기적을 모두 보았

---

* 피츠버그 의과대학 대체의학센터장이었으며 현재는 뉴잉글랜드 대학교와 제휴한 이스턴 메인 의과대학 가정의 레지던트 프로그램의 교수이다.

다. "아메리카 원주민들에게 치유란 영적인 여정이다. (그런 것을 믿지 말도록 교육받은 의사들을 제외한) 대다수 사람들이 직관적으로 이해할 수 있듯이 몸에 일어나는 일은 마음과 영혼에서 일어나는 것의 반영이다. 사람들은 회복할 수 있다. 그러나 사람이 회복하기 위해서는 신체적인 변화뿐만 아니라 삶의 방식, 감정 및 영혼에도 변화가 필요하다."[2]

멜마드로나를 만나 이 책에 대해 토론하고 치유 이벤트를 합동으로 개최할 가능성에 대해 이야기할 때 그가 한 말이다. "라코타 사람들은 병든 사람들이 탄광의 카나리아 같은 역할을 하기 때문에 이들을 축하하고 지원해야 한다고 생각합니다. 우리를 대신하여 사회가 불균형하다는 것을 보여주기 때문에 그들에게 감사해야 합니다. 우리 모두 그들을 치료하는 데 참여해야 합니다. 그들이 없었다면 우리는 지금 어떻게 되었을까요? 우리 모두는 그들의 질병에 책임이 있습니다. 모든 사람을 위해 우리는 그들의 치료에 힘을 보태야 할 책임이 있습니다." 모든 사람이 서로의 건강에 책임이 있고 질병은 모든 사람의 경험이 밖으로 표출된 것이라는 생각은 얼마나 호소력 있는 오래되고도 새로운 생각인가! 우리 문화는 생물심리사회적 성질을 주어진 것으로 받아들이는 문화로부터 많은 것을 배울 수 있다.

멜마드로나가 서양 의학의 시각과 조상인 원주민 전통 사이의 또 다른 차이에 관해 이야기할 때 나는 웃지 않을 수 없었다. 유명한 내과 의사였던 그의 스승은 이렇게 가르쳤다고 한다. "그는 여학생이 수업에 들어오는 것을 받아들이기 힘들어해서 항상 '제군들'이라고 말을 시작했어요. '제군들, 인생은 끊임없이 죽음, 질병, 쇠퇴로 향해 가는 길이라네. 그리고 의사의 일은 그 속도를 늦추는 것이네.' 나는 크게 충격을 받았습니다. 내 할머니는 언제나 건강하게 죽어야 한다며 '그래야 저쪽에서 파티를 즐길 수 있다'고 가르쳤기 때문입니다. 할머니는 아파야 죽는다고 생각하지 않았습니다. 죽음과 병을 연결하지 않았던 것이죠. 죽음은 단지 시간이 다했다는 뜻이며 질병은 거쳐야 할 과정이라고 생각했습니다."

"할머니는 언제 돌아가셨나요?" 내가 물었다.

"90대 중반에 건강한 상태로 돌아가셨습니다. 여기에는 약간 재미있는 이야기가 있어요. 어느 날 밤 할머니가 식구들에게 그날 밤에 죽을 것이라고 말했답니다. '내 차례가 왔구나. 시간이 다 됐어.' 그러자 내 어머니는 최대한 침착함을 유지하며 '그런 소리 하지 마세요. 엄마는 아직 건강하잖아요'라고 말했지만 할머니는 '건강과 죽음은 아무 상관이 없단다'라고 대답하셨습니다. 그리고 다음 날 아침에 보니 할머니는 돌아가셨습니다."

이는 원주민의 방식을 낭만화하거나 그대로 모방하는 문제가 아니다. 다만 웨이드 데이비스가 지적한 '문화적 근시cultural myopia'는 극복해야 한다. 이는 "그 사람들이 우리보다 열등한 존재라거나 화려한 깃털을 달고 몸에 색을 칠한, 곧 사라질 오래된 존재라는 생각이다. 이들 역시 살아 있는, 역동적인 사람들로서 배울 게 있는 사람들이다."

❖ ❖ ❖

나는 정글에서, 클라라 휴스는 탁 트인 공간에서 치유를 경험했지만 감방과 같이 비인간적이며 협소한 공간에서도 사람들이 자신을 회복하는 것을 보았다. 캐나다나 미국의 무기수 중에는 내가 만난 가장 점잖은 사람도 있었다. 이들은 용감하게 자신의 과거를 마주하고 극복했다.

이들을 늘 마주치는 다른 사람들도 나와 같은 감동을 느꼈다.

중독치료와 관련된 일을 하다 보니 가끔 구치소 수감자들에게 강연할 기회가 생긴다. 이들은 우리 사회에서 가장 심한 트라우마에 시달리며 대접받지 못하는 사람들이다. 그중에서 캘리포니아의 악명 높은 샌퀜틴 주립교도소에서 만난 릭이 한 말은 절대 잊지 못할 것이다. 그는 자원봉사자들이 운영하는 변화 프로그램을 통해 자신의 내면에 깊게 파고들었다. 어린 시절에는 온갖 힘든 경험을 했고 소외와 폭력으로 얼룩진 청소년기를 거쳐 마약중독에 빠져 결국 살인까지 저질렀다. 그는 30세밖에 안 되었지만 수염은 희끗희끗했고 머리털이 막 빠지기 시작한 아담한 몸집의 흑인 남성이었다. 그는 가석방 심사 대상에 올라가길 바라고 있었다. 우리는 다양한 연령대의 동료 수감자 10여 명과 함께 회의실에 앉아 있었다. 릭이 말했다. "이 사람들은 내 행동에 대해 생각하게 만들어 도망가기를 멈추고 내면의 악마들과 마주하도록 도와주었습니다. 나는 나 자신을 사랑하는 법을 배웠고 세상에는 나 같은 사람을 신경 쓰는 사람이 있다는 것도 알게 되었습니다."

나는 그가 가석방심사위원회에 자신에 대해 어떤 말을 하려는지 궁금했다. 릭은 이렇게 답했다. "글쎄요. 그때 나는 내 삶에서 나 자신과 분리되어 있었어요. 심지어 내가 누구인지도 몰랐습니다. 나 자신을 존중하지 않았으므로 다른 사람도 존중하지 못했죠. 나 자신을 사랑하지 않았으므로 다른 사람도 사랑하지 못했어요. 그러나 복역하는 동안 멈추어 서서 순수한 마음으로 내 삶을 바라보고, 나 자신을 사랑하고, 내게 사랑이 모든 것이며 …… 사랑이 내 밖의 모든 것에게 나를 열어준다는 것을 알게 되었습니다. 내가 나를 위해 하는 모든 일은 나를 알게 해주고 모든 다른 사람을 알게 해주며 내가 다른 사람과 다르지 않다는 것을 알게 해줍니다. 내가 영혼과 접촉하면 소외되지 않습니다. 만약 나를 내보내준다면 나가서 하고 싶은 일이 이것입니다. 나는 준비가 되어 있습니다. 집에 가고 싶지만 설사 나를 석방하지 않더라도 나는 이미 내가 누구인지, 무엇을 하고 싶은지 알고 있습니다." 우리가 앞서 살펴본 다섯 개의 연민 모두가 그의 말 속에서 빛나고 있었다.

❖ ❖ ❖

"특별한 진실을 찾는 데 유효한 공통적인 규칙은 단 하나밖에 없습니다. 바로 끈기를 가지고 자신의 소리를 듣고, 다른 사람이 아닌 자신만의 방법을 찾을 기회를 스스로에게 주는 것입니다." 심리학자이자 예언자였던 빌헬름 라이히Wilhelm Reich는 이렇게 말했다.[3] 점점 더 시끄러워지는 세상, 건강한 외로움조차 방해하는 세상에서 자신의 '특별한 진실'을 듣는 것은 가장 어려운 일 중의 하나다. 인류는 오래전부터 이 특별한 진실을 찾았다. 조지 버나드 쇼George Bernard Shaw의 희곡 〈세인트 조앤Saint Joan〉은 15세기에 미래를 보고 '목소리'에 끌려 영국 점령에 저항한 무장 반란군을 이끈 시골 소녀 잔 다르크의 영웅적 삶과 죽음을 묘사하고 있다. 프랑스 국왕 샤를 7세는 잔 다르크를 부러워하며 이렇게 말했다. "아! 신의 목소리, 신의 목소리, 왜 나한테는 오지 않을까? 당신이 아니라 내가 왕인데 말이오." 그러자 잔 다르크는 이렇게 대답한다. "폐하께도 오지만 듣지 않았을 뿐입니다. 해 질 녘 들판에 앉아 그것을 들으려 하지 않았습니다. 종소리가 끝날 때까지도 들으려 하지 않았습니다. 그러나 진심으로 기도하고 종소리가 멈춘 뒤에 공기 속에서 종소리의 떨림을 느끼면 폐하도 저처럼 들을 수 있을 겁니다."

우리 자신과 이 세상을 치유하는 데 가장 어려운 과제는 진정한 우리의 자아가 킹제임스 성경에서 "조용한 작은 목소리still small voice" 또는 히브리어 성경이 "부드럽게 속삭이는 소리soft murmuring sound"라고 묘사한 그 소리를 차분히 앉아서 들을 만큼 여유가 있어야 한다는 점이다.* 고대와 현대에서 행해진 마음챙김 수련법은 그 소리를 들을 수 있는 여유를 제공해서 외부의 영향을 받거나 압도되거나 위협받지 않고, 마음속의 불협화음에서 벗어나 이를 관찰할 수 있도록 해준다.

마음챙김 명상법을 훈련하면 염증반응이 줄어들고, 후생적 기능이 활성화되며, 염색체 끝단의 손상된 텔로미어가 회복되고, 스트레스 호르몬 수치가 내려가고, 건강한 뇌 회로의 발달을 촉진한다는 것이 입증되었다.[4] 또한 이 명상법은 ALS의 진행 속도를 늦추는 데 효과가 있었다.[5] 몸과 마음의 일치가 작동한다는 것이 다시 한번 입증된 것이다.

비판이 아니라 동정적인 호기심으로 자신을 관찰할 때 우리는 타인에 대한 선입견, 즉 편견을 버릴 수도 있다. 이와 관련하여 계속되는 증오와 갈등의 장소인 이스라엘/팔레스타인에서 진행된 연구 결과는 매우 희망적이다. 3학년부터 5학년까지 300여 명의 유대인 학생들은 마음챙김 명상과 연민을 기반으로 한 사회정서적 프로그램을 훈련받았다. 6개월 후 적대적 폭력 사태가 재발했음에도 이 학생들에게서 팔레스타인인에 대한 편견과 부정적인 고정관념이 "크게 감소했다"는 것을 알 수 있었다.[6]

마음챙김 명상을 실천하는 주요 인사들을 인터뷰해보니 이를 통해 인류를 향한 보다 위대한 연민과 인정을 느낄 수 있었다고 증언했다.

---

* 열왕기상 19장 12절.

"나는 인간의 마음은 절대 배신하지 않는다고 확신합니다." 심리학자이자 불교 명상 지도자인 릭 핸슨Rick Hanson**의 말이다.

❖ ❖ ❖

이 책에서는 '신화myth'라는 단어를 오늘날 일상적으로 받아들이는 의미로 사용했다. 최근 유행하는 음모론을 이야기하는 친구한테 "그건 그냥 신화야. 증거가 없잖아?"라고 말하듯이 말이다. 그러나 역사적으로 이 단어는 그렇게 안 좋은 뜻으로 사용하지 않았다. 최근세까지 신화는 지식의 근원이며 정신세계로 들어가는 출입구 그리고 건강한 문화를 구성하는 기둥의 하나로 간주되었다. 이런 원래의 신화라는 개념은 치유 세계로의 입구 역할을 해서 고대로부터 내려온 인류의 지혜를 다시 찾을 수 있도록 해주며, 세상에 우연히 발생하는 것은 없으며 어떤 삶에서도 의미를 찾을 수 있다는 마음가짐을 유지하도록 해준다. 이는 정신과 신체가 분리될 수 있다는 허망한 이분법적 사고에 대한 강력한 치료제 역할을 한다. 신화의 세계에서는 모든 것이 연결되어 있다. 이는 신화적 사고가 우리에게 깨우쳐주는 엄연한 진실 중의 하나다.

인간의 가장 독특한 특성 중 하나인 상상력이 결집되어 나타나는 것이 바로 신화다. 주술적 사고나 현실 부정적 사고와 다르게 상상력이 풍부한 사고는 겉으로는 보이지 않는 핵심적인 통찰력을 이용해서 온전함과 안녕의 의미를 알 수 있게 해준다. 미국의 이야기꾼이자 작가이며 〈살아 있는 신화Living Myth〉라는 팟캐스트를 운영하는 마이클 미

** 매우 유명한 《붓다 브레인(Buddha's Brain)》의 저자이다.

드Michael Meade는 "우리에게서 신화가 없어지면 더욱 모르게 됩니다. 우리 자신에 대해 더 모르게 되고 질병과 결국은 치유에 대해서도 모르게 됩니다"라고 내게 말했다. 신화적 상상력으로 돌아간다면 우리는 '온전함'과 '치유'에 대해 무엇을 배울 수 있을까 물어보자 그는 이렇게 답했다. "질병은 중간에 우리를 막아버립니다. 하지만 우리 몸에 무슨 일이 일어나는지 알게 되면 그 병은 경보음 역할을 할 수 있습니다." 이 책에서 우리는 여러 차례 그 사례를 목격했다.

신화와 예언은 밀접하게 연결되어 있다. 암에서부터 코로나19까지 집단적인 고통이 우리에게 경고하는 소리를 유의해서 들을 의지만 있다면 우리는 온전함으로 다가갈 수 있다. 신화적 사고는 우리의 건강이 연결에서 나온다는 과학적 원칙을 강조하고 실천하는 데 도움을 줄 수 있다. 그 연결이란 우리의 본질에 대한 연결이자 상호 간의 연결이며 이런 관계를 존중하는 문화에 대한 연결이기도 하다.

옛날에는 자연과의 연결(또는 합일)에서 신화가 나온다고 생각했다. 아마 그래서 우리가 긍정적 의미의 신화 창조를 자연스럽게 받아들이는지 모른다. 웨이드 데이비스는 나와 대화 중 이런 말을 했다. "지나간 역사에서 인간과 자연의 관계는 모두 비유적이었습니다." 산은 강인함과 지속성의 상징이었고 강은 변화와 흐름 심지어 삶의 상징이기도 했다는 것이다. 이는 우리가 살아가는 방식과 세상을 보는 방식 그리고 세상에서 우리 자신의 위치를 파악하는 방식에 깊은 영향을 미친다. 이것들이야말로 자연의 신호를 읽고 그것에 경청하는 문화의 특징이다.

마이클 미드는 인류가 존재한 이래 내려왔던 이 집단적인 지혜를 '마음 안에 있는 생각'이라는 말로 멋들어지게 표현한다. 나 자신 역시 그 모든 반대 증거에도 불구하고 우리 모두에게는 소멸될 수 없는 본질적

정상이라는 환상

인 측면이 있다는 생각에 공감한다. 정신적으로 미성숙하고 활성화되어 있지 않은 이 사회는 우리가 이것을 깨닫는 것을 방해하고 대신 만족하기 어려운 자질이나 활동, 상품 또는 믿음으로 대체시킨다. 우리는 개인적으로 자신의 아름다움이나 완벽함을 볼 수 없으며 집단의 일원으로서도 우리 모두가 동일한 신성한 옷감으로 만들어져 있다는 점을 알지 못한다. 기호에 따라 '신성한' 대신에 '영원한', '고대의', '인간 이상의', '영혼의'와 같은 단어를 사용해도 뜻은 동일하다.

샌퀜틴 교도소에서 만났던 릭의 표현을 '빌리면 접령touching spirit'만이 치유로 가는 여정을 보다 생동감 있게 만들 수 있다.

신화의 파괴: 보다 건전한 사회를 꿈꾸며

간간이 인간 영혼의 햇빛 같은 진실이 보였다.

- 빅토르 위고, 《레 미제라블》

정상의 신화를 해체하려면 무엇이 필요할까? 문화적으로 만들어진 오해, 편견, 사각지대, 갖가지 건강에 해롭다는 이야기들까지 그렇게 방대한 집합체를 어떻게 없애버릴 수 있을까? 특히 그것들이 자기를 파괴하는 한이 있더라도 끝까지 존재하려는 국제질서의 이익에 부합할 때는 더욱 어렵다.

사실 나도 모른다. 어떤 면에서는 문제를 설명하는 것이 해결책을 제시하는 것보다 더 편하다. 내게는 보다 나은 세상을 만드는 데 방해가 되는 것에 대해 나름대로 신념과 직감이 있긴 하지만 무언가 새로운 것을 창조하기 위한 자세한 계획은 아니다. 더 나아가 이 세상이 어떻게 바뀌어야 하는지에 대해 내 생각이 있기는 하지만 트라우마와 치유를 다루고 있는 이 책에서 주장하기는 적합하지 않다고 생각한다. 하지만 이 책이 거의 끝나가는 시점이 다가옴에 따라 내가 설명했던 이 해로운 문화에 대해 대안적인 비전을 제시할 책임을 심하게 느끼고 있다.

의사로서 그리고 치유자로서 내가 자신 있게 할 수 있는 말은 우리 사회가 건강을 향해 올바른 방향으로 나아가려면 특정 조건들이 충족되어야 한다는 것이다. 이런 조건을 만들기 위해서는 몇 가지 핵심적인 변화나 전환이 필요하다. 이러한 변화들은 이 책의 핵심 원리에 그 유래를 두고 있다. 예를 들어 생체심리사회적 요소가 고려된 의학, 스승으로서의 질병, 애착과 진정성, 그리고 무엇보다 두려움 없는 사회적 규모에서의 자기 탐구 등이다. 이것 중 하나만으로는 충분하지 않으며 내가 알기로 모두 다 필요하다. 중요한 사회정치적 변화 없이는 불가능하지만 이것들은 이해하기 쉬우며 우리의 노력으로 충분히 가능하다.

몇 년 전 이 책을 집필하기 위해 자료를 연구하던 중 현대 언어학의 아버지이며 철학자, 사회운동가, 문화 비평가인 노엄 촘스키와 이야기할 기회가 있었다. 스스로를 "전술적 비관주의자이자 전략적 낙천주의자"라고 부른 이 지성의 대가에게 여전히 미래에 대해 긍정적인 생각을 가지고 있는지 물었다. 그는 웃으며 대답했다. "낙관주의자가 되지 않으면 차라리 자살하는 게 낫습니다. 그러니 답은 당연히 '예스'입니다. 나는 낙관주의자이니까요. 다만 바로 잡기 위해 최선을 다합니다. 그게 가능할지 말지는 모릅니다. 이게 바로 안토니오 그람시Antonio Gramsci를 유명하게 만든 슬로건인 '이성으로 비관할지라도 의지로 낙관하라'입니다.* 다른 선택지가 없습니다." 나는 이것을 의지가 생겨난 곳인즉 마음과 영혼의 낙관주의라고 부르고 싶다. 우리 자신의 이 비합리적인 부분은 최고의 지성으로도 이해할 수 없는 인간의 잠재력과 삶의 본질에 관한 것들을 알고 있다.

---

* 안토니오 그람시는 이탈리아의 철학자, 언어학자, 반파시즘 활동가였다.

트라우마를 더한층 잘 받아들이는 건강 친화적인 사회로 나아가기 위한 개혁을 펼치기 전에 우리는 마음과 머릿속을 살펴보고 이 어려운 과제를 가능성이 있는 곳에서 시작해야 한다. 전 세계가 직면한 문제는 습관적인 대응 방식을 세외한다고 해도 이미 충분히 해결하기 어렵다. 우리는 모든 것을 **창의적**으로 보고 있는가? 아니면 **반응적**으로 보고 있는가? 자동적인 반응이란 결국 트라우마를 겪은 성격의 특징으로서 못만 찾아다니는 망치 같은 것이다. 반면에 창의성은 더 근본적인 것으로서 우리가 창조할 수 있다는 것을 알고 무엇을 창조할지에 대한 감각을 느끼는 것이다. 이것은 진정성의 일면이며 주관성과 매우 유사하다.

우리는 '보이는 것과 상관없이 무언가 가능하다'라는 관점을 가지고 있을 때만 창조적일 수 있다. 인간의 본성과 욕구, 몸과 마음의 회복탄력성과 신비한 치유 능력에 대한 우리의 지식을 기반으로 한 낙관주의에는 다양한 근거가 있다. 또한 우리는 현재 상황을 꿰뚫고 대안을 추구하는 사람들로 구성된 성장하는 공동체의 일원이라는 사실로부터도 격려를 받을 수 있다.

이러한 태도는 필연적으로 인내와 폭넓은 시야 그리고 현실적으로나 이상적으로나 건강하게 잘 참아내는 인내심을 가져야 한다.

만약 우리가 모든 것을 있는 그대로 보고 싶다면 착각에서 기꺼이, 아니 미친 듯이 벗어나야 한다. 우리는 착각에서 벗어나는 것을 반겨야 하며 어쩌면 가수 얼래니스 모리셋이 노래했듯, 감사해야 할 것이다.* 우리는 보통 착각에서 벗어나는 것을 실망감이나 배신감 비슷하게 피해야 할 경험으로 생각한다. 그리고 거기에는 대가가 따른다. 우리가

---

* 1998년작 〈감사해(Thank U)〉.

소중히 여기는 것, 혹은 도피처로 삼았던 시각이나 태도 또는 관점을 포기해야 할 수도 있다. 그러나 우리가 쉽게 보지 못하는 것은 거부에 따르는 대가다. 나는 사람들에게 "환상에 **빠지는** 것이 좋으세요, 아니면 환상에서 **벗어나는** 것이 좋으세요?"라고 묻는다. 실제 세상과 마주할 것인가, 아니면 우리가 바라는 대로만 세상을 바라볼 것인가? 어떤 접근법이 결국 더 많은 고통을 초래할까?

나는 고향 헝가리에서 스탈린 독재 시절에 어린 시절을 보냈지만 순진한 공산주의자였던 탓에 그 실체를 전혀 모른 채 성장했다. 자유와 평등, 인류의 연대감을 바탕으로 하는 국가에 살고 있다는 자부심으로 가슴이 뛰었던 기억이 있을 정도다. 학교 집회에서 교장 선생님이 '당'과 '지도자'라는 단어를 말할 때마다 벌떡 일어서며 친구들과 함께 박수를 치고 구호를 외쳤다. 하지만 부모님과 선생님들은 내 이념적 환상을 깨뜨릴 만큼 분별이 없지는 않았다. 아이 한 명의 입에서 말 한마디만 잘못 나와도 괴롭힘을 당하고 생계에 어려움을 겪을 수 있으며 심지어 감옥에 끌려갈 수 있다는 점을 잘 알았기 때문이다. 그런데 1956년 10월 말 내가 살던 아파트 전체가 포격을 받아 흔들렸다. 독재에 항거하여 봉기한 헝가리 국민의 투쟁으로 단 며칠간의 자유를 누렸지만 곧 즉각적이고 피비린내 나는 진압이 펼쳐졌고 12살이었던 나는 현실에 눈을 뜰 수 있었다. 오랫동안 숭배했던 소련 군대, 어릴 때 목숨을 구해준 군대가 갑자기 적으로 느껴졌다. 그리고 얼마 안 있어 비가 내리는 어느 11월 밤에 나와 내 동생 그리고 부모님을 포함한 우리 가족은 영원히 헝가리를 떠나 질척질척한 오스트리아 국경을 터벅터벅 넘었다. 그것이 미몽에서 벗어난 첫 번째 경험이었고 그 뒤로도 여러 차례 깨어나는 일이 발생한다. 베트남 전쟁의 참상과 이를 정당화하기 위해 사용된 비양심적인 거짓말에 속아 사춘기 시절에 나는 미국이라는 제국이 소련을 대체하고 새로운 시대의 희망이 될 거라고 생각했지만 얼마 안 있어 소련이나 마찬가지로 잔인하고 탐욕스러우며 이기적이라는 것을 알았다. 나는 또한 유대 국가 부활의 꿈이자 나의 조상들이 사는 성서의 고향에서의 승리 역시 그 땅에 살고 있던 팔레스타인 주민들에게 악몽을 안겨주었고 지금도 계속되고 있다는 가슴 아픈 깨달음에 도달했다.[1] 진실을 깨달았을 때 나는 다시 한번 내가 상상한 세상이 실제 세상을 매우 왜곡하고 있다는 것을 알게 되었다. 팔레스타인의 서안 지역과 가자지구를 방문하면서 나는 두 주간 매일 울음이 나오는 것을 참을 수 없었다.

독자들에게 이런 이야기를 하는 이유는 나의 특정한 정치적 견해를 강요하기 위한 것이 아니다. 다만 우리의 본질과 우리 사회의 성격 등을 포함해서 우리에게는 '정상'이 무엇인가에 대한 생각이 있고 그것을 쉽게 내려놓을 수 없다는 것을 말하고 싶었을 뿐이다. 연이어 환상에서 깨어날 때마다 매우 고통스러웠다. 그건 내가 소중히 생각하고 내 세상의 일부를 버린다는 뜻이었다. 하지만 환상을 버릴 때마다 얻었던 자유를 환상에 빠져 있을 때 느꼈던 안락함과 바꾸지 않을 것이다. 거짓된 믿음이 사라지고, 상실의 고통과 혼란이 가라앉고, 내 안의 무언가가 이완되면서 더 이상 억지로 말도 안 되는 모순을 믿느라 노력하지 않게 되었다. 무지는 황홀한 평온함을 가져다주지만 그건 진정한 행복이 아니다. 집단적으로 무지하면 여러 사람에게 엄청난 고통을 초래할 수 있다. 환상에서 벗어나 그들이 감추고 있는 진실을 제대로 알려고 노력할 때 우리 자신과 세상에 크게 기여하게 된다.

제임스 볼드윈은 이런 말을 했다. "한다고 모든 일을 다 바꿀 수는 없

정상이라는 환상

지만 시도하지 않으면 아무것도 바뀌지 않는다."[2]

환상에서 깨어난다는 것은 현 상태를 유지하려 하고, 세상의 변화를 방해하는 주요 요소를 거부한다는 뜻이다. 우리가 세계관을 바꾸어 세상을 있는 그대로 보고 그로 인한 대가가 무엇인지를 정확히 안다면 더 이상 쉽게 현 상태에 동의하지 않을 것이다. 볼드윈의 또 다른 날카로운 풍자는 어느 나라에나 적용된다. "우리는 주로 잠자는 사람을 깨우는 것이 아니라 덮어주는 데 말words을 쓰는 나라에 살고 있다."[3]

제이컵 리스Jacob Riis는 100여 년 전에 19세기 말 뉴욕의 비참한 생활을 다룬《세상의 절반은 어떻게 사는가How the Other Half Lives》에서 이렇게 썼다. "세상은 쉽게, 너무 쉽게 기억하고 싶지 않은 일을 잊어버린다." 우리 문화는 그 과거를 망각하고 현재의 추악한 현실을 가리는 데 매우 능숙하다.

글로벌 기업자본주의 체제가 언젠가 진실을 깨닫고 근본적으로 변하리라고 기대하는 사람들은 오랜 시간 좌절할 것이다. 교육기관이나 미디어 역시 이념적 협조자 역할을 포기하지 않을 것이다. 조앤 디디온이 미디어에 대해 언급한 대로, 언론인들에게 '공정함'이란 종종 "눈치 보는 수동성, 즉 있는 그대로가 아니라 제시되는 대로, 다시 말해 만들어진 대로 보도하는 것"을 의미한다.[4] 따라서 개인이나 그룹으로 대안적인 지식의 원천을 찾아 지지하고, 불확실성을 받아들이며, 동의 여부와 상관없이 다른 사람들의 시각을 이해하며, 현장에서 열심히 활동하는 사람들의 의견을 듣고, 정상의 신화를 계속 유지하기 위해 사용되는 여러 속임수를 주시하는 것 같은 노력을 각자가 해야 한다. 이것이야말로 현 상황에서 필요한 새로운 유형의 시민이다.

트라우마를 의식하는 사회

트라우마를 보다 잘 알고 치유의 본성을 파악하는 사회는 반드시 긍정적으로 변화하게 되어 있다. 나는 책의 마지막 몇 페이지에서 이에 관해 이야기하고 싶다.

사회가 트라우마를 읽을 줄 알게 되면 그 결과는 엄청나다. 트라우마가 건강이 악화되는 핵심적인 원인이기 때문에 우선 그것을 알아볼 수 있는 눈과 귀를 개발해야 한다. 긍정적인 신호도 있다. 동료 베셀 반 데어 콜크는 한발 더 나아가 "우리는 트라우마를 의식하는 사회에 거의 다 왔다"라고까지 주장한다.[5] 하지만 그가 말하는 의식은 아직 우리 문화의 결정적 기관에까지 침투하지 못했기 때문에 가까운 미래에 그런 일이 발생하리라고는 생각하지 않는다. 하지만 최근에는 우리 삶에 있어서 트라우마의 발생과 그 중요성에 대해 대중의 인식에 변화가 생기고 있다. 일반인이나 전문가를 막론하고 많은 사람들이 적극적으로 이에 대해 알고 싶어 한다. 이런 현상은 콜크의 《몸은 기억한다》처럼 한 획을 그은 그의 책이 장기간 베스트셀러에 머물러 있다거나, 브루스 페리 박사와 오프라 윈프리가 함께 쓴 《당신에게 무슨 일이 있었나요What Happened to You?》가 대성공을 거둔 데서도 알 수 있다. 또한 내 치료 과정을 담은 다큐멘터리 〈트라우마의 지혜The Wisdom of Trauma〉가 뜻밖의 성공을 거둔 데서도 나타난다. 이 영상은 2021년 6월 출시 후 2주간 220개국에서 400만 명 이상의 시청자들이 보았으며, 이는 이런 방면에 문외한인 내가 보기에도 정말 놀랄 만한 성공이었다.*

---

* 이 영상은 https://wisdomoftrauma.com에서 볼 수 있다.

트라우마에 대한 의학계의 인식

트라우마를 제대로 인식하는 의료 시스템은 우선 긍정적인 규모와 방향으로 트라우마를 치료하고 예방하는 데 도움을 줄 수 있다. 이런 시스템은 치료 방법을 개선시킬 수 있으며 가장 최근의 치료법을 도입할 수도 있다. 최신의 연구 결과는 주요 과학 저널에 거의 매주 발표되고 있지만 주류 의학계의 사고방식에 큰 영향을 미치지 못하고 있다. 이 책에서는 이미 많은 연구 결과를 인용했으며, 새로운 연구 결과들이 계속해서 발표되고 있다.[6]

현재 의료계에는 여전히 트라우마를 받아들이는 데 강력한 저항이 존재한다. 물론 그 저항은 고의적이라기보다는 무의식적이며 소극적이기는 하다. 이 책을 쓰기 위해 갓 졸업한 사람들을 포함해서 여남은 명의 의료종사자들을 인터뷰한 결과, 대부분 몸과 마음의 일치성이나 트라우마와 정신 질환 또는 중독과의 깊은 연관성(물론 트라우마와 신체적 질병의 관계는 말할 것도 없다)에 대해 배운 적이 없다고 말하고 있다. 우리 의사들은 사실에 근거한 의료 행위를 하는 데 자부심을 느끼면서도 우리가 고수하는 신조의 중요한 틀을 부정하는 방대한 양의 증거들을 무시하고 있다.

또한 인터뷰에 참여한 의사 중에는 의과대학에서 받은 교육 때문에 정서적으로 상처를 입거나 무감각해지는 경험을 했다는 사람이 많았다. 잘 알려진 동료 의사 한 명은 내게 이렇게 귀띔했다. "의과대학 1년 차에 엄청난 트라우마를 겪었습니다. 이미 열심히 배우겠다는 동기부여가 된 상태에서도 무서움에 떨며 공부하는 시스템이었습니다." 또한 콜로라도의 정신과 의사인 윌 밴 더비어Will Van Derveer는 "현 의과대학의 교육 시스템은 학생을 학대하고 학생에게 트라우마를 유발하는 시스템입니다. 레지던트(의사)들은 죽어가고 있습니다"라고 말한다. 그의 말은 내가 4장에서 교육 중인 의사들의 염색체 말단 텔로미어가 동년배의 다른 젊은이들보다 빠르게 손상되었다는 실험 결과를 생각나게 한다. 의사들에게 가해지는 이런 건강상의 위험은 차치하더라도 의사들이 트라우마를 제대로 인식하지 못하면 타인의 고통스러운 경험의 흔적도 알 수가 없다. 따라서 이들은 부지불식간에 진짜 문제를 무시하고 심지어 더욱 심화시키는 방향으로 시스템을 유지한다. 바쁜 업무와 시간 제약, 특히 의료 건당 수수료를 받는 시스템하에서 의사는 하고 싶어도 환자의 인생 이야기를 들을 시간이 없다. 환자의 개인적인 이야기를 들어주는 것만으로도 즉시 증상이 개선되지만 그리하면 결국 지도교수로부터 혼나는 일밖에 없다고 레지던트들은 가슴 아파하며 내게 속사정을 털어놓는다. 이들은 속도가 느리다고 낮은 평가를 받는다. 오리건주의 패멀라 위블Pamela Wible이라는 의사를 인터뷰했는데, 이 의사는 자신이 겪은 고통스러운 경험 때문에 의사들의 자살 예방을 위해 노력하고 있었다. "온갖 고난을 이기고 어렵게 의과대학을 졸업하고 나서 결국 7분짜리 진료실에 갇혀 마치 공장 노동자 취급을 받으며 환자들을 부속품처럼 생각하게 될 줄은 꿈에도 상상하지 못했습니다." 그러나 트라우마를 제대로 인식하는 의료 시스템이라면 수련의들과 의사들의 정신적 건강을 돌볼 수 있을 것이다.

그렇지만 긍정적인 방향으로의 발전도 있었다. 일부 의과대학은 공감 능력 훈련을 도입하고 있으며 캐나다에는 의과대학생들에게 원주민의 역사와 전통을 소개하는 과정이 있다. 소아과 의사이며 유명한 트라우마 인식의 옹호자이자 지금은 캘리포니아 보건국장이 된 네이딘 버크 해리스Nadine Burke Harris는 어린 시절에 경험한 트라우마의 치료를

　　　　　　　　　　　　　　　정상이라는 환상

캘리포니아 공중보건 프로그램에 도입하고 있다. 보건국장에 임명되기 전에 진행된 인터뷰에서 해리스는 베셀 반 데어 콜크와 비슷한 견해를 표명했다. "안 믿을지 모르겠지만 내가 예상했던 것보다 더 잘 진행되고 있습니다. 앞으로 30~40년간 여러 중요한 개혁이 발생하리라고 예상되며 현재 기초 작업이 진행 중입니다." 윌 밴 더비어 쪽에서는 트라우마 치료 프로그램을 도입해 전 세계의 의사들이 참여하고 있다. 한편 패멀라 위블은 몸과 마음이 하나라는 사고방식을 사람들이 건강관리의 적극적인 주체가 될 수 있도록 돕는 커뮤니티 기반의 치료 방법을 처음으로 도입했다. "의학은 소명이자 영혼의 목적입니다." 위블은 이제 그 소명을 따르는 길을 만들어낸 것이다.

트라우마에 대한 법조계의 인식

다음으로 트라우마를 제대로 인식해서 말 그대로 '교정 시스템'이라는 호칭을 붙일 만한 법적 도구를 상상해보자. 그런 시스템하에서는 실제로 인도적인 방식으로 잘못된 것을 바로잡을 것이다. 물론 현 제도에서 그런 방식은 상상하기조차 힘들다. 그러나 현재 북미를 비롯한 세계 대다수 국가에 존재하는 교정 시스템은 '트라우마 환자를 벌주고 트라우마를 유발하는 시스템'이라고 부르는 게 더 정확할 것이다. 어린 시절에 겪은 고통이 원인이 되어 범죄를 저지른 죄수들이 많다는 것이 밝혀졌음에도 제도적 법률 교육을 받은 평범한 변호사, 심지어 판사조차 의사들보다도 트라우마를 잘 모르고 있다. 그러므로 도덕적인 측면에서 본다면 우리 법률 시스템의 다른 이름인 **형사** 사법 시스템이 우리의 현 시스템에 가장 잘 들어맞는 명칭이라 할 수 있다.

트라우마를 제대로 알고 있는 법률 시스템이라면 해로운 행동을 정당화하거나 용서하지 않을 것이다. 정확히 말하면 노골적으로 징벌적인 조치 대신 범법자들을 재활시켜 추가적인 트라우마가 발생하지 않도록 개발된 프로그램을 실시할 것이다. 지금은 교수지만 한때 수감 생활을 경험한 적 있는 제시 티슬은 "우리 모든 범죄자도 인생의 시작은 다른 사람과 같다. 하지만 삶의 어떤 계기로 인해 상대방에게 위해를 가하는 존재가 되어버린다. 그게 모든 어둠의 시작이다. 잘못된 사랑이다. 우리는 삶에 의해 상처받아 상심한 사람들일 뿐이다"라고 썼다.[7] 그는 내게 이렇게도 말했다. "다른 나라와 달리 이곳 교도소는 수감자의 갱생을 위해 설계된 시설이 아닙니다. 수감자를 엉망으로 만들어서 높은 재범률이 계속되도록 설계된 곳이라고 생각해요."

심리학자인 네카 존스 타피아Nneka Jones Tapia 박사는 감옥 경비원으로서 일한 경험이 있으며, 현재 시카고 이상과 정의 실천계획Chicago Beyond and Justice Initiative의 최고책임자를 맡고 있다. 흑인 여성인 타피아는 제도 내에서 흑인에게 발생하는 트라우마를 잘 알고 있었다. 타피아는 내게 회복탄력성과 트라우마를 제대로 인식하고 있는 사법 시스템 구축에 대해 이야기했다. "우리는 그들의 행동을 기준으로 사람들을 낮게 평가하는 경향이 있습니다. '너는 살인자야. 강도 주제에. 이 도둑놈아' 이런 식으로요. 하지만 우리는 우리가 했던 최악의 행동과 동급이 아닙니다. 나는 다행스럽게도 감옥에 수감된 사람들은 모두 강점을 가지고 있으며 기회만 주어진다면 사랑할 능력이 있다는 것을 알게 되었습니다. 치유가 필요한 것은 단지 사람만이 아닙니다. 수술대에 올려놓고 대수술을 받아야 할 것은 우리의 사법 시스템입니다."

트라우마에 대한 교육계의 인식

외상이 아이들의 학습 능력에 영향을 미치므로 트라우마를 제대로 인식하고 있는 교육 시스템에서는 교사들에게 발달심리학 과정을 교육하며 지적인 성취만큼 감성지능을 중요시하는 분위기를 만든다. 이제는 타고난 사회적·인종적 조건에 크게 좌우되는 학업성취도로만 학생들을 평가하지 않고, 모든 학생이 공평하게 성장할 수 있는 제도를 제공할 것이다. 교사이며 학교심리사인 매기 클라인Maggie Kline은 이렇게 썼다. "학교의 프로그램은 학생들이 건강하게 사회적·정서적으로 성장할 수 있도록 설계되어야 한다. 학생들이 안전하다고 느낄 때 언어, 사고, 추론 영역의 뇌 활동이 증진된다."[8] 교사들이 트라우마 교육을 제대로 받으면 아이들의 '이상행동'을 억압하고, 체벌을 주고, 정학에 처해야 하는 못된 행동으로 보지 않고 도움을 요청하는 감정적 신호로 볼 것이다.

학교 교육을 떠나서, 내 친구 라피 카보키언이 꿈꾸는 것처럼 어린이가 지닌 최소한의 욕구(9장 참조)를 존중하는 사회가 갖는 의미는 단순하면서도 엄청난 파급효과를 가지고 있다. 청소년의 복지를 최우선에 놓을 때 우리가 사는 세상이 어떻게 보일지는 독자 여러분의 상상에 맡기겠다. 부모와 양육에 대한 지원, 어린이 보육과 교육, 경제, 우리가 사고파는 제품, 우리가 사고파는 먹거리, 기후 그리고 문화에 어떤 변화가 일어날까? 만약 부모로서, 교육자로서, 사회로서 우리의 복적이 아이들이 자신의 감정과 원칙을 자연스럽게 표현하고, 독립적으로 사고하며 움직일 수 있는 자립적인 아이로 자랄 수 있도록 하는 것이라면 무슨 일이 생길까?

건강한 사회라면 부모와 자녀가 서로 연결하기 어렵게 하는, 외부적 요소가 만든 세대 갈등을 해소하기 위해 노력할 것이다. 앞에서 또래 지향에 대해 언급한 것처럼(13장 참조) 인간의 본성은 공동사회를 지향하며 성인들의 사회에는 협동하여 청소년의 발전을 위한 공간을 유지하려는 측면이 있다. 이는 어른이 아이들보다 우월해서 그들의 모든 행동을 통제해야 한다는 뜻이 아니다. 다만 그들이 성장할 수 있는 여유 공간을 만들어 유지해야 할 책임을 다시 되찾는다는 뜻이다. 우리는 또한 부모들끼리도 서로 필요하며, 고난을 잘 극복한 어르신의 존재 역시 필요하다는 것을 기억해야 한다. 건강을 최우선으로 하는 사회에서는 육아를 통해 세대 간의 가치와 문화가 전달될 것이다.

✢ ✢ ✢

지난 수십 년간 세계 여러 나라에서 성인과 어린이를 포함한 수많은 사람들의 노력으로 환경정의, 원주민의 권리, 여성의 권리, 젠더 정의, 인종 간 평등, 경찰개혁 등의 문제가 중요한 정치적 현안에 포함되었다. 그중 청소년 환경운동가로서 자신이 겪은 자폐증을 자신만의 '강력한 힘'이라고 설명했던 그레타 툰베리는 우리 세대가 기후변화를 심각하게 인식하는 데 커다란 기여를 했다. 툰베리는 트위터에서 "자폐증을 아직도 '질병'이나 부정적인 것으로 보는 무지한 사람들이 많습니다. 당신을 혐오하는 사람들이 인터넷상에서 당신의 외모와 다른 사람과의 차이점을 추적한다는 것은 그들이 더 이상 갈 곳이 없다는 뜻입니다. 그렇게 되면 당신이 승리하고 있다는 것을 깨달을 수 있게 되는 거죠"라고 말했다. 툰베리의 사례는 의미 있는 참여가 주는 치유의 힘을 보여준다. 환경운동에 참여하기 전에는 "무기력한 상태로 친구도 없었

정상이라는 환상

으며 아무와도 말하지 않았다. 섭식장애로 인해 종일 홀로 집에만 있었다"[9]라고 툰베리는 털어놓았다.

툰베리나 이름도 모르는 수많은 이들의 활동은 우리가 26장에서 다루었던, 치유를 촉진하는 4개의 A, 즉 **진정성, 주체성, 분노, 인정**을 생각나게 한다. 그리고 더욱 광범위한 변화를 위해 필요한 두 가지를 더 추가할 수 있다. 바로 **적극적 참여**activism와 **주관적 활동**advocacy이다. 마지막 두 가지는 사회적으로 의미 있는 방식으로 앞의 네 가지를 합성하며 이에 더해 연대감, 집단적 사고, 연결로 자본주의의 분자화 효과(개인주의와 경쟁이 강조되어 개인이 고립되고 위축되는 현상 – 옮긴이)를 저지하기 위한 것이다.

우리가 가진 모든 권한을 동원해 사회가 귀 기울이지 않는 사람들의 목소리가 들리도록 하는 것이 주관적 활동이며, 사람들을 조직화해 필요한 변화를 요구하는 것이 적극적 참여다. 이 둘 모두 건강하고 필요한 '아니요'와 반향이 큰 '예'를 보여준다. 예를 들어 미국의 모든 사람을 대상으로 하는 메디케어Medicare for All나 이미 시작했어야 할 캐나다 원주민 지원책 같은 제도가 실시된 것은 '예'의 사례다. 이 두 가지 추가적인 A는 개인 차원에서 추구해서도 안 되고 추구할 수도 없다. 나는 2011년 9월 불평등에 저항한 '월가를 점거하라' 시위의 발상지였던 뉴욕시의 주코티 공원을 방문한 적이 있다. 비록 불완전하고 금세 사라지기는 했지만 군중의 일성과 연대 그리고 순수한 에너지가 공성한 사회를 목표로 집단적으로 분출되었다는 데 놀라지 않을 수 없었다. 제대로 표출되지 못한 잠재적인 에너지는 우리 모두 안에 내재해 있다.

앞선 15장에서 아편중독 문제를 다룬 바 있는 사진작가 낸 골딘은 회복을 위해 개인적인 노력만 한 것이 아니라 수십만 명의 생명을 앗아간

오피오이드 과다 복용 문제의 원인으로 꼽히는 제약사 퍼듀 파마Purdue Pharma에 대해 개인적이고 집단적인 활동을 전개했다. 제약사는 옥시콘틴이라는 오피오이드 진통제를 중독성이 적다고 홍보하면서 반대되는 증거는 모두 숨겨 막대한 이익을 얻었다. 중독치료 모임에서 만난 친구들은 그러다 너무 힘들어 다시 중독에 빠질 수 있다며 하지 말라고 말렸다. 하지만 골딘은 결국 "이게 내가 살면서 한 최고의 선택이었습니다"라고 말했다.

골딘은 퍼듀 파마를 운영하는 새클러 가문을 상대로 성전을 펼쳤다. 이들이 예술의 후원자로서 유명했기 때문에 골딘은 자신의 예술가로서의 명성을 발판으로 이들을 공격했다. "미술관에 갔다가 그들의 이름을 알았어요. 상당한 식견을 가진 자상한 예술 애호가라고 늘 생각했더랬죠." 또 다른 유익한 환상 벗어나기라고 나는 생각했다. "그들이 이 오피오이드 위기와 관련이 있으며 수십만 명의 아픔으로부터 이익을 취했다는 것과 그들이 다른 사람의 고통에 무관심하며 매우 비인간적이라는 것을 알게 되었습니다." 이에 분노한 골딘은 뉴욕 메트로폴리탄 미술관을 포함해 전 세계의 가장 권위 있는 미술관에게 새클러가의 기부금 수용을 중단하고, 건물에서 이들 가족의 로고를 제거하도록 요청했다. 또한 NYU 의학대학의 새클러생명과학대학원에서도 명칭에서 이 가문의 이름을 삭제했다.

골딘에게 공개적인 참여가 인생에서 내린 최고의 결정이었다고 생각하는 이유를 물었다. 그의 대답은 적극적 참여와 주관적 활동이라는 추가적인 A가 가져다주는, 건강에 유익한 보상에 대한 것이었다. "자신보다 더 큰 무엇이 있어야 합니다." 그는 망설임 없이 대답했다. "내게 있어서 자신보다 더 큰 것은 다른 사람들의 고통입니다. 나는 그걸 바로잡는 데 도움을 준 것뿐입니다. 지금의 정치적 상황은 나 혼자 부딪히기에는 너무 거대하기 때문에 집단행동이 필요합니다. 그것에 영향을 미치는 방법을 찾는 것, 그것이 저의 힘이며 제가 싸우는 명분입니다. 그것 때문에 다시 중독에 빠지지 않을 수 있습니다." 골딘이 말했듯이 유해한 시스템에 맞서는 것은 우리의 내면에서 버틸 수 있는 곳을 찾을 수 있게 도와준다.

✢ ✢ ✢

'위기'라는 한자어에 '위험'과 '기회'가 결합되어 있다는 것에는 매우 중요한 의미가 있다.

우리는 매우 심각하고 심지어 생명을 위협하는 질병을 가진 사람들이 그것으로부터 배우고 삶을 변화시키는 경우를 보았다. 만약 이런 원칙이 사회적 규모로 적용된다면 기후 위기는 자기파괴의 길에 들어선 우리 문화에 대한 일반적 인식을 다시 생각하는 기회가 될 수도 있다. 아이러니하게도 우리 삶의 방식을 솔직하게 폭로했던 코로나19는 모든 생명체 간의 상호 연결성, 서로의 관계에 뿌리를 둔 진정한 우리의 본성, 가장 사회적으로 취약한 사람들이 치명적인 바이러스의 공격을 가장 많이 받는 불공평한 시스템 등을 강하게 일깨워주었다. 또한 코로나19로 엄청난 경제적 피해를 보았지만 일부 기업들이 뜻밖의 횡재를 한 상황에서 "우리 모두 함께 겪고 있다We are all in this together"라는 구호가 슬프지만 사실이 아니라는 것을 깨달았다.

위기에 관해서라면 인간이 만든 기후변화에 대한 불안으로 고통받는 젊은 세대들이 어른들과 정부를 집단으로 불신하며 적나라하게 비판하고 있다.[10] 2021년 9월 밀라노에서 열린 청년회의에서 거의 독보적인 존재인 그레타 툰베리는 간단하지만 정곡을 찌르는 연설로 기성세대를 당황하게 했다. "더욱 잘 복구해서 어쩌고저쩌고, 녹색경제는 어쩌고저쩌고, 2050년까지 탄소중립을 어쩌고저쩌고. 이것이 우리의 이른바 지도자들이 항상 하는 이야기입니다. 그럴듯하지만 지금까지 행동으로 이어진 적은 없습니다. 우리의 희망과 포부는 그들의 빈 약속 속에 묻혀버렸습니다."[11] 끝없는 탐욕, 거짓, 단절이 우리를 이렇게 어두운 곳에 몰아넣었다. 이제 이 독성 문화가 오랜 기간 자행하고 모른 척했던 것에 대해 우리를 각성시켜야 할 임무가 젊은이들의 어깨에 놓였다.

✛ ✛ ✛

고전이 된 한나 아렌트Hanna Arendt의 책에 따르면, 전쟁범죄로 유죄 판결을 받기 전 나치 대량 학살의 설계자였던 친위대 중령 아돌프 아이히만Adolf Eichmann을 심리 검사한 정신과 의사 중 한 명이 "어떤 척도로 보아도 나보다 더 정상적"이라는 판정을 내렸다고 한다.[12] "또 다른 의사는 아이히만의 아내와 자녀, 어머니와 아버지, 형제자매 그리고 친구들과의 관계가 '정상적일 뿐 아니라 매우 바람직하다'고 평가했다."

미국의 정신과 의사 로버트 J. 리프턴Robert J. Lifton은 이를 '악의 평범성malignant normality'이라는 용어로 표현했다. 여러 국가에서 가장 정상적이라고 여겨지는 사람들이 자신들의 지위를 이용해 독성물질을 생산하거나 기후변화를 초래하는 화학물질을 생산할 수도 있고, 먼 나라에서 대규모 기근을 초래하는 정책을 시행할 수도 있다. 1990년대 미국의 제재 조치로 수십만 명의 이라크 어린이들이 영양실조로 사망했는데[13] 당시 유엔 주재 미국대사였던 매들린 올브라이트Madeleine Albright는 수백만 명이 시청한 인터뷰에서 "그럴 만한 가치가 있다"고 말했다. 지금도 그렇고 그 당시에도 다 알았지만 그렇게 잔인한 정책을 정당화할 믿을 만한 근거는 없었다. 올브라이트는 이후 최초의 여성 국무장관이 되어 여전히 신보층 사이에서 높은 평가를 받고 있다.* 빅토르 위고는 이런 사람들을 비난하며 '문명의 야만인'이라고 불렀다.

알고 보면 전통적인 평범성을 거부하는 개인들이 더 건강한 경우가 많다. 심리학자 에이브러햄 매슬로Abraham Maslow는 평생에 걸쳐 외부로부터의 평가에 좌우되지 않는 진정한 만족감을 얻는 자아실현을 연구했다. 그는 널리 알려진 논문에서 "자아실현을 이룰 만큼 정신적으로 건강한 사람들을 조사한 결과 그들은 (자기가 속한 문화로부터 인정받고 그와 동일시하는 순진한 의미에서) '잘 적응한' 것이 아니었다"라고 밝혔다. 매슬로에 의하면 이들은 '덜 건강한 문화'와 복잡한 관계를 형성했다. 순종적이지도, 그렇다고 무조건적인 반대도 하지 않는 이런 사람들은 자신의 내적인 가치관에 충실한 방향으로 다른 사람과 다름을 표현했다. 그 과정에서 적대감을 드러내지는 않았지만 필요하다면 투쟁을 하기도 했다. "이들은 의식하지 않아도 내적으로 문화로부터 초연하려는 느낌을 가지고 있다. …… 마치 전혀 그 문화에 속하지 않은 것처럼 그것으로부터 거리를 두는 경우가 많았다."[14]

앞에서 보았듯 최면과 같은 평범함의 영향에서 벗어나려면 진정성이 필요하다. 내부의 경험에서 의미를 찾아 사회적으로 공표된 거짓말에도 속지 않는 것이 중요하다. 그중 대표적인 것이 대니얼 시겔이 칭한

---

* 2022년 3월에 사망한 올브라이트는 나중에 공개적으로 이 말을 후회했다고 한다. 그러나 당시의 정책에 대해서는 아무 말도 하지 않았다.

'우리 모두는 별개로 존재한다는 거짓말'이다. 이러한 거짓말이야말로 궁극적으로 단절을 초래한다. 내 관점에서 볼 때 왜곡되어 있는 거짓을 제치고, 경계를 벗어나 살며 창조하는 인생은 성공한 삶이라고 생각한다.

모든 것은 각성에서 시작한다. 우리 내부와 우리 주위에서 무엇이 진짜고 진정성이 있는지, 누가 우리이고 누가 우리가 아닌지, 무엇이 우리 몸이 표현하는 것이고 무엇이 우리 마음이 억압하는 것인지, 우리의 상처와 우리의 선물, 우리가 믿었던 것과 실제로 우리가 중요시하는 것, 더 이상 용납하지 않을 것과 지금은 받아들일 수 있는 것, 우리를 구속하는 신화와 우리를 규정하는 상호 연결성, 지금까지 그래왔던 과거와 있는 그대로의 현재 그리고 아직 오지 않은 미래를 각성하는 것이다. 특히 우리의 본성이 요구하는 것과 소위 '정상적인 것'이 우리에게 요구하는 것의 차이를 각성하는 것이다.

다행히 우리에게는 아직 중요한 기회가 남아 있다. 우리를 우리 자신으로부터, 서로서로로부터, 그리고 지구로부터 분리시키는 잘못된 믿음에서 벗어남으로써 우리는 정상적인 것과 자연스러운 것을 조금씩 더 가까이 결합시킬 수 있다. 이는 한순간에 끝낼 성질의 것이 아니다. 과거를 복구하고, 현재에 영감을 주며, 더 밝고 건강한 미래를 지향해야 한다.

이것은 우리가 직면한 가장 어려운 과제이면서 동시에 무한한 가능성을 가지고 있다.

감사의 말

아테네 여신은 제우스의 이마에서 다 커서 튀어나왔지만 완전히 완성된 채 작가에게서 튀어나오는 책은 없다. 이 책도 마찬가지다. 시간과 전문적 지식을 기꺼이 나눠준 수많은 동료 의사와 다양한 분야의 전문가는 말할 것도 없고, 수백 명의 과학자, 연구자, 의사, 사상가, 작가의 흔적이 담겨 있다. 또한 자신의 고통, 투쟁, 승리에 대해 나를 믿고 기꺼이 털어놓아준 수백 명의 환자와 일반인이 있었기에 가능했다. 수집한 자료를 해석하고 구성해서 책으로 만드는 것은 전적으로 나의 책임이며 실수도 내가 감당하겠지만 내가 전달하려 하는 진실은 나 개인의 소유물이 아니다.

뉴욕의 거물급 출판 에이전트 로리 리스Laurie Liss는 오랜 침잠을 깨고 이 책의 기획 단계에서 나타나 프로젝트의 잉태 단계부터 최종 출판까지 낙담하기도 하고 자신감에 넘치기도 하면서 이 책의 탄생을 도왔다. 리스는 미국, 영국, 캐나다의 영어권 출판사들을 묶어 이상적인 팀을 꾸렸다. 에이버리출판사의 메건 뉴먼Megan Newman, 토론토 크노프

출판사의 루이즈 데니스Louise Dennys와 마샤 칸야 포스트너Martha Kanya Forstner, 그리고 런던 이버리출판사의 조엘 리켓Joel Rickett은 처음부터 진지하게 이 책의 가능성을 보았고 때로는 나와 내 아들이 지나치게 맹목석이고 고달픈 길에서 헤맸음에도 불구하고 여전히 그 가능성을 계속해서 유지했다. 또한 그들의 예리한 편집 노트 덕분에, 그리고 그들이 무례함에서 감사함으로 왔다 갔다 하는 저자들에게 참을성 있게 대처해준 덕분에 독자는 편하게 이 책을 읽을 수 있다. 릭 마이어Rick Meier, 니나 실드Nina Shield, 해나 슈타이그마이어Hannah Steigmeyer의 편집 노력에도 감사드린다. 특히 가장 중요한 단계에서 원고 수정을 지도해준 친구 루이즈 데니스에게 더욱 감사의 말을 하고 싶다. 그와 나는 많은 날을 거의 24시간 연락했다.

사전 조사를 위한 핵심적인 초기 단계에 적극적으로 도움을 준 에스텔라 쿠츠타Estella Kuchta, 그리고 이와 관련하여 특히 캐런 쇼-카벨슨Karen Shaw-Karvelson이 소속된 브리티시컬럼비아대학의 의사 및 외과대학 도서관 직원들의 변함없는 지원에 감사드린다. 수년간 중요한 데이터를 제공해준 피터 프론토스Peter Prontzos 교수께도 감사드린다. 제안서의 초안에 관여하여 예리한 피드백을 제공해준 캐서린 아벡Katherine Abegg과 조던 스탠거-로스Jordan Stanger-Ross에게도 감사의 뜻을 전한다.

버추얼 스쿼럴의 로라 카사마Laura Kassama와 엘사 드루차Elsa DeLuca는 수백 시간에 달하는 인터뷰를 녹취해주었다. 두 분에게도 감사드린다.

사려 깊고 유능한 매니저인 스테파니 리Stephanie Lee는 시간 관리에 힘써 집필할 시간을 확보할 수 있도록 각종 강연회 등의 행사 초대를 거절하는 등 스케줄 조정에 힘썼다.

공동 저자인 대니얼과의 없어선 안 될 협업에 대해서는 이 책 앞부분에 밝힌 작가의 말을 참조하길 바란다. 아들과 함께 책을 쓰는 즐거움은 거기에 제대로 표현되어 있지 않다. 우리는 두 권의 책을 공동으로 집필하기로 계약했는데 다음 책인 《다시 안녕: 성인 자녀와 부모의 새로운 시작Hello Again: A Fresh Start for Adult Children and Their Parents》 역시 긴밀하게 공조하여 작업할 수 있을 것 같아 많이 기대된다.

마지막으로 아내 레이 마테에게 이 책을 바친다. 아내는 좋을 때나 안 좋을 때나 (자주 스트레스는 컸고 자신감은 약했다) 지속적으로 도덕적 · 정서적 지원은 물론이고 각 장마다 여러 차례 반복되는 작업을 통해 많은 시간을 보내며 중요한 비평과 가장 정직한 피드백을 제공해주었다. 때로는 기분이 나쁘기도 했지만 대부분 받아들여 독자들이 읽기 편하게 편집할 수 있었다.

모두에게 감사드린다.

가보 마테

❖ ❖ ❖

내가 할 수 있다고 믿고 꼭 해야 한다고 생각한 어머니, 애런괴 해 나에게 감사의 뜻을 전한다. 나는 가장 복 많은 아들이자 형제임에 틀림이 없다. 처음부터 끝까지 나와 함께해준 로리 리스의 연대와 지혜에 감사드린다. 어떤 상황에서도 사랑과 우정 그리고 격려를 보여준 에릭 애덤스Eric Adams, 스탠 번Stan Byrne, 제러미 그루먼Jeremy Gruman, 애나 게스트Anna Guest, 케이티 할퍼Katie Halper, 마이클 R. 잭슨Michael R. Jackson, 다숀 저스티스 시몬스Dashaun Justice Simmons 그리고 조던과 일라나Ilana 스탠거-로스 가족에게 고마움을 표한다. 뛰어난 뮤지컬 동료들, 특히 윌 애런슨Will Aronson, 빅토리아 클락Victoria Clark, 맥스 프리드먼Max Friedman, 해나 콜Hannah Kohl, 프레드 라센Fred Lassen, 켄트 니콜슨Kent Nicholson, 마셜 파일렛Marshall Pailet 등 나에게 남들과 협력해서 훌륭한 작품을 만들어내도록 가르쳐준 데 감사드린다(이제 이 망할 놈의 뮤지컬들을 만들어냅시다. 젠장!). 오랫동안 내 목소리를 믿어준 뮤지컬 매니저 세라 더글러스Sarah Douglas, 내 능력 이상으로 나를 평가해준 스콧 쿠리Scott Kouri에게도 감사드린다. 뛰어난 문화 해설자인 스티븐 젠킨슨Stephen Jenkinson과 맷 크리스트만Matt Christman에게도 고마움을 표하고 싶다. 이들은 전염병이 창궐하던 시기에 많은 위로와 자극을 주었다.

특히 멕시코시티의 에스타시온 미그라토리아 라스 아주가스 교도소에서 만난 모든 분께 감사드린다. 쿠바, 에콰도르, 아이티, 우간다, 베네수엘라 및 전 세계 '글로벌 사우스 국가' 출신 남성들의 친절함과 인내심 덕분에 예기치 않게 코로나로 연장된 2021년 여름을 잘 보낼 수 있었으며 이는 정상이 무엇인가에 대해 다시 생각하는 기회를 주었다. 펭귄랜덤하우스 멕시코의 로베르토 반치크Roberto Banchik, 크노프 캐나다의 루이즈 데니스, 존 랠스턴 솔John Ralston Saul, 그리고 특히 조지 카나후아티Jorge Kanahuati와 캐서린 아베그Katherine Abegg에게도 커다란 감사를 드린다.

그 몇 주가 지나고 나서도 이 책의 수명을 넘어설 당신의 통찰력, 지원, 충성심 그리고 양보 없는 진실이 큰 의미를 주었고 이 책에 담긴 내용을 충실하게 키워준 캣Kat에게 무한한 고마움을 표하고 싶다.

정상이라는 환상

마지막으로, 아버지에게 감사 인사를 전한다. 가끔 곤란한 상황이 생겨도 그것을 이겨내고 같이 글을 쓰자고 제안해줘서 감사드린다. 또한 세상에 기여하는 아버지의 위대한 작품에 일조할 수 있도록 기회를 준데 감사드린다. 내가 하고 싶은 말을 아버지의 입에서 들을 수 있어서 정말 다행으로 생각하고 있으며 엄청나게 기뻤다. 아버지, 자랑스럽습니다.

대니얼 마테

주

머리말

1. 이와 관련된 내 저술로는 *Scattered Minds: The Origins and Healing of Attention Deficit Disorder*, *When the Body Says No: The Cost of Hidden Stress*(한국어판:《몸이 아니라고 말할 때》, 김영사, 2015), *In the Realm of Hungry Ghosts: Close Encounters with Addiction* 등이 있으며 고든 뉴펠드와의 공저인 *Hold On to Your Kids: Why Parents Need to Matter More Than Peers*도 있다. 캐나다와 영국에서는 상기 제목으로 발간되었지만 ADD와 관련된 책은 미국에서 다음과 같은 제목으로 출판되었다. *Scattered: How Attention Deficit Disorder Originates and What You Can Do About It*. 또한 *When the Body Says No: The Cost of Hidden Stress*의 부제 역시 *Exploring the Stress-Disease Connection*으로 바뀌었다.

2. Morris Berman, *The Twilight of American Culture* (New York: W. W.Norton, 2001), 64–65. (한국어판:《미국 문화의 몰락》, 황금가지, 2002)

3. Thom Hartmann, *The Last Hours of Ancient Sunlight: The Fate of the World and What We Can Do About It Before It's Too Late* (New York: Three Rivers Press, 2000), 164.

4. Christine Buttorff et al., *Multiple Chronic Conditions in the United States* (Santa Monica, CA: RAND Corporation, 2017).

5. "Nearly 7 in 10 Americans Take Prescription Drugs, Mayo Clinic, Olmsted Medical Center Find," Mayo Clinic, news release, June 19, 2013, https://newsnetwork. mayoclinic.org/discussion/nearly-7-in-10-americans-take-prescription-drugs-mayo-clinic-olmsted-medical-center-find/.

6. Carly Weeks, "Up to Half of Baby Boomers Will Have High Blood Pressure Soon,

Report Warns," *Globe and Mail*, April 3, 2013.

7. Alvaro Alonso and Miguel Hernán, "Temporal Trends in the Incidence of Multiple Sclerosis: A Systematic Review," *Neurology* 71, no. 2 (July 8, 2008), doi: 10.1212/01. wnl.0000316802.35974.34.

8. Calum MacLeod, "Obesity of China's Kids Stuns Officials," *USA Today*, January 9, 2007, https://usatoday30.usatoday.com/news/world/2007-01-08-chinese-obesity_x.htm.

9. "Mental Health by the Numbers," National Alliance on Mental Illness, https://www.nami.org/mhstats.

10. "The Size and Burden of Mental Disorders in Europe" ScienceDaily, September 6, 2011, https://www.sciencedaily.com/releases/2011/09/110905074609.htm. Source: European College of Neuropsychopharmacology.

11. Brett Burstein et al., "Suicidal Attempts and Ideation Among Children and Adolescents in US Emergency Departments, 2007-2015," *JAMA Pediatrics* 173, no. 6 (April 2019): 598-600, https://doi.org/10.1001/jamapediatrics.2019.0464, cited in Carly Cassella, "Child Suicide Attempts Are Skyrocketing in the US, and Nobody Knows Why," ScienceAlert, April 11, 2019, https://www.sciencealert.com/us-children-are-facing-a-mental-health-crisis-as-suicidal-ideations-climb.

12. Samira Shackle, "'The Way the Universities Are Run Is Making Us Ill': Inside the Student Mental Health Crisis," *Guardian*, September 27, 2019.

13. Hui Cao et al., "Prevalence of Attention-Deficit/Hyperactivity Disorder Symptoms and Their Associations with Sleep Schedules and Sleep Related Problems Among Preschoolers in Mainland China," *BMC Pediatrics* 18, no. 1 (February 19, 2018): 70.

14. Caroline Hickman et al., "Young People's Voices on Climate Anxiety, Government Betrayal and Moral Injury: A Global Phenomenon," preprint submitted to the *Lancet*, September 2021, https://papers.ssrn.com/sol3/papers.cfm?abstract_id=3918955.

15. "CDC Continues to Support the Global Polio Eradication Effort," Centers for Disease Control and Prevention, March 18, 2016, https://www.cdc.gov/polio/updates/?s_cid=cs_404.

1장

1. As summarized by Dr. Bessel van der Kolk in his foreword to Peter Levine, *Trauma and*

Memory: Brain and Body in a Search for the Living Past (Berkeley, CA: North Atlantic Books, 2015), xi. (한국어판:《내 안의 트라우마 치료하기》, 소울메이트, 2016)

2. Levine, *Trauma and Memory*, xx.

3. John Bowlby, *Separation: Anxiety and Anger* (New York: Basic Books, 1973), 12.

4. Bessel van der Kolk, *The Body Keeps the Score: Brain Mind, and Body in the Healing of Trauma* (New York: Penguin, 2014), 43. (한국어판:《몸은 기억한다》, 을유문화사, 2020)

5. Levine, *Trauma and Memory*, xxii.

6. Peter Levine, *Healing Trauma Study Guide* (Boulder, CO: Sounds True,1999), 5.

7. Clyde Hertzman and Tom Boyce, "How Experience Gets Under the Skinto Create Gradients in Developmental Health," *Annual Review of Public Health* 31 (April 21, 2010): 329–47.

8. Mark Epstein, *The Trauma of Everyday Life* (New York: Penguin, 2013), 17. (한국어판:《트라우마 사용설명서》, 불광출판사, 2014)

9. Levine, *Healing Trauma Study Guide*, 7.

10. Levine, *Healing Trauma Study Guide*, 7.

11. Tara Westover, *Educated: A Memoir* (New York: HarperCollins, 2018), 111.(한국어판:《배움의 발견》, 열린책들, 2020)

12. Rollo May, *The Courage to Create* (New York: W. W. Norton, 1975), 100.(한국어판:《창조를 위한 용기》, 문예출판사, 2017)

13. Gershen Kaufman, *Shame: The Power of Caring* (Rochester, VT: Schenkman Books, 1980), 20.

14. Elizabeth Wurtzel, "Elizabeth Wurtzel Confronts Her One-Night Stand of a Life," *New York*, January 6, 2013.

15. *Dhammapada: The Sayings of the Buddha*, trans. Thomas Cleary (New York: Bantam Books, 1995), 7.

16. Eva Hoffman, *Time* (London: Profile Books, 2009), 7–8.

2장

1. Candace Pert, *Molecules of Emotion: Why You Feel the Way You Feel* (New York: Touchstone, 1997), 30. (한국어판:《감정의 분자》, 시스테마, 2009)

2. M. Wirsching et al., "Psychological Identi.cation of Breast Cancer Patients Before

Biopsy," *Journal of Psychosomatic Research* 26, no. 1 (1982): 1-10.

3. S. Greer and T. Morris, "Psychological Attributes of Women Who Develop Breast Cancer: A Controlled Study," *Journal of Psychosomatic Research* 19, no. 2 (April 1975): 147-53.

4. Sandra P. Thomas et al., "Anger and Cancer: An Analysis of the Linkages," *Cancer Nursing* 23, no. 5 (November 2000): 344-48.

5. A. J. Wilbourn and H. Mitsumoto, "Why Are Patients with ALS So Nice," presented at the ninth International ALS Symposium on ALS/MND, Munich, 1998.

6. Theresa Mehl, Berit J ordan, and Stephan Zierz, " 'Patients with Amyotrophic Lateral Sclerosis (ALS) Are Usually Nice Persons' — How Physicians Experienced in ALS See the Personality Characteristics of Their Patients," *Brain Behavior* 7, no. 1 (January 2017).

7. Frank J. Penedo et al., "Anger Suppression Mediates the Relationship Between Optimism and Natural Killer Cell Cytotoxicity in Men Treated for Localized Prostate Cancer," *Journal of Psychosomatic Research* 60, no. 4 (April 2006): 423-27.

8. Edna Maria Vissoci Reiche, Sandra Odebrecht Vargas Nunes, and Helena Kaminami Morimoto, "Stress, Depression, the Immune System, and Cancer," *Lancet Oncology* 5, no. 10 (October 2004): 617-25. 이 논문의 저자들은 이렇게 기록했다. "성인 아들을 잃은 유대 이스라엘인 6,284명에 대한 집단 연구에서 림프 및 혈액의 악성질환 및 흑색종이 나타났다. 사고나 전쟁으로 자식을 잃은 부모에게서 그런 일을 겪지 않은 부모보다 높은 비율로 암이 발생했다. 이들은 또한 호흡기계통 암에 걸릴 확률도 높았다."

9. J. Li et al., "The Risk of Multiple Sclerosis in Bereaved Parents: A Nationwide Cohort Study in Denmark," *Neurology* 62, no. 5 (March 9, 2004): 726-29.

10. A. Roberts et al., "PTSD Is Associated with Increased Risk of Ovarian Cancer: A Prospective and Retrospective Longitudinal Cohort Study," *Cancer Research* 79, no. 19 (October 1, 2019): 5113-120. September 5, 2019, https://doi.org/10.1158/0008-5472 CAN-19-1222.

11. Premal H. Thekar et al., "Chronic Stress Promotes Tumor Growth and Angiogenesis in a Mouse Model of Ovarian Carcinoma," *Nature Medicine* 12, no. 8 (August 12, 2006): 939-44; published online July 23, 2006, https://doi.org/10.1038/nm1447.

12. Saskia L. Mol et al., "Symptoms of Post-Traumatic Stress Disorder After Non-Traumatic Events: Evidence from an Open Population Study," *British Journal of*

Psychiatry 286 (June 2005): 494-99.

13. S. Weiss, "The Medical Student Before and After Graduation," *Journal of the American Medical Association* 114 (1940): 1709-18.

14. 하버드의대의 신경정신과 교수이며 매클레인 병원의 의료부장인 제프리 레디거의 개인 의견.

15. Ahmed Tawakol et al., "Relation Between Resting Amygdalar Activity and Cardiovascular Events: A Longitudinal and Cohort Study," *Lancet* 389, no. 10071 (February 25, 2017): 834-45.

16. N. Slopen et al., "Job Strain, Job Insecurity, and Incident Cardiovascular Disease in the Women's Health Study: Results from a 10-Year Prospective Study," *PLoS ONE* 7, no. 7 (2012): e40512, https://doi.org/10.1371/journal.pone.0040512.

17. Esme Fuller-Thomson et al., "The Link Between Childhood Sexual Abuse and Myocardial Infarction in a Population-Based Study," *Child Abuse and Neglect* 36, no. 9 (September 2012): 656-65, https://doi.org/10.1016/j.chiabu.2012.06.001.

18. D. Baumeister et al., "Childhood Trauma and Adulthood Inflammation: A Meta-Analysis of Peripheral C-Reactive Protein, Interleukin-6 and Tumor Necrosis Factor-α," *Molecular Psychiatry* 21, no. 5 (May 2016): 642-49.

3장

1. George L. Engel, "The Clinical Application of the Biopsychosocial Model," *American Journal of Psychology* 137, no. 5 (May 1980): 535-44.

2. George L. Engel, "The Need for a New Medical Model: A Challenge for Biomedicine," *Science* 196, no. 4286 (April 8, 1977): 129-36.

3. Bessel van der Kolk, *The Body Keeps the Score: Brain, Mind, and Body in the Healing of Trauma* (New York: Penguin, 2014), 80.

4. Richard Grant, "Do Trees Talk to Each Other?," *Smithsonian*, March 2018, https://www.smithsonianmag.com/science-nature/the-whispering-trees-180968084.

5. Daniel Siegel, *Pocket Guide to Interpersonal Neurobiology: An Integrative Handbook of the Mind* (New York: W. W. Norton, 2012), xviii. (한국어판:《쉽게 쓴 대인관계 신경생물학 지침서》, 학지사, 2016)

6. N. J. Johnson et al., "Marital Status and Mortality: The National Longitudinal Mortality Study," *Annals of Epidemiology* 10, no. 4 (May 2000): 224-38.

7. J. C. Coyne and A. DeLongis, "Going Beyond Social Support: The Role of Social Relationships in Adaptation," *Journal of Consulting and Clinical Psychology* 54, no. 4 (August 1986): 454-60, cited in T. E. Robles and J. K. Kiecolt-Glaser, "The Physiology of Marriage: Pathways to Health," *Physiology and Behavior* 79, no. 3 (August 2003): 409-16.

8. 에식스대학 교수인 베로니카 라마쉬(Veronica Lamarche)는 "대인관계가 악화되면 스트레스 호르몬의 증가, 염증반응, 식욕감소 및 면역기능 약화 등의 신체적 반응이 발생한다는 연구논문이 다수"라고 말한다. "A Bad Marriage Can Seriously Damage Your Health, Say Scientists," *Guardian*, July 16, 2018, https://www.theguardian.com/lifeandstyle/2018/jul/16/a-bad-marriage-is-as-unhealthy-as-smoking-or-drinking-say-scientists.

9. J. M. Gottman and L. F. Katz, "Effects of Marital Discord on Young Children's Peer Interaction and Health," *Developmental Psychology* 25, no. 3(1989): 373-81.

10. Constance M. Weil and Shari L. Wade, "The Relationship Between Psychosocial Factors and Asthma Morbidity in Inner City Children with Asthma," *Pediatrics* 104, no. 6 (December 1999): 1274-80.

11. N. Yamamoto and J. Nagano, "Parental Stress and the Onset and Course of Childhood Asthma," *BioPsychoSocial Medicine* 9, no. 7 (March 2015), https://doi.org/10.1186/s13030-015-0034-4.

12. P. F. Coogan et al., "Experiences of Racism and the Incidence of Adult-Onset Asthma in the Black Women's Health Study," *CHEST Journal* 145, no. 3 (March 2014): 480-85.

13. T. E. Seeman and B. S. McEwen, "Impact of Social Environment Characteristics on Neuroendocrine Regulation," *Psychosomatic Medicine* 58, no. 5 (September-October 1996): 459-71.

14. A. Hughes et al., "Elevated Inflammatory Biomarkers During Unemployment: Modification by Age and Country in the UK," *Epidemiology and Community Health* 69, no. 7 (July 2015): 673-79, https://doi.org/10.1136/jech-2014-204404.

15. P. Butterworth et al., "The Psychosocial Quality of Work Determines Whether Employment Has Benefits for Mental Health: Results from a Longitudinal National Household Panel Survey," *Occupational and Environmental Medicine* 68, no. 11 (November 2011): 806-12, https://doi.org/10.1136/oem.2010.059030.

16. J. Holt-Lunstad et al., "Social Relationships and Mortality Risk: A Metaanalytic

Review," *PLoS Medicine* 7, no. 7 (July 27, 2010), https://doi.org/10.1371/journal. pmed.1000316.

17. Thich Nhat Hanh, *Buddha Mind, Buddha Body* (Berkeley, CA: Parallax Press, 2007), 25.

4장

1. 2010년 〈네이처(Nature)〉 사설에는 다음과 같은 글이 실렸다. "지난 10년간 학계의 변화에도 불구하고, 인간게놈프로젝트는 인류의 건강에 진정으로 도움이 되었는가? 놀라울 정도로 솔직한 대답을 찾을 수 있다. 여기서 공공 분야와 민간 분야의 주도자인 프랜시스 콜린스(Francis Collins)와 크레이그 벤터(Craig Venter)는 모두 '별로'라고 말한다." "Has the revolution arrived?" *Nature* 464 (March 31, 2010): 674-75.

2. Martha Henriques, "Can the Legacy of Trauma Be Passed Down the Generations?" *BBC Future*, March 26, 2019, https://www.bbc.com/future/article/20190326-what-is-epigenetics.

3. Moshe Szyf et al., "Maternal Programming of Steroid Receptor Expression and Phenotype Through DNA Methylation in the Rat," *Frontiers in Neuroendocrinology* 26, nos. 3-4 (October–December 2005): 139-62.

4. Frances A. Champagne et al., "Maternal Care Associated with Methylation of the Estrogen Receptor-1b Promoter and Estrogen Receptor-Alpha Expression in the Medial Preoptic Area of Female Offspring," *Endocrinology* 147, no. 6 (June 2006): 2909-15.

5. Lei Cao-Lei et al., "DNA Methylation Signatures Triggered by Prenatal Maternal Stress Exposure to a Natural Disaster: Project Ice Storm," *PLoS ONE* 9, no. 9 (September 19, 2014), https://doi.org/10.1371/journal.pone.0107653.

6. Wendy Leung, "Pregnancy Stress During 1998 Ice Storm Linked to Genetic Changes in Children After Birth, Study Suggests," *Globe and Mail*, September 30, 2014.

7. Ali B. Rodgers et al., "Paternal Stress Exposure Alters Sperm MicroRNA Content and Reprograms Offspring HPA Stress Axis Regulation," *Journal of Neuroscience* 33, no. 21 (May 2013): 9003-12.

8. Marilyn J. Essex et al., "Epigenetic Vestiges of Developmental Adversity: Childhood Stress Exposure and DNA Methylation in Adolescence," *Childhood Development* 84, no. 1 (January 2013): 58-57.

9. Nada Borghol et al., "Associations with Early-Life Socio-Economic Position in Adult

DNA Methylation,"*International Journal of Epidemiology* 41, no. 1 (February 2012): 62-74.

10. April D. Thames et al., "Experienced Discrimination and Racial Differences in Leukocyte Gene Expression," *Psychoneuroendocrinology* 106 (August 2019): 277-83.

11. April D. Thames, "Racism Shortens Lives and Hurts Health of Blacks by Promoting Genes That Lead to Inflammation and Illness," The Conversation, October 17, 2019, https://theconversation.com/study-racism-shortens-lives-and-hurts-health-of-blacks-by-promoting-genes-that-lead-to-inflammation-and-illness-122027.

12. Kathryn K. Ridout et al., "Physician-Training Stress and Accelerated Cellular Aging," *Biological Psychiatry* 86, no. 9 (November 1, 2019): 725-30.

13. Elissa S. Epel et al., "Accelerated Telomere Shortening in Response to Life Stress," *Proceedings of the National Academy of Sciences* 101, no. 49 (December 7, 2004): 17312-15, https://www.pnas.org/content/101/49/17312.

14. Amanda K. Damjanovic et al., "Accelerated Telomere Erosion Is Associated with a Declining Immune Function of Caregivers of Alzheimer's Disease Patients," *Journal of Immunology* 179, no. 6 (September 15, 2007): 4249-54.

15. David H. Chae et al., "Discrimination, Racial Bias, and Telomere Length in African-American Men," *American Journal of Preventative Medicine* 46, no. 2 (February 2014): 103-11.

16. Arline T. Geronimus et al., "Do US Black Women Experience Stress-Related Accelerated Biological Aging?," *Human Nature* 21, no. 1 (March 10, 2010): 19-38.

17. Tonya L. Jacobs et al., "Intensive Meditation Training, Immune Cell Telomerase Activity, and Psychological Mediators," *Psychoneuroendocrinology* 36, no. 5 (June 2011): 664-81; Gene H. Brody et al., "Prevention Effects Ameliorate the Prospective Association Between Nonsupportive Parenting and Diminished Telomere Length," *Prevention Science* 16, no. 2 (February 2015): 171-80, https://doi.org/10.1007/s11121-014-0474-2; and Dean Ornish et al., "Effect of Comprehensive Lifestyle Changes on Telomerase Activity and Telomere Length in Men with Biopsy-Proven Low-Risk Prostate Cancer: 5-Year Follow-Up of a Descriptive Pilot Study," *Lancet Oncology* 14, no. 11 (October 2013): 1112-20, https://doi.org/10.1016/S1470-2045(13)70366-8.

5장

1. Karen Crouse, "Venus Williams Says She Struggled with Fatigue for Years," *New York Times*, September 1, 2011.

2. "Autoimmune Disease Rates Increasing," Medical News Today, https://www. medicalnewstoday.com/articles/246960.php; Jean-Francois Bach, "Why Is the Incidence of Autoimmune Diseases Increasing in the Modern World?," *Endocrine Abstracts* 16, S3.1 (2008).

3. Moises Velasquez-Manoff, "Educate Your Immune System," *New York Times*, June 3, 2016.

4. Sarah Knapton, "Crohn's Disease in Teens Jumps 300 Percent in 10 Years Fuelled by Junk Food," *The Telegraph*, June 18, 2014.

5. Eric I. Benchimol et al., "Trends in Epidemiology of Pediatric Inflammatory Bowel Disease in Canada: Distributed Network Analysis of Multiple Population-Based Provincial Health Administrative Databases," *American Journal of Gastroenterology* 112, no. 7 (July 2017): 1120-34, https://doi.org/10.1038/AJG.2017.97.

6. Grace Rattue, "Autoimmune Disease Rates Increasing," *Medical News Today*, June 22, 2012, https://www.medicalnewstoday.com/articles/246960.php.

7. Robin McKie, "Global Spread of Autoimmune Disease Blamed on Western Diet," *The Guardian*, January 9, 2022.

8. Arndt Manzel et al., "Role of 'Western Diet' in Inflammatory Autoimmune Disease," *Current Allergy and Asthma Reports* 14, no. 1 (January 2014): 404, doi: 10.1007/s11882-013-0404-6. ("식단과 염증성 자가면역질환과의 상관관계는 약 50년 전부터 주장되었으나 …… 아직 결정적인 연결 관계는 입증되지 못했다.")

9. 그러나 이 질병의 경우 반드시 여성이 불리한 것은 아니다. 남성에게 발병했을 경우 훨씬 심각해서 사망률이 높았다. Christine Peoples, "Gender Differences in Systemic Sclerosis: Relationship to Clinical Features, Serologic Status and Outcomes," *Journal of Scleroderma and Related Disorders* 1, no. 2 (May-August 2016): 177-240.

10. Sarah-Michelle Orton et al., "Effect of Immigration on Multiple Sclerosis Sex Ratio in Canada: The Canadian Collaborative Study," *Journal of Neurology, Neurosurgery and Psychiatry* 81, no. 1 (January 2010): 31-36.

11. Melinda Magyari, "Gender Differences in Multiple Sclerosis Epidemiology and

정상이라는 환상

Treatment Response," *Danish Medical Journal* 63, no. 3 (March 2016).

12. Paul H. Black, "Stress and the Inflammatory Response: A Review of Neurogenic Inflammation," *Brain, Behavior, and Immunity* 16, no. 6 (December 2002): 622–53.

13. C. H. Feldman et al., "Association of Childhood Abuse with Incident Systemic Lupus Erythematosus in Adulthood in a Longitudinal Cohort of Women," *Journal of Rheumatology* 46, no. 12 (December 2019): 1589–96.

14. R. Coelho et al., "Childhood Maltreatment and Inflammatory Markers: A Systematic Review," *Acta Psychiatrica Scandinavica* 129, no. 3 (March 2014): 180–92; Huang Song et al., "Association of Stress-Related Disorders with Subsequent Autoimmune Disease," *Journal of the American Medical Association* 319, no. 23 (June 19, 2018): 2388-400.

15. Andrea Danese et al., "Childhood Maltreatment Predicts Adult Inflammation in a Life-Course Study," *Proceedings of the National Academy of Sciences of the United States of America* 104, no. 4 (January 23, 2007): 1319-24.

16. George F. Solomon and Rudolf H. Moos, "The Relationship of Personality to the Presence of Rheumatoid Factor in Asymptomatic Relatives of Patients with Rheumatoid Arthritis," *Psychosomatic Medicine* 27, no. 4 (July 1965): 350–60.

17. C. E. G. Robinson, "Emotional Factors and Rheumatoid Arthritis," *Canadian Medical Association Journal* 77, no. 4 (August 15, 1957): 344-45.

18. Alex J. Zautra et al., "Examination of Changes in Interpersonal Stress as a Factor in Disease Exacerbations Among Women with Rheumatoid Arthritis," *Annals of Behavioral Medicine* 19, no. 3 (Summer 1997): 279-86.

19. G. S. Philippopoulos et al., "The Etiologic Significance of Emotional Factors in Onset and Exacerbations of Multiple Sclerosis," *Psychosomatic Medicine* 20, no. 6 (November 1958): 458-73.

20. Varda Mei-Tal et al., "The Role of Psychological Process in a Somatic Disorder: Multiple Sclerosis," *Psychosomatic Medicine* 32, no 1 (January–February 1970): 67-85.

21. Gary M. Franklin et al., "Stress and Its Relationship to Acute Exacerbations in Multiple Sclerosis," *Journal of Neurologic Rehabilitation* 2, no. 1 (March 1, 1988): 7-11.

22. L. Briones et al., "The Influence of Stress and Psychosocial Factors in Multiple Sclerosis: A Review," conference paper, in *Psychotherapy and Psychosomatics* 82, suppl. 1 (September 2013): 1-134.

23. 2016년 6월 5일 자 〈뉴욕 타임스〉에 실린 〈면역체계 교육(Educate Your Immune System)〉
에서 모이세스 벨라스케즈-마노프(Moises Velasquez-Manoff)는 "지난 50년간 자가면역질
환이 특히 선진국에서 급증했다"고 전했다. "제1형 당뇨병과 복강질환 같은 여러 질환은 면
역체계의 특정 유전자 변이와 관련되어 있어 강력한 유전적 요인이 있음을 시사한다. 그러나
그 발병률은 두세 세대 만에 인간 유전자 풀보다 훨씬 빠르게 증가했다."
자가면역질환의 급격한 증가를 설명하기 위한 이론 중 하나가 일명 위생가설(hygiene
hypothesis)이다. 이에 따르면 산업화와 번영으로 인류가 각종 세균에 노출되는 것을 꺼리는
생활 방식을 취하게 되어 보다 강하고 탄력 있는 면역체계를 훈련시키는 데 실패했다는 것이
다. 벨라스케즈-마노프는 위 글에서 "한때 흔했던 질병에 노출되지 않게 되면서 자가면역질
환의 발병률이 증가했다. 그러므로 면역체계를 훈련시켜야 한다"고 주장한다. 물론 이 가설
에는 어느 정도 진실이 있을 수 있다. 그러나 지난 불과 수십 년 만에 발생한 이 극적인 증가
는 설명할 방법이 없다. 예를 들어 지난 25년간 덴마크 여성의 위생 상태가 그토록 많이 바뀌
었다고 생각하는가?

24. Huang Song et al., "Association of Stress-Related Disorders with Subsequent
Autoimmune Disease," *Journal of the American Medical Association* 319, no. 23 (June 19,
2018): 2388-400.

25. Idam Harpaz et al., "Chronic Exposure to Stress Predisposes to Higher Autoimmune
Susceptibility in C57BL/6 Mice: Glucocorticoids as a Double-Edged Sword," *European
Journal of Immunology* 43, no. 3 (March 2013): 258-769.

26. Deborah Talbot, "What's It Like Living with Lupus," Elemental, July 13,2018,https://
elemental.medium.com/what-its-like-living-with-lupus-8d0c2efcbe5e.

6장

1. 특정 암 분야를 제외하고는 암의 치료나 예방에서 획기적인 돌파구는 발견되지 않았다. 지나
콜라타(Gina Kolata)는 1950년부터 2005년까지 약 50년간 암으로 인한 사망률은 5퍼센트 감
소해 거의 변하지 않았으며 그 감소조차 금연처럼 의학의 발견과는 상관없는 것이 원인이었다
고 2009년에 보도했는데, 그 이후로도 거의 변하지 않았다. Gina Kolata, "Advances Elusive
in the Drive to Cure Cancer," *New York Times*, April 21, 2009.

2. Gabor Maté, *When the Body Says No: The Cost of Hidden Stress* (Toronto: Knopf Canada,
2003; 단 미국 출판본의 부제는 Exploring the Stress-Disease Connection), chapter 18.

3. Michelle Kelly-Irving et al., "Childhood Adversity as a Risk for Cancer: Findings from

the 1958 British Birth Cohort Study," *BMC Public Health* 13, no. 1 (August 19, 2013): 767, https://bmcpublichealth.biomedcentral.com/articles/10.1186/1471-2458-13-767.

4. Holly R. Harris et al., "Early Life Abuse and Risk of Endometriosis," *Human Reproduction* 3, no. 9 (September 2018): 1657-68.

5. M. Watson et al., "Influence of Psychological Response on Breast Cancer Survival: 10-Year Follow-Up of a Population-Based Cohort," *European Journal of Cancer* 41, no. 12 (August 2005): 1710-14.

6. Janine Giese-Davis et. al., "Decrease in Depression Symptoms Is Associated with Longer Survival in Patients with Metastatic Breast Cancer," *Journal of Clinical Oncology* 29, no. 4 (February 1, 2011): 413-20.

7. 이 자궁경부암에 대한 연구는 다음 논문에서 인용했다. Jane G. Goldberg, ed., *Psychotherapeutic Treatment of Cancer Patients* (New York: Routledge, 1990), 45.

8. Frank J. Penedo et al., "Anger Suppression Mediates the Relationship Between Optimism and Natural Killer Cell Cytotoxicity in Men Treated for Localized Prostate Cancer," *Journal of Psychosomatic Research* 60, no. 4 (April 2006): 423-27.

9. Ann L. Coker et al., "Stress, Coping, Social Support, and Prostate Cancer Risk Among Older African American and Caucasian Men," *Ethnicity and Disease* 16, no. 4 (Autumn 2006): 978-87.

10. Meghan O'Rourke, "What's Wrong with Me?" *New Yorker*, August 19,2013.

11. Paige Green McDonald et al., "A Biobehavioral Perspective of Tumor Biology," *Discovery Medicine* 5, no. 30 (December 2005): 520-26.

12. David Smithers, "Cancer: An Attack on Cytologism," *Lancet* 279, no. 7228 (March 10, 1962): 493-99.

7장

1. Susan Sontag, *Illness as Metaphor and AIDS and Its Metaphors* (New York: Picador, 2001), 55. 이 에세이는 1978년 〈뉴욕 리뷰 오브 북스(New York Review of Books)〉에 처음 실렸다.

2. Jonathon Cott, *Susan Sontag: The Complete Rolling Stone Interview* (New Haven: Yale University Press, 2013). 최초 인터뷰는 1979년 10월에 출간되었다.

3. Marcia Angell, "Disease as a Reflection of the Psyche," *New England Journal of Medicine* 312 (June 13, 1985): 1570-72.

4. "From Irritated to Enraged: Anger's Toxic Effect on the Heart," Harvard Heart Health, December 6, 2014, https://www.health.harvard.edu/heart-health/from-irritated-to-enraged-angers-toxic-effect-on-the-heart.

5. Geoffrey H. Tofler et al., "Triggering of Acute Coronary Occlusion by Episodes of Anger," *European Heart Journal: Acute Cardiovascular Care*, February 2015, https://doi.org/10.1177/2048872615568969.

6. "Keep Calm, Anger Can Trigger a Heart Attack!," ScienceDaily, February 24, 2015, https://www.sciencedaily.com/releases/2015/02/150224083819.htm.

7. 이 말은 몬트리올 거주 여성이 암 진단을 받고 한 말을 〈글로브 앤드 메일〉에 실은 것이다. 정확한 날짜는 기억나지 않지만 아마 2004년부터 2007년 사이일 것이다. 이는 리디아 테모쇼크가 말한 유형과 정확히 일치한다.

8. Andrew W. Kneier and Lydia Temoshok, "Repressive Coping Reactions in Patients with Malignant Melanoma as Compared to Cardiovascular Disease Patients," *Journal of Psychosomatic Research* 28, no. 2 (1984):145-55, https://doi.org/10.1016/0022-3999(84)90008-4.

9. James J. Gross and Robert W. Levenson, "Emotional Suppression: Physiology, Self-Report, and Expressive Behavior," *Journal of Personality and Social Psychology* 64, no. 6 (June 1993): 970-86.

10. Lydia Temoshok, Letter to the Editor, "New York Times", September 6, 1992.

11. Susan Sontag, *As Consciousness Is Harnessed to Flesh: Journals and Notebooks, 1964-1980*, ed. David Rie. (Farrar, Straus and Giroux, 2012), 313.

8장

1. Alfie Kohn, *No Contest: The Case Against Competition*, rev. ed. (Boston: Houghton Mifflin, 1992), 13.

2. Marshall Sahlins, *The Western Illusion of Human Nature* (Chicago: Prickly Paradigm Press, 2008), cited by Darcia Narvaez in "Are We Losing It? Darwin's Moral Sense and the Importance of Early Experience," in *The Routledge Handbook of Evolution and Philosophy*, ed. Richard Joyce (New York: Routledge, 2017), 328.

3. Jack D. Forbes, *Columbus and Other Cannibals: The Wétiko Disease of Exploitation, Imperialism, and Terrorism* (New York: Seven Stories Press, 1992), 49.

4. François Ansermet and Pierre Magistretti, *Biology of Freedom: Neural Plasticity, Experience, and the Unconscious, trans. Susan Fairfield* (NewYork : Other Press, 2007), 8.

5. Jean Liedlo., *The Continuum Concept: In Search of Happiness Lost*, rev. ed. (1985 ; Boston : Da Capo Press, 1975), 24.

6. 재러드 다이아몬드는 다음 책에서 이렇게 말했다. "최소 몇만 년 전까지는 아마도 모든 인간은 그런 무리를 만들어 살았을 것이고 1만 1,000년 전까지는 대부분이 그랬을 것이다." Jared Diamond, *The World Until Yesterday: What We Can Learn from Traditional Societies* (New York : Penguin Books, 2012), 14. (한국어판 :《어제까지의 세계》, 김영사, 2013)

7. Frans de Waal, *The Age of Empathy: Nature's Lessons for a Kinder Society* (New York : Broadway Books, 2010), 25. (《공감의 시대》, 김영사, 2017)

9장

1. 카부키언은 최고의 발달 전문가들과 함께 아동 명예를 위한 래피 재단(Raffi Foundation for Child Honouring)을 설립했다. 공식적으로는 재단 활동이 최초의 사회 참여 활동일지 모르나 그가 가족의 사랑에 대해 1980년에 발표한 노래에서 알 수 있듯이 아이들이 필요로 하고 자격이 있는 것에 관심을 둔 것은 이때가 처음은 아니었다.

2. Antonio R. Damasio, *Descartes' Error: Emotion, Reason and the Human Brain* (New York : G. P. Putnam's Sons, 1994), 128. (한국어판 :《데카르트의 오류》, 눈출판그룹, 2017)

3. Jean Liedloff, *The Continuum Concept: In Search of Happiness Lost*, rev. ed.(1985 ; Boston : Da Capo Press, 1975), 37. (한국어판 :《잃어버린 육아의 원형을 찾아서》, 양철북, 2011)

4. Jack P. Shonko. et al., "An Integrated Scientific Framework for Child Survival and Early Childhood Development," *Pediatrics* 129, no. 2 (February 2012): 1-13.

5. 저명한 심리학자이자 이론가인 앨런 쇼어는 이렇게 말한다. "엄마는 무의식적으로 아기의 무의식적인 마음을 형성하는데 이는 프로이트가 관찰한 것처럼 의식적인 마음보다 먼저 발달한다." 또한 "상호의존, 사회적 연결, 감정 조절같이 필수적인 우뇌의 기능은 애착 경험의 초기 단계에서 나타난다." Allan Schore, *The Development of the Unconscious Mind* (New York : W. W. Norton, 2019), 33, 57.

6. Stanley I. Greenspan and Stuart Shankar, with Beryl I. Benderly, "The Emotional Architecture of the Mind," in Raffi Cavoukian et al., *Child Honouring: How to Turn This World Around* (Homeland Press, 2006), 5.

7. Gordon Neufeld, "The Keys to Well-Being in Children and Youth : The Significant Role

of Families," keynote address, delivered at the European Parliament, Brussels, November 13, 2012, https://neufeldinstitute.org/wp-content/uploads/2017/12/Neufeld_Brussels_address.pdf.

8. Maia Szalavitz and Bruce D. Perry, *Born for Love: Why Empathy Is Essential — and Endangered* (New York: William Morrow, 2011), 5. (한국어판: 《사랑받기 위해 태어나다》, 민음인, 2015)

9. J. Maselko et al., "Mother's Affection at 8 Months Predicts Emotional Distress in Adulthood," *Journal of Epidemiology and Community Health* 65, no. 7 (2011): 621-25.

10. Jordan Peterson, *12 Rules for Living: An Antidote to Chaos* (Toronto: Random House Canada, 2018), 141. (한국어판: 《12가지 인생의 법칙》, 메이븐, 2018)

11. Jaak Panksepp and Lucy Biven, *The Archaeology of Mind: Neuroevolutionary Origins of Human Emotions* (New York: W. W. Norton, 2012), 386.

10장

1. Thomas Verny, *Pre-Parenting* (New York: Simon and Schuster, 2003), 159-60.

2. In the 2011 documentary *Zeitgeist III: Moving Forward*, directed by Peter Joseph. (한국어판: 〈시대정신 3〉)

3. In the 2016 documentary *In Utero*, directed by Kathleen Man Gyllenhaal, https://www.inutero.lm.com/stephen_gyllenhaal.

4. Laurie Tarkian, "Tracking Stress and Depression Back to the Womb," *New York Times*, December 4, 2004.

5. Catherine Lebel et al., "Prepartum and Postpartum Maternal Depressive Symptoms Are Related to Children's Brain Structure in Preschool," *Biological Psychiatry* 80, no. 11 (December 1, 2016): 859-68.

6. Claudia Buss et al., "High Pregnancy Anxiety During Mid-Gestation Is Associated with Decreased Gray Matter Density in 6-9-Year-Old Children," *Psychoneuroimmunology* 35, no. 1 (January 2010): 141-53.

7. D. Kinney et al., "Prenatal Stress and Risk for Autism," *Neuroscience and Biobehavioral Reviews* 32, no. 8 (October 2008): 1519-32.

8. Sonja Entringer et al., "Fetal Programming of Body Composition, Obesity, and Metabolic Function: The Role of Intrauterine Stress and Stress Biology," *Journal of*

Nutrition and Metabolism 2012 : 632548 ; published online May 10, 2012, https://doi. org/10.1155/2012/632548.

9. Sonja Entringer et al., "Prenatal Stress, Development, Health and Disease Risk : A Psychobiological Perspective," *Psychoneuroendocrinology* 62 (December 2015): 366-75.

10. Sonja Entringer et al., "Stress Exposure in Intrauterine Life Is Associated with Shorter Telomere Length in Young Adulthood," *Proceedings of the National Academy of Sciences* 108, no. 33 (August 16, 2011).

11. Jill M. Goldstein, "Impact of Prenatal Maternal Cytokine Exposure on Sex Differences in Brain Circuitry Regulating Stress in Offspring 45 Years Later," *Proceedings of the National Academy of Sciences* 118, no. 15 (April 13,2021), https://doi.org/10.1073/ pnas.2014464118.

12. Maartie Zijlman et al., "Maternal Prenatal Stress Is Associated with the Infant Intestinal Microbiota," *Psychoneuroendocrinology* 53 (March 2015): 233-45.

13. C. Liu et al., "Prenatal Parental Depression and Preterm Birth : A National Cohort Study," *BJOG: An International Journal of Obstetrics and Gynecology* 123, no. 12 (November 2016): 1973-82, https://doi.org/10.1111/1471-0528.13891.

14. "Fetal Scans Confirm Maternal Stress Affects Babies' Brains," MediBulletin Bureau, March 27, 2018, https://medibulletin.com/fetal-scans-con.rm-maternal-stress-affects- babies-brains/.

15. Frederica P. Perera et al., "Prenatal Polycyclic Aromatic Hydrocarbon(PAH) Exposure and Child Behavior at Age 6-7 Years," *Environmental Health Perspectives* 120, no. 6 (June 1, 2012): 921-26.

16. Jane E. Allen, "Prenatal Pollutants Linked to Later Behavioral Ills," ABC News, March 12, 2012, https://abcnews.go.com/Health/w_ParentingResource/prenatal-pollutants- linked-childhood-anxiety-adhd /story?id=15974554.

17. 물론, 환경오염은 음식과 일상 환경의 화학물질을 통해 거의 모든 사람에게 영향을 미치지만 이런 화학물질의 영향에 대해서 거의 제대로 평가하지 못하고 있다. 캐나다와 미국, 유럽, 아시아 등의 지역에서 태아의 탯줄 혈액 샘플에서 잠재적으로 유해한 화학물질이 다수 발견되었기 때문에 우리는 더욱 안심할 수 없다. 게다가 이러한 물질을 우리의 공기, 땅, 식량, 임산부의 혈액에 도입하는 사람들이 아니라 자금이 부족한 연구자들이 그렇지 않다는 것을 증명해야 하는 사회에서는 더욱 그렇다.

18. See, for example, Malidoma Patrice Somé, *Ritual, Magic and Initiation in the Life of an African Shaman* (New York : G. P. Putnam's Sons, 1994), 20. See also the documentary *What Babies Want*, https://www.youtube.com/watch?v=-3mtFRjEVWc.

11장

1. Susan J. McDonald et al., "Effect of Timing of Umbilical Cord Clamping of Term Infants on Maternal and Neonatal Outcomes," *Cochrane Database of Systemic Reviews* 7 (July 11, 2013), https://doi.org/10.1002/14651858.CD004074.pub3.

2. Anne Fadiman, *The Spirit Catches You and You Fall Down: A Hmong Child, Her American Doctors, and the Collision of Two Cultures* (New York : Farrar,Straus and Giroux, 1997 ; paperback edition, 2012), 74. (한국어판: 《리아의 나라》, 반비, 2022)

3. See, for example, Michael Klein et al., "Relationship of Episiotomy to Perineal Trauma and Morbidity, Sexual Dysfunction, and Pelvic Floor Relaxation," *American Journal of Obstetrics and Gynecology* 171, no. 3(October 1994): 591-98.

4. Ties Boerma et al., "Global Epidemiology of Use of and Disparities in Caesarean Sections," *Lancet* 392, no. 10155 (October 2018): 1341-48.

5. Boerma, "Global Epidemiology."

6. Obstetric Care Consensus, "Safe Prevention of the Primary Cesarean Delivery," *Obstetrics and Gynecology* 123, no. 3 (March 2014): 693-711.

7. Cited by Suzanne Hope Suarez, "Midwifery Is Not the Practice of Medicine," *Yale Journal of Law and Feminism* 5, no. 2 (1992).

8. Sarah J. Buckley, "Hormonal Physiology of Childbearing : Evidence and Implications for Women, Babies, and Maternity Care," Childbirth Connection Programs, National Partnership for Women and Families, Washington, D.C., January 2015.

9. Ilana Stanger-Ross, *A Is for Advice: The Reassuring Kind* (New York : William Morrow, 2019), 23-24.

10. Buckley, "Hormonal Physiology of Childbearing."

11. World Health Organization, "Evidence Shows Significant Mistreatment of Women During Childbirth," news release, October 9, 2019, https://www.who.int/news/item/09-10-2019-new-evidence-shows-significant-mistreatment-of-women-during-childbirth.

12. Jesse Feith, "Indigenous Woman Records Slurs by Hospital Staff Before Her Death," *Montreal Gazette*, September 30, 2020, https://montrealgazette.com/news/local-news/indigenous-woman-who-died-at-joliette-hospital-had-recorded-staffs-racist-comments.

13. Jean Liedlo., *The Continuum Concept: In Search of Happiness Lost*, rev. ed. (1985; Boston: Da Capo Press, 1975), 58.

12장

1. Emily Oster, "The Data All Guilt-Ridden Parents Need," *New York Times*, April 19, 2019, https://www.nytimes.com/2019/04/19/opinion/sunday/baby-breast-feeding-sleep-training.html (published as "Baby's First Data" in the print edition on April 20, section SR 1).

2. Lloyd deMause, ed., *The History of Childhood: The Untold Story of Child Abuse* (New York: Peter Bedrick Books, 1988), 53.

3. Jordan R. Peterson, *12 Rules for Life: An Antidote to Chaos* (Toronto: Random House Canada, 2018), 144.

4. Ashley Montagu, *Touching: The Human Significance of Skin*, 3rd ed. (New York: Harper and Row, 1986), 296.

5. D. W. Winnicott, *Through Pediatrics to Psycho-Analysis: Collected Papers* (Abingdon, UK: Brunner-Routledge, New York: 1992), 99.

6. Montagu, *Touching*, 42.

7. Adrienne Rich, *Of Woman Born: Motherhood as Experience and Institution* (New York: W. W. Norton, 1995), 31.(한국어판:《더 이상 어머니는 없다》, 평민사, 2018)

8. Lane Strathearn et al., "What's in a Smile? Maternal Brain Responses to Infant Facial Clues," *Pediatrics* 122, no. 1 (July 2008): 40–51.

9. John H. Kennell et al., "Maternal Behavior One Year After Early and Extended Post-Partum Contact," *Developmental Medicine and Child Neurology* 16, no. 2 (April 1974): 172–79.

10. Darcia Narvaez, *Neurobiology and the Development of Human Morality: Evolution, Culture, and Wisdom* (New York: W. W. Norton, 2014), 29–30.

11. Jean Liedlo., *The Continuum Concept: In Search of Happiness Lost*, rev. ed. (1985; Boston: Da Capo Press, 1975), 97.

12. As documented, for example, by Charles C. Mann in his bestselling book *1491: New Revelations of the Americas Before Columbus* (New York : Knopf, 2005). (한국어판: 《인디언》, 오래된미래, 2005)

13. Stacy Schi., *The Witches: Salem, 1692* (London : Weidenfeld and Nicholson, 2015), 45.

14. Peterson, *12 Rules for Life*, 139.

15. Robert D. Sage and Benjamin S. Siegel, "Effective Discipline to Raise Healthy Children," *Pediatrics 142*, no. 6 (December 2018).

16. Manisha Aggarwal-Schifellite, "How Spanking May Affect Brain Development in Children," Harvard Gazette, April 12, 2021, https://news.harvard.edu/gazette/story/2021/04/spanking-children-may-impair-their-brain-development/.

17. "Breastfeeding: Achieving the New Normal," editorial, *Lancet* 387 (January 30, 2016): 404.

18. Craig A. McEwen and Bruce S. McEwen, "Social Structure, Adversity, Toxic Stress, and Intergenerational Poverty: An Early Childhood Model," *Annual Review of Sociology* 43, no. 1 (August 2017): 445–72.

19. Allan Schore, *Affect Regulation and the Origin of the Self: The Neurobiology of Emotional Development* (Mahwah, NJ : Lawrence Erlbaum Associates, 1994), 378.

20. Claire Cain Miller, "The Relentlessness of Modern Parenting," *New York Times*, December 25, 2018, A1.

21. Emily Oster, "Don't Worry, Baby," *New Yorker*, June 3, 2019.

22. Miranda Bryant, "'I Was Risking My Life': Why One in Four US Women Return to Work Two Weeks After Childbirth," *Guardian*, January 27, 2020.

23. Colin M. Turnbull, *The Forest People* (London : Chatto and Windus, 1961), 113.

24. Darcia Narvaez, "Allomothers: Our Evolved Support Systems for Mothers," *Psychology Today*, May 12, 2019, https://www.psychologytoday.com/ca/blog/moral-landscapes/201905/allomothers-our-evolved-support-system-mothers.

25. NBC News, May 15, 2020.

26. Robert D. Putnam, *Bowling Alone: The Collapse and Revival of the American Community* (New York : Simon and Schuster, 2000), 27. (한국어판: 《나 홀로 볼링》, 페이퍼로드, 2016)

27. Rich, *Of Woman Born*, 53–54.

13장

1. James Garbarino, *Raising Children in a Socially Toxic Environment* (San Francisco: Jossey-Bass, 1995), 2.

2. Garbarino, *Raising Children in a Socially Toxic Environment*, 5.

3. Natalie Angier, "Ideas and Trends: The Sandbox; Bully for You — Why Push Comes to Shove," *New York Times*, May 20, 2001.

4. D. Clark, "Frequency of Bullying in European Countries, 2018," Statista, October 7, 2021, https://www.statista.com/statistics/1092217/bullying-in-europe/.

5. Cited in Timothy Singham, "Concurrent and Longitudinal Contribution of Exposure to Bullying in Childhood Mental Health: The Role of Vulnerability and Resistance," *JAMA Psychiatry*, published online October 4, 2017, https://doi.org/10.1001/jamapsychiatry.2017.2678.

6. Bridgette Watson, "They Killed Him for Entertainment: Carson Crimeni's Father Speaks Out Against Bullying," CBC News, February 26,2020, https://www.cbc.ca/news/canada/british-columbia/darrel-crimeni-bullying-awareness-1.5477247.

7. Gordon Neufeld, "The Keys to Well-Being in Children and Youth: The Significant Role of Families," keynote address, delivered at the European Parliament, Brussels, November 13, 2012.

8. Joel Bakan, *Childhood Under Siege: How Big Business Targets Children* (New York: Free Press, 2011), 6.

9. Joel Bakan, "Kids and the Corporation," in *Child Honouring: How to Turn This World Around*, ed. Raffi Cavoukian and Sharna Olfman (Salt Spring Island, BC: Homeland Press, 2006), 190.

10. Georgia Wells et al., "Facebook Knows Instagram Is Toxic for Teen Girls, Company Documents Show," *Wall Street Journal*, September 14, 2021, https://www.wsj.com/articles/facebook-knows-instagram-is-toxic-for-teen-girls-company-documents-show-11631620739.

11. Shimi Kang, *The Tech Solution: Creating Healthy Habits for Kids Growing Up in a Digital World* (New York: Viking, 2020), ch. 1. (한국어판:《내 아이에게 언제 스마트폰을 사줘야 하나?》, 버니온더문, 2021)

12. John S. Hutton et al., "Associations Between Screen-Based Media Use and Brain

White Matter Integrity in Preschool-Aged Children," *JAMA Pediatrics* 174, no. 1 (2020).

13. Mari Swingle, *i-Minds: How and Why Constant Connectivity Is Rewiring Our Brains and What to Do About It* (New Society, 2019), 11, 185.

14. Allana Akhtar, "The World Health Organization Just Released Screen Time Guidelines for Kids. Here's How Some of the World's Most Successful CEOs Limit It at Home," *Business Insider*, April 25, 2019, https://www.businessinsider.com/how-silicon-valley-ceos-limit-screen-time-at-home-2019-4.

15. James Garbarino, *Children and Families in the Social Environment* (New York: Routledge, 1992), 11.

16. Jasper Jackson, "Children Spending More Time Online Than Watching TV for the First Time," *Guardian*, January 26, 2012, https://www.theguardian.com/media/2016/jan/26/children-time-online-watching-tv.

17. William Doyle, "Why Finland Has the Best Schools," op-ed, Los Angeles Times, March 18, 2016, https://www.latimes.com/opinion/op-ed/la-oe-0318-doyle-finnish-schools-20160318-story.html.

18. Alfie Kohn, *No Contest: The Case Against Competition: Why We Lose in Our Race to Win* (Boston: Houghton Mifflin, 1992), 25. (한국어판:《경쟁에 반대한다》, 민들레, 2019)

14장

1. Siddhartha Mukherjee, "Same but Different: How Epigenetics Can Blur the Line Between Nature and Nurture," *New Yorker*, May 2, 2016.

2. Michael E. Kerr and Murray Bowen, *Family Evaluation: An Approach Based on Bowen Theory* (New York: W. W. Norton, 1988), 30.

3. Thomas Merton, *The Seven Storey Mountain: An Autobiography of Faith* (Boston: Mariner Books, 1999), 362. (한국어판:《칠층산》, 바오로딸, 2009)

4. Erich Fromm, *The Sane Society* (New York: Henry Holt, 1955), 79.(한국어판:《건전한 사회》, 범우사, 1999)

5. Aldous Huxley, *Brave New World* (New York: HarperCollins, 2014), 244. (한국어판:《멋진 신세계》)

6. Cited in Noelle McAfee, *Julia Kristeva* (New York: Routledge, 2004), 108.

7. Merton, *The Seven Storey Mountain*, 148.

8. Neil Postman, *Amusing Ourselves to Death: Public Discourse in the Age of Show Business*, 20th anniversary ed. (New York: Penguin Books, 2008), 128.

9. Ezra Klein, "Noam Chomsky's Theory of the Good Life," transcript, April 23, 2021, https://www.nytimes.com/2021/04/23/opinion/ezra-klein-podcast-noam-chomsky.html.

15장

1. "Overdose Death Rates," National Institute on Drug Abuse, https://www.drugabuse.gov/drug-topics/trends-statistics/overdose-death-rates.

2. Roni Caryn Rabin, "Overdose Deaths Reached Record High as the Pandemic Spread," *New York Times*, November 17, 2021, https://www.nytimes.com/2021/11/17/health/drug-overdoses-fentanyl-deaths.html.

3. Nora D. Volkow and T. K. Li, "Drug Addiction: The Neurobiology of Behavior Gone Awry," *Neuroscience* 5 (December 2004): 963-70.

4. F. Zhou et al., "Orbitofrontal Gray Matter Deficits as Marker of Internet Gaming Disorder: Converging Evidence from a Cross-Sectional and Prospective Longitudinal Design," *Addiction Biology* 24, no. 1 (January 2019): 100-109, https://doi.org/10.1111/adb.12750.

5. Kyle S. Burger and Eric Stice, "Frequent Ice Cream Consumption Is Associated with Reduced Striatal Response to Receipt of an Ice Cream-Based Milkshake," *American Journal of Clinical Nutrition* 94, no. 4 (April 2012): 810-17, https://doi.org/10.3945/ajcn.111.027003.

6. "Definition of Addiction," American Society of Addiction Medicine, https://www.asam.org/quality-care/de.nition-of-addiction.

7. Keith Richards with James Fox, *Life* (New York: Back Bay Books, 2011), 322.

8. P. A. Harrison, J. A. Fulkerson, and T. J. Beebe, "Multiple Substance Use Among Adolescent Physical and Sexual Abuse Victims," *Child Abuse and Neglect* 21, no. 6 (June 1997): 529-39.

9. Hannah Carliner et al., "Childhood Trauma and Illicit Drug Use in Adolescence: A Population-Based National Comorbidity Survey Replication," *Journal of the American Academy of Child and Adolescent Psychiatry* 55, no. 8 (August 2016): 701-8.

16장

1. Vincent J. Felitti et al., "The Relationship of Adult Health Status to Childhood Abuse and Household Dysfunction," *American Journal of Preventive Medicine* 14 (1998): 245-58.

2. Vincent J. Felitti and Robert Anda, "The Lifelong Effects of Adverse Childhood Experiences," chapter 10, in *Chadwick's Child Maltreatment: Sexual Abuse and Psychological Maltreatment*, vol. 2, 4th ed. (St. Louis, MO: STM Learning, 2014), 207.

3. Gene H. Brody et al., "Parenting Moderates a Genetic Vulnerability Factor in Longitudinal Increases in Youths' Substance Use," *Journal of Consulting and Clinical Psychology Association 77*, no. 1 (February 2009): 1-11; among other studies, such as, for example, Marcello Solinas et al., "Prevention and Treatment of Drug Addiction by Environmental Enrichment," *Progress in Neurobiology* 92, no. 4 (December 2010): 572-92.

4. 페리 박사의 이 말은 *In the Realm of Hungry Ghosts*에서 처음 인용했다.

5. Gail Dines, *Pornland: How Porn Has Hijacked Our Sexuality* (Boston: Beacon Press, 2010), 57. (한국어판: 《포르노랜드》, 열다북스, 2020)

6. Jaak Panksepp et al., "The Role of Brain Emotional Systems in Addictions: A Neuro-Evolutionary Perspective and New 'Self-Report' Animal Model," *Addiction* 97, no. 4 (May 2002): 459-69.

7. Louis Cozolino, *The Neuroscience of Human Relationships: Attachment and the Developing Social Brain* (New York: W. W. Norton, 2006), 115.

17장

1. Kay Redfield Jamison, *Touched with Fire: Manic-Depressive Illness and the Artistic Temperament* (New York: Free Press, 1994), 193.

2. 나는 중독을 다룬 내 책의 부록에서 쌍둥이와 입양 문제를 자세히 다루었다. 간단히 말해서, 나는 이러한 겉보기에는 "환경이 달라도 질병은 같다"라는 명제는 **그들의 실험 설계에 포함된 환경적 요인**, 가령 명백한 예로 임신 중 산모의 스트레스나 생모와의 이별에서 오는 스트레스를 너무나 무시하기 때문에 어떤 정신적·신체적 상태를 이야기하든 논의할 가치가 없다고 주장한다. 부록의 내용을 보고 싶은 독자는 https://drgabormate.com/book/the-myth-of-normal 을 참조하길 바란다. 보다 전문적인 내용을 알고 싶으면 다음을 참조하라. Jay Joseph, *The Trouble with Twin Studies: A Reassessment of Twin Research in the Social and Behavioral Sciences* (Routledge, 2016).

정상이라는 환상

3. "불안한 정신은 종교, 과학, 사회의 신념에 따라 다양하게 인식되기 때문에 어느 한 순간, 한 장소에서 광기의 형태는 다른 장소와 시간에 나타나는 광기와 놀라울 정도로 다르다"라고 다음 책에서 언급된다. Ethan Watters, *Crazy Like Us: The Globalization of the American Psyche* (NewYork : Free Press, 2020), 5.

4. Cited in Robert Whitaker, *Anatomy of an Epidemic: Magic Bullets, Psychiatric Drugs, and the Astonishing Rise of Mental Illness in America* (New York : Broadway Books, 2010), 274.

5. American Psychiatric Association, "Chair of DSM-5 Task Force Discusses Future of Mental Health Research," press release, May 3, 2013.

6. 예를 들어 심리학자며 하버드의대 교수이자 플라시보 연구 프로그램의 부책임자였던 어빈 커시(Irvin Kirsch)는 최근 한 논문에서 "뇌 내 화학물질의 불균형으로 우울증을 설명하는 전통적인 방식은 완전히 틀렸다"고 밝혔다. Irvin Kirsch, *The Emperor's New Drugs: Exploding the Antidepressant Myth*, cited in Marcia Angell, "The Epidemic of Mental Illness : Why?," *New York Review of Books*, June 23, 2011. (에인절 박사는 〈뉴잉글랜드 의학 저널(New England Journal of Medicine)〉의 전 편집자다.)

7. Richard L. Morrow et al., "Influence of Relative Age on Diagnosis and Treatment of Attention-Deficit/Hyperactivity Disorder in Children," *Canadian Medical Association Journal* 184, no. 7 (April 17, 2012): 755-62.

8. "Oppositional Defiant Disorder," Mayo Clinic, https://www.mayoclinic.org/diseases-conditions/oppositional-de,ant-disorder/symptoms-causes/syc-20375831.

9. J. E. Khoury et al., "Relations Among Maternal Withdrawal in Infancy, Borderline Features, Suicidality/Self-Injury, and Adult Hippocampal Volume : A 30-Year Longitudinal Study," *Behavioral Brain Research* 374 (November 18, 2019): 112139, https://doi.org/10.1016/j.bbr.2019.112139.

10. John Read et al., "Child Maltreatment and Psychosis : A Return to a Genuinely Integrated Bio-Psycho-Social Model," *Clinical Schizophrenia and Related Psychoses* 2, no. 3 (October 2008): 235-54.

11. Thomas Bailey et al., "Childhood Trauma Is Associated with Severity of Hallucinations and Delusions in Psychotic Disorders : A Systematic Review and Meta-Analysis," *Schizophrenia Bulletin* 44, no. 5 (2018): 1111-22.

12. Richard Bentall, "Mental Illness Is a Result of Misery, Yet Still We Stigmatize It," *Guardian*, February 26, 2016.

13. Martin H. Teicher and Jacqueline A. Samson, "Annual Research Review: Enduring Neurobiological Effects of Childhood Abuse and Neglect," *Journal of Child Psychology and Psychiatry* 57, no. 3 (March 2016): 241-66.

14. R. C. Lewontin, *Biology as Destiny: The Doctrine of DNA* (New York: Harper Perennial, 1991), 30.

15. W. Thomas Boyce, *The Orchid and the Dandelion: Why Some Children Struggle and How All Can Thrive* (London: Allen Lane, 2019), 11.

16. E. Fox and C. B. Beevers, "Differential Sensitivity to the Environment: Contribution of Cognitive Biases and Genes to Psychological Wellbeing," *Molecular Psychiatry* 21, no. 12 (2016): 1657-62.

17. Louis Menand, "Acid Reflux: The Life and High Times of Timothy Leary," *New Yorker*, June 26, 2006.

18장

1. A. H. Almaas, *The Freedom to Be* (Berkeley, CA: Diamond Books, 1989), 85.

2. Douglas F. Watt and Jaak Panksepp, "Depression: An Evolutionarily Conserved Mechanism to Terminate Separation Distress? A Review of Aminergic, Peptidergic, and Neural Network Perspectives," *Neuropsychoanalysis* 11, no. 1 (January 1, 2009): 7-51.

3. Noël Hunter, *Trauma and Madness in Mental Health Services* (New York: Palgrave Macmillan, 2018), 5.

4. 심리학자이자 리서치과학자인 스티븐 포지스는 뇌의 무의식적인 안전 평가인 "신경지각 (neuroception)"을 제시한다. 그는 "이 자동적인 과정은 안전, 위험 및 생명 위협의 단서를 평가하는 뇌 영역들이 포함되어 있다"고 주장한다. "안전을 인식하는 것은 대부분의 포유류 에게 관계 발전 단계상 어떤 전환점이라고 생각한다." 특히 오랜 기간을 보호자에게 수동적 으로 의존해야 하는 인간에게는 특히 더 그렇다. Stephen W. Porges, *The Pocket Guide to the Polyvagal Theory: The Transformative Power of Feeling Safe* (New York: W. W. Norton, 2017), 19; and Stephen W. Porges, *The Polyvagal Theory: Neurophysiological Foundations of Emotions, Attachment, Communication, Self-Regulation* (New York: W. W. Norton, 2011), 특히 1장을 참조 바람.

5. Helen Knott, *In My Own Moccasins: A Memoir of Resilience* (Saskatchewan, Canada: University of Regina Press, 2019), 96.

6. 이 말은 로빈 윌리엄스가 어떤 비디오 인터뷰에서 했다고 하나 직접 확인할 방법은 없었다. 다만 그는 제임스 리프턴과의 유튜브 인터뷰에서 거의 비슷한 말로 자신의 어린 시절의 외로움과 내면의 고통에 대해 많은 것을 밝혔다. https://www.dailymotion.com/video/x64ojf8.

7. 스웨덴에서 수십만 명을 대상으로 한 연구에서는 우울증을 경험한 사람 중 파킨슨병에 걸릴 확률이 거의 세 배 더 크다는 결과가 나왔으며 특히 중증의 우울증을 가진 사람들에서는 그 확률이 훨씬 높았다. 하기 논문 참조. Helena Gustafsson et al., "Depression and Subsequent Risk of Parkinson Disease," *Neurology* 84, no. 24 (June 16, 2015): 2422-29. 또 다른 논문에서는 만성적인 정서적 스트레스도 이 병의 위험을 높일 수 있으며, 이는 뇌의 특정 부위에서 도파민 세포를 손상시킬 가능성이 높기 때문이라고 결론내렸다. Atbin Djamshidian and Andrew Lees, "Can Stress Trigger Parkinson's Disease?," *Journal of Neurology, Neurosurgery, and Psychiatry* 85, no. 8 (August 2014): 879-82.

8. Schizophrenia Working Group, "Biological Insights from 108 Schizophrenia-Associated Genetic Loci," *Nature* 511 (2014): 421-27.

9. 심리학자인 마크 엡스타인은 "해리 증상은 삶의 스트레스로부터 즉각적인 보호처를 제공한다"고 주장한다. Mark Epstein, *The Trauma of Everyday Life* (New York: Penguin, 2014), 84.

10. Knott, *In My Own Moccasins*, 24.

11. Theo Fleury, *Playing with Fire* (New York: HarperCollins, 2010), 25.

12. 최근 실시된 연구에 의하면 **성인**의 경우 항정신병 약물을 장기간 사용하면 뇌의 실행 장치인 대뇌피질의 두께가 감소한다고 한다. 연구진들은 "약물이 필요한 자극으로부터 전두엽 피질을 차단시킨다"라고 〈뉴욕 타임스〉에 밝혔다. "또한 약물이 정신질환의 증상을 줄이기는 하나 전두엽 피질이 서서히 쪼그라들게 한다"고 말했다. Aristotle N. Voineskos et al., "Effects of Antipsychotic Medication on Brain Structure in Patients with Major Depressive Disorder and Psychotic Features: Neuroimaging Findings in the Context of a Randomized Placebo-Controlled Clinical Trial," *JAMA Psychiatry* 77, no. 7 (July 1, 2020): 674-83.

13. Russell A. Barkley, *Attention-Deficit Hyperactivity Disorder: A Handbook for Diagnosis and Treatment* (New York: Guilford Press, 1990), 103.

14. Jaak Panksepp, "Can PLAY Diminish ADHD and Facilitate the Construction of the Social Brain?," *Journal of the Canadian Academy of Child and Adolescent Psychiatry* 16, no. 2 (May 2007): 57-66.

15. For example, Liliana J. Lengua et al., "Pathways from Early Adversity to Later

Adjustment: Tests of the Additive and Bidirectional Effects of Executive Control and Diurnal Cortisol in Early Childhood," *Development and Psychopathology*, 2019, https://doi.org/10.1017/S0954579419000373; also Jens C. Pruessner et al., "Dopamine Release in Response to a Psychological Stress in Humans and Its Relationship to Early Maternal Care: A Positron Emission Tomography Study Using [11C]Raclopride," *Journal of Neuroscience* 24, no. 11 (March 17, 2004): 2825-31.

16. Bruce D. Perry and Maia Szalavitz, *The Boy Who Was Raised as a Dog (And Other Stories from a Child Psychiatrist's Notebook): What Traumatized Children Can Teach Us About Loss, Love, and Healing* (New York: Basic Books, 2006), 51. (한국어판: 《개로 길러진 아이》, 민음인, 2011)

17. 니콜 M. 브라운(Nicole M. Brown)과 연구팀들이 수행한 이 연구는 2011년에 실시된 국립어린이건강조사 데이터를 분석하였으며 2014년 5월 6일에 밴쿠버에서 개최된 소아과 학술대회의 연례회의에서 발표했고 2014년 5월 6일 자 〈사이언스데일리(ScienceDaily)〉에 아래 제목으로 게재했다. "Study Finds ADHD and Trauma Often Go Hand in Hand."

18. Stanley Coren, "Can Dogs Suffer from ADHD?," *Psychology Today*, January 9, 2018, https://www.psychologytoday.com/us/blog/canine-corner/201801/can-dogs-suffer-adhd.

19. John Bowlby, *Attachment*, 2nd ed. (New York: Basic Books, 1982), 377.

20. Bruno Etain et al., "Childhood Trauma Is Associated with Severe Clinical Characteristics of Bipolar Disorders," *Journal of Clinical Psychiatry* 74, no.10 (October 2013): 991-98. 이 연구도 그렇고 내 생각도 그렇지만 어린이의 고난이 양극성장애를 '유발한다'고 생각하지는 않는다. 그러나 고난이 심할 경우 어느 정도 영향이 있다고는 하겠다.

19장

1. János Selye, *The Stress of Life*, rev. ed. (New York: McGraw-Hill, 1978), 370.

2. Zachary M. Harvanek et al., "Psychological and Biological Resilience Modulates the Effects of Stress on Epigenetic Aging," *Translational Psychiatry* 11 (2021), https://doi.org/10.1038/s41398-021-01735-7.

3. E. R. De Kloet, "Corticosteroids, Stress, and Aging," *Annals of the New York Academy of Sciences* 663 (1992): 357-71.

4. Yuval Noah Harari, *Sapiens: A Brief History of Humankind* (Toronto: McClelland & Stewart, 2014), 314. (한국어판:《사피엔스》, 김영사, 2015)

5. BBC interview, "Blair Calls for Lifestyle Change," 2006, cited in Ted Schrecker and Clare Bambra, *How Politics Makes Us Sick: Neoliberal Epidemics* (New York: Palgrave Macmillan, 2015), 29.

6. Phillip Inman, "IMF Boss Says Global Economy Risks Return of Great Depression," *Guardian,* January 17, 2020.

7. David Lao, "Almost 9 out of 10 Canadians Feel Food Prices Are Rising Faster Than Income: Survey," *Global News*, December 16, 2019.

8. Vancity, "Report: B.C. Women Are Financially Stressed, Stretched and Under-Resourced," press release, March 17, 2018, based on the province-wide survey "Money Troubled: Inside B.C.'s Financial Health Gender Gap."

9. Schrecker and Bambra, *How Politics Makes Us Sick*, 42.

10. John Ralston Saul, "The Collapse of Globalism," *Harper's*, March 2004.

11. Ashild Faresjö et al., "Higher Perceived Stress but Lower Cortisol Levels Found Among Young Greek Adults Living in a Stressful Social Environment in Comparison with Swedish Young Adults," *PLoS ONE* 8,no. 9 (September 16, 2013), https://doi.org/10.1371/journal.pone.0073828.

12. Sonia J. Lupien et al., "Child's Stress Hormone Levels Correlate with Mother's Socioeconomic Status and Depressive State," *Biological Psychiatry* 48, no. 10 (November 15, 2000): 976–80.

13. Tara Siegel Bernard and Karl Russell, "The Middle-Class Crunch: A Look at 4 Family Budgets," *New York Times*, October 3, 2019.

14. Wade Davis, "The Unravelling of America," *Rolling Stone*, August 6, 2020, https://www.rollingstone.com/politics/political-commentary/covid-19-end-of-american-era-wade-davis-1038206/.

15. Morris Berman, *The Twilight of American Culture* (New York: W. W. Norton, 2001), 64–65.

16. Bernard and Russell, "The Middle-Class Crunch."

17. William T. Gallo et al., "Involuntary Job Loss as a Risk Factor for Subsequent Myocardial Infarction and Stroke: Findings from the Health and Retirement Survey," *American Journal of Industrial Medicine* 45, no.5 (May 2004): 408–16; and W. T. Gallo et al., "The Impact of Late Career Job Loss on Myocardial Infarction and Stroke: A 10

Year Follow Up Using the Health and Retirement Survey," *Journal of Occupational and Environmental Medicine* 63, no. 10 (October 2006): 683-87.

18. Matthew E. Dupre et al., "The Cumulative Effect of Unemployment on Risks for Acute Myocardial Infarction," *Archives of Internal Medicine* 172, no. 22 (December 2012): 1731-37.

19. Louis Uchitelle, "Job Insecurity of Workers Is a Big Factor in Fed Policy," *New York Times*, February 27, 1997.

20. Schrecker and Bambra, *How Politics Makes Us Sick*, 53.

21. Ben Stein, "In Class Warfare, Guess Which Class Is Winning," *New York Times*, November 26, 2006, https://www.nytimes.com/2006/11/26/businessyourmoney/26every.html.

22. David Marchese, "Ben and Jerry's Radical Ice Cream Dreams," *New York Times*, July 29, 2020.

23. Joseph E. Stiglitz, *The Price of Inequality: How Today's Divided Society Endangers Our Future* (New York: W. W. Norton, 2013), xlviii-xlix. (한국어판: 《불평등의 대가》, 열린책들, 2013)

24. Rupert Neate, "Billionaires' Wealth Rises to $10.2 Trillion amid Covid Crisis," *Guardian*, October 7, 2020.

25. Star editorial board, "Billionaires Get Richer While Millions Struggle. There's a Lot Wrong with This Picture," *Toronto Star*, September 21, 2020.

26. Martin Gilens and Benjamin I. Page, "Testing Theories of American Politics: Elites, Interest Groups, and Average Citizens," *Perspectives on Politics* 12, no. 3 (September 2014): 564-81.

27. Paul Krugman, "Why Do the Rich Have So Much Power?," *New York Times*, July 8, 2020.

28. James Reid, *Alienation* (University of Glasgow Publications, 1972), 5.

20장

1. David Brooks, "Our Pathetic Herd Immunity Failure," *New York Times*, May 6, 2021.

2. Karl Marx, *Economic and Philosophical Manuscripts* (한국어판: 《경제학 철학 수고》), trans. T. B. Bottomore, in Erich Fromm, *Marx's Concept of Man* (London: Continuum, 2004), 83.

3. Bruce Alexander, *The Globalization of Addiction: A Study in Poverty of the Spirit* (New York: Oxford University Press, 2008), 58.

4. Tony Schwartz and Christine Porath, "Why You Hate Work," *New York Times*, June 1, 2014.

5. Charles Duhigg, "Wealthy, Successful, and Miserable," *New York Times*, February 21, 2019, https://www.nytimes.com/interactive/2019/02/21/magazine/elite-professionals-jobs-happiness.html.

6. Awais Aftab, "Meaning in Life and Its Relationship with Physical, Mental, and Cognitive Functioning: A Study of 1,042 Community-Dwelling Adults Across the Lifespan," *Journal of Clinical Psychiatry* 81, no. 1 (2020).

7. John T. Cacioppo and Stephanie Cacioppo, "The Growing Problem of Loneliness," *Lancet* 391, no. 100119 (February 3, 2018): 426-27.

8. American Psychological Association, "Social Isolation, Loneliness, Could Be Greater Threat to Public Health Than Obesity," ScienceDaily, August 5, 2015, www.sciencedaily.com/releases/2017/08/170805165319.htm.

9. Denise Aydinonat et al., "Social Isolation Shortens Telomeres in African Gray Parrots," *PLoS ONE* 9, no. 4 (2014): e93839, https://doi.org/10.1371/journal.pone.0093839.

10. Nicole K. Valtorta et al., "Loneliness and Social Isolation as Risk Factors for Coronary Heart Disease and Stroke: Systematic Review and Meta-analysis of Longitudinal Observational Studies," *Heart* 102, no. 13 (2016), https://heart.bmj.com/content/102/13/1009.

11. Dhruv Kullur, "Loneliness Is a Health Hazard, but There Are Remedies," *New York Times*, December 22, 2016.

12. Vivek H. Murthy, *Together: The Healing Power of Human Connection in a Sometimes Lonely World* (New York: Harper Wave, 2020), 98.

13. Tim Kasser et al., "Some Costs of American Corporate Capitalism: A Psychological Exploration of Value and Goal Conflicts," *Psychological Inquiry* 18, no. 1 (March: 2007): 1-22.

21장

1. Russell Brand, "Edward Snowden: The Worst Conspiracies Are in Plain Sight," YouTube

video, April 16, 2021, https://www.youtube.com/watch?v=e0zAJfbP3gg&t=23s.

2. Belinda S. Lennerz et al., "Effects of Dietary Glycemic Index on Brain Regions Related to Reward and Craving in Men," *American Journal of Clinical Nutrition* 98, no. 3 (September 2013): 641-47.

3. Ashkan Afshin et al., "Health Effects of Dietary Risks in 195 Countries, 1990-2017: A Systemic Analysis for the Global Burden of Disease Study 2017," *Lancet* 393, no. 10184 (May 11, 2019): 1958-2017.

4. American Heart Association, "180,000 Deaths Worldwide May Be Associated with Sugary Soft Drinks, Research Suggests," ScienceDaily, March 19, 2013, https://www.sciencedaily.com/releases/2013/03/130319202144.htm.

5. "Mexico Obesity: Oaxaca Bans Sales of Junk Food to Children," BBC News, Aug. 6, 2020, https://www.bbc.com/news/world-latin-america-53678747.

6. "Mexico Takes Title of 'Most Obese' from America," Global Post, July 28, 2013, https://www.cbsnews.com/news/mexico-takes-title-of-most-obese-from-america.

7. Susan Greenhalgh, "Making China Safe for Coke: How Coca-Cola Shaped Obesity Science and Policy in China," *British Medical Journal* 364 (January 9, 2019): k5050, https://doi.org/10.1136/bmj.k5050.

8. "Statistics on Obesity, Physical Activity, Diet, England, 2020," National Health Service, May 5, 2020, https://digital.nhs.uk/data-and-information/publications/statistical/statistics-on-obesity-physical-activity-and-diet/england-2020.

9. Ted Schrecker and Clare Bambra, *How Politics Makes Us Sick: Neoliberal Epidemics* (New York: Palgrave Macmillan, 2015), 32.

10. Nicholas Kristof, "Drug Dealers in Lab Coats," *New York Times*, October 18, 2017.

11. 2014년, 미국 연방의무감은 획기적이었던 '제조된 담배의 해악에 대한 폭로' 보고서 50주년을 맞아, 이를 업데이트했다. "흡연이라는 전염병은 담배 산업의 공격적인 전략으로 시작되고 **유지되었으며**, 의도적으로 흡연의 위험에 대해 대중을 호도했다."

12. "Smoking and Tobacco Use: Fast Facts," Centers for Disease Control and Prevention, https://www.cdc.gov/tobacco/data_statistics/fact_sheets/fast_facts/index.htm.

13. Sheila Kaplan, "Biden Plans to Ban Cigarettes with Menthol," *New York Times*, April 29, 2021.

14. Milton Friedman, "Your Greed or Their Greed?," *Phil Donahue Show*, YouTube,

정상이라는 환상

uploaded July 14, 2007, https://www.youtube.com/watch?v=RWsx1X8PV_A.

15. Milton Friedman, "The Social Responsibility of Business Is to Increase Its Profits," *New York Times*, September 13, 1970.

16. Andrea Wulf, *The Invention of Nature: The Adventures of Alexander von Humboldt, the Lost Hero of Science* (London: John Murray, 2015), 5.

17. William J. Ripple et al., "World Scientists' Warning of a Climate Emergency," *BioScience* 70, no. 1 (January 2020): 8-12.

18. Nick Watts et al., "The 2018 Report of the Lancet Countdown on Health and Climate Change: Shaping the Health of Nations for Centuries to Come," *Lancet* 392, no. 10163 (December 8, 2018): 2479-514.

19. "More Than 200 Health Journals Call for Urgent Action on Climate Crisis," *Guardian*, September 6, 2021; and Robert Lee Holtz, "Action on Climate Change Is Urged by Medical Journals in Unprecedented Plea," *Wall Street Journal*, September 6, 2021.

22장

1. Malcolm X, as told to Alex Haley, *The Autobiography of Malcolm X* (1964; New York: Ballantine Books, 2015), 56. (한국어판: 《말콤 엑스》, 《말콤 X》)

2. Jean-Paul Sartre, *Anti-Semite and Jew: An Exploration of the Etiology of Hate* (1948; New York: Schocken Books, 1995), 53-54.

3. "Ken Hardy on the Assaulted Sense of Self," Psychotherapy Networker, YouTube video, 2016, https://www.youtube.com/watch?v=i26A5oec UWM.

4. Helen Knott, *In My Own Moccasins: A Memoir of Resilience* (Saskatchewan, Canada: University of Regina Press, 2019), 200-201.

5. David H. Chae et al., "Racial Discrimination and Telomere Shortening Among African-Americans: The Coronary Artery Risk Development in Young Adults (CARDIA) Study," *Health Psychology* 39, no. 3 (March 2020): 209-19.

6. Ta-Nehisi Coates, *Between the World and Me* (New York: Spiegel & Grau, 2015), 27-28. (한국어판: 《세상과 나 사이》, 열린책들, 2016)

7. Clyde Hertzman and Tom Boyce, "How Experience Gets Under the Skin to Create Gradients in Developmental Health," *Annual Review of Public Health* 31, no. 1 (April 2010): 329-47.

8. David T. Lackland, "Racial Differences in Hypertension: Implications for High Blood Pressure Management," *American Journal of the Medical Sciences* 348, no. 2 (August 2014): 135–38.

9. American Academy of Allergy, Asthma, and Immunology, "Black Children Six Times More Likely to Die of Asthma," press release, March 4, 2017, https://www.aaaai.org/about-aaaai/newsroom/news-releases/black-children-asthma.

10. The Baldwin citation is from a panel discussion moderated by Nat Hento., broadcast in 1961 on WBAI–FM radio and subsequently published with the title "The Negro in American Culture," in *CrossCurrents* 11, no. 3 (Summer 1961): 205–224.

11. Amy Roeder, "America Is Failing Its Black Mothers," Harvard Public Health, Winter 2019, https://www.hsph.harvard.edu/magazine /magazine_article/america-is-failing-its-black-mothers.

12. Brad N. Greenwood et al., "Physician–Patient Racial Concordance and Disparities in Birthing Mortality for Newborns," *Proceedings of the National Academy of Sciences* 117, no. 35 (September 1, 2020): 21194–200, https://doi.org/10.1073/pnas.1913405117.

13. Cristina Nova and Jamila Taylor, "Exploring African Americans' High Maternal and Infant Death Rates," Center for American Progress, February 1, 2018, https://www.americanprogress.org/issues/early-childhood/reports/2018/02/01/445576/exploring-african-americans-high-maternal-infant-death-rates.

14. Arline Geronimus et al., "'Weathering' and Age Patterns of Allostatic Load Scores Among Blacks and Whites in the United States," *American Journal of Public Health* 96, no. 5 (May 2006): 826–33.

15. "Lifespan of Indigenous People 15 Years Shorter Than That of Other Canadians, Federal Documents Say," Canadian Press, January 23, 2018, https://www.cbc.ca/news/health/indigenous-people-live-15-years-less-philpott-briefing-1.4500307.

16. Roland Dyck et al., "Epidemiology of Diabetes Mellitus Among First Nations and Non–First Nations Adults," *Canadian Medical Association Journal* 182, no. 3 (February 23, 2010): 249–56.

17. L. Kirmayer, "Suicide Among Canadian Aboriginal People," *Transcultural Psychiatric Research Review* 31 (1994): 3–57.

18. Michael Marmot, *The Health Gap: The Challenge of an Unequal World* (New York:

Bloomsbury, 2015), 12.

19. Sonia J. Lupien et al., "Child's Stress Hormone Levels Correlate with Mother's Socioeconomic Status and Depressive State," *Biological Psychiatry* 48, no. 10 (November 15, 2000): 976–80.

20. In Dennis Raphael, ed., *Social Determinants of Health: Canadian Perspectives*, 3rd ed. (Canadian Scholars Press, 2016), xiii.

21. Alex Soth, "The Great Divide," New York Times, September 5, 2020, https://www.nytimes.com/interactive/2020/09/05/opinion/inequality-life-expectancy.html.

22. M. Lemstra et al., "Health Disparity by Neighborhood Income," *Canadian Journal of Public Health* 97, no. 6 (November 2006): 435–39.

23. For example, Joan Luby et al., "The E.ects of Poverty on Childhood Brain Development: The Mediating Effect of Caregiving and Stressful Life Events," *JAMA Pediatrics* 167, no. 12 (December 2013): 1135–42.

24. J. R. Swartz et al., "An Epigenetic Mechanism Links Socioeconomic Status to Changes in Depression-Related Brain Function in High-Risk Adolescents," *Molecular Psychiatry* 22, no. 2 (February 2017): 209–224.

25. Dennis Raphael et al., *Social Determinants of Health*, 2nd ed., 13. (Raphael here is recycling facetious advice that has been circulating for some years.) https://thecanadianfacts.org/The_Canadian_Facts-2nd_ed.pdf.

26. Michael Marmot and Eric Brunner, "Cohort Profile: The Whitehall II Study," *International Journal of Epidemiology* 34, no. 2 (April 2005):251–56; and Aline Dugravot et al., "Social Inequalities in Multimorbidity, Frailty, Disability, and Transitions to Mortality: A 24-Year Follow-Up of the Whitehall II Cohort Study," *Lancet Public Health* 5, no. 1 (January 1,2020): e42–50.

27. Richard Wilkinson, *The Impact of Inequality: How to Make Sick Societies Healthier* (New York: New Press, 2005), 58. (한국어판: 《평등해야 건강하다》, 후마니타스, 2008)

28. Robert Sapolsky, "The Health-Wealth Gap," *Scientific American*, November 2018, https://www.scienti.camerican.com/index.cfm/_api/render/le/?method=inline&.leID=123ECD96-EF81-46F6-983D2AE9A45FA354.

23장

1. Haider J. Warraich, "Why Men and Women Feel Pain Differently," *Washington Post*, May 15, 2021.

2. "Female Smokers Are Twice as Likely as Male Smokers to Develop Lung Cancer," ScienceDaily, December 2, 2003, https://www.sciencedaily.com/releases/2003/12/031202070515.htm.

3. Margaret Altemus et al., "Sex Differences in Anxiety and Depression Clinical Perspectives," *Frontiers in Neuroendocrinology* 35, no. 3 (August 2014): 320-30.

4. Franck Mauvois-Jarvis et al., "Sex and Gender: Modi.ers of Health, Disease, and Medicine," *Lancet* 396, no. 10250 (August 22, 2020): 565-82.

5. 예를 들어 미국에서 흑인이면서 여성 또는 히스패닉이면서 여성은 한 가지 요소만 가지고 있는 경우보다 자가면역질환에 걸릴 확률이 더 높다. 1964년 〈미국 공중보건 저널〉에 실린 뉴욕의 전신홍반성루푸스와 관련된 연구는 "흑인에서 질병과 사망률이 가장 높았고, 그다음으로 푸에르토리코인과 다른 백인 순이었다"고 밝혔다(Morris Siegel, "Epidemiology of Systemic Lupus Erythematosus: Time Trend and Racial Differences", *American Journal of Public Health* 54, no. 1 (January 1964): 33-43). 50년이 지난 후에도 이 인종적인 차이는 지속되었다. "전반적으로 전신홍반성루프스는 비백인 인구에서 더 흔하고 더 심하며, 더 높은 질병 활동과 더 많은 손상 누적을 보인다(L. A. Gonzalez et al., "Ethnicity in Systemic Lupus Erythematosus (SLE): Its In uence on Susceptibility and Outcomes," *Lupus* 22, no. 12 (October 2013): 1214-24). 미국과 캐나다에서는 여성이면서 원주민이면 더욱 위험해진다. 예를 들어 캐나다 원주민의 류머티즘성관절염의 발병률 전국 평균의 세 배다(Stephen Hunt, "Arthritis Affects Indigenous People at a Rate Three Times Higher Than Average," CBC News, November 5, 2018, https://www.cbc.ca/news/canada/calgary/indigenous-rates-arthritis-higher-than-average-1.4892319). 물론 여성이 이러한 통계에서 압도적으로 많다. 원주민 여성의 경우 류머티즘성관절염 비율은 남성보다 여섯 배 더 높다("Rheumatoid Arthritis and the Aboriginal Population — What the Research Shows," JointHealth Insight, September 2006, https://jointhealth.org/programs-jhmonthly-view.cfm?id=19&locale=en-CA).

6. 2021년 세계보건기구(WHO) 연구에 따르면 전 세계 여성과 소녀의 4분의 1이 남성 파트너에게 폭행을 당했다고 한다. 파트너가 아닌 사람으로부터 당하는 폭력까지 고려하면 WHO는 "15세 이상의 여성 중 약 3분의 1(7억 3,600만 명에서 8억 5,200만 명)이 일생에서 신체적 또

정상이라는 환상

는 성적 폭력을 경험할 것"으로 예상한다. WHO 논문에 따르면 온라인 폭력과 성희롱과 같은 다른 형태의 학대까지 포함한 비율은 훨씬 높을 것이다. Liz Ford, "Quarter of Women and Girls Have Been Abused by a Partner, Says WHO," *Guardian*, March 9, 2021.

7. Melanie A. Hom et al., "Women Firefighters and Workplace Harassment: Associated Suicidality and Mental Health Sequelae," *Journal of Nervous and Mental Disease* 205, no. 12 (December 2017): 910-17.

8. Catherine E. Harnois and João L. Bastos, "Discrimination, Harassment, and Gendered Health Inequalities: Do Perceptions of Workplace Mistreatment Contribute to the Gender Gap in Self-Reported Health?," *Journal of Health and Social Behavior* 59, no. 2 (2018): 283-99.

9. Julie Holland, *Moody Bitches* (New York: Penguin Press, 2015), 30.

10. Elaine D. Eaker et al., "Marital Status, Marital Strain, and Risk of Coronary Heart Disease or Total Mortality: The Framingham Offspring Study," *Psychosomatic Medicine* 69, no. 6 (July-August 2007): 509-13.

11. Suzanne G. Haynes et al., "Women, Work and Coronary Heart Disease: Prospective Findings from the Framingham Heart Study," *American Journal of Public Health* 70, no. 2 (February 1980): 133-41.

12. Gillian Friedman, "Jobless, Selling Nudes Online, and Still Struggling," New York Times, January 12, 2021, https://www.nytimes.com/2021/01/13 /business/onlyfans-pandemic-users.html.

13. Gail Dines, *Pornland: How Porn Has Hijacked Our Sexuality* (Boston: Beacon Press, 2010), xi.

14. Emer O'Hanlon, "Porn Lies Behind Cuts and Bruises of Rough Sex Fad," *Irish Independent*, August 2, 2020, https://www.independent.ie/opinion/comment/porn-lies-behind-cuts-and-bruises-of-rough-sex-fad-39416367.html.

15. Mary Wollstonecraft, *A Vindication of the Rights of Woman* (New York:Vintage Classics, 2014), 65.

16. Andrea Dworkin, *Intercourse* (1987; New York: Basic Books, 2007), 112.

17. Janice K. Kiecolt-Glaser et al., "Spousal Caregivers of Dementia Victims: Longitudinal Changes in Immunity and Health," *Psychosomatic Medicine* 53 (1991): 345-62.

18. Rachel M. Radin et al., "Maternal Caregivers Have Confluence of Altered Cortisol, High

Reward-Driven Eating, and Worse Metabolic Health," *PLoS ONE* 14, no. 5 (May 10, 2019): e0216541, https://doi.org/10.1371/journal.pone.0216541.

19. Jessica Grose, "Mothers Are the 'Shock Absorbers' of Our Society," *New York Times*, October 14, 2020, https://www.nytimes.com/2020/10/14/parenting//working-moms-job-loss-coronavirus.html.

20. Caroline Criado Perez, *Invisible Women: Exposing Data Bias in a World Designed for Men* (London: Chatto & Windus, 2019), 73. (한국어판: 《보이지 않는 여자들》, 웅진지식하우스, 2020)

21. Kate Manne, *Down Girl: The Logic of Misogyny* (New York: Oxford University Press, 2018), 130.

24장

1. Anthony Brooks and Grace Tatter, "Surviving Family Politics at Thanksgiving," *On Point*, WBUR, November 27, 2019, https://www.wbur.org/onpoint//2019/11/27/family-politics-thanksgiving.

2. Kevin B. Smith et al., "Friends, Relatives, Sanity, and Health: The Costs of Politics," *PLoS One* 14, no. 9 (September 2019), https://journals.plos.org/plosone.org/plosone/article?id=10.1371/journal.pone.0221870.

3. Elissa Epel, "Stressed Out by Politics? It Could Be Making Your Body Age Faster, Too," *Quartz*, March 16, 2017, https://qz.com/931355/telomeres-and-cell-aging-nobel-prize-for-medicine-winner-elizabeth-blackburn-and-elissa-epel-explain-how-trump-is-aging-our-cells/.

4. Steven Stosny, "He Once Called It 'Election Stress Disorder.' Now the Therapist Says We're Suffering from This," *Washington Post*, February 6, 2017, https://www.washingtonpost.com/news/inspired-life/wp/2017/02/06/suffering-from-headline-stress-disorder-since-trumps-win-youre-denitely-not-alone/?noredirect=on.

5. Alice Miller, *For Your Own Good: Hidden Cruelty in Child-Rearing and the Roots of Violence* (1983; New York: Farrar, Straus and Giroux, 1990), 65.

6. Sue Gerhardt, *The Selfish Society* (London: Simon and Schuster, 2011), 46.

7. Jim Coyle, "For Stephen Harper, a Stable Upbringing and an Unpredictable Path to Power," *Toronto Star*, October 8, 2015, https://www.the star.com/news/

insight/2015/10/04/for-stephen-harper-a-stable-upbringing-and-an-unpredictable-upbringing-and-an-unpredictable-path-to-power.html.

8. "An Emotional Justin Trudeau Cries Discussing the Death of Gord Downie," *Global News*, YouTube, October 18, 2017, https://www.youtube.com/watch?v=. YMCaDvah6N0.

9. Jonathan Kay, "The Justin Trudeau I Can't Forget," *Walrus*, September 29, 2015.

10. Claudia Wallis, "Of Psychopaths and Presidential Candidates," *Scientific American Mind*, guest blog, August 12, 2016, https://blogs.scienti.camerican.com/mind-guest-blog/of-psychopaths-and-presidential-candidates/.

11. Jane Mayer, "Trump's Boswell Speaks," *New Yorker*, July 26, 2016.

12. Amy Chozick, "Clinton Father's Brusque Style, Mostly Unspoken but Powerful," *New York Times*, July 20, 2015.

13. Megan Twohey, "Her Husband Accused of Affairs, a Defiant Clinton Fought Back," *New York Times*, October 3, 2016.

14. David Brooks, "The Avalanche of Distrust," *New York Times*, September 13, 2016.

15. George Lako., *The Political Mind* (New York: Penguin Books, 2008), 76.

16. Randy Rainbow (@randyrainbow), "G'night, mom and dad. See you in the morning. ♥," Twitter, August 11, 2020,10:17 p.m., https://twitter.com/randyrainbow/status/1293386210388381696.

17. See, for example, "Stephen Kicks O. a Late Show's Obama-Rama Extravagama with a Special Obamalogue," The Late Show with Stephen Colbert, CBS, YouTube video, https://www.youtube.com /watch?v=RmtCV-U8wwo.

25장

1. Aeschylus, *Agamemnon*, in The Orestia, translated by Robert Fagles (New York: Penguin, 1979), 109. (한국어판:《아가멤논》)

2. Edith Eva Eger, *The Choice: Embrace the Possible* (New York: Scribner, 2017), 280.

26장

1. Kelly Turner, *Radical Remission: Surviving Cancer Against All Odds* (New York: HarperOne, 2014), 45.

2. Henning Krampe et al., "The Influence of Personality Factors on Disease Progression and Health-Related Quality of Life in People with ALS," *Amyotrophic Lateral Sclerosis* 9, no. 2 (May 2008): 99-107.

3. Henriët van Middendorp et al., "Effects of Anger and Anger Regulation Styles on Pain in Daily Life of Women with Fibromyalgia: A Diary Study," *European Journal of Pain* 14, no. 2 (February 2010): 176-82.

4. Helen Knott, *In My Own Moccasins: A Memoir of Resilience* (Saskatchewan, Canada: University of Regina Press, 2019), 240.

5. Thomas Merton, *The Seven Storey Mountain: An Autobiography of Faith* (Boston: Mariner Books, 1999), 362.

27장

1. Nancy A. Shadick et al., "A Randomized Controlled Trial of an Internal Family Systems-Based Psychotherapeutic Intervention on Outcomes in Rheumatoid Arthritis: A Proof-of-Concept Study," *Journal of Rheumatology* 40, no. 11 (November 2013): 1831-41.

2. Aleksandr Solzhenitsyn, *Cancer Ward* (New York: Vintage Classics, 2017), 89. (한국어판: 《암 병동》)

28장

1. Richard C. Schwartz, *Introduction to the Internal Family Systems Model* (Trailheads Publications, 2001), 54.

2. A. H. Almaas, *The Freedom to Be* (Diamond Books, 1989), 12.

3. Cited in Thich Nhat Hanh, *The Heart of the Buddha's Teaching* (New York: Broadway Books, 1998), 45.

4. János Selye, *The Stress of Life*, rev. ed. (New York: McGraw-Hill, 1978), 419.

29장

1. Bruce H. Lipton and Steve Bhaerman, *Spontaneous Evolution: Our Positive Future (And a Way to Get There from Here)* (Carlsbad, CA: Hay House, 2009), 38-39.

2. Jeffrey M. Schwartz and Sharon Begley, *The Mind and the Brain: Neuroplasticity and the Power of Mental Force* (New York: ReganBooks, 2002).

30장

1. Richard Schwartz, *Introduction to the Internal Family Systems Model* (Trailheads Publications, 2001), 67-68.

2. Edith Eger, *The Gift* (New York: Scribner, 2020), 156.

31장

1. For example, on ayahuasca: José Carlo Bouso et al., "Ayahuasca, Technical Report 2021," International Center for Ethnobotanical Education,Research and Service, December 2021, https://www.iceers.org/ayahuasca-technical-report/.

2. Michelle S. Thiessen et al., "Psychedelic Use and Intimate Partner Violence: The Role of Emotion Regulation," *Journal of Psychopharmacology*, 2018, https://doi.org/10.1177/02698811187.

3. S. C. Gwynne, *Empire of the Summer Moon: Quanah Parker and the Rise and Fall of the Comanches* (New York: Scribner, 2010), 314.

32장

1. A. H. Almaas, *Elements of the Real in Man* (Diamond Books, 1987), 26.

2. Lewis Mehl-Madrona, *Coyote Medicine: Lessons from Native American Healing* (New York: Simon and Schuster, 1997), 16-17.

3. Wilhelm Reich, *The Murder of Christ: The Emotional Plague of Mankind* (New York: Farrar, Straus and Giroux, 1953), 174-75.

4. For example, Quinn A. Conklin et al., "Meditation, Stress Processes, and Telomere Biology," *Current Opinion in Psychology* 28 (2019): 92-101; D. Bergen-Cico et al., "Reductions in Cortisol Associated with Primary Care Brief Mindfulness Programs with Veterans with PTSD," *Med Care* 52, no. 12, suppl. 5 (December 2014): S25-31; and A. M. Gallegos et al., "Mindfulness-Based Stress Reduction to Enhance Psychological Functioning and Improve Inflammatory Biomarkers in Trauma-Exposed Women: A Pilot Study," *Psychological Trauma* 7, no. 6 (November 2015): 525-32.

5. Francesco Pagnini et al., "Mindfulness, Physical Impairment and Psychological Well-Being in People with Amyotrophic Lateral Sclerosis," *Psychology and Health* 30, no. 5 (October 2014): 503-17, https://doi.org/10.1080/08870446.2014.982652.

6. Rony Berger et al., "Reducing Israeli-Jewish Pupils' Outgroup Prejudice with a Mindfulness and Compassion-Based Social Emotional Program," *Mindfulness* 9, no. 2 (December 2018), https://doi.org/10.1007/s12671-018-0919-y.

33장

1. 이런 주장이 불편하다고 생각하는 독자는 일란 파페(Ilan Pappe), 심하 플라판(Simha Flapan), 베니 모리스(Benny Morris), 톰 세게브(Tom Segev), 아비 슐라임(Avi Shlaim) 같은 이스라엘 사학자들이나 노먼 핀켈슈타인(Norman Finkelstein) 같은 유대 학자들의 글을 읽어보길 권한다. 예를 들어 Ilan Pappe, *The Ethnic Cleansing of Palestine* (Oneworld, 2006) 그리고 불굴의 기디언 레비(Gideon Levy)가 이스라엘 신문 〈하아레츠(Haaretz)〉에 게재한 보도. 또는 팔레스타인 관점을 알고 싶다면 Rashid Khalidi, *One Hundred Years' War on Palestine: A History of Settler Colonialism and Resistance, 1917-2017* (New York: Picador, 2020) 등을 권한다.

2. James Baldwin, "As Much Truth as One Can Bear," *New York Times Book Review*, January 14, 1962.

3. Baldwin, "As Much Truth as One Can Bear."

4. The Joan Didion citations are from an obituary of the late writer: Sian Cain and Edward Helmore, "Joan Didion, American Journalist and Author, Dies at 87," *Guardian*, December 23, 2021.

5. Bessel van der Kolk, *The Body Keeps the Score: Brain, Mind, and Body in the Healing of Trauma* (New York: Penguin, 2014), 349.

6. 예를 들면 내가 이 장을 쓰고 있는 동안 내 책상에 올라온 다음 논문 같은 것이다. Nina T. Rogers, Christine Power, and Snehal M. Pinto Pereira, "Child Maltreatment, Early Life Socioeconomic Disadvantage and All-Cause Mortality: Findings from a Prospective British Cohort," *BMJ Open* 11 (2021): e050914, https://doi.org/10.1136/bmjopen-2021-050914.

7. Jesse Thistle, *From the Ashes* (Toronto: Simon & Schuster Canada, 2019), 260.

8. Maggie Kline, *Brain-Changing Strategies to Trauma-Proof Our Schools* (Berkeley, CA: North Atlantic Books, 2020), 2.

9. Alison Rourke, "Greta Thunberg Responds to Asperger's Critics: 'It's a Superpower,'" *Guardian*, September 2, 2019.

정상이라는 환상

10. Caroline Hickman et al., "Young People's Voices on Climate Anxiety, Government Betrayal and Moral Injury: A Global Phenomenon," preprint submitted to the *Lancet*, September 2021, https://papers.ssrn.com/sol3/papers.cfm?abstract_id=3918955.

11. Damian Carrington, "'Blah, Blah, Blah': Greta Thunberg Lambasts Leaders over Climate Crisis," *Guardian*, September 28, 2021.

12. Hannah Arendt, "Eichmann in Jerusalem — I," *New Yorker*, February 16,1963.

13. 2021년 4월 11일 자 〈뉴욕 타임스〉의 사설에 따르면, 1990년대 미국의 제재로 인해 사망한 이라크 아동 수는 50만 명이라고 한다. 올브라이트가 이 발언을 한 인터뷰는 1996년 5월 12일 CBS의 〈60분(60 Minutes)〉에서였다. 그는 나중에 "나는 함정에 걸려 의도하지 않은 발언을 했고, '냉혹하고 잔인해 보였다'는 점을 후회한다"고 했다. 그러나 올브라이트가 어떻게 비쳤는지에 대한 후회를 제외하고는 제재에 책임이 있는 어떤 미국 공무원도 아이들의 사망에 대해 사과한 적이 없다.

14. Abraham Maslow, "Resistance to Acculturation," *Journal of Social Issues* 1 (Fall 1951): 26-29.

가보 마테와 대니얼 마테는 우리 모두를 위해 《정상이라는 환상》이라는 엄청난 자산을 창조했다. 이 책은 과학적으로 깊이 있는 이야기와 영감을 주는 내용으로 가득하며, 어떤 문화 내에서 발생하는 스트레스가 우리의 모든 면에 걸쳐 건강에 미치는 영향을 보여준다. 광범위한 시각에서 의학과 정신건강을 세심하게 검토하여 질병과 장애에 대한 단순한 사고를 타파하고 개인적으로나 가정에서 그리고 대인관계에서 풍부하고 자유롭게 살아가는 방법을 제시한다. 이 책은 우리가 누구인지 그리고 어떻게 살아야 하는지에 대해 마음속에서 깊이 생각하게 만들며, 마음의 힘을 이용하여 우리 삶에 치유와 온전함을 가져다준다.

- 대니얼 J. 시겔, UCLA 의과대학 임상 교수, 마인드사이트 연구소장

이 매혹적인 책은 우리 시대에 대한 두 가지 핵심적인 진실에 기반하고 있다. 첫째, 정신적 상처와 신체적 질병을 포함한 모든 것이 연결되어 있으며 둘째, 이것이 우리가 구축한 사회에서 정상적인 것이며 심지어 점점 퍼지고 있다는 것이다. 이 책은 우리가 살아가고, 사랑하며, 이해하고, 생각하는 방법의 변화를 요구하는 강력한 선언이다.

- 리베카 솔닛, 《남자들은 자꾸 나를 가르치려 든다》 저자

가보 마테는 우리 모두가 본능적으로 알고 있지만 실제로 직면하기 싫어하는 것을 간단하지만 솔직하고 열정적으로 이야기해준다. 우리가 사는 세상의 사회구조는 곳곳에 독성이 깊게 뿌리내려 있지만 이 책은 우리가 얼마나 잘못되어 있는지를 명확히 보여주면서 이를 바로잡을 수 있는 방법도 제시한다. 저자는 우리의 마음이라는 위험한 숲의 가이드이며, 어둠을 헤쳐 나가 결국 빛으로 유도한다. 《정상이라는 환상》이야말로 우리에게 꼭 필요한 책이다.

- 메리앤 윌리엄슨, 《사랑으로 돌아가기(A Return to Love)》 저자

《정상이라는 환상》은 우리가 일반적으로 '정상'이라고 여기는 것을 대하는 독특한 시각을 제시하며 우리 삶에서 실제로 일어나는 일을 깨닫는 방법을 알려준다. 이 책은 환상의 장막을 들추어 마음과 몸에서 실제로 일어나는 일을 보여줄 것이다.

- 샤론 샐즈버그, 《행복을 위한 혁명적 기술, 자애》《하루 20분 나를 멈추는 시간》 저자

새로운 비전을 만드는 책이 나타나 지금까지 보지 못했던 것을 보여준다. 물이 물고기에게 필수적이듯, 산소가 신체에 필수적이듯, 사랑이 영혼에 필수적이듯 건강과 복지에 꼭 필요한 것들을 이 책은 보여준다. 진정한 치유에 필요한 것들을 뛰어난 글쓰기로 차분하게 풀어냈다.

- 제프리 D. 레디거, 하버드 의과대학 교수, 《치유(Cured)》 저자

가보 마테와 대니얼 마테는 '정상'이라는 중독성 환상에서 벗어나 강력하고 놀라운 회복의 길을 제시한다. 충격적이고 혁명적인 이 책은 지혜와 연민이 공동의 생존을 위해 필수적인 시기에 자신과 사회 그리고 전 인류의 안녕에 깊은 영향을 미칠 것이다.

- 호안 지코 할리팩스, 우파야 명상 센터장

가보 마테는 중독, 자가면역질환, ADHD의 치료에서 이미 엄청난 성과를 달성했다. 이 책에서 그는 우리를 괴롭히는 수많은 사회적 문제가 트라우마와 관련되어 있을 뿐 아니라 물질주의적·고립적·가부장적·인종차별적 문화의 중독성 증상이라고 주장한다. 우리 문화는 심하게 병이 들어 있지만 가보 마테보다 그 진단과 치료에 더 뛰어난 사람은 없다. 이 책은 그것을 따를 용기가 있다면 우리 모두를 치유할 수 있는 처방을 담고 있다.

- 리처드 슈워츠, 내면가족체계 심리치료 모델의 창조자

《정상이라는 환상》은 독성으로 가득 찬 현대사회에서 인간으로 살아간다는 모순된 경험을 느낄 수 있는 절묘한 여정이다. 우리 본연의 모습을 되찾고 자연스러운 표현과 기쁨을 억누르는 집단적 트라우마를 치유함으로써 우리는 슬픔과 황홀함을 동시에 느끼게 될 것이다. 만약 당신이 자기 삶의 진실과 사실상 죽음의 손아귀에 들어 있는 우리 문화를 제대로 알고 싶다면 이 책을 반드시 읽어야 한다.

- 레이철 칼튼 에이브럼스, 의사, 미국통합의학협회

가보 마테의 이 길직은 우리 모두의 필독서다. 몸마음부터 몸의 정치까지 육체적으로, 영적으로, 그리고 사회적으로 진정성의 상실이 우리에게 엄청난 영향을 미치고 있다고 직설적으로 말한다.

- 줄리 홀랜드, 의사, 《좋은 끌림(Good Chemistry)》 저자